Paramahansa Yogananda
5. Januar 1893 – 7. März 1952

Die Reise zur SELBST-Verwirklichung

GESAMMELTE VORTRÄGE UND ESSAYS –
GOTT IM TÄGLICHEN LEBEN VERWIRKLICHEN
BAND III

VON

PARAMAHANSA YOGANANDA

ÜBER DIESES BUCH: *Die Reise zur SELBST-Verwirklichung* ist der dritte Band in einer Reihe von Anthologien mit Paramahansa Yoganandas gesammelten Ansprachen. Der erste, *Die ewige Suche des Menschen*, wurde 2001 publiziert, gefolgt von *Im Zauber des Göttlichen* im Jahre 2004. Die Anthologien umfassen Vorträge, die bei informellen Schulungen gegebenen Unterweisungen und des Weiteren inspirierende Schriften, die ursprünglich von der Self-Realization Fellowship in einer 1925 von Sri Yogananda gegründeten Zeitschrift herausgegeben wurden. Dieses Magazin führt seit 1948 den englischen Titel *Self-Realization* (deutscher Titel: *Selbst-Verwirklichung*). Die meisten Ansprachen wurden in den von Paramahansa Yogananda gegründeten Tempeln der Self-Realization Fellowship gehalten sowie im internationalen Hauptsitz der Gemeinschaft in Los Angeles. Er sprach aus dem Stegreif, ohne Notizen oder Manuskripte zu benutzen – ganz gleich, welches Thema er behandelte. Dass seine Worte für die heutige und für zukünftige Generationen erhalten blieben, ist hauptsächlich der hingebungsvollen Arbeit einer seiner ersten und engsten Jüngerinnen zu verdanken. Sie diente ihm viele Jahre lang als persönliche Sekretärin und half ihm dabei, sein spirituelles und humanitäres Werk auszuführen. Sri Daya Mata (Präsidentin der Self-Realization Fellowship von 1955 bis zu ihrem Hinscheiden 2010) stenografierte seine öffentlichen Vorträge und Kurse, die Anleitungen, die er spontan kleineren Gruppen seiner Schüler gab, sowie einen Großteil seiner persönlichen Beratungen. Wie die beiden vorigen Bände bietet auch *Die Reise zur SELBST-Verwirklichung* dem Leser eine umfangreiche Auswahl aus den geschriebenen und gesprochenen Texten Paramahansa Yoganandas mit einer breiten Palette an Themen. Darüber hinaus erhält der Leser einen Einblick in die dynamische und liebevolle Persönlichkeit des großen Weltenlehrers.

Der Titel der im Verlag Self-Realization Fellowship, Los Angeles, Kalifornien erschienenen Originalausgabe lautet: *Journey to Self-realization*

ISBN-13: 978-0-87612-255-6 (Ln.) ISBN-13: 978-0-87612-256-3 (Pbck.)

Übersetzung aus dem Englischen: Self-Realization Fellowship

Copyright © 2015 Self-Realization Fellowship

Alle Rechte vorbehalten. Mit Ausnahme von kurzen Zitaten in Buchbesprechungen dürfen keine Auszüge aus *Die Reise zur SELBST-Verwirklichung* (»Journey to Self-realization«) in irgendeiner Form oder mit irgendwelchen heute oder zukünftig gebräuchlichen Nutzungsarten ohne schriftliche Erlaubnis der Self-Realization Fellowship, 3880 San Rafael Avenue, Los Angeles, California 90065-3219, USA, reproduziert, gespeichert, übertragen oder abgebildet werden. Dazu gehört auch die Aufnahme oder Wiedergabe durch elektronische, mechanische, fotomechanische oder anderweitige Mittel wie Tonträger jeder Art sowie die Speicherung in elektronischen Datenverarbeitungsanlagen und Speichersystemen jeglicher Art.

Autorisiert durch
*International Publications Council of
Self-Realization Fellowship*

Der Name und das Emblem der Self-Realization Fellowship (siehe oben) erscheinen auf allen Büchern, Tonaufnahmen und anderen Veröffentlichungen der SRF, damit der Leser sicher sein kann, dass das jeweilige Werk von der Organisation stammt, die Paramahansa Yogananda gegründet hat und die seine Lehre wahrheitsgetreu wiedergibt.

Erste deutsche Ausgabe 2015
Self-Realization Fellowship Publishers
ISBN-13: 978-0-87612-606-6
ISBN-10: 0-87612-606-9
Gedruckt in den USA
1657-J3411

Unserer geliebten Präsidentin
Sri Daya Mata
gewidmet,
die mit treuer Hingabe die Worte ihres Gurus
für die Nachwelt aufgezeichnet
und so die befreiende Weisheit und Gottesliebe
Paramahansa Yoganandas
für uns und alle Zeiten festgehalten hat.

Das geistige Erbe Paramahansa Yoganandas

Seine vollständigen Schriften, Vorträge und spontanen Ansprachen

Paramahansa Yogananda gründete die Self-Realization Fellowship[1] im Jahre 1920, um seine Lehren in der ganzen Welt zu verbreiten und deren Reinheit und Vollständigkeit für künftige Generationen zu bewahren. Bereits in seinen ersten Jahren in Amerika zeigte sich, dass er ein sehr produktiver Schriftsteller und Redner war. Er schuf ein umfangreiches und weithin bekanntes Werk über die Yoga-Wissenschaft der Meditation, die Kunst, ein ausgeglichenes Leben zu führen, sowie die grundlegende Einheit aller Religionen. Auch heute noch ist dieses einzigartige und weitreichende geistige Erbe lebendig und inspiriert Millionen von Wahrheitssuchern in der ganzen Welt.

In Übereinstimmung mit dem ausdrücklichen Wunsch des großen Meisters veröffentlicht und druckt die Self-Realization Fellowship fortlaufend *Die vollständigen Werke von Paramahansa Yogananda*. Dazu gehören nicht nur die endgültigen Ausgaben aller Bücher, die er zu seinen Lebzeiten herausgegeben hat, sondern auch viele neue Titel – Werke, die zur Zeit seines Heimgangs im Jahre 1952 noch unveröffentlicht waren oder die im Laufe der Jahre zwar regelmäßig in der Zeitschrift der Self-Realization Fellowship erschienen, deren Inhalt aber nicht vollständig war. Außerdem zählen dazu Hunderte von Tonaufnahmen zutiefst inspirierender Vorträge und spontaner Ansprachen, die zwar vor seinem Heimgang aufgenommen, aber nicht veröffentlicht wurden.

Paramahansa Yogananda wählte und schulte persönlich diejenigen unter seinen engeren Jüngern, die den *Self-Realization Fellowship Publications Council* leiten, und gab ihnen genaue Richtlinien für die Zusammenstellung und Veröffentlichung

---

[1] Wörtlich »Gemeinschaft der SELBST-Verwirklichung«. Paramahansa Yogananda hat den Namen, den er seiner Organisation gegeben hat, folgendermaßen erklärt: »*Self-Realization Fellowship* bedeutet Gemeinschaft mit Gott durch SELBST-Verwirklichung und Freundschaft mit allen wahrheitssuchenden Seelen.« Siehe auch »Ziele und Ideale der Self-Realization Fellowship«, Seite 497.

seiner Lehren. Die Mitglieder des *SRF-Publications Council* (Mönche und Nonnen, die das lebenslange Gelübde der Entsagung und des selbstlosen Dienens abgelegt haben) halten diese Richtlinien ganz besonders in Ehren, damit die universelle Botschaft dieses geliebten Weltlehrers in ihrer ursprünglichen Kraft und Echtheit erhalten bleibt.

Das Emblem der Self-Realization Fellowship (siehe vorige Seite oben) wurde von Sri Yogananda selbst bestimmt, um die von ihm gegründete gemeinnützige Organisation als die autorisierte Quelle seiner Lehre kenntlich zu machen. Der Name und das Emblem der SRF erscheinen auf allen Veröffentlichungen sowie Audio- und Videoaufnahmen der Self-Realization Fellowship. Dadurch erhält der Leser die Gewissheit, dass diese Werke von der Organisation stammen, die Paramahansa Yogananda gegründet hat und die seine Lehren so vermitteln, wie er es wünschte.

Self-Realization Fellowship

Inhalt

Vorwort xvii
Einführung xxii

Wie man immerwährende Jugendlichkeit zum Ausdruck bringt . . **3**
   Erkennt den Sinn eures Daseins 4
   *Jugendlichkeit ist ein geistiger, seelischer und auch
     körperlicher Zustand.* 5
   Die fünf geistigen Bewusstseinszustände. 6
   Lernt, unter allen Umständen aufrichtig zu lächeln 9
   Bereitwilligkeit und größere Selbstlosigkeit sind von Bedeutung 11
   Kann man den Körper ewig jung erhalten? 12
   Je größer der Wille, umso größer der Energiefluss 14
   *Befolgt Gottes Gesetze, die in der Kosmischen Natur wirksam
     sind.* 15
   Der »Jungbrunnen« liegt in der Seele. 17

Wie man sein Leben neu gestaltet **20**
   Das Leben entspringt dem Bewusstsein. 22
   Die Hartnäckigkeit der Gewohnheiten 22
   »Alt sein« ist ein Bewusstseinszustand 24
   Willenskraft bewirkt die Veränderung. 25
   *Freiheit bedeutet, so zu handeln, wie es euch zum Besten
     gereicht.* 27
   *Sowohl Unterscheidungskraft als auch Willenskraft sind
     erforderlich.* 28
   Verbannt unerwünschte Gedanken aus eurem Geist 29
   Wir sind das, was wir zu sein glauben. 29
   *Lasst nichts euren Willen schwächen, der hinter den
     positiven Gedanken steht.* 32
   Macht euer sterbliches Bewusstsein zum göttlichen Bewusstsein 33

Die Welt als kosmische Unterhaltung **35**
   Die Welt ist Gottes Lila. 37
   Betrachtet das Leben als einen Film 38
   Erwacht aus diesem kosmischen Traum 40
   Emotionale Empfindlichkeit verursacht Leiden 43
   Seid so wie der tätig-untätige Herr. 44
   *Der Vielgestaltigkeit der Schöpfung liegt eine tiefe Einheit
     zugrunde.* 46

Warum Gott die Welt erschaffen hat 50
Verglichen mit Gottes Kraft ist die menschliche Kraft nichts... 51
Diese Welt ist Gottes Hobby............................. 53
Alles mit den offenen Augen der Weisheit und Ruhe sehen 54
Gottes größte Gabe ist der freie Wille 56
Beobachtet euch von der hohen Warte der Innenschau 58
Unterscheidet zwischen dem Unwirklichen und der Wirklichkeit... 59

Wie Gott uns zu sich zurückzieht 61
Religiöser Aberglaube hat die Menschen dazu gebracht, sich vor Gott zu fürchten.................................. 62
Das Gesetz der Anziehungskraft in der Schöpfung........... 64
Gottes Kräfte der Anziehung und Abstoßung sind in der kosmischen Schöpfung tätig........................... 66
Wie Gottes Gedanken die Materie erzeugen 68
Evolution und Involution 69
Die göttlichen Eigenschaften, die den fünf Stufen auf dem Rückweg der Seele zu Gott entsprechen................. 71
Die Wege der Erkenntnis, der Hingabe und des Handelns..... 74
Arbeitet für Gott, liebt Gott, seid weise dank Gott und erlebt Ihn durch Kriya-Yoga 77

Im Einklang mit der Quelle allen Erfolgs 79
Erfolg bedeutet, sich willentlich das Nötige zu beschaffen 80
Bemüht euch um Wohlstand, damit ihr anderen helfen könnt.. 82
Vertraut auf Gottes Kraft................................ 83
In Gott besitzen wir alles 85
Sucht Verbindung mit Gott, dann wird Er euch leiten........ 87
»Was ich wahrnehme, sollt auch ihr wahrnehmen«.......... 89

Beruf, Ausgleich und Seelenfrieden
Wie man eine ausgewogene Arbeitswoche schafft.......... 90
Kriminalität und Gewalt sind die bitteren Früchte einer unausgeglichenen Zivilisation....................... 91
Durch das Ideal des Dienens kann man den Ehrgeiz vergeistigen 92
Wir brauchen den richtigen Ausgleich zwischen dem Denken des Orients und des Okzidents 94
Lernt die Kunst, richtig zu leben 95
Ein ausgeglichenes Leben führen 97

Der Nervosität auf den Grund gehen..................... 100
Gesunde Nerven sind die Voraussetzung für einen gesunden Körper.. 100
Stellt durch Selbstprüfung fest, was euch nervös macht 101

Inhalt

Bemüht euch um Herrschaft über eure Gefühle 103
Gefühlsausbrüche lassen uns Gott vergessen 104
Wünsche und Anhänglichkeiten fördern die Nervosität 105
Die richtige Einstellung zum Reichtum 106
Das Nervensystem verbindet euch mit der Welt und mit Gott.. 108
Die geistige Physiologie macht den Menschen einzigartig...... 109
Das geistige Auge – ein Abbild der Schöpfung 110
Wie der komplizierte menschliche Körper sich aus dem Geist entwickelt hat 112
Die Farbe spielt eine wichtige Rolle in eurem Leben 113
Die beste Ernährung für die Nerven 114
Mit Gott im Einklang zu leben, ist das beste Heilmittel gegen Nervosität. 115
Lebt wie Götter, dann werdet ihr göttliche Freunde anziehen .. 116
Kriya-Yoga vermittelt wahres religiöses Erleben 117

Was ist Wahrheit? **118**
Wahrheit bringt dauerhaftes Glück 118
Die drei Methoden, die zur Wahrheit führen................ 119
Intuition ist die allwissende Kraft der Seele 121
Erkennt durch Intuition den Sinn eures Daseins 123
Intuition wird durch Meditation entwickelt................ 123
Bemüht euch um jene Kraft, die nie versagt................ 124

Das allgegenwärtige Bewusstsein Christi und Krishnas........ **126**
Das Universum besteht aus materialisierten Gedanken 130
Die Dreieinigkeit in den heiligen Schriften der Hindus entspricht der Dreieinigkeit in der christlichen Bibel....... 131
Erweitert euer Bewusstsein und erkennt den wahren Christus.. 132

Der Unterschied zwischen geistiger und eigennütziger Selbstliebe **136**
Die Vorstellung, etwas zu besitzen, ist irrig 137
Die Menschheitsfamilie ist euer größeres Selbst............. 138
Ohne eigennützige Selbstliebe wäre die Welt ein Paradies 139
Die Freude, selbstlos zu sein............................. 141
Selbstlosigkeit erweitert das Bewusstsein 143
Dient anderen mit der Wahrheit und durch euer Vorbild 144

Sind wir uns schon früher begegnet? **147**
Man braucht viele Leben, um eine wahre Freundschaft aufzubauen.... 149
Wir erkennen diejenigen, die wir vorher gekannt haben 150
Aufrichtigkeit, gepaart mit Rücksichtnahme 151
Verdient euch Gottes Freundschaft........................ 153

    Wenn Freundschaft göttlich geworden ist, werdet ihr alle
        Menschen lieben 153

Die Kunst, in dieser Welt mit anderen auszukommen......... 155
    Ihr müsst mit euch selbst zurechtkommen 156
    Euer Gewissen wird euch helfen, mit euch selbst
        zurechtzukommen. 158
    Gleichmut – ein notwendiges Fundament für unser Leben 158
    Tiefes Nachdenken führt zu Gott und zu intuitiver
        Wahrnehmung 159
    Ein gesunder Menschenverstand setzt tiefes Denken in die
        Tat um 160
    Schränkt eure Wünsche ein und vergeudet keine Zeit 161
    Beginnt zu Hause, mit anderen gut auszukommen 162
    Gebt eure Ideale nicht auf, um anderen zu gefallen. 162
    Lächelt aus ganzer Seele 164
    Manchmal muss man ruhig, aber fest bleiben 165
    Seid taktvoll, denn die Menschen sind nicht gefühllos 166
    Seid aufrichtig und schmeichelt anderen nicht............... 169
    Kommt, um die Wahrheit zu hören, die aus meiner Seele fließt. 171
    Fragt euch, ob ihr mit Gott gut auskommt 172

Psychologische Untersuchung der Überempfindlichkeit 175

Warum Liebe siegt, wo Eifersucht versagt.................... 180
    Jede Beziehung sollte auf Freundschaft gegründet sein 181
    Eifersucht bedeutet das Ende des Glücks 182
    Eifersucht entsteht durch einen Minderwertigkeitskomplex.... 183
    »Was nicht mein ist, das lass los!« 184
    Gedanken können eindrucksvoller sein als Worte 185
    Gott ist die allerletzte Antwort 186
    Menschen, die geistigen Diamanten gleichen, spiegeln das
        Licht Gottes wider. 186
    Die Wirksamkeit zielstrebiger Hingabe..................... 188

Bittet das Christusbewusstsein zu euch herein 191
    Wie man Weihnachten feiern sollte 192
    Gottes Gerechtigkeit 193
    Das allumfassende Christusbewusstsein.................... 194
    Liebt alle Länder und alle Rassen 197
    Möge Christus in euch wiedergeboren werden 198

Inhalt

Worin besteht die wahre Gleichheit der Menschen? 201

Die Notwendigkeit allgemeiner religiöser Grundsätze......... 203

Mahatma Gandhi – ein Apostel des Friedens 219
   Der Gebrauch der Atomkraft durch den Menschen 220
   Gandhis Reichtum.. 221
   Dem Tod ins Angesicht schauen........................... 223
   Was wird die Zukunft bringen?............................ 224
   Anmerkung des Herausgebers............................. 224

Nationen der Welt – hütet euch! 226
   Wahrer Patriotismus 227

Eine vereinte Welt mit Gott als ihrem Präsidenten 230
   Schließt alle Nationen in eure Liebe ein 231
   Werdet zu einem »Millionär des Lächelns«.................. 232
   Gott zu finden bringt euch großen Trost und wahres Glück 234

Ist Gott ein Diktator? 237
   Führende Persönlichkeiten in der Geschichte................ 238
   In gewissem Sinne ist Gott ein Diktator 241
   Gott hat den Plan für diese Schöpfung entworfen 242
   Spirituelle Diktatur 242
   Gott lehnt es ab, Seinen Kindern etwas vorzuschreiben 243
   Der Mensch sollte lernen, seinen Patriotismus auf die ganze
      Welt auszudehnen.................................... 245
   Einige inspirierende Gedanken von Francis Bacon............ 246
   Wir müssen irgendwo den Anfang machen 248
   Es ist Gott, der alle Wesen belebt......................... 249
   Ein Diktator würde uns nicht das Recht geben, ihn abzusetzen. 249
   Ihr habt die Möglichkeit, Gott gleich zu sein 251

Empfangt Gottes Antwort auf eure Gebete................. 253
   Wie ein schlafendes Gotteskind ein erwachtes Gotteskind
      werden kann 254
   Wie der Glaube, ein Kind Gottes zu sein, zur Erfahrung
      werden kann 255
   Der Unterschied zwischen Forderung und Gebet............ 256
   Tiefe Aufmerksamkeit und Hingabe sind nötig 258
   Fordert ohne Unterlass, dann werdet ihr empfangen 259
   Einige praktische Ratschläge............................. 260
   Die unvergängliche Pflanze der Gebetsforderung treibt täglich
      neue Blüten 262

Das Karma durch Weisheit überwinden 263
   Einflüsse auf das freie Handeln des Menschen 264
   Gewinnt die euch von Gott verliehene Freiheit wieder 266
   Errettet eure Freiheit mit Weisheit und Unterscheidungskraft .. 268
   Lernt, weise zu handeln, indem ihr euch auf einen wahren
      Guru ausrichtet 269
   Die Disziplin des Gurus befreit uns von den Fesseln der
      Launen und Gewohnheiten 271
   Weisheit zerstört die Wurzeln allen Elends 273
   Der wahre Zweck der Religion 275

Erkennt, dass ihr unsterblich seid wie Christus 278

Verstärkt euren Magnetismus. 285
   Beginnt damit, euch allen Menschen gegenüber freundlich zu
      verhalten 286
   Das innere Selbst muss entwickelt werden 287
   Verwandelt eure Prüfungen in triumphale Siege 289
   Die Bedeutung guten Umgangs und tiefer Aufmerksamkeit 290
   Gott ist die höchste magnetische Kraft 292

Wie ihr eure nächste Inkarnation vorbereitet 294
   Wir müssen verstehen, warum wir hier sind 295
   Wenn ihr eure Gedanken auf Gott gerichtet haltet, werdet ihr
      frei sein. 297
   Erfüllt eure Pflichten gegenüber Gott und den Menschen 299
   Die richtige Einstellung zum Leid 299
   Hinter aller menschlichen Liebe findet ihr die göttliche Liebe .. 301
   Freundschaft ist die reinste Art der Liebe 302
   Geistige Ideale führen zu einer harmonischen Ehe 303
   Ausgleich zwischen weiblichen und männlichen Eigenschaften. 305
   Befreit euch vom Schwarm der Sorgen 306

Echte Anzeichen für Fortschritt in der Meditation 308

Die konzentrierte Kraft der Aufmerksamkeit führt zum Erfolg .. 311
   Unterschiedliche Auffassungen von Erfolg in Ost und West ... 312
   Das Leben bedeutet mehr, als bloß zu existieren 314
   Wir sollten unser Leben vereinfachen 315
   Der Himmel liegt im eigenen Innern, nicht in äußeren Dingen . 316
   Euer Erfolg liegt in dem, was ihr euch innerlich erworben habt . 318
   Betrachtet eure Pflichten aus der richtigen Perspektive 319
   Die Göttliche Liebe ist unvergleichlich 321
   Die Kraft hinter allen Kräften 323
   Es ist nützlich, Gott zuerst zu suchen 324
   Überwindung geistiger Grenzen durch die Meditation 326

Inhalt

Lasst in eurer Aufmerksamkeit nicht nach	327
Wer seine Aufmerksamkeit auf Gottes Kraft richtet, wird auf jedem Gebiet Erfolg haben	328

Beschleunigung der menschlichen Entwicklung 329
  Der Sinn des Lebens besteht darin, Wissen und Weisheit zu erwerben. 330
  Man kann seine Entwicklung beschleunigen. 333
  Wie man das Gehirn aufnahmefähiger macht. 334
  Konzentrierte Aufmerksamkeit macht euch hochgradig empfänglich für die Weisheit 335
  Wie ein unwissender Gottsucher herausfand, dass man Gott im eigenen Innern suchen muss. 337
  Kriya-Yoga – die wissenschaftliche Methode zur Beschleunigung der menschlichen Entwicklung 340
  Alles Wissen und aller Erfolg sind in diesem Leben erreichbar. . . 343

Beweis der Existenz Gottes. 346
  In der Meditation erhält man den Beweis für die Existenz Gottes 348

Zweifel, Glaube und Vertrauen 350
  Wenn der Mensch nicht zweifeln könnte, würde er keine Fortschritte machen 351
  Durch konstruktiven Zweifel nähern wir uns der Wahrheit 353
  Vertrauen beginnt mit konstruktivem Glauben 354
  Grundlagen des Glaubens. 355
  Durch unbesonnenen Glauben kann man wertvolle Energie vergeuden. 356
  Entstehung des Vertrauens 358
  Haltet trotz aller Rätsel des Lebens unerschrocken an eurem Vertrauen fest. 358
  Vertrauen bedeutet ewige Sicherheit – eine unmittelbare Wahrnehmung der Wahrheit 360
  Im Zustand ruhiger Intuition wird das Vertrauen geboren 361

Vision Indiens: Entfaltung des höheren Selbst 364
  Ein Land großer Gegensätze 366
  Visionen der Leben spendenden Philosophie Indiens 367
  Das Ideal des Dienens, wie es die Weisen Indiens erklären 368
  Drei Arten von Eigennutz: der bösartige, der gute und der heilige Eigennutz. 369
  Heiliger Eigennutz 371

Wunder durch den *Raja-Yoga* 372
   *Der wahre spirituelle Wissenschaftler ist weder ein Magier
     noch ein Wahrsager* 373
   *Physische und geistige Wunder – die Notwendigkeit von Raja-
     Yoga* 376
   Historisch belegte Wunder 378
   Mein Meister offenbarte mir die unfehlbare Kraft Gottes 380
   Unmittelbare Erfahrung der Wahrheit 383
   *Die innere Tür, die zu göttlicher Macht und Glückseligkeit
     führt* 384

**Auferstehung: Erneuerung und Verwandlung von Körper,
Geist und Seele** 386
   Theorie und Praxis 388
   Körperliche Freiheit ist keine wahre Freiheit 389
   Richtige Ernährung ist wichtig 391
   Vernünftiges Fasten 392
   Erhebt euch über das Krankheitsbewusstsein 393
   »Lass die Toten ihre Toten begraben« 395
   Schenkt und vergesst es dann 397
   Auf dem Schoß der Unsterblichkeit 399
   Spirituelle Auferstehung 399
   Die Kreuzigung der Seele durch den Eigendünkel 402
   Erkennt keine Niederlage an 403

Einssein mit dem unendlichen Christus 405
   Erkennt das Eine Leben, das alles durchdringt 407
   Bemüht euch, so zu leben wie Christus 408
   *Lasst euch in eurem Handeln vom inneren Willen des
     Gewissens leiten* 409
   Meditiert, solange noch Zeit ist! 410

»Oh, welche Freude!« 412

Seid eins mit dem Christusbewusstsein 415

**Fasst neue Entschlüsse:
Werdet zu dem, was ihr sein wollt!** 427
   Die Kraft der Gedanken 428
   Schlechte Gewohnheiten sind eure ärgsten Feinde 430
   Das Leben macht sich über selbst auferlegte Pflichten lustig ... 431
   In Gottes Drama ist jede Rolle wichtig 432
   Die Freude der Meditation ist euer bester Umgang 433
   *Das Leben ist von der unsichtbaren Göttlichen Gegenwart
     erfüllt* 434

Inhalt XV

»Deine Liebe allein genügt«: Ein Abend in tiefer Gottverbundenheit 436

Erobert Herzen 443
   Liebt die Menschen, doch nicht ihre Fehler. 445
   Beurteilt euch vor Gott und eurem Gewissen 446
   Nur spirituelle Beziehungen sind dauerhaft 448
   Wahre Liebe und selbstsüchtige Liebe 450
   Anhänglichkeit kann keine spirituelle Verbundenheit schaffen, doch Liebe kann es 451
   Helft einander zum Wohle aller 453
   »Alles, was ich gesagt habe, kam aus meinem Herzen« 455

Wie ihr euren geistigen Fortschritt beschleunigen könnt 457
   Der Blinde kann den Blinden nicht führen 458
   Gott gehört euch bereits 459
   Gewinnt eure göttliche Natur zurück 460
   Akzeptiert keine begrenzenden Einflüsse 461
   Begehrt nichts anderes als Gott 463
   Warum sollte Gott uns mit außergewöhnlichen Kräften und Wundern unterhalten? 465
   Lebt in der Unwandelbaren Wirklichkeit 467
   Gespräche mit Gott erfordern Stille 468
   Wir sind Seelen, keine fleischlichen Wesen 469

Vergegenwärtigt euch Gott im täglichen Leben 472
   »Halte dich fern von diesem Meer des Leidens« 474
   Ihr braucht im Leben nichts dringender als Gott 475
   Erfüllt eure Pflichten mit dem Gedanken an Gott 476
   Gott antwortet, wenn wir uns bemühen 477
   Die dynamische Kraft des »geistigen Flüsterns« 478
   Nehmt euer schlechtes Karma nicht hin 479
   Jede Minute ist kostbar 480
   Fangt Gott im Netz bedingungsloser Liebe 481
   Gott zu erfahren ist mit nichts zu vergleichen 483

Paramahansa Yogananda – ein Yogi im Leben und im Tod 486
Gedenkbriefmarke 487
Zusätzliche Möglichkeiten, sich Paramahansa Yoganandas Lehren über den *Kriya-Yoga* anzueignen 488
Lehrbriefe der Self-Realization Fellowship 489
Veröffentlichungen der Self-Realization Fellowship 490
Ziele und Ideale der Self-Realization Fellowship 497
Glossar 498

Abbildungen

Umschlagfoto: Paramahansa Yogananda, New York, 1926

gegenüber Seite

Paramahansa Yogananda *(Frontispiz)*
Begrüßung von Sri Yogananda bei seiner Ankunft in Los Angeles, 1926 36
Bei einem Vortrag über Yoga in Detroit, 1926 36
Bankett zu Ehren Paramahansa Yoganandas, Cincinnati, 1926 36
Swami Sri Yukteswar und Paramahansa Yogananda, 1935 37
Sri Yogananda vor dem SRF-Tempel in San Diego, 1949 37
Ostergottesdienst bei Sonnenaufgang, internationaler Hauptsitz der Self-Realization Fellowship, 1925 37
Verwaltungsgebäude, internationaler Hauptsitz der SRF 324
Ashram-Zentrum der Self-Realization Fellowship in Encinitas, Kalifornien 324
Paramahansa Yogananda mit dem Präsidenten von Mexiko, 1929 .. 325
Sri Yogananda begrüßt den indischen Botschafter in den USA, 1952 325
Paramahansa Yogananda, New York, 1926 388
Yogoda Math, Hauptsitz der Yogoda Satsanga Society of India 389
Lake Shrine der Self-Realization Fellowship 389

Vorwort

Die folgenden Worte verfasste Sri Daya Mata (1914-2010), dritte in der Reihe der Präsidenten und drittes geistiges Oberhaupt der Self-Realization Fellowship/Yogoda Satsanga Society of India, als Geleitwort zu Die ewige Suche des Menschen, Band I, *von Paramahansa Yoganandas gesammelten Vorträgen und Essays.*

Als ich Paramahansa Yogananda zum ersten Mal erblickte, sprach er vor einer großen, begeisterten Zuhörerschaft in Salt Lake City. Das war im Jahre 1931. Ich stand im Hintergrund des überfüllten Vortragssaales und war völlig fasziniert; ich war mir meiner Umgebung überhaupt nicht mehr bewusst und nahm nur noch den Redner und seine Worte wahr. Seine Weisheit und göttliche Liebe überfluteten mein ganzes Wesen und erfüllten mein Herz und meine Seele. Alles, was ich noch denken konnte, war: »Dieser Mann liebt Gott so, wie ich es immer ersehnt habe. Er *kennt* Gott. Ihm will ich folgen.« Und das tat ich auch von jenem Augenblick an.

Da ich während der ersten Zeit, die ich mit Paramahansaji verbringen durfte, die verwandelnde Kraft seiner Worte in meinem eigenen Leben erkannte, fühlte ich den starken Drang in mir, alles, was er sagte, für die Nachwelt festzuhalten. Es wurde mein heiliges und freudiges Vorrecht, während der vielen Jahre, die ich mit Paramahansa Yogananda zusammen war, seine Ansprachen, Vorlesungen und viele zwanglose Gespräche und persönliche Ratschläge aufzuzeichnen – wahrlich eine Fundgrube außergewöhnlicher Weisheit und Gottesliebe! Wenn Gurudeva sprach, schlug sich der innere Drang seiner Inspiration oft in der Geschwindigkeit seiner Rede nieder; er konnte minutenlang ohne jede Pause sprechen, und das oft eine ganze Stunde. Während seine Zuhörer wie gebannt dasaßen, flog mein Stift über das Papier. Und während ich seine Worte in Kurzschrift aufzeichnete, schien eine höhere Kraft mitzuwirken, welche die Stimme des Gurus augenblicklich in Kurzschriftzeichen zu Papier brachte. Die Übertragung dieser stenografischen Niederschriften ist eine segensreiche Aufgabe, die mich noch heute beschäftigt hält. Wenn ich mit der Übertragung meiner Aufzeichnungen beginne, sind diese auch nach so langer Zeit – einige sind über vierzig Jahre alt! – immer noch so lebendig in meinem Geist, als hätte ich sie erst gestern niedergeschrieben. In meinem inneren Ohr höre ich sogar noch genau, wie Gurudeva jeden Satz betonte.

Der Meister bereitete sich fast nie auf seine Ansprachen vor; wenn er überhaupt Vorbereitungen traf, bestanden diese aus ein paar kurzen hingekritzelten Notizen. Sehr oft, wenn er im Auto zum Tempel gefahren wurde, fragte er beiläufig jemanden von uns: »Was ist heute mein Thema?« Dann konzentrierte er sich kurz darauf und hielt nachher seine Ansprache aus dem Stegreif, indem er aus dem inneren Reservoir göttlicher Inspiration schöpfte.

Die Themen für Gurudevas Predigten in den Tempeln waren immer festgelegt und wurden im Voraus angekündigt. Wenn er jedoch zu sprechen begann, gingen seine Gedanken manchmal in eine ganz andere Richtung. Ohne auf das »Thema des Sonntags« Rücksicht zu nehmen, sprach der Meister über die Wahrheiten, die gerade in seinem Bewusstsein vorherrschten, und aus der Fülle seiner geistigen Erlebnisse und intuitiven Wahrnehmung floss dann ein Strom unvergleichlicher Weisheit hervor. Fast immer kamen am Ende eines solchen Gottesdienstes einige Besucher nach vorn, um dem Guru zu danken, weil er ihnen bei der Lösung eines Problems geholfen hatte oder weil er eine philosophische Frage für sie geklärt hatte, an der ihnen besonders viel gelegen war.

Zuweilen wurde das Bewusstsein des Gurus während einer Ansprache so sehr entrückt, dass er die Zuhörer vorübergehend vergaß und unmittelbar mit Gott sprach; er floss dann von göttlicher Freude und Liebe über. In solch erhabenen Bewusstseinszuständen, wenn sein Geist eins mit dem Göttlichen Bewusstsein wurde und er die Wahrheit aus eigener Anschauung erlebte, beschrieb er das, was er sah. Manchmal erschien ihm Gott als die Göttliche Mutter oder in einer anderen Gestalt; oder einer unserer großen Gurus oder ein anderer Heiliger erschienen ihm in einer Vision. Bei solchen Gelegenheiten spürten auch die Zuhörer deutlich den besonderen

Segen, der ihnen allen zuteil wurde. Während einer Erscheinung des heiligen Franziskus von Assisi, den Gurudeva sehr liebte, wurde der Meister einmal dazu inspiriert, das wunderschöne Gedicht »Gott! Gott! Gott!« zu verfassen.

Die Bhagavad-Gita schildert einen erleuchteten Meister mit folgenden Worten: »In denjenigen, welche die Unwissenheit durch Weisheit vertrieben haben, erstrahlt das Selbst wie eine Sonne.« (Siehe Bhagavad-Gita V, 16) Man hätte von Paramahansa Yoganandas geistiger Ausstrahlung überwältigt werden können, doch seine menschliche Wärme, Natürlichkeit und stille Bescheidenheit bewirkten, dass sich alle in seiner Gegenwart sofort wohlfühlten. Jeder seiner Zuhörer hatte den Eindruck, dass Gurudevas Worte unmittelbar an ihn gerichtet waren. Nicht die geringste seiner liebenswerten Eigenschaften war sein ausgeprägter Sinn für Humor. Durch irgendeine treffende Formulierung und Geste oder durch seine Mimik konnte er im richtigen Augenblick ein spontanes, herzliches Lachen hervorrufen; ein wichtiger Punkt wurde dann plötzlich klar, oder seine Zuhörer konnten sich entspannen, nachdem sie sich lange und intensiv auf ein besonders schwieriges Thema konzentriert hatten.

Auf den Seiten eines Buches kann man der einzigartigen, universellen Persönlichkeit Paramahansa Yoganandas kaum gerecht werden. Dennoch hege ich die bescheidene Hoffnung, dass ich mit dieser kurzen Einführung eine gewisse Vorstellung von seinem Wesen gegeben habe, welche die Freude an den hier wiedergegebenen Vorträgen und das Verständnis dafür vertiefen wird.

Was für eine Freude es für mich bedeutet, meinen Gurudeva in göttlicher Vereinigung gesehen zu haben, die tiefen Wahrheiten und Herzensergießungen seiner Seele hören und für die Nachwelt aufzeichnen zu dürfen und sie nun mit allen zu teilen! Mögen die unvergleichlichen Worte des Meisters die Tore unerschütterlichen Glaubens an Gott noch weiter öffnen und tiefere Liebe zu dem Einen erwecken, der unser Vater, unsere Mutter und unser Ewiger Freund ist!

Daya Mata

Los Angeles, Kalifornien
Mai 1975

* * *

Jahrzehnte sind vergangen, seit Paramahansa Yogananda die Vorträge gehalten hat, welche in dieser Reihe von Anthologien zusammengestellt wurden, unter denen *Die Reise zur* Selbst-*Verwirklichung* der dritte Band ist. Die Jahre haben die weitreichende und von Zeit unabhängige Wirkung seiner vorausschauenden und praktischen Weisheit bestätigt: Diese durchdringt die tiefsten Bereiche der Spiritualität und spricht universell – über alle Ländergrenzen und Glaubensrichtungen hinweg – die spirituellen Bedürfnisse einer sich neu entwickelnden globalen Zivilisation an.

In einem der Vorträge in *Die ewige Suche des Menschen*, dem ersten Band der Anthologien, sagt Paramahansa Yogananda: »Das einzige Ziel der Self-Realization Fellowship ist, den Menschen einen Weg zu zeigen, auf dem jeder Einzelne Gott selbst erleben kann.« Diese persönliche Verbundenheit mit Gott, der Herzschlag seines geistigen Vermächtnisses, ist das Hauptthema auch in diesem Band. Angesichts des neuen Jahrtausends ist es offensichtlich, dass die größte Hoffnung der Menschheit auf jenen ruht, die sich die Zeit nehmen, um jene unvergleichliche Liebe und jenes tiefe Verständnis zu finden, die in unserer Seele – in Gottes Gegenwart – der Entdeckung harren, und die diese Liebe wie einen heilsamen Balsam aus ihrer Seele zu allen Mitgliedern unserer Weltfamilie strömen lassen.

Wie spürbar war doch der Segen, der von meinem verehrten Guru ausging! Auf der Straße fühlten sich selbst Fremde unwiderstehlich zu ihm hingezogen und fragten respektvoll: »Wer ist das? Wer ist dieser Mann?« In seiner Gegenwart, in Phasen tiefer Meditation, sahen wir ihn oft völlig entrückt im Zustand göttlicher Vereinigung. Der ganze Raum war erfüllt von einer Aura der Liebe Gottes. Paramahansaji hat das höchste Ziel auf dem Lebensweg erreicht; sein Beispiel und seine Worte erleuchten nun den Pfad für Millionen auf der ganzen Welt.

Wir alle sind auf derselben heiligen Reise unterwegs – zu einem Ziel, das wir vielleicht noch nicht ganz klar erkennen – auf einer Entdeckungsreise, die sich Etappe für Etappe vor uns erschließt und auf dem Weg immer wieder neue Gnadengeschenke der Seele offenbart. Schließlich werden wir zu der vollen Erkenntnis geführt, wer wir wirklich sind: nicht die äußere Hülle, die uns umgibt, sondern der unauslöschliche Funke des Unendlichen GEISTES. Ich bete darum, dass jeder Leser dieser Seiten eine äußerst bestärkende Vision dieser göttlichen Bestimmung erlebt und sich zudem der neuen Freude bewusst wird, die der Reise selbst innewohnt.

DAYA MATA

Los Angeles, Kalifornien
Juli 1997

Einführung

In *Die Reise zur SELBST-Verwirklichung* bietet Paramahansa Yogananda allen, die sich selbst und den wahren Sinn des Lebens besser verstehen wollen, aufschlussreiche Ratschläge. Er bringt Klarheit und mitfühlende Weisheit in die ungeheuere Komplexität des menschlichen Daseins, indem er uns eine größere und weitreichendere Vision eröffnet, die aufzeigt, wer wir wirklich sind und wohin die Reise geht.

»SELBST-Verwirklichung«, sagt Paramahansa Yogananda, »ist das Wissen auf allen Ebenen unseres Seins – des Körpers, des Geistes und der Seele –, dass wir eins mit der Allgegenwart Gottes sind, dass wir nicht um sie zu beten brauchen, dass wir ihr nicht nur allezeit nahe sind, sondern dass sie zugleich unsere Allgegenwart ist und dass wir jetzt ebenso ein Teil von Gott sind, wie wir es immer sein werden. Wir brauchen nur eines zu tun: unser Wissen zu erweitern.«

Dieses Buch erschließt uns, *wie* »wir unser Wissen erweitern« – wie wir die Gegenwart Gottes in uns und in all Seinen Geschöpfen erleben können, und zwar nicht nur als flüchtige Inspiration, sondern als bleibende innere Erkenntnis. Durch dieses erweiterte Bewusstsein empfangen wir die Gaben der Seele: Frieden, Liebe, intuitive Führung, ewig neue Freude und die zunehmende Einsicht, dass wir tatsächlich »Gott zum Bilde geschaffen sind«.

Dies ist die dritte Anthologie mit Vorträgen und Essays von Paramahansa Yogananda – nach »*Die ewige Suche des Menschen*« (2001) und »*Im Zauber des Göttlichen*« (2004). Die Weisheit, die aus diesen Bänden spricht, entspringt nicht dem einstudierten Wissen eines Gelehrten; sie ist vielmehr das auf Erfahrung beruhende Zeugnis einer dynamischen spirituellen Persönlichkeit, deren Leben von innerer Freude erfüllt und durch äußere Errungenschaften gekennzeichnet war – eines Weltenlehrers, der lebte, was er lehrte, eines *Premavatars*, dessen einziger Wunsch darin bestand, die Weisheit und Liebe Gottes mit allen zu teilen.

Als ein Diener Gottes und als Autorität in der seit alters bestehenden göttlichen Wissenschaft des Yoga hat Paramahansa Yogananda von geistig hochstehenden Zeitgenossen größte Anerkennung erfahren und ebenfalls von den Lesern seiner Werke in aller Welt – von den literarisch Gebildeten, dem allgemeinen Publikum und seinen Jüngern. Dass er auch von der Höchsten Autorität voll und ganz anerkannt wurde, ist hinreichend durch die offenkundigen Gnadenbeweise belegt worden, die er in seinem vorbildlichen Leben von Gott empfangen durfte – ebenfalls durch die wunderbaren und tief inspirierenden Antworten, die Gott ihm in Visionen und im Zustand göttlicher Vereinigung geschenkt hat.

Nachfolgender Kommentar aus der *Review of Religions*, herausgegeben von der *Columbia University Press*, ist bezeichnend für den Beifall, den Paramahansa Yoganandas früheres Werk *Autobiographie eines Yogi* erhalten hat: »Bisher gibt es weder im Englischen noch in einer anderen europäischen Sprache ein Werk über Yoga, das diesem Buch an die Seite gestellt werden könnte.« Der *San Francisco Chronicle* schrieb: »Yogananda stellt den Yoga auf überzeugende Art und Weise dar, und ›die da kamen, um zu spotten, bleiben vielleicht, um zu beten‹.« Aus der *Schleswig-Holsteinischen Tagespost:* »Man möchte dieser bedeutenden Biographie die Kraft zusprechen, eine geistige Revolution auszulösen.«

Über Paramahansa Yoganandas Person sagte Swami Sivananda, der Gründer der *Divine Life Society* in Rishikesh (Indien): »Paramahansa Yogananda ist ein seltenes Kleinod von unschätzbarem Wert, das in der Welt seinesgleichen sucht, ein idealer Vertreter der alten Weisen und Seher, die den Ruhm Indiens ausmachen.« Der verehrte geistige Führer von Millionen Hindus in Südindien – Seine Heiligkeit Shankaracharya von Kanchipuram (1894–1994) – schrieb über Paramahansaji: »Yoganandas Anwesenheit in dieser Welt glich einem hellen Licht, das mitten in der Finsternis leuchtet. Eine solch große Seele kommt nur selten auf die Erde, nämlich dann, wenn die Menschheit ihrer dringend bedarf. Wir sind Yogananda dankbar dafür, dass er die Hindu-Philosophie auf solch wunderbare Weise in Amerika und anderen westlichen Ländern verbreitet hat.«

Paramahansa Yogananda wurde am 5. Januar 1893 in Indien geboren. Er hatte eine bemerkenswerte Kindheit, die schon früh seine göttliche Bestimmung erkennen ließ. Seine Mutter wusste darum und unterstützte seine hohen geistigen Bestrebungen. Als er erst elf Jahre alt war, verlor er seine Mutter, die er mehr als alles andere auf der Welt liebte; und dieser Verlust bestärkte ihn in dem Entschluss, Gott zu finden und vom Schöpfer selbst die Antworten zu erhalten, nach denen sich jedes menschliche Herz sehnt.

Er wurde ein Schüler des großen *Jnanavatars* (Verkörperung der Weisheit) Swami Sri Yukteswar Giri. Sri Yukteswar war einer aus der Reihe der erhabenen Gurus, mit denen Yoganandaji seit seiner Geburt verbunden war. Sri Yoganandas Eltern waren Jünger Lahiri Mahasayas, des Gurus von Sri Yukteswar. Kurz nachdem Yogananda geboren worden war, trug seine Mutter ihn auf ihren Armen zu Lahiri Mahasaya, der das Kind segnete und diese Prophezeiung aussprach: »Kleine Mutter, dein Sohn wird ein Yogi und geistiger Führer werden und vielen Seelen den Weg zum Reich Gottes weisen.« Lahiri Mahasaya war ein Jünger Mahavatar Babajis, des unsterblichen Meisters, der die uralte Wissenschaft des *Kriya-Yoga* in diesem Zeitalter wiederbelebt hat. Der *Kriya-Yoga* ist von Krishna in der Bhagavad-Gita und von Patanjali in den *Yoga-Sutras* gepriesen worden; er ist sowohl eine transzendente Meditationstechnik als auch eine Lebenskunst, die zur Vereinigung der Seele mit Gott führt. Mahavatar Babaji weihte seinen Jünger Lahiri Mahasaya in die heilige *Kriya*-Technik ein; und dieser gab sie an Sri Yukteswar weiter, der sie Paramahansa Yogananda lehrte.

Nachdem Sri Yogananda im Jahre 1915 an der Universität Kalkutta sein Staatsexamen bestanden hatte, legte er das feierliche Mönchsgelübde ab und wurde in den altehrwürdigen Swami-Orden Indiens aufgenommen. Zwei Jahre später begann er sein Lebenswerk mit der Gründung einer Schule für »richtige Lebensführung«. Mittlerweile sind in ganz Indien siebzehn weitere Bildungsanstalten dieser Art eingerichtet worden, in denen, neben Yoga-Training und der Vermittlung geistiger Werte, traditionelle akademische Fächer angeboten werden.

Als im Jahre 1920 die Zeit gekommen war, da Paramahansa

Yogananda seine Weltmission beginnen und die befreiende Botschaft des Yoga verbreiten sollte, wies ihn Mahavatar Babaji auf die göttliche Verantwortung hin, die er nun übernehmen müsse: »Du bist es, den ich auserwählt habe, die Botschaft des *Kriya-Yoga* im Abendland und in der Neuen Welt zu verbreiten. Vor langer Zeit begegnete ich deinem Guru Yukteswar auf einem *Kumbha-Mela* und sagte ihm, dass ich dich zu ihm senden werde, damit du seine Schulung empfängst. *Kriya-Yoga,* die wissenschaftliche Technik der Gottverwirklichung, wird sich schließlich über die ganze Erde verbreiten und den Menschen dazu verhelfen, persönlich mit dem transzendenten Gott, ihrem Ewigen Vater, in Verbindung zu treten. Auf diese Weise wird der *Kriya* dazu beitragen, die Völker einander näherzubringen.«

Paramahansa Yogananda begann seine Mission in Amerika 1920 als indischer Delegierter auf dem Internationalen Kongress der Freireligiösen Bewegung in Boston. Mehr als ein Jahrzehnt reiste er kreuz und quer durch ganz Amerika und sprach (fast täglich) in allen größeren Städten vor überfüllten Sälen. Am 28. Januar 1925 berichtete die *Los Angeles Times:* »Das Philharmonische Auditorium bietet ein außergewöhnliches Schauspiel: ... Tausende müssen eine Stunde vor dem angekündigten Vortrag weggeschickt werden, weil der dreitausend Sitze fassende Saal überfüllt ist. Swami Yogananda ist die Sensation. Ein Hindu, der die Vereinigten Staaten durchreist, um den Menschen Gott nahezubringen ... und über das Wesentliche der christlichen Lehre zu predigen.« Für die Menschen des Westens war es eine überraschende Entdeckung zu erfahren, dass der Yoga – von Sri Yogananda mit großer Beredsamkeit und Klarheit dargelegt – eine universale Wissenschaft sei und deshalb tatsächlich den »Kern« aller wahren Religionen bilde.

1925 gründete Paramahansa Yogananda auf dem Mount Washington in Los Angeles den internationalen Hauptsitz der Self-Realization Fellowship, einer Organisation, die er 1917 in Indien unter dem Namen Yogoda Satsanga Society of India ins Leben gerufen hatte. Bis heute wird Sri Yoganandas weltweite Organisation von hier aus geleitet (*siehe Foto gegenüber Seite 324*) und von den Mönchen und Nonnen des geistlichen Ordens der Self-Realization Fellowship betreut. Ihnen übertrug Paramahansa Yoganandaji die Verantwortung, sein Werk weiterzuführen und die Reinheit seiner Lehre zu bewahren.

Ende der dreißiger Jahre schränkte Paramahansaji seine umfassende Vortragstätigkeit, die ihn durch das ganze Land führte, immer mehr ein. »Ich bin nicht an großen Menschenmengen interessiert«, sagte er, »sondern an Seelen, die Gott aufrichtig suchen.« Von da an richtete er seine Aufmerksamkeit mehr auf die Unterweisung aufrichtiger Schüler und hielt seine Vorträge meist in den eigenen Tempeln der Self-Realization Fellowship und im internationalen Hauptsitz. Die in diesem Buch gebotene Auswahl enthält vor allem Ansprachen aus dieser Zeit.

Paramahansa Yogananda hatte des Öfteren vorausgesagt: »Ich werde nicht im Bett sterben, sondern mitten in der Arbeit, während ich von Gott und Indien spreche.« Am 7. März 1952 erfüllte sich seine Prophezeiung. Auf einem Bankett, das zu Ehren des indischen Botschafters B. R. Sen veranstaltet wurde, war Paramahansaji einer der Gastredner. Er hielt eine zu Herzen gehende Ansprache, die er mit diesen Worten aus seinem Gedicht »Mein Indien« beschloss: »Wo der Ganges, die Wälder, die Höhlen des Himalaja und die Menschen von Gott träumen, dort ward ich geweiht; mein Körper hat jenen Boden berührt.« Dann richtete er den Blick nach oben und ging in den *Mahasamadhi* ein (den endgültigen und bewussten Austritt eines fortgeschrittenen Yogis aus seinem Körper). Er starb, wie er gelebt hatte, indem er die Menschen anspornte, Gott zu suchen.

Die Ansprachen des Gurus aus den ersten Jahren seiner Tätigkeit sind nur vereinzelt aufgezeichnet worden. Doch als 1931 Sri Daya Mata zu einer Jüngerin Paramahansa Yoganandas wurde, übernahm sie die heilige Aufgabe, alle Ansprachen und Vorlesungen ihres Gurus für kommende Generationen genau mitzuschreiben. Dieser Band enthält nur eine Auswahl. Gemäß Paramahansa Yoganandas Anweisungen wurden viele dieser Aufzeichnungen – vor allem solche, die persönliche Unterweisungen und Grundsätze sowie Meditationstechniken für die Schüler der Self-Realization Fellowship enthielten – zusammen mit anderen seiner Schriften in die Reihe der *Lehrbriefe der Self-Realization Fellowship* aufgenommen; andere Vorträge erscheinen regelmäßig im *Self-Realization Magazine*.

Einführung

In diesem Band sind überwiegend Lesungen und Vorträge aufgenommen, die er während der Gottesdienste oder Seminare in SRF-Tempeln und im internationalen Hauptsitz in Los Angeles gehalten hat. Einige Beiträge entstammen informellen Zusammenkünften oder *Satsangas* mit kleineren Gruppen von Jüngern; oder auch Meditationsandachten, in denen der Guru die ekstatische Vereinigung mit Gott erlebte und allen Anwesenden einen kleinen Einblick in dieses glückselige Bewusstsein gewährte. Zudem enthält dieser Band einige inspirierende Schriften. Paramahansaji war ein begnadeter Autor, der freie Momente oft dazu nutzte, in Liebesliedern Gott zu preisen oder kurze Artikel zu schreiben, um anderen einen bestimmten Aspekt der Wahrheit besser verständlich zu machen.

Da die meisten in diesem Buch enthaltenen Vorträge vor Zuhörern gehalten wurden, die mit der Lehre der Self-Realization Fellowship vertraut waren, dürften es viele heutige Leser begrüßen, wenn einige der Fachausdrücke und philosophischen Begriffe erläutert werden. Zu diesem Zweck haben wir viele Fußnoten angebracht und auch ein Glossar erstellt, das einige Sanskritwörter und philosophische Ausdrücke erklärt und über bestimmte Ereignisse, Personen und Orte informiert, die mit dem Leben und Werk Paramahansa Yoganandas zusammenhängen. Es sei noch erwähnt, dass die Zitate aus der Bhagavad-Gita in diesem Buch – falls nicht anders vermerkt – Paramahansa Yoganandas eigene Übersetzungen sind. Er hat diese Stellen manchmal wörtlich, manchmal frei aus dem Sanskrit übertragen, abhängig vom Kontext seiner Ansprache. (Paramahansajis umfassende Übersetzung der Bhagavad-Gita und sein Kommentar dazu wurden von der Self-Realization Fellowship unter dem Titel *Gott spricht mit Arjuna – Die Bhagavad-Gita: Königliche Wissenschaft der Gottverwirklichung* veröffentlicht.)

Paramahansa Yogananda ehrte alle Religionen und ihre Stifter und achtete alle aufrichtigen Gottsucher. Zu seiner weltweiten Mission gehörte es auch, darzulegen, dass zwischen dem ursprünglichen, von Jesus Christus gelehrten Christentum und dem ursprünglichen, von Bhagavan Krishna gelehrten Yoga völlige Harmonie und grundsätzliche Übereinstimmung besteht (siehe »Ziele und Ideale«, Seite 497). Er hat gezeigt, dass das Üben des Yoga eine innere Verbindung zu Gott entstehen lässt, welche die universelle Grundlage aller Religionen darstellt. Lebensferne und theoretische Abhandlungen über Religion verblassen angesichts einer tatsächlichen Gotteserfahrung. Kein Sucher kann einem anderen die absolute Wahrheit beweisen; doch durch Üben der Yoga-Meditation kann ein jeder von uns durch eigenes Erleben den eindeutigen Beweis für die Wahrheit finden. »Wir alle sind Teil des Einen GEISTES«, sagte Paramahansaji. »Wenn ihr die wahre Bedeutung der Religion erfahrt, nämlich Gott zu erkennen, werdet ihr feststellen, dass Er euer SELBST ist und dass Er gleichermaßen und unvoreingenommen in allen Wesen existiert. ... Gebt euch nicht mit einer intellektuellen Vorstellung der Wahrheit zufrieden. Gewinnt Wahrheit durch Erfahrung, und ihr werdet Gott durch eure eigene SELBST-Verwirklichung erleben.«

SELF-REALIZATION FELLOWSHIP

Los Angeles, Kalifornien
Juli 1997

Die Reise zur SELBST-Verwirklichung

Wie man immerwährende Jugendlichkeit zum Ausdruck bringt

Vortrag im Ersten Tempel[1] der Self-Realization Fellowship, Encinitas, Kalifornien, 20. März 1938

Das Reich Gottes befindet sich nicht in den Wolken, nicht an einer bestimmten Stelle des Raumes; es liegt unmittelbar hinter dem Dunkel eurer geschlossenen Augen. Gott ist Bewusstsein. Gott ist absolutes Dasein. Gott ist ewig neue Freude. Diese Freude ist allgegenwärtig. Fühlt, wie ihr eins mit dieser Freude seid. Sie erfüllt euch, und sie umfasst die Unendlichkeit. Hinter den Schwingungen der begrenzten grobstofflichen Materie regiert der Unwandelbare Unendliche in all Seiner Herrlichkeit und Unermesslichkeit. Das Reich Gottes bedeutet Endlosigkeit – bewusste, ewig bestehende und grenzenlose Glückseligkeit. Wenn eure Seele sich erweitert hat und überall gegenwärtig ist, dann seid ihr eins mit dem GEIST geworden.

Wir neigen uns vor dem Unendlichen, der auf dem Altar des Horizontes thront, wo sich Himmel und Meer begegnen; und wir neigen uns vor dem transzendenten Unendlichen auf dem Altar unseres inneren Friedens.

Obgleich wir ständig unsere Unwissenheit zur Schau stellen, schenkt Gott uns weiterhin das Leben, denn Er wohnt in uns. Er schläft in der Erde, Er träumt in den Blumen, Er erwacht in den Vögeln und den übrigen Tieren. Und im Menschen weiß Er, dass Er wach ist. Im Übermenschen findet Er sich selbst wieder.

In früheren Zeitaltern haben die in Einsiedeleien lebenden

---

[1] Der Goldene Lotostempel. Siehe Fußnote auf Seite 300.

Rishis und Meister Indiens alle Geheimnisse entschleiert, hinter denen sich der Allgegenwärtige GEIST verbirgt. Dank ihrer Forschung sind uns die wertvollen Techniken und Methoden überliefert worden, die Körper und Geist mit der in jedem Menschen sprudelnden Unerschöpflichen Quelle des Lebens und der Intelligenz in Einklang bringen. Wenn ihr euch innerlich auf das Unendliche einstellt, könnt ihr diese unbegrenzte Kraft empfangen.

Das Wissen, das uns Bücher oder gelehrte Menschen vermitteln, ist begrenzt; doch durch das Unendliche kann uns unbegrenzte Weisheit zuteilwerden. Wie aber kann man sie erwerben? Wir lehren die Methode in den *Lehrbriefen der Self-Realization Fellowship*, die wöchentlich von unserem Internationalen Hauptsitz in Mount Washington versandt werden. Die in diesen Lehrbriefen enthaltenen Wahrheiten kommen von Gott und von der Forschung, die wir den indischen Meistern verdanken.

Erkennt den Sinn eures Daseins

Es beleidigt euer wahres SELBST, wenn ihr geboren werdet, lebt und sterbt, ohne das Rätsel gelöst zu haben, warum ihr überhaupt als menschliche Wesen hergesandt worden seid. Gott zu vergessen bedeutet, den eigentlichen Sinn des Daseins zu verfehlen. Bemüht euch darum, Gott zu fühlen und euch an Ihm zu erfreuen. Macht dies zu eurer Gewohnheit, dann werdet ihr mit der Zeit feststellen, wie viel ihr dadurch gewonnen habt. Materiellen Besitz und Wohlstand zu erwerben, bewahrt uns nicht vor Leid. Es wird eine Zeit kommen, da ihr euch vollkommen hilflos fühlt – wie eine Marionette des Schicksals. Dann werdet ihr allmählich einsehen, dass allein Gott eure sichere Zuflucht ist. Er will sich niemandem aufdrängen. Ihr müsst die Initiative ergreifen und Ihn mit der ganzen Glut eures Herzens suchen, sodass ihr den Wunsch, Ihn zu finden, allen anderen Wünschen vorzieht. Ähnlich wie der Schwan auf schlammigem Wasser schwimmen kann, ohne dass seine Federn beschmutzt werden, so solltet auch ihr euch in dieser Welt bewegen. Wenn ihr euren Geist mit dem Öl der Leidenschaftslosigkeit benetzt, können keine materiellen Wünsche an euch haften bleiben.

Der Tautropfen, der sich vom See trennt und abgesondert auf einem Lotosblatt ruht, wird vertrocknen, wenn er nicht in den See zurückkehrt. Deshalb ist es besser, jetzt im Bewusstsein Gottes zu leben, bevor das Leben sich in materielle Wünsche verflüchtigt. Dann wird der Tautropfen des Lebens keinen Tod erleiden, sondern ewig bestehen. Geburt bedeutet Trennung vom Unendlichen. Der Tod ist nicht das Ende des Lebens, sondern der Übergang in einen höheren Zustand. Freiheit von Geburt und Tod bedeutet, zu Gott zurückzukehren. Der Tautropfen gehört zum Meer. Sondert er sich ab, ist er der Sonne, dem Wind und anderen Naturkräften ausgesetzt; doch wenn der Tropfen zu seiner Quelle zurückkehrt, wird er eins mit dem Meer und so groß wie dieses. So ist es auch mit eurem Leben. Wenn ihr eins mit Gott werdet, werdet ihr unsterblich.

Auch wenn wir jetzt noch vom Ewigen Meer getrennt sind, sollte unser Ziel dennoch darin bestehen, so gut wie möglich unsere eigentliche göttliche Unsterblichkeit zum Ausdruck zu bringen. Auf dem Lotosblatt materiellen Glücks sollte der Tautropfen des Lebens unberührt und unbefleckt bleiben, bis er in die Unermesslichkeit der Gegenwart Gottes gleitet. Wir beschäftigen uns heute mit dem Thema, wie man sich langdauernde Jugendlichkeit erhält, damit wir trotz hinderlicher Begrenzungen die uns innewohnende Unsterblichkeit zum Ausdruck bringen.

Jugendlichkeit ist ein geistiger, seelischer und auch körperlicher Zustand

Jeder möchte gern jugendlich sein. Auf die eine oder andere Weise suchen alle Menschen nach dem sagenhaften »Jungbrunnen«. Was aber bedeutet Jugend? Nicht alle jungen Menschen sind auch jugendlich; einige wirken viel älter und verlebter, als es ihrem Alter entspricht. Dagegen bleiben einige ältere Menschen noch im hohen Alter jugendlich. Sie haben ihren Geist jung erhalten. Ihr Lächeln strahlt aus ihrer Seele und erhellt ihren Körper und ihr Gesicht; in ihrem Blut pulsiert die Lebensfreude. Und dann gibt es diese langweiligen, faden Personen, die schon, ehe sie sterben, so gut wie tot sind und es nicht einmal merken. Sie gleichen »wandelnden Toten«. Man sieht viele solch negativer, kritischer, launenhafter, deprimierter

Leute. Doch es gibt keine Entschuldigung für eine derart falsche Geisteshaltung. Ihr müsst immer positiv denken, fröhlich lächeln und lebensprühend sein. Bringt unter allen Umständen diese geistige Jugendlichkeit zum Ausdruck, die aus eurem innersten Wesen aufsteigt.

Das Alter des Körpers hat also mit Jugendlichkeit nicht wirklich etwas zu tun. Der Geisteszustand und die seelische Ausstrahlung sind es, die einen Menschen jugendlich machen. Jugend ist jener Zustand des Körpers, des Geistes und der Seele, in dem man den Höhepunkt an Freude und Kraft erreicht hat. Ihr könnt, wenn ihr es wünscht, beliebig lange an diesem Zustand festhalten. Andererseits könnt ihr ihn durch Unachtsamkeit leicht verlieren.

Wir wollen dieses Thema zuerst vom geistigen Standpunkt aus betrachten. Der Geist ist der Oberaufseher; das heißt, er steuert den Körper. Der ganze Körper ist vom Geist gestaltet worden. Wir sind das Endergebnis des Bewusstseins, das wir uns selbst in einer Reihe von Inkarnationen[2] geschaffen haben. Dieser Geist, oder dieses Bewusstsein, ist die höchste Kraft, die jede willkürliche und unwillkürliche Funktion und die vielseitige Produktion der Körperfabrik steuert.

Die fünf geistigen Bewusstseinszustände

Wir beurteilen unsere Lage als erwünscht oder unerwünscht, je nach dem Ausmaß oder dem Mangel an Freude, der damit verbunden ist. Demgemäß gibt es fünf Geisteszustände: Glück, Leid, Gleichgültigkeit, Frieden und wahre Freude.

Wenn die Wellen im offenen Meer durch einen Sturm aufgepeitscht werden, steigen sie – eine nach der anderen – hoch, fallen wie in eine Mulde und erheben sich aufs Neue, bis der Sturm abebbt und die Wellen in das Meer zurücksinken. Ähnlich verhält es sich mit dem menschlichen Geist. Die geistigen Scheitelpunkte sind die sich abwechselnden Freuden und Leiden des Lebens; die Mulden zwischen ihnen sind Gleichgültigkeit oder Langeweile. Dies sind die ersten drei geistigen Zustände.

---

[2] Siehe *Karma* und *Reinkarnation* im Glossar.

Man kann den Geisteszustand eines Menschen fast immer an seinem Gesichtsausdruck erkennen. Fragt ihr jemanden, der glücklich aussieht, was ihn denn so froh mache, werdet ihr feststellen, dass ihm ein Wunsch erfüllt worden ist: Er hat eine Gehaltserhöhung bekommen; er hat etwas fertigstellen können, was er sich vorgenommen hatte; oder er freut sich über irgendetwas anderes. Ein erfüllter Wunsch bereitet Freude.

Wenn ihr jemanden trefft, der ein mürrisches oder verdrießliches Gesicht macht, wisst ihr, dass er eine Enttäuschung erlebt hat. Ein unerfüllter Wunsch führt zu Unzufriedenheit. Der Wunsch nach Gesundheit wird durch Schmerz vereitelt, der Wunsch nach Geld durch Armut und so fort.

Und dann gibt es Menschen, die irgendwo dazwischen liegen. Wenn ihr sie fragt: »Bist du glücklich?«, kommt als Antwort: »Nein.« – »Bist du denn traurig?« – »Nein, auch nicht.« Sie befinden sich in der Mitte, weder auf dem Wellenkamm des Glücks noch im Wellental der Traurigkeit. Sie liegen dazwischen. Das ist der neutrale Zustand der Gleichgültigkeit.

Niemand kann längere Zeit auf dem Gipfel strahlenden Glücks oder aufwühlenden Leids verbleiben, ebenfalls nicht in der Abfallgrube der Langeweile. In dieser Welt, in der die Gegensätze miteinander wetteifern, wird der durchschnittliche Mensch hin und her geworfen – er erhebt sich mit einer Welle der Freude, fällt in die Senke der Gleichgültigkeit und wird dann von einer Welle des Leids erfasst. Das sind fast die einzigen Bewusstseinsstadien, die er kennt. Wer sich derart umherwerfen lässt, gibt seinen freien Willen auf und lässt sich von einem scheinbar launenhaften Schicksal regieren.

Wenn der Mensch ein erfolgreiches und erfüllendes Leben führen will, braucht er einen ausgeglichenen Geist. Den erlangt er aber nur durch Konzentration, durch Herrschaft über seine geistigen Fähigkeiten. Selbst tiefe seelische Wunden heilen mit der Zeit; man gewinnt nichts dadurch, dass man sie jeden Tag wieder neu durchlebt. Wenn ihr euch grämt, weil jemand gestorben ist, hilft das weder ihm noch euch noch ändert es etwas an der traurigen Tatsache. Wenn ihr unter einem Minderwertigkeitskomplex leidet oder euch ständig wegen früherer Fehler und Misserfolge Vorwürfe macht, werdet ihr nur unglücklich. Es hilft euch nicht weiter; es lähmt bloß eure geistigen Fähigkeiten. Lasst es nie zu, dass euer Geist auf ein totes Gleis gerät. Und empfindet das Leben auch nicht als langweilig. Das ist ein höchst unerfreulicher Zustand, in dem ihr allmählich vertrocknet. Lasst nicht euch und all eure Fähigkeiten im Ofen der Gleichgültigkeit schmoren.

Jenseits der ersten drei Geisteszustände – Glück, Leid und Gleichgültigkeit – liegt der Zustand des Friedens. Nur sehr wenige Menschen erreichen diese Ebene. Wer Geld und Gesundheit und zufriedenstellende menschliche Beziehungen hat – alles, was er wirklich braucht oder sich wünscht –, mag sagen: »Ich bin weder glücklich noch unglücklich noch gleichgültig. Ich habe keine Sorgen; ich bin zufrieden.« Ein solcher Zustand mag nach einer aufregenden Zeit wünschenswert sein. Doch wenn man für längere Zeit in dieser Art Frieden lebt, der nur die Abwesenheit von Freude und Leid darstellt, sagt man schließlich: »Hau mir mal auf den Kopf, damit ich weiß, dass ich noch am Leben bin!« Ein solcher Frieden ist lediglich ein negativer Zustand, in dem die Aufregungen neutralisiert worden sind; er bringt keine bleibende Zufriedenheit.

Und jetzt kommen wir zum positiven Teil, zum fünften und letzten Bewusstseinszustand: zum Erlangen ewig neuer Freude. Diesen Zustand erreicht man nur, wenn man in tiefer Meditation mit Gott in Verbindung tritt. Und dazu verhelfen uns die von den indischen Meistern überlieferten Techniken. Dieser alles erfüllenden Freude wird man nie überdrüssig. Doch wie soll ich sie beschreiben? Nehmen wir einmal an, ihr würdet zehn Tage lang keinen Schlaf bekommen; man würde euch zwingen, wach zu bleiben – und dann dürftet ihr endlich einschlafen! Stellt euch die Freude vor, die ihr dann fühlen würdet. Selbst wenn ihr sie nun vertausendfacht, würde sie nicht annähernd der Freude gleichkommen, von der ich spreche. Jesus und andere göttliche Menschen berichteten davon. Der hl. Franziskus und Sri Chaitanya[3] kannten diese Freude. Warum würden die Heiligen allem materiellen Besitz entsagen, wenn

---

[3] Sri Chaitanya war ein hervorragender indischer Gelehrter, der 1508 eine geistige Erweckung erlebte und eine tiefe Liebe zu Gott entwickelte, den er in der Gestalt des Avatars Sri Krishna (siehe Glossar) anbetete. Er galt im 16. Jahrhundert in ganz Indien als einer der größten *Bhaktas* (Verehrer Gottes).

sie nicht etwas gefunden hätten, das viel kostbarer ist? Die Lehre der Self-Realization Fellowship verlangt nicht von euch, dass ihr allen weltlichen Besitz aufgebt; doch ihr solltet in der Lage sein, euch von kleineren Dingen zu trennen, die euch daran hindern, die höhere, bleibende und wahrhaft erfüllende Freude im Leben zu finden.

Es ist an der Zeit, dass ihr fühlt und versteht, was der eigentliche Sinn der Religion ist: mit dieser Höchsten Freude in Verbindung zu treten; denn Gott, der große ewige Tröster, ist diese Freude. Wenn ihr sie erlebt und immer an ihr festhalten könnt, werdet ihr auch inmitten zusammenbrechender Welten standhaft bleiben – ganz gleich, was sich in eurem Leben ereignet.

Das also ist das erste Gesetz, das uns dazu verhilft, jung zu bleiben: Ihr müsst ein heiteres Gemüt haben, das von den Ereignissen des Lebens nicht berührt wird. Wer diese Freude besitzt, kann auch durch den Tod nicht erschüttert werden. Wie hätte Jesus während seiner Kreuzigung sagen können: »Vater, vergib ihnen, denn sie wissen nicht, was sie tun«[4], wenn er nicht im Besitz jener inneren Freude gewesen wäre, die ihm trotz aller körperlichen Qualen nicht genommen werden konnte? Aufgrund dieser festen Geisteshaltung konnte er mit seinen letzten Atemzügen noch Liebe für diejenigen zum Ausdruck bringen, die den Tod seines Körpers verursacht hatten. Um diesen unangreifbaren Zustand müsst auch ihr euch bemühen.

Lernt, unter allen Umständen aufrichtig zu lächeln

Die direkte Methode, einen freudigen und jugendlichen Geisteszustand zu erwerben, besteht darin, Gott in der Meditation zu suchen. Es gibt noch andere Methoden, die ebenfalls dazu beitragen, geistig jung zu bleiben. Lernt vor allem, zu lächeln – *aufrichtig* zu lächeln! Ganz gleich, wo ihr euch befindet und wie schwierig die Umstände auch sein mögen, schenkt anderen ein herzliches Lächeln. Lasst keinen Ärger oder Groll in euch aufsteigen. Bemüht euch, allen Menschen ein aufrichtiges

---

[4] *Lukas* 23, 34.

Lächeln zu schenken – seien es Freunde, Fremde oder die eigene Familie. Genau darin besteht zu 50 Prozent das Geheimnis der Jugendlichkeit. Wenn aus eurem tiefsten Innern ein ansteckendes Lächeln aufsteigt, dann seid ihr jung. Ich habe oft folgenden Rat erteilt: Wenn ihr nicht lächeln könnt, übt es, indem ihr euch vor einen Spiegel stellt und die Mundwinkel hochzieht!

An dem Tag, an dem ihr euch entschließt zu lächeln, werdet ihr feststellen, dass alle Umstände sich verschworen haben, euch in Tränen ausbrechen zu lassen. So ist das Leben nun einmal. An dem Tag, an dem ihr euch vornehmt, geduldig zu sein und allen zu verzeihen, scheinen die anderen plötzlich besonders schwierig im Umgang zu sein. So ist das Leben. Oft werden wir von anderen gekreuzigt, doch ihre Bosheit sollte unseren Entschluss, gütig zu sein, nicht ins Wanken bringen. Lasst die anderen tun, was sie wollen; ihr aber solltet großherziger sein und an euren Vorsätzen festhalten. Nicht nach dem Beifall der Menschen solltet ihr streben, sondern nach der Anerkennung Gottes. Sobald ihr fühlt, dass Er zufrieden mit euch ist, werdet ihr glücklich sein. Versucht natürlich, andere möglichst zufriedenzustellen, und vermeidet, sie zu verletzen. Darüber solltet ihr jedoch nicht eure höchste Pflicht vergessen, die darin besteht, zuallererst Gott zu gefallen. Das wäre die Sache nicht wert.

Übt euch ständig darin, durch euer Lächeln geistige Jugendlichkeit auszudrücken. Stellt fest, wie viele Stunden hintereinander ihr trotz aller Prüfungen euer inneres Gleichgewicht bewahren könnt. Wenn ihr jederzeit fröhlich und gleichmütig bleiben könnt, wird auch jede Zelle eures Körpers vor Freude vibrieren.

Gott hat mich während dieser vielen Jahre gesegnet. Ob man mir mein Lächeln ansieht oder nicht, ich bin stets von göttlicher Freude erfüllt. Unter meinem Bewusstsein fließt ein mächtiger Strom der Freude. Weder die Wechselhaftigkeit des Lebens noch das Schreckgespenst des Todes können mir diese Freude nehmen. Es hat mich viel Mühe gekostet, diesen dauerhaften und unveränderlichen Zustand zu erreichen, aber es war der Mühe wert.

Viele Menschen haben Jahr um Jahr ihres Lebens vergeudet und keine Freude gefunden. Warum wollt ihr es ihnen gleichtun und nach solchen Dingen streben, die Glück versprechen, aber nur Unglück bringen? Setzt euch in der Meditation mit dem GEIST in Verbindung, dann werdet ihr die Wahrheit meiner Worte erkennen. Ihr werdet schließlich eine Freude besitzen, die ihr nicht wieder hergeben wollt – auch wenn euch dafür die ganze Welt versprochen würde. Geld, Sex, Wein – nichts von diesen kann sich mit jener höchsten Freude messen, die eure Seele ewig erleuchtet.

Bereitwilligkeit und größere Selbstlosigkeit sind von Bedeutung

Auch Bereitwilligkeit ist wichtig, wenn man jung bleiben will. Wenn ihr jemanden gern habt, macht es euch nichts aus, für ihn zu kochen oder ihm sonst irgendeinen Dienst zu erweisen. Wenn ihr das aber für jemanden tun sollt, der euch unsympathisch ist, macht euch euer Unwille müde und gereizt, sodass ihr gar nichts für ihn tun wollt. Dasselbe Prinzip trifft auf jede Lebenslage zu: Seid ihr unwillig, habt ihr keine Energie und kein Interesse. Wenn ihr etwas bereitwillig tut, habt ihr die Kraft und Begeisterung der Jugend.

Was außerdem dazu beiträgt, geistig jung zu bleiben, ist das Bemühen, weniger selbstsüchtig und egozentrisch zu sein und anderen mehr Interesse und Zuwendung zu schenken. Wenn ihr an der Freude der Meditation – der Freude an der Verbundenheit mit Gott – festhalten wollt, müsst ihr euch in Seinen Eigenschaften üben, nämlich alle Menschen zu lieben und allen gegenüber gütig und gerecht zu sein. Vergebt euren Feinden. Was für ein herrlich befreiendes Gefühl es ist, wenn ihr euch von den Fesseln des Ärgers und der Eifersucht löst. Helft anderen täglich, soweit es in eurer Macht steht – und bringt vor allem andere Seelen auf den geistigen Weg, damit sie Gott suchen können. Schenkt allen dieselbe Liebe, die ihr für eure Familie und Angehörigen empfindet. Gott hat sie zu euch geführt, damit ihr lernt, über eure Eigenliebe hinauszuwachsen und auch andere Menschen zu lieben. Und Er lässt es zu, dass der Tod und andere Umstände euch eure Angehörigen rauben, damit ihr eure Liebe nicht nur einigen wenigen, sondern allen schenken könnt. Je umfassender eure Liebe wird, umso mehr erweitert sich euer Bewusstsein, und umso mehr wird es von der Freude des allgegenwärtigen Gottes erfüllt. In der Bhagavad-Gita heißt es: »Wer erkennt, dass alle einzelnen Wesen in dem Einen enthalten sind, der sich in viele aufgeteilt hat, der geht in Brahman [den GEIST] ein.«[5]

Kann man den Körper ewig jung erhalten?

Nun kommen wir zum Thema der körperlichen Jugendlichkeit. Viele Heilige, die in verborgener Abgeschiedenheit lebten, geschützt vor den skeptischen Blicken unerleuchteter weltlicher Menschen, haben die normale Lebenszeit weit überschritten und nicht nur ihren Geist, sondern auch ihren Körper jung erhalten. Zu diesen gehört Mahavatar Babaji.[6] Jesus hat auf andere Art Meisterschaft über die Elemente des Körpers gezeigt. Er bewies die Wahrheit seiner Worte: »Brechet diesen [Körper-]Tempel ab, und am dritten Tage will ich ihn aufrichten.«[7] Die großen Meister in Indien verfügen über solche Kräfte. Viele der höheren Gesetze sind in den westlichen Ländern unbekannt geblieben, weil deren Kultur sich auf die äußere, materielle Entwicklung konzentrierte, während sich der Osten seit je mit der inneren Forschung auf dem Gebiet des GEISTES beschäftigt hat.

Warum sollten wir uns darüber wundern, dass einige Meister ungewöhnlich lange leben, weil sie auf Gottes Geheiß eine bestimmte Aufgabe zu erfüllen haben? Wir können in der Natur beobachten, dass einige Tiere viel länger am Leben bleiben als der durchschnittliche Mensch. Dennoch hält man den Menschen für das höhere Lebewesen. Warum lebt er dann nicht so lange wie diese Tiere? Weil uns menschlichen Wesen die einzigartige Gabe des freien Willens verliehen worden ist, sodass wir tun können, was wir wollen; und weil der Mensch diese Gabe missbraucht und sich für all die Dinge entscheidet, die er nicht tun sollte. Seine falschen Lebens- und Denkgewohnheiten sowie sein ständiges Getrenntsein von Gott sind

---

[5] Bhagavad-Gita XIII, 30.

[6] Der immerwährend jugendliche Meister, der erste in der Reihe der Gurus der Self-Realization Fellowship. Er hat die seit alters bestehende Wissenschaft des *Kriya-Yoga* 1861 wiederbelebt. (Siehe Glossar.)

[7] *Johannes* 2, 19.

im Laufe der Evolution von einer Generation auf die andere übertragen worden und haben die Verwirklichung seines göttlichen Potenzials erheblich begrenzt – sowohl in körperlicher als auch in geistiger und seelischer Hinsicht.

Im Mutterleib wächst der menschliche Körper nach der Teilung der ersten Zelle heran – die durch die Verbindung von Samen- und Eizelle entsteht – und bildet binnen vier Tagen einen Embryo. Das ganze Potenzial des Körpers ist bereits am vierten Tage vorhanden. Anfangs werden diese formbildenden Zellen Keimzellen genannt, von denen jede fähig ist, alle Arten von Körpergewebe zu bilden. Nach einem besonderen Muster beginnen sie dann, sich auf geheimnisvolle Weise zu spezialisieren und zu Nerven, Knochen, Haut, Blut, Organen – zu all den Bestandteilen des Körpers – zu werden. Während sich die Körperteile heranbilden, werden aus den spezialisierten Keimzellen Körperzellen, die auf ihre besonderen Funktionen und deren Begrenzungen festgelegt sind. Das heißt, diese Zellen gehorchen nicht immer dem Bewusstsein, weil die evolutionsbedingten und individuellen karmischen Gewohnheiten und Gedanken seit Jahrhunderten tief in ihre Struktur eingebettet sind.

Zum Beispiel kann der Mensch zweimal Zähne bekommen; warum dann nicht auch dreimal oder viermal? Weil die Zellen unseres Körpers durch das über Generationen entstandene evolutionäre Muster hypnotisiert worden sind – ein Muster, das unserem Gehirn und der Struktur der Zellen eingeprägt ist. Je mehr wir uns von der unterbewussten Hypnose der evolutionsbedingten Zivilisation lösen, umso freier werden wir. Wie man Körperzellen wieder in die anpassungsfähigen, schöpferischen Keimzellen zurückbilden kann, die fähig sind, Körperteile neu aufzubauen und zu verjüngen, ist eine Aufgabe für die Wissenschaftler der Zukunft.[8] Unsere Körper sollten in

---

[8] In den letzten Jahren haben einige Wissenschaftler erste Fortschritte in dieser Richtung gemacht. Dr. Robert Becker, ein Forscher auf dem Gebiet orthopädischer Chirurgie in New York, hat durch elektrische Reize Körperzellen dazu bewegt, sich in den unspezialisierten Zustand von Keimzellen zurückzubilden; dadurch ist es ihm gelungen, dass bei Fröschen und Ratten verlorene Glieder wieder nachwuchsen (obgleich bei diesen Tieren naturgemäß keine

der Lage sein, unserem Willen zu gehorchen und sich ensprechend zu verändern.

Je größer der Wille, umso größer der Energiefluss

Bemüht euch um einen starken Willen – einen ruhigen, keinen nervösen Willen –, dann wird euer Körper voller Energie sein. Durch die Kraft des Willens könnt ihr Energie in den Körper lenken und sie nutzen. Je größer der Wille, umso größer der Energiefluss. Lernt, diese Energie nicht nur aus der Nahrung und dem Sauerstoff zu ziehen, sondern auch aus dem Unendlichen; denn irgendwann einmal kommt die Zeit, da euer Körper schwach wird, ganz gleich, welche physischen Maßnahmen ihr ergreift. Nahrung und Sauerstoff sind nur dann nützlich für den Körper, wenn der innere Lebensstrom auf sie einwirkt. Wenn dieser aber durch körperlichen oder geistigen Missbrauch schwach geworden ist, sind alle äußeren Hilfsmittel wirkungslos. Die Methoden, die ich lehre, zeigen euch, wie ihr jeden Körperteil mit Lebensenergie füllen könnt; diese Energie fließt unmittelbar aus der allgegenwärtigen vibrierenden Kraft Gottes – einer Kraft, die euch überall umgibt und in eurem Innern vorhanden ist. Sie hat euren Körper erschaffen und erhält ihn. Mit Hilfe der Aufladeübungen[9] und besonders des *Kriya-Yoga* könnt ihr euren ganzen Körper mit göttlicher Kraft beleben.

Jedes Gramm Fleisch enthält so viel Energie, dass man damit die Stadt Chicago zwei Tage lang beleuchten könnte. Ihr fühlt zwar die Wärme und die Lebenskraft im Fleisch, die durch diese Energie erzeugt werden, aber nicht in den Atomen des Fleisches die ungeheure Energie selbst. Jedes Atom ist ein Dynamo an Kraft. Ihr könnt jede Zelle des Körpers durch *Kriya-Yoga*-Meditation fühlbar aufladen; und durch Anwendung eures Willens könnt ihr die kosmische Quelle aller Kraft anzapfen. Wenn ihr willensstark seid und euren Willen gebraucht, um alle körperlichen und geistigen Aufgaben mit

---

Körperteile nachwachsen). Dr. Becker und verschiedene andere Forscher haben diese Technik bei Menschen angewandt, um Knochenbrüche zu heilen, die als irreparabel galten. Weitere Versuche und Forschungen dauern bis heute an.

[9] Diese Übungen wurden von Paramahansa Yogananda entwickelt und sind in den *Lehrbriefen der Self-Realization Fellowship* enthalten. (Siehe Glossar.)

fröhlicher Bereitwilligkeit zu erfüllen, werdet ihr körperlich und geistig jung bleiben.

Befolgt Gottes Gesetze, die in der Kosmischen Natur wirksam sind

Die Natur, die kosmische Schöpfung, ist die Verkörperung der Gesetze Gottes. Ihr müsst also lernen, diese Gesetze zu befolgen. Krankheit, geistige Unausgeglichenheit und alle Arten von Leiden sind die Folgen von Ungehorsam. Die Menschen haben ihren freien Willen missbraucht und falsches Betragen vorgezogen; folglich wirken sich ihre Handlungen, die dem göttlichen Gesetz widersprechen, später auf das Nervensystem und das Bewusstsein aus und führen zu körperlicher und geistiger Disharmonie.

Was die Ernährung betrifft, werden die Gesetze der Gesundheit ständig übertreten. Die meisten Leute schaufeln sich mit ihren Messern und Gabeln ihr eigenes Grab. Die Tiere im Zoo werden wissenschaftlicher ernährt als der durchschnittliche Mensch. Ihr müsst eure Essgewohnheiten umstellen und das essen, was ihr essen solltet, nicht einfach das, was euch am besten schmeckt. Eure Ernährung sollte überwiegend frisches Obst und Gemüse enthalten sowie natürliche Vollkornprodukte und Hülsenfrüchte. Vermeidet zu viel Weißmehlprodukte und Süßigkeiten und vor allem fettige Speisen, die der Gesundheit sehr schaden können. Die bekömmlichsten Süßigkeiten sind sonnengetrocknete, ungeschwefelte Früchte. Wer viel Fleisch isst, sollte diese Gewohnheit ablegen und keinesfalls Rind- und Schweinefleisch zu sich nehmen, sondern nur gelegentlich Fisch, Geflügel oder Lammfleisch. Zu jedem Stück Fleisch sollte man eine große Portion Salat essen. Viel besser noch ist eine völlig fleischlose Ernährung, die einige Milchprodukte, Eier und Gemüse-Eiweiß umfasst. Ungesalzene Erdnüsse, Mandeln oder rohe Kichererbsen, fein gemahlen und mit Orangensaft vermischt, sind eine gute Eiweißquelle und ein Ersatz für Fleisch. Und trinkt Milch *zwischen* den Mahlzeiten, nicht *während* einer Mahlzeit.

Esst nie zu viel. Wenn man mehr zu sich nimmt, als der Körper benötigt, kann das genauso schädlich sein wie falsche Ernährung. Ihr müsst nicht essen, nur weil die Glocke zur

Mahlzeit läutet. Und wenn ihr esst, esst weniger. Macht es euch zur Gewohnheit, einen Tag in der Woche und drei aufeinanderfolgende Tage im Monat mit frischem Obst oder ungesüßten Obstsäften zu fasten.

Sehr wichtig ist eine gute Verdauung. Frisches Obst und Gemüse verhelfen dazu, den Körper zu entschlacken. Wenn man fastet, sollte man am besten ein mildes Abführmittel in frisch gepresstem Orangensaft einnehmen.

Auch die Körperhaltung ist für eine gute Gesundheit wichtig. Schlechte Haltung behindert die Lebensenergie, sodass sie nicht frei in die verschiedenen Körperteile und inneren Organe fließen kann. Die beste Haltung besteht darin, dass man die Brust leicht vorwölbt, die Schultern zurückzieht, Magen und Unterleib flach und das Gesäß etwas eingezogen hält. Macht beim Stehen kein Hohlkreuz und lasst die Schultern nicht hängen. Sitzt nicht vornübergebeugt, sodass die Wirbelsäule krumm wird und den Atem sowie den freien Fluss der Lebensenergie in der Wirbelsäule behindert. Vom psychologischen Standpunkt aus bedeutet eine krumme Haltung Niedergeschlagenheit. Sitzt und steht immer aufrecht. Seid Herr über euch selbst und richtet euren Geist auf die unendliche Macht, die in euch wirkt und euch umgibt.

Verschafft euch regelmäßig Bewegung – zum Beispiel durch einen täglichen Spaziergang. Lernt richtig atmen – ruhig und tief, sodass der Sauerstoff bis in die unteren Lungenlappen gelangt. Wenn der Körper durch richtiges Atmen und regelmäßige Bewegung gut mit Sauerstoff versorgt ist, kann die Lebenskraft den ganzen Körper einschließlich des Gehirns beleben.

Und schließlich ist es im Hinblick auf die körperliche Jugendlichkeit äußerst wichtig, mit der Sexualkraft hauszuhalten. Sexuelle Ausschweifung und Missbrauch der natürlichen Zeugungskraft führen schneller als alles andere zu Krankheit und vorzeitigem Altern. Es entkräftet den Körper und schwächt das Immunsystem. Eheleute sollten Maß halten, und Unverheiratete sollten enthaltsam leben.

Wenn ihr etwas für eure Gesundheit tut und die innere Lebensenergie nicht durch falsches Denken und Handeln schwächt, wird es euch besser gelingen, gesund und jugendlich zu bleiben. Selbst schlechtes gesundheitliches Karma aus früheren Leben kann dann weitgehend gemildert werden. Ganz gleich, wie eure Vergangenheit aussieht, es ist nie zu spät, euch zu ändern; es ist nie zu spät, eure schlechten Gewohnheiten abzulegen.

Der »Jungbrunnen« liegt in der Seele

Letztlich findet ihr den ersehnten »Jungbrunnen« in eurer eigenen Seele. Euer wahres SELBST, das Gott zum Bilde geschaffen wurde, ist unsterblich. Es kann nie zerstört werden wie der Körper. »Keine Waffe kann die Seele durchbohren; kein Feuer kann sie verbrennen; es kann kein Wasser sie benetzen; noch kann sie im Winde verdorren. ... Die Seele ist unwandelbar, alldurchdringend, ewig ruhig und fest gegründet – sie bleibt sich ewig gleich.«[10] Diese Unsterblichkeit liegt in eurem eigenen Körper. Ihr seid im Traum der Täuschung gefangen, die euch Schwäche und Gebrechlichkeit vorspiegelt; und deshalb wisst ihr nicht, dass hinter euch und in eurer Seele die ewig währende, unwandelbare Kraft Gottes liegt. Dies müsst ihr erkennen. Wenn ihr dieses Bewusstsein erst einmal erlangt habt, kann selbst der Tod euch nichts mehr anhaben. Alle, die Gott erkannt haben, leben in diesem Bewusstsein. Sie kennen die wissenschaftlich aufgebaute atomare Struktur der Schöpfung und wissen, dass deren Quelle und Wesen den schöpferischen Gedanken Gottes entspringen. Wer Ihn erkannt hat, sieht den Körper als Teil des GEISTES. Die Wunder, welche diese Erkenntnis mit sich bringt, sollten nicht vor den zudringlichen Blicken der Neugierigen zur Schau gestellt werden; doch alle erleuchteten Heiligen haben auf irgendeine Weise diese Kraft unauffällig zum Ausdruck gebracht.

Im Traum könnt ihr euch zu allem machen, was ihr sein möchtet; ihr könnt tun, was ihr wollt. Manchmal seid ihr krank und manchmal reich und so weiter. Der Geist kann im Traumzustand alles vollbringen. Wenn ihr lernt, euren Geist während des Wachzustands zu beherrschen und zu erkennen, dass seine Kraft ein Teil des Bewusstseins Gottes ist, könnt auch ihr eine ähnliche Herrschaft über den Körper erlangen.

---

[10] Bhagavad-Gita II, 23–24.

Meditation über die Seele ist die Methode, durch welche der Geist – unter eurer Kontrolle – seine Wunder vollbringen kann. Wenn ihr euer wahres SELBST, die Seele, gefunden habt, werdet ihr erkennen, dass der Körper nichts anderes als eine Ausstrahlung Gottes ist.

Alle aufrichtigen Sucher, die diesem Weg beharrlich folgen, werden das Geheimnis der ewig währenden Seele entschleiern. Wenn ihr in allen Lebenslagen frohen Mutes und gleichmütig bleiben könnt und alle Aufgaben bereitwillig erledigt, könnt ihr geistig immer jung bleiben. Wenn ihr außerdem noch die Gesetze der Gesundheit befolgt und euren Willen gebraucht, um Kraft aus der unendlichen kosmischen Energie zu ziehen, könnt ihr auch euren Körper lange jung erhalten. Und wenn ihr vor allem wisst, dass ihr unsterblich seid und Gott zum Bilde erschaffen, wird eure ganze Persönlichkeit diese ewige Jugendlichkeit ausstrahlen. Sollte es dann Gottes Wille sein, werdet ihr, wenn ihr diesen sterblichen Körper aufgebt, nicht den sogenannten Tod erleiden.[11] Und selbst wenn ihr eines natürlichen Todes sterbt, wird es euch wie ein friedvoller Traum erscheinen.

Nehmt euch fest vor, jeden Morgen und bevor ihr abends zu Bett geht, zu meditieren: »O GEIST, ich will meine Verabredung mit Dir in der Meditation zuerst, zuletzt und immer einhalten. Du hast mich damit gesegnet, diese große Wahrheit der Self-Realization Fellowship und ihrer Meister kennenzulernen, damit ich Dich dadurch finden kann. Segne mich, damit ich meinen Weg beharrlich fortsetze, bis ich Dich gefunden habe.«

Fühlt, dass ihr eins mit dem Vater seid. Betet zu Ihm, dass Er euch helfe, Körper und Geist zu vervollkommnen, sodass sie harmonische Werkzeuge werden, durch die ihr Seine Gegenwart in euch fühlen könnt. Möge die Herrlichkeit des GEISTES euch ganz erfüllen. Möge Seine Energie euren Körper und Geist durchfluten und möge Sein Bewusstsein in eurer

---

[11] In seiner *Autobiographie eines Yogi* schreibt Paramahansaji: »Es ist bekannt, dass viele Yogis ihr Bewusstsein während des dramatischen Übergangs vom ›Leben‹ zum ›Tod‹ und umgekehrt ohne Unterbrechung beibehalten haben.« Er selbst verließ seinen Körper bei vollem Bewusstsein, als er 1952 verschied.

Seele erwachen. Fühlt, wie Seine Herrlichkeit in eurem Körper, eurem Geist und eurer Seele Seine immerwährende Unsterblichkeit zum Ausdruck bringt.

Wie man sein Leben neu gestaltet

*Tempel der Self-Realization Fellowship,
Hollywood, Kalifornien, 3. Januar 1943*

Heute wollen wir über ein sehr wichtiges Thema sprechen. Alles, was ihr heute Morgen hört, solltet ihr nicht vergessen, sondern in die Tat umsetzen. Es ist so leicht, sich vorübergehend inspirieren zu lassen und dann viel von dem Gehörten zu vergessen. Darum wiederhole ich gewisse Dinge so oft; denn wenn eine Wahrheit in den harten Kern des menschlichen Bewusstseins eindringen soll, muss sie immer und immer wiederholt werden. Durch solche Wiederholungen wird sie dann allmählich zu einer Denkgewohnheit.

Zwischen dem Anhören eines Vortrags und der Anwendung der Wahrheiten, die er enthält, besteht ein großer Unterschied. Alles, was mein Guru [Swami Sri Yukteswar[1]] mir riet, habe ich in die Tat umgesetzt. Dank seiner Schulung habe ich mir immer Zeit für das Wichtigste auf dem geistigen Weg genommen. Drei Dinge vernachlässige ich nie: meine Meditation morgens und abends, meine Übungen[2] und den Dienst am Nächsten. Diese führe ich ganz gewissenhaft aus; alles andere, was weniger wichtig ist, erledige ich dann irgendwie auch noch.

Seit ich im Bewusstsein Gottes lebe, stelle ich fest, dass viele Dinge, die mir früher notwendig schienen, unnötig geworden sind. Letzte Nacht hatte ich kein Verlangen nach Schlaf, weil ich Gottes Nähe so intensiv fühlte. Ab und zu sah ich meinen Körper schlafen, doch dieser unterbewusste Schlaf-*Samadhi (Nidra-Samadhi-Sthiti)* schwand bald dahin, und mein Körper und Geist waren nur noch vom Bewusstsein Gottes erfüllt.[3]

---

[1] Siehe Glossar.
[2] Die Aufladeübungen.
[3] Der unterbewusste Vorgang, in welchem sich der Geist während des Schlafs

Wie man sein Leben neu gestaltet

Ich spreche hier aus meiner persönlichen Erfahrung; und eines Tages werdet auch ihr dies erfahren. Durch Gott, den ich in mir wahrnehme, ist es mir möglich, sein Licht, von dem ich erfüllt bin, auch auf andere zu übertragen, die empfänglich genug sind. Ich rühme nicht mich, sondern Ihn, der in mir ist. So wie ein wohlhabender Mann seinen Reichtum seinen Kindern vererben kann, die es verdienen, so kann auch ein Mensch, der geistige Reichtümer besitzt, diese göttlichen Schätze jenen Jüngern übertragen, die seinem Beispiel folgen. Das trifft auf alle großen Meister zu. Es gibt viele Beispiele einer Übertragung des geistigen Bewusstseins, unter anderem Elias' »Mantel«, der auf Elisa fiel, und der Heilige Geist, den Christus auf die treuen elf der zwölf engen Jünger übertrug.

Viele beginnen den geistigen Weg, doch nur jene, die ihn beharrlich bis ans Ende gehen, werden ins Himmelreich gelangen. Wahre Gottsucher, die erkennen, dass man in der trügerischen Welt nur Enttäuschungen erlebt, sind unentwegt bemüht, Gott zu finden, und zweifeln nie an Ihm. Ob Er antwortet oder nicht, spielt dabei keine Rolle. Der Wahrheitssucher betet im Innern: »Herr, Du weißt, dass ich auf dem Weg zu Dir bin, darum ist es mir gleichgültig, wann Du mir antwortest. Zwar verdiene ich Deine Antwort nicht, aber wenn die rechte Zeit gekommen ist, kannst Du mich nicht zurückweisen.«

Sobald Gott davon überzeugt ist, dass es euch ernst ist und dass ihr nie von Ihm abfallen werdet, schenkt Er euch durch den Guru höchste Erkenntnis – das heißt, dass der Guru Gottes Licht, das durch ihn hindurchfließt, auf euch überträgt.[4] Vielleicht meint ihr, dass euch ein solcher Segen nie zuteilwerden könne. Ich habe diese höchste Erleuchtung einst von meinem Guru erhalten. Er schenkte mir durch seine Berührung, was ich durch eigene Kraft und durch meine Bemühungen in der Meditation nicht erreichen konnte.

---

von den Sinnen und vom Körperbewusstsein zurückzieht, wird *Nidra-Samadhi-Sthiti* genannt. Der bewusste *Samadhi* wird erreicht, wenn der Meditierende, der Vorgang der Meditation (in welchem sich der Geist durch Verinnerlichung von den Sinnen zurückzieht) und der Gegenstand der Meditation (Gott) eins werden. (Siehe *Samadhi* im Glossar.)

[4] Siehe *Guru* im Glossar.

In diesem neuen Jahr solltet ihr feste geistige Vorsätze fassen. Ich habe das ebenfalls getan und bete von ganzem Herzen darum, dass ich sie mit dem Segen des Vaters und Gurudevas auch ausführen werde.

Das Leben entspringt dem Bewusstsein

Wir sind aus der Grundsubstanz des Bewusstseins entstanden. Alles Leben sprudelt aus der einen Quelle des Bewusstseinsstromes. Euer individualisiertes Bewusstsein ist daher das eigentliche Fundament eures Daseins. All eure Gedanken und Handlungen sind wie Luftblasen und Tröpfchen, die aus dem Strom des Bewusstseins aufsteigen.

Der so fest erscheinende Körper ist in Wirklichkeit eine Masse elektromagnetischer Ströme. Seine Protonen und Elektronen sind Verdichtungen der von Gott projizierten relativen positiven und negativen schöpferischen Gedanken, die ich *Ideotronen* nenne. Die ganze Schöpfung ist aus diesen Ideotronen, dem Bewusstsein Gottes, hervorgegangen.

Was ist der Unterschied zwischen schwarz und weiß? Es sind zwei gegensätzliche Gedanken, die jeweils zu einer besonderen Vorstellung gefroren sind; das ist alles. So sind zum Beispiel schwarze und weiße Pferde in einem Traum nichts anderes als unterschiedliche Ausformungen, relative Erscheinungen, in dem einen Gedankenstrom des Träumers.

Letzten Endes bestehen demnach alle Dinge aus reinem Bewusstsein; ihre vorübergehende Erscheinung ist ein Ergebnis der Relativität des Bewusstseins. Wenn ihr also irgendetwas in euch selbst ändern wollt, müsst ihr den Gedankenprozess ändern, der dafür verantwortlich ist, dass sich das Bewusstsein als unterschiedliche materielle Formen und Handlungen manifestiert. Das ist die Methode – die einzige Methode –, mit der ihr euer Leben neu gestalten könnt.

Die Hartnäckigkeit der Gewohnheiten

Ich kann meinem Geist etwas befehlen, und er reagiert sofort darauf und verhält sich entsprechend. Die meisten Leute, die sich vornehmen, nicht mehr zu rauchen oder nicht mehr so viele Süßigkeiten zu essen, fahren dennoch gegen besseres Wissen damit fort. Sie ändern sich nicht, weil ihr Geist einem

Löschpapier gleicht, das ihre gewohnheitsmäßigen Gedanken aufgesaugt hat. Gewohnheit bedeutet, dass der Geist davon überzeugt ist, er könne eine bestimmte Vorstellung nicht loswerden.

Gewohnheiten sind tatsächlich sehr hartnäckig. Sobald ihr eine Handlung ausführt, hinterlässt diese einen Eindruck und übt eine Wirkung auf das Bewusstsein aus. Wegen dieses Einflusses werdet ihr diese Handlung wahrscheinlich wiederholen. Nach mehreren Wiederholungen hat sich diese Neigung so sehr verstärkt, dass die Handlung zu einer Gewohnheit wird. Bei manchen Menschen genügt schon eine einzige Handlung, um eine Gewohnheit zu bilden, weil sie eine entsprechende Neigung aus früheren Leben mitgebracht haben. Der Geist suggeriert euch vielleicht, dass ihr euch nicht von einer bestimmten Gewohnheit befreien könnt; doch Gewohnheiten sind nichts anderes als Wiederholungen eurer eigenen Gedanken, und diese könnt ihr ändern.

Man kann das Wesen der Gewohnheit durch folgenden Vergleich erklären: Aus Tonerde kann man eine Vase formen; und während der Ton noch weich ist, kann man die Form der Vase immer wieder verändern. Doch sobald sie im Ofen gebrannt worden ist, hat sie eine feste Form erhalten. So ist es auch mit eurem Bewusstsein. Es sind eure Gedanken, die eure Handlungen formen. Und eure geistigen Überzeugungen, die aus dem Wiederholen dieser Handlungen entstehen, sind das Feuer, das die Gedanken härtet und zu hartnäckigen Gewohnheitsmustern macht.

Warum hat jeder von euch ein anderes Gesicht? Weil eure Gedanken so verschieden sind. Die von Gewohnheiten gebildeten Gedankenmuster haben nicht nur euren Geist, sondern auch euren Körper geformt. Sicher habt ihr schon beobachtet, dass einige schlanke Leute fünf Mahlzeiten am Tag essen können und dennoch nicht zunehmen. Und einige korpulente Leute essen vielleicht sehr wenig und nehmen trotzdem ständig zu. Warum ist das so? Die Schlanken haben irgendwann in einem früheren Leben ihrem Bewusstsein den Gedanken eingeprägt, dass sie schlank sind, und haben diesen Gedanken und diese Neigung in dieses Leben mit hineingebracht. Ganz gleich, was sie tun, sie werden niemals dick. Dasselbe Gesetz wirkt bei fettleibigen Menschen. In früheren Leben haben sie die Welt in dem Bewusstsein verlassen, dass sie dick sind, und haben diese Gedankensaat in ihrem jetzigen Dasein aufgehen lassen. Die ganze Physiologie des Körpers reagiert auf die Saat dieser karmischen Neigungen. Wenn ihr eure körperliche Veranlagung ändern wollt, müsst ihr euch sagen: »Ich selbst habe mich durch meine Gedanken dünn (oder dick oder kränklich) gemacht. Jetzt will ich, dass ich kräftig (oder was ihr euch wünscht) bin.« Wenn ihr euch vom Gedanken befreit, der euch anders gemacht hat, als ihr zu sein wünscht, werdet ihr sehen, dass sich der Körper verändert. Ich kann mein Gewicht halten und kann auch willentlich schlanker werden. In meiner Jugend hatte ich das Problem, dass ich zu dünn war. Mein Meister [Swami Sri Yukteswar] heilte mich von diesem Bewusstsein, und seitdem habe ich lieber mehr Gewicht.

»Alt sein« ist ein Bewusstseinszustand

Die meisten Leute sind psychologische Ladenhüter; sie ändern sich nie, sondern bleiben Jahr für Jahr dieselben. Jeder hat charakteristische Eigenheiten, die ihn begrenzen. Diese aber wurden eurem Wesen nicht von Gott eingegeben; sie wurden von euch selbst erschaffen. Deshalb müsst ihr sie ändern, indem ihr euch daran erinnert, dass diese absonderlichen Gewohnheiten nichts anderes sind als Manifestationen eurer eigenen Gedanken.

Wenn ihr meint, dass euer Charakter nicht so ist, wie er sein sollte, dann denkt daran, dass nur ihr selbst ihn geformt habt. Sicherlich gibt es auch äußere Einflüsse, doch der entscheidende Faktor ist, ob man sie akzeptiert. Wenn Hansi von allen hört, dass er ein böser Bub sei, und wenn er dieses Urteil akzeptiert, mag er sich nie darum bemühen, besser zu werden. Der negative Gedanke hat sich ihm eingeprägt. Doch wenn er sich geweigert hätte, daran zu glauben, wäre er ein anderer geworden.

Man darf nie die Hoffnung aufgeben, sich bessern zu können. Ein Mensch wird erst dann alt, wenn er sich nicht mehr ändern will. Dieser Zustand der Stagnation ist das einzige »Altsein«, das ich anerkenne. Wenn jemand immer wieder sagt: »Ich kann mich nicht ändern; so bin ich nun mal«, sage ich ihm: »Na gut, dann bleibe so, wie du bist; denn du hast dich dafür entschieden.«

Bemüht euch, flexibler zu sein, so wie Kinder es sind. Aber selbst einige Kinder werden vorzeitig alt, weil sie nicht richtig erzogen sind und nicht dazu angehalten wurden, Neigungen aus früheren Leben zu ändern. Ihre mentale Tonerde ist bereits im Ofen gebrannt worden, und sie wachsen mit denselben Neigungen heran, die sie in ihrer Kindheit hatten. Andererseits gibt es alte Menschen, mit denen ich nur einmal gesprochen habe und die sich zum Besseren verändert haben. Gott schaut nicht auf unser Alter, denn die Seele ist zeitlos. Wer immer bereit ist, sich zu bessern und sein Bewusstsein zu erweitern, gleicht empfänglichen Kindern. Alle, die an Verständnis gewinnen, werden kindlicher in ihrem Wesen. Das können wir an den großen Meistern beobachten.

Kindlich zu sein bedeutet nicht, dass man saft- und kraftlos ist. Ich fürchte mich vor nichts in der Welt; niemand kann mich einschüchtern. Ich lebe für Gott und die Wahrheit, und ich liebe alle. Wenn jemand mich missversteht, bemühe ich mich um Verständigung. Doch wenn ich diesen Menschen nicht ändern kann, rege ich mich über sein schlechtes Betragen nicht auf. Wenn ein verständnisloser Mensch sich entschlossen gegen euch stellt, warum solltet ihr dann nachgeben, nur um ihm zu gefallen oder ihn zu beruhigen? Haltet an euren Grundsätzen fest, wenn ihr im Recht seid; und seid sofort bereit, euch zu ändern, wenn ihr Unrecht habt.

Willenskraft bewirkt die Veränderung

Wenn ihr Tonerde zu einer Vase geformt und schon gebrannt habt, diese dann aber lieber zu einem Tablett umgestalten wollt, gelingt euch das nicht. Doch ihr könnt die Vase pulverisieren, dieses Pulver dann frischer Tonerde beifügen und daraufhin das Ganze zu einem Tablett formen. So könnt ihr auch eine in eurem Geist verankerte schlechte Gewohnheit, die ihr ablegen wollt, kraft eures festen Willens pulverisieren und sie von frischen, anpassungsfähigen guten Handlungen aufsaugen lassen; daraus könnt ihr dann die gewünschte neue Form gestalten. Ein fester Wille bedeutet eine feste Überzeugung. Sobald ihr euch voller Überzeugung sagt: »Ich bin nicht mehr durch diese Gewohnheit gebunden«, wird die Gewohnheit von euch abfallen.

Schaut in euer Inneres hinein und stellt fest, welches eure vorherrschenden charakteristischen Merkmale sind. Einige schreiben gern, andere komponieren oder tanzen; wieder andere beschäftigen sich mit Finanz- und Wirtschaftsfragen und so weiter. Leider schwatzen einige auch gern über andere, und manche lieben den Streit. Versucht nicht, das in euch zu ändern, was gut ist. Aber was ihr gegen euren Willen tut und was euch hinterher unglücklich macht, davon müsst ihr euch befreien. Doch wie? Bevor ihr zu Bett geht und sobald ihr morgens aufsteht, sagt euch voller Überzeugung: »Ich kann mich ändern. Ich will mich ändern. Ich *werde* mich ändern!« Haltet den ganzen Tag lang an diesem Gedanken fest und nehmt ihn mit euch in das unterbewusste Traumland und den überbewussten Bereich der Meditation.

Nehmen wir einmal an, ihr werdet oft ärgerlich, und hinterher tut es euch leid, eure Beherrschung verloren zu haben. Nehmt euch jeden Abend und jeden Morgen vor, allen Ärger zu vermeiden, und dann beobachtet euch genau. Am ersten Tag mag es euch schwerfallen, aber am zweiten Tag wird es schon leichter gehen. Und am dritten Tag geht es noch leichter. Nach einigen Tagen werdet ihr feststellen, dass der Sieg in erreichbarer Nähe liegt. Und nach einem Jahr stetiger Bemühungen werdet ihr ein neuer Mensch sein. Während meiner Kindheit ärgerte ich mich über alle Ungerechtigkeiten. Eines Tages aber sah ich ein, wie töricht das war: Ich konnte die Welt nicht plötzlich durch einen Wutausbruch ändern. Da erhob ich meine Hände und gelobte: »Ich will nie wieder ärgerlich werden.« Seit diesem Tag habe ich mich innerlich nie mehr geärgert, obgleich ich nach außen hin feurig sein kann, wenn es nötig ist.

Als ich vor gut 20 Jahren nach Amerika kam, sah ich, dass alle Kaffee tranken; deshalb probierte auch ich ihn zum ersten Mal, und mit der Zeit schmeckte er mir. Damit dies aber nicht zu einer Gewohnheit werden würde, nahm ich mir vor, nie allein Kaffee zu trinken. Doch ich erhielt so viele Einladungen, dass ich dauernd Kaffee trank. Eines Tages, als ich allein in einem Restaurant saß, merkte ich, dass ich den Kaffee vermisste.

Ich sagte mir: »Aha, du hast mich erwischt! Deshalb auf Nimmerwiedersehen, liebes Kaffeetrinken!« Und das war das Ende dieser Gewohnheit. In den letzten 20 Jahren habe ich keinen Kaffee mehr getrunken. Gestern Abend aber boten mir einige Freunde eine Tasse Kaffee an. Er schmeckte gut, aber er wird nie mehr eine Versuchung für mich sein.

Freiheit bedeutet, so zu handeln, wie es euch zum Besten gereicht

Ihr müsst frei sein – nicht versklavt von Gewohnheiten oder dem Wunsch, den Menschen zu gefallen, oder von irgendetwas anderem. Wenn ihr das tun könnt, was zu eurem eigenen Besten gereicht – und nicht einfach das, was ihr tun möchtet –, dann seid ihr wirklich frei.

Temperamentvolle Menschen zum Beispiel, die oft Gefühlsausbrüche haben, schüchtern andere gern ein und jagen ihnen einen fürchterlichen Schrecken ein. Denen sage ich: »Macht so weiter, wenn ihr nicht anders könnt, aber vergesst nicht, dass *ihr selbst* die Rechnung für euer schlechtes Betragen zahlen müsst – kein anderer.« Jede schlechte Handlung schadet eurem Wohlergehen. Sie wird euch nicht Frieden und Glück bringen, wie ihr es erwartet. Manchmal fällt es schwer, gut zu handeln, während schlechtes Betragen leichtfällt; wir meinen, wenn wir die schlechten Dinge aufgäben, ginge uns etwas verloren. Doch ich sage euch, ihr werdet nichts anderes aufgeben als Kummer.

Seid nicht wie unartige Kinder, die genau das tun möchten, was sie nicht tun sollen. All das, wovor uns die großen Meister gewarnt haben, gleicht vergiftetem Honig. Ich warne euch davor, ihn zu probieren. Ihr mögt einwenden: »Aber er schmeckt so süß!« Ich jedoch weiß, was danach kommt: Wenn ihr die Süße gekostet habt, wird sie euch zerstören. Das Böse wurde versüßt, um euch zu täuschen. Ihr müsst eure Unterscheidungskraft gebrauchen, um zu unterscheiden, was vergifteter Honig ist und was zu eurem Besten dient. Vermeidet alles, was euch letztlich schadet, und wählt das, was euch Freiheit und Glück bringt.

Nehmt euch in diesem neuen Jahr vor, euer Bewusstsein zu ändern. Bemüht euch um richtiges Betragen und gute Gewohnheiten, was euch Freiheit bringt. Wenn ihr sagen könnt:

»Ich gebe meinen schlechten Gewohnheiten nicht mehr nach, weil sie nicht zu meinem Vorteil sind; ich entscheide mich freiwillig für gute Gewohnheiten«, dann habt ihr Freiheit erlangt. Und das wünsche ich mir für euch alle.

Sowohl Unterscheidungskraft als auch Willenskraft sind erforderlich

Wenn ihr euer Bewusstsein erneuern wollt, müsst ihr euren freien Willen gebrauchen, der von Unterscheidungskraft geleitet und von Entschlusskraft gestärkt wird. Unterscheidungskraft ist euer scharfes Sehvermögen, und der Wille ist eure Antriebskraft. Ohne Willen mögt ihr zwar dank eurer Unterscheidungskraft wissen, was ihr tut solltet, doch ihr handelt nicht danach. Nur wenn ihr das, was ihr erkennt, auch in die Tat umsetzt, gelangt ihr ans Ziel. Daher sind sowohl Unterscheidungskraft als auch Willenskraft erforderlich.

Willenskraft kann man leicht erwerben. Versucht es zuerst mit einfachen Dingen. Dann werdet ihr allmählich Neigungen überwinden können, die euch unüberwindbar schienen. Beobachtet, was in eurem Bewusstsein vor sich geht. Gewöhnt euch daran, Innenschau zu halten und eure Gedanken und euer Verhalten zu prüfen. Wenn ihr erste Anzeichen von schlechten Gewohnheiten oder Neigungen bemerkt, ruft sofort euer Unterscheidungsvermögen herbei und leistet mit eurer Willenskraft Widerstand.

Als ihr das erste Mal einer Versuchung nachgabt, habt ihr nicht erwartet, dass ihr später einmal gezwungen sein würdet, diese Handlung zu wiederholen. Doch nachdem ihr einige Male nachgegeben hattet, gelang es der Gewohnheit, euch zu beherrschen. Schließlich hattet ihr das Gefühl, dass ihr diese Gewohnheit nicht mehr loswerden könntet. Aber ihr könnt es, wenn ihr die euch von Gott verliehene Unterscheidungs- und Willenskraft gebraucht. Gewohnheiten sind nichts anderes als Gedanken, die sich tief ins Gehirn eingegraben haben. Die Grammophonnadel des Geistes spielt diese Platten der Gewohnheiten immer wieder ab. Dabei treten sogar chemische Reaktionen im Körper auf, wie es bei einer Sucht der Fall ist. Wer seinen Willen und seinen Verstand einsetzt, kann solche Verhaltensmuster ändern. Versucht aber nicht gleich, dramatische Änderungen herbeizuführen. Probiert es zuerst mit kleineren Dingen, um die euch angeborene Befehlskraft zu schulen. Ich sehe bereits, dass es vielen, die heute hier sind, gelingen wird, ihre schlechten Gewohnheiten abzulegen, weil sie diese Vorschläge befolgen.

Verbannt unerwünschte Gedanken aus eurem Geist

Fasst in diesem neuen Jahr den Entschluss, euren schlechten Gewohnheiten Widerstand zu leisten und sie zu besiegen. Nehmt den Stier sozusagen bei den Hörnern und zähmt ihn. Eure schlechten Gewohnheiten kommen von Satan, der Gott aus eurem Leben fernhalten will.

Gute Gewohnheiten gleichen guten Menschen. Wenn sie durch das Fenster eures Geistes schauen, sehen sie, dass sie keinen Platz in eurem Leben haben, weil die Stühle eures Bewusstseins von schlechten Gewohnheiten besetzt sind. Werft die unerwünschten Bewohner hinaus und lasst die edlen herein. Ihr braucht keine fremde Hilfe, um euch selbst zu ändern; ändert ganz einfach euer Bewusstsein. Ihr braucht nur die Gedanken, die ihr loswerden wollt, zu verbannen und sie durch konstruktive Gedanken zu ersetzen. Das ist der Schlüssel zum Himmelreich, und er liegt in euren eigenen Händen.

Menschen, die Tag für Tag dieselben bleiben, weigern sich, ihr Denken zu ändern. Das ist alles. Ein Sprichwort besagt: »Eine Frau, die man gegen ihren Willen überzeugt, ist immer noch derselben Meinung.« Warum sagt man dies nur von den Frauen? Die Männer sind genauso. Jeder muss lernen, falsche Gedanken mit dem scharfen Skalpell der Weisheit herauszuschneiden. Gedanken sind eine Ausstrahlung von Gottes allmächtigem Licht und Willen. Wenn ihr fest entschlossen seid, euch zu ändern, könnt ihr deren Kraft einsetzen und zu neuen Menschen werden.

Wir sind das, was wir zu sein glauben

Wir sind das, was wir zu sein *glauben*. Unsere gewohnheitsmäßigen Gedanken bestimmen unsere Talente und Fähigkeiten – und unsere Persönlichkeit. So *denken* einige, dass sie Schriftsteller oder Künstler sind, dass sie fleißig oder faul sind und so weiter. Was aber, wenn ihr anders sein wollt, als ihr jetzt zu sein glaubt? Ihr mögt einwenden, dass andere mit einem besonderen Talent geboren wurden, das ihr nicht habt, aber gern hättet. Das stimmt. Doch jene mussten ihr Talent irgendwann einmal entwickeln, bis es zu einer Gewohnheit wurde – wenn nicht in diesem Leben, dann in einem früheren. Was immer ihr sein möchtet, beginnt jetzt, darauf hinzuarbeiten. Ihr könnt eurem Bewusstsein schon jetzt jede Neigung einflößen, vorausgesetzt, dass ihr eurem Geist einen entsprechenden machtvollen Gedanken eingebt. Dann werden eure Handlungen und euer ganzes Wesen diesem Gedanken gehorchen. Gebt euch nicht mit einer einspurigen Mentalität zufrieden. Ihr solltet in der Lage sein, bei jeder Betätigung Erfolg zu haben und alles zu vollbringen, was ihr euch vornehmt. Immer wenn andere mir sagten, ich könne dies oder jenes nicht tun, nahm ich mir fest vor, eben das zu vollbringen; und es gelang mir dann auch.

Es gibt kaum einen größeren Beweis für die dramatische Kraft der Gedanken als den guten oder schlechten Einfluss, den sie auf die Gesundheit haben. Mein Guru erzählte mir hierzu folgende Geschichte: Er hatte während einer schweren Krankheit stark abgenommen. Während der Zeit seiner Genesung besuchte er seinen Guru, Lahiri Mahasaya. Der Yogavatar[5] erkundigte sich nach dem Gesundheitszustand seines Jüngers, und Sri Yukteswarji erklärte ihm, warum er sich noch schwach fühle.

»So«, sagte Lahiri Mahasaya, »du hast dich krank gemacht und denkst jetzt, dass du abgemagert seist. Aber ich bin sicher, dass es dir morgen besser geht.«

Am nächsten Tag begab sich Gurudeva frohlockend zu Lahiri Mahasaya und verkündete ihm: »Meister, dank eures Segens geht es mir heute viel besser.«

Darauf erwiderte Lahiri Mahasaya: »Du bist wirklich schwer krank gewesen und noch ziemlich schwach. Wer weiß, wie du dich morgen fühlst?«

Am Tag darauf fühlte sich Sri Yukteswarji wieder völlig

---

[5] Dieser Titel wurde Lahiri Mahasaya verliehen, der als ein Avatar (eine göttliche Inkarnation) verehrt wird, denn er verkörperte auf ideale Weise die Ziele des Yoga (der Wissenschaft von der Vereinigung mit Gott). Siehe *Lahiri Mahasaya* und *Avatar* im Glossar.

entkräftet. Er klagte seinem Guru: »Meister, es geht mir wieder schlecht. Ich konnte mich kaum bis hierher zu Euch schleppen.«

Lahiri Mahasaya antwortete: »So, jetzt hast du dich also wieder krank gemacht.«

Nach einigen Tagen, in denen sich sein gutes und sein schlechtes Befinden ständig abwechselten und genau nach Sri Yukteswarjis Erwartungen richteten, weil seine Gedanken von Lahiri Mahasayas Bemerkungen beeinflusst worden waren, erkannte mein Guru die wichtige Lektion, die Lahiri Mahasaya ihm erteilen wollte.

Der Yogavatar sagte ihm: »Was soll dies alles? Einen Tag sagst du mir: ›Es geht mir gut‹, und am nächsten Tag: ›Ich fühle mich krank.‹ Es stimmt nicht, dass ich dich geheilt oder krank gemacht habe. Es sind deine eigenen Gedanken, die dich abwechselnd schwach und kräftig gemacht haben.«

Da fragte ihn mein Meister: »Wenn ich glaube, dass ich gesund bin und mein früheres Gewicht wiedererlangt habe, wird es dann so sein?«

Lahiri Mahasaya erwiderte: »Es ist bereits so.«

Guruji sagte: »Im selben Augenblick fühlte ich, dass ich meine Kraft und mein Gewicht wiedererlangt hatte. Als ich am Abend meine Mutter aufsuchte und sie meine veränderte Gestalt sah, verlor sie die Fassung und dachte, ich hätte die Wassersucht. Viele meiner Freunde waren derart erstaunt über meine plötzliche Genesung, dass sie zu Jüngern Lahiri Mahasayas wurden.«[6]

Solch phänomenale Leistungen können von Menschen vollbracht werden, die erkannt haben, dass alles aus Gedanken besteht. Wenn ihr diese Erkenntnis noch nicht besitzt, müsst ihr euren Willen stärken und positive Gedanken aussenden, bis diese sich verwirklichen. *Gedanken sind der Nährboden der ganzen Schöpfung; alles ist von Gedanken erschaffen worden.* Wenn ihr mit unbeugsamem Willen an dieser Wahrheit festhaltet, könnt ihr jeden Gedanken materialisieren. Das lässt sich nicht widerlegen. Durch derart machtvolle Gedanken konnte

---

[6] Siehe auch den Bericht über dieses Erlebnis in der *Autobiographie eines Yogi*, Kapitel 12.

Christus seinen gekreuzigten Körper wiederaufbauen; und darauf bezog er sich mit seinen Worten: »Darum sage ich euch: Alles, was ihr bittet in eurem Gebet, glaubet nur, dass ihr's empfangen werdet, so wird's euch werden.«[7]

Lasst nichts euren Willen schwächen, der hinter den positiven Gedanken steht

Wenn ihr einmal gesagt habt: »Ich will«, dann haltet daran fest. Wenn ihr zum Beispiel sagt: »Ich werde mich nie erkälten« und dann am nächsten Tag mit einer schlimmen Erkältung aufwacht und entmutigt seid, schwächt ihr euren Willen. Ihr müsst euch nicht entmutigen lassen, wenn das Gegenteil von dem geschieht, was ihr euch vorgenommen habt. Glaubt weiter daran und seid überzeugt davon, dass es eintreffen wird. Wenn ihr nur sagt: »Ich will«, während ihr innerlich denkt: »Ich kann es ja doch nicht«, hebt ihr die Macht der Gedanken auf und entkräftet euren Willen. Wenn euer Wille durch das Ankämpfen gegen Krankheit oder durch andere Rückschläge schwach geworden ist, müsst ihr den Willen eines anderen zu Hilfe nehmen, der euch durch seine Gebete und positiven Gedanken weiterhelfen kann. Doch ihr müsst auch euer Teil dazu beitragen, euer Bewusstsein zu ändern. Das rate ich euch allen. Stärkt eure Willenskraft und euer positives Denken, dann werden euer Körper, euer Geist und eure Seele alles in eurem Leben nach eurem Willen gestalten können.

Die Gedanken sind die größte Kraft in eurem Leben, vorausgesetzt, ihr wisst, wie ihr sie schulen und gebrauchen sollt. Verwässert deshalb die Kraft eurer Gedanken nicht dadurch, dass ihr mit charakterschwachen oder negativen Leuten Umgang pflegt – es sei denn, ihr seid geistig so hoch entwickelt, dass ihr diese Personen stärken könnt. Wer zu Misserfolgen neigt, sollte sich erfolgreichen Menschen anschließen. Schwache Menschen sollten jene aufsuchen, die stärker sind als sie. Menschen, die keine Selbstbeherrschung haben, sollten sich an solche halten, die ein diszipliniertes Leben führen. So sollte zum Beispiel ein essgieriger Mensch seine Mahlzeiten mit

---

[7] *Markus* 11, 24.

einem beherrschten Menschen zusammen einnehmen. Wenn er ein solches Beispiel vor sich hat, beginnt er zu überlegen: »Auch ich kann meinen Appetit im Zaum halten.«

Macht euer sterbliches Bewusstsein zum göttlichen Bewusstsein

Ebenso wie ihr euch durch die Kraft der Gedanken zu dem machen könnt, was ihr sein wollt, so könnt ihr auch – was am wichtigsten ist – euer Bewusstsein von dem eines sterblichen Menschen zu dem eines göttlichen Wesens machen. Der sterbliche Mensch denkt: »So lebe ich nun einmal, und so werde ich leben, bis ich sterbe.« Doch der göttliche Mensch sagt: »Ich habe geträumt, dass ich sterblich bin; doch nun bin ich erwacht und weiß, dass ich ein Kind Gottes bin, das Ihm zum Bilde geschaffen wurde.« Sicher braucht man Zeit, um dies voll zu erkennen, doch es ist möglich.

Wenn es abends Zeit ist zu meditieren und ihr dem Gedanken nachgebt: »Es ist schon zu spät zum Meditieren; ich gehe lieber schlafen und meditiere morgen«, dann werdet ihr schlafen, bis ihr ins Grab sinkt. Lasst die Welt sich der Droge des Schlafes hingeben, ihr aber bleibt wach in Gott. Und während ihr euren täglichen Pflichten nachgeht, denkt immer daran, dass Gott durch euch wirkt. Überlasst Ihm die Verantwortung. Kann derjenige, der ständig an Gott denkt, falsch handeln? Selbst wenn er sich irrt, weiß Gott, dass er das Richtige tun wollte. Legt alles in Gottes Hände, und ihr werdet euch ändern, weil das menschliche Ego euch dann nichts mehr diktieren kann.

Ganz gleich, was auf euch zukommt, sagt immer: »Gott weiß es am besten. Er schickt mir dieses Leid; Er ist es, der mich glücklich macht.« Wenn ihr diese Einstellung habt, werden alle Albträume eures Lebens zu einem wunderbaren Traum Gottes.

Dunkelheit bedeutet Abwesenheit von Licht. Täuschung ist Dunkelheit, und Wirklichkeit ist Licht. Ihr haltet eure Augen der Weisheit geschlossen und seht daher nur Dunkelheit; und unter diesem Zustand der Täuschung leidet ihr. Ändert euer Bewusstsein, öffnet eure Augen, dann werdet ihr in den Sternen das Göttliche Licht funkeln sehen. In jedem Atom des

Raumes werdet ihr das Funkeln des göttlichen Lichts und Sein Lachen sehen. Hinter jedem Gedanken werdet ihr das Meer Seiner Weisheit fühlen.

Der Tanz von Leben und Tod, von Erfolg und Fehlschlag hat keine Wirklichkeit; dies sind nichts als Träume Gottes. Wenn ihr zu dieser Erkenntnis gelangt, werdet ihr sehen, dass um euch herum materialisierte Gedanken tanzen und dass ihr das Meer der Gedanken seid. Nichts kann euch aufhalten oder verletzen.

Jetzt bitte ich euch, die Augen zu schließen und an eine schlechte Gewohnheit zu denken, von der ihr euch befreien wollt. Wenn ihr euch mit mir konzentriert, während ich – vom GEIST inspiriert – diese Worte spreche, und wenn ihr daran glaubt, werdet ihr frei von dieser Gewohnheit werden. Werft den Gedanken ab, dass ihr irgendetwas nicht aufgeben könnt. Ich sende einen kraftvollen Gedanken in euer Bewusstsein, damit ihr augenblicklich von dieser Gewohnheit ablassen könnt. Wiederholt mit mir: »Ich bin *jetzt* frei von dieser Gewohnheit! Ich bin frei!« Haltet an diesem Gedanken fest – und vergesst die schlechte Gewohnheit. Viele von euch werden feststellen, dass die Gewohnheit, die ihr willentlich verbannt habt, nie wiederkehren wird.

Sprecht mir nach: »Ich will mein Bewusstsein umformen. In diesem neuen Jahr bin ich ein neuer Mensch. Und ich werde mein Bewusstsein immer wieder ändern, bis ich alle Dunkelheit der Unwissenheit vertrieben habe – bis sich das strahlende Licht des GEISTES, zu dessen Bild ich geschaffen bin, durch mich offenbart.«

Die Welt als kosmische Unterhaltung

*Tempel der Self-Realization Fellowship,
Hollywood, Kalifornien, 9. Dezember 1945*

Das Wort *Welt* in unserem heutigen Thema bezieht sich nicht nur auf diese Erde, sondern auf das ganze physische Universum – auf die materielle Welt, deren Bestandteile im weiten Raum verteilt sind und dank des Wirkens der wunderbaren göttlichen Gesetze in harmonischer Beziehung zueinander stehen. Es wäre arrogant von uns, anzunehmen, dass unsere kleine Erde der einzige Ort sei, wo intelligente Lebewesen existieren. Es gibt viele solcher Welten – einige von diesen sind höher entwickelt, und andere befinden sich auf einer niedrigeren Entwicklungsstufe. Der planmäßige Lauf des Universums zeigt, dass es von einer intelligenten Kraft gelenkt wird, die alle erschaffenen Dinge durchdringt.

Wenn wir den Mechanismus einer Uhr untersuchen, wissen wir, dass irgendein intelligentes Wesen dieses Instrument hergestellt hat, sodass es nach einem mathematischen Schema arbeitet. Der Hersteller fügte all die kleinen Zahnrädchen und anderen Teile so zusammen, dass sie eine bestimmte Bewegung erzeugen, mit der wir die Zeit messen können. Zeitbestimmung ist wichtig in einem Universum, dessen Existenz ganz der Relativität von Zeit und Raum unterliegt.

Der gesamte Kosmos gleicht einer gigantischen Uhr mit Myriaden von Zahnrädchen – den Galaxien, Sternen und Planeten, die im weiten Raum schweben und mit dem Ablauf von Vergangenheit, Gegenwart und Zukunft die Zeit messen. So wie eine Uhr das Erzeugnis *menschlicher* Intelligenz ist, so ist die unermessliche Uhr des Universums das Erzeugnis einer *höheren* Intelligenz. Daran kann niemand zweifeln. Trotz einiger Dinge, die wir auf dieser Erde nicht gern sehen, können wir nicht leugnen, dass es eine mathematische Harmonie im Universum gibt.

Warum Gott diese Erde erschaffen hat, ist eine Frage, die uns schon immer viel zu denken gab. Von einem relativen Standpunkt aus könnten wir dem entgegensetzen: »Warum tragen wir eine Armbanduhr?« Die Antwort lautet: Damit wir die Zeit messen können – die Ereignisse und Tätigkeiten während des ganzen Tages. Frühstück, Arbeit, Mittagessen, Körperpflege, Unterhaltung, Schlaf – all diese Tätigkeiten nehmen eine bestimmte Zeit in Anspruch. Wir können also sagen, dass die Uhr nötig ist, damit wir den Lauf der Zeit messen können. Ein solches Messen ist notwendig für uns, weil die Welt, in die wir hineingestellt worden sind, von der Zeit abhängig ist. Unser Dasein und unser Handeln unterliegen der Einteilung in Vergangenheit, Gegenwart und Zukunft. Als menschliche Wesen sind wir gezwungen zu handeln, oder wir werden zu stumpfsinnigen Geschöpfen. Wir müssen uns einer gewissen Ordnung unterziehen, damit wir mit dem Zeitablauf des Universums und den von den Menschen gesetzten Schranken übereinstimmen. Eine Armbanduhr verhilft uns dazu.

Ist nun aber die kosmische Uhr notwendig für Gott? Wird auch Er von Vergangenheit, Gegenwart und Zukunft begrenzt? Die Antwort lautet sowohl Ja als auch Nein. Ja, weil die Zeit, das planmäßige Ticken der kosmischen Uhr, ein wesentlicher Bestandteil der *Maya*, der Täuschung, ist. Sie ist die »Magische Messende«, die einzige Möglichkeit, wie Gott eine Vielfalt von Formen und Ereignissen aus Seinem einen Bewusstsein erschaffen und auf die Leinwand des Raumes werfen konnte, sodass wir sie miterleben und darüber staunen können.[1] Und Nein, weil Gott selbst weder durch die Relativität der Vergangenheit, Gegenwart und Zukunft noch durch die Änderungen begrenzt wird, welche die Zeit mit sich bringt. In Ihm existiert nur das ewige Jetzt. Und obgleich die Täuschung von Ihm ausgeht, ist sie nicht *in* Ihm.

---

[1] Siehe *Maya* im Glossar.

In den Jahren von Mitte 1920 bis Mitte 1930 reiste Sri Yogananda durch ganz Amerika. In den größeren Städten hielt er in vollbesetzten Sälen Vorträge und Seminare über die Wissenschaft der Yoga-Meditation und die Kunst, ein ausgeglichenes geistiges Leben zu führen. (*oben*) Begrüßung durch Schüler bei seiner Ankunft auf dem Bahnhof von Los Angeles; (*Mitte*) Teilnehmer bei einem seiner Seminare in Detroit; (*unten*) in Cincinnati bei einem Bankett zu seinen Ehren.

(links) Paramahansa Yogananda mit seinem großen Guru, Swami Sri Yukteswar, 1935. *(rechts)* Mit einladender Geste begrüßt Paramahansaji Besucher vor dem Tempel der Self-Realization Fellowship in San Diego, 1949.

Paramahansa Yogananda leitet bei Sonnenaufgang den Ostergottesdienst 1925 auf dem Grundstück von Mt. Washington Estates in Los Angeles. Kurz danach bestimmte er das Anwesen zum Hauptsitz seiner weltweiten Organisation Self-Realization Fellowship (Yogoda Satsanga Society of India).

Die Welt ist Gottes *Lila*

Es scheint paradox, dass Gott in dieser Welt nicht dem Zwang der Relativität unterliegt wie der Mensch und dennoch die Schöpfung ins Leben rief. Wenn Gott diese Welt brauchte, so würde das ja heißen, dass Er unvollkommen und unzufrieden mit sich selbst ist, dass Ihm etwas fehlt. Wenn Gott aber andererseits vollkommen ist, warum erschuf Er dann eine solch unvollkommene Welt?

Die *Rishis* im alten Indien haben den Höchsten Ursprung allen Seins ergründet und erklärt, dass Gott vollkommen sei, dass Er nichts brauche, weil alle Dinge in Ihm enthalten sind, und dass diese Welt Gottes *Lila* ist – Sein göttliches Spiel. Der Herr, so scheint es, hat kindliche Freude an diesem Spiel; und Seine *Lila* ist die endlose Vielfalt der ewig wechselvollen Schöpfung.

Ich pflegte mir Folgendes zu überlegen: Gott war unendliche, allwissende Glückseligkeit; doch da Er allein war, konnte Er diese Glückseligkeit mit niemandem teilen. Deshalb sprach Er: »Ich will ein Universum erschaffen und Mich selbst in viele Seelen aufteilen, damit sie gemeinsam mit Mir eine Rolle in Meinem sich entfaltenden Drama spielen können.« Durch Seine magische, messende Kraft der *Maya* teilte Er sich in Gegensatzpaare auf: in G<small>EIST</small> und Natur, in Mann und Frau, in positiv und negativ. Doch obgleich Er das Universum aus dem Stoff der Täuschung erschaffen hat, lässt Er sich selbst von ihr nicht täuschen. Er weiß, dass alles nur abwechslungsreiche Bilder Seines einen Kosmischen Bewusstseins sind. Sinneserfahrungen und Gefühle, das Drama von Krieg und Frieden, Krankheit und Gesundheit, Leben und Tod – das alles ereignet sich in Gott, der all diese Dinge in Seinem Traum erschaffen hat, ohne dass Er selbst von ihnen berührt wird. Ein Teil Seines Unendlichen Wesens bleibt in alle Ewigkeit transzendent, jenseits der dualistischen Schwingungen. Dort ist Gott untätig. Wenn Er Sein Bewusstsein mit vibrierenden Gedanken der Mannigfaltigkeit erfüllt, wird Er zum allgegenwärtigen, allem innewohnenden Schöpfer im begrenzten Schwingungsbereich der Unendlichkeit. Und dort ist Er tätig. Schwingung erzeugt Gegenstände und Lebewesen, die in Zeit und Raum aufeinander einwirken – ähnlich, wie die Schwingungen des menschlichen Bewusstseins im Schlaf Träume erzeugen.

Gott erschuf dieses Traum-Universum, um sich und uns zu unterhalten. Ich habe nur eines gegen Gottes *Lila* einzuwenden: »Herr, warum hast Du es zugelassen, dass auch das Leid mit zum Spiel gehört?« Der Schmerz ist etwas so Furchtbares und Quälendes. Er macht das Dasein keinesfalls zu einer Unterhaltung, sondern zu einer Tragödie. Hier hilft uns die Fürsprache der Heiligen. Sie erinnern uns daran, dass Gott allmächtig ist und dass uns nichts, was auf der Bühne des Lebens geschieht, verletzen kann, wenn wir eins mit Ihm werden. Wir sind es, die uns selbst Leid zufügen, wenn wir die göttlichen Gesetze übertreten, die das Fundament für das ganze Universum bilden. Wir werden erlöst, wenn wir uns mit Ihm vereinigen. Doch wir müssen so lange leiden, bis wir mit Gott in Einklang sind und verstehen, dass diese Welt nichts anderes als eine kosmische Unterhaltung ist. Das Leid scheint eine notwendige Schulung zu sein, die uns daran erinnert, nach Vereinigung mit Gott zu streben. Dann werden wir – wie Er – auch an diesem fantastischen Schauspiel unsere Freude haben.

Es ist so wunderbar, tief über diese Dinge nachzudenken. Ich erforsche diese Bereiche immer wieder. Sogar jetzt, wo ich zu euch spreche, sehe ich diese Wahrheiten vor mir. Es wäre in der Tat schrecklich, wenn ein Allmächtiges Wesen uns in dieses täuschende irdische Dasein verbannt hätte, ohne dass es einen Ausweg für uns gäbe, oder dass wir fähig wären, das zu erkennen, was Es erkannt hat. Doch dem ist nicht so. Es gibt einen Ausweg. Jede Nacht im tiefen Schlaf seid ihr euch dieser Welt nicht mehr bewusst; sie existiert nicht mehr für euch. Und immer, wenn ihr tief meditiert, wird euer Bewusstsein transzendent; auch dann versinkt die Welt um euch herum. Darum sagen die Heiligen, dass nur die Vereinigung mit Gott uns zu der Einsicht verhilft, dieser Welt nicht so viel Bedeutung beizumessen.

Betrachtet das Leben als einen Film

In dieser Welt wiederholt sich die Geschichte fortwährend – immer wieder gibt es Kriege und Probleme. Wenn wir objektiv bleiben können, betrachten wir die Ereignisse schließlich

Die Welt als kosmische Unterhaltung

als einen ständig ablaufenden kosmischen Film, in dem sich dasselbe Drama immer und immer wieder abspielt – nur zu verschiedenen Zeiten und an verschiedenen Orten und mit unterschiedlichen Charakteren. Ihr würdet euch nicht denselben Film immer wieder ansehen; das wäre euch bald langweilig. Wir verdanken es also dem Himmlischen Vater, dass Er für Abwechslung in der Geschichte – für den Kontrast von Gut und Böse – gesorgt hat, um die Unterhaltung in diesem kosmischen Filmtheater abwechslungsreich für uns zu gestalten.

Wir mögen der Meinung sein, dass Gott diese Welt erst gar nicht erschaffen haben sollte, weil sie mit so vielen Schwierigkeiten verbunden ist. Andererseits aber erklären die Heiligen: Wenn ihr wüsstet, dass ihr Götter[2] seid, würde die Welt euch nichts mehr ausmachen. Ihr seht euch viel lieber einen spannenden Film an als einen langweiligen, nicht wahr? Auf dieselbe Weise solltet ihr euch an dieser Welt freuen. Betrachtet das Leben als einen Film, dann werdet ihr wissen, warum Gott es erschaffen hat. Unser Problem liegt darin, dass wir vergessen, das Leben als Gottes Unterhaltung zu betrachten.

In den heiligen Schriften hat Gott uns mitgeteilt, dass Er uns zu Seinem Ebenbild geschaffen hat. Deshalb können wir dieses Weltendrama – genau wie Er – als einen Film ansehen, wenn wir uns bewusst machen, dass unsere Seele vollkommen ist, und erkennen, dass wir eins sind mit Gott. Dann wird dieser kosmische Film mit seinen schrecklichen Krankheiten, seiner Armut und seinen Atombomben uns nicht wirklicher vorkommen als all die Abnormitäten, die wir uns in einem Filmtheater anschauen. Wenn der Film zu Ende ist, wissen wir, dass niemand getötet wurde, dass niemand gelitten hat. Diese Wahrheit ist in der Tat die einzige Erklärung für mich, wenn ich mir dieses Drama des Lebens anschaue. Es ist nichts als ein elektrisches Schattenspiel, ein Spiel aus Licht und Schatten. Alles besteht aus den Schwingungen, die von Gottes Bewusstsein ausgehen und die sich zu elektromagnetischen Bildern verdichten. Kein Schwert vermag die innerste Substanz dieser Bilder zu zerstören; sie kann nicht verbrannt oder ertränkt

---

[2] »Steht nicht geschrieben in eurem Gesetz: Ich habe gesagt: Ihr seid Götter?« (*Johannes* 10, 34)

werden, noch kann sie Schmerz empfinden. Sie wurde nie geboren und kann nie sterben. Sie unterliegt nur einigen Veränderungen. Wenn wir diese Welt ebenso beobachten könnten, wie Gott und die Heiligen es tun, wären wir von der scheinbaren Wirklichkeit dieses Traumes befreit. Immer wenn ich mich in diesem Bewusstseinszustand befinde, kann ich verstehen, dass Gott diese Welt erschaffen hat, um uns zu unterhalten, und dass sie weder für Ihn noch für uns notwendig ist.

Erwacht aus diesem kosmischen Traum

Ihr könnt besser verstehen, dass das Leben der kosmische Traumfilm Gottes ist, wenn ihr an die Träume denkt, die ihr jede Nacht im Schlaf hervorruft. Manchmal habt ihr Albträume, manchmal herrliche Träume. Wie wirklich sie erscheinen – nicht nur euch, sondern auch den Personen, die ihr in euren Träumen seht! Doch wenn ihr aufwacht, wisst ihr, dass sie nicht wirklich gewesen sind, und könnt darüber lachen. Natürlich hat jeder Mensch lieber schöne Träume als Albträume. Ich sage Gott deshalb: »Wenn wir in Deinem Traum mitspielen sollen, Herr, wünschen wir uns schöne Träume, in denen wir gesund und fröhlich sind und nicht den Albdruck der Krankheit und der seelischen Qualen durchmachen müssen.« Doch das Problem liegt darin, dass ihr die schönen Träume liebt und den Albdruck fürchtet und somit den Traumerlebnissen Wirklichkeit verleiht; deshalb leidet ihr während des Albtraums. Also raten uns die Meister: »Erwacht sowohl aus den schönen Träumen als auch aus den Albträumen.«

Wenn ihr nach menschlichem Glück verlangt, müsst ihr mit mancherlei Sorgen rechnen, denn neben all den schönen Träumen gibt es auch die unvermeidlichen Albträume. Wenn ihr den Traum aber als Traum erkennt – ganz gleich, ob er erfreulich oder schrecklich ist –, werdet ihr Frieden haben. Sobald ihr erkannt habt, dass das Leben ein Traum ist, seid ihr frei.

Die Philosophie der großen Meister Indiens lehrt uns, dass diese Welt, diese Schöpfung, Gottes Traum ist. Wenn ihr halb wach seid, aber dennoch weiterträumt und wisst, dass ihr träumt, habt ihr euch über den Traum erhoben; ähnlich nimmt Gott dieses Universum wahr. Er ist einerseits wach in ewig neuer Glückseligkeit, und andererseits träumt Er dieses

Universum. So solltet auch ihr die Welt sehen. Dann werdet ihr wissen, warum Er sie erschaffen hat, und ihr werdet diese Traumerlebnisse nicht eurer Seele zuschreiben. Wenn ihr dann einen Albtraum habt, wisst ihr, dass er nichts weiter ist als ein schlechter Traum. Wer mit diesem Bewusstsein in der Welt leben kann, wird nicht mehr leiden. Der *Kriya-Yoga* wird euch dazu verhelfen, und die *Lehrbriefe der Self-Realization Fellowship* werden euch dabei unterstützen – wenn ihr aufrichtig bemüht seid, danach zu leben. Ihr solltet euch auf diese Lehre konzentrieren, nicht auf meine Person oder auf irgendjemand anderen. Und es genügt auch nicht, nur etwas über diese Wahrheiten zu lesen, ihr müsst sie anwenden. Das Lesen allein macht euch nicht weise, nur die eigene Verwirklichung.

Darum lese ich nicht viel. Ich halte meinen Geist immer hier auf das Zentrum des Christusbewusstseins (*Kutastha*)[3] gerichtet. Wie anders erscheint einem die Welt im allgegenwärtigen Licht der Kosmischen Intelligenz! Manchmal sehe ich alles als elektrische Bilder; dann hat der Körper weder Gewicht noch Masse. Weisheit erlangt man nicht, wenn man bloß liest, was für erstaunliche Entdeckungen die Wissenschaft gemacht hat – denn es gibt immer noch so viel, was wir nicht wissen. Lest im Buche des Lebens, das verborgen in eurem Innern liegt, in der allwissenden Seele, unmittelbar hinter dem Dunkel der geschlossenen Augen. Entdeckt das unermessliche Reich der Absoluten Wirklichkeit. Betrachtet diese Erde als einen Traum; dann werdet ihr wissen, dass ihr euch ruhig auf das Bett dieser Erde legen könnt, um den Traum vom Leben zu träumen. Es wird euch nichts mehr ausmachen, weil ihr wisst, dass ihr nur träumt.

Religionslehrer im Westen predigen über Wohlstand, Glück, Gesundheit und ein herrliches Leben nach dem Tode. Doch sie erklären nicht, wie man Göttliche Glückseligkeit erlangen und wie man im Hier und Jetzt vom Leid unberührt bleibt. In dieser Hinsicht gehen die Lehren der großen indischen *Rishis* viel tiefer. Menschen des Westens haben den Meistern vorgeworfen, eine negative Lebensphilosophie zu lehren: Es macht nichts,

---

[3] Am Punkt zwischen den Augenbrauen gelegen. (Siehe *Christuszentrum* im Glossar.)

wenn ihr leiden müsst, es macht nichts, ob ihr glücklich seid oder nicht, kehrt der Welt den Rücken. Ganz im Gegenteil! Die indischen Meister fragen: »Was werdet ihr tun, wenn ihr von Schmerz und Leid heimgesucht werdet? Werdet ihr dann hoffnungslos jammern oder werdet ihr jene Techniken üben, die euch dazu verhelfen, gleichmütig zu bleiben und euch über die Krankheit zu erheben, während ihr die nötigen Heilmittel anwendet?« Sie raten den Menschen, vernünftige Heilmittel zu gebrauchen, gleichzeitig aber ihre Gefühle zu beherrschen, damit sie in Zeiten von Krankheit und Schmerz nicht gleich verzweifeln. Mit anderen Worten, sie betonen, wie wichtig es ist, fest verankert im ungetrübten Glück der Seele zu leben; denn die Seele wird weder von den launischen Winden schöner Lebensträume noch von den Stürmen quälender Albträume berührt. Menschen, die überwiegend materialistisch denken, sind nicht gewillt, sich um diesen Zustand der Unanfechtbarkeit zu bemühen. Wenn Leid auf sie zukommt, lernen sie nichts daraus und machen immer wieder dieselben Fehler.

Einmal kam ein Mann zu mir, der sich damit brüstete, viel Geld zu haben. Ich warnte ihn: »Erzählen Sie nicht jedem, was Sie besitzen; sonst wird irgendjemand, der es auf Ihr Geld abgesehen hat, Sie überlisten.« Bald hatte ihn tatsächlich eine Dame in ihrem Netz; kurz darauf wollte sie sich scheiden lassen und verlangte die Hälfte seines Geldes. Durch Gottes Gnade konnte ich ihm aus seiner misslichen Lage heraushelfen. Als die Scheidung vollzogen war, warnte ich ihn in einem Brief dringend davor, sich wieder einfangen zu lassen. Ich kannte sein Naturell. Doch dann kehrte er mit einer anderen Frau zurück. Ich wunderte mich über seine Torheit. Seine neue Frau hatte einen guten Charakter und besaß auch selbst etwas Geld. Aber jetzt wollte *er* sie loswerden, und sie wollte ihn nicht gehen lassen. Da er von Natur aus sehr ruhelos war, wollte er nun kein Eheleben mehr; er wollte seine Freiheit haben. Doch ich riet ihm: »Sie haben Ihre Unabhängigkeit freiwillig aufgegeben, jetzt müssen Sie eben das Beste daraus machen.« Ist die menschliche Natur nicht seltsam?

Wenn in Indien eine verheiratete Frau stirbt, ist es ziemlich sicher, dass der Ehemann nicht wieder heiraten wird. Meistens hält er die Erinnerung an sie wach. Dies gilt in Indien als die ideale Liebe, doch ab und zu geschieht auch etwas Gegenteiliges. So kam einmal ein Mann zu mir und weinte sich die Augen aus, weil seine Frau gestorben war. Er ließ seinen unbeherrschten Gefühlsausbrüchen freien Lauf. Er sagte sogar, dass er sich umbringen wolle. Mir tat er leid, weil er diesen großen Verlust erlitten hatte, aber ich versuchte, ihn zur Vernunft zu bringen. »Sie können Ihre Frau auf diese Weise nicht zurückholen«, sagte ich ihm. Da rief er schluchzend aus: »Ich werde nie wieder heiraten.« Ich aber sah etwas anderes voraus und sagte ihm: »Sie werden bereits in einem Monat wieder verheiratet sein.« Er aber bestritt das hartnäckig: »Niemals!« Nun, in einem Monat heiratete er tatsächlich wieder; doch er suchte mich nicht mehr auf, weil es ihm peinlich war, daran erinnert zu werden, wie heftig er meinen Worten widersprochen hatte.

Wenn ich manchmal im Auto unterwegs bin, sehe ich, wie viele Leute früher in den Häusern gelebt haben, an denen ich jetzt vorbeifahre, und wie viele noch kommen und später dort leben werden. Einmal sagte mir der Herr: »Sieh nur diese menschlichen Hühnerkäfige und wie die Bewohner kommen und gehen. So ist nun einmal das menschliche Leben.« Schenkt den flüchtigen Szenen des Lebens nicht zu viel Beachtung. Jeder von euch ist das unsterbliche SELBST; ihr lebt nur vorübergehend in einem Traumzustand, der manchmal zu einem Albtraum wird. So lautet die höhere Philosophie der indischen Meister.

Emotionale Empfindlichkeit verursacht Leiden

Seid nicht so empfindlich. Überempfindlichkeit ist die verborgene Ursache allen Leids. Es ist töricht, wenn wir der Schöpfung zu viel Wirklichkeit zugestehen, indem wir uns gefühlsmäßig darein verwickeln lassen. Wenn ihr nicht meditiert, euch nicht still hinsetzen und erkennen könnt, dass ihr in Wahrheit eine Seele seid, wenn ihr euch von der Schöpfung, die unaufhörlich in Bewegung ist, mitreißen lasst, ist euer Glück ständig in Gefahr. Vielleicht werdet ihr eines Tages schwer krank; ihr würdet gern spazieren gehen und alles so erledigen wie früher, als ihr jünger und gesünder wart, aber ihr seid nicht mehr dazu in der Lage. Das ist eine große Enttäuschung für die Seele. Ehe dies eintritt, bemüht euch, vom Körper innerlich unabhängig zu werden und ihn so zu versorgen, als ob es der Körper eines anderen wäre.

Eine meiner Schülerinnen litt unter Knochenschwund und hatte große Schmerzen in ihrem Knie. Ich weiß nicht, wie oft ihr Bein bereits operiert und wieder zusammengesetzt worden war. Doch wenn sie darüber sprach, stellte sie es als etwas ganz Nebensächliches dar. »Es ist bloß eine kleinere Operation«, bemerkte sie leichthin. So sollte man sich im Leben verhalten. Bemüht euch um eine solche Geisteshaltung, damit ihr immer größere geistige Kraft entwickelt.

Auch wenn es euch nicht möglich ist, lange oder tief zu meditieren, vergegenwärtigt euch immer, dass ihr für Gott tätig seid. Wenn euer Geist in Ihm verankert bleibt, werdet ihr nicht mehr leiden. Dann wird keine Krankheit und kein Leiden euch innerlich etwas anhaben können. Manchmal, wenn mir der Körper Schwierigkeiten bereitet, schaue ich nach innen, und alles löst sich in Gottes Licht auf. Ihr solltet diese Welt als ein unterhaltsames Spiel betrachten, ebenso wie ihr einen Film anseht und euch auf der Leinwand am Gegensatz zwischen Gut und Böse, zwischen freudigen und traurigen Ereignissen erfreut. Ihr solltet sagen: »Herr, alles, was Du tust, ist richtig.« Doch erst dann, wenn ihr wirklich erkannt habt, dass dies alles ein Traum ist, werdet ihr wissen, warum Gott diese Welt erschaffen hat.

Seid so wie der tätig-untätige Herr

Ich kann mir denken, dass Gott das Universum ins Leben rief, weil Er tätig sein wollte. Dies sollte allen geistigen Suchern ein Ansporn sein. Viele denken, wenn man diesen Traum hinter sich lassen und Gott finden will, müsse man alle Verantwortung aufgeben und in den Himalaja gehen oder sich an ähnlich einsame Orte zurückziehen; aber das ist nicht so einfach. Der Geist wird immer noch mit Launen und Ruhelosigkeit zu kämpfen haben, und der Körper wird emsig tätig sein müssen, nur um sich warm zu halten und seinen Hunger und andere Bedürfnisse zu stillen. Es ist einfacher, Gott im Dschungel der Zivilisation zu finden, wenn ihr den richtigen Ausgleich zwischen Meditation und konstruktiver Arbeit und Pflichterfüllung erlangt. Seid wie der tätig-untätige Herr: In der Schöpfung ist Er freudig tätig; jenseits der Schöpfung weilt Er im Zustand freudiger Ruhe und göttlicher Glückseligkeit. Weil ich mich bemüht habe, Gott in der Meditation zu finden, genieße ich diese Glückseligkeit sogar, während ich tätig bin. Deshalb wirkt sich die Tätigkeit nicht nachteilig auf mich aus. Auch wenn ich manchmal sage, dass mir dies oder jenes in dieser dualistischen Welt nicht gefällt, bleibe ich innerlich dennoch ruhig und unerschütterlich: »ruhig tätig und in der Tätigkeit ruhig, ein Fürst des Friedens, der auf dem Thron des Gleichmuts sitzt und von dort aus das Reich seines Handelns regiert«.

Es hat den Anschein, als ob der vollkommene Gott unvollkommene Wesen erschaffen habe. In Wahrheit aber sind die unvollkommenen Wesen vollkommen – es sind Seelen, die Gott zum Bilde geschaffen wurden. Gott verlangt von euch nur, dass ihr eure geträumten Unvollkommenheiten von eurem vollkommenen SELBST trennt. Wenn ihr euch mit eurem vergänglichen Leben und all seinen Sorgen identifiziert, tut ihr dem Ebenbild Gottes in euch unrecht. Wiederholt die folgenden Worte und erkennt ihre Wahrheit: »Ich bin kein sterbliches Wesen, ich bin GEIST.«

Gott versucht stets, Seine Kinder in den Zustand der ihnen angeborenen Vollkommenheit zurückzuführen. Darum zeigen sogar böse Menschen die Neigung, Gott zu suchen – auch wenn es nicht so offensichtlich ist. Oder kennt ihr einen bösen Menschen, der sich durch seine Handlungen ins Elend bringen will? Gewiss nicht. Er meint, sein Handeln werde ihm Befriedigung verschaffen. Ein Mensch, der trinkt oder Drogen zu sich nimmt, glaubt, sich dadurch Vergnügen zu bereiten. Überall seht ihr gute und böse Menschen, von denen sich jeder auf seine eigene Weise um Glück bemüht. Keiner will sich selbst schaden. Warum aber tun Menschen dann Böses, sodass sie mit Sicherheit Schmerz und Leid ernten werden? Ihre Handlungen entspringen der größten aller Sünden – der Unwissenheit. »Übeltäter« sollte man sie nennen und nicht »Sünder«. Ihr könnt eine böse Tat verdammen, aber ihr solltet niemals den Täter verdammen. Sünden sind Irrtümer, die unter dem Einfluss der Unwissenheit oder Täuschung begangen werden. Wäre euer Verständnis auch nur geringfügig anders, wärt ihr vielleicht in derselben Lage. Jesus sprach: »Wer unter euch ohne Sünde ist, der werfe den ersten Stein ...«[4]

Damit will ich sagen, dass wir uns bei allem, was wir tun, Glück erhoffen. Keiner kann daher mit Recht sagen, dass er ein Materialist sei; denn jeder, der nach Glück sucht, sucht nach Gott. Gott lockt uns also sowohl durch das Böse als auch durch das Gute zu sich zurück, eben weil wir alle nach dem Glück suchen. Das Leid, das der Irrende durch seine bösen Taten erntet, wird ihn schließlich zu der Freude führen, die in der Tugend liegt. Da das ganze Leben aus einer Mischung von Gut und Böse, von schönen Träumen und Albträumen besteht, sollten wir uns um schöne Träume bemühen und dazu beitragen, sie herbeizuführen, anstatt uns in schreckliche Albträume verwickeln zu lassen.

Der Vielgestaltigkeit der Schöpfung liegt eine tiefe Einheit zugrunde

Gott erschuf die vielen Wesen aus Seinem einen Bewusstsein. Und jetzt ist Er bemüht, diese vielen in Seine Einheit zurückzuführen. Wenn ein Sturm das Meer aufwühlt, ruft er zahllose Wellen hervor. Und sobald er abklingt, sinken die Wellen wieder in das Meer zurück. Der Vielgestaltigkeit der Schöpfung liegt eine tiefe Einheit zugrunde, so wie die Wellen alle im Meer vereinigt sind. Die Seelen der Familienangehörigen werden durch ein Gruppenbewusstsein zusammengehalten. Die Nationen haben ein Staatsoberhaupt, das die Bürger vereint und leitet. Soziale Gruppen verfolgen ein gemeinsames Ziel. Wenn ihr Gott findet, werdet ihr sehen, wie sich alle Kräfte in Ihm vereinigen. Dann gilt: »Das Leben ist süß und Tod ein Traum; Gesundheit ist süß und Krankheit ein Traum; ja, Lob ist süß und Tadel ein Traum – wenn Dein Lied mich durchdringt.«[5] Dann werdet ihr ein ganz anderes Bild vom Leben erhalten.

Die Menschen reagieren verschiedenartig auf das Leben. Die meisten sagen entweder: »Lobet den Herrn«, oder sie

---

[4] *Johannes* 8, 7.

[5] »Wenn Dein Lied mich durchdringt« aus dem Buch *Kosmische Lieder* von Paramahansa Yogananda (herausgegeben von der Self-Realization Fellowship).

Die Welt als kosmische Unterhaltung

behaupten, man müsse sich vor Ihm fürchten; einige klagen Ihn an oder verfluchen Ihn sogar. Ich halte dies für sehr töricht. Was könnt ihr Gott schon sagen, um Ihn zu loben? Ihm bedeuten Lob und Schmeicheleien nichts, denn Er besitzt bereits alles. Die meisten Gebete werden von Menschen gesprochen, die in Not sind. Einige rufen dann: »Lobet den Herrn«, weil sie sich davon eine Gunst erhoffen. Ihr mögt den Herrn verfluchen oder preisen, beides berührt Ihn nicht. Aber *euch* wird es berühren. Preist Ihn – oder besser noch: *liebt* Ihn –, dann werdet ihr euch besser fühlen. Wer Ihn verflucht, verletzt sich dadurch selbst. Wenn ihr euch Gott widersetzt, dann widersetzt ihr euch eurem eigenen wahren Wesen – dem Ebenbild Gottes, als das Er euch erschaffen hat. Wenn ihr euch dagegen auflehnt, straft ihr euch automatisch selbst.

Von Kindheit an habe ich gegen das Leben rebelliert, weil ich so viele Ungerechtigkeiten sah. Doch jetzt rebelliere ich nur gegen eines: dass die Menschen Gott nicht kennen. Die größte Sünde ist die Unwissenheit – nicht zu wissen, welchen Sinn das Leben hat. Und die höchste Tugend ist Weisheit – das heißt, Sinn und Ziel des Lebens zu verstehen und den Schöpfer zu erkennen. Weisheit bedeutet, zu wissen, dass wir keine unscheinbaren menschlichen Wesen, sondern eins mit Ihm sind.

Im Schlaf befreit euch Gott jede Nacht von allen Sorgen, um euch zu zeigen, dass ihr keine sterblichen Wesen seid – sondern GEIST. Gott will aber, dass ihr diese Wahrheit auch erkennt, wenn ihr wach seid, sodass euch die Ungereimtheiten des Lebens nicht mehr aus dem Gleichgewicht bringen. Wenn wir nachts im tiefen Schlaf existieren können, ohne an die Welt und all ihre Probleme zu denken, können wir das auch in Gottes geschäftiger Welt – ohne uns in diesen Traum verwickeln zu lassen. Obgleich viele Traum-Universen durch Gottes Bewusstsein gleiten, ist Er immer wach, und Er weiß, dass Er träumt. Deshalb sagt Er uns: »Lass dich von diesem Tagtraum nicht ängstigen; erkenne, dass Ich die Absolute Wirklichkeit hinter dem Traum bin.« Lächelt in diesem Traum, wenn ihr gesund und fröhlich seid. Wenn ihr einen Albtraum von Krankheit und Leid erlebt, sagt euch: »Ich bleibe wach in Gott und beobachte nur das Drama meines Lebens.« Dann werdet ihr wissen, dass Gott dieses Universum zu Seiner Unterhaltung geschaffen hat.

Und ihr, die ihr Ihm zum Bilde erschaffen wurdet, habt nicht nur das volle Recht, sondern auch die Fähigkeit, euch – genauso wie Er – an diesem Spiel mit seinen abwechslungsreichen Träumen zu erfreuen.

Es sind die Wünsche, die euch an das sterbliche Leben gebunden halten. Wenn ihr euch ein großes Haus auf einem Hügel mit schöner Aussicht wünscht, ein gutes Einkommen, eine harmonische Ehe und eine liebe Familie, könnt ihr euch bei dem Bemühen, das alles zu verwirklichen, wahrhaft aufreiben. Vielleicht verlässt euch der Ehepartner, weil er sich von jemand anderem angezogen fühlt; oder ihr werdet krank, oder euer Geschäft bricht zusammen. Menschliches Glück hat keinen Bestand. Daher sage ich Gott: »Herr, Du kannst all Deinen irdischen Tand behalten. Lass nichts als Deinen Willen durch mich geschehen. Ich bin bereit, in allem Deinen Willen zu tun. Doch ich danke Dir nicht dafür, dass Du mich erschaffen hast, Herr; denn wenn Du das nicht getan hättest, wären mir viele Sorgen erspart geblieben. Da Du mir aber das Leben geschenkt hast, weiß ich, dass ich nichts anderes sein kann als Dein Kind.« Das ist die Forderung, die ihr an Gott stellen solltet. Bettelt Ihn nicht mehr an; denn ihr seid keine Bettler. Ihr seid Seine göttlichen Kinder und besitzt im Grunde alles, was Er besitzt. Hinter dem Dunkel der geschlossenen Augen kreist das ganze Universum in eurem Bewusstsein. Warum wollt ihr als Bettler vor Gott treten?

Verbannt die Trugbilder von Gesundheit und Krankheit, von Freud und Leid. Erhebt euch darüber. Werdet zu eurem wahren SELBST. Schaut dem Spiel des Universums zu, aber verliert euch nicht darin. Viele Male schon habe ich gesehen, wie mein Körper diese Welt verlassen hat. Ich lache über den Tod und bin jederzeit bereit, zu gehen, denn es ist nichts dabei. Mein ist das ewige Leben. Ich bin das Meer des Bewusstseins. Hin und wieder werde ich zur kleinen Welle des Körpers, doch ich bin niemals nur Welle ohne das Meer Gottes.

Tod und Finsternis können uns nicht schrecken, denn wir sind dasselbe Bewusstsein, aus dem Gott dieses Universum erschaffen hat. In der Bhagavad-Gita spricht der Herr:

> Doch ein Mensch, der Mich sowohl als den Ungeborenen und Anfanglosen wie auch als den Obersten Herrn der

Schöpfung erkennt – dieser hat die Täuschung besiegt und den sündenlosen Zustand erreicht, auch wenn er noch das Gewand eines sterblichen Körpers trägt.

Ich bin der Quell aller Dinge; aus Mir geht die ganze Schöpfung hervor. Die Weisen, die dies erkannt haben, beten Mich voller Ehrfurcht an. Meine Verehrer, die ständig an Mich denken, die sich Mir völlig anheimgegeben haben, die sich gegenseitig zur Erleuchtung verhelfen und immer von Mir künden, sind zufrieden und glücklich.

Aus reiner Barmherzigkeit zünde Ich, der in ihrem Innern wohnt, die helle Lampe der Weisheit in ihnen an, welche die Dunkelheit der Unwissenheit verbannt.

Bhagavad-Gita X, 3. 8–9. 11.

Warum Gott die Welt erschaffen hat

Tempel der Self-Realization Fellowship,
San Diego, Kalifornien, 16. Dezember 1945

Oft schon habt ihr mich über das Thema sprechen hören, warum Gott die Welt erschaffen hat, doch jedes Mal werdet ihr etwas Neues darüber erfahren. Dank unermüdlicher Konzentration gewinnt man immer neue Einblicke in dieses Mysterium.

Aus irgendeinem Grunde verfügt Gott über alle Kräfte in diesem Universum; warum aber besitzt Er diese Kraft? Warum ist Gott Gott? Warum seid ihr nicht Gott? Ihr könnt euch über diese Fragen den Kopf zerbrechen. Dass es einen Gott, eine absolute Intelligenz und Kraft gibt, kann unsere Vernunft nicht leugnen. Wir können das Zeugnis Jesu, Krishnas, Buddhas und der Heiligen nicht in Frage stellen. Wenn wir die Ideale, die sie uns vorlebten, und die Wunder, die sie vollbrachten, überdenken, wissen wir, dass sie die Wahrheit gesprochen haben. Sie haben uns ein unwiderlegbares Zeugnis von Gottes Existenz, von Seiner Vollkommenheit und Allmacht gegeben. Sie haben uns versichert, dass Gott Freude ist, dass Gott Liebe ist. Wenn das aber stimmt, warum hat Er dann eine solch unvollkommene Welt erschaffen und einen solch unvollkommenen Körper für den Menschen? Wir meinen, wenn wir die Kraft besäßen, die Gott hat, würden wir einen viel besseren Körper erschaffen und auch eine viel bessere Welt – zumindest bilden wir uns das ein!

Jesus sprach: »Wer an mich glaubt, der wird die Werke auch tun, die ich tue, und wird größere als diese tun.«[1] Wie konnte er vor zwei Jahrtausenden von all den »Wundern« wissen, die der

---

[1] *Johannes* 14, 12.

neuzeitlichen Wissenschaft jetzt so geläufig sind? Wir haben erlebt, dass der Mensch durch Radar feststellen kann, wo sich gewisse Dinge befinden, auch wenn sie Tausende von Meilen entfernt sind. Ein Soldat erzählte mir, dass er zum ersten Mal an Gott glaubte, als er ein Radargerät in Betrieb sah. Auf diese Wunder des Radios, des Radars und des Fernsehens sowie aller anderen wissenschaftlichen Entdeckungen, die noch kommen werden, bezog sich Christus, als er voraussagte, wir würden sogar noch größere Dinge tun, als er sie getan hatte. Wenn allerdings jeder Mensch Radar-Augen und -Ohren hätte, würden wir nicht mehr in Frieden leben können! Die Gedanken und Handlungen anderer Menschen, die Tausende von Meilen von uns entfernt sind, würden in unseren Geist eindringen, und keiner hätte dann noch einen Freiraum oder eine Privatsphäre. Da man zweifellos in jedem Haus Schmutz findet, haben wir nicht das Recht, dort einzudringen und unsere Entdeckungen auszuplaudern. Gott hat also aus einem bestimmten Grund den Mantel der *Maya*, der begrenzenden Kraft der Täuschung, über den Menschen geworfen.

Verglichen mit Gottes Kraft ist die menschliche Kraft nichts

Es hat den Anschein, dass der Mensch, der Macht erlangt, diese sofort missbraucht. Jetzt redet man schon von einem »Krieg auf Knopfdruck«, in welchem man nur auf einen Knopf zu drücken braucht, um ganze Nationen durch Atombomben zu vernichten. Stellt euch das einmal vor: Die Stadt New York mit ihren Millionen von Einwohnern kann durch eine einzige Bombe ausgelöscht werden! Gott hat dem Menschen große Macht verliehen, damit er sie richtig gebraucht. Dennoch ist die Macht des Menschen nichts im Vergleich zur Macht Gottes, denn diese ganze Welt ist eine Atombombe, die Gott in Seinen Händen hält. Wenn irgendein Individuum oder Staatsoberhaupt denkt, es könne unbeschadet davonkommen, wenn es Bomben einsetzt, irrt es sich gewaltig, denn die Worte Christi haben immer noch Gültigkeit: »... wer das Schwert nimmt, der soll durchs Schwert umkommen.«[2] Aggressive Nationen,

---

[2] *Matthäus* 26, 52.

die sich bekämpfen, werden ausgelöscht, und die sanftmütigen Nationen werden die Erde bewohnen.[3] Wir müssen geistige Kraft gebrauchen und nicht Atombomben, sonst werden wir untergehen.

Es ist offensichtlich, dass das Reich der Natur noch viele Geheimnisse birgt. Auch wenn die Atombombe etwas Schreckliches ist, so beweist sie dennoch, dass im Innersten der Natur unvorstellbare Kräfte eingeschlossen liegen – Kräfte, die der Mensch erst noch entdecken muss. Und dahinter befindet sich ein Gott. Eine Unendliche Intelligenz regiert die ganze Schöpfung. Diese Intelligenz wirkt durch göttliche Gesetze, die das Gute fördern und das Böse bestrafen. Wie sonst erklärt es sich, dass Hitler das geheime Wissen, wie man Atombomben herstellt, zuerst besaß, es aber verlor und dass es stattdessen in die Hände der Amerikaner gelangte? Auch wenn Amerika Atombomben eingesetzt hat, so glaube ich nicht, dass es das wieder tun wird; ich bete darum, dass dies nicht geschieht.

Die Politiker verwickeln in ihrer Blindheit die ganze Welt in Kriege. Da der Mensch aber diese Welt nicht erschaffen hat, hat er auch nicht das Recht, sie zu zerstören. Warum jedoch hat der allmächtige Gott eine solch unvollkommene Welt erschaffen und dem Menschen die Macht gegeben, zu zerstören? Wenn ihr Gott wärt, wüsstet ihr genau, wie alles zusammenhängt und warum dieses Universum so erschaffen wurde, wie es ist.

Lest ihr einen spannenden Roman, in dem sich Gut und Böse bekämpfen, findet ihr es schrecklich, wenn das Böse den Sieg davonträgt. In einem Kapitel zum Beispiel steht der Held kurz vor einem gewaltsamen Tod; doch im nächsten entspannt sich die Lage wieder, und er wird gerettet. Vergesst nicht, dass jedes menschliche Leben ein meisterhaft geschriebener Roman Gottes ist. Es wird euch nicht gelingen, ihn zu verstehen; denn eure begrenzte Intelligenz, die der täuschenden *Maya* ausgeliefert ist, wird diesen Versuch bald aufgeben. Zuerst müsst ihr die Täuschung überwinden und eins mit Gott werden; dann werdet ihr auch wissen, warum Er diese Welt erschaffen hat.

Wir haben aber das Recht, Ihn zu fragen, warum Er es getan

---

[3] *Matthäus* 5, 5: »Selig sind die Sanftmütigen, denn sie werden das Erdreich besitzen.«

hat. Und dafür gibt es sehr viele Gründe. Zunächst einmal ist die Erde keine Notwendigkeit für Gott, denn sonst wäre Er ja nicht vollkommen – Er würde etwas von Seiner Schöpfung erwarten. Die Heiligen aber bezeugen, dass Er vollkommen sei; und ich bezeuge es aus meiner eigenen Erfahrung, denn ich bin mit Ihm in Verbindung. Obgleich ich Visionen und andere geistige Erlebnisse gehabt hatte, bevor ich meinem Guru, Swami Sri Yukteswarji, begegnete, versprach ich ihm, dass ich nicht zu anderen über Gott sprechen würde, bis ich Ihn erkannt hätte. Als ich dann sah, dass meine Visionen sich verwirklichten, wusste ich, dass irgendein Hohes Wesen mich führte; und ich begann, Ihn in allen Dingen zu sehen.

Diese Welt ist Gottes Hobby

Da Gott vollkommen ist und da Er diese Erde nicht zu Seiner Höherentwicklung braucht, kann man daraus schließen, dass sie eine Art Hobby für Ihn ist. Es gibt beispielsweise zwei Künstlertypen: Der eine ist der kommerzielle Künstler, der mit seinen Arbeiten Geld verdient; und der andere schafft erhebende Kunstwerke, die jedoch keinen Marktwert haben – er hat lediglich Freude daran. Natürlich wissen wir, dass Gott keine kommerziellen Zwecke verfolgt, denn die Schöpfung – Sein Kunstwerk – bringt Ihm keinen Gewinn ein. Genauso haben reiche Leute manchmal kostspielige Hobbies, weil sie es sich leisten können. Einem solchen Mann bin ich einmal in Cincinnati begegnet; er bewirtschaftete einen großen Bauernhof nur zu seinem Vergnügen. Als ich ihn dort besuchte, fragte ich ihn: »Ihr Hof rentiert sich wohl nicht?« Und er erwiderte: »Das stimmt. Dieses Ei, das ich gerade esse, kostet mich 90 Cents. Im Laden könnte ich es für ein paar Cents haben.«

Diese Welt ist also Gottes Hobby. Aber für diejenigen, die darin leiden müssen, ist es kein Vergnügen. Oft sage ich zum Herrn: »Wenn Du ein Hobby wolltest, warum hast Du dann Schmerz, Krebs und furchtbare Angstzustände damit verbunden?« Natürlich ist es nicht meine Aufgabe, dem Herrn etwas vorzuschreiben. Das weiß ich. Doch in aller Demut streite ich mit Ihm.

Er lacht mich aus und sagt: »Im letzten Kapitel werden alle eine Antwort auf diese Fragen erhalten.«

Ich weiß die Antwort, aber ich hadere mit Ihm um der Menschen willen, die sie nicht kennen: »Für Dich mag es ein Spiel sein, Herr; aber für alle, die nicht wissen, dass es nur ein Spiel ist, bedeutet es Elend und Tod. Zwei Menschen heiraten und denken nun, sie hätten die vollkommene Liebe gefunden, und dann stirbt einer von ihnen – wie tragisch! Oder jemand hat sich ein großes Vermögen erworben und hält sich für glücklich, und dann gibt es einen Börsenkrach und vor lauter Verzweiflung stürzt er sich aus dem Fenster – wie schrecklich! Und die sexuellen Versuchungen sowie das Verlangen nach Wein und Geld kommen nicht nur von außen, sondern auch von innen. Wie kann der Mensch dies alles gutheißen? Und warum gibt es Gangster und Geisteskranke und so viele Katastrophen, Herr? Warum gibt es Bakterien, die jedes Jahr so viele Menschen töten? Wenn man die Gebeine aller, die an Krankheiten gestorben sind, auf einen Haufen legen würde, ergäbe das einen Berg, der so hoch ist wie die Himalaja-Berge; und dennoch ist es für Dich, mein Gott, nur ein Hobby. Was aber ist mit all den Opfern Deines Zeitvertreibs?«

Und der Herr erwidert: »Ich habe alle Menschen Mir zum Bilde erschaffen. Wer erkennt, dass er ein Teil von Mir ist, kann in dieser Welt leben und sich ihrer so erfreuen wie Ich.«

Das ist die endgültige Antwort. Wir sehen diese Welt nicht so, wie Gott sie sieht.

Alles mit den offenen Augen der Weisheit und Ruhe sehen

Ich will euch an einem Beispiel erklären, wie es kam, dass die Schöpfung aus dem Gleichgewicht geriet. Wenn ich hier in diesem Zimmer plötzlich die Augen zumache und anfange, wild umherzutanzen, und dabei alles um mich herum vergesse – auch dass ich mich mit geschlossenen Augen nicht mehr so frei bewegen darf –, werdet ihr mir zurufen: »Sei vorsichtig, sonst fällst du hin oder stößt irgendwo an!« Aber ich behaupte: »Ach wo, mir passiert schon nichts.« Dann stolpere ich, falle hin und breche mir das Bein; ich schreie auf und frage: »Warum ist mir das bloß passiert?« Dann werdet ihr sagen: »Warum hast du denn deine Augen zugemacht und versucht, im Dunkeln zu tanzen?« Und ich antworte: »Ach du liebe Güte! Ja, warum habe ich eigentlich mit geschlossenen Augen getanzt?«

Weil ihr die Augen geschlossen haltet, denkt ihr zwangsläufig, dass diese Welt schrecklich sei. Doch wenn ihr eure Augen der Weisheit und Ruhe offenhaltet, werdet ihr erkennen, dass es viele Dinge in der Welt gibt, an denen man sich freuen kann – so, als würdet ihr euch einen Film ansehen.

Wenn ihr ins Kino geht, seht ihr euch lieber einen lustigen Film an oder einen Film, nach welchem ihr euch wohlfühlt, weil das Leben sowieso schon voller Probleme ist. Doch gemäß der Theorie, dass dieses Erdendrama ein kosmischer Film ist, sind die Revolutionen und Kriege der Geschichte sowie die menschlichen Sorgen gerechtfertigt; denn wenn ihr jeden Tag nur Liebesszenen in einem Film sähet, würdet ihr dieser bald überdrüssig. Ihr seht lieber eine abwechslungsreiche Handlung mit Kontrasten und aufregenden Ereignissen. Deshalb hatte Gott einen guten Grund, auf dieser Erde Gegensätze zu erschaffen. Er wollte kein eintöniges Drama zeigen. Wenn in einem Film nur Engel vorkämen, ergäbe das ein sehr langweiliges Stück; wenn aber sowohl Bösewichte als auch Helden darin mitspielen, ist es viel unterhaltsamer.

Die Gegensätze wurden erschaffen, damit wir erkennen, dass dieses Drama nichts als ein kosmischer Film ist, und damit wir unser Bewusstsein auf Gottes Bewusstsein einstellen und diese Erde ebenso sehen können wie Er. Ich würde aber nicht den Bösewicht spielen wollen, denn Verbrechen zahlen sich nicht aus – besonders im Hinblick auf die unerbittlichen kosmischen Gesetze. Ich möchte lieber irgendwo unter einem Baum sitzen und tief über Gott meditieren; oder ich möchte anderen dienen und ihnen wahren Frieden und wahres Glück schenken. Denn obwohl das Leben von einem kosmischen Plan regiert wird, haben wir die Freiheit, unsere Rolle in dem Drama zu ändern.

Der springende Punkt ist der, dass ihr nichts an dieser Welt auszusetzen habt, wenn ihr sie als eine Filmvorführung betrachtet. Ich beschwere mich nur darüber, dass der Schmerz diesen Film so wirklich macht. Es würde euch nicht viel ausmachen, wenn man euch die Hand abschlüge, ohne dass es wehtut, und wenn ihr sie gleich wieder an der richtigen Stelle anwachsen lassen könntet. Einige Heilige haben uns gezeigt, dass dies möglich ist. So machte zum Beispiel Jesus seine

Prophezeiung wahr: »Brechet diesen Tempel [den Körper] ab, und am dritten Tage will ich ihn aufrichten.«[4] Und als Petrus dem Kriegsknecht ein Ohr abschlug, ließ Jesus Christus es wieder anwachsen. Da Jesus eins mit dem Herrn war, besaß er auch die Kraft, den Körper wiederherzustellen.

Die Wissenschaftler konzentrieren sich hauptsächlich darauf, den materiellen Komfort des Menschen zu erhöhen. Doch wenn ihr krank werdet und der Arzt sagt: »Da ist nichts mehr zu machen«, könnt ihr dem nicht abhelfen. Und wie fühlt ihr euch dann? Hilflos. Doch die Meister sagen, ihr braucht euch nicht hilflos zu fühlen. Diese Welt wird euch ungerecht erscheinen, solange ihr die Augen der Weisheit geschlossen haltet. Ihr müsst wissen, dass ihr Gottes Kinder seid; und wenn ihr euch im Einklang mit Ihm befindet, wird diese Erde euch wie ein Film erscheinen – wie Gottes Hobby. Dann könnt ihr in dieser Welt leben, ohne ihrem Einfluss zu unterliegen. Diejenigen indessen leiden, die sie zu ernst nehmen. Und weil sie leiden, verstehen sie nicht, warum Gott diese Erde erschaffen hat. Wenn eine Mutter erfährt, dass eine Frau ihr kleines Kind verloren hat, empfindet sie Mitleid mit ihr. Doch wenn es sich um ihr eigenes Kind handelt, fühlt sie große Seelenqual. Wenn ihr euer Bewusstsein zum göttlichen Bewusstsein erweitert, sodass ihr für alle anderen genauso empfindet wie für euch selbst, wenn die ganze Welt zu eurem größeren SELBST wird, habt ihr euch vollkommen über die Schmerzen eures kleinen Körpers erhoben. Dann werdet ihr die Schöpfung als ein Drama betrachten, in welchem nichts euch verletzen kann.

Gottes größte Gabe ist der freie Wille

Man kann sagen, Gott hat diese Erde nicht nur als Sein Hobby erschaffen, sondern auch, weil Er vollkommene Seelen ins Leben rufen wollte, die sich höherentwickeln und schließlich zu Ihm zurückkehren. Er sandte sie aus, eingehüllt in das Gewand der Täuschung, der *Maya*, doch verlieh Er ihnen auch Freiheit. Das ist Gottes größtes Geschenk. Er hat der Menschheit das nicht vorenthalten, was Er selbst besitzt:

---

[4] *Johannes* 2, 19.

freien Willen. Er hat dem Menschen die Freiheit gegeben, gut oder böse zu sein, so zu handeln, wie es ihm gefällt – und Gott sogar zu verleugnen. Sowohl das Gute als auch das Böse existiert, aber niemand zwingt euch, böse zu sein, es sei denn, ihr entscheidet euch dafür; und niemand kann euch zwingen, gut zu sein, wenn ihr nicht gut sein wollt. Als Gott uns erschuf, gab Er uns die Fähigkeit, Seine Gaben der Intelligenz und des freien Willens zu gebrauchen, sodass wir aus freien Stücken zu Ihm zurückkehren können. Gott will uns zweifellos zu sich zurückholen, sobald wir dazu bereit sind. Wir gleichen dem verlorenen Sohn aus der Bibel, und Gott ruft uns immerfort zu, nach Hause zu kommen.

Jeder Mensch sollte idealerweise versuchen, ein gutes und glückliches Leben zu führen und Gott zu suchen. Ihr werdet nie glücklich sein, bis ihr Ihn wirklich gefunden habt. Deshalb sprach Jesus: »Trachtet am ersten nach dem Reich Gottes.«[5] Der Sinn unseres Daseins besteht darin, besser und vollkommener zu werden und unseren freien Willen so zu gebrauchen, dass wir das Gute dem Bösen vorziehen. Gott hat uns die nötige Kraft dazu verliehen. Der menschliche Geist gleicht einem Gummiband. Je mehr man daran zieht, umso mehr dehnt es sich aus. Das Gummiband des Geistes wird nie reißen. Immer wenn ihr fühlt, dass ihr begrenzt seid, schließt die Augen und sagt euch: »Ich bin Unendlichkeit.« Dann werdet ihr erkennen, welche Macht ihr besitzt.

Weder die Freude an Sinneseindrücken noch an irdischem Besitz kann sich mit der Freude Gottes messen. Obgleich Ihm von Ewigkeit zu Ewigkeit alles gehört, begann Er nachzusinnen: »Ich bin allmächtig, Ich bin die Freude selbst, aber niemand ist da, der diese Freude mit Mir teilen kann.« Und während Er mit Seinem Schöpfungswerk begann, dachte Er: »Ich will Seelen erschaffen, die Meine Ebenbilder sind, will diese menschlichen Wesen mit freiem Willen ausstatten, um zu sehen, ob sie Meine materiellen Gaben und die Versuchungen von Geld, Wein und Sex vorziehen oder ob sie die millionenfach größere und berauschendere Freude Meines Bewusstseins wählen.« Was

---

[5] *Matthäus* 6, 33.

mich am meisten zufriedenstellt, ist die Tatsache, dass Gott gerecht und unparteiisch ist. Er gab dem Menschen die Freiheit, Seine Liebe anzunehmen und in Seiner Freude zu leben oder aber sie abzulehnen und sein Leben in Täuschung und Gottvergessenheit zu verbringen.

Wenn auch alle erschaffenen Dinge Gott gehören, so gibt es doch etwas, was Gott nicht hat – unsere Liebe. Als Er uns erschuf, gab es etwas, was Er noch erwerben musste, und das ist unsere Liebe. Wir können Ihm diese Liebe verweigern oder sie Ihm schenken. Und Er ist gewillt, endlos lange zu warten, bis wir Ihm zeigen, dass unsere ganze Liebe nur Ihm gehört. Wenn wir das tun, wenn der verlorene Sohn heimkehrt, wird das gemästete Kalb der Weisheit geschlachtet, und es herrscht große Freude. Immer wenn eine Seele zu Gott heimkehrt, freuen sich alle Heiligen im Himmel darüber. Das ist der Sinn des Gleichnisses Jesu vom verlorenen Sohn.

Beobachtet euch von der hohen Warte der Innenschau

Das Leben ist viel mehr, als ihr glaubt. Wenn uns schon alles Irdische so wirklich erscheint, um wie viel mehr muss das dann auf die Absolute Wirklichkeit zutreffen, welche diese unwirkliche Wirklichkeit erschafft! Doch die unwirkliche Wirklichkeit lässt euch die Wahre Wirklichkeit vergessen. Gott will euch daran erinnern, dass ihr sicher nichts am Leben auf dieser Erde auszusetzen hättet, wenn ihr es als einen Film betrachten könntet. Selbst wenn dann die spröden Knochen des Körpers brächen, würdet ihr nur sagen: »Schaut euch bloß diese gebrochenen Knochen an«, und der Vorfall würde euch weder stören, noch würdet ihr darunter leiden. So könnt ihr sprechen, wenn ihr im Göttlichen Bewusstsein verankert seid. Wenn ihr dann von der hohen Warte der Innenschau beobachtet, wie ihr in diesem Film des Lebens mitspielt, werdet ihr über eure Gewohnheiten lachen und euch über eure Eigentümlichkeiten amüsieren. Ich tue das andauernd. Wenn ihr wisst, dass diese Welt Gottes *Lila* – Sein Schauspiel – ist, werdet ihr euch über die Gegensätze in diesem Drama von Gut und Böse nicht mehr aufregen.

In einem Traum könnt ihr Reiche und Arme sehen; solche, die stark sind, und solche, die vor Schmerzen stöhnen; ihr könnt sehen, wie jemand stirbt oder geboren wird. Doch wenn ihr aufwacht, wisst ihr, dass es nur ein Traum war. Dieses Universum ist Gottes Traum. Und wenn ich Ihn frage: »Warum träumst Du nicht nur schöne Träume? Warum muss Dein Schauspiel voller Albträume sein?«, antwortet Er: »Du musst dich am kosmischen Drama erfreuen können und sowohl die Albträume als auch die schönen Erfahrungen als das ansehen können, was sie sind – Träume, nichts als Träume. Denn wenn du nur schöne Träume hättest, würdest du in der Schönheit versinken und niemals aufwachen wollen.« So lautet die Antwort. Ihr dürft euch also nicht fürchten, wenn Angstträume auf euch zukommen, sondern solltet sagen: »Herr, es ist ein vorübergehender Traum; er ist nicht wirklich.« Und wenn ihr gesund und glücklich seid, sagt Ihm: »Herr, dies ist ein wunderschöner Traum, doch entscheide Du nach Deinem Gutdünken über die Träume meines Lebens.« Wenn ihr euch weder vom Albtraum der Krankheit, des Leids und der Sorgen berühren noch von den schönen Träumen fesseln lasst, dann sagt Gott: »Es ist Zeit, dass du aufwachst! Komm nach Hause zurück.«

Seht also dieses Universum als einen Film an, wie es die in Gott erwachten Meister tun. Ihnen liegen die Seelen, die sich bemühen, aus diesem Traum zu erwachen, sehr am Herzen. Gott wünscht sich, dass all Seine Kinder aus diesem Albtraum erwachen und diesen kosmischen Film als eine Unterhaltung betrachten. Er will, dass ihr euch eurer Einheit mit Ihm bewusst werdet. Deshalb sendet Er von Zeit zu Zeit erleuchtete Seelen auf die Erde, die der Menschheit helfen sollen. Wenn wir völlig erschöpft sind von unseren Albträumen, helfen uns diese Seelen; sie rütteln uns auf und sagen: »Was ist los mit dir? Du träumst nur.« Und dann jammert ihr: »Nein, ich habe mir wirklich das Bein gebrochen.« Oder: »Ich bin krank und habe Schmerzen.« Oder: »Ich bin in tiefste Armut geraten.« Wenn ihr dann aber mit dem Segen dieser großen Meister eure Augen öffnet, seht ihr, dass alles nur ein Traum ist.

Unterscheidet zwischen dem Unwirklichen und der Wirklichkeit

Als ich noch ein kleiner Junge war, träumte ich öfter, dass ein Tiger hinter mir her sei; und ich schrie, dass der Tiger mich am Bein gepackt habe. Dann kam meine Mutter, rüttelte mich aus dem Traum auf und sagte: »Schau, es ist nichts passiert. Da ist kein Tiger. Dein Bein ist in Ordnung.« Aufgrund dieses Kindheitstraumes hatte ich das erste wunderbare Erlebnis, das Gott mir schenkte. Als ich diesen Traum zum letzten Mal träumte, sagte ich: »Das ist wieder der alte Trick. Kein Tiger ist da, der nach meinem Bein schnappt.« Und sofort schüttelte ich den Traum ab. Er verschwand und ist nie wiedergekommen. Seitdem achtete ich sogar in meinen Träumen darauf, zwischen dem Unwirklichen und der Absoluten Wirklichkeit zu unterscheiden.

Die Heiligen sind halb wach, und halb träumen sie – einerseits sind sie in Gott erwacht, und andererseits träumen sie diese Inkarnation. Doch sie können diesen Traum schnell hinter sich lassen. Wenn mein Körper verletzt ist oder schmerzt, richte ich meine Augen und meine Gedanken hier auf das Zentrum des *Kutastha*- oder Christusbewusstseins zwischen den Augenbrauen. Dann hören die Schmerzen auf, und nach kurzer Zeit sehe oder fühle ich auch den Körper nicht mehr.

Vergesst also nicht, dass Gott diese Welt nur träumt. Und wenn wir mit Ihm in Einklang sind, wird Seine berauschende Freude unser Leben erfüllen, und nichts kann uns mehr aus dem Gleichgewicht bringen. Dann können wir uns diesen kosmischen Film so anschauen wie die Filme im Kino – ohne dass uns dabei etwas wehtut. Gott hat uns erschaffen, damit wir so träumen wie Er, damit wir uns an diesem Traum mit all seinen widersprüchlichen Erfahrungen erfreuen, damit wir ihn als Unterhaltung betrachten – unberührt von allen Geschehnissen, versunken in Seiner ewigen Seligkeit.

Wie Gott uns zu sich zurückzieht

Eine Zusammenfassung zweier Vorträge über dasselbe Thema, gehalten in den Tempeln der Self-Realization Fellowship in Hollywood und San Diego, Kalifornien, 4. und 11. August 1946

Alle Wege führen zu Gott, denn letzten Endes gibt es kein anderes Ziel für die Seele. Alles ist aus Gott hervorgegangen und wird wieder zu Ihm zurückkehren. Selbst wenn der Mensch Böses tut, sucht er dabei nach Glück. Weltliches Glück führt unvermeidlich zu Enttäuschungen; doch diejenigen, die tiefer suchen und die glitzernden Glassplitter weltlicher Vergnügen immer weniger beachten, werden schließlich in Gott den Diamanten wahren Glücks finden. Kein Geringerer als Gott kann uns je Erfüllung schenken. Die verschiedenen Wege des Lebens führen euch im festgelegten Lauf der Evolution schließlich zu Gott. Wenn ihr euch daher in Selbstbeherrschung übt, ein normales, vernünftiges Leben führt und nach wahrem Glück sucht, könnt ihr ruhig in dieser durchschnittlichen Art und Weise fortfahren. Doch das mag viele, viele Inkarnationen dauern. Besser ist es, sich aufrichtig zu bemühen, schneller zu Gott zu gelangen. Die Heiligen und Asketen würden nicht all die Mühen auf sich nehmen, wenn sie dadurch nicht tiefe Inspiration und große Freude fänden. »Der Yogi, der sich nicht zur Sinnenwelt hingezogen fühlt, erlebt die ewig neue Freude des SELBST. Da sich seine Seele mit dem GEIST vereint hat, erlangt er unvergängliche Glückseligkeit.«[1]

Die meisten Menschen haben noch nicht erkannt, dass sie in Wirklichkeit nur Gott wollen – zuerst und zuletzt. »Weltliche Menschen trachten nach Brot; trachtet ihr aber am ersten nach dem Reich Gottes.« »Brot« versinnbildlicht die irdischen Vergnügen und Wünsche, um welche die Menschen beten. Ihr

---

[1] Bhagavad-Gita V, 21.

aber, die ihr weise seid, sollt zuerst Gott suchen; dann wird euch alles andere zufallen.

Ihr werdet überrascht sein, wie sich euer Leben verändern kann, wenn ihr ständig betet – nicht wie ein Bettler, sondern voller Liebe, wie ein Kind seinen Himmlischen Vater bittet. Gott ist euer Vater, und Er wird – im Gegensatz zu einem Almosenspender – nicht durch Mitleid bestimmt oder durch die Genugtuung, etwas schenken zu können. Gott hat euch das Erbrecht erteilt, Ihn um etwas zu bitten; und Er wird euch antworten, weil ihr Sein Eigen seid. Wenn ihr Ihn ständig anruft, wird Er ins Netz eurer Hingabe geraten. Ihr müsst so lange beten, bis der ganze Äther im Licht eurer Gebete aufleuchtet; dann werdet ihr Gott finden. Wenn ihr aber während eurer Gebete an etwas anderes denkt – das heißt, wenn ihr euch nach Gott sehnt, weil ihr etwas von Ihm erwartet –, werdet ihr Ihn nicht finden. Der Beweggrund eurer Gottsuche muss aufrichtig sein, und eure Bemühungen um Gott müssen durch ein Gefühl der Dringlichkeit verstärkt werden.

Religiöser Aberglaube hat die Menschen dazu gebracht, sich vor Gott zu fürchten

Ihr vertraut mehr auf euch selbst als auf Gott; und dennoch wisst ihr, dass ihr letzten Endes weder atmen noch gehen noch euch bewegen könntet, wenn dahinter nicht die treibende Kraft Seiner Gegenwart in Gehirn, Herz und Körperzellen tätig wäre. Nur weil ihr gewohnt seid, euch von Nahrung, Luft und Sonnenlicht abhängig zu machen, meint ihr, dass ihr euer Leben diesen äußeren Hilfsmitteln verdankt. Wer so denkt, täuscht sich. Ihr seid unmittelbar von nur Einer Kraft abhängig, und diese Kraft ist Gott.

Weil Gott allmächtig ist, hat der religiöse Aberglaube die Menschen gelehrt, sich vor Ihm zu fürchten. Das ist aber nicht die Beziehung, die ihr euch zum Himmlischen Vater wünscht. Ich lehre euch nichts über das Höllenfeuer. Ich lehre euch, dass Gott euer Eigen ist – geliebter als der am meisten geliebte, näher als der euch am nächsten stehende Mensch, liebenswerter als alle Dinge, die wir lieben. Wenn ihr euch doch auf diese Weise an Ihn wenden würdet! Ihr braucht Ihm nur eine Hand entgegenzustrecken, und schon streckt Er beide Hände aus, um

euch aufzurichten. Wenn ihr immer wieder nach der Hand des
GEISTES sucht, wird Er zweifellos zu euch kommen.

Gott hat mir die größten Prüfungen auferlegt; doch immer
wenn ich fühlte, Er sei fern, schüttelte Er mich heftig, um
meinem Schmollen Ihm gegenüber ein Ende zu machen. Wir
mögen oft schmollen, aber wir dürfen nie an Ihm zweifeln. Und
wenn wir schmollen, dann so lange, bis die Göttliche Mutter
kommen muss, um nach uns zu sehen.[2] Natürlich schmolle
ich nicht mehr wegen irgendwelcher Dinge, die ich selbst
brauche, sondern wegen der Dinge, welche die Organisation
braucht. Gott versichert mir oft erst in letzter Minute, dass Er
mir helfen wird; doch Er kommt mit Sicherheit. Ich weiß, dass
Er immer bei mir ist. Nie hat Er mich im Stich gelassen. Wenn
ihr dieses Vertrauen besitzt und Ihn immer mehr liebt, werdet
ihr fühlen, dass Er euch seit je geliebt hat und dass ihr es wart,
die Ihn nicht suchten. Deshalb glaubtet ihr Ihn in weiter Ferne.
Wir sind Ihm niemals gleichgültig; doch Ihm gegenüber sind
wir gleichgültig.

Gott weiß, dass Er uns in diese problematische Welt hi-
neingesetzt hat, und Er fühlt mit uns. Und wenn Er für die
Sperlinge sorgt, die man für einen Pfennig kauft,[3] sollte Er dann
für uns nicht viel mehr sorgen? Er will vor allem wissen, ob wir
Ihn lieben, und deshalb spielt Er Verstecken mit uns. Gott hat
einen Minderwertigkeitskomplex; Er ist sich nicht sicher, ob
der Wahrheitssucher wirklich Ihn ersehnt oder etwas anderes.
Ich sage Ihm oft: »Herr, wenn sie nur wüssten, wie wunderbar
Du bist, dann würden sie Dich auch suchen; doch Du verbirgst
Dich in den Blumen, in den Wolken und im Äther.« Wenn ihr
die Schönheit und die Wunder der Natur betrachtet, wie könnt
ihr dann an Gott zweifeln? Er wirkt in allen Dingen, und Seine
Werkzeuge sind Leben und Intelligenz. So wie man Schiffe auf
hoher See durch Funk steuern kann, so werden wir durch die
»gefunkte« Kraft und Intelligenz Gottes gelenkt. Ohne Seine
lebenspendenden Strahlen könnten wir nicht existieren. Warum nicht nach dieser Göttlichen Kraft suchen, die der Quell

---

[2] Siehe *Göttliche Mutter* im Glossar.
[3] *Matthäus* 10, 29.

unseres Daseins ist? Warum nicht den Geber suchen anstatt Seine Gaben? Darin liegt wahre Freiheit. Er wirkt unmittelbar in euren Gehirnzellen und Gedanken. Wenn ihr innerlich mit Ihm in Verbindung treten würdet, fändet ihr einen Freund, der euch nie verlässt – einen Liebenden, der euch nie betrügt. Es ist Gott allein, der euch mit Seiner Liebe zu sich lockt und an euer Herz klopft. Wenn ihr Ihn aus eigenem Antrieb in eurem Innern sucht, werdet ihr Ihn finden. Was euch daran hindert, schneller zu Gott zu gelangen, ist der Missbrauch eures freien Willens und der Widerstand eures Karmas – die Auswirkungen eurer früheren Handlungen.

Das Gesetz der Anziehungskraft in der Schöpfung

Wir sollten unsere alten, abergläubischen Vorstellungen beiseitelegen und herausfinden, warum wir Gott suchen müssen. Wenn wir die Vorgänge in der Natur beobachten, wissen wir auch, warum. Deshalb werde ich unser heutiges Thema aus einer ganz anderen Sicht behandeln – aus der Sicht der Wissenschaft und Metaphysik. Ihr werdet sehen, welch wunderbare Ähnlichkeit zwischen dem Abstieg des Universums von Gott und dem Wiederaufstieg des Universums zu Gott besteht.

Das Gesetz der Anziehung ist mit der Schöpfung verwoben. Die Himmelskörper üben eine gegenseitige Anziehung aufeinander aus, und die Menschen stehen unter dem Einfluss des Guten oder Bösen. Viele beginnen zu trinken oder sich für andere schädliche Vergnügen zu interessieren; die Heiligen aber sind berauscht von Gott. Ein Mensch, der aus der Kirche kommt und sogleich an die Theke in der Dorfschenke geht, trinkt vom Gefäß des Unglücks, schadet seiner Gesundheit und schwächt seinen Verstand. Doch wer die Kirche im eigenen Innern aufsucht und dort die Inspiration der Glückseligkeit trinkt, die aus dem Weinfässchen des Schweigens fließt, ist immer glücklich. Ganz so ist es mit der Suche nach dem Unendlichen. Wer das Gesetz der Gravitation versteht, der kennt auch die beste Methode, sich von Gott anziehen zu lassen – die Methode, die am schnellsten zu Ihm führt.

Die Wirkung der Gravitation erkennt man daran, dass zwei frei bewegliche Körper einander anziehen. In der Physik ist Gravitation die wechselseitige Anziehung, die zwischen

Körpern aufgrund ihrer Masse besteht – wobei sich jeder Körper auf einen anderen Körper mit einer Kraft zubewegt, die direkt dem Produkt ihrer Masse und reziprok dem Quadrat ihrer Entfernung entspricht. Das heißt, wenn der Abstand zwischen zwei Massen 30 cm beträgt, ist die Anziehungskraft ziemlich stark; doch wenn der Abstand auf 60 cm vergrößert wird, ist die Anziehung nur noch ein Viertel so stark.

Das Gesetz der Gravitation ist universal, es gilt genauso auf der Erde wie auf der Sonne und auf allen anderen Himmelskörpern. Die Sonne übt eine Anziehung auf die Erde und die anderen Planeten unseres Sonnensystems aus und lässt sie um sich kreisen. Die Erde übt eine Anziehung auf den Mond aus. Die Kraft, mit der die Erde einen Körper anzieht, der sich an ihrer Oberfläche befindet, ist dieselbe, mit der sie den Mond anzieht. Der einzige Unterschied besteht darin, dass die Kraft, mit der die Erde den Mond anzieht, entsprechend dem Quadrat der Entfernung zwischen dem Mond und dem Erdkern verringert wird.

Die Masse beider Körper und der Abstand zwischen ihnen bestimmt die Kraft der Anziehung. Gravitation ist keine einseitige Kraft, sondern die Kraft, die zwischen zwei Körpern besteht. Wenn wir diesem Vergleich noch weiter folgen, führt das zu einem wunderbaren geistigen Verständnis.

Stellt euch vor, dass sich hier zwei Körper befinden. Ihr zieht an dem einen, und er bewegt sich auf euch zu. Wenn sich dieser Körper aber mit derselben Kraft, die ihr aufwendet, von euch wegbewegt, herrscht Gleichgewicht. Der Mond bewegt sich infolge der Zentrifugalkraft von der Erde fort; doch die Anziehungskraft, welche die Erde auf den Mond ausübt, stellt einen Ausgleich her. Es ist offensichtlich, dass das ganze Universum von einer solchen Kraft der Anziehung im Gleichgewicht gehalten wird, sodass die Anziehung, die jeder Gegenstand auf andere Gegenstände ausübt, physikalisch ausgeglichen wird. Wäre dem nicht so, würden alle Dinge in den unendlichen Raum hinausgeschleudert. Wenn andererseits die Gravitation die einzige Kraft im Kosmos wäre, würden alle Dinge zu einer einzigen Masse Materie zusammenschmelzen.

Gottes Kräfte der Anziehung und Abstoßung sind in der kosmischen Schöpfung tätig

Durch ein Riesenteleskop kann man in einem kleinen Teil des Raumes 6000 Sterne sehen; und obgleich sie wie kleine Punkte am Himmel erscheinen, sind die meisten von ihnen hundertmal größer als die Sonne! Stellt euch einmal vor, wie unermesslich Gott ist, denn das ganze Universum ist nur ein winziger Bruchteil Seines Wesens! Der Herr scheint viel Spaß daran zu haben, mit diesen Murmeln am Himmel zu spielen.

Die Schöpfung wurde durch die Kraft der Abstoßung ins Leben gerufen, mit der Gott Seine schöpferischen Kräfte von sich aussandte. Durch diese nach außen strebende schöpferische Kraft stößt Gott uns und die Welt der Materie von sich weg. Dennoch hat Er Seiner Schöpfung zur selben Zeit die Kraft der Anziehung verliehen, die uns zu Ihm zurückzieht – und diese Kraft ist weit größer. Wenn Gott uns nicht anzöge, würden wir während endlos langer Inkarnationen vollkommen in der Materie gefangen sein.

Durch ein Studium der Theogonie erfahren wir, dass viele alte Kulturen den Anfang der Schöpfung mit dem Herabsteigen von Göttern oder himmlischen schöpferischen Kräften erklären. Die alten Parsen glaubten zum Beispiel an die Götter Ormazd (oder Ahura Mazda) und Ahriman, die sich aus der Urmaterie entwickelt hatten; sie stellten die beiden Gottheiten dar, die jeweils das Gute und das Böse erschufen. Nach ägyptischer Vorstellung wird der Ursprung der physischen Welt durch ein vom Gott Ptah erschaffenes kosmisches Ei veranschaulicht, aus dem die Schöpfung hervorging.

Im Glauben der Hindus ist Brahma[4] das ewige, in sich selbst bestehende Wesen – der GEIST, das Unveränderliche Absolute –, das sich zu einer Schöpfung entfaltet. Es verdichtete einen Teil Seines Bewusstseins, das zu begrenzten kausalen, astralen und physischen Gegenständen wird, und zwar durch

---

[4] Das Sanskritwort *Brahma* (mit einem kurzen *a* am Ende) bedeutet in diesem Zusammenhang Gottes allumfassendes Schöpferisches Bewusstsein, jedoch nicht die Vorstellung von dem begrenzten persönlichen »Schöpfer Brahma«, der zur Dreiheit Brahma-Vishnu-Shiva (mit einem langen *ā* am Ende: *Brahmā*) gehört. Siehe *Brahma-Vishnu-Shiva* und *Brahman* im Glossar.

die stufenweise gröber werdenden schöpferischen Schwingungen der Elemente Äther, Luft, Feuer, Wasser und Erde. Das Bewusstsein des GEISTES, das sich als Schöpfer innerhalb der Schöpfung befindet, ist die Weltseele, aus der alle Seelen hervorgegangen sind. Dieses Brahma, die transzendente, ewig bestehende Intelligenz, bringt eine Hierarchie individueller schöpferischer Intelligenzwesen hervor. In der Sankhya-Lehre von der Evolution der Materie wird die Kette der Ursachen bis zur ersten schöpferischen Intelligenz zurückverfolgt – bis zur ewigen, unbegrenzten Ursprünglichen Natur – zur Maha-Prakriti. Aus diesem Ur-Prinzip, der Ursprünglichen Natur, ist alles, was existiert, hervorgegangen; zu ihr wird alles wieder zurückkehren.[5] Diese ursprüngliche schöpferische Natur besitzt eine eigene Willenskraft, durch die sie die Schöpfung entstehen lässt. Ihre erste formgebende Emanation war die Urseele, die Gottheit Prajapati, aus der alle individuellen Seelen hervorgegangen sind, die ersten physischen Wesen Svayambhuva Manu (»Mensch vom Schöpfer geboren«) und Shatarupa (»hundert Gestalten oder Formen besitzend«). Ähnlich kennt auch die jüdisch-christliche Tradition ein symbolisches erstes Menschenpaar: Adam und Eva.

Obgleich die Hindus sich die schöpferischen Intelligenzwesen als Gottheiten vorstellten, verstehen sie darunter nichts anderes als die individualisierten Ausdrucksformen des einen GEISTES. Gott verwandelt sich und wird zu diesen intelligenten Wesen und dann zur Materie und zum Menschen, ähnlich wie sich auch unser Bewusstsein in ein Traumland verwandeln kann; denn im Traum können wir alles so sehen und erleben, als wenn es wirklich wäre – Menschen, Landschaftsbilder,

---

[5] »Ich bin der Quell aller Dinge; aus Mir geht die ganze Schöpfung hervor. Die Weisen, die dies erkannt haben, beten Mich voller Ehrfurcht an.« (Bhagavad-Gita X, 8) »Am Ende eines Zyklus (Kalpa), Arjuna, kehren alle Lebewesen in den unmanifestierten Zustand Meiner Kosmischen Natur (Prakriti) zurück. Zu Beginn des nächsten Zyklus stoße Ich sie wieder aus. Indem Ich Prakriti, Meine eigene Ausstrahlung, immer wieder erneuere, erschaffe Ich eine Menge von Lebewesen, die alle den vergänglichen Gesetzen der Natur unterworfen sind.« (Bhagavad-Gita IX, 7–8)

Die Theorie vom »Urknall« in der neuzeitlichen Wissenschaft liefert eine interessante Parallele zur Kosmologie der Hindus.

Pflanzen, Tiere und so weiter. Aber wenn wir aufwachen, sehen wir, dass all diese Dinge nur im Traumbewusstsein existierten.

Die magische Kraft, mit der Gott Sein unendliches Bewusstsein in begrenzte Traumbilder verwandelt und ihnen eine geträumte Wirklichkeit gibt, ist *Maya*, die kosmische Täuschung. Zwischen Gott, der *Maya* und dem Menschen besteht ein Tauziehen. Gott zieht den Menschen an, und die *Maya* zieht den Menschen an; der Mensch hat die Freiheit, sich zum einen oder zum anderen hinzuwenden. Gott und der Mensch, Gott und die kosmische Täuschung, sie ziehen einander an. Gott zieht die Schöpfung, mitsamt den Menschen, zu sich heran; und der materialistische Mensch und die Natur rücken von Gott fort. Alles, was zu Gott hinzieht, ist »gut«. Alles, was die Menschen von Gott wegzieht, ist »böse«. Es gibt eine Art Gleichgewicht, in welchem weder das Gute noch das Böse dominiert. Manchmal aber geht dieses Gleichgewicht verloren, zum Beispiel, wenn sich der Mensch dem Bösen zuwendet und sich weit von Gott wegbewegt; dann fühlt er sich immer weniger zum Göttlichen hingezogen. Doch keiner kann sich völlig von Gott lösen. Die stärkere Anziehungskraft Gottes wird die Seele allmählich zu Ihm zurückziehen, auch wenn dazu zahllose Inkarnationen nötig sind.

Wenn ihr einen Pfeil abschießt, fliegt er durch eigene Kraft weiter, bis diese Kraft erlahmt und die Schwerkraft ihn zur Erde zurückfallen lässt. Ähnlich sind wir von Gott ausgegangen, und unsere Wünsche stellen die Kraft dar, die uns von Ihm forttreibt; dann jagen wir durch den Himmel der Reinkarnationen. Gottes Schwerkraft scheint auf uns nicht zu wirken; dennoch zieht Er uns ständig zu sich, sodass wir unweigerlich zu Ihm zurückkehren. Wenn unsere Wünsche sich erschöpft haben, werden wir durch Gottes Schwerkraft wieder zu Ihm hingezogen.

Wie Gottes Gedanken die Materie erzeugen

Nun ist keine Kraft so flexibel wie diejenige der Gedanken, weil diese Kraft die feinste Bewusstseinsschwingung darstellt. Man kann die Gedanken in immer kleinere Einheiten aufteilen und wird nie das Ende erreichen. Umgekehrt könnt ihr auch eine geistige Vorstellung von der Erde bis ins Unendliche vergrößern, ohne dass ihr die Unendlichkeit ausschöpfen könnt. Gott erschuf die Schöpfung zuerst als vibrierendes Bewusstsein – als Ideotronen oder kleine Gedankeneinheiten. Diese ersten Gedanken wurden positiv und negativ, denn ohne Dualität ist eine Schöpfung gar nicht möglich. Ohne Gut und Böse, Licht und Schatten gäbe es nur Gottes undifferenziertes Bewusstsein.

Gott hat also aus sich selbst heraus positive und negative Gedankeneinheiten projiziert, durch die alles erschaffen wurde – ähnlich wie auch ein Traum durch Gedankeneinheiten hervorgerufen wird. Zuerst entstand eine Welt von Ideen: das kausale Universum. Dann wurden diese Gedankeneinheiten zu Biotronen, zur Substanz einer Astralwelt, die aus feineren als den atomaren Kräften besteht.[6] Und danach verdichteten sich die Biotronen zur physischen Schöpfung, die aus positiven und negativen Protonen und Elektronen, aus Atomen, Molekülen, Zellen usw. besteht. Die Atomphysik hat bewiesen, dass sich alle Dinge im physischen Kosmos aus Atomen zusammensetzen, die unterschiedlich an Gewicht, Dichte, Kraft, Umfang und Struktur sind und die erforderlichen Eigenschaften besitzen, um eine endlose Vielfalt von materiellen Gegenständen und Lebewesen hervorbringen zu können. Doch die Wissenschaft hat noch nicht die Kraft der Biotronen und die Intelligenz der Ideotronen entdeckt, die hinter den atomaren Bausteinen stehen. Im Einklang mit Gottes kosmischen Gesetzen – die unter der Herrschaft Maha-Prakritis, der Ursprünglichen Natur stehen – fügen diese Kraft und Intelligenz die atomaren Bausteine zusammen, um mineralische, pflanzliche, tierische und menschliche Formen zu schaffen.

Evolution und Involution

Als Gott sah, dass Er diese Elemente der Schöpfung aus sich heraus entwickelt hatte – von den feinsten bis zu den gröbsten Formen –, begann Er mit dem Vorgang der Involution. Um auf unser heutiges Thema zurückzukommen: Stellt euch vor, dass sich bei der Evolution alles von Gott entfernt und dass

---

[6] Siehe *Astralwelt* und *Kausalwelt* im Glossar.

bei der Involution alles zu Gott zurückkehrt. Für jeden Vorgang der Evolution gibt es einen Vorgang der Involution. Als Gottes schöpferische Gedanken in der Materie ihre gröbste Form erhalten hatten, begann der Vorgang der Involution. Dieser Vorgang der Involution ist immer wirksam. Gottes Traumbewusstsein manifestiert sich zuerst in den Steinen oder unbeseelten Mineralien. Dann beginnt es in den Pflanzen zu erwachen, die aber noch kein Selbst-Bewusstsein haben. Danach entstehen all die Formen empfindungsfähigen Lebens im Tierreich. Und im Menschen verschaffen sich Lebenskraft und Bewusstsein als höhere Vernunft und Unterscheidungskraft Ausdruck. Schließlich spiegelt sich im Übermenschen das Überbewusstsein Gottes voll und ganz wider. Die Schöpfung entfernt sich also von Gott und kehrt wieder zu Ihm zurück. Gott schenkt nicht nur dem Menschen Erlösung, sondern auch den Planeten, der Erde, den Sternen – allen Dingen, die sich Milliarden von Jahren so sehr bemüht haben, eine Bühne für das kosmische Traumdrama zu schaffen.

Wenn man auf dem natürlichen Weg der Involution zu Gott zurückkehrt, dauert das sehr lange. Doch der einsichtige Mensch fragt sich schließlich: »Warum Millionen von Jahren warten, bevor ich zu Gott zurückkehren kann?« Er sagt sich, dass er ja nicht darum gebeten habe, erschaffen zu werden – dass Gott ihn ohne seine Erlaubnis erschaffen habe und dass Er ihn deshalb auch erlösen müsse. Er weigert sich, länger zu warten. Wenn dieser Wunsch in ihm aufsteigt, hat er den ersten entscheidenden Schritt auf seinem Rückweg zu Gott getan.

Wenn ihr wirklich von diesem Erdentraum erlöst werden wollt, kann keine Macht der Welt euch daran hindern, Befreiung zu erlangen. Zweifelt nie daran! Ihr braucht nicht erst erlöst zu werden – ihr seid es bereits, denn ihr seid Gott zum Bilde geschaffen. Doch ihr müsst dies *wissen*. Ihr habt es vergessen. Der Moschus-Hirsch sucht überall wie wild nach dem duftenden Moschus, und in seiner verzweifelten Suche strauchelt er unversehens und stürzt von den hohen Felsen herab zu Tode. Hätte das törichte Tier seine Nase nur an seinen eigenen Moschusbeutel gehalten, dann hätte es gefunden, was es suchte. Ähnlich müssen auch wir uns nach innen wenden, wenn wir Erlösung erlangen und erkennen wollen, dass unser wahres SELBST, die Seele, Gottes Ebenbild ist.

Die göttlichen Eigenschaften, die den fünf Stufen auf dem Rückweg der Seele zu Gott entsprechen

Der Mensch hat sich seit Äonen höherentwickelt. Wenn er seine Entwicklung – seine Involution, die ihn zu Gott zurückführt – beschleunigen will, muss er sich bemühen, diesen natürlichen Evolutionsvorgang voranzutreiben. Äußerlich tut er das, indem er sein physisches Dasein besser gestaltet. So wurde der Mensch von der Natur dazu erschaffen, sich mit den Füßen vorwärtszubewegen. Dieser Vorgang war ihm zeitlich zu langsam und räumlich zu begrenzt; deshalb benutzte er Tiere, auf denen er reiten konnte. Dann erfand er das Auto, dann das Flugzeug und so weiter. Warum sollten wir nicht auch die Evolution der Seele beschleunigen? Die Seele des Menschen muss die zuvor beschriebenen fünf Stufen – oder Stadien der Evolution – emporsteigen, ehe sie zu Gott zurückkehren kann: Mineral, Pflanze, Tier, Mensch und Übermensch. Dabei muss sich der Mensch die göttlichen Eigenschaften aneignen, die zu jedem Stadium gehören.

1. Er muss transparent wie ein Edelstein sein – ohne Flecken täuschender Wahrnehmungen aufzuweisen. Er muss kristallene Eigenschaften entwickeln, indem er die geistigen Mängel in seiner sonst strahlenden Mentalität ausmerzt. Sein Denken und seine Wahrnehmung sollten so durchsichtig wie ein Edelstein sein und den Göttlichen Geist unverzerrt widerspiegeln. Das bedeutet, dass seine Empfindungen rein sein müssen. Missbrauch oder übermäßige Befriedigung einer der Sinne führen zu falschen Empfindungen. Doch wenn der Edelstein der Gemütsverfassung ungetrübt ist, entwickelt man spirituelle Empfindsamkeit.

2. Ein geistig fortgeschrittener Mensch fühlt bewusst, was im Leben und in seiner Umgebung vor sich geht – ähnlich wie Pflanzen empfindsam auf ihre Umwelt reagieren. So wie die empfindsamen Pflanzen vor jeder rauen Berührung zurückschrecken, so vermeidet ein geistig feinfühliger Mensch

grobe materielle Dinge und fühlt sich zu Gott hingezogen – ähnlich wie die Pflanzen zur Sonne.

3. Als Nächstes kommen wir zur Vitalität der Tiere. Obgleich sie große Kraft und einen starken Willen haben mögen, wissen sie nicht, wie sie diese Energien auf intelligente Weise nutzen können. Der fortschrittliche Mensch muss dieselbe Vitalität haben wie ein Tier, aber er darf den starken Willen eines Tieres nicht für selbstsüchtige Zwecke gebrauchen, sondern dazu, Selbstbeherrschung zu üben und über seine Lebenskraft zu herrschen. Wenn er seine Vitalkraft immer auf etwas Gutes und Wertvolles richtet und sie nicht durch schlechte Gewohnheiten oder sexuelle Ausschweifungen vergeudet, bewegt er sich auf Gott zu. Doch sobald er gedankenlos den tierischen Instinkten nachgibt, bewegt er sich auf die Materie zu. Das kann man heute überall beobachten. Der Yogi dagegen lernt, seine Lebenskraft und seinen Willen weise zu lenken. Er ist durchaus kein Schwächling. Er kann sich beherrschen und ist Meister seiner selbst. Er ist in der Lage, sich zu entspannen und das Scheinwerferlicht der Lebenskraft nach innen zu richten, wo es ihm die Gegenwart des GEISTES offenbart. Die Umkehr der Lebenskraft von der Materie zum GEIST wird *Pranayama* genannt. Wer den Lebensstrom durch *Kriya-Yoga* von äußeren Dingen zurückziehen kann, erlebt eine innere Erweckung und wird sich seiner höheren göttlichen Natur bewusst.

4. Der vernunftbegabte Mensch wird somit zu einem umsichtigen, unterscheidungsfähigen Wesen und entwickelt immer größere Kraft des Denkens und des klaren Überlegens. Seine Vernunft und seine Unterscheidungskraft nehmen an Reinheit zu, sodass sein Verständnis nicht mehr von Zweifeln oder falschen Ansichten getrübt wird. Er lernt, mit weisen Menschen zu diskutieren; und er versteht die Wahrheiten, welche diese zum Ausdruck bringen und ihm vorleben.

Wenn ihr mit Leuten sprecht, die ständig verwirrt und voller Zweifel sind – besonders, wenn euer eigenes Bewusstsein noch kein echtes Verständnis erlangt hat –, wird euer Gehirn ebenfalls durch deren Zweifel und falsche Anschauungen beeinflusst. Bei Diskussionen versuchen viele, ihre Ansicht unbedingt durchzusetzen; ihnen gebe ich dann gleich das Gefühl, dass sie recht haben. Es hat keinen Zweck, mit ihnen zu reden. »Narren streiten miteinander, weise Menschen verständigen sich.« Wenn wir uns mit dem Meister [Swami Sri Yukteswar] unterhielten, fand eine Verständigung zwischen uns statt, die von reiner Vernunft zeugte und durch seine Weisheit gesegnet wurde. Die Meister halten sich an die Wahrheit, nicht an Theorien. Doch die meisten Menschen lassen sich von ihren Emotionen versklaven und durch ihre eigenen Ansichten begrenzen. Wenn zwei Personen wirklich daran gelegen ist, die Wahrheit zu finden, werden sie sich sehr schnell einig.

Nur wenn ihr sowohl reine Vernunft als auch reines Gefühl entwickelt, könnt ihr zu Gott, zur Wahrheit gelangen. Im durchschnittlichen Mann herrscht der Verstand vor, und das Gefühl ist weniger entwickelt; in der durchschnittlichen Frau herrscht das Gefühl vor, und der Verstand ist weniger entwickelt. Habt ihr zu viel Gefühl, wird dies zur Leidenschaft, und ihr verfangt euch im Netz der Materie; und zu viel Verstand führt zur Rechthaberei, was euch ebenfalls in die täuschende Materie verstrickt. Wenn ihr durch Meditation den richtigen Ausgleich zwischen Verstand und Gefühl herstellen könnt, werdet ihr zu Gott und zur Wahrheit gelangen. Mann und Frau können sich durch einen Austausch dieser Eigenschaften beistehen, damit sie beide reine Vernunft und reines Gefühl entwickeln; dadurch verhelfen sie sich gegenseitig zur Vereinigung mit Gott. Doch die Ehe ist nicht der einzige Weg. Durch erfolgreiche Meditation kann man den Ausgleich in sich selber finden, denn er liegt bereits verborgen in unserer Seele.

5. Hat man im Stadium der Unterscheidungskraft den Ausgleich zwischen Vernunft und Gefühl erreicht, muss noch der höchste Zustand der Involution erlangt werden: die reine Intuition und Allwissenheit des Übermenschen. Dieser ist sich dank seiner Intuition immer mehr seiner Seele und des GEISTES bewusst. Schließlich muss er sein Bewusstsein ganz über den Körper und die Materie erheben und zu seinem

ursprünglichen, allgegenwärtigen Zustand zurückkehren. Dann hat die befreite Seele wieder zu Gott zurückgefunden.

Ihr könnt in euch selbst all diese reinen Eigenschaften entwickeln, durch die Gott die Materie wieder in den GEIST zurückführt. In eurem eigenen Körper könnt ihr diesen Vorgang beschleunigen, indem ihr meditiert und *Kriya-Yoga* übt. Dann werdet ihr sehen, wie sich euer Körper in eine Masse von Licht verwandelt – in Atome kondensierter elektromagnetischer Energie. Wenn ihr euch auf Gott zu bewegt, werdet ihr erkennen, dass diese leuchtenden Atome nichts anderes sind als die vibrierenden Gedanken Gottes – das verdichtete Bewusstsein des GEISTES.

Die Wege der Erkenntnis, der Hingabe und des Handelns

Am Beispiel verschiedener Wege, die zu Gott führen, will ich euch zeigen, wie man das Gesetz der geistigen Gravitation auf die Wege der Erkenntnis, der Hingabe und des Handelns anwenden kann. Je nachdem, wie genau ihr den Prinzipien dieser Wege folgt, werdet ihr entweder vom GEIST oder von der Materie angezogen.

Der Weg der Erkenntnis oder der Vernunft. Wenn ihr euch mit theoretischem Wissen vollstopft, werdet ihr zu einer wandelnden Schallplatte, die erbauliche Reden wiederholt und für einen gelehrten Menschen gehalten wird. Doch eurem Wissen liegen dann keine eigene Verwirklichung und keine geistigen Errungenschaften zugrunde. Eine solche Intellektualisierung hält das Ego an die physischen Fähigkeiten des Verstandes und dessen Beziehung zur Materie gebunden. Theoretisches Wissen kann euch keine Gottverwirklichung bringen. Vergeudet eure Zeit also nicht mit zu viel Theorie. Wer das tut, verirrt sich im Dschungel der Vernunft und wird nie über das Stadium des Theoretisierens hinausgelangen. Wenn man immer nur diskutiert und debattiert, gelangt man nie zur Wahrheit, denn die Wahrheit liegt jenseits der Vernunft. Die meisten Intellektuellen gelangen deshalb nicht über die Grenzen ihrer eigenen Schlussfolgerungen hinaus.

Und wenn ihr die Kraft eurer Vernunft nur dazu gebraucht,

viel Geld zu verdienen und materielle Vorteile zu erlangen, werdet ihr ebenfalls zur Materie hinabgezogen.

Darum sagen die Meister: Gebraucht die euch von Gott verliehene Vernunft nicht dazu, immer tiefer in das Labyrinth der Materie und in das egoistisch begrenzte Gebiet des Intellekts einzudringen. Wendet eure Unterscheidungskraft an, um die Wahrheit zu erfassen und danach zu leben, bis sie zu eurer eigenen intuitiven Erkenntnis wird. Wenn ihr eure Intuition entwickelt, werdet ihr die Gegenwart Gottes und Seine Allwissenheit fühlen, die in eurem Innern verborgen liegen. Das bezeichnet man als esoterische Vernunft oder *Jnana-Yoga*.

Der Weg der Hingabe. Wenn ihr reine Hingabe besitzt, werdet ihr euch zu Gott hingezogen fühlen und Ihn finden. Doch auch auf diesem Wege gibt es zwei Pole, das heißt: zwei Kräfte, die euch anziehen können – es gibt die Hingabe an Gott und die Hingabe an die Materie. Sogar der Tod versucht uns daran zu erinnern, dass es töricht ist, den materiellen Verlockungen nachzugeben. Der Geizhals fühlt sich zu materiellen Gegenständen hingezogen und bleibt ihnen bis an sein Ende verhaftet, obgleich er zum Schluss ohnehin alles wieder hergeben muss. Dennoch hängt er bis zum letzten Atemzug so sehr an materiellen Dingen wie der Yogi an Gott. Der Yogi aber sagt sich: »Die Materie ist etwas Äußerliches, und der Besitz materieller Gegenstände ist nicht von Dauer. Warum sollte ich mich auf kleine, vergängliche Dinge konzentrieren und dabei die Ewigkeit ausschließen? Hingabe an Gott ist der einzige Weg, der zu immerwährender Erfüllung führt.«

Das Bewusstsein des weltlichen Menschen ist begrenzt; er hängt an seinem Körper, seiner Umgebung und seiner Familie. Aufgrund dieser Anhänglichkeit sagt er: »Nur wir vier, sonst keiner hier!« Er sollte stattdessen durch die Zuneigung zu seiner Familie lernen, wie man seine Liebe weiter ausdehnt. Sobald ihr nicht nur eure Familie liebt, sondern alle Menschen, bewegt ihr euch auf Gott zu. Deshalb sprach Jesus: »Liebe deinen Nächsten wie dich selbst.« Wenn man allen Menschen und der ganzen Welt dieselbe Liebe schenkt wie sich selbst und seiner Familie, kommt man Gott immer näher. Löst euch vom Bewusstsein der Familie, des Besitzes und aller Anhänglichkeit an die Materie und versucht, wieder die Allgegenwart zum Ausdruck zu bringen, die ihr verloren habt.

Achtet in eurer Liebe zu Gott darauf, dass eure Hingabe nicht durch Gefühlsüberschwang verloren geht. Das kann nämlich auf dem Weg der Hingabe geschehen. Ich war erstaunt, in diesem Land »Holy Rollers«[7] zu finden. Den Anfang dazu bildeten gewisse Sekten in Indien. Doch wenn sich die Hingabe in körperlicher Erregung Ausdruck verschafft, geht die reine Liebe verloren, weil sich die Lebenskraft dann in den Muskeln verausgabt. Wenn man Gott näherkommt, werden Körper und Geist ruhig und still. Bewusstsein und Lebenskraft ziehen sich nach innen zurück, wo man Gott nahe ist. Wahre Hingabe gleicht einem Senklot, das auf den Meeresboden der Gotteswahrnehmung sinkt. Das bezeichnet man als *Bhakti-Yoga*.

Der Weg des Handelns. Manche Personen haben eine natürliche Neigung zur Tätigkeit. Sie sind gern in Bewegung, wollen arbeiten und dienen. Wenn ihr nur für euch selbst arbeitet, werdet ihr zur Materie hingezogen. Doch wenn ihr mit der Vorstellung arbeitet, alles für Gott zu tun, werdet ihr zu Gott hingezogen. Wer nur deshalb tätig ist, um Geld zu verdienen und materielle Vorteile für sich und seine Angehörigen zu erlangen, oder wer selbstsüchtige Ziele verfolgt, entfernt sich von Gott. Die meisten Menschen setzen ihre Energie dafür ein, ihre Wünsche nach immer größerem materiellem Besitz zu erfüllen. Doch sobald ihr eure Energie dazu gebraucht, Gott zu suchen, kommt ihr Ihm näher. Einmal mehr seht ihr, wie ihr ständig von Gott und von der Materie angezogen werdet. Die eine Seite sagt: Verdiene viel Geld, damit du deine materiellen Wünsche befriedigen kannst; und die andere: Finde darin Erfüllung, dass du Gott suchst, Gott dienst und dich um finanziellen Erfolg bemühst, damit du Gottes Werk helfen und andere Menschen seelisch, geistig und körperlich aufrichten kannst.

Wenn ihr mit eurem Handeln nach materiellem Gewinn trachtet, gebt ihr der Gravitationskraft der Materie nach. Wenn ihr für Gott tätig seid, werdet ihr mit der Gravitationskraft Gottes verbunden. Halten sich aber euer Wunsch nach

---

[7] Mitglieder von protestantischen Sekten, für deren Gottesdienst kennzeichnend ist, dass spontan emotionale Begeisterung zum Ausdruck gebracht wird.

materiellen Dingen und euer Wunsch nach Gott das Gleichgewicht, gelangt ihr mehr oder weniger an einen toten Punkt. Sobald euer Wunsch nach Gott größer wird, verringert sich gleichzeitig euer Verlangen nach materiellen Dingen.

Geistige Tätigkeit besteht aus Meditation und aus Arbeit, die man Gott darbringt – und das ist *Karma-Yoga*. Wenn ihr in der Meditation die ewige Glückseligkeit Gottes erlebt, fühlt ihr euch nicht mehr an den Körper gebunden und könnt voller Begeisterung für Ihn tätig sein. Wer Gott liebt, wird nie träge sein. Wer meditiert und Gott liebt, ist immer für Ihn und andere tätig.

Arbeitet für Gott, liebt Gott, seid weise dank Gott und erlebt Ihn durch *Kriya-Yoga*

Wer sich nur durch Weisheit, nur durch Hingabe oder nur durch Tätigkeit mit Gott vereinigen will, folgt einem einseitigen Weg. Die weitaus wirksamere Methode besteht darin, euren Geist, eure Lebenskraft, all eure Wünsche, eure Hingabe, Weisheit und Dienstbereitschaft in Gott verschmelzen zu lassen. Wenn ihr durch *Kriya-Yoga* eure Lebenskraft und euer Bewusstsein von den fünf Sinnestelefonen zurückziehen könnt, wenn ihr die Kräfte des Körpers und des Geistes abschaltet und den Scheinwerfer eurer Aufmerksamkeit auf Gott richtet, seid ihr auf dem schnellsten Wege zu Gott. Durch *Kriya-Yoga* könnt ihr die Sinne willentlich abschalten und euren Geist, eure Lebenskraft und euer Gefühl in das Unendliche eintauchen lassen. Der Mensch, in dessen Innerem das Nordlicht des Geistes erstrahlt – ob er nun materiell begütert ist oder nicht durch äußere Vorzüge glänzen kann –, verschafft seiner Seele wahrhaftigen Ausdruck.

Der leichteste und wirksamste Weg zu Gott besteht also darin, sich nicht ausschließlich auf den *Jnana-Yoga*, den *Bhakti-Yoga* oder den *Karma-Yoga* zu beschränken, sondern sie alle miteinander zu verbinden. Arbeitet für Gott, liebt Gott mehr als alles andere und werdet weise durch Gotteserkenntnis. Gebraucht eure Vernunft, nicht um euch mit intellektuellem Wissen vollzustopfen, sondern um Gott zu finden. Bemüht euch durch Meditation um intuitive Weisheit und vermeidet rein theoretisches Wissen und ein materialistisches Argumentieren.

Richtet eure Hingabe nicht auf weltliche Dinge oder Menschen, sondern auf Gott, bis ihr in ekstatischer Hingabe ganz in Ihm aufgeht. Und arbeitet unter keinen Umständen nur für euch selbst, sondern für Gott und um anderen zu helfen. Das höchste Ziel dieses direkten Weges zu Gott besteht darin, durch das Üben von *Kriya-Yoga* mit dem kosmischen Laut OM[8], der Stimme Gottes, in Verbindung zu treten. Dadurch könnt ihr Herz und Atem beruhigen, die euch ja beide zum Körperbewusstsein hinabziehen, sodass ihr Sein strahlendes Licht der Allgegenwart schaut.

In der Kirche oder im Tempel zu beten, ist eine gute Gewohnheit – vorausgesetzt, ihr lernt aus der daraus gewonnenen Inspiration, euren eigenen inneren Tempel der Meditation und Ekstase aufzusuchen. In tiefer Nacht und in stiller Morgendämmerung begebt euch in eure innere Kathedrale und sprecht zum Publikum eurer Gedanken; ermuntert sie alle, sich dem Unendlichen hinzugeben. Dann wird auf der mächtigen Orgel im Tempel eures Friedens das OM erschallen.

Beginnt heute Abend ernsthaft damit, zu meditieren. Lasst eure Gedanken nicht ziellos umherwandern. Geht geradewegs auf Gott zu. Ihr habt die Tore des Himmels zugeschlossen, weil ihr euch vom Körper und von der Materie anziehen lasst. Geht jetzt zu Ihm, der euch ständig zu sich ziehen will. Kehrt zu Gott zurück! Vergesst nie, dass das Reich Gottes in eurem Innern liegt. Wenn ihr meditiert, Ihn voller Weisheit und Hingabe sucht sowie gute Taten vollbringt, werdet ihr Ihn gewiss finden.

---

[8] Das OM oder Amen ist der alldurchdringende Laut, der vom Heiligen Geist ausgeht (der unsichtbaren Kosmischen Schwingung – Gott in Seiner Ausdrucksform als Schöpfer). Es ist die Stimme der Schöpfung, die davon zeugt, dass Gott in jedem Atom gegenwärtig ist. Das Üben von *Pranayama*-Techniken wie *Kriya-Yoga* führt zu einer tiefen Beruhigung von Herz, Atem oder anderen körperlichen Funktionen. Wenn der Geist frei von den Ablenkungen des Körperbewusstseins ist, kann er innerlich Gott als OM wahrnehmen und mit Ihm in Verbindung treten. (Siehe OM im Glossar.)

Im Einklang mit der Quelle allen Erfolgs

Tempel der Self-Realization Fellowship[1],
Los Angeles, Kalifornien – 13. Januar 1935

Nur wenige Menschen wissen, dass alle Handlungen einem göttlichen Gesetz unterliegen und bestimmte Wirkungen nach sich ziehen. Das Schicksal eines jeden Menschen wird also nicht vom Zufall regiert, sondern von den Ursachen, die er selbst herbeigeführt hat. Durch geistige Erkenntnis kann jeder Umstand unseres Lebens wissenschaftlich erklärt und auf eine bestimmte Ursache oder eine Kette von Ursachen zurückgeführt werden. Weil aber der Durchschnittsmensch sich des Gesetzes von Aktion und Reaktion in seinem Leben nicht bewusst ist, meint er, dass alles, was ihm geschieht, zum größten Teil Zufall oder Schicksal sei. Oft sagt er dann: »Da habe ich aber Glück gehabt!« oder: »Das ist eben mein unglückliches Schicksal.« Es gibt jedoch kein Glück, das man vorher nicht selbst verursacht hat, entweder in diesem Leben oder in einem früheren; und es gibt kein unglückliches Schicksal, das man nicht durch seine eigenen Handlungen in diesem Leben oder in ferner Vergangenheit selbst »vorherbestimmt« hat – und manchmal kann das schon viele Leben zurückliegen. Infolge dieser selbst geschaffenen Ursachen werden einige Menschen in ärmlicher Umgebung und andere in wohlhabenden Familien geboren, einige gesund und andere kränklich, und so weiter. Wo bleibt sonst die Gerechtigkeit Gottes, wenn Er all Seine Kinder zwar gleichwertig erschafft, dann aber einige von ihnen unter

---

[1] Von Dezember 1934 bis September 1939 fanden die Gottesdienste der Self-Realization Fellowship in diesem Tempel in Los Angeles statt (711 Seventeenth Street). Später übernahm die Stadt das Tempel-Grundstück, um eine Zufahrtsstraße zur Autobahn zu bauen, und nach einigen Jahren wurde ein neuer Tempel in Hollywood eröffnet.

günstigen Umständen und andere unter schlechten Bedingungen leben lässt?

Das Gesetz von Ursache und Wirkung, das unser Leben regiert, wird Karma genannt. *Karma* bedeutet Handlung; und es bezieht sich auch auf die Früchte oder Auswirkungen unserer Handlungen. Diese guten oder schlechten Wirkungen machen es den Menschen so schwer, sich oder ihre Umstände zu ändern. Es gibt keine andere Erklärung für die Ungleichheit unter den Menschen – oder man müsste die Gerechtigkeit Gottes in Frage stellen. Und ohne Gerechtigkeit, so meine ich, hat das Leben gar keinen Sinn.

Wenn ihr also eure Erfolge oder Misserfolge in der Vergangenheit mehr oder weniger selbst verursacht habt, gibt es dann kein Mittel, die gegenwärtige Lage zu ändern? Natürlich gibt es das. Euch sind Vernunft und Willenskraft mitgegeben worden. Es gibt keine Schwierigkeit, die sich nicht überwinden lässt, vorausgesetzt, dass ihr überzeugt seid, eure Kraft sei größer als eure Sorgen, und dass ihr diese Kraft anwendet, um eure Hindernisse zu beseitigen. Um Erfolg zu haben, müsst ihr die notwendigen Anstrengungen machen und dabei methodisch vorgehen.

Erfolg bedeutet, sich willentlich das Nötige zu beschaffen

Unter Erfolg verstehen die meisten Menschen, viel Geld zu verdienen. Doch wahrer Erfolg bedeutet, die Kraft zu haben, euch das, was ihr braucht, willentlich zu beschaffen – die Kraft, jene Dinge zu erwerben, die wirklich notwendig für eure Existenz und euer Glück sind. Deshalb ist es wichtig zu begreifen, worin die wirklichen Notwendigkeiten bestehen, d.h., den Unterschied zwischen wirklichen Bedürfnissen und bloßen Wünschen zu erkennen. Wenn ihr die scheinbaren »Bedürfnisse« einschränkt, könnt ihr die Dinge, die ihr für ein glückliches Leben wirklich braucht, leicht erwerben.

Der ideale Ausgleich im Leben liegt zwischen den Vorstellungen des Ostens und denen des Westens. Der Osten sagt: »Meditiert über Gott; kümmert euch nicht um das, was ihr nicht habt.« Ich halte das für übertrieben. Das andere Extrem wird vom Westen vertreten: »Ihr müsst ein schickes Auto und ein hübsches Haus haben, neue Kleider und alles, was euch

Annehmlichkeit und Unterhaltung verschafft – ganz gleich, ob ihr es euch leisten könnt oder nicht.« Der Westen strebt den Luxus an; das ist zu einer Gewohnheit geworden, und das Gesetz der Gewohnheit bindet uns an das, was wir uns angewöhnt haben.

Ein einfaches Leben bedeutet nicht, dass man arm sein oder sich arm fühlen muss. Es gibt notleidende Menschen, die ein elendes Leben führen; das ist nicht das Ideal eines einfachen Lebens. Einfachheit bedeutet, frei von Wünschen und Anhänglichkeit sowie innerlich überaus glücklich zu sein. Dazu muss man Herrschaft über den Geist haben und den festen Entschluss fassen, einfach zu leben. Das bedeutet weder Not noch Entbehrung, sondern die weise Einsicht, für das zu arbeiten, was man wirklich braucht, und damit zufrieden zu sein. Sein Geld an törichte Dinge zu verschwenden, auch wenn man es sich leisten kann, ist eine Schwäche. Übt euch in Selbstbeherrschung und beschränkt eure Wünsche auf wirkliche Notwendigkeiten. Und lebt nie über eure Verhältnisse; das ist die erste Lektion, die ihr beherzigen müsst, wenn ihr erfolgreich sein wollt. Gebt weniger aus, als ihr verdient, sonst werdet ihr nie zufrieden und glücklich sein. Vor allem haltet an folgendem Gedanken fest: »Mein Glück ist von nichts abhängig; ich kann gut ohne all das auskommen. Weil Gott mir aber einen Körper gegeben hat, den ich erhalten muss, werde ich mein Bestes tun, ihn mit allem zu versorgen, was im Leben wirklich nötig ist.«

Wie erhaben und einfach doch die Heiligen in Indien leben! Sie besitzen wenig, sind aber reicher als der reichste König. Die ganze Natur ist im Einklang mit ihnen. Diese vollkommene innere Zufriedenheit sollt ihr anstreben, d.h., ihr solltet lernen, glücklich mit dem zu sein, was ihr habt. Allerdings benötigt man für das Leben in der heutigen Zeit mehr als ein Einsiedler in seiner Hütte. Anstatt aber euer ganzes Leben lang an großem Besitz zu hängen, solltet ihr euch um die Kraft bemühen, das zu erwerben, was ihr braucht und wann ihr es braucht. Wenn ihr diese Fähigkeit nicht habt, seid ihr arm, ganz gleich, wie viel ihr besitzt. Von diesem Standpunkt aus kann selbst ein Henry Ford oder ein Rockefeller arm genannt werden, denn Notwendigkeiten bestehen nicht nur aus materiellen Dingen. Kein noch so großer Reichtum kann euch Gesundheit und Glück garantieren. Wohlstand bedeutet, dass Körper, Geist und Seele gleichermaßen gedeihen.

Denkt nur an George Eastman, der die Kodak-Kamera erfand; er hatte in materieller Hinsicht alles, was er sich nur wünschen konnte. Stellt euch das einmal vor! Er führte ein Leben im Luxus, aber mit seinem Reichtum stimmte etwas nicht, und deshalb wurde ihm das Dasein unerträglich. Er machte seinem Leben ein Ende, indem er sich eine Kugel in den Kopf schoss. Glück erwirbt man sich nie allein durch Reichtum und Besitz. Jesus Christus besaß kein Geld. Doch er hatte die grenzenlose Fülle Gottes zu seiner Verfügung. Das hat er viele Male bewiesen, zum Beispiel, als er fünftausend Menschen mit fünf Laiben Brot speiste. Und selbst als er auf grausame Weise sterben musste, konnte niemand ihm nehmen, was er innerlich besaß. Bis zu seinem Ende dachte er zuerst an andere: »Vater, vergib ihnen, denn sie wissen nicht, was sie tun.«

Wenn ihr in jeder Hinsicht wohlhabend sein wollt, müsst ihr dem Beispiel Jesu folgen und nicht jenem gewissenloser Geschäftsleute. Richtet euch nach dem göttlichen Gesetz des Wohlstands; dann wird dieses euch dienen. Das ist der beste Weg und die einzige Voraussetzung, unter der ihr euch in dieser Welt sicherfühlen könnt. Diesen Reichtum kann euch niemand rauben; er ist der Schutz, den jeder Mensch braucht.

Bemüht euch um Wohlstand, damit ihr anderen helfen könnt

Der Mensch kann das Gesetz des Wohlstands nicht zu eigennützigen Zwecken manipulieren. Die Wirkung dieses Gesetzes wird von Gott überwacht; und Er lässt es nicht zu, dass Seine Gesetze entstellt oder willkürlich gebrochen werden. Wenn der Mensch im Einklang mit dem göttlichen Gesetz des Erfolges lebt, empfängt er die Fülle; wenn er durch unrechte Handlungen diesen reichen Zufluss in seinem Leben hemmt, straft er sich selbst.

Wie könnt ihr nun mit den Grundsätzen dieses göttlichen Gesetzes im Einklang leben? Wie ich schon sagte, müsst ihr als Erstes alle Luxuswünsche aufgeben. Stärkt eure Geisteskraft, damit ihr mit einfachen Dingen zufrieden sein könnt. Dann sagt euch: »Meine eigenen Bedürfnisse sind nur ein Teil meiner Verantwortung. Ich habe außerdem Menschen, die von mir abhängig sind, und muss ihnen gegenüber meine Pflichten erfüllen.« Sorgt für eure Familie, aber verwöhnt eure Kinder nie, indem ihr ihnen zu viel Geld gebt.

Ihr werdet nie vollkommen glücklich sein, wenn ihr nicht ebenfalls das Wohlergehen anderer im Sinn habt. Damit meine ich nicht bloß ein gleichgültiges Geldgeschenk an bedürftige Leute, sondern den aufrichtigen Wunsch, es anderen zu ermöglichen, sich selbst zu helfen. Dann werdet ihr in eurem eigenen Leben das wunderbare Wirken des Gesetzes der Fülle erfahren. Ganz gleich, in welcher Lage ihr euch befindet, ihr werdet das Gute, das ihr gesät habt, immer ernten.

Die meisten Menschen denken zuallererst an sich selbst – wie sie genug Geld verdienen können, um ihre eigenen Wünsche zu befriedigen. Wenn ihr ein solches Leben führt, werdet ihr früher oder später enttäuscht werden. Ihr solltet stattdessen so denken: »Meine Pflicht im Leben besteht darin, andere glücklich zu machen.« Überlegt euch, wie eure Handlungen und Pläne anderen nützen können. Dann sinnt über die Mittel nach, durch die ihr eure Ziele erreichen könnt. Wenn ihr anderen dienen wollt, müsst ihr auch die nötigen Mittel dazu haben. Wer die Kuh melken will, muss sie zuerst füttern. Den Wunsch nach einem guten Leben und nach Wohlstand könnt ihr vergeistigen, indem ihr auch andere an eurem Wohlstand teilhaben lasst. Wenn ihr anderen gute Dienste leistet, werdet ihr bestimmt gute Gewinne machen; und wenn ihr Gewinne macht, könnt ihr euren eigenen Lebensstandard verbessern und anderen noch mehr Gutes tun. So arbeitet das göttliche Gesetz.

Vertraut auf Gottes Kraft

Ihr werdet unmittelbar von der Kraft Gottes erhalten, nicht durch menschlichen Wohlstand. Ihr mögt einwenden, dass ihr nichts zu essen hättet, wenn ihr keine Arbeit fändet. Nun gut, aber selbst wenn ich euch mit reichlich viel Nahrung und Geld versorgte und euer Herz dann plötzlich aussetzte, was nützten euch dann diese materiellen Dinge? Gar nichts. Gott allein hat euch das Leben und die Kraft geschenkt, zu arbeiten, euch zu entwickeln und etwas zu leisten. Euer bloßes Dasein ist eine Manifestation Seines Willens; warum solltet ihr euch also nicht unmittelbar auf Ihn verlassen? Das dürft ihr niemals vergessen.

Wenn ich etwas brauche, sage ich mir: »Jetzt muss ich etwas unternehmen.« Doch ich wünsche mir nie etwas und unternehme nichts, ohne Gott zuerst um Seine Führung gebeten zu haben: »Vater, ich will denken, ich will wollen, ich will handeln; aber leite Du mein Denken, Wollen und Handeln, damit ich in allem das Richtige tue.« Dann unterstützen mich alle zum Erfolg führenden Kräfte. Sowohl in kleinen wie auch in großen Dingen habe ich das Wirken dieser Göttlichen Kraft erlebt.

Ich arbeite für Gott allein; ich habe alles andere aufgegeben, um Seinem Werk zu dienen. Ich bin Sein Kind. Wenn ihr euch als Seine Kinder betrachtet und wisst, dass Er euer Vater ist, und wenn ihr dann mit fester Entschlossenheit euer Bestes tut, wird Seine Kraft euch trotz aller Hindernisse und trotz aller Fehler, die ihr macht, weiterhelfen. Nach diesem Gesetz lebe ich. Auf diese Weise war es mir möglich, das Mutterzentrum der Self-Realization Fellowship zu erwerben, obgleich ich nicht über die nötigen Mittel verfügte. Und ihr seht, dass ich trotz der gegenwärtigen Wirtschaftskrise diesen Tempel kaufen konnte. Ich ließ das göttliche Gesetz wirken, und der Tempel ist das Ergebnis. Wer nicht nach diesem Gesetz lebt, wird nie verstehen, von welcher Kraft ich rede.

Wenn ihr trotz aller Prüfungen noch lächeln könnt, weil ihr auf Gott vertraut, und wenn ihr keine Zweifel hegt, werdet ihr sehen, wie das göttliche Gesetz wirkt. In San Francisco hatte ich einst nur 200 Dollar auf der Bank, wollte aber eine Vortragsreise beginnen. Ich hatte nicht einmal genug Geld für den Anfang; außerdem waren noch viele hohe Rechnungen zu begleichen. Da sagte ich: »Gott ist bei mir. Er hat mir diese Schwierigkeiten gegeben, und Er wird für mich sorgen. Ich arbeite für Ihn; ich weiß, dass Er mir helfen wird.« Wenn die ganze Welt euch im Stich lässt, ihr aber *wisst*, dass Er bei euch ist, wird Sein Gesetz Wunder für euch wirken.

Als dann mein Sekretär kam und ich ihm sagte, wie viel Geld wir auf der Bank hatten, fiel er buchstäblich um. »Steh auf!« sagte ich. Er zitterte am ganzen Körper und stieß hervor: »Wir kommen ins Gefängnis, wenn wir unsere Rechnungen nicht bezahlen.« Ich aber erwiderte: »Wir kommen nicht ins Gefängnis! In sieben Tagen werden wir all das Geld haben, das wir für dieses Unternehmen brauchen.« Er war ein zweifelnder Thomas, doch ich hatte Vertrauen. Ich wollte das Geld ja nicht für mich selbst haben, sondern nur, um Gottes Botschaft zu verbreiten. Trotz enormer Schwierigkeiten fürchtete ich mich vor nichts. Die Furcht selbst hat Angst vor mir. Was gibt es schon zu fürchten? Ihr solltet euch durch nichts in Angst versetzen lassen. Seht allen Sorgen mit Vertrauen auf Gott entgegen, dann werdet ihr siegen. In der Bhagavad-Gita heißt es: »Wenn du Mich im Herzen trägst, wirst du durch Meine Gnade alle Hindernisse überwinden.«[2] Und nun stellt euch Folgendes vor: Ich ging vor dem Palace-Hotel auf und ab, als eine ältere Dame auf mich zukam und fragte: »Kann ich Sie bitte einmal sprechen?« Wir wechselten ein paar Worte, und dann sagte sie wie aus heiterem Himmel: »Ich habe Geld im Überfluss. Kann ich Ihnen helfen?« Ich erwiderte: »Ich kann kein Geld von Ihnen annehmen. Warum sollten Sie mir Geld anbieten, wo Sie mich nicht einmal kennen?« Da sagte sie: »Oh, ich kenne Sie schon; ich habe so viel von Ihnen gehört!« Und auf der Stelle schrieb sie mir einen Scheck über 27 000 Dollar aus. Darin erkannte ich die Hand Gottes.

In Gott besitzen wir alles

Doch der größte Sieg, den ich je errungen habe, wurde mir in Phoenix [Arizona] zuteil. Wenn nur alle die Gnade Gottes so fühlen könnten wie ich, dann wüssten sie, wie ich, dass wir in Gott bereits alles besitzen. Das war meine Erfahrung in Phoenix. Ich betete aus tiefstem Herzen und meditierte; denn ich war an jenem Morgen in großer Not, weil mich jemand im Stich gelassen hatte. Ich betete nicht um Geld, sondern um Freiheit. Ich sagte der Göttlichen Mutter: »Warum werde ich solchen Schwierigkeiten ausgesetzt? Warum gerate ich in eine solche Notlage?« Aber dabei ließ ich es nicht bewenden. Ich meditierte weiter, und dann betete ich zur Mutter: »Sprich zu mir. Wenn Du mir sagst, dass ich alles hinter mir lassen und

---

[2] XVIII, 58.

die Organisation aufgeben soll, um nur noch Deinen Namen zu singen, so will ich das tun. Ich brauche nichts anderes als Dich. Ich bitte für mich selbst um nichts. Prüfe mich. Wenn es Dein Wille ist, gebe ich in diesem Augenblick alles auf. Von Deinem Licht umgeben, werde ich fortgehen.«

Als die Göttliche Mutter sah, dass es mir ernst damit war, antwortete sie mir: »Ich habe dich schon vor langer Zeit befreit. Aber weil du denkst, dass du nicht frei bist, darum bist du auch nicht frei. Der Tanz des Lebens und der Tanz des Todes – wisse, sie kommen von Mir, und frohlocke. Was wünschst du dir mehr, als dass du Mich hast?« Von diesem Tag an habe ich Freiheit gefunden.

Wenn ihr innerlich den Wunsch habt, zuallererst Gott zufriedenzustellen, wird Er für euch sorgen. »... Was wünschst du dir mehr, als dass du Mich hast?« Wollt ihr das beherzigen? Jeder von euch? Es ist nicht viel, woran ihr euch erinnern müsst. Wenn ihr meditiert und aufrichtig zu Gott betet, werdet ihr Ihn finden; und Er wird euch mit allem versorgen, was ihr braucht.

Haltet euch an das Gesetz der Meditation. Es ist das oberste aller Gesetze, denn es bringt euch mit der einen Kraft in Verbindung, die hinter allen anderen Kräften steht. Als die Göttliche Mutter jene Worte zu mir sprach, wusste ich, dass alles gutgehen würde. Ich erhielt dann auch das, was ich brauchte, und wurde vor dem Schlimmsten bewahrt.

Diese Kraft wird euch beistehen, so wie sie auch mir immer beigestanden hat. Ich teile diese Wahrheiten aus eigener Erfahrung mit. Ich könnte nicht darüber reden, wenn ich sie nicht in meinem eigenen Leben bestätigt gefunden hätte. Ich vertraue bei allem auf Gott. Meine Kraft ist Gott. Ich glaube an keine andere Kraft. Wenn ich mich auf diese Kraft konzentriere, wirkt sie durch mich.

Man nennt mich einen der erfolgreichsten Redner dieses Landes. Ich habe Tausende unterrichtet. Darauf bin ich aber nicht stolz. Erfolg habe ich nur, weil ich allein auf Gottes Kraft vertraue. Schließlich stellte ich meine Vortragsreisen ganz ein – für Gott gebe ich jetzt alles auf. Ich fühle, dass ich diesen Teil meiner Lebensaufgabe erfüllt habe. Ziel meiner Tätigkeit ist es, Seelen aus der Menge herauszusuchen und ihnen zu helfen,

Gott zu erfahren. Ich habe solche Seelen im ganzen Land gefunden, und ich schule sie jetzt.³

Ich lasse mich in allem vom GEIST leiten; dabei denke ich nicht an Geld, sondern nur daran, der Menschheit zu dienen. Und deshalb hat der Herr für alle Mittel gesorgt, durch die mein Leben und die Existenz dieses Werkes der Self-Realization Fellowship unterstützt wird. Mein einziger Wunsch ist es, euch zu dienen; darum bin ich hier.

Sobald ich Hilfe brauche, ist sie da – sie kommt von Gott. Einmal brauchten wir etwas Geld für Weihnachten. Und was geschah? Ein Schüler schrieb mir und sagte: »Sie haben bei der Bank in Detroit ein Barguthaben. Was wollen Sie damit anfangen?« Ich antwortete: »Überweisen Sie es mir sofort.« Mein Bedarf wurde gerade zur rechten Zeit gedeckt.

Diese Kraft Gottes steht auch euch zur Verfügung. Das werdet ihr feststellen, wenn ihr Vertrauen habt und wisst, dass Wohlstand nicht von materiellen Quellen, sondern von Gott kommt.

Sucht Verbindung mit Gott, dann wird Er euch leiten

Der Herr sagt nicht, dass ihr nicht selber denken oder keine Initiative zeigen sollt. Ihr müsst euer Teil beitragen. Gemeint ist: Wenn ihr euch durch unrechte Handlungen und Wünsche sowie durch mangelndes Gottvertrauen und

---

3 Als Paramahansaji 1935 diese Rede hielt, hatte er bereits viele direkte Jünger angezogen, deren Bestimmung es war, eine wichtige Rolle in seiner weltweiten Mission zu spielen. Darunter waren auch zwei, die er als seine geistigen Nachfolger bestimmte und die sein Werk als Präsidenten der Self-Realization Fellowship später leiten sollten: Rajarsi Janakananda (siehe Glossar), der dem Guru 1932 in Kansas City begegnete; und Sri Daya Mata, die 1931 seine Seminare in Salt Lake City besucht hatte. Andere, die durch seine Vorträge zu ihm hingezogen wurden, ihr Leben Paramahansajis Werk weihten und seine persönliche geistige Schulung erhielten, waren: Dr. M.W. Lewis und Frau, die ihm 1920 in Boston begegneten, Gyanamata (1924 in Seattle), Tara Mata (1924 in San Francisco), Durga Mata (1929 in Detroit), Ananda Mata (1931 in Salt Lake City), Sraddha Mata (1933 in Tacoma) und Sailasuta Mata (1933 in Santa Barbara). Nachdem Paramahansaji seine Vortragsreisen durch das ganze Land Mitte der 1930er Jahre aufgegeben hatte, konzentrierte er sich auf Seminare, die er für ernsthafte Schüler abhielt, und sprach vor allem in seinen eigenen Tempeln der Self-Realization Fellowship und im internationalen Hauptsitz.

mangelnde Verbindung mit Ihm von der göttlichen Quelle abschneidet, könnt ihr Seine allmächtige Hilfe nicht empfangen. Wenn ihr aber mit Gott im Einklang seid und euch von Ihm leiten lasst, wird Er euch helfen, das Richtige zu tun und Fehler zu vermeiden.

Beginnt jetzt damit, morgens und abends tief und regelmäßig zu meditieren. Je mehr ihr meditiert, umso mehr werdet ihr erkennen, dass es Jemanden hinter dem Bereich des gewöhnlichen Bewusstseins gibt, bei dem großer Frieden und große Freude herrschen. Vergegenwärtigt euch diesen Frieden und diese Freude; denn das ist der erste Beweis, dass ihr mit Gott in Verbindung getreten seid. Es ist ein bewusstes Erkennen der Wahrheit in euch selbst. Und das ist es, was ihr braucht. Nur so sollte man die Wahrheit anbeten, denn wir können nur das anbeten, was wir kennen.[4] Die meisten Menschen beten Gott als etwas Unbestimmtes an; doch wenn ihr Ihn aufgrund eigener innerer Wahrnehmung als etwas Wirkliches anbetet, werdet ihr Seine Kraft in eurem Leben immer mehr spüren. Ganz gleich, was auch immer ihr versucht, nichts anderes kann euch jene Verbindung mit Gott geben, die ihr durch tiefe Meditation erreicht. Intensive Bemühungen, diesen inneren Frieden und diese innere Freude in der Meditation zu steigern, sind der einzige Weg, der zu Gott führt.

Die beste Zeit, Gott um Führung zu bitten, ist nach der Meditation, wenn ihr im Innern diesen Frieden und diese Freude fühlt; denn dann habt ihr Verbindung mit Ihm aufgenommen. Wenn ihr meint, dass ihr etwas braucht, könnt ihr es nun Gott darlegen und Ihn fragen, ob das eine berechtigte Bitte sei. Und wenn ihr innerlich fühlt, dass ihr dies wirklich braucht, dann betet: »Herr, Du weißt, dass ich dies brauche. Ich will über eine Lösung nachdenken, ich will kreativ sein, ich will tun, was nötig ist. Ich bitte Dich nur darum, dass Du meinen Willen und meine schöpferischen Fähigkeiten leitest, damit ich das Richtige tue.«

Seid aufrichtig zu Gott. Vielleicht hat Er etwas Besseres für euch im Sinn als das, worum ihr betet. Es ist eine Tatsache,

---

[4] »Gott ist Geist, und die ihn anbeten, die müssen ihn im Geist und in der Wahrheit anbeten.« (Johannes 4, 24)

dass eure dringendsten Gebete und Wünsche manchmal eure größten Feinde sind. Sprecht aufrichtig und ehrerbietig mit Gott und lasst Ihn entscheiden, was richtig für euch ist. Wenn ihr empfänglich seid, wird Er euch leiten. Er wird euch bei allem unterstützen. Habt keine Angst, selbst wenn ihr Fehler machen solltet. Habt Vertrauen. Seid überzeugt, dass Gott mit euch ist. Lasst euch in allem von dieser Kraft leiten. Sie ist unfehlbar. Diese Wahrheit gilt für jeden von euch.

Durch immer tiefere Meditation wird es euch schließlich gelingen, in den überbewussten Zustand der inneren Erkenntnis einzugehen und auch dann darin zu verharren, wenn ihr voll bewusst all euren Tätigkeiten nachgeht. Wenn ihr lernt, im Zustand des Überbewusstseins und mit innerer göttlicher Freude zu arbeiten, werdet ihr – ganz gleich, was ihr tut – immer die Gegenwart und Kraft Gottes fühlen.

»Was ich wahrnehme, sollt auch ihr wahrnehmen«

Ich habe euch Seine Botschaft überbracht, und ich sehe Sein großes Licht in euch allen. In diesem Licht segne ich euch. Die geistige Kraft Gottes fließt durch mich hindurch – durch meine Worte, mein Gehirn, meine Zellen, durch jedes Fünkchen meines Bewusstseins. Jeder Gedanke ist ein Fenster, durch das Sein göttliches Licht hereinströmt. Öffnet eure Herzen und erkennt, dass das Göttliche Licht auch durch euch hindurchfließt. Was ich wahrnehme, sollt auch ihr wahrnehmen; was ich schaue, sollt auch ihr schauen.

Beruf, Ausgleich und Seelenfrieden
Wie man eine ausgewogene Arbeitswoche schafft

In den 1920er Jahren schlug der amerikanische Industrielle Henry Ford eine Arbeitswoche von fünf Tagen vor. Diesen Vorschlag hieß Paramahansaji von ganzem Herzen willkommen, wie in diesem Artikel zum Ausdruck kommt.

»Feiertag« setzt sich aus zwei Wörtern zusammen: »Feier« und »Tag«. Ein Feiertag[1] sollte eine Zeit sein, in der man in sich hineinschaut und sich mit seiner Seele beschäftigt. Eines der Zehn Gebote lautet: »Gedenke des Sabbattags, dass du ihn heiligest.« Es ist ein Tag der Ruhe und der geistigen Erneuerung. Die Christen halten den Sabbat am *Sonntag* – an einem Tag, der dazu dient, sich am *Sonnenlicht* der Weisheit zu wärmen. Die Hindus haben eine Reihe von Tagen im Jahr für geistige Zwecke vorgesehen. Das amerikanische Erntedankfest, Ostern und Weihnachten entsprechen einigen dieser heiligen Feste der Hindus. Das *Durga-Puja*-Fest wird in Indien ebenso verbreitet gefeiert wie Weihnachten in den westlichen Ländern.

Der Mensch ist sowohl ein geistiges wie auch ein körperliches Wesen. Er sollte sich geistig durch innere Disziplin höherentwickeln, und in materieller Hinsicht sollte er seine beruflichen Leistungen verbessern. Der primitive Mensch setzte all seine mentalen Fähigkeiten dafür ein, seinen materiellen Bedarf zu decken. Er verbrachte seine Zeit mit Jagen, Essen und Schlafen. Der heutige Mensch versucht das, was er an materiellen Dingen für sein Leben braucht, durch wissenschaftliche Methoden zu erlangen. Was der primitive Mensch unmethodisch tat, das tut der moderne Mensch methodisch.

---

[1] Feiertag heißt auf Englisch *holiday*, von *holy day*, »heiliger Tag«.

Dass er sich planmäßig um materiellen Erfolg bemüht, hat indirekt auch seine inneren Fähigkeiten entwickelt.

Die indischen Meister raten zu einer direkten Entwicklung der inneren Fähigkeiten, und dazu gehören: die Willenskraft, mit der man gegen Versuchungen ankämpft; das Verlangen, seinen Mitmenschen zu dienen; und die Intuition, mit der man die Wahrheit unmittelbar erfasst.

Kriminalität und Gewalt sind die bitteren Früchte einer unausgeglichenen Zivilisation

Geld ist zwar nötig, damit man den materiellen Komfort sichern kann, aber viel nötiger ist es, Glück zu erlangen. Wer materiellen Reichtum, aber keinen inneren Frieden besitzt, gleicht einem Menschen, der vor Durst stirbt, während er in einem See badet.

Die Menschen sehnen sich nach verschiedenen Dingen – nach Geld oder Ruhm oder geistiger Entwicklung – entsprechend den Gewohnheiten, die sie im frühen Alter gebildet haben, und den Einflüssen ihrer Umgebung. Und deshalb führen sowohl die Menschen des Ostens wie auch die des Westens ein einseitiges Leben. Allgemein gesehen ist der Osten überwiegend geistig eingestellt und der Westen überwiegend materiell. Doch wir können weder nur durch geistige Lehren noch allein durch Reichtümer glücklich werden. Wenn die Menschen in Ost und West mehr Ausgewogenheit in ihr Dasein bringen wollen, müssen sie Methoden anwenden, die zu einem ausgeglichenen Leben führen.

Die meisten Menschen verbringen sechs Tage der Woche damit, Geld zu verdienen; und auch am siebenten Tag kreisen ihre Gedanken noch darum. Doch sie nehmen sich kaum einmal Zeit, um sich weiterzuentwickeln. Trotz der hohen Zivilisation im Westen gibt es viele Verbrechen, Morde und Raubüberfälle. Der Grund liegt darin, dass die Menschen sich zu einseitig um materiellen Komfort bemühen; sie finden keine Zeit mehr, über den praktischen Wert nachzudenken, sittlichen und geistigen Grundsätzen zu folgen.

Wenn man schon materielle Armut vermeiden soll, so ist geistige Armut zu verabscheuen, denn diese ist die Ursache allen menschlichen Leides. Ein praktischer, geistig gesinnter

Mensch ist glücklich, und nur ein glücklicher Mensch ist auch erfolgreich. Selbst wenn alle Menschen einer Stadt materiellen Überfluss hätten, würde das nicht Morde und Verbrechen verhindern. Ein harmonisches, glückliches, gesundes und materiell gesichertes Zusammenleben einer Gemeinschaft von Menschen ist nur dann möglich, wenn sie den allgemeingültigen Grundsätzen der gegenseitigen Hilfsbereitschaft, der bereitwilligen Zusammenarbeit, der Liebe zum geistigen Leben und der Herrschaft über die Sinne folgen.

Die [amerikanischen] Strafregister zeigen, dass jährlich fast eine Milliarde Dollar von jungen Menschen zwischen 15 und 30 Jahren gestohlen wird. Eine New Yorker Zeitung berichtete, dass dieses Jahr 400 000 zusätzliche Mahlzeiten in den Gefängnissen ausgeteilt wurden. Wie kommt das? Weil sich die Aufmerksamkeit des durchschnittlichen Menschen nicht auf das wichtigste Problem – die richtige Lebensführung – richtet. Warum sollten wir nicht etwas von dem Geld, das wir für das Bauen und Erhalten von Gefängnissen ausgeben, für Schulen verwenden, in denen richtige Lebensführung gelehrt wird, damit die Kinder nicht zu Verbrechern werden? Kriminelle, deren Verhalten sich in den Gefängnissen noch verschlechtert, werden wieder auf die heile Gesellschaft losgelassen, wo sie die Bakterien des Verbrechens weiterverbreiten.

Die meisten werden sagen: »Ach, ich habe beruflich so viel zu tun, dass ich mich nicht noch mit richtiger Lebenskunst beschäftigen kann. Ja, wir wissen alle, dass es so etwas gibt. Irgendwann einmal werden wir uns damit befassen, aber was wir jetzt brauchen, ist Geld.« Doch was nützt es einem, wenn man Millionen verdient und dafür einen schweren Nervenzusammenbruch erleidet sowie sein Gleichgewicht und sein Glück verliert?

Durch das Ideal des Dienens kann man den Ehrgeiz vergeistigen

Da Gott uns den Hunger gegeben hat und einen physischen Körper, den wir versorgen müssen, brauchen wir auch Geld; und wir sollten es uns ehrlich und methodisch verdienen, indem wir unseren Mitmenschen helfen, ihren echten Bedarf zu decken. Das Berufsleben braucht nicht materialistisch zu sein.

Geschäftliche Interessen können vergeistigt werden. Ein Gewerbe betreiben bedeutet nichts anderes, als anderen Menschen auf bestmögliche Weise mit materiellen Mitteln zu dienen. Geschäfte, die nur darauf aus sind, Geld zu scheffeln, werden bald zu kommerziellen Räuberhöhlen. Doch Geschäfte, die sich bemühen, den Kunden die besten Artikel zu erschwinglichen Preisen zu bieten, werden Erfolg haben und auch zur sittlichen Höherentwicklung der Welt beitragen.

Ich werde nie vergessen, was mir ein guter Verkäufer in einem großen Geschäft sagte, als ich mich nach einem Mantel umsah. »Mein Herr«, sagte er, »ich bin nicht darauf aus, Ihnen irgendetwas zu verkaufen; ich versuche, genau das Richtige für Sie zu finden.« Er versuchte nicht, mir den teuersten Mantel zu verkaufen; er zeigte mir ein preiswerteres Stück, das mir in jeder Hinsicht gefiel. Ich freute mich, dass ich genau das, was ich brauchte, zu einem angemessenen Preis erhalten hatte. Auf diese Weise hat er mich zu einem Stammkunden in seinem Geschäft gemacht.

Die Menschen sollten ihren geschäftlichen Ehrgeiz vergeistigen, indem sie den wirklichen Bedarf ihrer Mitmenschen decken helfen. Der Mensch sollte nicht nur Geld machen, um anderen zu dienen und so sich selbst Vorteile zu verschaffen; er sollte mit seinem Geld auch Institutionen unterstützen, die dem Allgemeinwohl nützen. Wenn man viel Geld verdient hat und gleichzeitig seinen Mitarbeitern und Geschäftspartnern zu größerem Wohlstand verhilft und seinen Reichtum so einsetzt, dass andere sich selbst helfen können, dann hat man seinen Ehrgeiz vergeistigt. Wohlhabende Eltern, die ihren Kindern zu viel Geld geben, drosseln deren Entwicklung; denn diese hängt von selbst errungenem und selbst verdientem Erfolg und Glück ab. Selbst ein hochintelligenter Mensch muss Ehrgeiz haben, sonst schadet er sich selber, weil er seine Fähigkeiten verkümmern lässt. Dadurch, dass er sich selber schadet, gibt er anderen ein schlechtes Beispiel und hemmt somit den Fortschritt der Menschheit.

Deshalb stimme ich Henry Ford zu, dass man den Menschen helfen muss, sich selber zu helfen, und sich nicht auf eine demütigende, abhängig machende Mildtätigkeit beschränkt. Nur wenn materiell gesinnte ehrgeizige Menschen ihren Ehrgeiz durch das Ideal des Dienens veredeln, finden sie einen geistigen Grund, Geld zu verdienen.

Wir brauchen den richtigen Ausgleich zwischen dem Denken des Orients und des Okzidents

Die Orientalen sind in der Regel geistig veranlagt; sie betrachten das Leben von der philosophischen Seite und haben eine natürliche Neigung zur Kontemplation. Es gibt natürlich auch viele Orientalen, die während ihrer Freizeit träge sind, anstatt an ihrer geistigen Entwicklung zu arbeiten; doch im Allgemeinen sind sie aufgeschlossen für geistige Dinge.

Unsere westlichen Brüder verbringen ihre Zeit überwiegend damit, materiellen und intellektuellen Interessen nachzugehen. Doch oft sind sie so beschäftigt, dass sie nicht einmal die Früchte ihrer Arbeit genießen können; sie wissen nicht, was Frieden, Entspannung und glückselige Meditation sind. Sie lassen sich von weniger wichtigen Verpflichtungen versklaven, und sie vergessen, was das höchste Ideal des Lebens ist: die glückselige Verbindung mit Gott.

Dank der weit verbreiteten Anwendung von Maschinen haben die westlichen Menschen ihren östlichen Brüdern etwas voraus: sie können die dadurch gewonnene Zeit dazu benutzen, sich gründlicher mit den Fragen des Lebens zu befassen. Berufliche Tätigkeit und Geld sollen dem Menschen angenehmere und bessere Lebensbedingungen bringen. Diese sollten jedoch nicht mit blinder Gier angestrebt werden, die ihm sein Glück raubt und ihn daran hindert, höhere Ziele zu verfolgen.

Wenn man sechs ganze Tage und Nächte ein mechanisches Dasein führt und einen Tag (den Sonntag) teilweise dem inneren Selbst widmet, so ist das kein ausgeglichenes Leben. Die Woche sollte aus Arbeit, Unterhaltung und geistiger Entwicklung bestehen: Fünf Tage sollte man zum Geldverdienen nutzen, einen Tag der Ruhe und Unterhaltung und mindestens einen Tag der Innenschau und inneren Erkenntnis widmen.[2]

---

[2] Geistig aufrichtigen und zielstrebigen Menschen empfahl Paramahansaji, jeden Tag am Morgen und am Abend (vor und nach dem jeweiligen Tagwerk) zu meditieren und einen Tag in der Woche dem Schweigen, der Innenschau und dem geistigen Studium zu widmen – und vier oder mehr Stunden zu meditieren.

In den westlichen Ländern verläuft das Leben im Allgemeinen zu hastig, und im Orient neigt man zum anderen Extrem. Wir müssen den richtigen Ausgleich finden. Jeder Mensch braucht Zeit zur Innenschau. Ein Tag in der Woche – der Sonntag – genügt nicht, weil es der einzige freie Tag ist, an dem man sich lieber ausruhen möchte und zu müde zum Meditieren ist.

Bei einer Arbeitswoche von fünf Tagen, wie Henry Ford sie vorschlägt, hätten die Menschen den Freitagabend, den Samstag und den Sonntag frei, um dem Lärm der Stadt zu entkommen, was ihr Leben verlängern würde. Der Polizeichef von Chicago berichtet, eine Studie habe ergeben, dass das Leben des Menschen um elf Jahre verlängert werden könnte, wenn er nicht dem Lärm der Städte ausgesetzt wäre; dann nämlich könnte sich das Nervensystem beruhigen. Fast jede Familie in Amerika kann sich irgendein Auto leisten, und damit gelangt sie an Wochenenden aus der Stadt hinaus und kann sich im Frieden der Natur erholen. Auf diese Weise können die Menschen ein Doppelleben führen – das eines Einsiedlers in den Wäldern und das eines Kriegers auf dem Schlachtfeld weltlicher Tätigkeit.

Lernt die Kunst, richtig zu leben

Da es das Ziel aller Menschen ist, höchste Weisheit zu erlangen – alles Wissenswerte durch den bestmöglichen Gebrauch der menschlichen Vernunft zu erfahren –, sollten wir deshalb nicht die Kunst erlernen, richtig zu leben?

Die Menschen geraten nur deshalb aus dem Gleichgewicht und leiden unter Geldgier und der Sucht nach geschäftlichen Erfolgen, weil sie nie Gelegenheit hatten, sich an ein ausgeglichenes Leben zu gewöhnen. Es sind nicht so sehr unsere kurzlebigen Inspirationen und glänzenden Ideen, die unser Leben bestimmen, als vielmehr unsere täglichen Gewohnheiten. Es gibt sehr gewissenhafte Geschäftsleute, die Millionen verdienen, ohne dass sie ein ungeregeltes Leben führen und nervös werden; aber es gibt andere, die sich so sehr darauf versteifen, Geld anzuhäufen, dass sie nichts anderes mehr im Kopf haben und erst dann aus ihrer Besessenheit erwachen, wenn ihnen etwas Schreckliches zustößt – eine schwere Krankheit oder ein großes Unglück.

Wir müssen gleichzeitig bei den Kindern und bei den

Erwachsenen anfangen. Der bildungsfähige Geist des Kindes lässt sich auf jede Weise formen, wenn selbstdisziplinierte und geschulte Erwachsene sich gemeinsam darum bemühen. Kinder können leicht die richtigen Gewohnheiten annehmen; denn ihr Wille, etwas zu leisten, ist meistens noch frei – bis auf einige Neigungen, die schon tief verwurzelt sind. Die Erwachsenen dagegen müssen gegen alte Gewohnheiten ankämpfen, damit sie neue und gute annehmen können. Doch alle Gewohnheiten, ob bei Kindern oder Erwachsenen, müssen durch spontane Bereitwilligkeit gebildet werden. Wenn man Kindern beibringen will, ein ausgeglichenes Leben zu führen, bei dem nicht nur das Geldverdienen, sondern auch das innere Glück wichtig ist, muss man die richtige Zeit abwarten und die richtige Schulungsmethode anwenden.

Es gibt viele Psychologen, die behaupten, dass die späteren Lebensphasen des Menschen nur eine Wiederholung der Schulung seien, die man im Alter von zwei bis zehn oder fünfzehn Jahren erhalten hat.

Geistige Ermahnungen mögen die Kinder dazu anregen, dass sie sich besser verhalten, das ist alles. Doch um die Saat der Gewohnheiten aus früheren Leben im Unterbewusstsein und Überbewusstsein auszubrennen, ist eine wirklichkeitsnahe Disziplin nötig. Das wird aber nur dann möglich sein, wenn man die kauterisierende elektrische Kraft der Konzentration nach innen lenkt.

Man sollte den Kindern schon früh beibringen, ihren Ehrgeiz zu vergeistigen und nur deshalb Geld verdienen zu wollen, um einem guten Zweck zu dienen. Heutzutage wachsen die Kinder meist unter falschem Einfluss heran – wobei das Geldverdienen im Vordergrund steht. Deshalb versuchen sie »möglichst schnell reich zu werden«, sogar indem sie Überfälle begehen. Ihr Kopf sagt ihnen: wenn das Ziel im Ansammeln von Geld besteht, warum sollte man es sich dann nicht durch einen Überfall besorgen?

Es ist die Pflicht der heutigen Erwachsenen, die Bürger von morgen zu ermutigen, indem sie den Kindern beibringen, ein ausgeglichenes Leben zu führen. Solange sich die Erwachsenen von einem einseitig materialistischen Leben berauschen lassen, werden die Kinder ihrem Beispiel folgen, und ihre Hoffnungen werden unerfüllt bleiben. Wir können die Welt von morgen dadurch retten, dass wir die Kinder von heute retten; doch dazu müssen die heutigen Erwachsenen aufwachen und sich um ein ausgeglichenes Leben bemühen, das sowohl von geistigen als auch materiellen Gewohnheiten bestimmt wird.

Ein ausgeglichenes Leben führen

Vielen Firmenchefs gelingt es, nur fünf Tage in der Woche von 9 Uhr morgens bis 3 Uhr nachmittags zu arbeiten und den Samstag und Sonntag gewöhnlich freizunehmen. Sie sind etwas ausgeglichener, haben mehr Zeit für die Familie, doch den größten Teil ihrer Freizeit verbringen sie damit, Golf zu spielen, zum Tanz oder ins Kino zu gehen, anstatt ihrem geistigen Leben mehr Zeit zu schenken.

Wenn erwachsene Menschen ein ausgeglichenes Leben führen wollen, müssen sie zur Erkenntnis gelangen, dass geschäftlicher Ehrgeiz nur dafür dienen sollte, sich und andere glücklich zu machen. Ohne dieses Ideal führt aufreibende geschäftliche Tätigkeit zu Nervosität, Disharmonie im gesellschaftlichen Leben, Geiz, Gier und Missachtung aller guten Grundsätze. Das Leben kann sehr glücklich sein, wenn man erkennt, dass der wahre Sinn aller geschäftlichen Tätigkeit darin besteht, anderen und sich selbst zu dienen.

Ich bin der Meinung, dass Henry Ford mit seinem Vorschlag, die Arbeitswoche auf fünf Tage zu beschränken, eine neue Ära eingeleitet hat, in der das Berufsleben vergeistigt werden kann. »Der Sabbat ist um des Menschen willen gemacht, und nicht der Mensch um des Sabbats willen. So ist des Menschen Sohn ein Herr auch des Sabbats.«[3] Jesus wollte, dass die Menschen den Sonntag als einen Tag des Gottessohnes oder der Weisheit betrachten, an dem sie ihr geistiges Wissen vertiefen. Doch wenn sie die ganze Woche hart arbeiten, wollen sie am Sonntag Entspannung und Unterhaltung haben, anstatt an Gott zu denken und Innenschau zu halten. Die Geistlichen und Priester, die sich dagegenstellen, dass am Sonntag Filme und Unterhaltung geboten werden, sollten den Plan Henry

---

[3] *Markus* 2, 27–28.

Fords willkommen heißen. Der stark beanspruchte Mensch könnte den Samstag mit Entspannung, Gartenarbeit und gesunder Unterhaltung verbringen. Dann würde er gern den ganzen Sonntag dazu benützen, Gottesdienste zu besuchen und sich in geistiger Disziplin zu üben, das heißt, Konzentrations- und Meditationstechniken zu praktizieren, um inneren Frieden zu finden und Gottverbundenheit zu erlangen.[4]

Ich kenne viele angesehene, intelligente Geschäftsleute, die im tiefsten Innern unzufrieden sind und sich nach Gott und mehr Weisheit sehnen, doch sie sind ihrer Arbeit und ihren allzu zahlreichen gesellschaftlichen Verpflichtungen hilflos ausgeliefert. Sie opfern ihre höchste Verpflichtung, die sie Gott, der Wahrheit, geistigen Studien und ihrer Familie gegenüber haben, um stattdessen Geld zu verdienen und oberflächliche Geselligkeit zu pflegen.

Es ist daher außerordentlich wichtig, dass wahrheitsliebende, echte Welt-Patrioten zusammenarbeiten, um den Samstag zu einem Tag der Unterhaltung und Erholung zu machen und den Sonntag zu einem Tag, der ausschließlich der Meditation, dem Umgang mit guten Menschen, guten Grundsätzen und dem höchsten Gut – dem Gott der Glückseligkeit im eigenen Innern – gewidmet ist.

So wie wir eine gewisse Schulung brauchen, um die Kriegskunst ausüben zu können, so benötigen wir auch eine Schulung für unseren Lebenskampf. Ungeübte Krieger werden auf dem Schlachtfeld bald getötet; und Menschen, die nicht in der Kunst geschult sind, ihren inneren Frieden zu bewahren, werden im täglichen Leben bald von den Kugeln der Sorgen und der Ruhelosigkeit durchlöchert.[5]

Es ist dringend nötig, dass der Mensch mehr Zeit findet,

---

[4] Diejenigen, deren geistiger Weg den Samstag als Feiertag vorschreibt, könnten den Sonntag als Tag der Ruhe und Entspannung nutzen.
[5] 65 Jahre nach der Veröffentlichung dieses Artikels von Paramahansa Yogananda zeigte eine Studie der Harvarder Wirtschaftsexpertin Juliet B. Schor aus dem Jahr 1991, dass die von Paramahansaji empfohlenen Grundsätze jetzt so aktuell sind wie in den 1920er Jahren. Professorin Schor entdeckte, dass der durchschnittliche Amerikaner heute einen ganzen Monat mehr pro Jahr arbeitet als seine Landsleute im Jahr 1970. Die heutigen Amerikaner, so stellte sie fest, arbeiten länger als Menschen zu irgendeiner anderen Zeit der Geschichte,

Beruf, Ausgleich und Seelenfrieden

um sich an der Natur zu erfreuen; dass er sein Leben vereinfacht und eingebildete Notwendigkeiten aufgibt; dass er sich an dem freut, was er tatsächlich zum Leben braucht, und dass er seine Kinder und Freunde besser versteht; und dass er vor allem *sich selbst* und den Gott, der ihn erschaffen hat, kennenlernt.

---

mit Ausnahme der industriellen Revolution; sie verbringen sogar mehr Zeit bei der Arbeit als die mittelalterlichen Sklaven!

Gesteigerte Produktivität, so meint Juliet Schor, kann dem Menschen entweder mehr Verdienst oder mehr Freizeit einbringen. Seit Henry Ford und andere Industrielle in den ersten beiden Jahrzehnten des 20. Jahrhundert die gewohnte Arbeitszeit reformiert haben, hat sich Amerika bezeichnenderweise für das Geld entschieden. Größere Einkommen und ein überaus hoher Lebensstandard waren das Ergebnis. Doch obgleich die meisten Amerikaner sich Luxusautos und Luxusvillen leisten können, die allen erdenklichen Komfort bieten, stellte Professorin Schor fest, dass sie deshalb um nichts glücklicher sind. Sie schreibt in ihrem Buch *The Overworked American: The Unexpected Decline of Leisure* [*Der überarbeitete Amerikaner: Der unerwartete Verlust der Freizeit*] – (New York: Basic Books, 1991): »Wenn unsere Wünsche mit unserem Einkommen zunehmen ... macht uns der größere Reichtum nicht zufriedener. ... Eine Rückschau hat kürzlich ergeben, dass sich die Amerikaner buchstäblich zu Tode arbeiten, dass ihre Jobs zu Herzkrankheiten, Bluthochdruck, Verdauungsproblemen, Depression und Erschöpfung führen. ... Andere Studien weisen auf ein Schlafdefizit der Amerikaner hin, von denen die meisten jede Nacht zwischen 60 und 90 Minuten weniger Schlaf erhalten, als für eine gute Gesundheit und Leistungsfähigkeit erforderlich sind. ... Eltern widmen ihren Kindern weniger Zeit, und der Stress nimmt zu. Das liegt zum Teil daran, dass sie versuchen, die beruflichen Anforderungen und das Familienleben miteinander ›in Einklang zu bringen‹.«

Abschließend sagt Schor: »Die einzige Aussicht auf mehr Freizeit besteht darin, dass wir die öffentliche Auseinandersetzung, die in den 1920er Jahren endete, wieder aufnehmen.«

Der Nervosität auf den Grund gehen

*Tempel der Self-Realization Fellowship,
San Diego, Kalifornien, 15. Juni 1947*

Jeder kennt Zeiten, in denen er mehr oder weniger nervös ist, ohne zu wissen, warum. Ich kann dieses Tuch schütteln und sagen, es sei nervös; aber was verursacht die Bewegung des Tuches? Wenn ich meine Hand nicht mehr bewege, bleibt das Tuch flach liegen. Ihr gebt schnell anderen Umständen die Schuld, wenn ihr nervös seid; nur selten sucht ihr den Grund in euch selbst. Dennoch verursacht ihr in 99 von 100 Fällen eure Nervosität selber. Ruhelosigkeit und Aufregungen ziehen zu viel Energie in die Nerven, sodass diese überanstrengt werden. Nach vielen Jahren zeigen sich die nachteiligen Wirkungen dieser Nervosität. Die Nerven als solche sind sehr widerstandsfähig – Gott hat sie so erschaffen, weil sie ein ganzes Leben lang halten müssen –, aber sie brauchen gute Pflege. Sobald das Nervensystem nicht mehr überlastet wird, wie im Tiefschlaf oder im ruhigen Zustand der Meditation, seid ihr auch nicht mehr nervös. In meditativer Ekstase ruhen sich die Nerven völlig aus und werden verjüngt.

Gesunde Nerven sind die Voraussetzung für einen gesunden Körper

Die Nerven gleichen Leitungsdrähten, die alle Teile einer Fabrik miteinander verbinden. Wenn die Drähte sich abnutzen oder ausbrennen, dann funktioniert die ganze Fabrik oder ein bestimmter Bereich davon nicht mehr. Ähnlich belebt das Nervensystem alle Körperteile, darunter auch die wahrnehmenden, erkennenden und reagierenden Funktionen der fünf Sinne. Wenn die Nerven zerstört werden, wird auch die Verbindung mit der Welt lahmgelegt.

Es gibt zwei Nervensysteme: das Zentralnervensystem im Gehirn, im verlängerten Mark und im Rückenmark; und davon ausgehend das periphere System, das die Nervenzentren mit den verschiedenen Körperorganen verbindet und ihnen Energie zuführt. Das Nervensystem sendet Empfindungen an das Gehirn und befähigt es, diese zu verarbeiten; und dann reagiert es auf die Deutung dieser Reize durch das Gehirn.

Während der ersten Wachstumsphase des Gehirns im Embryo bilden sich die Nerven in flüssiger Form und wachsen dann allmählich zu Fasern und schließlich zu Nerven heran – zu fest ausgebauten Schnellverkehrsstraßen, welche die Energie vom Gehirn an alle Körperteile weiterleiten. Das Gehirn ist das Regierungsgebäude; die 27 Billionen Zellen sind die Untertanen. Das Nervensystem, das sie alle miteinander verbindet, muss in gutem, funktionsfähigem Zustand erhalten werden. Ihr erinnert euch sicher an den kürzlichen Telefonstreik und dessen lähmende Wirkung. Dasselbe kann auch in eurem Körper geschehen. Wenn die Nerven-»Telefone« gelähmt sind, können sie ihre lebenswichtigen Botschaften nicht mehr weiterleiten. Wenn zum Beispiel das Sehzentrum im Gehirn durch falsche Ernährung, Krankheit oder Überanstrengung geschwächt wird, werden die Augennerven in Mitleidenschaft gezogen, und das Sehvermögen nimmt ab.

Stellt durch Selbstprüfung fest, was euch nervös macht

Die meisten Nervenkrankheiten werden durch übermäßige geistige Erregung verursacht. Und das kann viele Ursachen haben. Prüft euch einmal, ob ihr nervös seid; und dann stellt fest, was euch so nervös macht. Wenn ihr zum Beispiel wütend werdet, sendet ihr eine gewaltige Menge Energie in das Gehirn und das Herz. Emotionen wie Zorn und Angst können die Nerven überlasten und so zu Funktionsstörungen des Körpers, unter Umständen sogar zu Herzstillstand führen. Wenn ihr eine Million Volt durch einen kleinen Draht sendet, der nur einige Volt aushalten kann, brennt der Draht durch. Erregung bedeutet, dass ihr zu viel Energie an eine bestimmte Stelle des Körpers sendet und dadurch andere Nerven dieser Lebenskraft beraubt. Dagegen versorgt der ruhige Mensch seine Nerven mit einem gleichmäßigen Energiefluss, sodass kein Teil seines Körpers durch Überlastung oder Mangel Schaden erleidet.

Nervosität ist eine Zivilisationskrankheit. Ich weiß noch, wie einige von uns eines Morgens zum Pikes Peak in Colorado hinauffuhren. Andere Wagen überholten uns auf dem steilen, kurvigen Weg. Ich nahm an, dass sie sich so beeilten, weil sie zum Berggipfel gelangen wollten, um den Sonnenaufgang zu sehen. Zu meinem größten Erstaunen jedoch waren wir bei unserer Ankunft die einzigen, die draußen standen und sich das Schauspiel ansahen. Alle anderen waren im Restaurant, tranken Kaffee und verschlangen Krapfen. Könnt ihr euch das vorstellen? Sie rasten zur Bergspitze hinauf und rasten dann wieder zurück, nur um den anderen zu Hause stolz erzählen zu können, sie seien oben gewesen und hätten auf dem Pikes Peak Kaffee getrunken und Krapfen gegessen. So etwas ist ein Zeichen reiner Nervosität. Wir sollten Zeit dafür finden, uns an allem zu freuen – an der Schönheit von Gottes Natur, an all den Segnungen des Lebens –, aber wir sollten unnötige Aufregung, Ruhelosigkeit und plötzliche Gefühlsausbrüche vermeiden, weil sie das Nervensystem ausbrennen.

Auch zu vieles Reden – und dazu gehört die Gewohnheit, lange Telefongespräche zu führen – ruft Nervosität hervor. Wer gewohnheitsmäßig zu nervösen Zuckungen neigt – wie zum Beispiel mit den Fingern auf den Tisch trommeln oder die Zehen hin und her bewegen –, verbrennt ebenfalls Energie in den Nerven. Eine andere Ursache von Nervosität, der ihr euch vielleicht gar nicht bewusst seid, ist die stundenlang anhaltende Geräuschkulisse des Radios oder Fernsehers. Alle Geräusche rufen eine gewisse Reaktion in den Nerven hervor.[1] Eine von der Stadtpolizei in Chicago durchgeführte Untersuchung zeigte, dass die Menschen Jahre länger leben könnten, wenn sie nicht dem Bombardement von Geräuschen ausgesetzt wären, die vor allem in modernen Großstädten sehr belastend

---

[1] Viele Forscher haben die nachteiligen Auswirkungen von Lärm auf die Gesundheit des Menschen beschrieben, darunter auch Dr. Samuel Rosen, Professor für Hals-, Nasen- und Ohrenheilkunde an der Columbia-Universität. Er schrieb: »Es ist bekannt, dass Lärm unwillkürliche Reaktionen in demjenigen hervorruft, der ihm ausgesetzt ist. Die Blutgefäße ziehen sich zusammen, die Haut wird blass, die willkürlichen und unwillkürlichen Muskeln verspannen sich, und es findet ein plötzlicher Adrenalin-Ausstoß ins Blut statt, der die Anspannung der Muskeln, die Nervosität, die Reizbarkeit und die Angst erhöht.«

sind. Lernt das Schweigen zu schätzen. Hört euch nicht stundenlang Radio- oder Fernsehsendungen an, und lasst die Geräte nicht gedankenlos die ganze Zeit im Hintergrund dröhnen. Es gibt genug »Fernsehsendungen« von Heiligen sowie die Sphärenmusik, die durch den ganzen Kosmos hallt, sodass ihr nicht Musik aus dem Kasten zu hören und Konserven-Bilder zu sehen braucht. Lernt in der Ruhe inneren Schweigens, euch auf Gottes wunderbare kosmische Programme einzustellen.

Bemüht euch um Herrschaft über eure Gefühle

Eine andere häufige Ursache für Nervosität sind unfreundliche Worte. Hütet euch vor jedem Klatsch und äußert euch nie negativ über andere. Versucht lieber, euch selbst zu bessern, und sprecht freundlich mit anderen. Seid nicht streitsüchtig. Wenn euer Ehepartner ärgerlich wird und euren Zorn erregt, geht kurz spazieren und beruhigt euch, bevor ihr darauf reagiert. Wenn der Partner beleidigende Worte gebraucht, antwortet nicht auf dieselbe Weise. Es ist besser, ruhig zu bleiben, bis die Wut beim anderen abgeklungen ist. Vermeidet es, eigensinnig oder herablassend zu sein, und lasst euch auch nicht in einen Streit ein. Wartet, bis ihr beide eure Ruhe wiedererlangt habt. Lasst euch von niemandem euren Frieden rauben; und raubt auch anderen nicht ihren Frieden, indem ihr gehässige Worte gebraucht. Der Missbrauch von Worten gehört zu den verletzendsten aller Waffen. Emotionsgeladen oder in einem Anfall von Ärger mögt ihr etwas sagen, was ihr gar nicht so meint, und nachher tut es euch leid. Aber der andere erinnert sich noch zwanzig Jahre lang daran. (In dieser Hinsicht ist das Gedächtnis etwas Nachteiliges. Die Kraft des Gedächtnisses ist ein Segen, wenn man sie richtig gebraucht, aber ausgesprochen schädlich, wenn man sie als Speicher für all das Schlechte gebraucht, das einem angetan wurde.) Wenn euer Partner euch anschreit und ihr zurückschreit, leidet ihr doppelt darunter – einmal durch seine harten Worte und dann durch eure eigenen. Ihr schadet euch selbst am meisten. Am Ende des Streits fühlt ihr euch völlig ausgelaugt. Deshalb gibt es so viele Ehescheidungen.

Offen gesagt, ich bin der Meinung, dass niemand heiraten sollte, bevor er gelernt hat, seine Gefühle einigermaßen zu beherrschen. Man sollte die jungen Menschen diese Kunst in der Schule lehren und ihnen zeigen, wie man Ruhe und Konzentration erlangt. Die Familien in Amerika brechen auseinander, weil dies nicht gelehrt wird – weder zu Hause noch in den Schulen. Wie können zwei Menschen, die sich nervenaufreibendes Tun angewöhnt haben, zusammenleben, ohne sich durch ihre Nervosität gegenseitig fast zu ruinieren? In der ersten Zeit der Ehe schwelgen Braut und Bräutigam in begeisterten, leidenschaftlichen Gefühlen. Doch später, wenn diese unweigerlich abklingen, beginnt sich das wahre Wesen des Paares zu zeigen, und es kommt zu Streit und Enttäuschung.

Das Herz braucht wahre Liebe, Freundschaft und vor allem Frieden. Wird der Frieden durch aufreibende Gefühle zerstört, so ist der Körpertempel entweiht. Ein gesundes Nervensystem hält alle körperlichen Organe und alle Gefühle im Gleichgewicht. Und um das Nervensystem gesund zu erhalten, muss man es vor verheerenden Gefühlen wie Angst, Zorn, Gier und Eifersucht bewahren.

Befreit euch von aller Angst. Was gibt es schon zu fürchten? Selbst ein wenig Angst, wie das unbegründete, beklemmende Gefühl in der Dunkelheit oder die Sorge um das, was geschehen *könnte*, beeinträchtigt die Nerven mehr, als ihr ahnt. Warum sich sogar vor dem Tode fürchten? Gott lässt jeden Menschen sterben, deshalb kann das nichts Schlechtes sein. Dies ist ein sehr tröstlicher Gedanke, an dem ihr festhalten solltet. Der Tod ist wie ein erfrischender Schlaf, und ihr fürchtet euch doch nicht vor dem Schlafen, oder? Der Tod ist vollkommene Ruhe. Gott bringt euch den Tod, um euch von all euren jetzigen Sorgen zu erlösen und euch in einer neuen Inkarnation einen neuen Anfang zu ermöglichen.

Gefühlsausbrüche lassen uns Gott vergessen

Wer sich von Angst, Ärger, Gier oder irgendeiner heftigen, impulsiven Gefühlsbewegung überwältigen lässt, vergisst Gott. Wenn ihr eure Sinne, die eure Gefühle regieren, unter Kontrolle habt, seid ihr zu Heiligen geworden. Niemand weiß besser als ihr, ob ihr Herren oder Sklaven eurer Sinne seid. Merkt euch, dass alles, was Oberhand über eure Selbstbeherrschung gewinnt, euer Nervensystem schließlich zerstört. Der gierige Mensch isst, und der ausgeglichene Mensch isst. Dieser isst, um seinen Körper gesund zu erhalten, und der andere überisst sich, um den Sinnen zu frönen. Wenn man seine Liebe mehr auf Gott und weniger auf die Sinne richtet, kann man den Missbrauch der Sinne vermeiden. Sobald ihr in Versuchung geratet, betet zum Herrn: »Mache Dich selbst verlockender als alle Versuchungen. Ganz gleich, wie Du mich prüfst, Herr, ich halte an Dir fest.« Wenn euer Nervensystem mit friedvollen, liebenden Gedanken an Gott erfüllt ist, wird Er eure Nerven mit Seiner Kraft aufladen. Krishna sprach: »Wenn das Gefühl (*Chitta*) völlig unterworfen und ruhig im SELBST (der Seele) verankert ist, sagt man, dass der Yogi nicht mehr an Wünschen hängt und eins mit Gott geworden ist.«[2]

Filmstars und andere professionelle Unterhaltungskünstler gelten als die bewundernswertesten Menschen in Amerika. Warum aber wird ihr persönliches Leben so oft von Unglück heimgesucht, warum gibt es bei ihnen so viele Ehescheidungen? Die meisten von ihnen leben hauptsächlich von nervöser Energie, die sich auf die Sinne konzentriert. Unmäßiges Essen, wahlloser Geschlechtsverkehr, Rauschzustände durch Alkohol und Drogen – sie alle erzeugen ein trügerisches Glücksgefühl. In Gott allein finden wir die Erfüllung aller Wünsche. In Gott allein finden wir jene ewig neue Freude, die wir nie durch irgendeinen der Sinne erlangen können. Wenn die Sinne Gewalt über euch gewinnen – und damit meine ich irgendeinen der Sinne –, sagt euch fortwährend, dass ihr frei seid: »Ich lasse mich nicht von dieser Gewohnheit versklaven; meine Liebe zu Gott steht über allem – sie überstrahlt alles andere.«

Wünsche und Anhänglichkeiten fördern die Nervosität

Wünsche und Anhänglichkeiten fördern das Übel der Nervosität. Wenn ihr endlich im Besitz der Dinge seid, die ihr euch gewünscht habt, seid ihr völlig erschöpft. Wunschlosigkeit bedeutet Freiheit von der Sklaverei des Besitzes. Jeder sagt mir, wie wunderschön Encinitas sei.[3] Auch ich liebe es, weil ich auf dem Altar des Horizontes zwischen Meer und blauem Himmel

---

[2] Bhagavad-Gita VI, 18.
[3] Das SRF-Ashram-Zentrum in Encinitas, Kalifornien. (Siehe *Encinitas* im Glossar.)

Gott erblicke. Als mir die Einsiedelei geschenkt wurde, habe ich mich sieben Tage lang daran gefreut. Dann übergab ich sie Gott und befreite mich innerlich von jedem Gefühl des Besitzes. Jetzt freue ich mich an der Freude, die andere daran haben.

All die Dinge, die Indien traurigerweise entbehren muss und die ich ihm gewünscht hätte, die habt ihr hier in Amerika; aber immer noch seid ihr nicht glücklich. Ich bete jetzt darum, dass Indien nicht zu viel vom Westen annimmt. Sowohl Indien als auch Amerika stellen Extreme dar. Wir müssen den richtigen Ausgleich finden – eine amerikanische Zivilisation, die durch die Geistigkeit Indiens ergänzt wird. Jede Nation wünscht sich die materiellen Vorzüge, die Amerika hat. Und das geistige Bewusstsein, das jede Nation braucht, ist in Indien zu finden. Ich glaube, dass das Leben in Amerika jetzt einfacher wird, und das ist gut. Ihr müsst zu viel Zeit und Energie aufwenden, um eure allzu zahlreichen Besitztümer in gutem Zustand zu erhalten. Es ist wirklich so: Je mehr »unnötig notwendige Dinge« ihr besitzt, umso weniger Frieden habt ihr. Und je weniger ihr von eurem Besitz besessen seid, umso mehr Glück wird euch zuteil. Wer Geistigkeit erwerben will, muss einfacher und ruhiger leben, gute Bücher lesen (niemals billige Romane), durch Herrschaft über die Sinne und Gefühle innere Stille erlangen und viel meditieren. Kalifornien mit seinem gemäßigten Klima und seinen Naturschönheiten ist ein idealer Ort, wo man ein solch einfaches Leben führen kann; und hier wird eine große geistige Erneuerung stattfinden.

Die richtige Einstellung zum Reichtum

Die Menschen erschaudern bei dem Gedanken an Entsagung; dennoch entsagen sie um des vergänglichen Geldes willen so vielen Dingen, die wahren Wert haben – und dazu gehören nicht zuletzt der innere Frieden oder sogar das eigene Leben. Der Reichtum kann euch genommen werden, oder ihr müsst ihn im Tode zurücklassen; ihr könnt ihn nicht mit euch nehmen. Der einzige Wert des Geldes besteht darin, Gutes für das Wohlergehen und wahre Glück anderer und seiner selbst zu tun. Wer nur auf seine eigene Sicherheit und Bequemlichkeit bedacht ist und andere, die in Not sind, vergisst, lädt Armut zu sich ein; irgendwann wird sie ihm aufgezwungen werden.

Wer selbstsüchtig an seinem Reichtum hängt, anstatt Gutes damit zu tun, zieht für sein nächstes Leben keinen Wohlstand mehr an. Er wird in einer armen Familie geboren, hat aber immer noch alle Wünsche eines reichen Menschen. Doch wer seinen Wohlstand mit anderen teilt, zieht Reichtum und Fülle an, ganz gleich, wo er sein mag. Auch Jesus sprach von diesem Grundsatz: »Verkaufe alles, was du hast, und gib's den Armen, so wirst du einen Schatz im Himmel haben.«[4]

Wenn ihr lernt, mit anderen zu teilen, werdet ihr erleben, dass Gott immer an eurer Seite ist; Er wird euch nie im Stich lassen, und ihr werdet keinen Mangel leiden. Verlasst euch auf Ihn, und Er wird für euch sorgen. Vergesst nicht, dass euer Leben unmittelbar von der Kraft Gottes erhalten wird. Wenn ihr beherzigt, dass eure Vernunft, euer Wille und euer Handeln von Ihm abhängig sind, wird Gott euch leiten; und ihr werdet erkennen, dass euer Leben eins mit Seinem Unendlichen Leben ist.

Wer sich von egoistischen Wünschen motivieren lässt, missachtet die ihm übertragene Aufgabe, am Drama der göttlichen Schöpfung mitzuhelfen. Wer nur für sich selbst lebt und um sich herum ein Netz von Wünschen spinnt, wird sich in diesem Netz verfangen. Wer aber für Gott handelt und arbeitet, ist frei. Ihr wisst nicht, warum ihr hier auf dieser Erde seid oder warum ihr Mann oder Frau seid oder warum ihr so seid, wie ihr seid. Ihr seid nicht nur hier, um für euch selbst zu leben. Ihr seid hier, um Gottes Willen zu tun. Für sich selbst zu arbeiten bedeutet, ans Leben gefesselt zu sein. Für Gott zu arbeiten bedeutet, frei zu sein.

Lernt, euch in dieser Welt emsig zu betätigen und konstruktive Arbeit zu leisten. Doch sobald ihr eure Pflichten erledigt habt, schaltet euren Nervenmotor ab. Zieht euch in euer Inneres zurück, das voller Ruhe ist. Sagt euch immer wieder: »Ich bin ruhig. Ich bin kein Nervenmotor; ich bin GEIST. Auch wenn ich in diesem Körper wohne, lasse ich mich von ihm nicht beeinflussen.« Wenn euer Nervensystem ruhig ist, werdet ihr mit allem, was ihr unternehmt, Erfolg haben; und vor allem aber werdet ihr mit Gott Erfolg haben.

---

[4] *Lukas* 18, 22.

Das Nervensystem verbindet euch mit der Welt und mit Gott

Das Nervensystem hat zwei Aufgaben zu erfüllen. Die Nerven ermöglichen es euch, mit der Welt in Verbindung zu treten. Und die Yogis des Altertums haben entdeckt, dass die Nerven auch dazu dienen, euch mit Gott zu verbinden. Die Lebenskraft im menschlichen Körper fließt gewöhnlich von Gehirn und Wirbelsäule durch die Nerven nach außen in die Sinne und deren äußere Empfindungen. Wenn diese Energie während der Yoga-Meditation umgelenkt wird und nach innen fließt, zieht sie das Bewusstsein in die subtilen geistigen Zentren des Gehirns und der Wirbelsäule, in die Zentren der Gotteserkenntnis und der Gotteserfahrung.[5]

Nervosität ist eine übermäßige Erregung der Nerven und fesselt das Bewusstsein an den Körper; Ruhe führt zur Gottverbundenheit. Wenn ihr die nach außen gerichtete Energie der Nerven abschaltet und euch in der Meditation beruhigt, zieht sich die Lebenskraft aus den Sinnen in die zerebrospinalen Zentren geistiger Wahrnehmung zurück; dann werdet ihr mit dem Überbewusstsein verbunden – und ihr seid bei Gott. Ihr befindet euch im Land des Lichts, das jenseits des unterbewussten Schlafes liegt. Der Schlaf ist eine unbewusste Methode, die Lebenskraft von den Nerven abzuschalten. Ihr erhaltet deshalb während des Schlafs etwas Ruhe, aber ihr erlebt nicht die bewusste Glückseligkeit, die euch der überbewusste Zustand bringt. Wenn ihr aus dem Schlaf erwacht, seid ihr dieselben wie vor dem Schlaf. Wenn ihr dagegen über das Unterbewusstsein hinaus in das überbewusste Land des Lichts gelangt, werdet ihr

---

[5] Der Yoga lehrt, dass sich in Gehirn und Wirbelsäule des Menschen sieben subtile Lebens- und Bewusstseinszentren befinden. In den Yoga-Abhandlungen werden diese Zentren wie folgt benannt: *Muladhara* (Steißbeinzentrum), *Svadhishthana* (Kreuzbeinzentrum), *Manipura* (Lendenzentrum), *Anahata* (Rückenzentrum), *Vishuddha* (Nackenzentrum), *Ajna* (Zentrum des verlängerten Marks und Christuszentrum zwischen den Augenbrauen) und *Sahasrara* (tausendblättriger Lotos im Großhirn). Ohne die in diesen Zentren wirkenden spezialisierten Kräfte, die nach außen in die physischen Organe und Sinne fließen, wäre der Körper nichts als eine leblose Masse Erde. Wenn aber Energie und Bewusstsein nach innen gelenkt werden, offenbart sich die wunderbare Quelle der alles erhaltenden Lebenskraft, die vom höchsten Bewusstsein der Seele und des GEISTES ausgeht. (Siehe *Chakras* im Glossar.)

wunderbare Erlebnisse haben, die einen dauerhaften geistigen Wandel in eurem Bewusstsein bewirken. Und je mehr ihr in der Meditation an diesem verinnerlichten Zustand der Glückseligkeit festhalten könnt, umso mehr werdet ihr diese Freude allezeit fühlen – auch während eurer Arbeit.

Die geistige Physiologie macht den Menschen einzigartig

Dem Nervensystem liegt eine geistige Physiologie zugrunde, die den Menschen zu einem einzigartigen Wesen macht; denn sie befähigt ihn, die höchsten Zustände der Bewusstseinsentwicklung zu erreichen. Das Gehirn des Menschen, das größer ist als das der meisten Tiere – den Elefanten und den Wal ausgenommen – und das wesentlich komplizierter ist, weist das höchste Denkvermögen auf. Deshalb ist das menschliche Gehirn das richtige Werkzeug für den Menschen, denn er hat von allen Lebewesen das am höchsten entwickelte Bewusstsein. Allein der Mensch hat eine hochentwickelte Unterscheidungskraft und erlangt schließlich die Fähigkeit, Gott zu erkennen. Je zahlreicher die Gedanken (wenn man den Menschen zum Beispiel mit den Tieren vergleicht), umso komplizierter sind die Gehirnwindungen. Die Furchen dieser Windungen im erwachsenen Gehirn sind etwa 2,5 cm tief. In der grauen Substanz der gewundenen Oberfläche des Gehirns spielen sich unsere sensorisch-motorischen Denkvorgänge ab. Während der ersten Stadien des heranwachsenden Fötus gleicht das Gehirn eher einer Kuppel aus Marmor. Die Wahrnehmungen und Reaktionen des Fötus nehmen mit der steigenden Anzahl der Windungen zu. Der Geist, die Quelle der Gedanken und der Unterscheidungskraft, ist aber nicht das Produkt einer physiologischen Entwicklung, sondern ein Produkt des Bewusstseins; das Bewusstsein ruft die physiologische Entwicklung hervor.[6]

---

[6] In der Yoga-Wissenschaft versteht man unter Geist ein Zusammenwirken sich gegenseitig beeinflussender Komponenten: *Chitta* (Bewusstsein, intuitives Gefühl), *Manas* (Sinnesbewusstsein), *Buddhi* (unterscheidungsfähige Intelligenz) und *Ahamkara* (Egobewusstsein). Der Yoga lehrt, dass der physische Körper, einschließlich des Gehirns, ein Produkt des Bewusstseins ist – nicht umgekehrt, wie einige westliche Theoretiker behaupten. Der Yoga weist allerdings darauf hin, dass sich der Geist des Menschen in seinem gewöhnlichen Bewusstseinszustand so sehr mit dem physischen Körper identifiziert, dass

Ihr könnt im Folgenden erfahren, wie Gott diesen physischen Körper gestaltet hat. Das ist ein vielschichtiges und umfangreiches Thema; ich will deshalb nur auf einige wenige Punkte eingehen. Die graue Substanz an der Oberfläche des Gehirns ist das Reservoir der Nervenimpulse. Dort sind alle Nervenzellen und elektrischen Schwingungen lokalisiert. Wenn ihr irgendeinen Körperteil bewegen wollt – zum Beispiel eure Hände, Finger oder Augen –, erzeugt dies in den Zellen der grauen Substanz elektrische Impulse, welche durch die motorischen Nerven an den Körperteil, den ihr bewegen wollt, weitergeleitet werden. Während sich dieser Körperteil bewegt, wird ein weiterer elektrischer Strom durch die sensorischen Nerven ins Gehirn zurückgesandt. Diese elektrischen Impulse stimulieren die Nervenzellen in der grauen Substanz, sodass den Blutgefäßen in der Membrane, die das Gehirn umgibt, eine größere Menge an energiereichem Sauerstoff entnommen wird. Es gibt eine gute Übung, mit der man die Energie im Gehirn anregen kann: Klopft die Kopfhaut sanft, aber fest mit den Fingerknöcheln. Das ist besonders am Morgen zu empfehlen, wenn ihr euren Tag beginnt – oder jederzeit, wenn das Gehirn ermüdet.

Das geistige Auge – ein Abbild der Schöpfung

Unter der grauen Substanz des Gehirns liegt die weiße Marksubstanz, die als passiv bezeichnet wird. Der Aufbau des Gehirns entspricht dem des geistigen Auges[7] im Menschen. In der Tat ist dieses Auge aus astralem Licht, das man in der Meditation erblicken kann, ein Abbild der schöpferischen Energie und des schöpferischen Bewusstseins, die den menschlichen Körper bilden und beleben. Jesus sprach: »Das Auge ist des Leibes Licht. Wenn dein Auge einfältig ist, so wird dein ganzer Leib licht sein.«[8] Das geistige Auge besteht aus einem goldenen Strahlen-

---

biochemische Veränderungen einen großen Einfluss auf den Geist haben; und dieser wiederum beeinflusst mit Hilfe des Drüsen- und Nervensystems den ganzen Körper. Diese komplizierte Wechselwirkung zwischen Körper und Geist ist der bestimmende Faktor für die physische und geistige Gesundheit des Menschen.

[7] Siehe *Geistiges Auge* im Glossar.
[8] *Matthäus* 6, 22.

kranz, der eine Kugel aus blauem Licht umgibt, in deren Mitte ein fünfzackiger, weiß leuchtender Stern erscheint.

Wenn ihr eure beiden Augen im Spiegel anschaut, seht ihr, dass sie dem Muster des geistigen Auges entsprechen: Der äußere Kreis oder das Weiße des Auges; der innere Kreis oder die Iris; und der »Stern« oder die Pupille in der Mitte. Das einfältige Auge hat seinen Ursprung in einem subtilen geistigen Zentrum des verlängerten Marks (am unteren Teil des Gehirns, wo die Wirbelsäule ansetzt).[9] Die Energie, die von diesem einfältigen Auge ausgeht, teilt sich im verlängerten Mark und fließt durch das Gehirn in die beiden physischen Augen, durch welche man die Welt der Gegensätze erblickt. Das geistige Auge mit seinen drei Lichtern oder drei verschiedenen Strahlen – die ineinander liegen wie die Abschnitte eines ausziehbaren Teleskops – besitzt die alles wahrnehmende sphärische Sicht. Durch den goldenen Strahl schaut der tief meditierende Yogi die ganze Materie und die Masse der Strahlung (die vibrierende kosmische Energie), die das Universum durchdringt. Wenn der Yogi in das blaue Licht eindringt, erkennt er das Christus- oder Krishna-Bewusstsein – das *Kutastha* oder die unendliche Intelligenz Gottes, den »eingeborenen Sohn« oder die Widerspiegelung Gottes –, das in der ganzen Schöpfung gegenwärtig ist. Durchdringt er den winzigen fünfzackigen, weißen Stern, erlebt er das Kosmische Bewusstsein – das transzendente Bewusstsein Gottes, das der ganzen Schöpfung zugrunde liegt und sich ebenfalls jenseits der manifestierten Bereiche in die Unendlichkeit erstreckt. Im Kosmischen Bewusstsein erkennt der Yogi, dass die ganze Schöpfung, einschließlich seines mikrokosmischen Körpers, eine Projektion der fünffältigen Strahlen ist, die von Gottes Kosmischem Bewusstsein ausgehen.[10]

---

[9] Siehe *Verlängertes Mark* im Glossar.

[10] Der Yoga bezeichnet die fünf elementaren Schwingungen der Materie als Erde, Wasser, Feuer, Luft und Äther – als Gedanken Gottes, die sich gemäß Seinen verwickelten Naturgesetzen als Universum und als dessen Lebewesen manifestieren. Diese elementaren Schwingungen gehen von den fünf ursprünglichen magnetischen Kräften des GEISTES aus. Eine Abhandlung hierüber erscheint in dem Buch *Die heilige Wissenschaft* von Swami Sri Yukteswar, herausgegeben von der Self-Realization Fellowship. (Siehe *Elemente* im Glossar.)

Das Kosmische Bewusstsein des Göttlichen Schöpfers, Seine reine, widergespiegelte Intelligenz in der Schöpfung als Christus- oder Krishna-Bewusstsein und Seine tätige schöpferische Kraft als Kosmische Schwingung sind daher der Wesenskern aller Manifestationen.[11] Deshalb sind Gold, Blau und Weiß – die farbigen Ausstrahlungen dieser Heiligen Dreieinigkeit Gottes in der Schöpfung – die Farben höchster Geistigkeit: Weiß spiegelt das transzendente Gottesbewusstsein wider; Blau das Christus- oder Krishna-Bewusstsein; und Gold (oder Rot, eine Abwandlung von Gold) die Strahlung oder Energie, die den ganzen Kosmos durchdringt. Geschichtlich gesehen, hat der Mensch schon immer instinktiv die Farbe Weiß mit Reinheit und Geistigkeit, die Farbe Blau mit stiller Allgegenwart wie im Blau des Himmels, und Gold oder Rot mit Energie in Verbindung gebracht.

Wie der komplizierte menschliche Körper sich aus dem Geist entwickelt hat

Die dreifarbigen Strahlen des geistigen Auges bilden durch einen komplizierten Umwandlungsprozess, der den Yogis bekannt ist, den Mikrokosmos des menschlichen physischen Körpers. So sind zum Beispiel die goldenen Strahlen der kosmischen Energie überwiegend im lebenswichtigen roten Blut enthalten und ebenfalls im elektrischen Strom, der durch die Nerven fließt. Die blauen Strahlen sind der wichtigste Faktor in der grauen Substanz des Gehirns, die durch die sensorisch-motorische Tätigkeit ein Ausdrucksmittel für die Gedanken schafft – ähnlich wie auf universaler Ebene das Christusbewusstsein das Werkzeug ist, das alle Vorgänge in der Natur bewirkt. Und die weißen Strahlen sind der wichtigste Faktor in der Marksubstanz des Gehirns, in der Gottes transzendentes Kosmisches Bewusstsein isoliert ist.

Die Nervenzellen sind zylindrisch geformt. Ein Diagramm des Nervensystems gleicht einem Netz projizierter Strahlen – Bahnen elektrischer Energie, ohne die kein Leben im Körper möglich wäre. Die zugrunde liegende geistige Physiologie

---

[11] Siehe *Dreieinigkeit* im Glossar.

bezieht sich auf die projizierten Gedanken Gottes. Die erste Offenbarung des Schöpfergottes ist das Denken, die höchste Intelligenz. Als Gott begann, den Körper des Menschen zu »erdenken«, erzeugte das zuerst Gedankenfühler, denn ein Gedanke ist eine geradlinige Projektion. Diese Fühler wurden zu Strahlen; die Strahlen wurden zu Fasern; und die Fasern wurden zu Nerven, durch welche die Energie ins gesamte Nervensystem und in die 27 Billionen Körperzellen geleitet wird.

Ich erkannte diese verschiedenen Zusammenhänge, als ich etwas über Physiologie las. Gott führte mich damals in Seine hohe Wissenschaft ein. Wie fesselnd es ist, zu sehen, auf welch wunderbare Weise die kompliziert zusammengesetzte Materie sich aus dem einen Bewusstsein des GEISTES entwickelt! Sie ist so verwickelt und doch so einfach, wenn ihr erkennt, dass alles Gott ist. Alles wird durch die Kraft Seines Denkens aufrechterhalten. »Auf dem winzigen Bruchstück eines Gedankens ruht der ganze Kosmos.«

Die Farbe spielt eine wichtige Rolle in eurem Leben

Bei der Erschaffung des menschlichen Körpers bildeten die Strahlen des geistigen Auges zuerst den Astralkörper – den regenbogenfarbenen Körper aus Lebenskraft, welcher der Entwurf und die belebende Kraft für den physischen Körper ist. Weil der physische Körper eine Verdichtung der vielfarbigen Lichtstrahlen des lebenspendenden Astralkörpers ist, spielt die Farbe eine wichtige Rolle in eurem Leben. Das heißt, Farben haben einen Einfluss auf euch, denn sie sind Manifestationen bestimmter Schwingungen. Ihr solltet immer Farben tragen, die mit eurem eigenen Wesen in Einklang stehen, und euch auch mit diesen Farben umgeben. Wie ich schon sagte, sind Gold, Blau und Weiß gut für das Nervensystem. Ihr könnt natürlich zur Abwechslung auch andere Farben wählen. Auf jeden Fall aber ist es gut, immer einige dieser besonders günstigen Farben in eurer Nähe zu haben. Ihr werdet feststellen, dass eure Nerven dann viel ruhiger werden. Natürlich ist es in Ordnung, ab und zu für Abwechslung zu sorgen und Farben zu wählen, die euch gefallen; doch radikale Änderungen können euch negativ beeinflussen. Ihr würdet sicher nicht die Zimmerwände in eurem Haus schwarz anstreichen.[12]

Die beste Ernährung für die Nerven

Sogar Nahrungsmittel, die ebenfalls materielle Verdichtungen der astralen Lebensstrahlen sind, haben aufgrund ihrer Farben eine entsprechende Wirkung. Verschiedene natürliche weiße Nahrungsmittel sind gut für das Nervensystem; davon profitiert die Marksubstanz des Gehirns. Beeren sind gut für die graue Substanz des Gehirns – zum Beispiel Blaubeeren oder Brombeeren, die eigentlich violett sind. Die meisten Früchte haben eine goldene Farbe (oder goldähnliche Farben wie Rot oder Orange). Da Gold die Farbe der vibrierenden Schöpferkraft in der Materie ist, helfen diese Früchte den Muskeln, dem Blut und dem Gewebe. Ziegenmilch, ungebleichte Mandeln und Rosinen sind sehr gut für das Nervensystem. Alle Arten von Fleisch, das von höher entwickelten Tieren stammt, besonders Rind- und Schweinefleisch, schädigen das Nervensystem; sie machen den Menschen überaktiv und aggressiv.

Vermeidet zu viele Stärkeprodukte, besonders Nahrungsmittel aus weißem Mehl. Nehmt Vollkornprodukte, Hüttenkäse und viel Obst, Obstsäfte und frisches Gemüse zu euch – diese sind wichtig. Es versteht sich von selbst, dass alkoholische Getränke und Drogen das Nervensystem zerstören; meidet sie also.

Ein Yogi-Trunk, der sehr gut für das Nervensystem ist, besteht aus frischem Limettensaft in einem Glas Wasser mit gemahlenem Kandiszucker. Das Ganze sollte gut vermischt und ausgewogen sein, sodass weder der saure noch der süße Geschmack überwiegt. Ich habe dies schon vielen Leuten empfohlen, und es hat ihnen vorzüglich geholfen.

---

[12] Die neuzeitliche Wissenschaft hat interessanterweise diese vor langer Zeit gemachte Entdeckung der Yogis bestätigt. Die von Dr. phil. Roger Ulrich durchgeführten Forschungen an der Universität von Delaware haben ergeben, dass die vorherrschenden Farben in unserer Umgebung einen beträchtlichen Einfluss auf die Häufigkeit und Kraft der Gehirnwellen haben. »Untersuchungen zeigen, dass die blaue und die grüne Farbe einen beruhigenden Einfluss haben«, sagt Dr. Ulrich. »Orange und Rot haben eine belebende oder erregende Wirkung.«

Eine andere gute Methode gegen Nervosität besteht darin, ein kaltes Bad zu nehmen. Ich riet dies einmal einem Journalisten. Der antwortete: »Na, würde ich das jedes Mal tun, wenn ich nervös bin, müsste ich immer eine Badewanne mitnehmen.« Da sagte ich ihm: »Nicht nötig! Nehmen Sie ein großes Stück Eis und reiben Sie Ihren ganzen Körper damit ab – besonders die Körperöffnungen. Diese Yoga-Technik wird Ihnen dazu verhelfen, die Nerven zu beruhigen.«

Mit Gott im Einklang zu leben, ist das beste Heilmittel gegen Nervosität

Vergesst auch nicht, dass Nervosität am schnellsten geheilt werden kann, wenn wir unser Leben auf Gott ausrichten. Die höchsten Gebote, die dem Menschen gegeben wurden, lauten, Gott von ganzem Herzen, von ganzer Seele, von ganzem Gemüt und mit aller Kraft zu lieben und euren Nächsten wie euch selbst.[13] Wenn ihr diese befolgt, wird sich alles andere von selbst und auf die richtige Weise ergeben. Es genügt nicht, bloß ein strenger Moralist zu sein – auch die Steine und Ziegen übertreten keine sittlichen Gesetze; doch sie kennen Gott nicht. Wer aber Gott innig liebt, selbst wenn er der größte Sünder ist, wird verwandelt und erlöst werden. Die große Heilige Mirabai[14] sagte: »Man findet Gott nur, wenn man Ihm Liebe schenkt.« Diese Wahrheit hat mich tief berührt.

Alle Propheten befolgen diese beiden höchsten Gebote. Gott von ganzem Herzen zu lieben bedeutet, Ihn so zu lieben wie den Menschen, der euch der liebste ist – mit der Liebe der Mutter oder des Vaters zum Kind, oder des Liebenden zur Geliebten. Schenkt Gott diese bedingungslose Liebe. Gott von ganzer Seele zu lieben bedeutet, dass ihr Ihn dann wahrhaft lieben könnt, wenn ihr tief meditiert und euch selbst als eine Seele, als ein Kind Gottes erkennt, das Ihm zum Bilde geschaffen ist. Gott von ganzem Gemüt zu lieben bedeutet, im Gebet

---

[13] *Markus* 12, 28–31.
[14] Eine mittelalterliche Prinzessin aus Rajputana, die ihrem königlichen Stand entsagte und zu einer bekannten Heiligen wurde. Sie komponierte viele hingebungsvolle Lieder, die sich in Indien bis heute großer Beliebtheit erfreuen.

eure ganze Aufmerksamkeit auf Ihn zu richten und euch nicht von ruhelosen Gedanken ablenken zu lassen. Denkt während der Meditation nur an Gott; lasst den Geist nicht überall umherschweifen und Gott vergessen. Darum ist Yoga so wichtig; er lehrt euch die Kunst der Konzentration. Wenn ihr durch Yoga die ruhelose Lebenskraft von den Sinnesnerven zurückzieht und euch im Gedanken an Gott verinnerlicht, liebt ihr Ihn mit aller Kraft – dann konzentriert ihr euch voll und ganz auf Ihn.

Lebt wie Götter, dann werdet ihr göttliche Freunde anziehen

Und schließlich müsst ihr lernen, euren Nächsten so zu lieben wie euch selbst. Vergesst nicht, dass ihr nur für kurze Zeit hier auf der Erde lebt. Ihr seid schon in zahllosen Inkarnationen hier gewesen und seid den verschiedensten Seelen begegnet. Welche sind nun eure wahren Verwandten? Der Weise betrachtet alle Menschen als seine Angehörigen, jeder ist sein »Nächster«. Natürlich besitzt der Weise Unterscheidungskraft; er weiß, dass die Sonne zwar ebenso auf den Diamanten wie auf die Kohle herabscheint, dass aber nur der Diamant das Sonnenlicht so wunderschön widerspiegelt. Ihr solltet nach solchen diamantenen Seelen Ausschau halten und Umgang mit ihnen pflegen. Nehmt euch Zeit, wahre Freunde zu finden. Gute Seelen ziehen gute Seelen an. Lebt wie Götter, dann werdet ihr göttliche Freunde anziehen. Lebt ihr indes auf sinnlicher Ebene wie die Tiere, werdet ihr animalische Gefährten anziehen. Haltet Abstand von denen, die eure Ideale verwässern, materialistische Neigungen in euch erwecken und euch nervös machen; schließt aber dennoch niemanden von eurer Liebe aus.

Ihr solltet anderen jedoch nicht nur Liebe schenken; ihr solltet auch Friedensstifter sein und überall, wo ihr hinkommt, Harmonie und Ruhe verbreiten und andere aufrichten. Keiner hält sich gern in der Nähe eines Stinktieres auf; jeder macht einen großen Bogen darum. Auch der nervöse Mensch, der ständig ruhelos, gereizt und leicht erregbar ist, stößt andere ab. Wir wollen nicht zu menschlichen Stinktieren werden. Wir wollen der Rose gleichen, die auch noch dann, wenn man sie zerdrückt, einen süßen Duft ausströmt. Werdet zu einer menschlichen Rose, die überall den Duft des Friedens verbreitet.

Kriya-Yoga vermittelt wahres religiöses Erleben

Wenn ihr meditiert, wird euer ganzes Leben vergeistigt. Seit mein Buch [*Autobiographie eines Yogi*] erschienen ist, erkundigen sich alle nach dem *Kriya-Yoga*. Das war auch meine Absicht. Ich bin nicht gekommen, um abstrakte theologische Dinge zu lehren, sondern eine Technik, mit der alle aufrichtigen Sucher Gott wirklich erkennen können und nicht bloß über Ihn theoretisieren. Ich wünsche mir für euch alle, dass ihr auf diesem Weg der Self-Realization Fellowship Fortschritte macht, und ich möchte auch andere auf diese Schnellstraße des *Kriya-Yoga* führen. Das Üben des *Kriya-Yoga* vermittelt euch ein wahres religiöses Erleben; das erlangt man nicht dadurch, dass man nur über Gott redet. Jesus fragte: »Was heißet ihr mich Herr, Herr, und tut nicht, was ich euch sage?«[15]

Wenn ich mit dem *Kriya-Yoga* mein geistiges Auge öffne, schwindet die Welt für mich dahin, und Gott erfüllt mein ganzes Bewusstsein. Und warum auch nicht? Ich bin Sein Kind. Der hl. Ignatius sagte: »Gott sucht willige Herzen, damit Er ihnen Seinen Reichtum schenken kann ...«[16] Das ist wunderschön gesagt, und das glaube ich auch. Gott sucht willige Herzen, denen Er Seine Gaben schenken kann. Er ist bereit, uns alles zu geben; aber wir sind nicht bereit, uns empfänglich dafür zu machen. Er schaut in unsere Herzen, und wenn sie mit etwas anderem angefüllt sind, kommt Er nicht. Aber wenn ihr Ihm wahrhaftig sagen könnt: »Herr, in meinem Herzen wohnst nur noch Du«, dann kommt Er. Eine Zeit lang wird Er Verstecken mit euch spielen; aber wenn ihr beharrlich bleibt, werdet ihr wunderbare, geheimnisvolle Dinge erleben und wissen, dass sie von Gott kommen. Ihr werdet von Ihm klare Antworten auf eure Gebete erhalten oder Visionen von Heiligen sehen. Und schließlich wird Er selbst zu euch kommen. Dann werdet ihr Zwiesprache mit Ihm halten und mit Ihm in Verbindung sein. Wenn ihr Gott einmal erkannt habt und für immer in Ihm verankert seid, wird die Nervosität euch nichts mehr anhaben können.

---

[15] *Lukas* 6, 46.
[16] Umschreibung aus dem *Brief an die Kolosser* 3, 23–24.

Was ist Wahrheit?

*Erster Tempel der Self-Realization Fellowship,
Encinitas, Kalifornien, 13. Februar 1938*

»Wahrheit« ist ein vieldeutiges Wort – ein Ausdruck, der sich nur schwer erklären lässt. Jeder hat Überzeugungen, die er für absolut wahr hält. Doch welche von all den zahlreichen verschiedenen Ideen ist wirklich wahr?

Die Wahrheit ist einerseits relativ und andererseits absolut. Sie entwickelt sich über viele relative Vorstufen, bevor sie den absoluten Zustand erreicht. Nehmen wir einmal an, zwei Personen unterhalten sich über ein geschäftliches Vorhaben. Der eine macht einen Vorschlag, der mit Sicherheit Erfolg bringen wird, und der andere macht einen Gegenvorschlag, der dasselbe Ziel erreicht, aber noch größere Vorteile bietet. Doch dann kommt ein Dritter hinzu und hat eine noch bessere Idee. Jede Methode war auf ihre eigene Weise »wahr« – aber nur relativ wahr.

Wahrheit bringt dauerhaftes Glück

Vom Standpunkt des Absoluten aus ist alles, was dem wahren Glück im Wege steht, Unwahrheit; und das, was dauerhaftes Glück bringt, ist Wahrheit. Unter dauerhaftem Glück verstehen wir nicht die vorübergehende Begeisterung über einen materiellen Erfolg oder Genuss, sondern die Freude der Seele, die sich im Einklang mit Gott befindet. Legt ihr diesen Maßstab an, könnt ihr jede eurer Handlungen nach ihrem voraussichtlichen Endergebnis beurteilen – ihr könnt beurteilen, ob sie zum bleibenden Glück beitragen wird oder nicht.

Die höchste Wahrheit ist Gott, und Gott ist die höchste Wahrheit. Diese Wahrheit erhält das Universum durch das Wirken der kosmischen, göttlichen Gesetze aufrecht. Diese Gesetze sind grundlegende, ewige Wahrheiten, die nicht menschlichen Manipulationen unterliegen. So ist es zum Beispiel eine absolute Wahrheit, dass jedes Lebewesen ein Tempel Gottes ist und dass es daher unrecht ist, ein anderes Lebewesen zu töten oder zu verletzen. Im relativen Sinne jedoch mag das kleinere von zwei Übeln darin bestehen, Gewalt anzuwenden, um einen Unschuldigen vor einem Bösewicht zu schützen oder um eine niedrigere Lebensform zu töten und dadurch eine höhere zu erhalten. Doch nur aus Zerstörungslust etwas zu töten ist unrecht. Das universale Gesetz gebietet Einheit durch Liebe, und dazu gehören Toleranz und Freundschaft. Wenn ihr die Wahrheit finden wollt, müssen eure Gedanken und Handlungen wahr sein; sie müssen physisch, sittlich und geistig im Einklang mit den ewigen göttlichen Grundsätzen stehen.

Wahrheit ist die höchste Substanz. Ich will zunächst einmal erklären, wo diese Substanz zu finden ist. Alles ist mit der Kosmischen Intelligenz verbunden – der Baum, der Himmel, der Vogel, der Mensch. Das Verbindende ist die Substanz; sie ist das eigentliche Wesen aller Erscheinungen. Sie ist das Bindeglied, das aus allen Manifestationen eine einzige Wesenheit macht. Diese Substanz oder Wahrheit ist jedoch verborgen; was ihr seht, sind nur die äußeren Erscheinungen, die durch die Macht der kosmischen Täuschung – der *Maya* – von dieser Substanz ausgehen.

Die drei Methoden, die zur Wahrheit führen

Es gibt drei Methoden, die zur Wahrheit führen: Sinneswahrnehmungen, Schlussfolgerungen und Intuition.

Sind eure Sinneswahrnehmungen unzutreffend, so sind es auch eure Schlussfolgerungen. Ihr seht zum Beispiel am Horizont Rauch aufsteigen und meint, dort sei irgendwo ein Feuer. Doch wenn ihr näherkommt, seht ihr, dass es nur eine Staubwolke gewesen ist. Um zu erfahren, was etwas »in Wirklichkeit ist«, verlasst ihr euch auf eure Augen und Ohren, euren Geruchs- und Geschmackssinn, den Tastsinn und die Kraft des Geistes. Sie alle können jedoch nicht den höchsten Beweis für die Wahrheit erbringen; denn wenn die Sinne trügen, so trügen auch die Gedanken. Euer Geist zieht seine Schlussfolgerungen aus dem, was die Sinne wahrnehmen, und die Sinne sind außerordentlich begrenzt. Deshalb vermittelte Jesus den Menschenmengen die Wahrheit in Gleichnissen: »denn mit sehenden Augen sehen sie nicht, und mit hörenden Ohren hören sie nicht; denn sie verstehen es nicht«.[1]

Die Ohren sind nur auf einen gewissen Schwingungsbereich eingestellt. Ihr könnt die höchsten und tiefsten Töne nicht erfassen. Wenn euer Gehör entsprechend schärfer wäre, könntet ihr den prachtvollen Laut wahrnehmen, der vom Universum ausgeht, während dieses sich durch den weiten Raum bewegt. Alles ist in Bewegung, und diese Bewegung wird von Tönen begleitet. Nichts befindet sich im Ruhezustand, es sei denn in jener transzendenten Sphäre des GEISTES, die jenseits aller Schwingungen liegt. Unmittelbar in eurem eigenen Körper könnt ihr diese Schwingungslaute der Schöpfung hören – Manifestationen des allgegenwärtigen OM oder Amen. Doch weil diese subtilen Laute auf einer höheren Schwingungsebene liegen, könnt ihr sie nur mit dem astralen Ohr hören – jener feinstofflichen Kraft, die eurem physischen Körper das grobstoffliche Hören ermöglicht.

Ähnlich würde es sein, wenn eure Sehkraft größer wäre; dann könntet ihr alle Arten von Lichtern wahrnehmen. Eure physischen Augen zeigen euch nur einen äußerst begrenzten Bereich des Lichts, doch euer geistiges (astrales) Auge sieht das wahre Wesen aller Dinge als Bilder, die das schöpferische Licht Gottes hervorbringt. Euer ganzer Körper, den ihr als festes Fleisch anseht, besteht nur aus elektromagnetischen Wellen. Dr. Crile hat festgestellt, dass das Gehirn eines toten Kalbes – und auch das einen toten Menschen – noch eine große Anzahl elektrischer Strahlen aussendet.[2] Wenn ihr die Augen schließt, seht ihr gewöhnlich nur Dunkelheit; doch bei höherer geistiger Entwicklung könnt ihr wunderbare Lichter erblicken. In der Bibel heißt es: »Und das Licht scheint in der Finsternis, und

---

[1] *Matthäus* 13, 13.
[2] Dr. George Washington Crile (1864–1943) war Feldarzt und widmete seine Laufbahn der Suche nach einem besseren Verständnis der Lebensvorgänge. Unbefriedigt durch die damals gängigen Erklärungen der Physiologen und Biochemiker gründete er die *Cleveland Clinic Foundation* und führte dort 22 Jahre lang biophysische Untersuchungen durch, aufgrund deren er 1936 seine Theorie der »Radioelektrizität« aller Lebensvorgänge aufstellte.

die Finsternis hat's nicht begriffen.«³ Dies sind fundamentale Wahrheiten, die ihr nicht erkennt, weil eure Sinne lediglich auf einen begrenzten Bereich bestimmter grobstofflicher Schwingungen eingestellt sind.

Intuition ist die allwissende Kraft der Seele

Wie könnt ihr also die Wahrheit finden – die Wirklichkeit, die hinter dem liegt, was die Sinne wahrnehmen? Das wird euch nicht durch den Gebrauch der Vernunft gelingen, denn euer Denken wird zu einem Opfer der Sinne; es zieht seine Schlussfolgerungen nur aus dem, was die Sinne ihm mitteilen. Der menschliche Geist versteht daher nicht die unendlichen Kräfte, die überall umherwirbeln. Nur indem ihr eure Intuition entwickelt, werdet ihr wissen, was Wahrheit ist. Intuition ist unmittelbare Wahrnehmung. Sie ist die allwissende, reine Erkenntnis der Seele.

Ihr könnt euch besser vorstellen, was Intuition ist, wenn ihr einmal an eure unerklärlichen Ahnungen denkt. Eine Ahnung ist unentwickelte Intuition – etwas, das ihr wisst, ohne dass die Sinne oder Schlussfolgerungen es euch vermittelt haben, eine Wahrheit, die von selbst auftaucht. Ihr mögt ruhig dasitzen und ohne Anlass an jemanden denken, den ihr lange Zeit nicht gesehen habt. Und dann trifft dieser plötzlich ein, oder ihr hört von ihm. Wie konntet ihr das aber wissen? Nur durch ein augenblickliches Aufleuchten der Intuition. Diese Art plötzlicher Intuition habt ihr alle sicher schon einmal erlebt.

Ein fehlerhaftes Urteil ist das Ergebnis mangelnder Intuition. Die meisten von euch fühlen zuweilen, dass sie etwas Großes werden oder große Dinge leisten könnten; doch da es euch an intuitiver Kraft fehlt, hat diese Fähigkeit die meiste Zeit brachgelegen. Wenn ihr Fortschritte machen und folgenschwere Fehler vermeiden wollt, müsst ihr nach der Wahrheit in allen Dingen forschen. Das ist aber nur dann möglich, wenn ihr eure Intuition entwickelt. Das ist die praktische Seite der Wahrheit. Darum fordere ich euch auf, diese intuitive Kraft zu entwickeln und in allem anzuwenden. In

---

³ *Johannes* 1, 5.

zwischenmenschlichen Beziehungen, in geschäftlichen Dingen, im Eheleben und auf allen Lebensgebieten ist Intuition ungemein wichtig.

Wenn ihr eure Intuition nicht entwickelt, trefft ihr falsche Entscheidungen, wählt die falschen Geschäftspartner und verwickelt euch in Beziehungen zu den falschen Menschen. Das Urteilsvermögen eures Geistes hängt von der Auskunft ab, die ihm von den Sinnen vermittelt wird; und wenn die Sinne sich täuschen lassen, mögt ihr irgendeinen Menschen für wunderbar halten, während er in Wirklichkeit ganz anders ist. Ihr meint vielleicht, dass ihr euren Seelenpartner gefunden habt und heiratet ihn darum; doch dann endet alles vor dem Scheidungsrichter. Solche Fehler begeht die Intuition nie. Sie wird sich nicht von der magnetischen Kraft zweier Augen, von einem hübschen Gesicht oder einer charmanten Persönlichkeit beeindrucken lassen; sie wird stattdessen im Innersten genau fühlen, um was für eine Person es sich handelt.

Durch die Kraft der Intuition, die ich unter der Leitung meines Gurus Sri Yukteswarji entwickelt habe, war es mir möglich, menschliche Charaktere immer richtig einzuschätzen. In dieser Hinsicht hat mir die Intuition viel geholfen. Doch ich versuche nicht, das Schlechte in den Menschen zu sehen. Ich will ihnen helfen und schenke ihnen meine bedingungslose Liebe – auch wenn ich weiß, dass sie vielleicht mein Vertrauen missbrauchen.

Viele Leute, die keine Intuition besitzen, investieren viel Geld in irgendein Projekt, das dann fehlschlägt; infolgedessen verlieren sie alles. Ich habe dank der Kraft meiner Intuition immer die richtigen Entscheidungen getroffen. Diese Kraft irrt sich nie.

Wenn ihr euch geistig weiterentwickelt, macht sich die Intuition als ein bestimmtes Gefühl oder eine stille Stimme bemerkbar. Frauen reagieren mehr auf Gefühle als Männer; deshalb besitzen sie oft größere Intuition – vorausgesetzt, sie sind nicht zu gefühlsbetont. Die meisten Männer lassen sich mehr von der Vernunft als vom Gefühl leiten; doch wenn sie eine hohe Intelligenz haben, die durch das Gefühl ergänzt wird, führt das zur Intuition.

Erkennt durch Intuition den Sinn eures Daseins

Wenn ihr von eurer Intuition Gebrauch macht, werdet ihr auch den tieferen Sinn eures Daseins in dieser Welt erkennen. Das wird euch wahres Glück bringen. Diese Erde ist eine Bühne, und Gott ist der Regisseur. Wenn jeder darauf bestünde, die Rolle eines Königs oder einer Königin zu spielen, ergäbe das niemals ein überzeugendes Drama. Sowohl der Diener als auch der Held und die Mitglieder des Königshauses müssen ihre Rolle gut spielen, damit die Vorstellung ein Erfolg wird. Die Bösewichte bringen das gerechte Drama des Herrn durcheinander. Wer sich eine solche Rolle wählt und die göttlichen Anweisungen missachtet, muss schwer für seine Fehler büßen. Ganz gleich, welche Stellung ein Mensch in der Welt einnimmt oder wie viele Reichtümer er angehäuft hat, er kann nicht erfolgreich genannt werden, wenn er diese durch unrechte Mittel erworben hat. Wahres Glück wird nur demjenigen zuteil, der seine Rolle *richtig* spielt. Jemand, der einen Millionär und jemand, der einen kleinen Geschäftsmann spielt – vor Gott sind sie beide gleich. Am letzten Tag beraubt Er jeden Menschen all seines Besitzes und seiner Titel. Ihr könnt nur das mit euch nehmen, was ihr für eure Seele erworben habt.

Große Meister wie Jesus kennen dank ihrer intuitiven Kraft die Wahrheit. Sie nehmen nicht nur durch die Augen und den Verstand wahr, sondern auch durch ihre hochentwickelte Intuition; deshalb sind sie allwissend. Jesus, der ein so reines Leben führte, wusste, dass man ihn dennoch verraten und kreuzigen würde. Doch er wusste auch, dass er am Ende in den Armen des unsterblichen Gottes ruhen würde. Wir alle sind Gottes Kinder, die hierher gesandt wurden, um ihre Rollen zu spielen. Auf die Rolle selbst kommt es nicht an, sondern darauf, wie wir sie spielen; das ist es, was für Gott wichtig ist. Lasst euch nie entmutigen, wenn eure Rolle schwierig wird. Wenn ihr sie zu Ende gespielt habt, wird Gott euch als Sein Kind empfangen. Bis dahin aber seid ihr noch nicht völlig frei.

Intuition wird durch Meditation entwickelt

Wenn ihr die Wahrheit erkennen und in der Wahrheit leben wollt, müsst ihr zuerst Intuition entwickeln. Dann werdet ihr sehen, dass das Leben einen Sinn hat und dass die innere Stimme euch bei allem, was ihr tut, richtig leitet. Diese Stimme ist lange Zeit vom Schlamm falscher Gedanken erstickt worden. Die beste Methode, mit der ihr der Intuition wieder freien Ausdruck verschaffen könnt, besteht darin, frühmorgens und auch abends vor dem Schlafengehen zu meditieren. So wie ihr eure geschäftlichen Termine einhaltet und alle anderen Dinge erledigt, die euch wichtig erscheinen, so dürft ihr auch eure Verabredung mit Gott nicht vergessen. Ihr denkt vielleicht, dass ihr keine Zeit dafür habt; aber stellt euch einmal vor, Gott hätte keine Zeit, euch am Leben zu erhalten. Dann würdet ihr sofort tot umfallen! Ihr müsst euch täglich Zeit für Gott nehmen und eure Verabredung mit Ihm einhalten. Meditiert und betet mit großer Innigkeit, und wartet dann auf Seine Antwort. Wenn ihr Ihn immer wieder mit zunehmender Konzentration anruft, wird Er eure Gebete erhören. Dann wird große Freude und tiefer Frieden euer Herz erfüllen. Und wenn das geschieht, wisst ihr, dass ihr mit Gott in Verbindung steht. Wenn ihr euch bemüht, werdet ihr euch mit dieser göttlichen Kraft verbinden. Ihr müsst nur Gebrauch von dieser Gelegenheit machen. Wenn ihr es nicht versucht, wird es euch auch nicht gelingen.

Wenn ihr euch jeden Tag eures Lebens überreizt, werdet ihr nie wahres Glück kennen. Lebt einfach und nehmt das Leben nicht so ernst. Wahres Glück besteht darin, sich Zeit zum Nachdenken und zur Innenschau zu nehmen. Zieht euch hin und wieder von allem anderen zurück und erfreut euch mehr der Stille. Wenn das Radio die ganze Zeit läuft oder andere Reize die Sinne bombardieren, beeinträchtigt das mit Sicherheit die Nerven und ruft Nervosität hervor.

Und denkt nicht so viel daran, andere zu ändern; ändert zuerst euch selbst. Der größte Sieg wird in eurem eigenen Zuhause erfochten. Wenn ihr zu Hause Engel seid, dann könnt ihr auch überall Engel sein. Eure liebevolle Stimme, euer friedvolles Verhalten wird in eurer eigenen Familie mehr gebraucht als anderswo.

Bemüht euch um jene Kraft, die nie versagt

Wenn ihr die Verbindung mit Gott erlangt habt, werdet ihr intuitiv die Wahrheit erkennen, die euch in all euren

Handlungen leitet. Vor sieben Jahren kam ich in einem Wohnwagen zu dieser Stelle, wo man auf das Meer hinabblickt [Encinitas], und sagte: »Ich habe das Gefühl, dass hier eines Tages etwas Wunderbares entstehen wird.« Und jetzt haben wir hier unseren Tempel und unsere Einsiedelei – den Mittelpunkt eines idealen Zentrums, das Gott geweiht ist.

Dieses Zentrum soll ein Ort sein, an dem ihr zusammenkommt, um mit Gott in Verbindung zu treten – um Gott zu erleben. Warum wollt ihr diese göttliche Kraft, die euch nie im Stich lässt, nicht bewusst erwerben? Es ist eine Kraft, die bereits in euch schlummert. Macht es euch zur Gewohnheit, regelmäßig herzukommen. Ich bin nicht an sensationshungrigen Menschen interessiert. Ich selbst halte meine Verabredung mit Gott immer ein, und ich möchte nur wahre Gottsucher hier sehen, die an diesen wunderschönen Ort kommen, um sich mit Seiner Kraft aufzuladen.

Ihr werdet feststellen, dass diese Kraft euer Leben in jeder Hinsicht bereichert, dass die kosmische Energie eurem Körper strahlende Gesundheit und eurem Geist die Fähigkeit verleiht, klar zu denken und sich tief zu konzentrieren. Ihr werdet erkennen, dass eure Seele für Gottes unfehlbare Wahrheit und Weisheit, die euch leiten werden, empfänglich ist.

Gott ist die Quelle der Gesundheit, des Wohlstands, der Weisheit und ewigen Freude. Durch Gottverbundenheit wird unser Leben erst vollkommen. Ohne Ihn ist das Leben unvollkommen. Schenkt eure Aufmerksamkeit dieser Allmächtigen Kraft, denn sie verleiht euch Leben, Energie und Weisheit. Betet darum, dass unendliche Wahrheit in euren Geist, unendliche Kraft in euren Körper und unendliche Freude in eure Seele fließen möge. Unmittelbar hinter dem Dunkel der geschlossenen Augen verbergen sich die wundersamen Kräfte des Universums und alle großen Heiligen – sowie die unermessliche Unendlichkeit. Meditiert, und ihr werdet die allgegenwärtige Absolute Wahrheit erkennen; dann werdet ihr sehen, auf welch geheimnisvolle Weise sie in eurem Leben und in der ganzen herrlichen Schöpfung wirkt.

Das allgegenwärtige Bewusstsein Christi und Krishnas

Erster Tempel der Self-Realization Fellowship, Encinitas, Kalifornien, 18. Dezember 1939

Das Weihnachtsfest und das neue Jahr nahen, und da solltet ihr euch vornehmen, euer Leben neu zu gestalten. Bemüht euch jeden Tag darum, mit dem Herrn in Verbindung zu treten. Am besten gelingt euch dies mit Hilfe bestimmter Techniken. Für jedes wissenschaftliche Studium gibt es bestimmte Methoden, und die Religion ist ebenso wissenschaftlich wie die Medizin oder die Mathematik. Und auch Yoga (»Vereinigung« mit Gott) ist eine Wissenschaft – mit geistigen Techniken. Die göttlichen Lehren Indiens wurden uns durch erleuchtete Meister gebracht, die mit den großen Heiligen und mit Christus in Verbindung standen. Auf dem universalen Weg der Self-Realization Fellowship gibt es keinen Grund und keinen Raum für Vorurteile und Meinungsverschiedenheiten; denn wir erfahren durch unsere eigene SELBST-Verwirklichung, dass es nur einen Gott gibt und dass wir alle Seine Kinder sind.

Der uns bevorstehende Krieg wird immer deutlicher zeigen, von welchem Wahn die Menschheit erfasst worden ist. Lasst uns darum beten, dass alle Nationen die zwecklosen und sinnlosen Kriege beenden und sich stattdessen bemühen, gemeinsam eine Vereinigte Welt aufzubauen. Ihr könnt Amerika nur retten, indem ihr ein geistiges Leben führt, und euch selbst, indem ihr vor allem meditiert. Ab und zu müsst ihr euch von der Welt zurückziehen und euch der Meditation widmen. Teilt eure Zeit so ein, dass ihr Gott suchen könnt. Heute will ich vom allgegenwärtigen Christus- oder Krishna-Bewusstsein sprechen, durch das man Ihn finden kann.

Der durchschnittliche Mensch ist sich hauptsächlich der Sinneseindrücke bewusst. Er sieht mit seinen Augen und hört mit seinen Ohren; und allmählich erweitert er seinen Geist, indem er über die Botschaften der Sinne nachdenkt. Der Mensch hat große geistige Kräfte, doch er muss sie entwickeln. Obgleich er an seinen Körper gefesselt ist, kann er dank seiner Intelligenz und Vorstellungskraft den Himmelsraum erforschen. Er kann entdecken, dass das Licht von einem fernen Stern, der schon Millionen Jahre nicht mehr existiert, immer noch auf dem Weg zur Erde ist.

Doch ganz gleich, wie hoch sich der Mensch geistig entwickelt, er unterliegt immer noch den Begrenzungen seines physischen Körpers. Wenn er von einem Stein getroffen wird, ist es aus mit ihm. Aber Jesus bewies dank seiner hohen geistigen Entwicklung eine bedeutsame wissenschaftliche Tatsache: der Körper besteht aus unzerstörbarer Energie. Er ist nicht die feste Masse, als die er erscheint.[1]

Heutzutage definiert man den physischen Körper des Menschen im Wesentlichen als elektromagnetische Welle. Wenn man den Körper eines 80 Kilogramm schweren Menschen in eine spezielle Säure legte, würde er sich vollständig auflösen. Wo wäre er dann geblieben? Scheinbar wäre der Körper verdunstet und hätte sich in Gase aufgelöst. Doch sein gesamtes atomares Gewicht würde immer noch 80 Kilogramm betragen. Aber einen Körper, der sich in seine Bestandteile aufgelöst hat, kann man mit den physischen Augen nicht mehr sehen; nur mit Hilfe wissenschaftlicher Instrumente kann man seine Gegenwart als atomare Dämpfe feststellen. Das Entschwinden des Körpers bedeutet nicht, dass er aufgehört hat zu existieren; er hat lediglich seine Form verändert und verbirgt sich irgendwo im Äther.

Vom metaphysischen Standpunkt aus kann man den Körper als einen Gedanken im Geist Gottes ansehen. Er existiert in Seinem Bewusstsein ähnlich wie in unserem Bewusstsein während des Träumens. Unser Traumbewusstsein erschafft eine körperliche Gestalt aus konzentrierten Gedanken und Energie. Diese Gestalt entschwindet, sobald unser Bewusstsein wieder in den turbulenten Wachzustand zurückkehrt.

---

[1] Eine Wahrheit, die in allen Zeitaltern auch von den großen Yogis Indiens bewiesen worden ist.

Jesus hatte jenen erleuchteten Bewusstseinszustand erreicht, in dem er durch direkte Erkenntnis wusste, dass der Körper nur eine Masse von Energie ist. Weil er dies erkannt hatte und sich nicht nur einbildete, war er fähig, seinen Körper nach der Kreuzigung wieder auferstehen zu lassen. Kurz zuvor, als einer seiner Anhänger dem Diener des Hohenpriesters ein Ohr abgeschlagen hatte, legte Jesus seine Hand auf die Wunde und heilte das Ohr.[2] Die neuzeitliche Wissenschaft kann noch nicht erklären, wie so etwas zustande kommt. Das höchste Ziel besteht in der Erkenntnis, dass der Körper und alles andere im Universum im Wesentlichen GEIST ist. Der durchschnittliche Mensch ist sich dessen nicht bewusst. Jesus Christus aber wusste es.

Wir werden Jesus besser verstehen, wenn wir daran denken, dass er das Kosmische Bewusstsein des Himmlischen Vaters, das in der ganzen Schöpfung gegenwärtig ist, erlangt hatte. Sein Name war Jesus, und sein Titel war »Christus« – eine seit alter Zeit bestehende Bezeichnung, die dem Sanskritwort *Kutastha* entspricht (»das Bewusstsein, das in jedem Atom vorhanden ist«). Er war Jesus, der Christus.

Vor über 3000 Jahren, also noch vor der Zeit Jesu, wurde in Indien ein großer Avatar geboren, dessen Familienname Jadava lautete. »Krishna« (oder »Christ-na«) war sein geistiger Titel, der dasselbe bedeutet wie »Christus«: das göttliche Bewusstsein, das in der Schöpfung allgegenwärtig ist. Er war Jadava, der Krishna.[3]

Die heiligen Schriften berichten von den Wundern, die Christus und Krishna vollbracht hatten und die bewiesen, dass ihr Bewusstsein nicht an den Körper gebunden war wie das eines durchschnittlichen Menschen. Jesus und Jadava hatten ihr Bewusstsein über den physischen Körper erhoben, um das ganze Universum – ihren kosmischen Körper – zu umfassen. Sie waren im Einklang mit dem göttlichen Bewusstsein, das gleichzeitig in jedem einzelnen Atom gegenwärtig ist. Sie stellten sich dies nicht nur vor; ihr Bewusstsein war eins geworden

---

[2] »Jesus aber antwortete und sprach: Lasset sie doch so machen! Und er rührte sein Ohr an und heilte ihn.« (*Lukas* 22, 51)

[3] Er wird auch ehrfürchtig als Bhagavan (»Herr«) Krishna bezeichnet.

mit dem des Himmlischen Vaters, der allgegenwärtig und allwissend ist. Eine solche Erweiterung des Bewusstseins, wie Jesus und Jadava sie erlebten, musste erst erworben werden. Alle Menschen können ihr Bewusstsein ebenso in die Unendlichkeit ausdehnen, wenn sie Hingabe besitzen und mit Hilfe wissenschaftlicher Methoden über den Herrn meditieren. »Gott ist Geist, und die ihn anbeten, die müssen ihn im Geist und in der Wahrheit anbeten.«[4]

»Jesus Christus« bedeutet also »Jesus, dessen Bewusstsein das ganze Universum umfasst«. Als sein Freund Lazarus in Bethanien starb und Jesus, der sich an einem anderen Ort befand, zu seinen Jüngern sagte: »Lazarus schläft«[5], hatte er dies nicht durch irgendeinen menschlichen Boten erfahren. Es war das universale Christusbewusstsein, das sich in ihm offenbarte und ihn befähigte, sich nicht nur in seinem eigenen Körper zu fühlen, sondern auch im Körper des Lazarus. Auf diese allgegenwärtige Intelligenz bezog er sich auch, als er sprach: »Kauft man nicht zwei Sperlinge um einen Pfennig? Dennoch fällt deren keiner auf die Erde ohne euren Vater [ohne dass euer Vater es weiß].«[6]

Wenn ihr die Augen schließt und zehn Personen bittet, euch anzufassen, wisst ihr genau, wann und wo ihr berührt werdet. Ähnlich fühlt und sieht auch Gott alles in Seinem gewaltigen Kosmos. Jesus Christus und Jadava Krishna hatten dieses allgegenwärtige Bewusstsein erlangt. Jesus wusste daher, dass sein Körper eine Schöpfung des göttlichen Geistes war. Und da er sich im Einklang mit diesem Kosmischen Bewusstsein befand, war es ihm möglich, seinen Körper drei Tage nach seiner Kreuzigung und Grablegung neu erstehen zu lassen. Krishna besaß dieselbe Macht und vollbrachte zahlreiche ähnliche Wunder. Einmal hielt er einen schützenden Berg über das Dorf, in dem er sich befand. Viele seiner Wunder werden für bloße Legenden gehalten, doch die meisten von ihnen sind wahr. Krishna war einer der größten indischen Yogis. Yoga lehrt

---

[4] *Johannes* 4, 24.
[5] *Johannes* 11, 11.
[6] *Matthäus* 10, 29.

Herrschaft über den Körper, sodass ihr verstehen lernt, dass das Fleisch nichts als verdichtete Energie ist. Und was ist Energie anderes als ein Erzeugnis von Gottes Denken? Er konzentrierte sich, das heißt, er dachte, und sofort entstand Energie.

Das Universum besteht aus materialisierten Gedanken

Nehmen wir einmal an, ich träume, dass ich Menschen, Wasser und die Erde erschaffen habe; doch wenn ich aufwache, stelle ich fest, dass ich nichts anderes als Ideen erzeugt hatte. So besteht auch der Unterschied zwischen festen, flüssigen und gasförmigen Stoffen nur in Gottes Gedanken. Jesus wusste dies, und weil er sich im Einklang mit dem göttlichen Bewusstsein befand, konnte er über das Wasser gehen und Wasser in Wein verwandeln. Für ihn waren der Körper und das Wasser nichts als projizierte Gedanken Gottes; und er wusste, dass es leicht war, einen Gedanken (den Körper) von einem anderen Gedanken (dem Wasser) tragen zu lassen.

Wenn ihr einschlaft und träumt, seht ihr euch vielleicht auf dem Wasser wandeln, so wie Jesus es tat. Warum ertrinkt der Traumkörper nicht im geträumten Meer? Weil beide nichts als Gedanken sind. Wenn ihr also, wie Jesus, einmal erkannt habt, dass es im Universum nichts anderes gibt als Geist oder Bewusstsein, könnt ihr alles vollbringen. Der Körper ist materialisierter Gedanke, das Meer ist materialisierter Gedanke, und ihr könnt den einen Gedanken auf den anderen stellen.

Jesus und Krishna können euch erscheinen, wenn ihr sie mit tiefer Hingabe herbeiruft. Dann wird das Unsichtbare sichtbar – ähnlich wie Dampf durch einen Verdichtungsvorgang gefroren und in festes Eis verwandelt werden kann. So kann auch der unfassbare Gott durch eure Hingabe in die sichtbare Gestalt von Krishna oder Jesus oder irgendeinem Heiligen, den ihr zu sehen wünscht, »gefroren« werden.

Wenn ihr über Christus meditiert, ist es nicht nötig, ihn in körperlicher Gestalt zu sehen, obgleich das möglich ist. Heute jedoch spreche ich über den geistigen Christus. Wenn ihr diesen Jesus kennenlernen wollt, müsst ihr zuerst sein geistiges Wesen verstehen. Sein Körper unterschied sich nicht von dem anderer Menschen, doch sein Geist erstreckte sich über das ganze Universum. Wenn ihr Schwierigkeiten habt, euch das vorzustellen, schließt einmal kurz die Augen. Dann seht ihr euren Körper nicht mehr. Doch geistig könnt ihr in jeder Richtung Millionen Meilen zurücklegen, ohne den Körper zu benutzen. Unser Geist ist der Schöpfer aller Dinge. Wenn ihr das Wesen des Geistes erkannt habt, seid ihr Herr über alles geworden, denn alles besteht aus Geist. Diese schönen Gebäude und Gärten sind Erzeugnisse von Gedanken. Alles, was existiert, ist dem Kosmischen Geist entsprungen. Vergesst also nicht, dass Christus das universale Bewusstsein ist, das uns von den Sternen aus beobachtet, das sich selbst des winzigsten Sandkörnchens am Strand bewusst ist. Ich höre Sein Lied in den Vogelstimmen und im Rauschen des Windes. Ich schaue Seine wunderbare Gestalt am Himmel, in den Bergen und im Meer. Jeder Gedanke, den ich denke, entspringt dem Bewusstsein Christi.

Während jedes kosmischen Schöpfungszyklus teilt sich der GEIST in die Dreieinigkeit auf. In der Rolle des Vaters ist der GEIST der Schöpfer des Universums. Er erdachte die Elektronen und Atome, und diese begannen sich zu Dampf zu verdichten, der Dampf zu Wasser, das Wasser zu festen Stoffen. Auf diese Weise projizierte der GEIST aus sich selbst heraus die kosmische Schöpfung. Sie ist Sein Körper, Seine Gestalt.

Die den ganzen Kosmos durchdringende Intelligenz wird Christusintelligenz oder *Kutastha-Chaitanya* genannt. Das ist der »eingeborene Sohn«[7] – die Widerspiegelung der Intelligenz des Vaters in der ganzen Schöpfung. Jesus und Krishna lebten im Einklang mit diesem Bewusstsein.

Die Dreieinigkeit in den heiligen Schriften der Hindus entspricht der Dreieinigkeit in der christlichen Bibel

Die Heilige Dreieinigkeit von Vater, Sohn und Heiligem Geist in der christlichen Bibel entspricht der Trinität in den heiligen Schriften der Hindus: OM, *Tat, Sat*. Gottvater ist *Sat* – der GEIST jenseits aller Schöpfung. Der Sohn ist *Tat* – *Kutastha Chaitanya* oder die Christusintelligenz innerhalb der ganzen Schöpfung. Der Heilige Geist ist OM oder Amen – das

---

[7] *Johannes* 1, 18.

Wort oder die Kosmische Schwingung, welche die Schöpfung aufbaut.

Wenn Gott am Ende eines Schöpfungszyklus alles in sich selbst zurückzieht, gibt es nur ein Wesen – den GEIST: die ewig bestehende, ewig bewusste, ewig neue Glückseligkeit. Doch in jedem neuen Schöpfungszyklus projiziert sich der GEIST wieder als die Dreieinigkeit – als Vater, Sohn und Heiliger Geist.[8]

Der Mensch ist ein verkleinertes Abbild der ganzen Schöpfung. Das physische Universum ist der unermessliche Körper Gottes; die kosmische elektrische Energie ist der astrale Körper Gottes; und die Seele oder das Leben in allen Dingen ist das Wesen Gottes. Alles ist von Leben erfüllt, sogar ein Stein kann Schmerz empfinden. Das Bewusstsein in einem Stück Blech kann durch Chloroform abgetötet werden. Diese scheinbar unbelebten Gegenstände fühlen Lust und Schmerz, und man kann das Leben in ihnen töten.[9]

Erweitert euer Bewusstsein und erkennt den wahren Christus

Um den wahren Christus finden zu können, müsst ihr euer Bewusstsein erweitern, so wie Jesus es getan hat. Ihr beginnt geistig zu wachsen, wenn ihr lernt, für andere genau dasselbe zu fühlen wie für euch selbst. Ihr beginnt zu wachsen, wenn ihr für alle Familien dasselbe fühlt wie für eure eigene, in die ihr hineingeboren wurdet. Ihr beginnt zu wachsen, wenn ihr auf alle Nationen so stolz seid wie auf euer eigenes Land. Und ihr seid gewachsen, wenn ihr bereit seid, eure Eigenliebe zugunsten der größeren Liebe für die ganze Menschheit aufzugeben. Das erwartet Gott von euch. Jede Nation, die gegen die göttliche Aufforderung verstößt, die ganze Menschheit zu lieben, wird furchtbar leiden müssen. Der Himmlische Vater versucht, Einheit im Universum zu schaffen, und das kann nur geschehen, wenn alle einander lieben. Wir müssen geistig wachsen. Wir müssen alle Nationen so lieben wie unsere eigene.

---

[8] Siehe *Dreieinigkeit* im Glossar.

[9] Diese Wahrheiten hat der große indische Wissenschaftler Jagadis Chandra Bose überzeugend bewiesen, wie in der *Autobiographie eines Yogi*, Kapitel 8, beschrieben wird.

Ich fühle, dass ihr alle zu mir gehört. Ich würde für euch alle genauso viel tun wie für Indien. Und wenn es nötig wäre, für euch in den Krieg zu ziehen – in einen gerechten Krieg –, würde ich auch das tun. Ihr müsst alle Vorurteile aus euren Gedanken ausräumen. Denkt immer daran, dass Gott sich in jeder Rasse, jeder Nationalität verkörpert hat. Er ist im Schwarzen wie im Hindu verkörpert, im Juden wie in allen anderen. Wahres Christentum bedeutet, dass ihr wie Christus werdet und alle Menschen unterschiedslos liebt.

Feiert dieses Weihnachtsfest als euer herrlichstes – macht es zu einem wahren geistigen Weihnachten. Das tun wir hier im Mutterzentrum auch. Am 24. Dezember[10] meditieren Mitglieder der Self-Realization Fellowship in aller Welt den ganzen Tag und stellen sich auf Christus ein. Zieht euch von allen anderen Leuten zurück und betet aus tiefster Seele. Seht, was mit euch geschieht, wenn ihr tief und lange meditiert. Auf diese Weise setzen wir uns geistig mit Jesus in Verbindung.

Wenn ihr das, was Christus lehrte, in die Tat umsetzen wollt, müsst ihr alle Menschen als Kinder eures einen Vaters lieben; wenn ihr es geistig umsetzen wollt, müsst ihr meditieren, bis ihr die unermessliche Freude Gottes im Christusbewusstsein erlebt. Allumfassende Brüderlichkeit wird erst möglich sein, wenn ihr euch durch tiefe Konzentration und Hingabe von allen ruhelosen Gedanken und Gefühlen zurückzieht und den Tempel der Seele betretet, wo ihr die unermessliche, ständig zunehmende Freude Gottes fühlt, welche die ganze Welt erfüllt. Dann erkennt ihr, dass nichts anderes existiert als DAS. Dann könnt ihr sagen: »Ich bin eins mit dem ewigen Licht Gottes, der ewigen Freude Christi. Alle Wellen der Schöpfung wogen in mir. Ich habe die Welle meines Körpers im Meer des GEISTES aufgelöst. Ich bin zum Meer des GEISTES geworden. Ich bin nicht mehr der Körper. Mein Geist schläft in den Steinen. Ich träume in den Blumen, und ich singe in den Vögeln. Ich denke im Menschen, und im Übermenschen weiß ich, dass *ich bin*.« In diesem Zustand erkennt ihr, dass Feuer euch nicht vernichten kann, dass Erde, Gras und Himmel eure

---

10 Oder an einem anderen Tag vor Weihnachten.

Blutsverwandten sind. Dann wandelt ihr wie ein Geistwesen auf dieser Erde und fürchtet euch nicht mehr vor den stürmischen Wellen der Schöpfung.

Dies ist meine Botschaft an euch: Meditiert jeden Abend, bis ihr alle weltlichen Gedanken und Wünsche verbannt habt. »Wisst ihr nicht, dass ihr Gottes Tempel seid und der Geist Gottes in euch wohnt?«[11] Gott hat euch alle gesegnet und zu Seinem Ebenbild erschaffen. Ihr aber habt dies vergessen und euch mit dem Körper identifiziert. Doch Jesus kam in diese Welt, um der ganzen Menschheit zu verkünden: »Macht euch keine Sorgen um den schwachen Körper. Erhebt euch in der Meditation über ihn und werdet eins mit dem GEIST.«

Mein größter Wunsch für euch ist, dass euer Bewusstsein von der Liebe und Gegenwart Christi erfüllt werde. Er verlangt nur nach dem einen Weihnachtsgeschenk – nach dem Geschenk eurer Liebe. Schlingt das goldene Band eurer Hingabe darum, dann wird Christus selbst es am Weihnachtstag von euch in Empfang nehmen. Wenn er einmal eure Liebe entgegengenommen hat, schenkt er sich euch ganz. Und dieses Geschenk ist dauerhaft, denn wenn ihr ihn als das Christusbewusstsein erlebt, werdet ihr auch dann, wenn euch alle irdischen Dinge genommen werden, unsterblich sein – geborgen im Schoße Christi und Krishnas.

[Nach einer kurzen Meditation sprach Paramahansaji mit der ganzen Versammlung folgendes Gebet:]

»Ich will den Baum des Lebens mit den Sternen meiner guten Gedanken schmücken, und ich will Christus mein höchstes Geschenk – das Geschenk meiner Liebe – zu Füßen legen, um das ich die goldenen Bänder meiner Hingabe geschlungen habe. Möge Christus es entgegennehmen, und möge ich in dieser Weihnachtszeit Seine Liebe empfangen. Ich will mein Möglichstes tun, um mich innerlich auf Christi Geburt in meinem Bewusstsein vorzubereiten. Während dieser Weihnacht und im neuen Jahr will ich den festen Entschluss fassen, mein Leben zu ändern und es mehr auf Christus auszurichten. Ich will mich bemühen, alle Vorurteile abzulegen und die Menschen aller

---

[11] *1. Korinther* 3, 16.

Nationen so zu lieben, wie Christus und Krishna es taten – als Kinder Gottes.

Himmlischer Vater, segne mein Leben. Segne alle Nationen. Mögen sie sich vom Krieg abwenden und sich in einer Vereinigten Welt zusammenschließen, die nur von der Wahrheit geleitet wird.

Himmlischer Vater, Jesus Christus, Jadava Krishna, Mahavatar Babaji, Lahiri Mahasaya, Swami Sri Yukteswarji, Guru-Präzeptor, wir vertrauen Euch Körper, Geist und Seele an. Lasst uns wie Christus werden. OM, Frieden, Amen.«

Der Unterschied zwischen geistiger und eigennütziger Selbstliebe

Einsiedelei der Self-Realization Fellowship, Encinitas, Kalifornien, 15. Juni 1937

Die Seele ist das wahre SELBST, die reine Offenbarung des GEISTES in euch. Das Ego ist das Pseudo-Selbst – die Seele, die auf die Welt der Gegensätze reagiert, während sie sich mit den begrenzten Werkzeugen des physischen Körpers und Geistes identifiziert. Bei dieser Erörterung wollen wir es einmal so sagen: Alles, was ihr für das Wohl eures Selbst tut, sei es als Seele oder als Ego, kann als Selbstliebe bezeichnet werden. Und eigennützige Selbstliebe ist dann das, von dem ihr meint, es sei gut für euch, was aber eurem wahren SELBST schadet. Gute oder geistige Eigenliebe besteht in jenen Handlungen, durch die ihr zu eurem wahren inneren SELBST gelangt. Sie verhilft euch dazu, ständig die Vollkommenheit des euch innewohnenden Ebenbildes des GEISTES zum Ausdruck zu bringen.

Es gibt verschiedene Stufen der Selbstliebe. Die Handlungen eines Kindes sind mehr oder weniger gedankenlos. Wenn es ein anderes Kind mit verschiedenen Spielzeugen beschäftigt sieht, will es diese auch haben. Es isst gern dies und tut gern das, weil es sieht, dass andere sich daran freuen. Das ist unbewusste Eigenliebe. Ich habe diese Reaktionen in meiner eigenen Kindheit beobachten können. Als ich noch ziemlich klein war und andere mit etwas spielen sah, wollte ich dasselbe Spielzeug auch gleich haben. Doch bald stellte ich fest, dass jedes Mal, wenn ich es mir nehmen wollte, irgendein anderer ebenfalls danach griff und es für sich beanspruchte. Deshalb versuchte ich mit der ganzen Kraft meines Willens, mir das Gewünschte zu beschaffen. Doch als dies zu Streitigkeiten mit anderen führte, fragte ich mich, ob diese Einstellung wirklich richtig sei.

Wenn meine Mutter mir etwas Gutes zu essen gab, pflegte sie zu sagen: »Teile das mit jemand anderem.« Anfangs kam es mir so vor, als ob sie mir weniger geben wollte. Doch bald darauf sagte ich mir: »Wenn ich das selbst so gern esse, wird ein anderer sich bestimmt genauso daran freuen.« Deshalb entschloss ich mich, es mit jemandem zu teilen. Dann aber kam mir folgender Gedanke: »Wenn ich es mit allen teile, bleibt ja nichts mehr für mich übrig.« Das verwirrte mich. Schließlich jedoch erlebte ich, dass ich mich mehr daran freute, wenn ich es mit anderen teilte – das heißt, die Freude des Schenkens war größer als die des Genießens. Deshalb habe ich mich immer von dem getrennt, was ich gern hatte. Wenn irgendetwas, das ich besaß, von einem anderen stark begehrt wurde, sagte ich mir: »Er sehnt sich ›krankhaft‹ danach. Du bist von diesem Wunsch geheilt worden, darum soll er sich jetzt daran freuen.« Nach und nach verschenkte ich alles, was mir gegeben worden war – und das vervielfachte meine Freude. Wenn ich etwas bekam, was ich mir gewünscht hatte, freute ich mich daran; und wenn ich es weiterverschenkte, freute ich mich wiederum. Ich habe keinem Wunsch erlaubt, Besitz von meiner Seele zu ergreifen; das hätte dem Ideal der geistigen Selbstliebe, dem Wohl meines wahren SELBST, widersprochen. Hängt nie so sehr an irgendetwas, dass es Besitz von euch ergreift.

Die Vorstellung, etwas zu besitzen, ist irrig

Alles, was ihr verschenkt, werdet ihr in irgendeiner Form wieder anziehen. An eurem Gesichtsausdruck und euren Handlungen wird man euren Charakter erkennen; andere Menschen werden die dahinterliegenden Schwingungen fühlen und entsprechend reagieren. Wenn ihr durch euer Beispiel eigennützige Selbstliebe zum Ausdruck bringt, werden andere euch alles wegnehmen wollen. Doch wenn ihr das Gegenteil verkörpert, werdet ihr feststellen, dass alle geneigt sind, sich euch gegenüber großzügig zu erweisen. Nehmen wir einmal an, jemand gebe mir seinen Spazierstock, den er besonders liebt, und ich möchte ihm dafür etwas anderes geben. Aber mir kommt der Gedanke: »Du solltest nicht deinen Regenschirm hergeben, auch wenn du weißt, dass er ihn bewundert hat.« Dann überlege ich mir: »Er hing an seinem Stock und gab ihn mir dennoch. Deshalb möchte ich ihm auch etwas geben, was mir lieb ist.« Dieser Geist herrscht vor, wenn jemand anderen gegenüber selbstlos ist.

Ihr besitzt eigentlich gar nichts. Euch sind nur gewisse Dinge geliehen worden, während ihr hier auf Erden lebt. Eines Tages werdet ihr euch wieder von ihnen trennen müssen – infolge von Unfall oder Diebstahl oder Verschleiß oder Tod. Wenn ihr also Dinge – nur um des Besitzes willen – aufbewahren oder behalten wollt, führt ihr euch selbst hinters Licht.

Selbst diese körperliche Wohnung, in der ihr so viele Jahre verbracht habt, müsst ihr eines Tages aufgeben. Deshalb ist es falsch, die Seele davon überzeugen zu wollen, dass ihr etwas besitzt, was ihr in Wirklichkeit nie besitzen könnt. Wenn euch etwas geschenkt wird, solltet ihr wissen, dass es euch nur eine Zeit lang gehört; und ihr müsst bereit sein, es mit anderen zu teilen.

Wenn ihr mehr begehrt, als ihr braucht, führt das zu großen Schwierigkeiten. In der Gita heißt es: »Frieden erfährt der Mensch, der allen Wünschen entsagt, kein Verlangen mehr hat und der sich nicht mit dem sterblichen Ego und dem damit verbundenen Ichgefühl gleichsetzt.«[1] Natürlich müsst ihr das Notwendigste haben wie Nahrung, Kleidung und eine gewisse materielle Sicherheit. Doch während ihr euch darum bemüht, vermeidet alle »unnötigen Notwendigkeiten« – das heißt die nagenden Wünsche, die ständig nach mehr verlangen.

Die Menschheitsfamilie ist euer größeres Selbst

Haltet immer an dem Ideal fest, dass ihr zwar für euren eigenen Bedarf sorgen müsst, gleichzeitig aber auch anderen helfen sollt, das zu erwerben, was sie brauchen – dass ihr das, was euch gegeben wird, mit den weniger Begüterten teilt. Vergesst nie, dass ihr ein Teil der Menschheitsfamilie seid, ohne die ihr nicht existieren könntet. Was für ein Leben wäre das, wenn es keine Schreiner oder Erfinder oder Bauern gäbe? Durch ständigen Austausch will Gott uns dazu bewegen, mehr an andere zu denken. Es ist ein grober Fehler, nur für sich selbst zu leben.

---

[1] Bhagavad-Gita II, 71.

Immer wenn ihr nach persönlichem Glück strebt, versucht auch anderen Freude zu machen. Es wird nicht von euch verlangt, dass ihr alles für die Menschheitsfamilie hergeben sollt. Das ist undurchführbar. Doch ihr solltet für die anderen wie für euch selbst sorgen.

Gott hat es so geplant, dass der Mensch im wahrsten geistigen Sinne sich selbst lieben soll, indem er seinem größeren SELBST in anderen dient. Doch der erste und oft auch der letzte Gedanke des durchschnittlichen Menschen gilt dem eigenen Ich. Der Selbsterhaltungstrieb ist ein starker Instinkt. Die Welt erzeugt jene Täuschung der Selbsterhaltung in uns, die uns veranlasst, uns auf unseren eigenen Körper und auf Dinge zu beschränken, die wir als unser Eigentum betrachten. In Wirklichkeit gehören jedoch alle Menschen zu uns; denn Gott ist unser Vater, und wir alle sind Seine Kinder.

Gott hat dem Menschen Intelligenz und Vorstellungskraft verliehen, damit er – wenn er friert oder hungrig ist – daran denkt, dass auch andere um ihn herum Kälte und Hunger fühlen. Wenn ihr also für euer eigenes Wohl sorgt, sorgt auch für das Wohl der anderen. Da ihr selbst nicht gern im Elend seid, solltet ihr auch eurem Nächsten beistehen, damit dessen Elend gelindert wird. Andere leiden genauso wie ihr – und oft sogar noch mehr. Wenn ihr von eurer Familie und euren engen Freunden behauptet: »Diese Menschen gehören zu mir, und ich sorge nur für ihr Glück und nicht für das anderer Menschen«, zieht ihr enge Grenzen um euch, und eure Schwierigkeiten werden zunehmen.

Seid immer bereit, anderen zu helfen, und findet euer Glück darin, allen, die euren Weg kreuzen, Freude zu machen. Stellt euch dabei aber nicht vor, dass ihr euch in Selbstlosigkeit üben müsst, weil es dann so scheint, als ob ihr ein Opfer bringt. Fühlt lieber, dass ihr dies zu eurem eigenen Vorteil tut – um der Freude willen, die ihr darin findet, zum körperlichen, geistigen oder seelischen Wohl anderer beizutragen.

Ohne eigennützige Selbstliebe wäre die Welt ein Paradies

Unsere Welt wäre heute ein Paradies, wenn wir eigennützige Selbstliebe aufgegeben und uns in geistiger Selbstliebe geübt hätten. Die Untugend ichbetonter Selbstsucht ist die

Ursache aller Kriege. Zuerst kämpfte man mit Keulen, dann mit Pfeil und Bogen, um seine eigene Selbstsucht gegen die Selbstsucht anderer zu schützen. Dann wurden Feuerwaffen entwickelt, dann Maschinengewehre und jetzt Bomben und Giftgase – alles nur, um die Selbstsucht der einen Menschengruppe gegen die Selbstsucht der anderen zu schützen. Die potenzielle Zerstörungskraft des Menschen hat viel mehr zugenommen als seine aufbauenden Kräfte. Das bösartige Geschwür der Selbstsucht muss aber am Ende aufbrechen. Doch viele Körper werden noch zerstört werden, bevor der Mensch erkennt, dass nationaler Eigennutz genau so schädlich ist wie persönlicher Eigennutz. Eine Nation besteht aus kleinen Gemeinschaften, und diese bestehen aus Individuen. Zuerst muss jeder Einzelne nach den richtigen Prinzipien leben; und ihr müsst damit bei euch selbst anfangen.

Wir sehen bereits, wohin diese eigennützige Selbstliebe geführt hat: zu Kriegen in Spanien und China und zum wirtschaftlichen Niedergang. Dieses Land [Amerika] handelte zuerst aus nationaler Selbstliebe und erfreute sich jahrelang großen Wohlstands. Ähnlich war Indien im goldenen Zeitalter sehr wohlhabend. Doch die karmischen Folgen der Selbstsucht und des Stolzes, die zum Missbrauch des Kastensystems führten, haben bewirkt, dass Indien seine Freiheit verlor.[2] Amerika darf seine Freiheit nicht missbrauchen, noch darf es seine geistigen Ideale des »gleichen Rechts für alle« vergessen, sonst könnte es ein ähnliches karmisches Schicksal erleiden. Vorurteile in Bezug auf Rasse und Hautfarbe sind eine der schlimmsten Arten von Selbstsucht. Das Klima wird sich in ferner Zukunft ändern, sodass die westliche Bevölkerung zum großen Teil von dunkler Hautfarbe sein wird und die Menschen des Orients zur »weißen Rasse« gehören werden.

Die Landesgrenzen und Regierungen in aller Welt sind ständigem Wechsel unterworfen. So gehörte zum Beispiel dieses Land den hiesigen Indianern, bevor ihr es für euch beansprucht habt. Und in künftigen Zeitaltern werden viele, viele andere es in Anspruch nehmen. Großbritannien gehörte einst

---

2 Hinweis auf die lange Zeit der Fremdherrschaft, die zehn Jahre nach diesem Vortrag endete, als Indien 1947 seine Unabhängigkeit gewann.

zum Römischen Reich. Dschingis-Khan eroberte fast ganz Asien, doch wo ist er jetzt? So paradox ist das irdische Drama. Dies ist Gottes Schöpfung, und uns gehört davon gar nichts. Welch großer Irrtum es ist, durch übelwollenden Eigennutz und falsche Besitzgier immer größeres Leid zu erzeugen.

Selbstsucht, die nur das eigene Glück sucht, ohne Rücksicht auf das Glück der anderen zu nehmen, und deren rechtmäßige Interessen ignoriert, führt ins Unglück. Das ist heute in Amerika der Fall. Jeder konnte hier die richtige Arbeit finden, und jeder besaß genug. Jetzt aber fügen die großen Industriekonzerne den kleineren Unternehmen Schaden zu, und die kleineren versuchen, die größeren zu unterbieten. Profitgier ist ein schwerer Fehler. Der Kommunismus, der – oberflächlich betrachtet – das Gute für die Massen anstrebt, wird sich nicht bewähren, weil er auf Unterdrückung und Gewalt beruht. Was hingegen Jesus und alle wahrhaft großen Meister lehren, ist eine Selbstlosigkeit, die von der geistigen Bereitschaft ausgeht, das, was man hat, mit anderen zu teilen. Auf diese Weise wird schädliche individuelle Selbstsucht im Geschäfts- und Gemeinwesen vermieden. Sobald ihr fühlt, dass eure Nachbarn und euer Land zu eurem eigenen Selbst geworden sind, habt ihr geistige Selbstliebe erlangt.

Wenn ihr nur eure Hände und Füße gesund erhaltet und nicht auf euren Kopf achtet, wird euer Gehirn nicht mehr fähig sein, die Muskeltätigkeit zu lenken. Ihr müsst die Funktionen des gesamten Körpers in Einklang miteinander bringen. Ähnlich müssen auch die Gehirne der Nationen (die Führungskräfte) im Einklang mit den Händen und Füßen (der Arbeiterschaft) sein. Wenn ihre Interessen auseinandergehen, führt das mit Sicherheit zu Unruhen und Leid.

Ihr wollt nicht, dass die Arbeiterklasse die Führung übernimmt, denn dann habt ihr den Kommunismus; und ihr wollt auch nicht, dass die Kapitalisten das alleinige Sagen haben, denn dann habt ihr eine Diktatur. Ein Ausgleich ist nötig, und das ideale Gleichgewicht kann nur dann zustande kommen, wenn jeder Einzelne selbstlos ist.

Die Freude, selbstlos zu sein

Jesus Christus opferte seinen Körper für alle, doch er erfreut sich des ewigen Lebens. Indem er selbstlos handelte, war er im geistigen Sinne eigennützig. Auch ihr müsst in der Lage sein, eure eigennützige Selbstliebe um einer höheren Selbstliebe willen aufzugeben. Macht von eurer Vorstellungskraft Gebrauch! Ihr werdet materiell nichts verlieren, und ihr werdet geistig nichts verlieren; doch durch eigennützige Selbstliebe werdet ihr alles verlieren.

Es gibt zwei Lehrer in dieser Welt. Wenn ihr Gott zu eurem Ratgeber macht, wird es euch wunderbar ergehen. Wenn ihr aber den Teufel zu eurem Führer wählt, werden euch die Kugeln des Elends treffen. »Ich« ist das Schlüsselwort für die meisten Menschen auf ihrem Lebensweg. Der geistige Mensch aber denkt ebenso sehr an andere. Wer nur an sich selber denkt, zieht sich die Feindschaft anderer zu. Wer dagegen rücksichtsvoll ist, wird feststellen, dass auch andere ihm gegenüber rücksichtsvoll sind. Wenn wir in einer Stadt hundert Leute haben, von denen jeder dem anderen etwas wegnehmen will, so hat jeder 99 Feinde. Wenn aber jeder von diesen dem anderen zu helfen versucht, hat jeder 99 Freunde.

Nach diesem Prinzip habe ich gelebt. Indem ich alles aufgab, habe ich nichts verloren. Ganz im Gegenteil, ich habe dadurch gewonnen. Wie wunderbar sind doch die Worte Jesu: »Wer alles um meines Namens willen hergegeben hat, wird hundertfältig empfangen und wird das ewige Leben ernten.«[3] Ganz gleich, wie viel ich weggegeben habe, mir ist jedes Mal mehr zurückgegeben worden. Ich wünsche mir jetzt nichts mehr, denn was ich habe, ist viel wunderbarer als das, was die Welt mir geben kann. Alles, wonach der Mensch sich sehnt, dient dem Zweck, glücklich zu werden. Wenn ihr aber schon die ganze Zeit glücklich seid, braucht ihr keine Voraussetzungen mehr für ein glückliches Leben zu schaffen.

Was materielle Dinge angeht, so besitze ich kein eigenes Bankkonto. Meine Sicherheit in dieser Welt liegt im Wohlwollen der Menschen. Ich glaube an keine andere Sicherheit auf Erden. Wer im Herzen seiner Mitmenschen thront, ist der größte König.

---

[3] Umschreibung von *Matthäus* 19, 29.

Wenn ihr selbstlos geworden seid und an nichts mehr hängt, werdet ihr wahrhaft glücklich sein. Geht mit diesem Beispiel voran, dann werden andere in eurer Familie, eurer Nachbarschaft oder eurem Geschäft ihm folgen. Macht euch diese geistige Selbstliebe zur Gewohnheit und gebt die eigennützige Selbstliebe auf, welche die Wurzel allen Übels ist – sowohl für den Einzelnen als auch für ganze Nationen.

Selbstlosigkeit erweitert das Bewusstsein

Sobald ihr liebevoll an jemanden denkt, erweitert sich euer Bewusstsein. Wenn ihr an euren Nächsten denkt, geht mit diesem Gedanken etwas von euch auf ihn über. Aber nicht nur das Denken ist wichtig; wir müssen auch bereit sein, die Gedanken in die Tat umzusetzen. Auch wenn ihr einen Feind habt, ist er euer Nächster. Schließt das Glück der anderen nie aus euren Gedanken aus.

Die Ehe ist eine Schulung in Selbstlosigkeit. Zwei Menschen üben sich darin, alles miteinander zu teilen. Dann werden Kinder geboren, und die Eltern lernen, auch mit ihnen vieles zu teilen. Dennoch ist es selbstsüchtig, wenn sie nur an ihre eigene kleine Familie denken: »Nur wir vier, sonst niemand hier.« Mit der Zeit werden uns die Angehörigen wieder genommen. Das mahnt uns daran, dass der Sinn menschlicher Beziehungen darin liegt, das Bewusstsein zu erweitern, indem man etwas für andere opfert und das, was man hat, mit ihnen teilt.

Selbstlosigkeit bringt uns so viel Glück! Es ist das allergrößte Glück, denn durch Selbstlosigkeit bewahrt ihr euer eigenes Glück. Mein Ziel ist es, andere Menschen glücklich zu machen, weil das auch mein eigenes Glück bedeutet. Ihr werdet diese Freude nie erleben, wenn ihr nicht andere selbstlos in euer eigenes Glück einbeziehst – nicht nur eure Angehörigen, sondern alle.

Seht euch Gandhi an. Er hatte Vermögen und eine hohe Stellung, doch er gab alles auf. Und seine Frau folgte ihm und verlangte nicht einmal ein paar Wertpapiere für ihre eigene Sicherheit und die ihrer Söhne. Sie ließen alles hinter sich und lebten für andere; sie besaßen nichts mehr; und doch besaßen sie alles. Gandhi hat uns in diesem Zeitalter ein höchstes Beispiel der Demut und Selbstlosigkeit gegeben.

Jesus sprach: »Wer sich selbst erhöht, der wird erniedrigt.«[4] Egoismus und Selbstsucht müssen mit der Wurzel ausgerottet werden. Diese beiden gleichartigen Übel haben das Reich Gottes von der Erde verbannt. Die Welt hat sich von geistiger Selbstliebe entfernt, die für den Menschen in jeder Hinsicht sorgt, und ist das Opfer eigennütziger Selbstliebe geworden. Ihr könnt jedoch dazu beitragen, dieses göttliche Reich wiederherzustellen, vorausgesetzt, ihr macht die nötigen Anstrengungen. Jeder von euch sollte damit beginnen, das Gesetz der Selbstlosigkeit zu befolgen. Lebt danach! Macht euch keine Sorgen um euer eigenes Wohl. Wenn nötig, nehmt einige Entbehrungen auf euch, aber gebt dieses Ideal der Selbstlosigkeit nie auf. Lebt für andere, denkt nicht zuerst an euch selbst. Gebt das richtige Beispiel, indem ihr anderen gegenüber großzügig seid. Das bedeutet nicht, dass ihr euch an den Bettelstab bringen sollt; es bedeutet, dass ihr euch um andere kümmern und etwas mit ihnen teilen sollt.

Dient anderen mit der Wahrheit und durch euer Vorbild

Lebt nach den Gesetzen der Wahrheit und verbreitet diese Ideale durch euer Vorbild und eure Taten. Ihr könnt anderen keine Selbstlosigkeit beibringen, wenn ihr nicht selbst uneigennützig lebt. Bemüht euch, selbstlos zu sein, dann werden andere eurem Beispiel folgen.

Ich habe mein ganzes Leben dafür eingesetzt, anderen mit der Wahrheit zu dienen. Ich bin viel umhergereist und habe vor überfüllten Sälen gesprochen. Doch heute weiß ich, dass ich anderen besser durch meine Schriften dienen kann. Man kann große Menschenmengen anziehen, aber diese kommen nicht immer, um Gott zu finden; oft wünschen sie nur geistige Entspannung und Inspiration. Ich suche Seelen, die sich wirklich nach Gott sehnen. Deshalb betone ich immer wieder, wie wichtig es ist, sich mit Gott in Verbindung zu setzen. Das ist von größter Bedeutung. Alle, die dem Weg der Self-Realization

---

[4] *Matthäus* 23, 12.

Der Unterschied zwischen geistiger und eigennütziger ...

Fellowship folgen und Gott aufrichtig, mit tiefer Konzentration und beharrlicher Hingabe suchen sowie regelmäßig meditieren, werden Ihn finden. Meditiert! Meditiert immer wieder! Das sei euer Losungswort. Lieber soll Gott die Self-Realization Fellowship auflösen, als dass sie je zu einer Organisation wird, die nur darauf bedacht ist, Vortragssäle zu füllen und Menschenmengen anzuziehen, ohne ihnen vor allem SELBST-Verwirklichung zu vermitteln. Ich habe diese ganze organisatorische Arbeit nur deshalb auf mich genommen, weil es der Wunsch meiner Meister war.[5] Ich selbst verlange nichts von anderen. Wenn ich diese Erde und diesen Körper verlasse, wird mir nichts mehr gehören. Darum habe ich alles, was ich materiell und geistig besitze, Gott übergeben. Von euch wünsche ich mir nur, dass ihr ein gotterfülltes Leben führt.

Lernt, Gott von ganzem Herzen, von ganzem Gemüt, von ganzer Seele und von allen Kräften zu lieben; und liebt euren Nächsten wie euch selbst. Wenn ihr diese beiden Gebote befolgt, braucht ihr keine anderen mehr. Was bedeutet es nun, Gott von ganzem Herzen, von ganzem Gemüt, von ganzer Seele und von allen Kräften zu lieben? Mit *Herz* ist das gemeint, was ihr fühlt; *Gemüt* bedeutet, dass ihr euch voll konzentriert; *Seele* meint die Verbindung mit Gott in der Meditation; und *Kraft* bedeutet, dass ihr alle Energie auf Gott lenkt. Liebt also Gott in der Meditation mit eurem ganzen Fühlen und Denken, indem ihr die Scheinwerfer eurer Energie und Aufmerksamkeit auf Ihn richtet und nicht mehr auf den Körper und die Welt. Ohne Meditation könnt ihr Gott nicht wirklich lieben, denn nur durch Meditation könnt ihr euch als die Seele erkennen, die in Wahrheit und in Ewigkeit mit Gott verbunden ist.

Errichtet in eurem Herzen einen Thron der allerhöchsten Liebe für Gott. Das ist auch mein einziges Lebensziel. Ich habe

---

[5] In seiner *Autobiographie eines Yogi* schrieb Paramahansa Yogananda: »Mein Guru Sri Yukteswar und Mahavatar Babaji haben mir die Aufgabe übertragen, im Westen die Organisation der Self-Realization Fellowship, einen ›Bienenstock für den geistigen Honig‹ zu gründen.« In den Kapiteln 27 und 36 des Buches schreibt er über die Ereignisse, die zur Gründung der Self-Realization Fellowship/Yogoda Satsanga Society of India führten. (Siehe auch *Gurus* im Glossar.)

keinen anderen Ehrgeiz, als Ihn zu lieben, von Ihm zu sprechen und andere auf den Weg zu Ihm zu führen. Ich wünsche nichts für mich; und ich verlange nichts anderes von euch. Immer wenn Gott mich zu diesen Versammlungen führt, ist es ein Vorrecht für mich, bei euch zu sein, von Ihm zu sprechen und Ihn gemeinsam mit euch zu lieben.

Es ist so wunderbar, Gott zu lieben und alle Menschen als Seine Kinder zu lieben. Wenn ihr Ihn finden wollt, müsst ihr Ihn in allen anderen lieben. Es gibt keine größere Kraft als die Kraft der Liebe. Immer wenn ihr mit anderen Streit habt, sendet ihnen innerlich eure Liebe. Ich liebe meine Feinde, weil ich sie als meine Freunde empfinde. Wenn ihr Gott fühlen könnt, werdet ihr niemanden mehr hassen. Was würde mit uns geschehen, wenn Gott uns wegen unserer Verfehlungen zürnte? Wenn ihr ruhig bleibt, während andere versuchen, euch zu verletzen, seid ihr ein Gott.

Der große Gott, den ich auf dem Altar des Himmels und des Meeres und auf dem Altar meines eigenen Bewusstseins anbete, manifestiert sich überall und in jedem Menschen. Ihn umarme ich in all Seinen unendlichen Ausdrucksformen.

Sind wir uns schon früher begegnet?

Tempel der Self-Realization Fellowship,
Hollywood, Kalifornien, 10. Januar 1943

Sind wir uns schon früher begegnet? Gewiss! Vor langer Zeit schliefen wir alle – eingehüllt in Gottes Weisheit – im Schoße des Äthers, in dem wir als Seelen erschaffen wurden. Als Er uns erweckte, wanderten wir von Ihm fort – wie der verlorene Sohn in der biblischen Geschichte – und vergaßen, dass wir alle göttlich verwandt miteinander sind. Wir wurden zu Fremden. Da wir unser Zuhause in Gott verlassen hatten, wurden wir zu einsamen, dem Schicksal ausgelieferten Wanderern auf dieser Erde. Ahnt ihr überhaupt, wie weit weg ihr gewandert seid – und das viele Inkarnationen lang? Wie viele es sind, lässt sich kaum zählen. Dennoch erwecken gewisse Erlebnisse, Orte und Gesichter in euch ein Gefühl der Vertrautheit, das Erinnerungen an früher wachruft.

Jede Seele ist allwissend; doch ihr äußeres, körpergebundenes Ich wird durch seinen jetzigen Namen, seine Familie und Umgebung begrenzt. An dem Tag, da eure Seele sich ihres göttlichen Ursprungs erinnert, wird euer Bewusstsein wieder im herrschaftlichen Wohnsitz des GEISTES leben; und ihr werdet euch in diesem Bereich des GEISTES so gut auskennen wie jetzt in eurem kleinen irdischen Haus und in eurer Familie.

Es ist ein ganz wunderbares Erlebnis, jemanden zu treffen und wiederzuerkennen, den man schon früher gekannt hat – jemanden, mit dem man in vergangenen Inkarnationen den gleichen Lebensweg beschritten hat. Alle meine Familienangehörigen habe ich auch in früheren Leben gekannt. Und ab und zu begegne ich anderen, die ich in früheren Inkarnationen gekannt habe – zu denen gehören zum Beispiel Freunde aus meiner Kindheit. Auch wenn wir in diesem Leben nichts gemeinsam haben, so sind es dennoch Seelen, mit denen ich bereits zusammen war.

Schon bevor ich Indien per Schiff verließ, um in dieses Land zu reisen, und auch später, als ich in Boston an Land ging, wusste ich, dass ich hier viele wahre Freunde aus vergangenen Leben wiederfinden würde. Wenn ich in diesem Leben Menschen begegne, die ich früher gekannt habe, erkenne ich sie genau. Einigen von ihnen habe ich gesagt: »Endlich habe ich dich wiedergefunden, denn wir kennen uns von früher her. Warum bist du erst jetzt gekommen?« Ich halte immer Ausschau nach denen, die hierherkommen sollen, um mir bei meinem Werk für Gott zu helfen. Jeden Tag rufe ich nach ihnen: »Wo seid ihr, die ihr früher mit mir zusammen wart?« Plötzlich entdecke ich dann ein Gesicht in der Menge und weiß: »Da ist jemand, der meinen Ruf gehört hat.«

Selbst jetzt, während ich eure Gesichter vor mir sehe, muss ich daran denken, dass ich auch irgendwann und irgendwo in ferner Vergangenheit zu euch gesprochen habe. Und der Ruf meiner Stimme hat euch hergeführt. Warum sonst fühltet ihr euch, unter Millionen von Menschen, dazu gedrängt, hierherzukommen, wenn Gott euch nicht ausgewählt hätte?[1] Einige Seelen sind aus dem Schlaf der Unwissenheit, der die Erinnerungen an vergangene Leben verhüllt, bis zu einem gewissen Grade erwacht; sie werden jetzt innehalten und denken: »Ja, ich weiß, wovon er redet. Irgendwann habe ich diese Stimme schon gehört. Sie ist mir nicht fremd.«

Nie habe ich meinen sonst sehr zurückhaltenden Guru, Swami Sri Yukteswar, so bewegt gesehen wie in dem Augenblick, da wir uns zum ersten Male begegneten. Ihm war klar, dass ich sofort wusste, wer er war; und er wusste mehr, als ich wusste. Krishna sagte zu seinem geliebten Jünger: »O Arjuna, viele Geburten haben Ich und du schon erlebt. Ich kenne sie

---

[1] Eine Anspielung auf das göttliche Gesetz, nach dem Gott für den Wahrheitssucher den Guru und den Weg bestimmt, die ihn zu Gott zurückführen. Wenn Guru und Jünger sich einmal gefunden haben, so begegnen sie sich mit Gottes Segen in vielen nachfolgenden Inkarnationen wieder – das heißt so lange, bis der Jünger Gott erreicht hat. (Siehe *Guru* im Glossar.)

alle, während du dich ihrer nicht erinnerst.«[2] Die Wiedersehensfreude meiner ersten Begegnung mit dem Meister wird mir unvergesslich bleiben. Noch nie im Leben bin ich jemandem von seiner Größe begegnet. Er lebte nur im Geiste Gottes.

Sri Yukteswarji war sehr demütig, aber auch sehr streng. Wenn man als Freund zu ihm kam, brauchte man ihm gegenüber keine Scheu zu haben. Doch wenn man als Jünger zu ihm kam – wehe demjenigen, der seine scharfe Disziplin nicht ertragen konnte! Er antwortete nie auf unsere Worte, sondern nur auf unsere Gedanken. Viele konnten seine Strenge nicht ertragen. Doch ich war froh, dass er alle falschen Gedanken aus meinem Geist vertrieb und mir göttliche Weisheit vermittelte. Er war ein wunderbarer Quell der Weisheit; denn wer Gott wahrhaft liebt, weiß alles, was Er weiß. Der Meister liebte Gott wahrhaftig.

Man braucht viele Leben, um eine wahre Freundschaft aufzubauen

In gewissem Sinne seid ihr Fremde, die allein durch diese Welt wandern. Keiner, von dem ihr glaubt, er gehöre zu euch, gehört euch. Ist es nicht so? Keiner besitzt irgendeinen anderen. Jeder Mensch bewegt sich auf der Bahn seines eigenen Karmas, und niemand kann einen anderen besitzen oder beherrschen.

Andererseits aber seid ihr nicht allein auf dieser Welt. Es gibt enge Beziehungen, die von Dauer sind – die uns unterstützen und Freude bereiten. Wer sind diese Seelen, die euch so nahestehen? Sie gehören nicht immer zu der Familie, in die ihr hineingeboren wurdet, sondern sie sind jene, mit denen euch eine tiefe Freundschaft verbindet. Hier in den Ashrams zum Beispiel sind viele, die ich mit meinen Idealen großgezogen habe. Sie spiegeln meine Gedanken und Wahrnehmungen wider. Sie nehmen Rücksicht auf mich, und ich auf sie. Ich habe ihnen mein Leben geschenkt; und die göttliche Freundschaft, die uns verbindet, währt ewig.

Das Fundament der Freundschaft wird nicht in nur einem Leben errichtet; man braucht viele Leben, um eine wahre Freundschaft aufzubauen. Sie entsteht zwischen solchen

---

[2] Bhagavad-Gita IV, 5.

Seelen, die einander in vielen Leben gekannt haben. Deshalb rief Jesus seine Jünger nach und nach aus der Menge der Menschen zu sich – er rief diejenigen, die er bereits früher gekannt hatte. Sie begegneten sich erneut im Geist ewiger Freundschaft.

Wir erkennen diejenigen, die wir vorher gekannt haben

Wie könnt ihr diejenigen, die ihr vorher gekannt habt, wiedererkennen? Manchmal begegnet euch in einer fremden Menschenmenge jemand, bei dem ihr sofort das Gefühl habt, ihn schon lange zu kennen. Zu anderen Menschen dagegen fühlt ihr euch nie wirklich hingezogen, ganz gleich, wie oft ihr mit ihnen zusammentrefft. Wenn ihr euch nicht von Vorurteilen und von sexueller Anziehungskraft beeinflussen lasst und Seelen begegnet, deren Gesicht und Persönlichkeit euch viel stärker anziehen, als es bei anderen der Fall ist, dann habt ihr sie wahrscheinlich schon vorher gekannt.

Auch ein kleiner Test kann euch helfen, um festzustellen, ob jemand ein echter Freund aus vergangenen Zeiten ist. Ihr mögt eine Anzahl sogenannter Freunde haben, die euch versichern, wie wunderbar ihr seid, und die mit allem, was ihr sagt, einverstanden sind. Solche Personen erwarten Vorteile durch euch. Wahre Freunde wollen nichts von euch; sie freuen sich einfach, in eurer Nähe zu sein. Manchmal kann man Freunde auf die Probe stellen, wenn man etwas tut, das sie reizt und ihrer Meinung widerspricht. Diejenigen, die wirklich hinter euch stehen, werden niemals nachtragend sein oder euch im Stich lassen, auch wenn sie nicht immer mit euch übereinstimmen. Wer in früheren Leben euer echter Freund gewesen ist, wird euch bedingungslos zugetan sein. Ganz gleich, was ihr tut, er wird immer euer Freund bleiben. Jeden, der euch bedingungslos liebt, habt ihr vorher gekannt. Zu einem solchen Freund solltet auch ihr werden.

Wenn ihr feststellen wollt, wer in früheren Leben zu euren Freunden gehörte, beobachtet einmal, wie ihr miteinander übereinstimmt. Wenn ihr euch bewusst darum bemüht, wahre Freundschaft mit jemandem zu schließen, werdet ihr merken, dass ihr bald schon im Voraus wisst, wie dieser Mensch empfinden oder reagieren wird. Wenn dies bereits nach kurzer Bekanntschaft der Fall ist, habt ihr ihn mit Sicherheit vorher gekannt. Das sind einige Zeichen, an denen wir Freunde von früher wiedererkennen können.

Verhaltet euch allen gegenüber wie ein Freund, aber erwartet nicht, dass jeder auch euer Freund sein kann, wenn er diesen Prüfungen nicht standhält. Schenkt denen, bei denen dies nicht der Fall ist, eure Liebe und Aufmerksamkeit, aber denkt daran, dass sie noch nicht reif für eure Freundschaft sind. Lasst eure Gefühle nicht von ihnen verletzen. Das Gebäude der Freundschaft muss eine feste Grundlage haben. Wenn ihr anderer Meinung seid als eure Freunde und deswegen ihre Freundschaft verliert, dann wisst ihr, dass es keine echten Freunde gewesen sind. Ihr solltet nicht versuchen, ein Gebäude der Freundschaft auf dem Sand solcher Beziehungen zu errichten.

Die meisten Menschen sind selbstsüchtig. Sie schmeicheln anderen, weil sie sich dadurch Vorteile erhoffen. Das sind die »Jasager«, die sich davon leiten lassen, was ihnen im Augenblick nützlich scheint. Gebt nie euren freien Willen auf und macht keine Abstriche an den Eingebungen eures Gewissens oder an euren Idealen. Haltet an den richtigen Grundsätzen fest.

Aufrichtigkeit, gepaart mit Rücksichtnahme

Seid wahrhaftig und aufrichtig, dann wird eine Freundschaft sich ständig vertiefen. Ich entsinne mich eines Gesprächs mit dem Meister über Aufrichtigkeit. Ich hatte gesagt: »Aufrichtigkeit ist alles.«

»Nein«, erwiderte er, »Aufrichtigkeit, gepaart mit Rücksichtnahme, ist alles.« Dann fuhr er fort: »Nehmen wir einmal an, du sitzt im Wohnzimmer deines Hauses, und ein schöner neuer Teppich liegt auf dem Fußboden. Draußen regnet es. Ein Freund, den du viele Jahre nicht gesehen hast, reißt die Tür auf und stürzt auf dich zu, um dich zu begrüßen.«

»Das ist ganz in Ordnung«, sagte ich. Doch der Guru war noch nicht auf den Punkt gekommen. »Du freust dich aufrichtig über das Wiedersehen«, sagte er, »aber wäre es dir nicht lieber gewesen, wenn er sich rücksichtsvoll genug gezeigt hätte, seine schmutzigen Stiefel auszuziehen, anstatt deinen Teppich zu ruinieren?«

Darin musste ich ihm recht geben.

Ganz gleich, wie viel wir von jemandem halten oder wie

nahe wir ihm stehen, es ist wichtig, dass wir diese Beziehung durch gutes Benehmen und durch Rücksichtnahme noch angenehmer gestalten. Dann ist die Freundschaft wirklich wunderbar und dauerhaft. Allzu große Vertraulichkeit, die zu Rücksichtslosigkeit führt, schadet einer Freundschaft.

Aufrichtigkeit gehört zu den Eigenschaften, die ich am meisten schätze. Pflegt keinen Umgang mit Menschen, die euch schmeicheln, denn eine solche Freundschaft wird eines Tages zerbrechen; und dann werdet ihr feststellen, dass ihr eure Zeit mit ihnen vergeudet habt. Hütet euch immer vor Schmeichlern. Es ist gut, andere durch aufrichtiges Lob und Anerkennung zu ermutigen; aber unaufrichtige Schmeicheleien sind ein Gift, das sowohl die Seele des Gebenden als auch die des Empfangenden verdirbt. Wer anstatt der Liebe Schmeicheleien vorzieht, ist der Freundschaft nicht wert. Wer anderen Liebe schenkt, der schmeichelt nicht. Und wer schmeichelt, der liebt nicht.

Wenn ihr Umgang mit Menschen sucht, die aufrichtig, rücksichtsvoll und liebevoll sind, werdet ihr jene anziehen, die ihr zuvor gekannt habt. Andernfalls aber werdet ihr nie eure wahren Freunde finden. Ihr müsst euch von aller Heuchelei und Unaufrichtigkeit frei machen. Und verletzt nie jemanden absichtlich. Bekämpft eure Freunde nie und gebt ihnen keinen Anlass zum Zorn. Nutzt einen Freund nie aus und missbraucht ihn nicht. Gebt keine Ratschläge, es sei denn, dass ihr darum gebeten werdet; und wenn ihr sie gebt, dann voller Aufrichtigkeit und Güte – ohne die Folgen zu fürchten. Freunde helfen einander durch aufbauende Kritik.

Die Fähigkeit, Kritik zu ertragen, ist eine der größten Tugenden. Ich habe sie bei meinem Guru gelernt. Konstruktive Kritik ist mir immer willkommen gewesen. Und ich habe denen, die mich ungerechterweise kritisierten, nie etwas nachgetragen; ich habe auch nicht schlecht über sie gedacht, denn ich weiß, dass Gott uns sogar durch unsere Feinde prüft. Ist es nicht so? Als Jesus sprach: »Vater, vergib ihnen, denn sie wissen nicht, was sie tun«, zeigte er göttliches Mitgefühl und Verständnis. An einem solchen Beispiel erkennen wir, wie gütig und liebevoll der Himmlische Vater ist. Die großen Meister spiegeln das Wesen Gottes wider.

Verdient euch Gottes Freundschaft

Ein großer Mensch denkt nicht an seine Größe. Wer sich selbst als groß bezeichnet, ist es nicht. Und die Großen sind so sehr damit beschäftigt, groß zu sein, dass sie nicht an ihre eigene Größe denken. Außerdem, ganz gleich, für wie wunderbar ihr euch haltet, sobald ihr das öffentlich verkündet, wird jeder versuchen, euch das Gegenteil zu beweisen. Es kommt vor allem darauf an, dass ihr aufrichtig seid. Beweist das durch euer Leben. Versucht nie, andere zu hintergehen. Eine künstliche Rose kann nie dasselbe sein wie eine echte. Und eine echte Rose wird immer ihren Duft verbreiten, ganz gleich, wie sehr man sie zerdrückt. Gebt also nie vor, etwas zu sein, was ihr nicht seid. Wenn ihr euch vor anderen zur Schau stellt, werden diese euch schließlich fallen lassen. Und versucht auf keinen Fall, Gott zu hintergehen; denn wenn ihr meint, ihr könntet Ihn täuschen, täuscht ihr nur euch selbst. Er befindet sich unmittelbar hinter euren Gedanken. Wenn ihr Ihm gegenüber nicht aufrichtig seid, entzieht Er sich euch. Er kommt nur zu demütigen und aufrichtigen Wahrheitssuchern. Wenn ihr Ihn liebt, werdet ihr Ihn auch kennen; und ihr werdet wissen, dass Er in jeder Seele ganz gegenwärtig ist. Ob eine Seele von einer kohlrabenschwarzen oder einer diamantenen Persönlichkeit umhüllt ist – Gott ist gleichermaßen in beiden vorhanden. Aber die diamantene Gesinnung des Heiligen spiegelt Gott deutlicher wider.

Es gibt keine größere Freude als die Freude, sich Gottes Freundschaft verdient zu haben. Und es ist wunderbar, diese Freude mit anderen zu teilen. Wenn ihr in eine volle Tasse Milch noch mehr hineingießt, läuft sie über. Ihr könnt es nicht verhindern.

Wenn Freundschaft göttlich geworden ist, werdet ihr alle Menschen lieben

Wenn ihr Gott liebt, könnt ihr auch andere wahrhaft lieben. Ihr werdet andere Seelen deutlich wahrnehmen können – wie ein kristallklarer Spiegel. Alle, die vor diesen Spiegel treten, werden darin so widergespiegelt, wie sie wirklich sind.

Vor vielen Jahren begegnete ich George Eastman, dem

Erfinder der Kodak-Kamera. Äußerlich wirkte er so kalt wie Stahl. Er war für seine Wohltätigkeit weithin bekannt und hatte – wie andere wohlhabende Leute – sicher gute Gründe, die Motive anderer Menschen, denen er begegnete, anzuzweifeln. Er wusste nicht, was ich im Sinn führte. Ohne einleitende Floskeln fragte er mich: »Nehmen Sie meine Einladung an, zu mir nach Hause zu kommen?«, worauf ich antwortete: »Gerne, wenn auch Sie meine Einladung annehmen.« Er stimmte zu.

Später, als er in meine Wohnung kam und sah, wie ich ein Curry-Gericht zubereitete, sagte er: »Wissen Sie, auch ich koche gern.« Wir wurden etwas vertrauter miteinander. Dann bemerkte ich so nebenbei: »Herr Eastman, stimmt es nicht, dass die meisten reichen Leute keine echten Freunde haben? Ich betrachte Sie als einen Freund, nicht als einen Krösus.« Da lächelte er.

Von dem Augenblick an – und während unserer zweistündigen Unterhaltung – sah ich einen anderen Eastman – den wahren Eastman[3], weil ich ihn verstand und ihm in aufrichtiger Freundschaft begegnete. Am nächsten Tag schickte er mir eine Kamera, die ich noch heute besitze.

Wenn ihr eure Freunde bedingungslos liebt, wisst ihr, was göttliche Freundschaft ist. Mit meinem irdischen Vater und vielen anderen Seelen auf diesem Weg verband mich diese Art Freundschaft. Wenn wir mit wahren Seelen Freundschaft schließen, wird eines Tages der Freund aller Freunde kommen und in dieses große Haus der Freundschaft einziehen. Und wenn ihr wahre göttliche Freundschaft entwickelt, werdet ihr schließlich alle Menschen so lieben können wie Christus, der allen ein Freund war.

Betet bitte mit mir: »O Herr, im edlen Charakter wahrer Freunde erkenne ich Deine Weisheit. In ihrem Lachen offenbart sich Dein strahlendes Lächeln. Im strahlenden Blick ihrer Augen schaust Du mich an. Mit ihren Stimmen sprichst Du zu mir. Und durch ihre Liebe liebst Du mich. OM, Frieden, Amen.«

---

[3] »Unter einer harten Schale verbirgt sich ein tiefes Gefühl und eine verborgene Geistigkeit, die von Willenskraft geprägt ist.« – Carl W. Ackerman in dem englischen Buch *George Eastman* (Boston: Houghton Mifflin, 1930)

Die Kunst, in dieser Welt mit anderen auszukommen

*Erster Tempel der Self-Realization Fellowship,
Encinitas, 3. November 1940*

Jede neue Erfahrung auf unserem Lebensweg sollte uns lehren, bewusster und verständnisvoller zu leben, damit wir in dieser Welt besser zurechtkommen können.

Wenn wir die Zivilisationen dieser Welt überblicken und frühere Zivilisationen bis ins Einzelne erforschen, bietet sich uns ein weites Spektrum. Wir stellen fest, dass der Mensch sowohl ein Individuum als auch ein Gemeinschaftswesen ist. Jeder Mensch hat den Wunsch, sowohl ein individuelles Leben als auch ein gesellschaftliches Leben zu führen. Er hat individuelle Neigungen, fühlt sich aber auch einer Gruppe zugehörig. Sogar die frühesten Vorzeitmenschen hatten sich in Gruppen zusammengefunden. Im alltäglichen Leben bringt zu viel gesellige Betriebsamkeit kein Glück und zu viel individuelle Zurückgezogenheit auch nicht. Gott will, dass wir den richtigen Ausgleich zwischen einem individuellen und einem gesellschaftlichen Leben finden.

Jede individuelle und kollektive Veranlagung im Menschen hat ihren Ursprung in Gott. Gott ist sehr individualistisch: Jenseits aller Sterne, aller Universen und Gedanken der Menschen, jenseits aller Empfindungen und Träume sowie aller Wahrnehmungen der Materie existiert Er – ganz allein, ohne jemanden bei sich zu haben –, vollendet in sich, glücklich in Seinem eigenen SELBST. »Wo weder Sonne noch Mond noch Feuer scheint, dort ist Mein Erhabener Wohnsitz.«[1] Es heißt, dass der allmächtige Gott Sein ewiges Schweigen so sehr liebt, dass selbst der winzigste Lichtstrahl und die geringste Schwingung

---

[1] Bhagavad-Gita XV, 6.

Ihn stören würden. In jener Region des dunkellosen Dunkels und der lautlosen Laute, des unerschaffenen Nichts, der Absoluten Substanz aller Dinge existiert Er allein – sich selbst vollkommen genügend. Zweifellos fällt es Ihm nicht schwer, mit sich selbst zurechtzukommen; Er hat niemanden, der Ihm widersprechen könnte.

Gleichzeitig aber ist ein Teil Gottes ganz und gar nicht abgesondert: Er ist überall in den Blumen, den Vögeln und Fischen und in allen Lebensformen auf diesem Planeten tätig – in den Millionen von Menschen und in jedem Geschöpf –, und Er wirkt in den elektromagnetischen Gesetzen des Universums und in den zahlreichen Gesetzen, mit deren Hilfe Er die Schöpfung regiert. In diesem Sinne ist Er also nicht individualistisch; Er muss sich auf die Mannigfaltigkeit Seiner Schöpfung einstellen – auf die unermessliche Vielgestaltigkeit, in der Er sich selbst widerspricht. Er ist der Unerschaffene und der Erschaffene – der Brahma, den die Hindus in ihren Liedern besingen.

Letzten Endes gibt es überhaupt keinen Unterschied zwischen Gottes verschiedenen Geschöpfen. Obgleich ihre Ungleichheit widersprüchlich erscheint – wie bei Mensch und Tier, beim Tiger und seiner Beute –, ist Gott dennoch mit allem, was in diesem materiellen, täuschenden Panorama der Welt geschieht, im Einklang. Er ist die Harmonie in der vielfältigen Tätigkeit und die Harmonie in Seinem individuellen SELBST. Es ist Sein Wunsch, dass auch wir lernen, mit uns selbst und mit anderen im Einklang zu leben.

Ihr müsst mit euch selbst zurechtkommen

Es ist wunderbar, wenn man mit sich selbst zurechtkommt. Viele wissen nur zu gut, wie schwierig es ist, mit anderen auszukommen. Aber habt ihr euch schon einmal gefragt, ob ihr mit euch selbst zurechtkommt? Das ist nämlich besonders schwierig. Wenn ihr etwas Abstand von eurem Ich nehmt und euch psychologisch betrachtet, werdet ihr sehen, wie ihr dauernd mit euch selber kämpft. Solange ihr euch selbst nicht leiden könnt, könnt ihr auch andere Menschen oder Dinge nicht leiden. Wie kann derjenige, der mit sich selbst nicht zurechtkommt, erwarten, gut mit anderen auszukommen? Am wichtigsten ist es, dass man mit sich selber zurechtkommt, wenn man sich in dieser Welt zurechtfinden will. Ihr müsst also zuallererst lernen, euch selbst aufrichtig zu schätzen und zu lieben. Wenn ich sage, ihr sollt euch selbst lieben lernen, meine ich damit aber nicht, dass ihr euren Egoismus, eure Selbstsucht und eure eigennützigen Interessen lieben sollt. (Natürlich wird sich jeder Mensch angesichts einer Gefahr instinktiv in Sicherheit bringen, denn der Selbsterhaltungstrieb regiert das Leben.) Liebt euch selbst, denn ihr seid Kinder Gottes und besitzt göttliche Fähigkeiten. Eure Liebe und Fürsorge für euer potenzielles Selbst ermutigen euch und spornen euch an, das wahre Wesen eurer Seele zu entfalten.

Ihr könnt vor euch selbst nicht davonlaufen, auch wenn ihr vor der Zivilisation flieht und euch in den fernsten Winkel der Erde zurückzieht. Denn Gott will, dass ihr euch hier, wo ihr hingestellt worden seid, vervollkommnet. Es gibt Menschen, die unter den schlimmsten Bedingungen leben müssen und dennoch die wunderbare Fähigkeit haben, mit sich selbst zurechtzukommen. Andere wieder erhalten die besten Chancen, aber sie kommen mit sich selbst nicht zurecht; sie leben ständig in einem inneren Widerstreit.

Ihr dürft nicht darauf warten, bis sich eure Umstände ändern. Wenn ihr das tut, werdet ihr nie Fortschritte machen. Sagt euch: »Trotz meiner Umgebung ist alles mit mir in Ordnung. Wenn ich wirklich meditieren will, werde ich auch unter diesen Umständen Zeit dafür finden. Wenn ich mich geistig weiterbilden will, werde ich das tun – ganz gleich, was die äußeren Umstände sind.« Ich kannte einen ungewöhnlich begabten Mann in Indien, der 18 Sprachen beherrschte; dennoch war er so arm, dass er sich nicht einmal eine Lampe leisten konnte, um darunter zu lesen. Deshalb ging er an eine Straßenecke und las unter dem Laternenlicht. »Wo ein Wille ist, da ist ein Weg«, heißt es. Äußere Umstände sind keine Entschuldigung dafür, dass ihr euch nicht zum Besseren verändern könnt.

Ihr seid der einzige Mensch, der weiß, ob ihr mit euch selbst zurechtkommt; denn vor anderen haltet ihr euer Inneres geschickt verborgen. Deshalb liegt es an euch, jeden Tag herauszufinden, ob ihr in Frieden mit euch selbst lebt.

Der Meister [Swami Sri Yukteswar] pflegte zu sagen: »Lernt, euch zu betragen.« Das bringt euch inneren Frieden und großes Glück. Wenn ihr lernt, mit euch selbst zurechtzukommen, werdet ihr auch mit jedem anderen auskommen können. Das weiß ich aus Erfahrung. Und das hat uns auch Jesus vorgelebt. Er konnte sagen: »Vater, vergib ihnen«, denn er besaß diesen inneren Frieden.

Euer Gewissen wird euch helfen, mit euch selbst zurechtzukommen

Verschiedene Verhaltensmaßregeln müssen befolgt werden, wenn man lernen will, mit sich selbst zurechtzukommen. Erstens: Wer leicht erregbar oder wegen schlechter Gewohnheiten ruhelos ist, wird nie mit sich ins Reine kommen. Wenn euer Gewissen euch die ganze Zeit sagt, dass ihr etwas Unrechtes tut, wie in aller Welt könnt ihr erwarten, mit euch selbst zurechtzukommen? Und wenn ihr dann mit anderen zusammentrefft, werdet ihr feststellen, dass sie euch weder ihr Vertrauen noch ihr Wohlwollen entgegenbringen; denn wer gegen sein Gewissen handelt, misstraut sich selbst, und das drückt sich in seinem ganzen Charakter aus. Das Gewissen spricht immerfort zum Menschen und drängt ihn dazu, sich zu bessern und richtig zu betragen. Natürlich kann man sein Gewissen abstumpfen. Doch es wird nicht immer unempfindlich bleiben. Notfalls werden die Landesgesetze die Selbstzufriedenheit jener Personen erschüttern, deren Gewissen durch Missbrauch ihres freien Willens stumpf geworden ist. Selbst Verbrecher werden feststellen, dass ihr gewissenloses Handeln sich nicht bezahlt gemacht hat.

Hört also auf euer Gewissen, auf die Stimme eures inneren Selbst; sie wird euch helfen, mit euch selbst zurechtzukommen.

Gleichmut – ein notwendiges Fundament für unser Leben

Zweitens müsst ihr euch in Gleichmut üben. Bewahrt bei allen Erfahrungen, die ihr im Leben macht, euren Gleichmut. Innere Ausgeglichenheit und eine ruhige Gemütsverfassung bringen nicht nur euch selbst, sondern auch anderen großes Glück. Das bedeutet aber nicht, dass ihr kein Rückgrat haben oder keine Begeisterung fühlen sollt; Gleichmut zu üben bedeutet, dass ihr euch um innere Ruhe bemüht. Natürlich könnt ihr euch an den guten Dingen des Lebens freuen, aber lasst euch

Die Kunst, in dieser Welt mit anderen auszukommen

von ihnen nicht zu sehr verleiten. Und wenn euch ein Leid zustößt, ertragt es tapfer und findet Wege, es zu überwinden, anstatt deprimiert und ruhelos zu werden und euren inneren Frieden zu verlieren. Manche Leute sind immer ruhelos; es gibt nur wenige, welche die meiste Zeit und unter allen Umständen ruhig und gleichmütig bleiben. Doch diese innere Ruhe muss von Dauer sein und zum Fundament eures Lebens werden. Das lehrte Swami Shankara[2]: »Übe dich immer in Gleichmut, wenn du den gleichmütigen Herrn auf den Altar deiner Seele locken willst.« Ohne diesen Gleichmut kann niemand Gott finden.

Überlegt euch einmal, wie vollkommen Jesus Christus mit sich selbst im Einklang war. Deshalb konnte er in einer großen Menge mit den verschiedensten Menschentypen auskommen. Niemandem gegenüber und unter keinen Umständen verlor er seine innere Ausgeglichenheit – nicht einmal während seiner größten Prüfung am Kreuz. »Wer vollkommenen Gleichmut erlangt hat, siegt schon hier in dieser Welt über die Relativität des Daseins (Geburt und Tod, Freude und Leid). Er hat wahrhaftig den Thron des GEISTES erreicht – den makellosen, vollkommen ausgeglichenen GEIST.«[3] Wir sollten uns mehr mit dem Leben der wahrhaft großen Meister beschäftigen. Sobald wir sie verstehen, wissen wir auch, wie wir unser eigenes Leben gestalten können.

Tiefes Nachdenken führt zu Gott und zu intuitiver Wahrnehmung

Was euch als Nächstes helfen wird, mit euch selbst zurechtzukommen, ist die Herrschaft über eure Gedanken. Macht es euch zur Gewohnheit, tief über alles nachzudenken. Lernt die Kunst der Konzentration; wenn ihr dann eure Aufmerksamkeit auf eine bestimmte Sache richtet, werden eure Gedanken nicht mehr ruhelos hin und her springen. Die meisten Leute leben nur oberflächlich dahin. Doch wenn ihr tief ins Meer der Gedanken taucht, findet ihr die Perlen der Weisheit. Tiefe Denker sind glückliche Menschen, weil sie ihre Aufmerksamkeit

---

[2] Shankara gilt als der größte Philosoph Indiens; er reorganisierte den seit alters bestehenden Swami-Orden. (Siehe *Shankara* und *Swami* im Glossar.)
[3] Bhagavad-Gita V, 19.

von den Störungen ihrer Umgebung zurückziehen können. Dem Durchschnittsmenschen gelingt das nicht. Er lebt ständig an der Oberfläche – wie ein Fisch, der dem Fischer leicht ins Netz geht.

Übt euch darin, tief nachzudenken. Nehmt euch ein schwieriges Problem vor und sinnt darüber nach. Taucht so tief, wie ihr könnt, in das Problem hinein. Wenn ihr tief genug geht, wird sich eine Lösung finden lassen. Und aus dieser inneren Tiefe steigt ein Gefühl seelischen Friedens auf. Warum? Weil ihr Gott näherkommt, wenn ihr tief nachdenkt. Ohne tiefes Nachdenken und geistige Konzentration wird niemand Gott finden. Selbst tiefe Denker, die Gott nicht kennen, sind innerlich glücklich, weil sie unbewusst bereits weit auf dem Weg intuitiver Wahrnehmung, der zu Gott führt, vorgedrungen sind. Wer fähig ist, tief über schwierige Probleme nachzudenken, ohne dass er bewusst mit Gott verbunden ist, mag keine göttlichen Wahrnehmungen erlangen, weil er in seinen eigenen Gedanken stecken bleibt; denn keiner kann Gott finden, ohne Ihn bewusst zu suchen. Aber die tiefen Denker sind Gott zumindest näher als diejenigen, die oberflächlich und im Zustand der Unwissenheit leben. Es gibt keine größere Sünde als die Unwissenheit. Deshalb rate ich euch, kein müßiges Leben zu führen. Tut etwas Nützliches im Leben – etwas Sinnvolles und Konstruktives, das euer Bewusstsein vertieft und erweitert; dann kommt ihr Gott immer näher.

Diejenigen, die tief nachdenken, kommen besser mit sich selbst und auch mit anderen zurecht. Weil sie die Fähigkeit haben, tief in das Meer der Gedanken zu tauchen, wissen sie auch, wie sie handeln müssen, wenn sie in Schwierigkeiten geraten. Tiefes Denken bedeutet geistig bereit zu sein, sodass ihr euch auf göttliche Weise über die Umstände hinwegsetzen könnt.

Ein gesunder Menschenverstand setzt tiefes Denken in die Tat um

Neben tiefem Nachdenken müsst ihr euch auch um einen gesunden Menschenverstand bemühen – das heißt, um ein Denken, das allen gemeinsam ist – eine Art Intuition. Es hilft nicht, wenn man folgendermaßen denkt: »Mein Mann war neulich sehr krank, und ich habe tief über seinen Zustand nachgedacht. Als ich dann aber nach langem Nachdenken zu dem Entschluss kam, einen Arzt zu rufen, war mein Mann schon gestorben.« Man muss gesunden Menschenverstand anwenden. Es ist wichtig, dass ihr euer tiefes Denken auch in die Tat umzusetzen lernt. Niemand kann euch gesunden Menschenverstand beibringen. Es ist ein intuitives Gefühl, das euch zur rechten Zeit sagt, was ihr tun müsst. Jede Seele besitzt gesunden Menschenverstand, aber nur wenige wissen, wie man diesen Quell der Unterscheidungskraft besser anzapfen kann. Ihr müsst diese Kraft entwickeln, um in jeder Lebenslage zu wissen, wie ihr handeln sollt.

Schränkt eure Wünsche ein und vergeudet keine Zeit

Und schließlich müsst ihr, wenn ihr mit euch selbst zurechtkommen wollt, eure Wünsche einschränken. Wer sich ständig sogenannten »Vergnügungen« hingibt, treibt Raubbau mit seiner Gesundheit. Niemand muss solche Menschen strafen; sie strafen sich selbst durch ihr ausschweifendes Leben und werden nervös, ärgerlich und launisch. Sie haben schließlich an nichts mehr Freude, weil sie von ihren unersättlichen Sinnen beherrscht werden. Ein Meister dagegen ist Herr seiner Sinne. Wenn er *Nein* zur Versuchung sagt, dann meint er es auch. Und wenn er zum richtigen Handeln *Ja* sagt, meint er das ebenfalls.

Vergeudet keine Zeit. Sie ist zu wertvoll, als dass man sie an sinnlose Dinge verschwendet. Ich habe nie gelernt, Karten oder Halma oder etwas Ähnliches zu spielen, weil ich sah, dass man damit nur die Zeit totschlägt. Das Leben ist zu wertvoll, um vergeudet zu werden. Unser Ziel ist es, Gottesbewusstsein zu erlangen. Seid innerlich immer mit Gott beschäftigt, dann wird nichts und niemand euch ablenken können. Wie wunderbar ist es, ein einfaches Leben zu führen. Ein Leben innerer Zufriedenheit ist ein Himmel, der euch noch fremd ist. Selbst wenn ich mir ab und zu einen Film ansehe, um einmal von den vielen organisatorischen Anforderungen loszukommen, lasse ich mich nicht von den Szenen auf der Leinwand faszinieren, sondern tauche lieber in das Gottesbewusstsein ein. Ich sehe den Film dann gar nicht; ich beobachte lieber den kosmischen Film, der sich in meinem Innern abspielt.

Das höchste Ziel des Lebens besteht darin, Gott zu finden. Vergeudet eure Zeit deshalb nicht mit belanglosen Dingen.

Beginnt zu Hause, mit anderen gut auszukommen

Während ihr versucht, mit euch selbst zurechtzukommen, solltet ihr euch auch in der Kunst üben, gut mit anderen auszukommen – eine große, aber schwierige Kunst.

Macht den Anfang bei euren Familienangehörigen, mit denen ihr zusammenlebt. Es gibt eine Redensart: »Auf der Straße ein Engel – zu Hause ein Teufel.« Wenn ihr lernt, gut mit euren eigenen Angehörigen auszukommen, werdet ihr auch besser mit der übrigen Welt auskommen. Ihr müsst euer Benehmen und eure innere Einstellung verbessern. Wenn ihr denen, die euch ärgern, aus dem Wege geht, bleibt eure Wut oder innere Erregung dennoch bestehen; ganz gleich, wohin ihr geht, ihr werdet überall Schwierigkeiten haben. Warum wollt ihr eure Probleme nicht hier und jetzt lösen?

Immer wenn ihr Schwierigkeiten mit anderen habt, prüft euch selbst zuerst; und wenn der Fehler bei euch liegt, macht euch selbst dafür verantwortlich. Denkt tief darüber nach und fragt euch, ob euer Verhalten richtig war, ob ihr die Kritik der anderen verdient. Und vergesst nicht, dass Beispiele lauter sprechen als Worte. Wenn ihr andere ändern wollt, ändert zuerst euch selbst. Wenn ihr anderen beibringen wollt, gut mit ihren Mitmenschen auszukommen, dann lebt ihnen das selbst vor. Gut mit anderen Menschen auszukommen bedeutet, auch mit Gott gut auszukommen – vorausgesetzt, dass ihr nicht von rücksichtslosen Menschen umgeben seid. Jesus wurde zu Unrecht verfolgt. Doch wenn jemand euch *zu Recht* kritisiert, dann müsst ihr größere Anstrengungen machen, euch zu bessern.

Gebt eure Ideale nicht auf, um anderen zu gefallen

Gut mit Menschen auszukommen, heißt nicht, dass ihr mit allen übereinstimmt; und es heißt auch nicht, dass ihr eure Ideale ihretwegen aufgeben sollt. Diese Art, mit anderen gut auszukommen, meine ich nicht. Ihr könnt jedoch an euren Idealen festhalten, ohne anzuecken. In diesem Sinne stimmte Jesus Christus während seines Lebens zwar mit vielen nicht

Die Kunst, in dieser Welt mit anderen auszukommen 163

überein; doch er hielt an seinen Idealen fest, ohne die anderen abzustoßen. Ganz sicher war er mit sich selbst im Reinen, denn er wusste, dass er das Rechte tat. Er sagte: »Ich bin dazu geboren und in die Welt gekommen, dass ich für die Wahrheit zeugen soll.«[4]

Bemüht euch vor allem darum, Gott Freude zu machen und euren eigenen Idealen treu zu bleiben; macht niemals Abstriche an euren Idealen und habt nie Hintergedanken. Wenn ihr so leben könnt, dass ihr Gott liebt und niemandem übelwollt, dann macht es nichts, falls die Welt euch dennoch ablehnt. Es ist besser, von der ganzen Welt abgelehnt und von Gott geliebt zu werden, als von allen geliebt und von Gott verlassen zu werden. Mit anderen auszukommen bedeutet, zuerst mit eurem Gewissen und mit Gott im Reinen zu sein – und danach auch mit anderen Menschen.

Diese Erkenntnis ist eines der großen Geschenke, die ich von meinem Meister erhalten habe. Nichts in der Welt lässt sich mit der Freude vergleichen, die ich empfand, wenn ich mit ihm zusammen war. Wenn ihr in wahrer Freude verankert seid, besitzt ihr alles. Dann braucht ihr die Welt nicht mehr.

Während meiner ersten Jahre hier in Amerika wurde ich einmal als Ehrengast zu einer großen Gesellschaft geladen. Ich wusste nicht, was eine »exklusive Cocktailparty« bedeutet; und deshalb wusste ich auch nicht, was mir bevorstand. Jedoch habe ich weder vorher noch nachher wieder eine solche Gesellschaft aufgesucht. Jeder trank mehr als reichlich. Am späten Abend wurde ich gebeten zu sprechen, und da hielt ich eine Ansprache, die bestimmt keiner vergessen hat. Ich sprach nicht aus Ärger, aber ich sagte die Wahrheit: »Ist dies etwa ein natürliches Leben? Macht es Sie wirklich glücklich, sich mit Alkohol volllaufen zu lassen? Kann man das ein Vergnügen nennen, sich zu betrinken und ausfallend zu werden? Wo soll das hinführen?« Ich weiß, dass viele der Anwesenden sich daraufhin vornahmen, nie wieder solche Gesellschaften aufzusuchen. Ich ärgerte mich nicht wirklich, denn innerlich hielt ich Abstand. So kann ich gut mit anderen auskommen. Ich brauche

---

[4] *Johannes* 18, 37.

ja nicht ihre Lebensweise zu übernehmen; ich versuche eher, sie freundlich aufzufordern, *meine* Lebensweise anzunehmen. Wenn ihr Gott im Herzen tragt und von Freude erfüllt seid, wenn ihr weise Gedanken hegt und eure Seele den mächtigen Himmel in sich trägt, erlebt ihr die Freude des Ewigen Vaters. Das ist die Kraft, die ich die ganze Zeit schaue und fühle.

Haltet euch an die Wahrheit, doch in einer Weise, die niemanden verletzt. Wenn ihr aufgrund eurer Ideale mit anderen zusammenstoßt, dann ist es besser, sich von diesen negativen Menschen zurückzuziehen. Haltet Abstand von denen, die euer gütiges Verhalten nicht ertragen können. Glaubt aber nicht, dass ihr anderen den Kopf waschen müsst, damit sie zur Einsicht gelangen. Wenn sie euch nicht folgen wollen, lasst sie ihren eigenen Weg gehen. Seid aber immer bereit, anderen Wahrheitssuchern, die nach dem Nektar der Seele verlangen, verständnisvoll zu helfen und zu ihrem Glück beizutragen.

Lächelt aus ganzer Seele

Macht euch zur Gewohnheit, immer freundlich zu sein. Damit meine ich nicht, dass ihr ständig ein breites Grinsen zur Schau tragen sollt. Ein solches Lächeln ist hohl und nichtssagend. Doch ein Lächeln, das tief aus dem Herzen kommt und sich im Antlitz widerspiegelt, ist wunderbar. Das ist ein aufrichtiges Lächeln. Menschen, die viel in der Öffentlichkeit stehen, setzen bisweilen ein gekünsteltes Lächeln auf und denken dabei an etwas ganz anderes. Sie sind innerlich leer, und deshalb wirkt ihr Lächeln auch nicht echt. Doch ein Lächeln, das aus der Seele kommt, wirkt sehr anziehend; wenige Menschen können einem solch aufrichtigen Lächeln widerstehen.

Es gibt Leute, die chronische Miesmacher sind. Andere sind im Umgang hartgesotten und reagieren starrsinnig. Wie kommt man mit solchen Leuten am besten aus? Nehmt euch als Erstes vor, dass ihr euch durch keine noch so große Herausforderung verärgern lasst. Das ist eine der ersten Voraussetzungen, wenn man lernen will, mit anderen auszukommen. Ganz gleich, was geschieht, lasst euch von niemandem aus der Ruhe bringen. Das ist schwer für Menschen, die keine Selbstbeherrschung besitzen; doch es ist sehr leicht, wenn man sich fest dazu entschließt. Behauptet nicht voller Stolz, dass ihr nie ärgerlich werden könnt, sondern übt euch so gut wie möglich darin. Wenn ihr damit prahlt, werden die Leute versuchen, das auszunutzen. Und seid nach außen nicht lammfromm, wenn ihr innerlich vor Wut kocht. Lasst euch aber auch unter keinen Umständen so wütend machen, dass ihr etwas tut, was ihr später bereut. Die meisten Menschen, die ihre Fassung verlieren, bedauern später ihr Handeln. Stattdessen sagt euch mit tiefer Überzeugung: »Ich bin ganz und gar Herr meiner Gefühle.« Leute, die ihre Gefühle nicht unter Kontrolle haben, sind sich selbst der ärgste Feind. Jeder unerfüllte Wunsch erregt ihren Zorn. Wenn irgendjemand euch wütend machen kann, dann nur deshalb, weil einer eurer Wünsche vereitelt worden ist. Sonst könnte niemand euch zornig machen.

Manchmal muss man ruhig, aber fest bleiben

Während ihr euch bemüht, gut mit anderen auszukommen, lasst euch nie zum Fußabtreter machen, sonst werden andere über euer Leben bestimmen wollen. Wenn sie merken, dass sie keine Macht über euch haben, werden sie ärgerlich; und wenn ihr auf sie hört und tut, was sie sagen, dann habt ihr kein Rückgrat. Wie sollt ihr euch also verhalten? Wenn jemand sich euren Idealen widersetzt, ist es am besten, ruhig, aber fest zu bleiben. Sagt gar nichts. Werdet nicht ärgerlich. Auch wenn ihr immer wieder mit Worten angegriffen werdet, lasst euch dadurch nicht herausfordern. Vermeidet jeden Streit. Irgendwann werden diese Personen einsehen, dass ihr sie gar nicht ärgern wollt, dass ihr aber gute Gründe dafür habt, ihren Vorschlägen nicht zu folgen.

Wenn Menschen ihre Beherrschung verlieren, haltet Abstand von ihnen, bis sie sich wieder beruhigt haben. Wenn ihr dann über eure Schwierigkeiten sprechen könnt, ist das sehr erfreulich. Aussprachen sind wichtig. Doch wenn jemand nur darauf aus ist, zu streiten, sagt einfach: »Ich mache jetzt einen kleinen Spaziergang.« Dann kommt zurück und versucht, das Gespräch fortzusetzen. Doch wenn der andere noch immer streiten will, verlasst ihn und geht länger spazieren. Weigert euch zu streiten. Keiner kann mit euch streiten, wenn ihr nicht mitmacht. Gießt niemals Öl in den lodernden Zorn anderer.

Der zornige Mensch ist nur dann zufrieden, wenn er auch euch zum Zorn reizen kann.

Ich kann mit jedem gut auskommen, doch ich bin nicht gern in Gesellschaft von streitsüchtigen Menschen. Wenn jemand darauf besteht, unter allen Umständen Recht zu behalten, dann gönnt ihm den Sieg – es ist ein oberflächlicher Sieg. Lasst euch nicht auf Streitgespräche ein. Große Menschen argumentieren selten; sie lächeln nur und sagen: »Ich bin anderer Meinung.« Sie lassen sich auf keine Wortgefechte ein.

Seid taktvoll, denn die Menschen sind nicht gefühllos

Bemüht euch immer, taktvoll zu sein. Das soll nicht heißen, dass ihr euch verstellt, sondern dass ihr anderen gegenüber rücksichtsvoll seid. Ihr seid nicht aus Stein; ihr seid vernünftige und bewusste Wesen und solltet andere nicht so behandeln, als ob sie gefühllose Steine wären. Widersetzt euch nicht offen den Wünschen anderer. Wer sich stets in die Angelegenheiten anderer einmischt, bringt diese – und sich selbst – in Schwierigkeiten. Wenn jemand euch zuhören will und ihr meint, dass es ihm gut tut, dann sprecht aufrichtig mit ihm. Aber es gibt Menschen, die so etwas nicht schätzen und aus purem Trotz genau das tun, was ihr nicht wollt.

Wenn ihr gut mit anderen auskommen könnt, gleicht ihr einer duftenden Blume. Manchmal kommt ihr an einem Garten vorbei und nehmt den Duft von Rosen oder Orangenblüten wahr; dann denkt ihr: »Oh, was für ein herrlicher Duft!« Ähnlich ist es mit großen Seelen. Wenn ihr in ihre Nähe kommt, spürt ihr die Lieblichkeit ihres Wesens. Es ist ein Duft, der die Seele erhebt. Doch wenn ihr auf einen üblen Geruch stoßt, sucht ihr so schnell wie möglich das Weite. Ihr wollt euch nicht in der Nähe eines widerwärtigen, zornigen und streitsüchtigen Menschen aufhalten, der sich mit keinem verträgt. Er gleicht einem menschlichen Stinktier, das einen abstoßenden Geruch verbreitet.

In religiösen Organisationen kann man zwei völlig verschiedene Menschentypen finden: Solche, die bemüht sind, sich selbst zu vervollkommnen, und solche, die streitsüchtig sind und Unruhe verbreiten, weil sie alle anderen – nur nicht

Die Kunst, in dieser Welt mit anderen auszukommen 167

sich selbst – verbessern wollen. Sie scheinen es darauf abgesehen zu haben, andere Menschen in Verlegenheit zu bringen.

Während meiner ersten Zeit in Boston planten wir einmal, ein Bankett zu geben. Zwei Damen mittleren Alters waren, was Klatsch und Tratsch anbelangt, absolute Spitzenreiter. Da ich mir dieser Tatsache nicht bewusst war, hatte ich sie mit der Organisation des Banketts beauftragt. Doch jemand warnte mich: »Nehmen Sie sich vor diesen beiden in Acht. Sie haben schon anderen geistigen Lehrern große Schwierigkeiten bereitet.« Da wurde ich vorsichtig und beobachtete ihr Verhalten. Als die Vorbereitungen für das Bankett fast abgeschlossen waren, legte meine Sekretärin Platzkarten auf den Gästetisch, an dem bestimmte Personen sitzen sollten. Die beiden Damen begannen vor Wut zu kochen: »Warum sollen diese Personen dort sitzen und nicht wir?« Um des lieben Friedens willen wurden die betreffenden Gäste an andere Tische gesetzt.

Eines Tages fingen diese beiden Damen an, die Organisation des Zentrums durcheinanderzubringen. Sie hatten die Absicht, führende Stellungen im Zentrum von Boston einzunehmen. Deshalb rief ich sie zu mir und fragte sie: »Nehmen Sie mich als Ihren geistigen Lehrer an?« – »Ja«, versicherten sie mir. »Werden Sie auch auf mich hören?« fragte ich weiter. »Auf jeden Fall!« sagten sie. Sie dachten sicher, dass ich ihnen eine bedeutende Stellung übertragen wolle. Nach einer Weile sprach ich mit jeder einzeln und vertraute ihr ein sogenanntes Geheimnis an. Beide mussten mir versprechen, diese Information unter keinen Umständen weiterzugeben. Sie versprachen das auch. Schon nach einigen Tagen jedoch hatte jede von ihnen vielen anderen »vertraulich« erzählt, was ich ihnen anvertraut hatte. Als sie sahen, wohin das geführt hatte, brach eine Fehde zwischen ihnen aus. Ich hielt mich daraufhin von ihnen fern. Doch sie suchten mich auf. Ich wohnte damals im Hotel Boston Plaza. Sie riefen mich an und sagten, dass sie mit mir sprechen wollten. Da erwiderte ich: »Gut, ich werde mit Ihnen reden – vorausgesetzt, dass Sie ganz ruhig sprechen; sobald Ihre Stimmen laut werden, ziehe ich mich zurück.«

Als ich ins Foyer herunterkam, hatten sie Mühe, sich zu beherrschen. Sie fragten mich: »Warum haben Sie jeder von uns dasselbe ›Geheimnis‹ erzählt?« Ich erwiderte: »Um Ihnen zu zeigen, dass man Ihnen nichts anvertrauen kann, dass Sie untreu sind, dass Sie gern streiten und Klatsch verbreiten. Auf diese Weise habe ich Ihnen Ihr eigenes falsches Benehmen vor Augen führen können. Was ich Ihnen anvertraute, war nicht von Bedeutung; ich wollte nur sehen, ob Sie ein Geheimnis bewahren können oder ob Sie – wie es Ihre Gewohnheit ist – wieder tratschen und Unruhe stiften würden. Der Fehler lag nicht bei den geistigen Lehrern, die in diese Stadt gekommen sind und die Sie so heftig kritisiert haben. Der Fehler liegt in Ihrem eigenen Charakter. Ich hatte Sie um etwas gebeten, und Sie hielten nicht Wort. Wissen Sie auch, welch schlechten Ruf Sie hier in der Stadt haben? Jetzt sind die Probleme, die Sie anderen so oft verursacht haben, auf Sie selbst zurückgefallen. Wenn Sie ein Versprechen, das Sie Ihrem geistigen Lehrer gegeben haben, nicht halten können, wie können Sie erwarten, dass andere Menschen Ihnen vertrauen? Wenn Sie Ihr Wort *mir* gegenüber nicht halten können, werden Sie es auch keinem anderen gegenüber halten. Leben Sie wirklich in Frieden und sind Sie tief in Ihrem Herzen glücklich?«

Ich sprach an diesem Tag ganz offen mit ihnen und führte ihnen in aller Aufrichtigkeit und Ernsthaftigkeit ihr Benehmen vor Augen. Zum Schluss sagte ich: »Ich schließe Sie nicht aus meinem Seminar aus. Sie müssen mir aber versprechen, dass Sie während meiner Vorträge nie mehr über jemanden schlecht reden. Glauben Sie auch nicht, dass Sie schon Lehrmeister sein können. Solange Sie noch den ehrgeizigen Wunsch hegen, andere zu bekehren, sind Sie nicht reif dafür. Zuerst müssen Sie selber leben, was Sie lehren. Dann werden andere Ihrem Beispiel folgen.« Und wisst ihr, was dann geschah? Sie besuchten das Seminar Stunde um Stunde und störten keinen mehr. Sie waren die bescheidensten unter den Schülern. Ihr seht also, ich bin mit ihnen ausgekommen, weil ich nicht zornig wurde. Ich hatte sie auf taktvolle Weise zu der Erkenntnis ihrer geistigen Schwächen gebracht.

Takt allein genügt allerdings nicht, um gut mit anderen auszukommen. Man muss auch mit gutem Beispiel vorangehen, Ruhe und Gleichmut bewahren, sich aufrichtig und fröhlich zeigen, immer rechtschaffen handeln, frei von Stolz und Egoismus sein; und man soll anderen nicht einfach alles nachmachen, sondern nur das tun, was Gott Freude macht. Wenn ihr Frieden finden wollt, müsst ihr regelmäßig und tief meditieren, dann werdet ihr überrascht feststellen, wie sich euer Verhältnis zu anderen bessert.

Und dann bemüht euch ehrlich darum, etwas Nützliches zu tun. So kann sich die Liebe Ausdruck verschaffen. Denkt einmal darüber nach. Erweist anderen Menschen Dienste, und zwar durch praktische, positive Gedanken, durch hilfreiche Worte, durch konstruktive Vorschläge. Gebt ihnen aber keine Ratschläge, wenn diese nicht erwünscht sind, und lasst es gut sein, wenn eure Vorschläge abgewiesen werden. Ihr müsst dann Selbstbeherrschung zeigen und schweigen. Und wenn ihr anderen Gutes getan habt, ihnen später aber nicht mehr auf materielle Weise helfen könnt, und wenn sie dann aufbegehren, weil sie solche Hilfe weiter von euch erwarten, sollte euch das nichts ausmachen. Tut weiterhin das, was richtig ist. Tut euer Bestes und macht euch dann keine Gedanken mehr darüber.

Seid aufrichtig und schmeichelt anderen nicht

Seid allen gegenüber aufrichtig. Natürlich kann man mit den meisten Menschen auskommen, wenn man ihnen schmeichelt. Aber das verdirbt den eigenen Charakter und auch den Charakter dessen, dem man schmeichelt. Aufrichtiges Lob dagegen schadet nicht. Jeder wird gern ermutigt und für seine guten Eigenschaften und Handlungen gelobt, wenn die Anerkennung ehrlich gemeint ist. Doch es ist unrecht, anderen nur deshalb zu schmeicheln, weil man sich Vorteile dadurch erhofft. Wenn jemandem meine Liebe nicht genügt, werde ich nicht versuchen, ihn durch Schmeichelei zu bestechen.

Einmal kam ein wohlhabender Schüler aus Milwaukee zu uns und wohnte in Mt. Washington – ein Herr R. Das war während der ersten schwierigen Jahre, als wir kaum genug Mittel zur Verfügung hatten, das Werk weiterzuführen. Er kam, um bei uns zu lernen, aber bald schon wollte er alle anderen belehren. Eines Tages ließ ich ihn in mein Arbeitszimmer kommen und sagte ihm: »Ich verbiete Ihnen, der Organisation weiterhin Geld zu spenden. Ich schenkte Ihnen meine Liebe, aber Sie erwarten Schmeicheleien von mir. Sie kamen, um zu lernen, doch jetzt wollen Sie uns belehren.« Da wurde er zornig. Ich aber sagte: »Glauben Sie nicht, dass Sie mich bereits hinters Licht geführt haben, weil ich bisher nie etwas gesagt habe. Alles, was Sie brauchen, ist eine gute Portion Schmeichelei, damit Sie sich für etwas Großes halten können. Von mir aber dürfen Sie das nicht erwarten.«

Mit Tränen in den Augen sagte er mir: »Aber dann wird hier alles zugrunde gehen. Die Zeitschrift[5] kann nicht mehr gedruckt werden, und Mt. Washington wird nicht überdauern können, wenn Sie meine Unterstützung nicht annehmen.« Ich erwiderte: »Was macht das schon?« Er war lange Zeit ärgerlich und prophezeite, dass ohne ihn alles zusammenbrechen werde. Doch ich sagte: »Vielleicht auch nicht.« Dann warnte ich ihn: »Nehmen Sie sich in Acht; Sie sagen da schlimme Dinge voraus. Doch ich sage Ihnen, wenn Sie so weitermachen, werden Sie all Ihr Geld verlieren.« Er verließ Mt. Washington und schloss sich später einer anderen Organisation an; diese schmeichelte ihm und gab ihm eine hohe Position, und dann brachte sie ihn um all sein Geld. Er musste wieder ganz von vorn anfangen. Was wäre aus uns geworden, wenn wir von diesem Mann Geld angenommen hätten? Ich hätte meine Augen vor seinen üblen Machenschaften verschließen müssen – und das hätte ich nie gekonnt.

Kurz nach dieser Begebenheit wurde einer der größten Freunde und Wahrheitssucher Mitglied unserer Organisation. Das war der heilige Lynn.[6]

Ich habe in meinem Leben Großes erfahren dürfen. Gott kennt alles, was wir Seinetwegen aufgeben. Was bedeutet es schon, durch Schmeicheleien Freunde und Anhänger zu gewinnen, wenn Gott nicht dahintersteht? Wenn ihr unaufrichtig seid, werdet ihr von der Welt und auch von Gott verlassen; und im Tode steigt ihr in die niedere Astralwelt hinab, weil ihr

---

[5] Das *Self-Realization Magazine* (siehe Glossar).

[6] James J. Lynn, später als Rajarsi Janakananda bekannt (siehe Glossar). Er war ein äußerst erfolgreicher Geschäftsmann, als er Paramahansaji 1932 begegnete. Dank der Lehre der Self-Realization Fellowship erreichte er einen hohen Zustand göttlicher Erleuchtung. In all den Jahren übte sein beispielhaftes geistiges Leben einen großen Einfluss auf andere aus; auch unterstützte er Paramahansajis Werk durch finanzielle Mittel.

vor eurem Gewissen, vor Gott und vor den Menschen nicht bestehen könnt.

Menschliche Beziehungen, die auf Achtung und Aufrichtigkeit gründen, sind wunderbar. Verderbt eine Freundschaft nicht durch zu große Vertraulichkeit; solche Vertraulichkeit führt leicht zu Geringachtung. Ich habe nie jemandem erlaubt, eine allzu vertrauliche Beziehung mit mir einzugehen. Respektlosigkeit und die Einstellung, sich jemandes ganz sicher zu sein, können jede menschliche Beziehung gefährden. Achtet beim Umgang mit Menschen darauf, dass ihr immer respektvoll, liebenswürdig und aufrichtig seid.

Wenn ihr das Verlangen habt, allein zu sein, zieht euch von den Menschen zurück und befasst euch mit euch selbst. Haltet euch nur dann in einer Gesellschaft auf, wenn ihr bereit seid, anderen eure ganze Aufmerksamkeit zu schenken. Wenn ich mit Menschen zusammen bin, schenke ich ihnen meine ganze Konzentration, Aufmerksamkeit und Liebe. Doch wenn ich allein bin, dann bin ich mit meinem Gott allein. Sucht Geselligkeit nur, wenn sie einen Sinn hat. Wenn sie es wert ist, dann ist nichts dagegen einzuwenden. Ich bin gern mit Menschen zusammen, wenn es sich um eine sinnvolle Tätigkeit oder einen erhebenden Gedankenaustausch mit Freunden handelt – doch nicht, wenn irgendetwas Disharmonie hervorruft. Haltet euch von Menschen fern, die Unfrieden stiften, und meidet alles, was Streit erregt.

Kommt, um die Wahrheit zu hören, die aus meiner Seele fließt

Ich wünschte mir, dass diese Wahrheiten schon den Kindern beigebracht würden. Sie sollten ihnen immer wieder eingetrichtert werden. Die Lektionen, die man schon früh im Leben lernt, bleiben am besten im Gedächtnis haften. Ich fasste bereits als Kind den Entschluss, nie mehr zornig zu werden; und ich habe dieses Gelübde niemals gebrochen. Manchmal muss ich recht laut werden, doch innerlich bin ich niemals ärgerlich. Ich gebrauche nicht gern starke Worte; doch manchmal tue ich es, weil jemand sich vielleicht besser an etwas erinnert, was ihm eindringlich gesagt worden ist. In meinem Innern herrscht großer Frieden. Wenn ihr wirklich ein friedlicher Mensch seid, kann niemand euch diese innere Ruhe rauben, es sei denn, ihr gebt sie freiwillig auf. Aus diesem inneren Zentrum des Friedens kommen meine Worte, und sie sind von Liebe und Güte geprägt; das ist die bessere Methode. Wenn jemand das nicht versteht, lasse ich ihn in Ruhe und schweige.

Ihr seid gekommen, um die reine Wahrheit zu vernehmen, die aus meiner Seele fließt. Und wenn nur *eine* Person diese Wahrheit empfängt und sich ändert, habe ich mehr Gutes getan, als wenn ich Tausende hätte in Gefühlen schwelgen lassen.

Ich wünsche mir nur eines für euch: die freudige Wahrnehmung Gottes. Und ihr sucht bei mir nichts anderes als Gottes Weisheit und Freude. Ein geistig gesinnter Mensch kann mit allen auskommen – auch wenn andere nicht immer mit ihm zurechtkommen –, weil er sie versteht, mit ihnen fühlt und versucht, sie näher zu Gott zu führen.

Jesus sprach: »Himmel und Erde werden vergehen; aber meine Worte vergehen nicht.«[7] Bemüht euch von jetzt an, Werkzeuge der Wahrheit zu sein. In meiner Schule in Indien habe ich den Schülern gesagt, dass sie nicht nur die Wahrheit sagen und Vergebung erwarten sollen, sondern dass sie, wenn sie die Wahrheit sagen, auch deren unangenehme Folgen akzeptieren müssen. Versucht immer, gut mit anderen auszukommen, indem ihr ihnen Güte, Liebe und Mitgefühl entgegenbringt. Doch wo immer eine Unwahrheit auftaucht, stellt euch entschlossen dagegen. Tragt nie zur Verbreitung einer Unwahrheit bei.

Fragt euch, ob ihr mit Gott gut auskommt

Mein Meister war eine große Seele – eine von denen, über die ihr mehr erfahren werdet, sobald ich mein Buch beendet habe.[8] Er hat immer an seinen Idealen festgehalten und sie nie dem Niveau seiner Jünger angepasst. Er war streng und machte keine Kompromisse. Doch er sagte mir, dass meine Art sanfter sein werde. Ich verstand, was er meinte. Was er für mich getan hat, könnte ich niemals in Worten beschreiben. Ich würde es

---

[7] *Lukas* 21, 33.

[8] *Autobiographie eines Yogi* (herausgegeben von der Self-Realization Fellowship).

vorziehen, unter seiner Schelte zusammenzubrechen, als in einem Schloss zu thronen, in dem es keinen Gott gibt. Ich habe ihm immer versichert, dass ich mich nur nach einem sehne: mit Gott gut auszukommen.

Jeden Tag solltet ihr euch fragen: »Bin ich heute mit Gott gut ausgekommen?« Wisst ihr auch, an welchen Zeichen ihr erkennen könnt, wenn dies nicht der Fall gewesen ist? An eurer Ruhelosigkeit, Unzufriedenheit und an eurem schlechten Gewissen. Wenn ihr jedoch mit Gott gut auskommt, dann habt ihr ein ruhiges Gewissen und lebt ständig in einem inneren Zustand von Glück und Zufriedenheit. Ich habe keinen anderen Wunsch, als in diesem glücklichen Zustand zu leben und allen, die zu mir kommen, dieses lebendige Wasser der Freude zu reichen.

Je besser ihr mit Gott auskommt, umso besser werdet ihr auch mit der Welt auskommen. Die Welt mag euch eine Zeit lang ignorieren, doch dann wird sie euch wieder beachten. Und wenn ihr diese Erde verlassen habt, werden diejenigen, die sich von euch abgewandt hatten, sagen: »Er hat Fußspuren hinterlassen, denen wir folgen können, damit auch wir zu unserer Heimat ewiger Zufriedenheit zurückfinden.«

Bemüht euch also ständig, eure Gedanken auf den Absoluten zu richten. Kein Glück lässt sich mit dem Glück vergleichen, das ihr findet, wenn ihr Gott sucht. Umgebt euch mit guten Gedanken, damit diese Gedanken euch helfen, Gott näherzukommen.

Diese Wahrheit wird ewig bestehen bleiben, denn sie ist einigen großen Seelen eingegeben worden. Was wir in menschliche Seelen pflanzen, bleibt unvergänglich. Diese Wahrheit kann euch von großem Nutzen sein, denn ihr werdet eine Freiheit gewinnen, die jenseits aller Worte liegt. Geistige Dinge sind anfangs nicht gut wahrnehmbar, doch wenn ihr ständig Fortschritte auf diesem Weg macht, werden sie schließlich wirklicher als alles andere.

Ich bin an eurer Seele interessiert, und wenn ihr euch weiterhin um Fortschritte bemüht, werdet ihr hier einen unermesslichen Reichtum an Wahrheit finden. Wer diese Lehren studiert, wird wissen, dass sie nicht das Ergebnis von Einbildung sind; sie beruhen auf unmittelbarer Erkenntnis der

Wahrheit – einer Wahrheit, die durch mich und meine großen Gurus weitergegeben wird. Vergesst nicht, diese Botschaft überall zu verbreiten. Am besten gelingt euch dies durch euer eigenes Beispiel. Und dann helft anderen mit guten Gedanken der Wahrheit. Wer das bis zum Schluss beibehält, wird in Gott seine Freiheit finden.

Es ist ein großer Trost, zu wissen, dass wir am Ende unserer langen Reise Gott begegnen werden. Es hat wenig zu sagen, welche Prüfungen und Enttäuschungen wir im Leben durchmachen, solange wir alle Ihn schließlich finden. Wir gehören Ihm, und in Ihm erwartet uns die Erfüllung all unserer Träume. Wir dürfen uns also nie entmutigen lassen, ganz gleich, wie das Leben uns mitspielt. Wiederholt mit mir: »Herr, Deine Freude allein gehört mir; sie allein gehört mir.«

Wir wollen gemeinsam beten: »Himmlischer Vater, lehre mich, gut mit Dir auszukommen. Und möge ich dank Deiner Weisheit mit allen Menschen zurechtkommen. Segne mich, damit ich überall ein gutes Beispiel Deiner Botschaft bin. Lehre mich, jeden Tag – durch Aufrichtigkeit und genaue Befolgung Deiner Gesetze – das zu tun, was Dir Freude bereitet und was anderen Menschen hilft, Deinen Frieden, Deine Harmonie und Deine Erkenntnis zu finden. OM, Frieden, Amen.«

Psychologische Untersuchung der Überempfindlichkeit

Internationaler Hauptsitz der Self-Realization Fellowship, Los Angeles, 4. August 1934

Wenn man sich geistig höherentwickeln will, muss man sich vor allem darin üben, Reizbarkeit und Überempfindlichkeit zu vermeiden. Wer die psychologischen Ursachen der Überempfindlichkeit untersucht, stellt fest, dass sie meist durch Missverständnisse, Minderwertigkeitskomplexe und ein unbeherrschtes Ego hervorgerufen werden. Empfindlichkeit macht sich durch eine mangelhafte Kontrolle des Nervensystems bemerkbar. Man hat das Gefühl, verletzt worden zu sein, und die Nerven rebellieren. Manche Leute kochen dann innerlich vor Wut und vor verletzten Gefühlen, ohne dass sie sich dies äußerlich anmerken lassen. Andere verschaffen ihren Gefühlen sofort Ausdruck, indem sie das Gesicht verziehen – und oft noch eine bissige Bemerkung machen. Auf jeden Fall macht solche Überempfindlichkeit den Menschen unglücklich und erzeugt eine negative Schwingung, die auch andere nachteilig beeinflusst. Wir sollten uns zum Ziel setzen, immer eine Aura der Güte und des Friedens um uns herum zu verbreiten. Auch wenn ein triftiger Grund vorliegt, sich schlecht behandelt zu fühlen, sollte man sich dennoch beherrschen; dann ist man Herr seiner selbst.

Überempfindlichkeit ist eine weit verbreitete menschliche Schwäche. Wenn uns dieses irrationale Gefühl ergreift, verschließt es unsere Augen vor der Weisheit. Obgleich die empfindlich reagierende Person im Unrecht sein mag, denkt sie, dass sie recht habe, richtig handle und richtig fühle. Erst wenn die Schuppen der Unwissenheit vom inneren Auge abfallen, kann man die guten und schwachen Seiten in sich selbst sowie in anderen klar erkennen – ohne die Vorurteile und die

Intoleranz des gefühlsbeladenen Ego. Dann strebt man nur noch das Gute an und wird von dem, was psychologisch ungesund ist, gar nicht mehr berührt.

Viele meinen, dass sie sich selbst bemitleiden sollten, wenn sie kritisiert werden, und dass diese Empfindlichkeit ihnen ein wenig Erleichterung verschaffe. Doch solche Leute gleichen den Opiumsüchtigen; jedes Mal, wenn sie die Droge einnehmen, verfestigt sich die Gewohnheit. Weist die Überempfindlichkeit energisch ab. Seid nie überempfindlich und bemitleidet euch nicht selbst.

Ein überempfindlicher Mensch leidet oft umsonst; meistens ahnt niemand etwas von seinem Groll, und erst recht ahnt niemand, warum er diesen hegt. Deshalb fühlt er sich in seiner selbst geschaffenen Isolation noch mehr verletzt. Wer schweigend über irgendein ihm vermeintlich zugefügtes Unrecht brütet, erreicht dadurch gar nichts. Viel besser ist es, durch Selbstbeherrschung die Ursache solcher Überempfindlichkeit zu beseitigen.

In meiner Jugend war ich sehr empfindlich; und ich selbst litt natürlich am meisten darunter – es war eine selbst auferlegte Quälerei. Und eben weil ich so empfindlich war, legten andere es darauf an, mich »auf die Palme zu bringen«. Lasst euch von niemandem euren Frieden rauben. Mein Unbehagen wurde nicht nur durch den Spott meiner Gefährten, sondern auch durch meine eigene Empfindlichkeit gegenüber ihren Bemerkungen verursacht. Ich stellte Folgendes fest: Je mehr ich mich in ein Wortgefecht mit denen einließ, die mich kritisierten, umso mehr Spaß hatten sie daran. Schließlich fasste ich den festen Entschluss, mir von niemandem mehr meinen Frieden rauben zu lassen. Ich sagte mir: »Lass sie mich kritisieren, so viel sie wollen.« Ihre gehässigen Sticheleien ließen mich unberührt, als seien sie an einen Toten gerichtet. Bald wurden die anderen es müde, auf mir herumzuhacken; viele wurden sogar zu meinen Freunden und folgten mir. Es ist sinnlos, von anderen Liebenswürdigkeit und Respekt zu erwarten, wenn ihr euch diese nicht verdient habt. Wenn ihr andere mit aufrichtiger Freundlichkeit und Achtung behandelt und jede Gefälligkeit, die sie euch erweisen, entsprechend erwidert, wird man euch immer respektieren. Vereitelt die guten Absichten anderer nicht, indem ihr überempfindlich auf konstruktive Kritik reagiert. Immer wenn jemand euch helfen will, nehmt es dankend an.

Mein Meister Swami Sri Yukteswar war sehr streng mit mir. Er beobachtete meine geheimsten Gedanken und tadelte mich offenherzig. Manchmal war er sehr hart, doch es war immer zu meinem Vorteil. Viele konnten seine strenge Disziplin nicht ertragen. Ich aber konnte es, und ich kann ihm nicht genug dafür danken, dass er die Aufgabe übernommen hatte, mein Leben durch seine Weisheit zu formen. Geistig hochentwickelte Menschen können die Fehler in anderen klar erkennen. Wenn ein Mensch mit klarem Durchblick es gut mit euch meint und euch aufrichtig helfen möchte, solltet ihr nicht denken, dass er Macht über euch ausüben will. Ihr solltet vielmehr einsehen, dass er euch zu einem besseren Verständnis und zu größerer Kraft verhelfen will, damit ihr eure Schwächen überwinden könnt. Ihr solltet auf ihn hören. Seid immer höflich und liebenswürdig; und wenn ihr merkt, dass ihr launisch werdet und empfindlich reagiert, nehmt euch sofort zusammen. Intelligente Menschen, die wahres Verständnis besitzen, lassen diejenigen, die noch kein richtiges Verständnis zeigen, bald in Ruhe. Sie wollen ihre Zeit und Kraft nicht an Leute vergeuden, die nicht bereit sind, zuzuhören.

Ich lasse keine Empfindlichkeit in mein Innerstes eindringen. Ich lebe mit mir selbst im Frieden. Wenn ihr mit euch selbst im Unfrieden seid, werdet ihr leicht empfindlich. Das ist ein Zeichen von Engherzigkeit. Wahre Größe bedeutet, großherzig zu sein, ganz gleich, wie sehr andere euch verletzen. So solltet auch ihr sein. Wartet nicht bis morgen; fangt heute damit an.

Ihr solltet fähig sein, aufkommende Launen im Keim zu ersticken. Wenn sich das Feuer der Empfindlichkeit erst tief ins Herz hineinfrisst und wenn man es dort schwelen lässt, brennt es das Gefüge des inneren Friedens ab. Ein weiser Mensch beherrscht seine Empfindlichkeit; denn er weiß, dass sie nichts anderes ist als ein metaphysisches Mittel Satans[1], der den Frieden der Seele zerstören will.

---

[1] Siehe Glossar.

Wenn irgendetwas euch bedrückt – ganz gleich, wie sehr ihr eure trübe Stimmung rechtfertigen mögt –, könnt ihr sicher sein, dass ihr überempfindlich reagiert, und ihr müsst diesem Zustand ein Ende setzen. Überempfindlichkeit ist eine ungeistige und nervöse Gewohnheit – eine Gewohnheit, die euch eure Selbstbeherrschung raubt und euren Frieden und euer Glück zerstört. Immer wenn sich Empfindlichkeit in euer Herz einschleicht, hindert euch das daran, das göttliche, heilende Lied des Friedens zu hören, das im Radio eurer Seele erklingt. Immer wenn ihr empfindlich reagiert, versucht sofort, dieses Gefühl zu überwinden.

Zwischen emotioneller Empfindlichkeit und geistiger Empfindsamkeit besteht ein Unterschied. Wer geistig empfindsam ist, beobachtet seine eigenen Gefühle genau und nimmt auch die Gefühle anderer deutlich wahr; dennoch bleibt er frei von störenden psychischen Impulsen – ähnlich wie Butter auf dem Wasser schwimmen kann, ohne sich zu verändern und sich durch ihre Umgebung verwässern zu lassen. Doch extreme Empfindlichkeit gleicht einem Schreckgespenst, das euch ständig heimsucht. Es martert euer Nervensystem und gibt euch das Gefühl, dass die ganze Welt voller Feinde sei. Wer äußerst empfindlich ist, macht leider oft andere für eine vermeintliche Kränkung verantwortlich. Er sollte einsehen, dass er sich diese Kränkung selbst zugefügt hat. Es ist besser, sich seine Überempfindlichkeit einzugestehen, als ärgerlich auf andere zu werden.

Keiner sollte euch in einem Zustand der Überempfindlichkeit überraschen können. Bleibt ruhig und gebietet diesem Zustand sofort Einhalt. Wenn nötig, zieht euch in euer Zimmer zurück, bis sich das Fieber der Empfindlichkeit gelegt hat. Das Gesicht spiegelt den inneren Zustand der Seele wider; und das Herz, die Quelle der Gefühle, erzeugt diese Widerspiegelung. Euer Gesicht sollte andere inspirieren. Der Ausdruck eures Gesichts sollte einem Leuchtfeuer gleichen, nach dem sich andere richten können – einem Leuchtturm, der den schiffbrüchigen Seelen den Weg zum sicheren Hafen des Friedens zeigt.

Euer Gesicht sollte zu einem Altar des Friedens werden, auf dem Gott regiert – einem Altar, auf dem sich alle Verehrer seelischer Tugend versammeln und den allmächtigen Gott des

Friedens und der Liebe anrufen: »Himmlischer Vater, segne uns, damit wir in unserem Innern einen Tempel der Reinheit errichten – in unseren Herzen, unseren Gedanken und unseren Gefühlen. Lass unser Antlitz zu einem leuchtenden Altar Deines Friedens und Deiner Liebe werden.«

Warum Liebe siegt, wo Eifersucht versagt

*Erster Tempel der Self-Realization Fellowship,
Encinitas, Kalifornien, 10. April 1938*

Woher kommen Eifersucht, Ärger, Furcht – all die negativen körperlichen und geistigen Impulse, die den Menschen dazu bringen, falsch zu handeln – woher? Viele behaupten, dass sie psychologischen Ursprungs seien. Ich aber sage, dass sie von der Kraft des Bösen ausgehen. In dieser Welt gibt es zwei Kräfte: Gut und Böse. Überall, wo Gutes besteht, gibt es auch Böses. Der Mensch kann unabhängig und nach freiem Willen handeln. Er leidet unter den Folgen seines falschen Handelns, aber er ist nicht der Urheber der Kräfte, die ihn zu diesen Irrtümern verleitet haben. Pflanzen tun nichts Böses, und dennoch sind sie Krankheiten ausgesetzt. Die Tiere, die vom Instinkt geleitet werden und nicht wissen, was böse ist, leiden ebenfalls. Neben jedem Guten gibt es das entsprechende Böse. Gott erschuf den Sonnenschein, und die Kraft des Bösen erschuf vernichtende Stürme und Dürreperioden. Die schöne Blume blüht und wird von Insekten zerstört. Gott sagt, dass wir lieben sollen; die Kraft des Bösen sagt, dass wir eifersüchtig sein sollen und berechtigt seien, andere zu verletzen und unsere Gegner zu schwächen. Hört nicht auf diese finstere Kraft. Sie hat im Grunde nichts mit euch zu tun. Eifersucht, Ärger und Furcht sind Schöpfungen der Kraft des Bösen. Jesus erkannte, dass dies eine bewusst wirkende Kraft war, und sagte: »Hebe dich weg von mir, Satan!«[1]

Jedes Mal, wenn sich die Stimme der Eifersucht, der Furcht oder des Zornes erhebt, denkt daran, dass dies nicht eure eigene Stimme ist, und befehlt ihr zu schweigen. Solange ihr jedoch

---

[1] *Matthäus* 4, 10.

diesen negativen Gefühlen einen bestimmten Platz in eurem Bewusstsein einräumt, werdet ihr nicht in der Lage sein, das Böse zu vertreiben, ganz gleich, was ihr versucht. Vertreibt Eifersucht, Furcht und Zorn aus eurem Innern; dann wird jedes Mal, wenn ihr den Drang fühlt, jemanden zu hassen oder zu verletzen, eine stärkere innere Stimme euch auffordern, zu lieben und zu vergeben. Hört auf *diese* Stimme.

Stellt euch einmal vor, wie es wäre, wenn wir Selbstsucht, Eifersucht und Zorn aus der Welt verbannen könnten – dann gäbe es keine Kriege mehr. Doch diese zerstörerischen Kräfte sind hartnäckig und kämpfen ständig gegen das Gute an, um die Oberhand zu gewinnen. Gott spricht von Frieden, und die Kraft des Bösen verleitet zu Ruhelosigkeit und Unfrieden. Gott versucht, euch zu Handlungen der Liebe zu bewegen; die Kraft des Bösen versucht, euch in Kämpfe zu verstricken. Ihr habt freien Willen; ihr könnt wählen, was ihr vorzieht. Immer wenn ihr eifersüchtig seid, erliegt ihr der kosmischen Täuschung Satans. Immer wenn ihr zornig seid, werdet ihr von Satan geleitet. Die Stimme der Furcht ist seine arglistige Stimme. Doch immer wenn ihr Liebe und Vergebung fühlt, ist Gott mit euch. Helft Ihm, damit Er durch euch wirken kann; Er kann das nur, wenn ihr es zulasst.

Jede Beziehung sollte auf Freundschaft gegründet sein

Wer Satan folgt, erhält nur *einen* Lohn, nämlich Elend. Wer Gott folgt, gewinnt segensreichen Frieden. »Frieden findet der Mensch, der weiß, ... dass Ich der Unendliche Herr der Schöpfung und der Gute Freund aller Lebewesen bin.«[2] Hört auf die Stimme der Liebe in eurem eigenen Innern. Lebt die Liebe, macht innerlich und äußerlich von ihr Gebrauch. Wo ihr auch hingeht, schenkt anderen Liebe und Verständnis. Ihr solltet einer Blume gleichen, deren Duft stärker ist als der üble Geruch der Eifersucht, der Furcht und des Ärgers. Breitet den Duft göttlicher Liebe und Freundschaft über alle aus, mit denen ihr in Berührung kommt.

In Menschen, die ihr geistiges Einfühlungsvermögen ver-

---

[2] Bhagavad-Gita V, 29.

feinern und ihre Liebe erweitern, beginnt das universale Christusbewusstsein zu erwachen. Übt euch darin, indem ihr zuerst den Menschen aus eurer nächsten Umgebung göttliche Liebe entgegenbringt. Denkt immer zuerst an andere – und erst nachher an euch selbst. Seid für alle ein selbstloser Freund – für euren Ehepartner, eure Kinder, eure guten Bekannten – für alle, denen ihr begegnet. Die Voraussetzung für eine Freundschaft ist, dass ihr die individuelle Veranlagung eines Menschen akzeptiert; zwei Seelen steuern dann zusammen den Wagen ihres Lebens auf ein gemeinsames Ziel zu, auch wenn sie einen unterschiedlichen Charakter haben.[3] Jede Beziehung muss auf dem Fundament der Wahrhaftigkeit beruhen. Ganz gleich, was jemand zu sagen hat, auch wenn es sich um Ermahnungen oder Meinungsverschiedenheiten handelt, es sollte mit Liebe geschehen, niemals mit harten oder kränkenden Worten. Freunde haben die Pflicht, einander stets zu helfen, damit beide sich höherentwickeln. Wenn sich Seelen gemeinsam um geistigen Fortschritt bemühen, entfaltet sich die göttliche Freundschaft. Und wenn man gemeinsam mit aufrichtigen Freunden das Herz vergeistigt und vervollkommnet sowie den Kreis der Liebe ständig erweitert, bis er alles einschließt, dann findet man hinter allen Beziehungen den Freund aller Freunde – den Göttlichen Freund.

Eifersucht bedeutet das Ende des Glücks

Die Liebe Gottes vereint, doch die negative Kraft des Bösen entzweit und zerstört. Eifersucht und ihre Begleiter – Furcht, Ärger und Hass – richten großes Unheil an. Menschliche Beziehungen lösen sich auf, Familien gehen auseinander, Leben werden zerstört. Eifersucht bedeutet das Ende des Glücks, zuerst für denjenigen, der sie hegt, und dann für jene, denen sie gilt; auch Unschuldige sind oft betroffen, wie zum Beispiel die Kinder aus einer zerbrochenen Ehe.

Eifersucht gibt es überall; sie gefährdet alle menschlichen Beziehungen. Ich habe das so oft im Leben beobachten können. Jeder wünscht sich die »gute Position«, aber nur wenige sind

---

[3] Siehe das Gedicht »Freundschaft« in dem Buch *Lieder der Seele* von Paramahansa Yogananda (herausgegeben von der Self-Realization Fellowship).

bereit, sich diese zu verdienen oder die damit verbundene Verantwortung zu übernehmen. Die entzweiende Eigenschaft der Eifersucht kann einen Himmel der Eintracht in einen Hades der Zwietracht verwandeln. Eine einzige eifersüchtige Person kann erschreckend viel Schaden anrichten! Versucht anderen möglichst keinen Grund zur Eifersucht zu geben. Wenn nötig, unternimmt besondere Anstrengungen, um zu einer Verständigung zu kommen.

Eifersucht entsteht durch einen Minderwertigkeitskomplex

Eifersucht entsteht meist durch einen Minderwertigkeitskomplex und drückt sich durch Angst und Misstrauen aus. Es kommt zu Eifersucht, wenn jemand Angst hat, sich in seinen Beziehungen zu anderen nicht behaupten zu können – ob es sich um die Beziehung zum Ehepartner, zu den Kindern oder um gesellschaftliche Beziehungen handelt. Wenn ihr glaubt, Grund zu haben, auf jemanden eifersüchtig zu sein – wenn ihr zum Beispiel fürchtet, dass der Mensch, den ihr liebt, seine Aufmerksamkeit einer anderen Person zuwendet –, fragt euch erst einmal, ob es euch innerlich an etwas mangelt. Vervollkommnet euch und sorgt für eure eigene Weiterentwicklung. Es gibt nur eine Methode, sich die Zuneigung und Achtung anderer zu erhalten, und die besteht darin, das Gesetz der Liebe anzuwenden und sich die erwünschte Anerkennung durch Selbstvervollkommnung zu verdienen.

Niemand kann Liebe und was dazugehört durch Forderungen, Betteln oder Bestechung erwerben oder erhalten. Ich habe oft beobachtet, wie manche Leute sich in der Gegenwart von wohlhabenden oder einflussreichen Personen verhalten. Einmal sagte ich einem indischen Fürsten: »Meinen Sie, dass diese Leute, die sich um Ihre Gunst bemühen, Sie wirklich lieben?« »Ja«, erwiderte er. Doch ich sah sie in einem anderen Licht und warnte ihn: »Wenn Sie aufhören, ihnen weiterhin Geld und Geschenke zu geben, werden Sie feststellen, dass sie unaufrichtig sind; Sie lassen sich durch ihre Schmeicheleien täuschen.«

Wahre Liebe ist nicht käuflich. Um Liebe zu empfangen, muss man sie bereitwillig und bedingungslos schenken. Doch ein unsicherer Mensch hält sich nicht an diese Regel, sondern wird eifersüchtig. Darüber ärgert sich der oder die Geliebte, und so verfehlt der Eifersüchtige sein Ziel. Die Eifersucht führt dann zum Zorn, sodass man den Wunsch hat zurückzuschlagen. Doch jedes Mal, wenn man einem anderen schaden will, schadet man am Ende nur sich selbst. Böse Handlungen haben ihren Ursprung in bösen Gedanken. Diese Gedanken gleichen nagenden Parasiten, die den Geist befallen und jede Lebensfaser zerfressen. Sie verbrennen und zerstören den inneren Frieden – unseren größten Reichtum.

»Was nicht mein ist, das lass los!«

Warum eifersüchtig sein? Wenn ihr jemandem eure Liebe schenkt und diese nicht anerkannt wird, weil die betreffende Person euch ablehnt oder einer anderen die Anerkennung schenkt, die ihr zu verdienen meint, dann werdet ihr mit eurer Eifersucht weder diesen Menschen halten noch die gespannte Beziehung verbessern können. Wenn man sich zum Gefangenen der Eifersucht macht und Forderungen stellt, findet man niemals wahres Glück. Erfolgreiche Beziehungen können sich nur auf Vertrauen und Liebe aufbauen. Die Liebe hat nur Bestand, wenn man sich gegenseitig achtet, einander hilft und frei von Besitzgier ist.

Worin besteht nun das Heilmittel? Jedes Mal, wenn die Eifersucht von euch Besitz ergreifen will, sagt euch mit Nachdruck: »Ich bin frei von den Fesseln der Eifersucht und Furcht. Alles, was mein ist, wird mir zuteilwerden; was nicht mein ist, will ich loslassen.« Wenn ihr frei von aller Eifersucht und Furcht seid, werdet ihr ein wunderbares Leben haben. Ihr *könnt* frei sein. Was euch zusteht, werdet ihr erhalten; und was nicht für euch bestimmt ist, würde euch auch nicht glücklich machen. Nur ständige Selbstvervollkommnung bringt euch Erfüllung; dann braucht ihr euch nicht mehr um andere zu bemühen, sie werden ganz von selbst auf euch zukommen. Verschenkt Liebe und Freundschaft, ohne etwas dafür zu erwarten oder zu fordern. Falsche Erwartungen bringen euch nur Leid.

Auch während ihr versucht, euch zu vervollkommnen, müsst ihr lernen, auf eigenen Füßen zu stehen – gefestigt durch eure Tugend und euren Selbstwert. Wenn ihr wollt, dass andere euch vertrauen, dann genügen nicht eure Worte, sondern nur das, was ihr seid und was ihr im Innern eurer Seele fühlt.

Bemüht euch immer, innerlich ein Engel zu sein, ganz gleich, wie andere sich verhalten. Seid aufrichtig, gütig, liebenswürdig und verständnisvoll. Jeder, der nicht auf Güte reagiert, verdient eure Aufmerksamkeit nicht. Auch wenn ihr einen geliebten Menschen verlieren müsst, ist es besser, wenn er euch als eine engelgleiche Seele in Erinnerung behält und nicht als ein grünäugiges, eifersüchtiges Scheusal. Lasst diesen Menschen sich an eure Liebe erinnern, denn diese wird ewig in seinem Herzen bestehen bleiben.

Gedanken können eindrucksvoller sein als Worte

Gebraucht in der Hitze der Eifersucht niemals scharfe Worte. Der Mund kann zu einer Kanone werden, und Worte können mehr Schaden anrichten als eine berstende Granate. Seid vorsichtig im Gebrauch von Worten. Die meisten Menschen hören nicht gern etwas über ihre Fehler. Wenn Ratschläge oder konstruktive Kritik nicht willkommen sind, dann sagt lieber gar nichts. Sonst wird die Lage nur umso schlimmer, je mehr ihr sagt.

Gedanken können manchmal wirkungsvoller sein als Worte. Der menschliche Geist ist die machtvollste Sendestation, die es gibt. Wenn ihr ständig positive, liebevolle Gedanken aussendet, werden diese einen Einfluss auf andere Menschen haben. (Wenn ihr dagegen Eifersucht und Hass aussendet, werden andere diese Gedanken auffangen und entsprechend reagieren.) Bittet Gott, dass Er euch in euren Bemühungen unterstützt. Wenn zum Beispiel der Ehemann fehlgeht, sollte die Frau zu Gott beten: »Herr, hilf mir, meinem Mann zu helfen. Vertreibe alle Spuren von Eifersucht und Groll aus meinem Herzen. Ich bete nur darum, dass er seinen Irrtum einsieht und sich ändert. Herr, stehe ihm bei! Und segne mich, damit ich meinen Teil dazu beitrage.« Wenn ihr tief mit Gott verbunden seid, werdet ihr erleben, dass die betreffende Person sich ändert. Je mehr ein Mensch irrt, umso mehr Güte solltet ihr ihm schenken. Anstatt Eifersucht zu fühlen und Angst zu haben, den geliebten Menschen zu verlieren, bemüht euch um die richtige Einstellung und das richtige Verhalten; sorgt für ein anziehendes Äußeres und zeigt euch geistig und seelisch stark.

Gott ist die allerletzte Antwort

Vergesst nie, dass Gott die Lösung aller Probleme ist, vor die eure Seele im Leben gestellt wird. Gott ist Liebe, und die Liebe ist das Allheilmittel für alle menschlichen Leiden. Es gibt nichts Größeres als die Liebe: Sie ist Gottes Anziehungskraft, die sich in der Seele jedes menschlichen Wesens manifestiert, damit diese eins mit Ihm werden kann. Wenn man diese Liebe unter allen Umständen zum Ausdruck bringen kann – in der Familie, in der Gesellschaft und seinem Vaterland gegenüber –, erweitert sie sich, bis sie die ganze Welt umfasst. Eine solch universale Liebe ist die reine Liebe Gottes. Wenn ihr diese Liebe erlangt habt, dann und nur dann seid ihr Bürger in Gottes Reich. Seid immer stolz darauf, Gottes Kinder zu sein; denn nur für kurze Zeit lebt ihr als Fremde im Reich der Materie. Erweckt die in euch schlummernde Liebe Gottes, dann könnt ihr euer Bürgerrecht in Seinem Reich der Allgegenwart zurückfordern.

Wenn ihr lernt, euch in der Meditation nach innen zu wenden, werdet ihr Sein Reich finden; es liegt in eurem eigenen Innern. Gott lebt in eurem Innern; es ist Seine Kraft, die euch befähigt, zu sprechen, zu gehen und zu fühlen. Ohne Ihn könntet ihr nichts tun. Obgleich Er transzendent und jenseits aller Dinge ist, wohnt Er auch in allen Dingen. Ihr könnt innerlich immer mit Ihm verbunden sein. Wenn ihr den Staub der Ruhelosigkeit vom Spiegel des inneren Schweigens abwischt, werdet ihr Ihn dort widergespiegelt sehen.

Versäumt nie eure tägliche Verabredung mit Gott in der Meditation. Wer weise ist, sorgt dafür, dass er mit Ihm in Verbindung bleibt. Wenn ihr dies aufrichtig tut, werdet ihr Gott noch in diesem Leben erkennen; und Ihn zu erkennen bedeutet, frei zu sein.

Menschen, die geistigen Diamanten gleichen, spiegeln das Licht Gottes wider

Tief in eurem Innern wisst ihr genau, dass ihr mit eurem jetzigen Leben nicht zufrieden seid. Es gibt nur einen unmittelbaren Weg zum Glück, und das ist Gottverbundenheit. »Sieh, alle Dinge fliehen dich, wenn du Mich fliehst!«[4] Gott ist der Einzige, der euch nie verlassen wird. Um Ihn zu finden, müsst ihr jemandem folgen, der Ihn kennt. Stellt euch auf die großen Meister ein, die mit Ihm in Verbindung sind; nur sie können euch Gott offenbaren. Ich habe viele, viele Jahre in Indien gesucht, wo man die Wissenschaft der Gott-Verwirklichung entwickelt hat, bis ich schließlich meinen Guru [Swami Sri Yukteswar] fand, der eins mit Gott war.

Alle Menschen sind dem Gesetz von Ursache und Wirkung unterworfen. Achtet darauf, wie sehr ihr euch bereits geändert habt, weil ihr diese Meditationsgottesdienste besucht. Studiert auch die *Lehrbriefe* [*der Self-Realization Fellowship*]; sie werden euch Antwort auf viele Fragen geben. Und dieses neue Verständnis wird euer Leben völlig verwandeln. Wer sich noch nicht auf diesem Weg befindet, aber mehr darüber erfahren möchte, kann die *Lehrbriefe* bestellen und meditieren lernen. Und dann müsst ihr regelmäßig meditieren. Entschließt euch, diesem Weg der Self-Realization Fellowship ernsthaft und beharrlich zu folgen, und ihr werdet Erlösung erlangen. Und euer Leben wird auch Einfluss auf andere Menschen haben und ihnen den Weg zur Erlösung weisen. Tut jeden Tag etwas, was anderen materiell, geistig und seelisch hilft; und versucht, irgendeine Seele zu erwecken, damit sie auf den Weg zu Gott geführt wird.

Jeder, der heute hierhergekommen ist, sollte den Entschluss fassen, niemals die tägliche Meditation zu versäumen. Ihr könnt jederzeit von dieser Erde abberufen werden. Nutzt die Zeit, die ihr noch habt, um Gott zu erkennen; Er ist der Einzige, der immer bei euch sein wird. »Wie viele ihn aber aufnahmen, denen gab er Macht, Gottes Kinder zu werden.«[5] Die Sonne scheint gleichermaßen auf ein Stück Kohle und einen Diamanten herab, die nebeneinander im Sonnenlicht liegen; doch der Diamant reflektiert das Licht, während die Kohle das nicht kann. Wer zu einem geistigen Diamanten geworden ist, spiegelt das Sonnenlicht des Gottesbewusstseins wider

---

[4] Aus dem Gedicht »Der Himmlische Jagdhund« von Francis Thompson.
[5] *Johannes* 1, 12.

und wird zu einem Kind Gottes. Die großen Meister[6] sind die geistigen Diamanten, nach denen wir unser Leben ausrichten sollten. Wenn wir ihnen folgen, finden wir einen schnellen und direkten Weg zur göttlichen Befreiung.

Die Wirksamkeit zielstrebiger Hingabe

Die meisten der hier Anwesenden sind geborene Amerikaner. Ihr wisst nicht, was ihr in einer früheren Inkarnation wart oder welche Nationalität ihr im nächsten Leben haben werdet. Doch ihr wart immer Gottes Kinder und werdet es immer sein. Es ist an der Zeit, dass wir über unsere Unterschiede hinauswachsen und uns in Gott vereinen. Durchbrecht den Wall Seines Schweigens. Er hält sich verborgen, weil Er weiß, dass die meisten Menschen nicht wirklich an Ihm interessiert sind. Doch wenn ihr euch dazu entschließt, mit Ihm Verbindung aufzunehmen, wird Er antworten. Sobald ihr entschlossen seid, Ihn zu finden, werdet ihr Ihn kennenlernen. Keiner kann euch Gott schenken, so wie auch kein anderer für euch essen kann. Ihr müsst selbst das Nötige unternehmen. Jesus sprach: »Die Ernte ist groß, aber wenige sind der Arbeiter.«[7]

Frühmorgens und abends, bevor ihr zu Bett geht, sprecht immer wieder zu Gott in der Sprache eures Herzens: »Offenbare Dich, offenbare Dich. Warum verbirgst Du Dich vor mir?« Betet immer weiter zu Ihm – mit Entschlossenheit und Hingabe –, bis ihr ganz in dem Gedanken an Gott aufgeht. Lasst euch auf keinen Fall entmutigen und werdet nicht ungeduldig. Und während ihr tagsüber eurer Tätigkeit nachgeht, seid euch tief im Innern Seiner Gegenwart bewusst. Ihr wisst sicher, dass euch manchmal – ganz gleich, was ihr tut – irgendein Gedanke durch den Kopf geht und durch seine dynamische Kraft das ersehnte Ergebnis herbeiführt. Auf diese Weise solltet ihr immerfort an Gott denken. Krishna sagt in der Bhagavad-Gita: »Der zielbewusste Yogi, der täglich und fortwährend an Mich

---

[6] Hinweis auf die Gurus der Self-Realization Fellowship (siehe *Gurus der SRF* im Glossar).
[7] *Matthäus* 9, 37.

denkt und seinen Geist mit tiefer Konzentration nur auf Mich richtet, wird leicht zu Mir gelangen.«[8]

Schon früh im Leben stellte ich fest, wie wirksam solche Zielstrebigkeit ist. Als kleines Kind schrieb ich einmal einen Brief an Gott und warf ihn in den Briefkasten. Jeden Tag wartete ich sehnlichst und mit Tränen in den Augen auf Seine Antwort. Aber die Post brachte mir nie einen Antwortbrief. Dennoch habe ich immer an dem Gedanken festgehalten, dass Er meinen Brief beantworten muss. Eines Nachts erschien mir dann ein großes Licht, und darin stand – in goldenen Buchstaben – Seine Antwort. Er versicherte mir, dass Er mich ewig beschützen und bei mir sein werde.

Wenn ihr euch mit Gott verbindet, werdet ihr feststellen, dass ihr in allen Lebenslagen einen Freund zur Seite habt, der euch schweigend hilft. Wir lieben jeden, der sich uns als nützlich erweist, und sollten Gott deshalb über alles lieben; denn Er ist uns so nützlich wie niemand sonst. Wir lieben unsere Eltern und Freunde, weil sie viel für uns tun. Doch niemand kann so viel für uns tun wie Gott, denn Er kann unsere Seelen auferstehen lassen und uns von allen menschlichen Fesseln befreien.

[Mit den nachfolgenden Worten leitete Paramahansaji eine Zeit des Gesangs und der Meditation ein:]

Wendet euch mit der ganzen Glut und Aufrichtigkeit eures Herzens an Gott. Bittet Ihn, in den Tempel eures Schweigens zu kommen. Und wenn ihr tiefer meditiert, fühlt Ihn im Tempel der Ekstase und der Glückseligkeit.[9] Singt mit dem Bewusstsein, dass Gott hier ist. Sendet Ihm von ganzem Herzen, von ganzer Seele und mit aller Kraft Gedanken der Liebe. Fühlt intuitiv, wie Gott sich durch die Wolken eurer Ruhelosigkeit Bahn bricht und sich als großer Frieden und große Freude offenbart. Frieden und Freude sind die Stimme Gottes, die wegen eurer Unwissenheit lange geschwiegen hat – unbeachtet und vergessen im Lärm menschlicher Leidenschaften.

---
[8] VIII, 14.
[9] Hinweis auf das Lied »Im Tempel des Schweigens« aus dem Buch *Kosmische Lieder* von Paramahansa Yogananda (herausgegeben von der Self-Realization Fellowship).

Das Reich Gottes liegt unmittelbar hinter dem Dunkel der geschlossenen Augen; und das erste Tor, das sich öffnet, ist euer Frieden. Atmet aus und entspannt euch; fühlt, wie sich dieser Frieden überallhin ausbreitet – nach innen und nach außen. Taucht ganz in diesen Frieden ein. Atmet tief ein. Atmet aus. Jetzt vergesst den Atem. Wiederholt meine Worte: »Vater, alle Geräusche der Erde und des Himmels sind verstummt. Ich bin im Tempel der Stille. Dein ewiges Reich des Friedens breitet sich mehr und mehr vor mir aus. Möge dieses unendliche Reich, das lange hinter dem Dunkel verborgen lag, sich mir offenbaren. Frieden erfüllt meinen Körper; Frieden erfüllt mein Herz und meine Liebe; Frieden ist in mir, um mich herum und überall. Gott ist Frieden. Ich bin Sein Kind. Ich bin Frieden. Gott und ich sind eins. Unendlicher Frieden erfüllt mein Leben und durchdringt mich jeden Augenblick. Frieden sei mit mir; Frieden sei mit meiner Familie; Frieden sei mit meinem Land; Frieden sei mit meiner Welt; Frieden sei mit meinem Kosmos. Allen Nationen, allen Lebewesen wünsche ich das Beste; denn alle sind meine Brüder, und Gott ist unser gemeinsamer Vater. Wir leben in den Vereinigten Staaten der Welt, angeführt von Gott und der Wahrheit. Himmlischer Vater, möge Dein Reich des Friedens kommen, im Himmel wie auf Erden, damit wir uns von aller Zwietracht und Disharmonie befreien und mit Körper, Geist und Seele zu vollkommenen Bürgern Deiner Welt werden. OM. Amen.«

Bittet das Christusbewusstsein zu euch herein

Internationaler Hauptsitz der Self-Realization Fellowship, Los Angeles, 23. Dezember 1934

»Himmlischer Vater, segne uns an diesem Morgen mit dem Bewusstsein Jesu, damit auch wir Deine allumfassende Gegenwart als Christusbewusstsein erleben, das jeden Winkel und jedes Atom des Raumes erfüllt. O Vater, wir danken Dir, dass Du uns Deinen geliebten Sohn in der Gestalt Jesu gesandt hast – ein strahlendes Licht, ein Leuchtfeuer, das dieser Welt den Weg zur geistigen Erweckung zeigt. Wir neigen uns vor Jesus, dem Christus. Möge er immer einen Platz auf dem Altar unserer Herzen haben. Möge sein Geist sich in uns offenbaren.

Wir rufen den Geist Jesu – das allgegenwärtige Christusbewusstsein – an, damit es auf unser Bewusstsein herabkomme und uns dazu verhelfe, das Unendliche wahrzunehmen. Möge der unendliche Christus, der in der Wiege des Raumes, der Blumen, aller Lebewesen, unserer Herzen und überall verborgen liegt, sich uns für immer offenbaren. OM, OM, OM.«

Entzündet euer Herz mit dem Feuer der Hingabe, damit das Licht Christi in euch leuchte. Reinheit, Frieden und ein Glück, von dem ihr euch nie hättet träumen lassen, erstrahlen in eurer Seele. Lasst diesen inneren Frieden in den transzendenten, unendlichen Frieden einmünden, der euch überall umgibt. Ihr seid in dieses ewige Licht eingetaucht. Euer ganzes Wesen ist von dem allgegenwärtigen, segensreichen Glanz Christi erfüllt. Ihr seid das ewig lebendige Licht Christi, das Licht des Friedens und der Freude – jenseits von Körper und Atem.

Dies ist ein gesegneter Morgen, weil wir in Kürze die Geburt Jesu auf geistige und auf traditionelle Art feiern werden.[1]

---

[1] Vor vielen Jahren hatte Paramahansaji damit begonnen, einen Tag oder zwei

Wenn ihr an Christi Geburt denkt, dann stellt euch nicht nur den winzigen Körper eines hilflosen Kindes vor. Der Christus-Geist wurde im Körper Jesu auf Erden geboren; doch sein Bewusstsein war eins mit dem allgegenwärtigen Gott. Hinter dem heranwachsenden Gehirn des kleinen Knaben lag die Weisheit des GEISTES. Wie sonst hätte er schon als kleines Kind weise und gelehrte Männer mit seinen frühreifen Worten in Erstaunen versetzen können? Obgleich es der Geist Gottes ist, der sich in großen Seelen inkarniert, führen diese göttlichen Wesen das Drama von Kindheit, Jugend und allen anderen Phasen des Lebens und des Todes auf. Wir müssen verstehen, dass hinter ihrem sterblichen Bewusstsein das unwandelbare Christusbewusstsein liegt – die ewig reine Widerspiegelung des GEISTES, welche die indischen Weisen als *Kutastha-Chaitanya* oder Krishna-Bewusstsein bezeichnen. Nur wenige Menschen haben eine solche Vorstellung von Jesus. Sobald ihr Christus wirklich kennt, werdet ihr auch seinen universalen Geist in euer eigenes Bewusstsein aufnehmen können.

Wie man Weihnachten feiern sollte

Warum feiern wir die heilige Geburt Christi an einem bestimmten Tag? Dieser Tag sollte nicht nur eine Gelegenheit zur Festlichkeit sein, bei der man Geschenke austauscht. Er sollte ganz besonders dazu dienen, uns die vollkommenen Eigenschaften Christi wieder in Erinnerung zu rufen und uns von ihnen inspirieren zu lassen. Wenn ihr ein Portrait betrachtet, so erinnert euch das Bild an die hervorstechenden Eigenschaften der dargestellten Person; das Gleiche gilt für einen Gedenktag, wenn man ihn würdig feiert.

Es ist traurig, wenn der eigentliche Sinn des Weihnachtsfestes in Vergessenheit gerät. Millionen von Menschen denken nur an die materielle Seite dieser heiligen Zeit. Wir wollen es ihnen nicht gleichtun. Morgen findet unsere lange Meditation statt. Von 10 bis 18 Uhr werden wir über Christus meditieren. Wir wollen seine Gegenwart und sein Bewusstsein fühlen. Christus ist den Menschen noch unbekannt. Sie halten das Tor

---

Tage vor Weihnachten die Geburt Christi durch eine ganztägige Meditation zu feiern, der dann die traditionelle Weihnachtsfeier am 25. Dezember folgte.

ihrer Hingabe mit ihren materiellen Wünschen verschlossen, sodass Christus nicht eintreten kann. Wenn aber unsere Liebe zu ihm dieses Tor öffnet, wird er eintreten. Ich möchte, dass jeder das geistige Weihnachten ernst nimmt. Unser Ziel ist kein geringeres, als Christus in unser Bewusstsein einzulassen.

Gottes Gerechtigkeit

Der heilige Johannes sagte: »Wie viele ihn aber aufnahmen, denen gab er Macht, Gottes Kinder zu werden, die an seinen Namen glauben, welche nicht von dem Geblüt noch von dem Willen des Fleisches noch von dem Willen eines Mannes, sondern von Gott geboren sind.«[2] Diese heiligen Worte zeugen von Gottes Gerechtigkeit. Wo stünden wir wohl und welche Hoffnung hätten wir, wenn der Herr nur einem einzigen Menschen – Jesus Christus – das nötige Verständnis und die erforderliche Willenskraft verliehen hätte, Versuchungen zu überwinden und Vereinigung mit Gott zu erlangen? Jesus besaß, wie wir alle, sowohl menschliche als auch göttliche Eigenschaften. Andernfalls wären seine Versuchungen und die Schmerzen, die er bei seiner Kreuzigung erlitt, nichts als eine Farce gewesen. Er war jedoch ein vollkommener Mensch, ein ideales Beispiel, dem alle Gottsucher nachfolgen können, indem sie ihre eigenen Kreuze auf sich nehmen. Wie könnten wir die zahllosen Versuchungen der *Maya* überwinden, wenn wir nicht Gott zum Bilde erschaffen wären und von Ihm ebenso erwählt und geliebt würden wie Jesus? Der hauptsächliche Unterschied zwischen Jesus und den meisten anderen Menschen besteht darin, dass er die Prüfungen bestanden hat, die sie erst noch bestehen müssen. Er erlangte die Göttlichkeit des Christusbewusstseins, indem er sich unaufhörlich und mit großer Willenskraft bemühte, alle irdischen Versuchungen und Anhänglichkeiten zu überwinden. Dass Jesus einer von uns war, gibt uns Mut und erweckt den Wunsch in uns, ihm gleich zu werden.

In welch unglaublich harte Prüfung willigte Jesus ein, als er sich kreuzigen ließ! Patanjali wies darauf hin, dass selbst große Heilige an ihrem letzten Lebenstag Anhänglichkeit an ihren

---

[2] *Johannes* 1, 12–13.

Körper fühlen und ihn nur widerstrebend zurücklassen. Mein Guru [Swami Sri Yukteswar] erklärte, dass sich das Zögern, den Körper zu verlassen, mit dem Erlebnis eines lange im Käfig eingesperrten Vogels vergleichen lässt, der sich davor fürchtet, sein Gefängnis zu verlassen und in die Weite des Himmels zu fliegen. Mit seinen Worten am Kreuz zeigte Jesus, dass es ihm nicht leichtfiel, die letzten Fäden der Anhänglichkeit an seinen Körper zu zerreißen.[3] Er kämpfte gegen seine menschliche Natur und siegte; deshalb sehe ich in ihm ein ideales Beispiel für die ganze Menschheit.

Millionen von Menschen haben eine rabenschwarze Mentalität – sie sind nicht in der Lage, das göttliche Bewusstsein ihrer Seele widerzuspiegeln. Ihr müsst wie Diamanten werden, die im Sonnenlicht des Christusbewusstseins funkeln. Wenn auch nur eine Seele unter meinen heutigen Zuhörern erleuchtet wird, ist das weit besser, als wenn ich zu Tausenden spräche, die nur gekommen sind, um einen anregenden Vortrag zu hören. Ich weiß, dass einige von euch tatsächlich mit Christus in Verbindung stehen. Darüber freue ich mich am meisten.

Zwischen Einbildung und SELBST-Verwirklichung besteht ein großer Unterschied. Wenn ihr euch nur etwas einbildet, könnt ihr jeden Tag unterbewusste Träume und innere »Visionen« von Christus haben. Aber das bedeutet nicht, dass ihr wirklich mit ihm verbunden seid. Das wahre Erleben Jesu ist die Verbindung mit dem Christusbewusstsein. Wenn ihr mit diesem Christus im Einklang seid, wird sich euer ganzes Leben ändern.

Das allumfassende Christusbewusstsein

Die Liebe Gottes erhebt uns und erweitert unser Bewusstsein. Ich betrachte mich selbst nicht nur als diesen Körper; ich fühle, dass ich in allen Körpern gegenwärtig bin. Ich bin mir keiner rassischen oder anderen Unterschiede bewusst. So wie mein Bewusstsein in jedem Teil dieses physischen Körpers gegenwärtig ist, so fühle ich euch alle als einen Teil

---

[3] »Mein Gott, mein Gott, warum hast du mich verlassen?« *(Matthäus 27, 46)* »... Vater, ich befehle meinen Geist in deine Hände! Und als er das gesagt, verschied er.« *(Lukas 23, 46)*

meiner selbst. Alles, was lebt, fühle ich in diesem Körper. Ich kenne die Empfindungen aller Lebewesen. Das ist keine Einbildung, es ist SELBST-Verwirklichung. Dieses Bewusstsein geht weit über Telepathie hinaus. Es ist die Wahrnehmung der Empfindungen aller Lebewesen. Und das bezeichnet man als Christusbewusstsein.

Wenn Christus auf diese Weise zu euch kommt, habt ihr kein Ego mehr; das »Ich« wird vernichtet. In der Demut findet ihr ein Tal der Träume, in dem die duftenden Blüten der SELBST-Verwirklichung blühen. Sie werden von den Wassern des Unendlichen Christus gespeist, die all eure Grenzen und die ausgedörrten Felder in euch überfluten. Ihr fühlt, dass alle Dinge von diesem Einen Leben durchdrungen sind.

Gott ist das unendliche Eine, und das ist auch Christus. Wenn ihr Christus gleich werden wollt, müsst ihr seinem Beispiel folgen. Gott könnte grausam sein und alle Übeltäter vernichten. Er könnte die ganze Welt in einem Augenblick vernichten. Doch stattdessen verschenkt Er Seine Liebe, um die verirrte Schöpfung zu sich zurückzurufen. Jesus lehrte: »Liebet eure Feinde«, denn Gott »lässt seine Sonne aufgehen über die Bösen und über die Guten und lässt regnen über Gerechte und Ungerechte«.[4] Ähnliches sagte auch Bhagavan Krishna: »Ein hochentwickelter Yogi betrachtet alle Menschen voller Gleichmut ... Freunde, Feinde ... die Tugendhaften und die Gottlosen.«[5]

Warum solltet ihr irgendjemanden hassen? Das ginge gegen eure eigenen Interessen. Wenn jemand euch hasst und ihr es ihm mit Liebe vergeltet, werdet ihr euch sehr gut fühlen. Ich betrachte alle Menschen als meine Freunde. Wenn ich versuche, eine Abneigung gegen jemanden zu hegen, dann spüre ich innerlich einen brennenden Schmerz. Verabscheut eure Feinde nicht; ihr könnt sie am besten besiegen, wenn ihr sie liebt. Wenn ihr merkt, dass sich die Krankheit des Hasses um euch herum ausbreitet, warum wollt ihr diese Epidemie dann noch verschlimmern, indem ihr euch selbst ansteckt? Macht euch durch das Gegenmittel der Liebe immun.

---

[4] *Matthäus* 5, 44–45.
[5] Bhagavad-Gita VI, 9.

Vergesst nie, dass auch eure Feinde Gottes Kinder sind und dass Er sie ebenso liebt wie euch. Der Herr fühlt wie eine Mutter: Ganz gleich, was ihr Kind getan hat, sie liebt es dennoch. Die Übeltäter sind vom rechten Weg abgekommen, und Gott sehnt sich danach, sie in Seine Herde zurückzuführen.

Ihr sollt eure Feinde auch noch aus einem anderen Grunde lieben. Meistens sind sich nämlich die Übeltäter ihres falschen Handelns gar nicht bewusst; sie fühlen sich völlig im Recht. Kein denkender Mensch will *absichtlich* etwas Falsches tun; die meisten erkennen ihr irrtümliches Vorgehen einfach nicht. Sie handeln impulsiv, ohne eine klare Vorstellung von ihrem Tun zu haben oder vernünftige Überlegungen anzustellen. Deshalb heißt es: »... sie wissen nicht, was sie tun«.[6] Solche Menschen fügen sich selbst großen Schaden zu, und deshalb sollten wir mit ihnen mitfühlen.

Allgemein kostet es mehr Kraft und erfordert größere Reinheit des Geistes, zu lieben, als zu hassen. Doch einem Heiligen fällt es leichter, zu lieben, als zu hassen, weil er »sein SELBST (das eins mit dem GEIST ist) in allen Lebewesen schaut und alle Lebewesen im GEIST«.[7] Er erkennt, dass alle Wesen zu seinem erweiterten SELBST gehören und durch das allumfassende Christusbewusstsein unauflöslich miteinander verbunden sind.

Um unser menschliches Bewusstsein mit göttlicher Wahrnehmung zu erfüllen, müssen wir die begrenzte, konventionelle Vorstellung erweitern, die wir von Christus haben. Für mich ist Weihnachten eine erhabene geistige Vorstellung – die Erkenntnis, dass unser menschlicher Geist ein Altar Christi ist – ein Altar der Allumfassenden Intelligenz, welche die ganze Schöpfung erfüllt.

Welcher Gottsucher weiß aber wirklich, wer Christus ist? Die meisten Menschen sehen in ihm das kleine Kind, das in Bethlehem geboren wurde, und den Erlöser, der Kranke heilte und Tote zum Leben erweckte. Aus göttlicher Sicht ist er das Christusbewusstsein im ganzen All und in jedem Atom. Ihr solltet euch bemühen, diesen Christus in euch zu erkennen.

---

[6] *Lukas* 23, 34.
[7] Bhagavad Gita VI, 29.

Verbannt alle Vorurteile und schenkt eure Liebe allen Geschöpfen. Seht Christus in ihnen, denn sie sind ein Teil eures wahren SELBST. Wie könnt ihr euer eigenes SELBST hassen, das einer anderen Form innewohnt? Wenn ihr das tut, ist es ein Zeichen dafür, dass ihr Christus nicht kennt – das Christusbewusstsein, das sich unmittelbar hinter euren menschlichen Gedanken und Gefühlen verbirgt. Wenn ihr schlecht über andere denkt, verbannt ihr Christus aus eurer inneren Sicht.

Christus wird in der Wiege der Zärtlichkeit geboren. Die mitfühlende Kraft der Liebe ist größer als die zerstörerische Kraft des Hasses. Alles, was ihr anderen sagt oder tut, soll liebevoll geschehen. Verletzt niemanden. Verurteilt andere nicht. Hasst niemanden, liebt alle; schaut Christus in allen Lebewesen. Wenn euch ein Segen zuteil wird, wünscht diesen Segen auch allen anderen.

Die Dinge, die ihr besitzt, gehören euch nicht wirklich; sie wurden euch nur vorübergehend geliehen. Im Tode werden sie euch wieder genommen. Löst euch von dem Bewusstsein, etwas zu besitzen. Lasst andere an eurem Besitz teilhaben; dann zieht ihr automatisch viel Gutes an. Wer gibt, der wird empfangen. Ich habe schon oft ohne einen Cent dagestanden, doch ich verlasse mich immer auf Gottes Bank – auf Seinen Reichtum und Seine Macht. Darin liegt unsere größte Sicherheit. Zuerst müsst ihr euer Bewusstsein entsprechend vorbereiten, damit Christus in euren Körpertempel eintreten kann. Dann wird das universelle Gesetz euch beistehen – ganz gleich, wo ihr seid oder was ihr braucht.

Liebt alle Länder und alle Rassen

Betrachtet alles von einem universalen Standpunkt aus. Hängt nicht nur an eurem eigenen Land. Dehnt eure Liebe auf alle Nationen aus. Die Menschheit kann es sich nicht leisten, Krieg mit sich selbst zu führen und sich selbst zu bekämpfen; sie sollte sich darum bemühen, die Liebe Christi und das Bewusstsein der Eintracht in alle Herzen zu säen. Es ist töricht, Nationen, Rassen und Religionen zu spalten. Jede Kirche ist eine Kirche Gottes, jeder Ort der Andacht ist ein Tempel Gottes, und jedes menschliche Wesen ist ein Kind Gottes. Wenn ihr an Christus glaubt und an das, was er verkörpert hat, wie könnt ihr dann anders empfinden?

Ihr müsst Christus durch hingebungsvolle Meditation in die Kathedrale eures inneren Schweigens einladen. Das neugeborene Christusbewusstsein, das in der Wiege jedes Herzens schlummert, will erweckt werden. Betrachtet dieses Christfest also nicht nur als eine Gelegenheit, materielle Freuden zu genießen, sondern macht euer Herz zu einer Wiege, in der Christus geboren werden kann.

Wenn ihr Christus wirklich fühlen und erleben wollt, müsst ihr meditieren. Christus ist in eurem Innern; und ihr könnt diese Wahrheit erkennen, wenn ihr die aus alten Zeiten stammenden Yoga-Meditationstechniken anwendet. Keine andere Methode ist so wirksam wie die tiefe Meditation, durch die ihr euch der allmächtigen göttlichen Gnade in eurem Innern bewusst werdet. Haltet den Körper still, zieht die Energie von den Sinnen zurück und leitet sie in das Gehirn; beruhigt euer Herz. Dann wird Christus sich offenbaren, und ihr werdet die göttliche Freude des Unendlichen Christus fühlen. Wenn diese Freude sich nicht einstellt, hat eure geistige Einstellung noch einen Knick, den ihr beseitigen müsst. Scheut keine Mühe.

Entwickelt größere Zielstrebigkeit! Buddha saß acht Jahre lang unter einem Banyanbaum, bis er das Allumfassende Bewusstsein erlangte. Jeder, der die nötigen Anstrengungen unternimmt, kann dies erreichen. Buddha, Christus, Krishna und die großen Propheten aller Kulturen und Zeitalter besaßen dieses Bewusstsein. Alle, die danach streben, können es erreichen. Die Self-Realization Fellowship ist gegründet worden, damit sie euch den Weg zeigt. Das ist die wahre Wiederkunft Christi. Zieht euch nachts zurück und übt in aller Stille die geistigen Techniken; übt *Kriya-Yoga*. Meditiert! Worauf wartet ihr? Ladet Christus jetzt auf den Altar eures Bewusstseins ein; dann wird er auch bei euch sein, wenn ihr von dieser Welt in die nächste hinübergeht. Lasst euch nicht länger von denen aufhalten, die sich noch fragen: »Wo mag Christus jetzt sein?«

Möge Christus in euch wiedergeboren werden

Mögt ihr die Wiederkunft Christi in eurem eigenen Bewusstsein erleben! Darum bete ich heute in aller Demut. Und ich segne euch alle auf besondere Art: Wenn ihr während der Weihnachtszeit tief meditiert, werdet ihr die Gegenwart Christi fühlen. Das größte Geschenk, das ich euch geben kann, ist das Erleben Christi in eurem eigenen Herzen. Doch ihr müsst euch öffnen, um empfangen zu können – ihr müsst meditieren.

Während dieser Zeit feiern auch die Engel in den himmlischen Sphären Weihnachten. Ein Unendliches Licht erstrahlte an jenem ersten Weihnachtstag auf der Erde, und jedes Jahr um diese heilige Zeit ist der Äther von diesem Licht erfüllt. Das wahre Weihnachtsfest besteht darin, Christus in der Meditation zu ehren. Mögen wir eine neue Epoche auf Erden einleiten, in der überall das geistige Weihnachten gefeiert wird! Ermutigt all eure Freunde immer und überall, während der Weihnachtszeit einen Tag in Meditation zu verbringen. Dann werden sie am 25. Dezember die wahre Geburt Christi in ihrem Herzen erleben.

Christus *ist* die Freude der Meditation. In tiefer Meditation könnt ihr seine Gegenwart fühlen. Und ich wünsche euch, dass ihr alle Christus täglich und stündlich im Herzen fühlt.

Meditiert, sooft es euch möglich ist. Übt euren *Kriya-Yoga*. Immer wenn ihr Zeit und Muße habt, meditiert. Jesus versprach, den Tröster zu senden, und das ist der Heilige Geist. Wenn ihr mit dessen Schwingung (mit dem Om oder Amen) im Einklang seid, werdet ihr große Freude fühlen – die Glückseligkeit Gottes als allgegenwärtiges Christusbewusstsein.

Das ewige Bewusstsein, das sich hinter der ganzen Schöpfung verbirgt, ist das Bewusstsein Gottvaters. Der Sohn oder die Christusintelligenz (in Indien: *Kutastha-Chaitanya* oder Krishna-Bewusstsein) liegt verborgen im Schoß der Mutter Natur; das ist der Heilige Geist – die unsichtbare schöpferische Kraft des Om. Jedes Mal, wenn euer Bewusstsein auf den Zustand göttlicher Verwirklichung eingestimmt ist, wird Christus erneut in der Wiege eurer erwachten seelischen Wahrnehmung geboren werden. Der Allgegenwärtige Christus wird aus der verborgenen Festung der Natur hervorkommen und euch die Wunder unendlicher Liebe und Weisheit offenbaren.

Verbreitet diese Botschaft vom Erleben Christi – von der wahren Wiederkunft Christi. Wo immer wir sein mögen, wollen wir Tempel Gottes errichten – keine Gebäude aus Stein, sondern lebendige Tempel der Erleuchtung in den Seelen der Menschen.

Gerade in diesem Augenblick schaue ich das Licht des Unendlichen Christus, das Licht des Ewigen GEISTES. In diesem Licht segne und taufe ich euch. Möge euer Leben, das für immer im Christusbewusstsein erwacht ist, dieses Licht widerspiegeln.

»O Herr, wir beten darum, dass das Allumfassende Bewusstsein Christi sich in allen Seelen offenbare. Himmlischer Vater, lass uns eins werden mit Dir. Lass die Herzen aller Mitglieder der Self-Realization Fellowship, aller Bewohner unserer Erdenheimat und aller Lebewesen auf allen Planeten zu einer vollkommenen Wiege für das Christusbewusstsein werden. Möge die himmlische Freude, die wir dank Deiner Nähe fühlen, in den Herzen all unserer Brüder erwachen. O Christus, mach uns zu geistigen Diamanten, die im Diadem Deines Wesens funkeln!«

Worin besteht die wahre Gleichheit der Menschen?

Um 1938

Die Wahrheit ist weder ein Eigentum des Ostens noch des Westens – sie ist der unveräußerliche Besitz jeder lebenden Seele. Und die Gleichheit der Menschen bezieht sich nicht auf die Gleichheit des gesellschaftlichen, politischen oder wirtschaftlichen Lebens, die sich viele vergebens erhoffen, sondern auf die Gleichheit jeder Seele vor Gott – auf ihre gleiche Fähigkeit, Ihn zu suchen und zu finden.

Ohne Intelligenz kann niemand etwas richtig verstehen. Man sollte alles vernünftig untersuchen und dabei auf das Wesentliche achten, anstatt sich auf unbegründete Behauptungen oder Meinungen aus zweiter Hand zu verlassen. Wer sich nicht bemüht, hinter all den verwirrenden Schleiern die Wahrheit zu entdecken, wird auch sich selbst nie richtig kennenlernen, sondern er wird zum Spielball äußerer Kräfte und zum Sklaven der Umstände werden. Wer etwas verabscheut, ohne es genau überprüft zu haben, beweist, dass er sich leicht täuschen lässt; er wird schnell in Schwierigkeiten geraten.

Eine Voraussetzung für das Studium der östlichen Lehren, die besonders hervorgehoben werden muss, ist diese: Alle Anweisungen, wie man Erleuchtung erlangt, können nur dann voll verstanden werden, wenn man sie von einem wahren Guru erhalten hat – einem Guru, der Gott tatsächlich erkannt hat – und wenn man sie im täglichen Leben regelmäßig befolgt. Das wunderbare Licht der Wahrheit, das uns aus der dunklen Welt der Materie zu den himmlischen Kräften führt, fällt uns nicht einfach zu; wir sehen es nicht ohne eigene Bemühungen. Und wir sollten keine noch so große Anstrengung scheuen, um dieses Licht zu finden und ihm zu folgen.

Alle großen Religionen der Welt beruhen auf allgemeingültigen Wahrheiten, die einander bereichern, anstatt sich zu widersprechen. Fast alle Religionen und grundlegenden philosophischen Systeme schöpfen ihre Inspiration aus den heiligen Schriften des Altertums. Und jede neuzeitliche geistige Botschaft, die genügend Kraft und Leben hat, drückt in neuer Weise die Wahrheiten aus, die schon vor vielen Zeitaltern von den göttlich erleuchteten Weisen Indiens verkündet wurden. Diese erleuchteten *Rishis* widmeten sich ausschließlich der Erforschung der geistigen Gesetze und der überirdischen Kräfte des Menschen. Sie vermitteln ihm, je nach seiner Wesensart, Regeln und Methoden, die er befolgen kann, um die Göttlichkeit seiner Seele zum Ausdruck zu bringen und im Einklang mit den kosmischen Kräften des Universums zu leben.

Die Menschheit hat nur einen wirklichen Feind: die Unwissenheit. Wir wollen uns alle gemeinsam bemühen, diesen Feind zu besiegen; wir wollen einander auf diesem Weg helfen und ermutigen. Sobald die Seelen von Unwissenheit befreit sind, stehen sie alle gleichermaßen gesegnet vor unserem Einen Vater, unserer Einen Mutter, unserem Einen Freund und geliebten Gott.

Die Notwendigkeit allgemeiner religiöser Grundsätze

Antworten auf die Fragen eines Wahrheitssuchers

Die folgenden Fragen wurden Paramahansa Yogananda im Jahre 1951 von Professor Bhagwat S. Upadhyaya von der Rajputana-Universität im indischen Staat Rajasthan gestellt – einem hervorragenden Autor und Historiker auf dem Gebiet der indischen Kultur. Die Begegnung mit Paramahansaji fand im internationalen Hauptsitz der Self-Realization Fellowship in Los Angeles statt.

Paramahansaji, gehören Sie einem bestimmten geistigen Orden an?

Ja, dem aus alten Zeiten stammenden indischen Swami-Orden, der in seiner jetzigen Form von Swami Shankara, Adi Shankaracharya, reorganisiert wurde. Ich gehöre zum Giri (»Berg«)-Zweig, einem der zehn Zweige des Ordens. Auch mein Guru Swami Sri Yukteswar, von dem ich eingeweiht wurde, gehörte diesem Zweig des Ordens an.

Sie sind ein religiöser Mensch, aber glauben Sie nicht auch, dass Religion Zwist, Blutvergießen und Böses in der Welt verursacht hat?

Dass es unechtes Gold gibt, vermindert nicht den Wert des reinen Goldes. Ähnlich setzt unechte Religion nicht den Wert der wahren Religion herab. Wer die der Religion innewohnende Macht missbraucht oder wer religiöse Methoden zu befolgen vorgibt, um sich selbst hervorzutun, wird zum Heuchler und kann Böses verursachen; dann hat er das Übel verursacht, nicht die Religion. Wer die wahre Religion – *Dharma*[1] – verkörpert,

---

[1] Siehe Glossar.

trägt dazu bei, die Welt zu erheben, und er selbst befreit sich für immer von allem Leid. Wahre Religion besteht aus Grundsätzen, die es dem Menschen ermöglichen, Körper, Geist und Seele mit Gott zu vereinigen. Letzten Endes ist nur sie es, die den Menschen von allem Bösen auf dieser Erde befreien kann.

Ist Religion an sich wirklich für die Erhebung des Menschen notwendig? Begrenzt sich der Mensch nicht dadurch, dass er sich einem besonderen Glaubensbekenntnis oder Orden anschließt? Errichtet er auf diese Weise nicht Schranken zwischen sich und den anderen Konfessionen?

Dogmatische Religionen sind Nebenwege, manchmal sogar Sackgassen, die nirgends hinführen. Immerhin jedoch kann eine leidlich gute dogmatische Religion den aufrichtigen Sucher auf die Schnellstraße der wahren Religion leiten, die wiederum zu Gott führt. Diese Schnellstraße ist Yoga, die wissenschaftliche Methode, durch die jede Seele sich wieder mit dem GEIST vereinigen kann. In der Bhagavad-Gita wird Yoga als der größte aller Wege bezeichnet – größer noch als die Wege der Hingabe, der Weisheit und des rechten Handelns. Die Yoga-Wissenschaft lehrt, wie der Mensch vom GEIST in das Fleisch herabgestiegen ist und sich mit dem Körper, den Sinnen und seinem Besitz identifiziert hat; und sie lehrt zudem, wie er wieder zu Gott aufsteigen kann. Die Erfahrung oder Erkenntnis der Wahrheit, die man durch Yoga-Übungen erlangt, liefert den Beweis für die allen Religionen zugrunde liegende Einheit, die in der Wahrnehmung Gottes besteht, denn Er ist der eine gemeinsame Nenner.

Sollte die Religion zu einer Organisation werden, wie es beim Buddhismus und dem Christentum der Fall ist, oder sollte sie mehr ein Ausdruck individuellen intuitiven Glaubens sein?

Die organisierte Religion ist der Bienenstock; die Verwirklichung ist der Honig. Beide sind nötig. Oft aber geschieht es, dass sich eine religiöse Organisation auf die äußeren Glaubenssätze und Zeremonien konzentriert und zu einem dogmatischen, leeren Bienenstock wird. Das andere Extrem besteht darin, dass einige Yogis im Himalaja den Honig der Gottverwirklichung in ihren Herzen sammeln, ohne eine religiöse Organisation zu gründen, einen Bienenstock, in dem auch andere den göttlichen Nektar genießen können. Das ist selbstsüchtig. Wenn große Weise hinter einer religiösen Organisation stehen, kann diese viel Gutes in der Welt bewirken. Wenn sie aber nur von egoistischen, scheinheiligen oder vor allem kommerziellen Menschen vertreten wird, bewirkt sie wenig Gutes und fügt anderen oft sogar großen Schaden zu.

Wenn der Glaube intuitiv ist, braucht man dann noch einen Guru?

Gott spricht nicht direkt zu einem Neuling auf dem geistigen Weg, denn dessen Intuition ist noch nicht so weit entwickelt, dass sie ihn unfehlbar führen könnte. Daher leitet Gott ihn durch die Lehren eines Gurus, der mit Ihm in Verbindung steht. Der Lehrer muss ständig im Einklang mit Gott sein, sonst ist es, »als ob ein Blinder die Blinden führte«.

Wird die Religion aber nicht zum Dogma, nachdem sie zu einer Organisation geworden ist und sich auf bestimmte Symbole und Gepflogenheiten begrenzt?

Ähnlich wie sich die Nuss in der Schale verbirgt, so verbirgt sich die wahre Religion in den verfälschenden dogmatischen Formalitäten. Doch so wie man eine Nussschale mit einem Nussknacker öffnen und die Nuss darin finden kann, so können auch aufrichtige geistige Sucher mit dem Nussknacker intuitiver Meditation über religiöse Ideale die dogmatische Schale aufbrechen und die darin verborgene innere Wahrheit entdecken. Eine Krähe mag vergeblich auf einer harten Walnussschale herumhacken und nie an die Nuss gelangen; ähnlich beißen auch oberflächliche geistige Sucher erfolglos auf die dogmatische Schale einer Religion, ohne je zum Kern der Wahrheit zu gelangen.

Sie glauben an eine grundlegende Einheit aller Religionen. Wenn das so ist, warum gibt es dann zwischen den Anhängern verschiedener Glaubensbekenntnisse Eifersucht und Konflikte?

Solche Konflikte werden sogar in den alten heiligen Schriften erwähnt. Die Jünger des großen Gottes Shiva preisen ihn als den höchsten Gott; die Vaishnavas sehen in Vishnu und in seinen Inkarnationen Rama oder Krishna den höchsten Gott.[2] Die Anhänger der verschiedenen Bekenntnisse besitzen noch nicht die Erleuchtung wie jene, deren inspirierenden Leben wir die wahren religiösen Wege verdanken. Ich sage oft, wenn Jesus, Krishna, Buddha und andere wahre Boten Gottes zusammenkämen, würden sie nicht miteinander streiten; sie würden aus demselben Kelch der Gottesliebe trinken.

In Indien erzählt man sich die Geschichte von den sechs blinden Brüdern, die einen Elefanten waschen – und die man mit den Anhängern verschiedener Religionen vergleichen kann. Der erste Bruder behauptete, der Elefant gleiche einer riesigen Wand; er hatte die Flanken des Dickhäuters gewaschen. Als der zweite Bruder dies hörte, bestritt er es und sagte, der Elefant gleiche einem beweglichen Bambusstab; er hatte nämlich den Rüssel gewaschen. Der dritte, der seine beiden Brüder für dumm hielt, bestand darauf, dass der Elefant zwei Bananenblättern gleiche; er hatte die Ohren gewaschen. Der vierte, der diese absurden Erklärungen hörte, berichtigte die anderen und sagte, der Elefant sei ein großes Fleischdach, das auf vier Säulen ruhe; er hatte die Beine gewaschen. Der fünfte Bruder lachte verächtlich, denn für ihn bestand der Elefant nur aus zwei Knochen; er hatte die Stoßzähne gewaschen. Nun war der sechste Bruder aber überzeugt davon, dass alle fünf den Verstand verloren hätten, und erklärte mit Bestimmtheit, der Elefant sei ein Stück Seil, das vom Himmel herabhänge; er hatte nämlich den Schwanz gewaschen; und da er der jüngste und kleinste von ihnen war, konnte er das obere Ende des Schwanzes nicht erreichen und dachte daher, dieser sei aus den himmlischen Regionen herabgeschwebt. Als die Hitze des Gefechts ihren Höhepunkt erreicht hatte, kam der Vater hinzu, der im Besitz seines Augenlichts war, und erklärte ihnen: »Ihr habt alle recht und auch alle unrecht. Recht habt ihr, weil ihr eure Erfahrungen korrekt beschrieben habt, und unrecht habt

---

[2] Siehe *Brahma-Vishnu-Shiva* im Glossar.

ihr, weil jeder nur einen Teil des Ganzen erfahren hat. Der Elefant besteht aus all diesen Teilen.«

Das Bewusstsein des Menschen entwickelt sich im Laufe der Inkarnationen höher und erfährt allmählich immer mehr über das Nektar-Meer der Wahrheit. Jeder kann aber nur das in sich aufnehmen, was im Bereich seiner Erfahrungen liegt. Diese unterschiedlichen Wahrnehmungen sind der Grund für alle Debatten und Widersprüche, denn jeder sieht nur einen Teil der Wahrheit. Ein Austausch der verschiedenen Ansichten ist nützlich, wenn man sich gegenseitig mit Offenheit und Respekt begegnet – aber schädlich, wenn Intoleranz und Fanatismus einen Streit verursachen.

Haben Sie Berührungspunkte zwischen dem Glauben der Hindus und dem der Christen festgestellt?

Ich betrachte die Bhagavad-Gita und die christliche Bibel – vor allem das Neue Testament – als die größten aller heiligen Schriften, denn beide weisen auf dieselbe Schnellstraße des Yoga hin, die zu Gott führt. Die Bhagavad-Gita lehrt: »Ein Erleuchteter sieht den GEIST unterschiedslos in allen.«[3] Und in der Bibel heißt es: »Wisset ihr nicht, dass ihr Gottes Tempel seid und der Geist Gottes in euch wohnt?«[4] Die Offenbarung des Johannes in der Bibel ist eine allegorische Darlegung derselben Yoga-Grundsätze, die in der Gita erwähnt werden. Mein Guru sandte mich vor allem deshalb in den Westen, damit ich den dortigen Menschen zeige, dass der schnellste Weg zu Gott, der Weg des Yoga, sowohl in der Bibel als auch in der Bhagavad-Gita dargelegt wird.

Halten Sie die Amerikaner für gottesfürchtige Menschen? Vertrauen die Amerikaner wirklich auf Gott, den unbekannten Unendlichen, wenn sie so viel Gewicht auf das materielle Leben legen?

Ich habe festgestellt, dass jene Amerikaner, die in materi-

---

[3] »Wer den Höchsten Herrn unterschiedslos in allen Wesen wahrnimmt und den Unvergänglichen im Vergänglichen schaut, der sieht die Wahrheit.« (Bhagavad-Gita XIII, 27)
[4] *1. Korinther 3, 16.*

eller Hinsicht am erfolgreichsten sind, sich immer mehr den wahren geistigen Idealen zuwenden; dagegen neigen die Menschen in einigen europäischen und asiatischen Ländern mehr zum Materialismus, weil sie unter Hunger, Krankheit und Armut leiden.

Verstehen die Menschen des Westens wirklich die indische Philosophie, die Sie lehren? Wie kommt es, dass Sie ausgerechnet Amerika als Standort Ihrer organisatorischen Tätigkeit gewählt haben?

Yoga ist eine Wissenschaft, und die Amerikaner sind aufgeschlossen für einen solchen Weg zu Gott. Sie sind des Materialismus und Dogmatismus überdrüssig. Amerika und andere westliche Länder sind bereit und willig, bewährte Methoden auszuprobieren, die ihnen ein wirkliches Erleben Gottes ermöglichen. Als ich meinem Guru in Benares begegnete, sagte er mir, mein Auftrag bestehe darin, den Menschen der westlichen Welt zu erklären, dass ihre Religion mit der Religion Indiens übereinstimme. Auch in Indien hat mein Werk Erfolg.

Empfehlen Sie das Yoga-System des Patanjali[5] oder das der Bhagavad-Gita?

Wenn wir jetzt die Zeit hätten, könnte ich Ihnen zeigen, dass all die in der Bhagavad-Gita erwähnten Krieger allegorische Darstellungen derselben Yoga-Grundsätze sind, die in Patanjalis *Yoga-Sutras* erwähnt werden. So verkörpern zum Beispiel die Pandava-Zwillinge, Nakula und Sahadeva, *Yama* und *Niyama* (die Verbote und Gebote, die man beachten soll). Arjuna stellt die feurige Selbstbeherrschung dar. Bhima symbolisiert *Pranayama* (Herrschaft über die Lebenskraft und den Atem) und Yudhisthira (»welcher im Kampf ruhig bleibt«) Ruhe und intuitive Unterscheidungskraft. Die gegnerischen Kurus, die den rechtschaffenen Pandavas ihr Königreich raubten, stellen die negativen Eigenschaften und Kräfte dar, die der zielbewusste Yogi überwinden muss. Die Wahrheiten der Gita, die in früherer Zeit niedergeschrieben wurden, hat Patanjali

---

[5] Patanjali war der Hauptvertreter des Yoga im indischen Altertum. In seinen *Yoga-Sutras* erklärt er die Grundsätze des Yoga-Weges. (Siehe Glossar.)

später in seinen prägnanten *Sutras* erläutert. Sein Werk ist eine meisterhafte Zusammenfassung der Yoga-Wissenschaft.[6]

Glauben Sie, dass der Hatha-Yoga *bei der Erreichung des Höchsten Ziels eine wichtige Rolle spielt? Empfehlen Sie die* Hatha-Yoga-*Übungen?*

Die *Hatha-Yoga*-Stellungen, auch *Asanas* genannt, sind sehr nützlich für junge Leute. Falls diese schon im frühen Alter damit beginnen, können sie später, wenn sie heranwachsen, lange Zeit in einer bestimmten Stellung sitzen und tief meditieren, ohne dass der Körper ihnen Unbehagen verursacht oder ihre Ruhe stört. Die meisten Erwachsenen jedoch können nicht all diese Stellungen einnehmen, weil ihr Körper nicht mehr gelenkig genug ist. Ältere Personen, die nicht genug Unterscheidungskraft besitzen und diese *Asanas* zu meistern versuchen, können sich dabei eher schaden; und wenn sie sich bemühen, in einer schwierigen Stellung, die ihnen Schmerzen verursacht, zu meditieren, werden sich ihre Gedanken mehr auf den Schmerz als auf Gott konzentrieren. Was also die *Asanas* betrifft, so empfehle ich sie allen jungen Menschen. Die *Asanas* helfen ihnen, strahlend jung und gesund zu bleiben, wie wir es bei den Knaben sowie den jungen Mönchen und Nonnen sehen, die in unseren Ashrams leben. Doch wir lehren sie ebenfalls den *Kriya-Yoga*, damit sie sich mit Gott in Verbindung setzen können. Der *Kriya-Yoga*, der in diesem Zeitalter von Sri Shyamacharan Lahiri Mahasaya wieder eingeführt wurde, ist die höchste aller *Raja-Yoga*-Techniken.[7] Nähere Einzelheiten über den *Kriya-Yoga* können Sie meinem Buch *Autobiographie eines Yogi* entnehmen.

Glauben Sie, dass die Hatha-Yoga-*Übungen allein zum Erwerb geistiger Kräfte und zur Erleuchtung führen können?*

Nein. Der *Hatha-Yoga* diszipliniert nur den Körper und hält ihn gesund; er bereitet ihn auf geistige Fortschritte vor, die

---

[6] Paramahansaji erläutert dies ausführlich im ersten Kapitel seines Kommentars zur Bhagavad-Gita: *Gott spricht mit Arjuna – Die Bhagavad-Gita.*
[7] Der »königliche« oder höchste Weg, der zur Vereinigung mit Gott führt. (Siehe Glossar.)

durch *Raja-Yoga* – die Meditation, die zu Gott führt – erlangt werden.

Heißen Sie die verschiedenen Orden der Shaktas *und Tantriker (oder einige von ihnen) gut?*[8]

Deren Übungen hatten ursprünglich etwas Gutes in sich, wenn sie den heiligen Schriften gemäß richtig verstanden und in ihrer reinen Form angewandt wurden. Doch was man heute davon anwendet, ist meistenteils schlecht; denn es werden ausgefallene Methoden empfohlen, die ungeeignet für den Durchschnittsmenschen sind. Einige *Tantriker*, welche die ursprünglichen geistigen Worte – kraftgeladene Mantras – benutzen, durch die das Bewusstsein so geschult werden kann, dass man Visionen der Gottheiten (Personifizierungen der Göttlichen Kräfte) erblickt und schließlich mit Gott in Verbindung gelangt, sind sehr gut; doch *Tantriker*, die sich mit Sexualität, Wein und üblen Praktiken beschäftigen, sind nicht gut.[9]

Die Tantriker *vertreten die Ansicht, dass nicht Unterdrückung, sondern Befriedigung der Sinne zur Glückseligkeit führe. Halten Sie diese Ansicht für richtig?*

Die *Tantriker* behaupten das nicht. Einige Anhänger des *Tantra* versuchen, dadurch Selbstbeherrschung zu entwickeln,

---

[8] Shaktas beten Gott in Seiner Ausdrucksform als Shakti an, als die sich manifestierende Energie oder Kraft des GEISTES, die in der Schöpfung tätig ist. Die *Tantriker* folgen den verschiedenen Methoden, die in den *Tantras*, einem wichtigen Teil der *Shastras* oder heiligen Schriften des Hinduismus, beschrieben werden.

Tantra lehrt vor allem rituelle Anbetungen und den Gebrauch von Mantras. Zweck dieser Übungen ist es, die individuelle Seele mit dem GEIST, dem Schöpfer, zu vereinigen – und zwar durch Kenntnis und Meisterung der in der Schöpfung wirkenden Kräfte. Die Schriften enthalten unter dem Deckmantel vielfältiger esoterischer Symbolik tiefe Wahrheiten. *Tantra* in seiner reinen Form wird nur von wenigen Erleuchteten verstanden. Es gibt viele degenerierte Seitenzweige, darunter solche, deren Anhänger ungewöhnliche Kräfte und Erfahrungen anstreben, und solche, welche die Sinne auf verschiedene Weise missbrauchen.

[9] Paramahansaji bezieht sich hier auf *Vamachara*, die »linkshändigen« tantrischen Rituale, die in Indien gesetzlich verboten wurden, als sie in Hedonismus ausarteten. (Das »rechtshändige« *Tantra* empfiehlt viele Arten systematischer Yoga-Übungen und Selbstdisziplin).

dass sie sich sexuell betätigen, Fleisch essen und Wein trinken, während sie geistig Abstand von diesen Handlungen bewahren. Für Menschen mit zügellosen Gewohnheiten mag es gut sein, auf diese Weise Maß zu halten und sich um Beherrschung des Geistes zu bemühen. Doch die Yogis verurteilen diesen Weg gewöhnlich, weil die meisten Sucher darin nur eine Rechtfertigung finden, ihren niederen Instinkten und Lüsten nachzugeben; sie sind nicht wirklich daran interessiert, Selbstbeherrschung zu erlangen.

Der höchste Weg wird in der Bhagavad-Gita empfohlen; er besteht in innerer Entsagung und wissenschaftlicher Meditation, die dem Menschen dazu verhilft, Gott als Glückseligkeit zu erleben. Dieser Weg macht es selbst dem schwachen Wahrheitssucher möglich, sich von den Orten der Versuchung fernzuhalten, und vermittelt ihm einen Vorgeschmack der inneren göttlichen Glückseligkeit; wenn er diese mit den materiellen Vergnügungen vergleicht, wird er sie viel befriedigender finden.

Gibt es wirklich einen Gott, sei Er persönlich oder unendlich, der das Universum erschafft und zerstört? Hat tatsächlich ein Göttlicher Schöpfer den Menschen nach Seinem Bilde erschaffen? Hat nicht vielmehr der Mensch aus Angst und Gier ein solches Wesen nach seiner eigenen Vorstellung geschaffen? Wenn man sieht, wie viel Böses und wie viel Leid es in der Welt gibt, könnte man zu dieser Ansicht gelangen.

Die Vorstellung, die sich der Mensch vom Universum macht, ist wegen seines begrenzten Verstandes und seiner begrenzten Sinne völlig verzerrt. Daher sieht er nur die erschaffenen Dinge, aber nicht ihr wahres Wesen und ihren Schöpfer. In einem Film werden der Bösewicht und der Held durch denselben Lichtstrahl auf die Leinwand projiziert. Der Bösewicht im Film wurde als Gegenspieler erschaffen, damit wir umso mehr den Helden verehren und uns von ihm inspirieren lassen. Wenn wir den Film untersuchen und sehen, dass sowohl der Bösewicht als auch der Held sowie die Szenen, in denen sie auftreten, alle durch denselben Vorgang hervorgerufen werden, verstehen wir, dass gar nichts Schlimmes geschehen ist, dass alles nur ein Spiel von Licht und Schatten war. Dasselbe trifft auf Gottes ewig wechselnden Film der Schöpfung zu.

Die Weisen, die eins mit Gott geworden sind, betrachten die Schöpfung als einen Film von Kräften, die von Ihm ausströmen. Der Mensch ist zwar ein Ebenbild Gottes (eine individuelle Seele, ein untrennbarer Teil von Ihm), doch er hat sich mit der kosmischen Täuschung, der *Maya*, identifiziert, die aus Licht und Schatten besteht und dem Gesetz der Relativität unterworfen ist. Wenn er seinen freien Willen gebraucht, um sich in allem, was er tut, von seiner Bindung an die *Maya* zu befreien, versteht er auch das wahre Wesen der Schöpfung und ihres Schöpfers. Solange der Mensch jedoch im Zustand der Täuschung verharrt, ist seine Vorstellung von Gott mehr oder weniger begrenzt – je nach dem Ausmaß seiner Täuschung. Der vollkommen erleuchtete Mensch erkennt Gott als die ewig bestehende, ewig bewusste, ewig neue Glückseligkeit und weiß, dass all diesen gegensätzlichen Täuschungen das eine Kosmische Bewusstsein zugrunde liegt.

Gott erschuf die verschiedenen Fähigkeiten und Kräfte, die im Menschen und in der ganzen Schöpfung wirksam sind; doch der Mensch, ein individueller Teil Gottes, dem ein freier Wille verliehen worden ist, unterliegt der Täuschung, weil er diese Fähigkeiten missbraucht. Dabei wählt er sich selbst eine gute oder schlechte Rolle im kosmischen Drama und beeinflusst dadurch die Tendenz zum Guten oder Bösen in der Welt. Erst wenn sich der Mensch nicht mehr mit dem Körper und der Materie identifiziert, erkennt er, dass er Gott zum Bilde geschaffen ist – nicht vorher. Der erleuchtete Mensch unterstützt Gott dabei, das Gute in der Welt zu fördern und seinen Mitmenschen göttliche Hilfe zu leisten.

Ist es eigentlich wichtig, dass es einen Gott gibt?

Etwas kann nicht aus dem Nichts kommen. Es muss ein Etwas geben, das der Ursprung und die Quelle des Seins ist. Dieses Etwas ist der GEIST, das Ewige Bewusstsein – Gott, der Vater und die Mutter der Schöpfung. So wie die Wellen des Ozeans nicht ohne das Meer bestehen können, so können die Seelen-Wellen, die individuellen Ausdrucksformen des Seins, nicht ohne den Ozean der Gegenwart Gottes bestehen. Solange die Seelen-Wellen mit dem Sturm der Täuschung spielen, werden sie aus dem Meer hinausgeschleudert und zerschmettert.

Darum ist es so wichtig, dass sie in die ruhigen Tiefen des Ozeans, in den Schoß Gottes zurückkehren.

Was ist Glückseligkeit, die letzte Befreiung? Wird nicht der Mensch nur einmal geboren, und verliert er nicht seine Individualität im Tode für immer?

Der Mensch lebt nur einmal in einem bestimmten Körper und unter einem bestimmten Namen. Er reinkarniert sich nie wieder in derselben Gestalt und Identität. Ebenso mag jemand im Leben vorübergehend ein Gewand tragen und es dann ablegen, um es nie wieder anzuziehen. Ähnlich trägt auch die Seele in jedem Leben einen anderen Körper, bis sie sich nach vielen Inkarnationen geistig genügend entwickelt hat und zum GEIST zurückkehrt. Sie leben also nur einmal als eine bestimmte Person, doch die Seele, das, was Sie ewig sind, erlebt viele Reinkarnationen und übernimmt jedes Mal die sich daraus entwickelnde Persönlichkeit und die karmischen Neigungen ihrer früheren Leben.

Der menschliche Geist, das Sinnesbewusstsein im Menschen, ist den Wellen des Wechsels unterworfen, welche die Seele aufrühren und sie von Gott fernhalten: der Welle des Schmerzes, der Welle der Lust und der Welle der Gleichgültigkeit oder Langeweile. Wenn diese im Sturm der Täuschung entstandenen Wellen durch Yoga geglättet werden, erlebt der Mensch den negativen Zustand des Friedens, die Abwesenheit von Unruhe. Durch intensiveres Üben der Yoga-Meditation lässt er das Tal des Friedens hinter sich und erlebt den positiven Zustand ewig neuer Glückseligkeit. Schmerz, Lust und Gleichgültigkeit sind vorübergehende Erfahrungen der inkarnierten Seele; doch der Zustand der Glückseligkeit ist ein wesentlicher Bestandteil des SELBST, und als solcher währt er ewig. Er ist ewig neu; man wird seiner nie überdrüssig. Hat der Mensch einmal diese Glückseligkeit erreicht, sucht er nie mehr nach etwas anderem. Wenn er sich wieder mit der Seele – der individualisierten, ewig bestehenden, ewig bewussten, ewig neuen Glückseligkeit – identifiziert, geht er in die alles durchdringende, ewig bestehende, ewig bewusste, ewig neue Glückseligkeit des GEISTES ein – ähnlich wie eine Welle zum Meer zurückkehrt. Dennoch geht seine Individualität nie verloren;

dieser Teil des GEISTES bewahrt für immer die »Erinnerung« an sein individuelles Dasein.

Soweit ich Ihr Werk kennengelernt habe, folgt Ihnen eine große Anzahl guter und treuer Jünger. Ist es Ihnen schwergefallen, das zu erreichen?

Muss sich ein Magnet anstrengen, um Eisen anzuziehen? Zwischen dem Eisen und der Kraft des Magneten besteht eine natürliche Anziehung. Natürlich muss das Eisen dem Magneten nahe genug sein, damit es von ihm angezogen werden kann. So ist es auch mit der Beziehung zwischen Guru und Jünger. Es hängt von der Empfänglichkeit des Jüngers und der geistigen Kraft des Lehrers ab, ob dieser ihn inspirieren und zu Gott zurückführen kann.

Jesus sprach: »Es kann niemand zu mir kommen, es sei denn, dass ihn ziehe der Vater, der mich gesandt hat.«[10] Der allwissende Gott führt oberflächliche Wahrheitssucher zu weniger anspruchsvollen Lehren und unbedeutenderen geistigen Büchern; je nach dem Grad ihrer geistigen Sehnsucht und ihres Verständnisses ziehen sie Gewinn daraus. Doch aufrichtige Gottsucher werden von Ihm zu einem vollkommen erleuchteten Guru geführt, der mit Gott in Verbindung steht und als Vermittler dient, um sie zu Gott zu leiten. Es ist die Pflicht des Gurus, den Wahrheitssucher zu Gott zu führen. Schließlich ist es also Gott, welcher Guru und Jünger zusammenbringt, vorausgesetzt, dass beide den Wunsch haben, sich zu finden. Weil der Jünger von einer aufrichtigen Sehnsucht getrieben wird, sucht er – zuerst vielleicht ganz unbewusst – den Guru, jemanden, der ihn zu Gott führen kann. Und der wahre Guru, der intuitiv den ihm von Gott gesandten Jünger kennt, bemüht sich, diesen zu sich zu ziehen, und scheut keine Mühe, ihm zu helfen. Der aufrichtige Jünger, der einen wahren Guru findet, wird magnetisch zu diesem hingezogen und erkennt ihn als einen Gottgesandten. So will es das geistige Gesetz.

Vielleicht stimmen Sie mir zu, dass sich die Welt in einer

---

[10] Johannes 6, 44.

Krise befindet. Woran liegt das, und was kann man dagegen tun?*

Alle Nationen sind dem Einfluss der aufsteigenden und absteigenden *Yugas* unterworfen.[11] Die jetzige Weltkrise ist dem aufsteigenden Dwapara-Yuga zuzuschreiben; wenn die Welt besser werden soll, muss das Böse ausgetrieben werden. Die Kräfte des Bösen werden sich selbst zerstören, und die rechtschaffenen Nationen werden überleben. Der Konflikt zwischen Gut und Böse besteht seit Anbeginn der Zeit. Während die Welt sich nun im Dwapara-Yuga, dem elektrischen oder atomaren Zeitalter, höherentwickelt, ist nicht nur die wachsende Kraft des Guten am Werk, sondern auch eine zunehmende Kraft der Zerstörung – weil jene Menschen, die zu habgierig werden und Macht verlangen, die Technik missbrauchen. Gemäß dem Einfluss des Dwapara-Yuga entwickelt sich die Technik schnell weiter und ermöglicht der Bevölkerung einen höheren Lebensstandard. Doch dieser Fortschritt schafft auch eine größere Kluft zwischen den Erfolgreichen und den Erfolglosen. Dadurch entstehen Eifersucht und soziale, wirtschaftliche und politische Unruhen.

Meinen Sie deshalb, dass der Kommunismus mit seiner Philosophie der Gleichheit und seiner Politik, die alle Klassen auflösen und auf ein gemeinsames Niveau bringen will, ein humanitäres Werk vollbringt und es Gott sozusagen erleichtert, die Bedürfnisse all Seiner Kinder zu decken?

Ich glaube an eine Brüderlichkeit unter den Menschen, die auf gegenseitiger Liebe, Verständigung und Zusammenarbeit beruht. Alle wertvollen Ziele und hohen Ideale sollten durch

---

[11] Die heiligen Schriften der Hindus lehren, dass die Erde immer wieder Zyklen der Evolution und Involution durchmacht. Diese Weltzyklen bestehen aus je 24 000 Jahren und werden in vier *Yugas* oder Zeitalter aufgeteilt – in 12 000 aufsteigende Jahre, in denen diese *Yugas* allmählich mehr Erleuchtung bringen, und in 12 000 absteigende Jahre, in denen Unwissenheit und Materialismus zunehmen. Jeder halbe Zyklus besteht aus dem Kali-Yuga, dem dunklen oder materialistischen Zeitalter; dem Dwapara-Yuga, dem elektrischen oder atomaren Zeitalter; dem Treta-Yuga, dem geistigen Zeitalter; und dem Satya-Yuga, dem Zeitalter der Wahrheit oder Erleuchtung. (Siehe *Yuga* im Glossar.)

geistiges Beispiel und gute Methoden in der Welt bekannt gemacht werden, nicht durch brutale Gewalt und durch Krieg. Politische Macht ohne geistige Grundsätze ist gefährlich. Wenn ich von geistigen Grundsätzen spreche, meine ich damit nicht die Dogmen bestimmter Religionen – die ebenfalls zu Zwist führen können –, sondern *Dharma*, die allgemeingültigen Gesetze der Rechtschaffenheit, die zum Wohl der ganzen Menschheit beitragen. Manchmal allerdings ist ein gerechter Krieg nötig, um eine weitere Verbreitung des Bösen zu verhindern. Sie können einem wilden Tiger keine Predigt über Gewaltlosigkeit und Freundschaft halten, denn er wird Sie töten, noch ehe Sie ihm Ihre Philosophie erklärt haben. Einige menschliche Übeltäter sind ebenfalls nicht empfänglich für vernünftige Argumente. Jeder, der einen Angriffskrieg vom Zaun bricht, so wie Hitler, wird verlieren. Und wer gezwungen ist, einen gerechten Krieg gegen das Böse zu führen, wird gewinnen. Gott entscheidet, ob ein Krieg gerecht ist oder nicht.

Meinen Sie, dass Amerika sich grundlegend ändern sollte?

Amerika verkörpert höchste materielle Entwicklung, die überall in der Welt gebraucht wird; und Indien verkörpert mit seinen großen Meistern und Propheten höchste geistige Erleuchtung. Als sich die Zivilisationen höherentwickelten, hat Gott diese Musterbeispiele entstehen lassen, um zu zeigen, dass zwischen diesen beiden Extremen die ideale Zivilisation liegt – in einem Ausgleich zwischen Materialismus und Geistigkeit. Die ganze Welt sollte sich einige der guten Errungenschaften des materiell fortschrittlichen Amerika und ebenfalls die geistigen Ideale Indiens aneignen. Amerika ist bereits in hohem Maße aufgeschlossen für die geistige Kultur Indiens, was sich zum Beispiel an dem enormen Wachstum der Self-Realization Fellowship und an dem weit verbreiteten Interesse für hinduistisches Gedankengut zeigt. Indien andererseits sollte sich viele der wissenschaftlichen Kenntnisse Amerikas aneignen, um Krankheit, Armut und Provinzialismus zu bekämpfen; denn diese sind Schandflecken auf Indiens hohem geistigem Erbe. Der Osten sollte die besten konstruktiven Methoden des Westens übernehmen, und der Westen sollte dem Beispiel des Ostens folgen und Gott zum höchsten Ziel des Lebens machen.

Die Notwendigkeit allgemeiner religiöser Grundsätze 217

Möchten Sie der Welt eine Botschaft geben?

Meine Brüder und Schwestern in aller Welt! Vergesst bitte nicht, dass Gott euer Vater ist und dass es nur *einen* Gott gibt. Wir alle sind Seine Kinder, und als solche müssen wir wirksame Mittel finden, um uns gegenseitig in körperlicher, geistiger, finanzieller und seelischer Hinsicht zu helfen und ideale Bürger der Vereinigten Staaten der Welt zu werden. Wenn in einer Gemeinschaft von 1000 Menschen jeder Einzelne versuchte, sich durch Bestechung, Streit und Schikane auf Kosten der anderen zu bereichern, würde jeder von ihnen 999 Feinde haben; wenn dagegen jeder in physischer, geistiger, finanzieller und seelischer Hinsicht mit den anderen zusammenarbeitete, würde jeder 999 Freunde haben. Wenn alle Nationen einander voller Liebe helfen, wird überall auf Erden Frieden herrschen, was reichlich Gelegenheit bietet, das Wohlergehen aller Menschen zu fördern.

Der Mensch scheint sein geistiges Wesen zu vergessen und stattdessen in seine tierischen Instinkte zurückzufallen. Gott hat den Menschen vor allem als ein geistiges Wesen erschaffen. Solange dieser jedoch seinen niederen Trieben freien Lauf lässt, wird es immer Sorgen, Kriege, Hungersnot, Armut und Krankheit geben. Sobald er aber erkannt hat, wie notwendig die Brüderlichkeit unter den Menschen ist, wird er eine Welt schaffen, in der Wohlstand und Glück regieren.

Es ist traurig, mit ansehen zu müssen, wie die Führer von Nationen unsagbares Leid verursachen, weil sie sich von Gier und Hass treiben lassen, anstatt in gutem Einvernehmen zusammenzukommen und ihre Schwierigkeiten auf friedlichem Wege zu überwinden. Wegen ehrgeiziger und niederträchtiger Politiker hat die Erde unter zwei Weltkriegen gelitten und fühlt sich jetzt von einem dritten weltweiten Konflikt bedroht. Wenn man das Geld, das für zerstörerische Zwecke ausgegeben wird, stattdessen in einem internationalen Fonds anlegte, könnte es die Armutsviertel der Welt beseitigen, die Hungersnot besiegen und die medizinische Forschung in hohem Maße fördern. Dann hätten alle Männer, Frauen und Kinder eine bessere Aussicht auf eine friedliche Welt, in der sie ihr Leben auf Gott ausrichten können.

Die Geschichte lehrt uns, dass Hass und Selbstsucht der Menschen seit Beginn der menschlichen Zivilisation zahllose Kriege verursacht haben; und diesen Kriegen folgte jedes Mal eine Lawine des Leidens. Ein dritter Weltkrieg würde diese Lawine noch größer machen, bis sie die Erde in Elend, Armut und Tod erfrieren ließe. Der einzige Weg, die Lawine des Leidens zum Schmelzen zu bringen, besteht in Brüderlichkeit, Liebe und der Einstimmung auf das Göttliche; diese gewinnt man durch Meditationsmethoden, die uns wahrhaft mit Gott verbinden. Wenn sich jede Seele über die kleinlichen Meinungsverschiedenheiten erhebt und wahres geistiges Verständnis zeigt, wird das Elend in der Welt vom Feuer der Erleuchtung verzehrt, und die Menschen werden den allgegenwärtigen Gott erkennen und im Geist der Brüderlichkeit leben.

Erfindungen wie Radio, Fernsehen und Flugreisen haben uns alle näher zusammengebracht als je zuvor. Wir müssen jetzt lernen, dass es kein Asien für die Asiaten, kein Europa für die Europäer, kein Amerika für die Amerikaner usw. mehr gibt, sondern die Vereinigten Staaten der Welt unter Gottes Führung – eine Staatengemeinschaft, in der jedes menschliche Wesen zu einem idealen Weltbürger werden kann und jede Gelegenheit hat, körperliche, geistige und seelische Erfüllung zu finden.

Das wäre meine Botschaft, meine dringende Bitte an die Welt.

Mahatma Gandhi – ein Apostel des Friedens

Paramahansaji besuchte 1935 Mahatma Gandhi in dessen Einsiedelei in Wardha, Indien. Damals bat der Mahatma, in den *Kriya-Yoga* eingeweiht zu werden. Zehn Jahre davor hatte Gandhi Paramahansajis Yogoda-Satsanga-Schule für Knaben in Ranchi besucht. Er war sehr interessiert an dem ausgeglichenen Lehrplan des Yogoda-Programms und schrieb anerkennende Worte in das Gästebuch.

Paramahansaji hielt die folgende Ansprache 1948 während eines von der *Chinese Culture Society* gegebenen Banketts zu Ehren Mahatma Gandhis und der Unabhängigkeit Indiens sowie für den Weltfrieden. Zu der Veranstaltung war neben ihm auch Dr. Hugh E. MacBeth als Gastredner geladen. Nachfolgend einige Höhepunkte aus Paramahansajis Ansprache:

Es gibt zwei Arten von Propheten in dieser Welt: Propheten, die eine »qualitative« Wirkung haben, bilden ihre treuen Jünger zu großen Seelen heran; Propheten mit einer »quantitativen« Wirkung beeinflussen die Massen und inspirieren eine große Anzahl von Menschen, auf die sie einiges Licht ausstrahlen. Einige Meister tun beides, doch alle Propheten der Welt sind an ihrer »qualitativen« oder »quantitativen« Wirkung erkennbar.

In Bezug auf ihre qualitative Wirkung bin ich vielen großen, christusähnlichen Meistern begegnet, mit denen ich gelebt habe und über die ich in meinem Buch *Autobiographie eines Yogi* berichtet habe. Doch in Hinsicht auf die quantitative Wirkung meine ich, dass es seit Christi Zeiten keinen Menschen gegeben hat, der durch sein Leben und seine Ideale solch große Menschenmengen beeinflusst hat wie Mahatma Gandhi. Die Lehre Christi, seine Feinde zu lieben, ist in unserer Zeit von niemandem besser befolgt worden als von Mahatma Gandhi.

Rein äußerlich betrachtet, konnte man ihn als unscheinbar bezeichnen; doch wenn man in seine Augen sah, fühlte man die Universalität seiner Seele[1] – man wurde von der Fülle seiner hohen Gedanken ganz überwältigt. Er war scharfsinnig, fröhlich und besaß großes Gottvertrauen. Zwar brachte er in qualitativer Hinsicht keine christusähnlichen Seelen hervor wie manche indische Meister, doch übertrug Gott ihm in dieser Welt die Rolle eines Propheten. Und als solcher beeinflusste er zum ersten Mal (ungleich anderen großen geistigen Führern der Welt) über seine eigene »Herde« hinaus auch in politischer Hinsicht große Menschenmassen – selbst starrsinnige Politiker, die immer der Meinung waren, dass man durch rohe Gewalt siegen könne.

Rohe Gewalt richtet sich selbst zugrunde. Vor Zeiten war es so, dass Menschen aneinandergerieten, weil die eine Sippe mehr besaß als die andere; und so fochten sie miteinander über ihr Eigentum. Diesen alten Streitigkeiten folgten in der christlichen Ära Tausende von Kriegen; ihr Karma war wie ein Schneeball, der im Ersten Weltkrieg zu einer Lawine wurde. Und was wurde daraus? Es hat nur zu noch größeren Schwierigkeiten, zu noch mehr Unheil geführt. Dann kam der Zweite Weltkrieg; und jetzt, wo wir die Folgen davon sehen, wünschen wir uns da nicht, dass die Welt noch so wäre, wie sie vor dieser Zerstörung war? Sowohl Jesus Christus als auch Gandhi erklärten: »Wer das Schwert nimmt, wird durchs Schwert umkommen.«[2]

Der Gebrauch der Atomkraft durch den Menschen

Der Schneeball schlechten Karmas wächst immer mehr an, und jetzt reden die Politiker schon wieder von einem Krieg! Warum? Sie sollten wissen, dass sie nirgendwo sicher sind – nicht einmal im Weißen Haus oder im Kreml – denn die Atombombe droht überall mit Zerstörung, wobei nicht nur die Kämpfenden, sondern auch die Nichtkämpfenden betroffen sind. Andererseits sehen wir aber, dass der Herr dem Menschen – durch große Wissenschaftler – die Nutzung der Atomkraft in die Hand gegeben hat. Wir wissen jetzt: Den Wassertröpfchen

---

[1] »Die Weisheit jener Yogis, welche die Unwissenheit durch Selbsterkenntnis verbannt haben, offenbart – gleich einer strahlenden Sonne – das Höchste SELBST.« (Bhagavad-Gita V, 16)
[2] Umschreibung von *Matthäus* 26, 52.

wohnt so viel Kraft inne, dass sie die Stadt Chicago drei Tage lang mit genügend Elektrizität versorgen könnten! Wenn die Atomenergie für konstruktive Zwecke gebraucht wird, könnte sie uns das Zeitalter des Weltfriedens bringen. Sie könnte alle Elendsviertel der Welt beseitigen. Die Menschen brauchten nicht länger als zwei Stunden täglich zu arbeiten. Doch wir dürfen nicht vergessen, dass die Menschen eine solch konstruktive Anwendung der Atomkraft nur dann herbeiführen können, wenn sie erkennen, dass sie keine Barbaren sind, deren Eigenart es ist, rohe Gewalt anzuwenden; sie müssen sich aufrichtig um Brüderlichkeit bemühen.

Nur Brüderlichkeit, die Wärme der Brüderlichkeit, kann den gewaltigen, ständig anwachsenden Schneeball des Kriegskarmas schmelzen. In der jetzigen Zeit sollten wir die Menschen zur Brüderlichkeit aufrufen. Ganz gleich, wie finster die Lage erscheinen mag, wir dürfen uns nicht zu sehr entmutigen lassen. Ich weiß, dass es einen Gott gibt, der den Nationen der Welt das verschafft, was gut für sie ist. Sie ernten – je nach ihrem Karma – gute oder schlechte Ergebnisse; und sehr wenige haben erkannt, dass das gute Karma Amerikas und das gute Karma Indiens ständig zunehmen. Ich möchte alle daran erinnern, dass keine Kraft auf Erden den Idealismus Indiens und die geistige Demokratie Amerikas zerstören kann. Ich weiß, dass die Atombombe etwas Schreckliches ist; ich weiß aber auch, dass sie besser in der Hand Amerikas aufgehoben ist als in anderen Händen. Ich hoffe und bete darum, dass Amerika die Atombombe nie wieder gebrauchen wird, sondern darauf hinarbeitet, dass alle Bomben unnötig werden und der Schneeball schlechten Karmas – des Kriegskarmas –, der die brüderliche Wärme aus der Welt vertreibt, nicht zu einer Lawine anwächst. Nur durch Liebe kann dies geschehen und dadurch, dass wir den Grundsätzen Christi und Mahatma Gandhis folgen.

Gandhis Reichtum

Mahatma Gandhi wurde von seinen Feinden ausgelacht, von unwissenden Leuten verspottet. Viele Karikaturen von ihm wurden gezeichnet, um ihn lächerlich zu machen. Und dennoch hat er in seinem Leben gezeigt, dass sich das Böse zwar mit dem Wind verbreitet, die Kraft der Wahrheit aber auch gegen den Wind. Das hat er bewiesen.

Ich sprach einmal mit einer Gruppe von Studenten, die Mahatma Gandhi kritisierten, weil er keine finanziellen Rücklagen in Form von Wertpapieren für seine Frau und seine Kinder hinterlassen hatte. Und sein Sohn hat neulich erklärt: »Der Vater hat uns nichts hinterlassen.« Ich werde ihm Folgendes schreiben: »Euer Vater hat euch, uns und den Millionen von Menschen in Indien sowie jeder anderen Nation den Reichtum der geistigen Wahrheit hinterlassen; denn er hat bewiesen, dass politische Freiheit für 400 Millionen Menschen weder durch das Schwert noch durch das Abfeuern eines einzigen Schusses gewonnen wird, sondern durch die Kraft der Liebe.« Mahatma Gandhis Sohn und ganz Indien haben durch die geistigen Methoden Gandhis ihre Freiheit gewonnen.

Mahatma Gandhi hat für uns Menschen von heute eine reichere Welt hinterlassen – eine Welt, in der die praktische Macht der früher verspotteten geistigen Wahrheiten der Liebe und Verständigung angesichts von Gewehrmündungen wirksam bewiesen worden ist.

Einmal hatten die einheimischen Soldaten der indischen Armee in Bombay revoltiert und mehrere Engländer erschossen. Es heißt, dass Churchill damit gedroht hatte, ein Heer hinüberzusenden, um Indien durch Bomben auszulöschen. Daraufhin schrieb ihm Mahatma Gandhi: »Sie brauchen das nicht zu tun. Ich werde den Rebellen Einhalt gebieten.« Und er ging mitten im Feuergefecht zu den Soldaten hin. Sie hörten auf zu schießen, und er sagte ihnen: »Friede sei mit euch. Ihr werdet eure Freiheit nicht dadurch erhalten, dass ihr ein paar Briten tötet. Besiegt sie durch die größere Macht der Liebe.« Sie verhielten sich daraufhin friedlich, und Mahatma Gandhi erreichte durch sein Gesuch, dass die Briten den einheimischen Rebellen verziehen.

Ich sagte damals voraus, dass Indien nach dem Kriege frei sein würde; das wurde in unserer Zeitschrift *East-West*[3] abgedruckt. Man lachte mich aus, weil ich behauptet hatte, dass

---

[3] 1948 änderte Paramahansaji den Namen dieser Zeitschrift in *Self-Realization* (siehe Glossar).

dieser Zweite Weltkrieg dazu gedient habe, Indien und allen unterdrückten Nationen zu ihrer Freiheit zu verhelfen. Aber dies ist eingetreten. Indien wäre nie frei geworden, wenn es diesen Krieg nicht gegeben hätte. *Gott* hat diesen Krieg nicht verursacht; doch weil die Menschen an den Krieg glauben und karmische Ursachen erzeugen, gibt es immer wieder Kriege. Gott braucht sich keiner Atombomben und Wunder zu bedienen, um den Teufel zu vernichten. Die Teufel töten sich selbst, indem sie ihre Macht missbrauchen. Wir haben jedoch gesehen, dass Mahatma Gandhi siegte, indem er die Gebote Jesu Christi wörtlich befolgte.

Dem Tod ins Angesicht schauen

Noch nie ist ein religiöser oder politischer Führer bei seinem Tode so geehrt worden wie Gandhi. Er ist heute sogar noch einflussreicher, als er es während seines Lebens war. Bis an sein Ende blieb er im Besitz seiner geistigen Kräfte und war das beste Beispiel für seine Lehren. Nur eine Woche vor seinem Tode entging er knapp einem auf ihn verübten Bombenanschlag. Dennoch bat er seine Anhänger, die Verräter nicht zu hart zu bestrafen. Er sagte, dass Gott ihn hierbehalten werde, damit er noch einige wenige Arbeiten erledigen könne; und wenn das getan sei, werde Gott ihn abberufen. Am Abend vor seinem Tode sagte er zu seiner Großnichte: »Abha, Abha, bring mir die wichtigen Briefe. Ich will sie jetzt unterzeichnen. Morgen mag es zu spät sein.« Er wusste, dass seine Zeit gekommen war.

Ein solcher Mensch war Gandhi; er befreite Indien – trat den starrköpfigen Politikern mit der Methode der Gewaltlosigkeit entgegen und bewies, dass dies eine wirksame Methode ist.

Mahatma Gandhi war von Gott gesandt. Auch wenn er vielleicht nicht die Größe eines Christus oder die derjenigen Meister hatte, welche ich kennengelernt habe, so kannte er doch Gott. Als er erschossen wurde, hatte er ein Lächeln auf den Lippen und bekundete mit einer Geste der Hand seine Vergebung. Mit dieser Geste bat Gandhi den Vater um Vergebung für seinen Mörder. Das war ebenso inspirierend wie Jesu Worte am Kreuz: »Vater, vergib ihnen, denn sie wissen nicht, was sie tun.«

Was wird die Zukunft bringen?

Gandhi lebt auch heute noch in den Herzen der Menschen, um sie daran zu erinnern, dass Gewalt das Gesetz der Gewalttätigen ist. Als noch wilde Tiere wie der Säbelzahn-Tiger die Erde bevölkerten, haben sie nicht über die Erde *geherrscht*. Der Mensch hat aufgrund seines überlegenen Intellekts die größeren, stärkeren Tiere besiegt, auch ohne Maschinengewehre zur Verfügung zu haben. Der Präsident [der Vereinigten Staaten] und Stalin sollten daran denken, was geschieht, wenn die Starken sich gegenseitig vernichten. Dann werden die »Sanftmütigen« das Erdreich besitzen. Die geistig »Sanftmütigen« werden niemals untergehen. Ihre Waffe ist der Weg Christi: Liebet eure Feinde und besiegt sie durch Liebe.

Zur Zeit lässt Gott die Köpfe der Kommunisten, Imperialisten und Kapitalisten aufeinanderprallen – all der »-isten«, die glauben, dass Gewalt zum Erfolg führt. Ich prophezeie aber Folgendes: *Die Welt wird nicht untergehen!* Fürchtet euch nicht. Vertraut auf euren Vater. Er wird euch beschützen, wenn ihr Seine Ideale befolgt und an Ihn glaubt. Es geht aufwärts mit uns. Die 1200 Jahre des materialistischen Zyklus sind vergangen, und ebenfalls 300 der 2400 Jahre des Atomzeitalters. Danach kommt das mentale und dann das geistige Zeitalter.[4] Es geht nicht abwärts mit uns. Ganz gleich, was geschieht, der GEIST wird siegen. Das prophezeie ich – und auch, dass Amerikas Demokratie und praktische materielle Errungenschaften – in Verbindung mit Indiens geistiger Kraft – vorherrschen und die Welt erobern werden. Alle, die in einem Angriffskrieg die Atombombe gebrauchen, werden durch die Bombe umkommen. Ich weiß aber, dass in den Herzen der Amerikaner und Inder keine Neigung zur Gewalt besteht. So wie Hitler trotz seiner großen Macht zu Fall gekommen ist, so wird auch jeder andere Diktator, wo immer er sein mag, untergehen. Dies sage ich voraus.

Anmerkung des Herausgebers

Die folgenden Worte Paramahansa Yoganandas aus dem

---

[4] Siehe *Yuga* im Glossar.

Jahr 1951 verdeutlichen noch mehr die Ansicht des Meisters über den Krieg:

Angriffskriege und Unterdrückung sind abscheuliche Verbrechen gegen das Erbe der Menschheit, denn die Menschen haben als Kinder Gottes ein Recht auf Freiheit. Ein aus solch aggressiven Beweggründen geführter Krieg ist eine verabscheuungswürdige Handlung; und es ist nicht unrecht, wenn wir uns gegen das Böse verteidigen. Sein eigenes Land und dessen hilflose Bürger gegen das Böse zu schützen, ist eine berechtigte Maßnahme. Die geistige Kraft ist die größte von allen; sie sollte das Bollwerk hinter jeder Art des Widerstands und der Verteidigung sein. Zuerst sollte man versuchen, alle geistigen und sittlichen Kräfte aufzubieten, um das Böse zu besiegen; und man sollte sich bemühen, die kriegerische Gesinnung und Neigung zur Gewalt in der Welt zu ändern, indem man die Ursachen beseitigt, die das Böse unterstützen – Armut und Hunger, Krankheit, Ungerechtigkeit, Habgier und selbstsüchtige Interessen. Wenn man schließlich die Kraft des Bösen dennoch durch berechtigte gewaltsame Maßnahmen bekämpfen muss, dann rät die Bhagavad-Gita dem *Kshatriya* (dem Krieger), nicht zu zögern, sondern tapfer die ihm von Gott auferlegte Pflicht zu erfüllen.

Nationen der Welt – hütet euch!
1937

Warum gibt es überall in der Welt so viel Leid und Elend? Wenn alle Menschen auf Erden glücklich und wohlhabend sind, befinden sie sich im Einklang mit Gott, und dann stehen sämtliche Schwingungen der Erde in harmonischer Beziehung zu den Planeten. Doch sobald eine Nation die andere zu bekämpfen beginnt oder wenn selbstsüchtige industrielle Vielfraße allen Wohlstand für sich selbst beanspruchen, entsteht eine Krise. Und wenn irgendwo eine Krise begonnen hat, weitet sie sich aus wegen der Schwingungen, die sich im Äther ausbreiten. Der letzte Krieg [der Erste Weltkrieg] hat disharmonische Schwingungen erzeugt – zuerst nur in Europa, dann aber erfassten sie die ganze Erde. Und wo kein Krieg herrschte, breitete sich die Grippe aus. All die Qualen der Menschen, die im Weltkrieg gestorben waren, schufen die schleichenden Ursachen der Grippe-Epidemie, die dem Krieg unmittelbar folgte und 20 Millionen Menschen das Leben kostete, während der Krieg selbst nur ungefähr 10 Millionen Menschenopfer gefordert hatte.

Während des jetzigen Spanischen Bürgerkriegs erfüllen die Schwingungen der Todeskämpfe von Tausenden Männern, Frauen und Kindern den Äther; sie verursachen Überschwemmungen in Amerika, Stürme in England und Portugal, Erdbeben in Indien. Deshalb sollten alle Völker der Erde, anstatt mehr Konflikte zu schaffen und Kriege anzuzetteln, ihr Möglichstes tun, friedliche Mittel und passiven Widerstand – zum Beispiel Blockaden – einzusetzen, um den Krieg zu beenden.

Der Mord an Tausenden von Äthiopiern[1] (die keinen Krieg wollten) und die Schwingungen der gegen sie begangenen Ungerechtigkeiten haben das Gleichgewicht der Welt gestört. Denn keiner kann Unordnung in einen Teil der Welt bringen,

---

[1] Hinweis auf die Besetzung Äthiopiens durch Italien im Jahr 1936.

ohne dass diese Störung durch die Ätherwellen in andere Teile der Erde weitergetragen wird. Wenn die Leute in einem Teil eines Hauses gestört werden, dann wird der ganze Haushalt notgedrungen gestört. Nach der Eroberung Äthiopiens hat sich die Angst vor einem Krieg, die der letzte Krieg hervorgerufen hatte, verflüchtigt. Viele Nationen sind wieder eifrig darauf bedacht, Angriffskriege zu beginnen. Der äthiopische Krieg war ein Angriffskrieg. Der Krieg in Spanien ist ein Angriffskrieg. Nach Auffassung des Völkerbunds ist ein Angriffskrieg unverantwortlich. Doch da die Welt das göttliche Gebot und den göttlichen Grundsatz, Angriffskriege zu verbieten (eine große Lehre, die uns der letzte Weltkrieg erteilte), ignoriert hat, steuert sie wieder auf einen selbst erzeugten, von Satan beeinflussten größeren Weltkrieg mit noch größerer Zerstörung zu.

Die Wirtschaftskrise ist durch die Sünden des letzten Krieges verursacht worden, und wenn es wieder zu einem Weltkrieg kommt, wird es nur noch wenig Nahrung für die Weltbevölkerung geben. Darum ist es besser, dass die Nationen Europas ihr Möglichstes tun, um Kriege zu vermeiden.[2]

Wahrer Patriotismus

Und noch etwas: Der Patriotismus kann böse Folgen haben, wenn er sich nicht auf den eigentlichen Zweck beschränkt – wenn er nicht nur die Vorteile und das Glück der eigenen Nation fördert, sondern internationale Probleme verursacht, indem er seinen Einfluss auf andere Territorien ausdehnt. Dadurch gefährdet er das Glück der eigenen Nation – genau das, was der Patriotismus ja garantieren sollte. Andererseits gibt es auch Patrioten, die so töricht sind zu meinen, sie würden nationale Vorteile einbüßen, wenn sie sich für einen internationalen Patriotismus einsetzten. Denn internationale Vorteile schließen nationale Vorteile mit ein; und jedes Land sollte auf

---

[2] In den 1940er Jahren bewahrheitete sich Paramahansajis Warnung. Während und nach der Zeit des Zweiten Weltkriegs bestand in den meisten Teilen der Welt Nahrungsmangel – verursacht durch die Kriegszeit und schlechte Ernten, die durch Pflanzenkrankheiten, ungenügende Bewässerung, Überschwemmungen und orkanartige Stürme hervorgerufen wurden. Während dieser unseligen Dekade starben, besonders in Europa und Asien, Millionen von Menschen.

einige Vorteile verzichten, um dadurch anderen Ländern zu helfen. Wer aber nationale Vorteile auf Kosten der internationalen Vorteile verlangt, schneidet sich ins eigene Fleisch. Nationale Selbstsucht, die das Wohl anderer Nationen missachtet, führt sowohl das eigene Land als auch die anderen Länder ins Verderben.

Nationen der Welt – hütet euch! Beschränkt euren Patriotismus darauf, euer eigenes Land zu beschützen, und lasst euch nicht mit Nationen ein, die sich aggressiv verhalten. Keine Nation sollte ein Land unterstützen, das einen Angriffskrieg beginnen will. Alle Nationen der Erde sollten sich gemeinsam darum bemühen, Mittel und Wege zu finden, um die Ursachen und Folgen der Naturkatastrophen – Epidemien, Überschwemmungen, Dürre, Krankheiten und Erdbeben – zu lindern. Der Mensch sollte den Naturkatastrophen nicht noch vermeidbare selbst erzeugte Tragödien hinzufügen wie zum Beispiel Armut, Mangel, Leid und kriegsbedingte Verluste an Menschenleben; denn offensichtlich führen selbst erzeugtes Unheil und die schlechten Schwingungen des Krieges sowie der industrielle Egoismus zu Naturkatastrophen.[3] Der amerikanische Bundesstaat Texas könnte genug Weizen und Mais erzeugen, um die ganze Welt zu ernähren. Warum gibt es dann heute noch Hungersnot in der Welt? Nur wegen der politischen

---

[3] »Unerwartete Naturkatastrophen, die große Verwüstungen und Verluste an Menschenleben zur Folge haben, sind keiner ›höheren Gewalt‹ zuzuschreiben. Solche Katastrophen sind das Ergebnis menschlicher Gedanken und Handlungen. Jedes Mal, wenn der Schwingungsausgleich zwischen Gut und Böse in der Welt durch die Anhäufung verderbenbringender Schwingungen – ein Ergebnis des falschen Denkens und Handelns der Menschen – gestört wird, könnt ihr Verwüstungen sehen. ...

Und solange die Menschen ihr falsches Denken und Betragen nicht ändern, werden wir weiterhin Kriege und Naturkatastrophen auf der Erde haben. ... Wenn das materialistische Bewusstsein des Menschen vorherrscht, sendet es feine negative Strahlen aus. Häufen sich diese an, stören sie das elektrische Gleichgewicht in der Natur, sodass es zu Erdbeben, Überschwemmungen und anderen Katastrophen kommt. Nicht Gott ist verantwortlich dafür! Der Mensch muss seine Gedanken beherrschen lernen, bevor er die Natur unter seine Herrschaft bringen kann.« (Aus dem Buch *Die ewige Suche des Menschen* von Paramahansa Yogananda; herausgegeben von der Self-Realization Fellowship.)

Nationen der Welt – hütet euch!

und industriellen Selbstsucht der Menschen, die gegen die göttlichen Gesetze handeln – die Gesetze der Zusammenarbeit, gegenseitigen Dienstleistung und gerechten Verteilung aller von Gott gegebenen Güter an die Länder der Welt. Wenn die Menschen die Gesetze, die Christus dargelegt hat, befolgten – »Liebe deinen Nächsten« und »Verschenke alles, was du hast« –, würde es heute kein Leid und keine Armut mehr auf Erden geben.

Die Politiker haben sich von ihrem Patriotismus, ihrem Egoismus und ihrer Ruhmsucht blenden lassen. Sie missachten die von Gott geschaffenen Gesetze, die von den großen Heiligen verkündet worden sind, und setzen so eine Lawine des Elends in Bewegung, die über die Völker der Erde hinwegrollt. Folgt den Geboten der Heiligen, welche die wahren Kinder Gottes sind, und nicht den Maximen Satans. Wir hoffen, dass alle wahren Kinder Gottes in jeder Nation nicht mehr dem Satan folgen und Kriege unterstützen, sondern sich auf jede Weise bemühen, einen konstruktiven internationalen Frieden zu schaffen, damit nicht nur ihre eigene Nation, sondern auch alle anderen zu Wohlstand und seelischem Glück gelangen. Lasst uns alle verhängnisvollen Vorstellungen von einem falschen Patriotismus ausrotten und in jedem Weltbürger wahren internationalen Patriotismus erwecken, der zu Brüderlichkeit, Frieden, gegenseitigem Wohlwollen und allseitigem geistigem, hygienischem, industriellem, gesellschaftlichem, wissenschaftlichem, philosophischem, sittlichem und seelischem Fortschritt und Glück führt.

Eine vereinte Welt mit Gott als ihrem Präsidenten

Verkürzte Wiedergabe einer Ansprache, die am 8. April 1951 während der Einweihungsfeierlichkeiten in der Indien-Halle *gehalten wurde; dies ist eines der neuen Gebäude, die auf dem Grundstück des Hollywood-Tempels der* Self-Realization Fellowship *errichtet wurden.*

Ich freue mich sehr, euch alle heute hier zu sehen; und ich wünschte, dass auf diesem Podium Platz genug für all diejenigen wäre, die dazu beigetragen haben, den Plan für dieses Indien-Haus[1] zu verwirklichen. Es ist ein Tag der Freude; ich verdanke ihn meinen Jungen [den Mönchen der Self-Realization Fellowship], die dieses Haus gebaut haben. Hier soll zwischen den Menschen aus Ost und West ein kultureller Austausch ihrer intellektuellen und philosophischen Erfahrungen stattfinden.

Wir wollen jetzt, wie wir es im Orient tun, meditieren. Setzt euch bitte aufrecht hin. Atmet zweimal aus. Bewegt euch nicht. Konzentriert euch nicht auf den Atem oder die Muskelbewegungen, entspannt euch vollkommen. Sagt allen Sinneswahrnehmungen – dem Sehen, Hören, Riechen, Schmecken und Tasten – Lebewohl und taucht tief nach innen, wo die Seele sich zum Ausdruck bringt. Aus der Werkstatt der Seele kommen alle Erfahrungen unseres inneren Lebens. Wenn die Seele, der Intellekt und das Leben den Körper verlassen, bedeutet uns dieser nichts mehr. Wir wollen uns also auf DAS konzentrieren, aus dem wir hervorgegangen sind: auf die Seele.

Verbannt alle körperlichen Empfindungen – alle ruhelosen

---

[1] Der Name wurde erst später in »India Hall« geändert, nachdem sich herausgestellt hatte, dass »India House« bereits der Name einer Firma in San Francisco war.

Gedanken. Konzentriert euch auf Vorstellungen des Friedens und der Freude. Hinter den geschlossenen Augen seht ihr nur tiefes Dunkel – eine Sphäre der Dunkelheit. Erweitert diese dunkle Sphäre, bis sie den ganzen Saal erfüllt. Erweitert sie immer mehr, bis sie die Stadt Los Angeles und euer geliebtes Amerika mit all seinen Bundesstaaten umfasst. Seht, wie unsere ganze Welt wie eine Seifenblase darin schwebt. Jetzt stellt euch vor, wie diese sich ausdehnende Sphäre in einem freudigen, milden Licht erglänzt. Schaut in diesem freudigen Glanz das Planetensystem, die Milchstraße, schwebende Universen und das sie umgebende Meer der Elektronen und Protonen; sie alle gleiten in dieser gewaltigen Sphäre des Lichts und der Freude dahin. Diese grenzenlose Sphäre des Lichts und der Freude seid ihr. Sagt euch innerlich: »In mir treiben die Welten wie Seifenblasen dahin.« Wir wollen jetzt gemeinsam wiederholen: »In mir treiben die Welten wie Seifenblasen dahin.«

Meditiert über den Gedanken, dass sich in dieser Sphäre des Lichts und der Freude alle Kirchen, Tempel, Moscheen und alle Nationen der Erde befinden – alle von Gott erschaffenen Welten. Wenn wir dieses allumfassende Bewusstsein erlangt haben, lassen wir uns von Gott führen, damit wir hier auf Erden in Brüderlichkeit und Frieden leben und die Vereinigten Staaten der Welt gründen können – damit wir hier und im Jenseits erkennen, dass wir eins mit Gott sind, Ebenbilder Seiner selbst. Wir sind nicht mehr die kleinen menschlichen Wesen, die wir mit unseren physischen Augen erblicken; unser inneres Auge der Intuition hat sich geöffnet.

»Himmlischer Vater, in dieser Meditation erleben wir Deine Allgegenwart. Auch wenn Du uns in diesen Käfig des Körpers gesperrt hast, so schauen wir dennoch mit geschlossenen Augen – durch das Auge der Intuition – die Unendlichkeit über uns, unter uns, zur Linken und zur Rechten und überall. Wir erkennen, dass wir Dir zum Bilde erschaffen sind, wie es auch Jesus Christus und die großen Meister erkannt haben.«

Schließt alle Nationen in eure Liebe ein

Die großen Meister sind unser Vorbild. Obgleich ihre Körper sterblich waren, wussten sie im Innern, dass sie ein Teil des Unendlichen Ozeans, dass alle individuellen Körper Wellen im Kosmischen Meere sind. In dieser Welt leben wir nur für unsere kleine Familie. Wenn wir unsere Mitmenschen lieben, erweitern wir unser Leben. Wenn wir unser Land lieben, erweitern wir unser Leben noch mehr. Und wenn wir alle Nationen lieben, erweitern wir es immer noch mehr. Und wenn wir im Jenseits eins mit Gott sind – oder wenn wir diesen Zustand durch tiefe Meditation erlangen, während wir noch hier im Körper leben –, erkennen wir wahrhaftig, dass das Meer die Welle und dass die Welle das Meer ist.

Ich liebe Indien, denn dort lernte ich Gott und Seine wunderbare Schöpfung lieben. Doch diese Liebe gilt nicht nur einer Nation, denn die ganze Welt ist jetzt mein Indien. Ich liebe Amerika genauso, wie ich Indien liebe, denn es ist zu meiner zweiten Heimat geworden. Indien und Amerika verkörpern das Beste von Ost und West. Ich bin überzeugt, dass ein kultureller Austausch zwischen den Menschen Indiens und Amerikas die schwierigen Probleme dieser Welt lösen kann. Dann werden alle Menschen zu wahren Bürgern der Erde und streben in ihrem Herzen die Vereinigten Staaten der Welt an, in denen Gott als Präsident regiert. Diese Behauptung mag utopisch klingen. Doch was haben die meisten Politiker bisher getan? Sie haben uns Kriege, Kriege und immer wieder Kriege beschert. Für mich gibt es keine Grenzen. Ich weiß, dass Gott unser Vater ist und dass wir alle Seine Kinder sind. Der wahre Geist Amerikas und die wahre Demokratie bestehen darin, dass wir Eintracht unter allen Nationen schaffen, so wie in Indien Eintracht unter allen Religionen herrscht.

Ich war noch nicht lange in Amerika, als ich einen hinduistischen Universitätsstudenten fragte: »Was halten Sie von den Amerikanern?« Offensichtlich glaubte er, er stehe hoch über ihnen, denn er sagte mir: »Wissen Sie, die sind wie kleine Kinder.« – »Oh«, erwiderte ich, »dann werde ich mich ausgezeichnet mit ihnen verstehen; denn ›solcher ist das Himmelreich‹, sagte Jesus.«

Werdet zu einem »Millionär des Lächelns«

Ich glaube an Amerika, denn ich weiß, dass Amerika nie aus selbstsüchtigen Gründen einen Krieg beginnen würde. Amerika hat sich der Welt gegenüber als sehr großzügig erwiesen. Ich habe das genau beobachtet. Ich sehe, dass die Amerikaner all das haben, was ich mir für Indien wünsche. Doch auch etwas anderes habe ich bemerkt: Selbst in den indischen Dörfern, wo die Leute vielleicht nur eine Handvoll Reis zu essen haben, verschenken sie ein Lächeln, das man bei vielen Millionären in Amerika nicht sieht. Wenn ich in Amerika durch die Straßen gehe, beobachte ich die Gedanken der Menschen – und alles, was ich in ihren Köpfen umherspuken sehe, sind Dollarscheine. »Wenn ich ein paar Dollars mehr hätte, ginge es mir gut.« Geld ist wohl nötig; und es hat keinen Heiligen gegeben, der es nicht auf die eine oder andere Weise gebraucht hat, um sich das Nötigste im Leben zu beschaffen oder um anderen zu helfen. Doch Geld allein genügt nicht.

Ich bin vielen Millionären begegnet, habe aber festgestellt, dass sie nicht glücklich sind. Glück besteht vor allem darin, dass man zu einem »Millionär des Lächelns« wird. Trotz aller Hindernisse müsst ihr versuchen, von innen heraus zu lächeln. Das wird euch gut tun! Man soll nicht nur lächeln, wenn alles glatt geht, sondern auch, wenn alles schiefgegangen ist. So lehrt es uns der Orient. Sollte es euch schwerfallen zu lächeln, dann stellt euch vor einen Spiegel und zieht die Wangen hoch, damit die Mundwinkel sich heben. Wenn ich höre: »Oh, dieser Mann war ein Millionär und so erfolgreich, aber er ist an einem Herzinfarkt gestorben«, möchte ich ein Orientale sein, am Ufer des Ganges sitzen und meditieren. Doch wenn ich die Armut in Indien sehe, dann möchte ich ein Amerikaner sein und mich mit wissenschaftlichen und technischen Dingen befassen, um das Leid der Menschen zu lindern. Wir sind Gott zum Bilde geschaffen und haben die Macht, unsere individuellen Fähigkeiten und unseren Willen einzusetzen, um große Dinge zu vollbringen – das ist eine wunderbare Gabe, die Gott uns verliehen hat.

Jedes Mal, wenn ihr euren aus Fleisch und Knochen bestehenden Körper anschaut, kommt ihr euch klein und begrenzt vor. Wenn dem Körper nur das Geringste geschieht – wenn ihr niesen müsst oder euch die Hand brecht –, merkt ihr, wie klein ihr seid. Doch wenn ihr die Augen in der Meditation schließt, fühlt ihr die Unermesslichkeit eures Bewusstseins – ihr befindet euch im Zentrum der Ewigkeit. Konzentriert euch darauf.

Nehmt euch morgens und abends etwas Zeit, schließt die Augen und sagt euch: »Ich bin das Unendliche; ich bin Sein Kind. Die Welle ist eine kleine Wölbung im Meer; mein Bewusstsein ist eine Wölbung im großen Kosmischen Bewusstsein. Ich fürchte mich vor nichts. Ich bin GEIST.« Das ist die Lehre des Orients. Und diese Erkenntnis müsst ihr euch zunutze machen.

Gott zu finden bringt euch großen Trost und wahres Glück

Wenn ihr Gott etwas Zeit schenkt, wird euch das großen Trost und wahres Glück bringen. Deshalb sprach Jesus: »Du sollst lieben Gott, deinen Herrn, von ganzem Herzen.«[2] Wenn ihr das Vaterunser sprecht, aber dabei an ein Hühnergericht oder eine gebratene Ente denkt, weiß der Herr, dass ihr nicht Ihn ersehnt; deshalb bleibt Er fern. Konzentriert euch auf Gott allein, denn ohne Seine Kraft könnt ihr nichts tun. Ebenso wie ein Schiff auf hoher See durch Funkgeräte gesteuert werden kann, so lenkt Gott uns durch Seine Kraft, die durch das verlängerte Mark einfließt.[3] Wenn die göttliche Kraft den Körper verlässt, seid ihr tot. Warum denkt ihr nicht an die Quelle dieser Kraft? Gott verweigert euch keine Tröstungen. Jesus sprach: »Trachtet am ersten nach dem Reich Gottes ...«[4] Warum? Weil die Wurzel allen Glückes dort liegt. »... so wird euch solches alles zufallen.«[5] »Machet euch keine Unruhe.«[6]

Ich nenne nichts mein Eigen, und dennoch besitze ich alles. Manchmal habe ich meinen letzten Dollar verschenkt. Doch ich bin nie vergessen worden. Gott hat mich immer versorgt. In dieser Hinsicht bin ich sehr reich, auch wenn ich äußerlich arm sein mag – nicht gezwungenermaßen, sondern freiwillig arm. Ich habe den Vater bei mir, welch größeren Reichtum könnte ich mir wünschen? Das ist die Lehre des Orients. Und das sollten sich alle Amerikaner merken. Hinter

---

[2] *Matthäus* 22, 37.
[3] Der »Mund Gottes«. »Der Mensch lebt nicht vom Brot allein, sondern von einem jeglichen Wort, das durch den Mund Gottes geht.« (*Matthäus* 4, 4) (Siehe *Verlängertes Mark* im Glossar.)
[4] *Matthäus* 6, 33.
[5] dto.
[6] *Lukas* 12, 29.

dem Dollar, hinter all euren Bemühungen liegt diese große Kraft. Und wenn diese Kraft euch die richtige Arbeitsstelle oder irgendetwas anderes geben will und wenn ihr mit Gott im Einklang seid, werdet ihr es schon morgen erhalten. Auf diese Weise ist mir alles gegeben worden. Und ich habe alles weitergegeben und für das Werk eingesetzt, damit ich von niemandem und von nichts abhängig bin.

Ich betrachte mich nie als einen Lehrer oder Meister oder Guru. Ich weiß nur, dass ich mein Ego getötet habe; ich finde nichts als den Himmlischen Vater in mir. Wenn ihr euer Ego tötet, werdet ihr dasselbe Göttliche Wesen in euch fühlen. So wie alle Lampen einer Stadt von einem einzigen Dynamo gespeist werden, so strömt durch uns alle Gottes Licht. »Wisset ihr nicht, dass ihr Gottes Tempel seid und der Geist Gottes in euch wohnt?«[7] Warum glaubt ihr, dass Jesus Christus Gottes Sohn genannt wurde? Weil er ein Beispiel für uns war, so wie es alle großen Meister sind. Wenn ihr nicht wie Christus werdet, ergeben seine Worte keinen Sinn: »Wie viele ihn aber aufnahmen, denen gab er Macht, Gottes Kinder zu werden.«[8]

Der Diamant und die Kohle bestehen beide aus Kohlenstoff. Der Diamant jedoch empfängt das Licht und spiegelt es wider, die Kohle dagegen nicht. Menschen, die eine kohlenartige Gesinnung haben, klagen ständig: »Die Welt ist so schlecht; ich habe Kopfschmerzen; ich will dies und ich habe das nicht; ich habe immer Pech«; sie sehen meist die negative Seite des Lebens. Doch wer eine strahlende, diamantene Gesinnung hat, sagt sich: »Es ist gleichgültig, was mir geschieht, ich werde schon durchkommen, denn Gott ist bei mir.« Ein solcher Mensch ist empfänglich für das Licht und wird schließlich durch physische, geistige und seelische Evolution dem Vater gleich.

Unterschätzt nie die Kraft der kleinen Welle, die von den großen Wellen umhergeworfen wird. Man sollte ihr sagen: »Kleine Welle, was ist los mit dir? Siehst du nicht, dass der ganze Ozean hinter dir liegt? Du bist eine Wölbung des großen

---

[7] *1. Korinther* 3, 16.
[8] *Johannes* 1, 12.

Ozeans.« Schaut nicht auf euren kleinen Körper; schaut nach innen. Die Meditation, die ich euch gegeben habe, ist von größter Wichtigkeit. Ihr werdet sehen, wie unermesslich ihr seid – allgegenwärtig im GEIST.

Liebe Freunde, merkt euch dies: Lasst euch in geistigen Dingen vom Orient belehren, nicht von minderwertigem Aberglauben. Und der Orientale sollte einsehen, dass Gott dem Orient nicht das Leid erspart, nur weil dieser geistiger ist. In materiellen Dingen sollten die Orientalen die bewundernswerten Amerikaner als ihre Lehrer betrachten, denen es zum Beispiel gelungen ist, die Malaria und andere Krankheiten auszurotten. Durch einen konstruktiven Austausch der besten Fähigkeiten des Ostens und Westens werden wir die Vereinigten Staaten der Welt aufbauen – mit Gott als unserem Präsidenten.

Ist Gott ein Diktator?

Internationaler Hauptsitz der Self-Realization Fellowship, Los Angeles, Kalifornien, 20. April 1941

Die Frage des heutigen Themas ist vielleicht noch nie in einem geistigen Vortrag behandelt worden. Ich stelle Gott alle möglichen Fragen, und Er ist nie entsetzt darüber. Ganz gleich, um welche Frage es sich handelt, Er hat mir immer wunderbare Antworten gegeben. Auch ihr könnt ganz offen mit Gott sprechen. Wenn ihr das tut, wird Er euch dazu verhelfen, die Irrwege des Lebens, die euch Rätsel aufgeben, besser zu verstehen; und das wird sehr zu eurer Zufriedenheit beitragen.

Der Mensch ist das einzige Wesen auf Erden, das Individualität und freien Willen besitzt. Er ist hierhergestellt worden, damit er seine Intelligenz entwickelt und dabei sein wahres Wesen – seine Seele, die Widerspiegelung des GEISTES – wiedererkennt und zum Ausdruck bringt. Er sollte allmählich die ihm innewohnende Intelligenz entwickeln, und zwar nicht nur durch das Lesen von Büchern oder das Anhören von Vorträgen und Predigten, sondern auch durch seine eigenen Bemühungen – indem er seinen Verstand richtig gebraucht und seine Gedanken und Handlungen zu vervollkommnen trachtet.

In der Bibel heißt es, dass wir Gott zum Bilde geschaffen sind.[1] Doch dieses Ebenbild ist gewiss nicht in allen Menschen erkennbar. Obwohl Gottes Licht alle Menschen gleichermaßen durchdringt, können wir nicht leugnen, dass es sich in einigen sichtbarer manifestiert als in anderen. Wenn Gottes Licht sich in allen Menschen voll offenbare, würden die menschlichen Wesen ständig in ihrem ursprünglichen Zustand der Vollkommenheit leben. Doch wir sehen, dass die meisten Menschen sich noch in vielem bessern und eine höhere Stufe der Intelligenz erreichen müssen.

---

[1] *1. Mose* 1, 26–27.

Die Anpassungsfähigkeit der Menschen zeigt, dass ihnen allen eine göttliche Kraft innewohnt. Wenn einige sich schneller entwickeln als andere, heißt das ganz einfach, dass sie sich mehr bemüht haben. Ihr mögt nun fragen: »Aber wenn alle Menschen göttliche Intelligenz besitzen, warum sind dann einige von Geburt an schwachsinnig?« Um das richtig beantworten zu können, müssten wir ihre früheren Inkarnationen untersuchen – und jene unrechten Handlungen finden, die zu diesem traurigen Ergebnis geführt haben. Doch zweifellos ist jeder Mensch zum Bilde des allwissenden Gottes erschaffen. Wenn die »hoffnungslose« Störung im Gehirn eines Schwachsinnigen beseitigt würde, könnte seine Seele mehr von der ihr angeborenen Intelligenz zum Ausdruck bringen.

Führende Persönlichkeiten in der Geschichte

Wenn wir in die Geschichte zurückblicken, sehen wir, dass einige Menschen eine höherentwickelte Intelligenz hatten als andere, dass sie dadurch aus der Menge herausragten und zu Führungspersönlichkeiten wurden. Das erreichten sie durch eine Zurschaustellung ihrer körperlichen Kräfte – der Stärkste und Klügste des Stammes wurde zum Anführer. Auf diese Weise bildeten sich verschiedene Sippen. Schließlich schlossen sich mehrere Sippen unter einem Anführer zusammen, um stärker zu werden und ihre gemeinsamen Ziele besser verfolgen zu können. Solche Führungspersönlichkeiten wurden wegen ihrer körperlichen Kraft und ihrer Intelligenz zum König gewählt. Einige von ihnen jedoch missbrauchten ihre Position und entwickelten sich zu Tyrannen. Sie forderten außerdem, dass ihre eigenen Nachkommen in den Besitz der Krone kommen sollten. Dadurch, dass ein König das Recht hatte, aufgrund seiner Geburt und nicht aufgrund seiner Fähigkeiten zu regieren, degenerierte diese Art der Führerschaft. Viel Böses schlich sich ein, denn selbst wenn die Nachkommen des Königs körperlich, geistig oder aus anderen Gründen unfähig waren, erbten sie immer noch das Recht zu herrschen und beharrten meist auch darauf. Manch unfähige Thronfolger wurden von intriganten Ministern manipuliert, die in ihren Diensten standen.

Wir sehen also, dass ein Führungssystem, das auf Erbfolge beruhte, unzulänglich war. Einige Nationen wurden dieser Art der Tyrannei schließlich überdrüssig und rebellierten gegen ihre Herrscher. Viele Könige wurden erschlagen, andere entthront.

Dann entwickelten sich neue Formen der Staatsführung wie die Republik. Länder wie Frankreich und Amerika zogen es vor, ihre Präsidenten durch das Volk wählen zu lassen. George Washington, der sein Möglichstes tat, um seinem Land zur Freiheit zu verhelfen, war in Amerika der geeignete Mann für eine solche Position. Er liebte dieses Land und vertrat dessen höchste Interessen; er war ein echter Präsident. Unter seiner fähigen Führung traf diese große neue Nation ihre ersten wichtigen Entscheidungen. Lincoln war ebenfalls ein hervorragender Führer.

Wie aber kam es dazu, dass das hohe Ideal einer »Regierung des Volkes durch das Volk und für das Volk« verblasste? Obwohl die Präsidenten durch die Stimmzettel der Bürger gewählt werden, kranken auch die neuen Systeme an Korruption und anderen Ungerechtigkeiten. Oft wird der beste Redner gewählt. Wir alle wissen, dass die Menschen ihre eigenen guten Eigenschaften gern zur Schau stellen. Ein solcher Mensch kann in seinen Reden stundenlang andere anklagen und dabei die Zeit vergessen; doch seine eigenen Fehler erwähnt er nicht und will auch nicht an sie erinnert werden. Wer sich berechtigt fühlt, andere wegen ihrer Schwächen zu kritisieren, sollte auch ehrlich genug sein, seine eigenen Schwächen einzugestehen. Doch die Politiker wissen, dass sie auf diese Weise nicht gewählt werden. Manchmal erhalten sie die meisten Stimmen nur aufgrund ihrer Schlauheit, weil sie sich in ihren Reden geschickt in ein gutes Licht stellen. Sobald sie dann aber das höchste Amt innehaben, tun sie, was sie wollen – uneingedenk all der Versprechen, die sie dem Volk gegeben haben.

Die Wähler kennen die aufgestellten Kandidaten eigentlich gar nicht. Meist sind sie nicht in der Lage, deren Charakter zu beurteilen. Sie wissen nur das, was sie über jemanden lesen oder hören. Wenn es heißt, jemand sei eine fähige und anständige Person, sind sie geneigt, ihn zu wählen. Was aber ist die Grundlage für ein richtiges Urteil? Was ist der Maßstab für die Beurteilung eines Politikers? Das ist nie festgelegt worden. Und deshalb lässt sich die Masse der Menschen allzu oft durch Propaganda und Gefühlsregungen beeinflussen, ohne wirklich zu wissen, was in der Politik vor sich geht. Sogar ein unwürdiger Kandidat kann Stimmen gewinnen, wenn er genug Geld hat, um sich der Medien zu bedienen. Doch es ist unrecht, sich als hervorragend darzustellen, wenn man das nicht durch seine Leistungen beweisen kann. Das Wahlsystem entartet, wenn das Geld und nicht Verdienste entscheiden, wer Präsident wird; und die Politiker haben leider den Ruf, durch Unterstützung der Wohlhabenden ans Ziel zu gelangen. Wenn ein fähiger Kandidat nicht über solche Beziehungen verfügt, kann er die Wähler nicht hinreichend auf sich aufmerksam machen. Natürlich ist nicht jeder Wohlhabende daran interessiert, seinen Einfluss auf die Wähler auszuüben! Ich habe immer Henry Ford bewundert, der viel Gutes mit seinem Geld getan und es für wertvolle Projekte in diesem Land – und auch im Ausland – zur Verfügung gestellt hat. Ein guter Ruf dank guter Taten sollte eines der Kriterien sein, nach denen man einen politischen Führer wählt.

Zum großen Teil sind die Wähler abhängig von dem, was in den Zeitungen steht, und werden dadurch in bestimmte Bahnen gelenkt. Aber ich glaube, dass sich die Leute allmählich diesem Einfluss widersetzen. Wenn in Indien jemand sagte: »Ich habe das in der Zeitung gelesen«, so nahm man automatisch an, dass es falsch sein müsse. Zeitungen sind oft voreingenommen, und das macht die Menschen skeptisch. Wahrheit und verständnisvolles Urteilen – nicht Berechnung und persönlicher Nutzen – werden Nachrichtenmeldungen wieder ehrlich und für die Menschen glaubwürdig machen.

Wir sehen also, dass Demokratie zwar die ideale Regierungsform darstellt, dass das jetzige Wahlsystem jedoch höchst untauglich ist; denn die Entscheidung ist allzu oft davon abhängig, was der Kandidat von sich selbst behauptet und was er gegen andere sagt, die ebenfalls kandidieren. Zu wenig Aufmerksamkeit wird dem wahren Charakter der Kandidaten gezollt. Wenn nur Heilige und gute Menschenkenner, die den wahren Charakter anderer erkennen, unsere führenden Köpfe wählen könnten, hätten wir mit Sicherheit einen guten Präsidenten im Weißen Haus; und wir hätten immer Menschen, die würdig sind, uns zu führen. Ein wirklich großer Präsident kümmert sich zuerst um das Wohl seines Landes und schließt auch das Wohl der ganzen Welt darin ein.

Infolge unseres widersprüchlichen Wahlsystems haben wir also manchmal gute und manchmal schlechte Präsidenten. Dennoch ist dieses demokratische System sicherlich all den anderen heute existierenden überlegen. Ungeeignete Könige und Gewaltherrscher können nur durch Anwendung von Gewalt abgesetzt werden; doch das Volk ist durch das Gesetz ermächtigt, einen Präsidenten abzusetzen, der sich als unwürdig erwiesen hat.

Wir wollen nun einmal die Diktatur der Gegenwart betrachten. Diktatoren sind ein klassisches Beispiel für Politiker, die viel versprechen, ihre Versprechen jedoch nicht halten, sobald sie im Amt sind. Am Anfang haben Diktatoren gewöhnlich den Wunsch, ihrem Volk zu helfen; doch während sie sich vielleicht ihrem eigenen Land als treu erweisen, setzen sie sich wegen ihrer Eigeninteressen über die Interessen aller anderen Nationen hinweg. Auf ihrem Weg zur Macht bringen sie die ganze Welt durch ihren Neid und übertriebenen Ehrgeiz in Schwierigkeiten. Sobald sie an die Macht gelangen, herrschen sie mit Gewalt, um zu verhindern, dass irgendein anderer sich ihrer Position bemächtigt. Ob sie recht oder unrecht haben, ihr Wort wird Gesetz. Das ist das Gefährliche an den Diktaturen. Anfangs gewinnt der Diktator an Macht, weil er etwas Gutes für sein Volk tut. Er erweckt das Vertrauen seines Volkes, weil er aufgrund seiner Verdienste regiert. Doch wenn er die absolute Herrschaft erhält, regiert er mit Gewalt.

In gewissem Sinne ist Gott ein Diktator

Nun stellen wir unsere Frage: Ist Gott ein Diktator? Sicher nicht in der soeben beschriebenen Weise; aber in gewissem Sinne ist Er es, denn Er hat uns gegen unseren Willen erschaffen. Stimmt das nicht? Wir haben nicht darum gebeten, erschaffen zu werden. Wer hat Ihm eingegeben, uns zu erschaffen? Das ist die eine Frage, die Gott nicht beantwortet. Ich sage Ihm oft, dass Er kein Recht hatte, uns zu erschaffen und in einen Körper zu stecken, der so anfällig für Krankheit und Leid ist. Selbst ein Auto besteht aus Teilen, die von Zeit zu Zeit leicht ersetzt werden können, doch nicht diese menschliche Maschine. Ihr habt das Recht, Gott zu sagen: »Herr, da Du mich erschaffen hast, erlöse mich nun.« Auf diese Weise solltet ihr zu Ihm beten. Er trägt die Verantwortung für euch.

Gott hat den Plan für diese Schöpfung entworfen

Warum schuf Gott Frauen, Männer und Tiere – und warum Seelen, die sich mit dem begrenzten Bewusstsein dieser erschaffenen Formen identifizieren? In diesem Sinne ist Gott ein Diktator. Die Tiere haben nicht die Möglichkeit, sich zu bessern; sie bleiben so, wie sie sind – gebunden durch ihren Instinkt. Und die Menschen nutzen diese armen Lebewesen aus. Wir tragen keine Schuhe, die aus Menschenhaut gemacht sind, denn eine solche Vorstellung wäre unerträglich für uns. Doch es macht uns nichts aus, das Fleisch und die Haut von Tieren zu benutzen, denn gemäß dem Plan der von Gott erschaffenen Welt können diese sich gegen den Menschen nicht wehren. In diesem Sinne sage ich, dass Gott ein Diktator ist. Doch wie dem auch sei, Er trägt die Verantwortung für uns, denn wir werden in diese Welt hinausgeschickt, ohne dass man uns fragt, ob wir auch hinausgehen wollen, und ohne dass man uns erklärt, warum wir hier sind.

Trotz allem können wir erkennen, dass Er einen guten Zweck verfolgt. Diese ganze Schöpfung ist offensichtlich das Werk einer großen Intelligenz. Wir haben Sinne, durch die wir diese Welt wahrnehmen und uns auf sie beziehen können. Es gibt Nahrung, die unseren Hunger stillt; und wir haben die Fähigkeit, diesen Körper zu pflegen und seine anderen Bedürfnisse zu befriedigen. Jede Lebensform ist mehr oder weniger einem bestimmten Plan unterworfen. Das Durchschnittsalter des Menschen beträgt weniger als hundert Jahre; der Mammutbaum wird bis viertausend Jahre alt. Eine durchschnittliche Hauspflanze stirbt nach verhältnismäßig kurzer Zeit, ganz gleich, wie sorgfältig man sie betreut. Es gibt Insekten, die nur wenige Stunden leben. All dies zeigt, dass es einen Diktator gibt, der die Dinge so geplant hat. Er hat die Maßstäbe für alle lebenden Dinge aufgestellt.

Spirituelle Diktatur

Groß ist der Unterschied, der zwischen Staatsmännern

wie Josef Stalin und Mahatma Gandhi besteht. Beide herrschen über Millionen von Menschen, doch Gandhi ist ein spiritueller Diktator. Er leitet mit Liebe, nicht mit Gewalt; und die Menschen folgen ihm aus Liebe, nicht aus Furcht. Und ich meine, dass man auch Gott einen geistigen Diktator nennen kann. Wenn Er in menschlicher Gestalt auf die Erde herabstiege und all Seine wunderbaren Eigenschaften offen zur Schau stellte – was Er in der Tat tun könnte –, würde jeder Ihm zweifellos folgen. Er kommt tatsächlich zu uns – jeweils als Avatar verkleidet, in welchem Er Seine Kräfte teilweise verbirgt –, um eine besondere menschliche Rolle zum Wohl der ganzen Menschheit zu spielen.

So wurde Gott als Jesus geboren, der sich kreuzigen ließ, obwohl er die Welt mit einem Blick hätte zerstören können. Er, der die Toten auferweckte, hätte seine Feinde gewiss durch einen Befehl des ihm innewohnenden GEISTES vernichten können. Die Anhänger Jesu erwarteten, dass er sich zu einem Kaiser dieser Welt machen würde; doch stattdessen trug er eine Dornenkrone. Gerade dadurch wurde er zu einem wahren Imperator, der über Jahrhunderte hinweg in den Herzen von Millionen thront. Was ist aus Napoleon und Dschingis-Khan geworden? Sie sind nichts weiter als ein Kapitel in einem Geschichtsbuch. Doch in jedem Land gibt es Menschen, die Jesus lieben und seiner Lehre folgen.

Das Leben Jesu beweist, dass Gott keinem gewöhnlichen Diktator gleicht. Er ist allmächtig, doch Er gebraucht Seine Macht nicht dazu, Seine Feinde zu vernichten. Ihr könnt Gott lästern, Ihn verleugnen und mit Schimpfworten überhäufen. Er wird euch wegen dieser Schmähungen nie bestrafen. Doch weil ihr euren Geist mit unrechten Gedanken füllt, werdet ihr keinen inneren Frieden finden.

Gott lehnt es ab, Seinen Kindern etwas vorzuschreiben

Gott hat dieses Universum so erschaffen, dass es bestimmten Gesetzen folgt. Wenn wir eines dieser kosmischen Gesetze übertreten, strafen wir uns selbst. Wenn ihr zum Beispiel vom obersten Stockwerk eines hohen Gebäudes hinabspringt, brecht ihr euch die Knochen. Ihr könnt das Gesetz der Schwerkraft nicht ignorieren, ohne die Folgen in Kauf zu nehmen. In dieser

Welt kann der Mensch also nur innerhalb eines gewissen Spielraums frei handeln. Verstößt er gegen die göttlichen Gesetze, bestraft oder zerstört er sich selbst. Wenn wir bedenken, dass Gott unerbittliche Gesetze erlassen hat, so scheint Er ein Diktator zu sein. Die Tatsache aber, dass Er absolut schweigt und uns nur durch Liebe zu sich lockt, zeigt, dass Er die Rolle eines Diktators nicht gern spielt. Wenn Er direkt zu uns spräche, würden wir nicht mehr frei wählen können, denn wir würden uns sofort gezwungen fühlen, Ihm zu gehorchen; wir könnten Seinem weisen und liebevollen Einfluss nicht widerstehen.

Aus eben diesem Grunde hat Gott keinem Heiligen erlaubt, seine geistige Kraft zu gebrauchen, um die Welt zu ändern. Große Heilige besitzen außerordentliche Kräfte. Mein Meister konnte Tote auferwecken, doch er gebrauchte seine Macht nie dazu, die Welt zu ändern. Wenn den Menschen Wunder vorgeführt werden, beginnen sie an solchen Erscheinungen zu hängen, anstatt durch die spontane seelische Liebe für Gott zu Ihm hingezogen zu werden. Deshalb erlaubt Gott den Heiligen nicht, Ihm durch deren geistige Kraft Seelen zuzuführen, wenn die Seelen dabei ihrer freien Wahl beraubt werden.

In allen Zeitaltern haben die Propheten mit feurigen Reden davor gewarnt, dass Gott selbst aus den Wolken herabsteigen und die Missetäter vernichten werde. Doch Gott hat dies nie getan. Wenn die Menschen böse sind – wenn sie Seine göttlichen Gesetze übertreten –, setzen sie kosmische Kräfte in Bewegung, welche die unvermeidbaren Folgen dieser schlechten Handlungen herbeiführen; sie strafen sich also selbst. Ich glaube nicht, dass Gott je selber herabgestiegen ist, um irgendjemanden zu strafen. Wenn das Seine Art wäre, würde Er die Übeltäter sofort strafen; denn Er weiß, wer in diesem schrecklichen Krieg[2] recht und wer unrecht hat.

Gott ist demütig und hält sich verborgen. Er will sich nicht offenbaren und der Menschheit sagen: »Ich bin Gott; ihr müsst mir gehorchen.« Doch Er versucht, uns vor Schaden zu bewahren, indem Er durch Seine Gesetze und durch große Seelen zu uns spricht. Christus sagte: »Welcher aber der Kleinste ist unter

---

[2] Im Zweiten Weltkrieg.

euch allen, der wird groß sein.«[3] Wer in Gottes Augen demütig ist, gleicht Gott selbst.

Der Mensch sollte lernen, seinen Patriotismus auf die ganze Welt auszudehnen

Indem wir unsere Freiheit missbrauchten, haben wir aus der Erde das gemacht, was sie heute ist.[4] Wenn wir das einmal verstehen, können wir uns auch alles, was hier geschieht, erklären. Für Kriege steht immer viel Geld zur Verfügung; doch es gibt nie genügend Geld, um die Welt von ihren Elendsvierteln zu befreien. Erkennt ihr, dass hier falsch gedacht wird?

Wenn alle Staatsoberhäupter so erzogen würden, dass sie Gandhi, Lincoln oder Christus ähnlich würden, gäbe es keine Kriege mehr. Aus diesem Grunde möchte ich einen Vorschlag machen, der einen wichtigen Schritt zum Frieden bedeuten würde: Man sollte Großstädte gründen, in welche die Waisen aller Nationen gebracht und wo sie zusammen aufgezogen werden. Man sollte ihnen nicht nur eine theoretische Bildung vermitteln, sondern sie auch dazu erziehen, ihre seelischen Eigenschaften zu entwickeln und durch ihr eigenes Beispiel die Brüderlichkeit unter den Menschen zu fördern.

Nationaler Patriotismus, der auf Selbstsucht beruht, hat der ganzen Erde viele Katastrophen und unsagbares Leid gebracht. Deshalb müssen wir außer Patriotismus auch Brüderlichkeit unter den Menschen lehren. Wenn die Saat brüderlicher Liebe in den Herzen der Menschen aufgeht, wird es keine Kriege mehr geben.

Bedenkt einmal, wie viel Diskriminierung es in der Welt gibt; ein Beispiel dafür sind die Gesetze zum Erwerb der amerikanischen Staatsbürgerschaft. Personen aus Europa können Staatsangehörige werden, auch wenn sie manchmal als

---

[3] Lukas 9, 48.
[4] Die Gesamtheit der menschlichen Handlungen in den Gemeinwesen, Nationen und in der ganzen Welt schaffen ein Massenkarma, das örtliche und weitreichende Wirkungen haben kann – je nachdem, wie stark das Gute oder Böse überwiegt. Die Gedanken und Handlungen jedes Menschen tragen daher zum Guten oder Schlechten dieser Welt und aller darin wohnenden Menschen bei. (Siehe Fußnote auf Seite 228.)

Gangster entlarvt werden; aber Seelen wie Mahatma Gandhi und andere große Persönlichkeiten könnten keine amerikanischen Staatsbürger werden, weil sie aus einem unerwünschten Land kommen.[5] Solche Gesetze haben mich nie verunsichert; dort, wo Gott mich hinstellt, ist mein Land. Und wenn ich dieses Land liebe, schließe ich die ganze Welt darin ein. Dieses Ideal sollte überall gelehrt werden.

Einige inspirierende Gedanken von Francis Bacon

Francis Bacon schrieb einen interessanten Artikel,[6] der uns zum Nachdenken anregt. Er berichtet von einer Gruppe Seereisender, die durch einen heftigen Sturm vom richtigen Weg abgetrieben wurden und sich in einer neuen und unbekannten Gegend befanden. Sie steuerten auf eine wunderbare Insel zu, in die eine herrliche Stadt eingebettet lag. Ein Würdenträger in azurblauer seidener Robe kam auf das Schiff und lud die verirrten Reisenden ein, einige Zeit unter seinen Leuten zu Gast zu sein. Die Stadt war ein wissenschaftlicher Idealstaat und hieß »Utopia«. Den Bürgern der Stadt wurden wunderbare Entdeckungen und Erfindungen von einem Ort aus übermittelt, der den Namen »Salomos Haus« trug. Die dort lebenden Bewohner waren außergewöhnlich gebildete Menschen – »Meteore« am Himmel der Künste und Wissenschaften. Sie alle waren von edler Gesinnung, waren begabte Wissenschaftler und nur an der Wahrheit interessiert. Das höchste Ziel ihrer Forschung bestand darin, den Menschen die Wunder von Gottes Schöpfung zu enthüllen und ihnen damit viel Gutes zu tun. Der Fortschritt und das Wohl in diesem Utopia hing daher von den edelsten Menschen der Stadt ab, in deren Händen die Führung lag.

In seinem Goldenen Zeitalter ging Indien sogar noch weiter und hielt an dem Ideal fest, dass die Führer des Volkes nicht nur Wissenschaftler sein sollten, sondern auch Heilige. Denn Wissenschaftler, die nicht erleuchtet sind, erkennen

---

[5] Auf Drängen von Präsident Truman wurde 1946 schließlich ein Gesetz gebilligt, das es Auswanderern aus Indien ermöglicht, amerikanische Staatsbürger zu werden.

[6] Erschienen in der Zeitschrift *New Atlantis*.

nicht immer, was zum höchsten Wohl ihres Volkes dient. In jenen alten Zeiten wurden die regierenden Könige in Indien von Weisen und Heiligen beraten. Führer der Menschen *sollten* von großen Seelen geleitet werden. Das würde die Probleme lösen, unter denen die Erde zu leiden hat; denn Heilige, die Gott lieben, bemühen sich um das Wohl aller Menschen und würden in keinem Land ungerechte Gesetze erlassen, die Schwierigkeiten heraufbeschwören könnten. Große Heilige betrachten die ganze Welt als ihr Königreich. Deshalb haben die Heiligen den Königen immer geraten, nicht nur in ihrem eigenen Land für Harmonie zu sorgen, sondern sie auch in anderen Ländern zu fördern. Dazu braucht man einen umfassenden geistigen Patriotismus, der die Grenzen der Nationalität aufhebt und die ganze Menschheit einschließt. Gandhi erklärte, dass sein Indien nicht nur aus Hindus bestehe, sondern aus all denen, die Indien lieben und der universellen Wahrheit folgen – ganz gleich, welcher Nation oder Religion sie angehören mögen.

Und wenn wir an Lincoln denken, so erinnern wir uns an einen anderen weisen und verständnisvollen Menschen. Es mag jetzt andere geben, die ihm gleichen: »Manche Blume erblüht, von niemand erspäht.«[7] Die Menschen müssen eine vertrauenerweckende Führung wünschen und ihrer würdig sein – das wird solch edle Seelen ermutigen, allmählich mehr an die Öffentlichkeit zu treten.

Um auf die Geschichte von Utopia zurückzukommen – die Francis Bacon mit wahrhaft königlicher Phantasie erzählt! –, so hatten die Leute in jenem Land eine vortreffliche Methode entwickelt: Die Vertreter verschiedener Wissenschaften wurden alle zwölf Jahre in verschiedene Länder der Erde entsandt. Ihre Mission bestand darin, die Sprache der betreffenden Nation zu erlernen und deren fördernde Gesetze sowie die neuesten Entdeckungen und besten Bräuche zu studieren. Wenn sie zu ihrer Insel zurückkehrten, wurde das Beste von dem, was sie gelernt hatten, in ihre eigene Kultur integriert. Alle lebten in Frieden und Eintracht miteinander und befolgten bereitwillig die gerechten Gesetze des Landes.

---

[7] Aus dem Gedicht von Gray *Elegy in a Country Churchyard* [Elegie auf einem Dorffriedhof].

Wir müssen irgendwo den Anfang machen

Die Menschen werden nicht in solch selbstlosem Denken erzogen. Darum wird es noch kein Utopia auf Erden geben. Wahres Glück für alle kann es nur unter der geistigen Führung der Seele geben.

Wir müssen irgendwo den Anfang machen. Die Regierungen sollten für ein hohes Niveau der Weisheit und für einen weitreichenden geistigen Austausch untereinander sorgen. Anfänge sind sogar schon gemacht worden. In der indischen Regierung gibt es besondere Sitze, die für Philosophen reserviert sind. Doch das genügt nicht. Die üblichen Handelsbeziehungen zwischen den Regierungen haben zu Kriegen geführt. Wir brauchen Menschen, die weise und großzügig Handel treiben und so viel Verständnis zwischen den Nationen schaffen, dass alle interessierten Länder lernen, ihre materiellen Güter auszutauschen und zur Verfügung zu stellen, ohne dass sie sich deswegen bekämpfen. Das muss irgendwann geschehen. Glaubt nicht, dass die Welt rückwärtsschreitet. Wir werden diesen Zustand einmal erreichen. Der Krieg wird ein Anlass sein, die politische Einstellung zu korrigieren. Er wird viele der Übel, an denen die Welt krankt, ans Licht bringen. Bedenkt nur einmal, dass in Friedenszeiten jeder, der ein Haus zerbombt, ins Gefängnis kommt. Doch im Krieg wird derjenige, der eine große Anzahl Häuser zerstört hat, mit einer Medaille geehrt. Was für eine seltsame Denkweise!

Wir müssen sofort damit beginnen, neue, geistige Vorstellungen in die Tat umzusetzen. Unterschätzt eure eigenen Fähigkeiten nicht, denn der allmächtige Vater steht hinter euch. Sobald ihr diese Kraft in eurem Innern entdeckt, werdet ihr große Dinge leisten können. Der Ozean besteht aus vielen Wassertropfen. Wenn man die Tropfen entfernte, gäbe es keinen Ozean mehr. So könnte es ohne uns auch keine Werke Gottes in dieser Welt geben. Wenn ihr euch fragt, welche Dienste ihr leisten könnt, dann denkt dabei an die ganze Welt. Ihr seid Gott zum Bilde erschaffen und dürft euch nicht als gebrechliche menschliche Wesen betrachten.

Vertieft eure Liebe, damit ihr sie eurem Land und allen Ländern der Erde schenken könnt. Gott will euch zu der

Erkenntnis verhelfen, dass ihr aus einem bestimmten Grund hierhergesandt worden seid: um eure Liebe für die ganze Weltfamilie zu vertiefen. In jeder Inkarnation ruft euch der Tod ab, damit ihr euch nicht zu sehr begrenzt und euch nur noch mit einer Nationalität und einigen wenigen Angehörigen verbunden fühlt. Jesus hat uns den richtigen Weg gezeigt. Er liebte seine Mutter innig, aber er liebte auch alle anderen Menschen der Welt.

Es ist Gott, der alle Wesen belebt

Zwei Jungen beobachteten ein paar Kartoffeln, die in einem Wassertopf kochten. Einer von ihnen sagte: »Sieh mal, Bruder, die Kartoffeln hüpfen auf und ab.« Der klügere Junge aber sagte: »Es ist doch das Feuer darunter, das sie hochspringen lässt.« Gott ist das Feuer, das alle Wesen belebt. Ihr meint, dass ihr alles selbst tut, und vergesst, dass Gott durch euch wirkt. Es ist Gott, der durch euch liebt; es ist Seine Liebe allein, die sich in jeder Art irdischer Liebe Ausdruck verschafft. Freundschaft ist die reinste Liebe von allen; in dieser Liebe liegt die Kraft, die ganze Welt zu lieben, denn wahre Freundschaft ist bedingungslos. Die eigene Familie zu lieben, ist nur der erste Schritt im Lernprozess, damit man schließlich die ganze Menschheit lieben kann.

Der jetzige Zustand der Welt macht es nötig, dass wir nicht nur in Patriotismus geschult werden, sondern auch in göttlicher Brüderlichkeit. Jesus sprach: »Du sollst deinen Nächsten lieben wie dich selbst.«[8] Jede Nation muss jede andere Nation wie ihren Nächsten lieben.

Ein Diktator würde uns nicht das Recht geben, ihn abzusetzen

Wir können also sagen, dass Gott ein Diktator ist, weil Er uns ohne unsere Einwilligung erschaffen hat. Andererseits aber ist er kein Diktator, denn Er hat uns in jeder Hinsicht die Freiheit gelassen, Ihn abzuweisen und nie mehr an Ihn zu denken. Deshalb geht es einigen Leuten, die nie an Gott denken,

---

8 *Matthäus* 22, 39.

scheinbar ganz gut. Wenn Gott ein Diktator wäre, würde Er sagen: »Aha, da ist dieser Bursche. Ich werde ihm einen Denkzettel verpassen, dann *muss* er an Mich denken.« Das tut Gott jedoch nicht. Solange ihr Seine Gesetze befolgt, auch wenn ihr Ihn gänzlich vergessen habt, werdet ihr nicht leiden. Nur wenn ihr Seine Gesetze übertretet, straft ihr euch selbst, indem ihr euch Leid zufügt. Gottes Gesetze sind aber sehr fein gesponnen. Es fällt schwer, sie nicht zu brechen, wenn man Ihn nicht um Hilfe bittet. Obgleich Gott also im Besitz aller physischen, geistigen und seelischen Kraft ist, macht Er keinen Gebrauch von ihr, wenn wir uns Ihm widersetzen. Ihr könnt Gott jeden Tag des Jahres verfluchen, ohne dass Er euch deswegen straft. Doch wenn ihr Ihn liebt, wird Er zu euch kommen. Er wendet die Kraft der Liebe an, um euch zu sich zurückzurufen.

Obgleich Gott uns Freiheit verliehen hat, weiß Er auch, dass unsere selbst erschaffenen Begrenzungen uns noch stark behindern. Deshalb hat Er uns Intelligenz geschenkt, damit wir aus diesem Wirrwarr herausfinden. Wenn wir keinen richtigen Gebrauch von dieser Intelligenz machen, ist das unsere eigene Schuld. Selbst Gott kann uns nicht helfen, wenn wir Seine Gesetze übertreten und uns dadurch Leid zufügen.

Manche Leute führen ein stumpfsinniges Leben – sie essen und schlafen, gönnen sich einige Vergnügen, denken aber selten tief nach. Viele Leute denken überhaupt nicht richtig nach. Sie meinen, dass es nichts anderes gebe als das materielle Leben. Doch dieses Leben ist nichts als ein flüchtiger Traum. Warum also solltet ihr leben, um der Welt zu gefallen? Es ist besser, vor allem Gott Freude zu machen; dann werdet ihr auch in der Lage sein, allen anderen zu gefallen.

Letztendlich wird Gott einem jeden die Freiheit schenken, aber das wird nicht eher geschehen, als bis ihr euren freien Willen richtig gebraucht. Sonst hätte es ja keinen Sinn, dass Er uns den freien Willen verliehen hat. Die Tiere haben keine Freiheit. Gott hat sie an ihren Instinkt gebunden. Doch dem Menschen hat Er Weisheit eingepflanzt. Die Menschen können wählen, ob sie auf- oder absteigen, ob sie besser oder schlechter werden wollen. Da Er uns diese Freiheit gegeben hat, verhält Er sich schweigend. Er weiß nur zu gut, was geschehen würde, wenn Er zu uns spräche; wir stünden dann vollkommen unter

Seinem Einfluss. Er würde uns augenblicklich davon abhalten können, etwas Unrechtes zu tun. Doch wenn Er das wirklich täte, dann wäre Er tatsächlich ein Diktator. Obgleich Er also allmächtig ist, kann Er nicht alles für uns tun; Er möchte unseren freien Willen nicht beeinträchtigen. Seht ihr das nun ein? Da Er unsere Entscheidungen nicht beeinflusst und sich ruhig verhält und da Er Seine Kraft nicht sichtbar werden lässt, ist Er also kein Diktator. Er kennt unsere Schwierigkeiten, doch Er kann uns nicht eher erlösen, als bis wir uns bemühen, mit Ihm zusammenzuarbeiten. Wir allein können aus freiem Willen entscheiden, ob wir Ihn annehmen oder abweisen.

Ihr habt die Möglichkeit, Gott gleich zu sein

Und noch etwas: Gewöhnliche Diktatoren wollen nie, dass jemand ihnen gleich sei. Sie sind allen anderen Diktatoren feindlich gesinnt, weil jeder einzigartig und allen überlegen sein will. Bei Gott aber ist es anders. Er hat euch zu Seinen Ebenbildern gemacht; ihr habt die Möglichkeit, Gott gleich zu sein, denn ihr seid ein Teil von Ihm. Jeder von uns hat die Fähigkeit, göttlich zu werden, wenn wir uns von der Finsternis der Unwissenheit befreien. Ihr braucht nichts zu erwerben, ihr habt es bereits in euch. Das Gold der Seele liegt in euch, doch es ist mit dem Schlamm der Täuschung bedeckt. Ihr müsst nur diesen Schlamm entfernen.

Ihr seht also, dass Gott einerseits ein Diktator ist, weil Er uns gegen unseren Willen erschaffen hat. Aber Er versucht, dies dadurch wiedergutzumachen, dass Er ein geistiger Diktator ist. Er spricht nur durch Seine Gesetze und zieht uns nur durch Seine Liebe an. Weil Er sich aber auf Erden nicht manifestiert und sich nicht zum Alleinherrscher wählen lässt, ist Er kein Diktator. Der Herr führt keine Wahlkampagne, wir können uns nur individuell – in unseren Herzen – für Ihn entscheiden. Wenn euer Herz im Licht seelischer Liebe erglänzt und wenn diese Liebe für den GEIST all die psychologischen Gefängniszellen sprengt, in die eure freie Wahl eingesperrt ist, dann wird Er zu euch kommen – auch ohne dass ihr Ihn darum bittet. Er wird sagen: »Deine Liebe ist so strahlend, so verlockend, dass Ich zu dir kommen möchte, wenn du Mich einlässt.«

Gott als geistiger Diktator wird also niemals Gewalt anwenden noch wird Er vor den Augen der Menschen erscheinen und verkünden: »Ich bin der Herr des Universums.« Nur wenn eure Seele nach Gott ruft und wenn euer Herz vor Liebe zu Ihm vergeht, werdet ihr Ihn finden.

Empfangt Gottes Antwort auf eure Gebete

Dieser Artikel enthält eine Zusammenstellung verschiedener einführender Texte, die Paramahansa Yogananda zu den früheren Ausgaben seines Buches *Flüstern aus der Ewigkeit* geschrieben hat. Als Paramahansaji das Buch für die damalige achte Auflage revidierte, verfasste er eine gänzlich neue Einführung.

Obwohl sich die Weisungen in diesem Artikel ganz besonders auf die Anrufungen in *Flüstern aus der Ewigkeit* beziehen, enthalten die hier dargelegten Grundsätze aber auch eine allgemeine Erläuterung des wissenschaftlichen Betens; dieses wird all jenen helfen, die ihr Leben durch die Kraft des Gebets ändern wollen und dabei göttliche Hilfe suchen.

Gott hat den Menschen sich zum Bilde erschaffen. Alle, die wissen, wie man Ihn aufnimmt, können die in ihnen schlummernde Göttlichkeit erkennen, indem sie die Kraft ihres Geistes erweitern. Da wir Gottes Kinder sind, haben wir die Fähigkeit, wie Er selber über alle Dinge in Seinem Universum zu herrschen.

Es erhebt sich aber die Frage: Wie kommt es, dass viele unserer Wünsche nicht erfüllt werden und dass viele von Gottes Kindern so schrecklich leiden? Gott in Seiner himmlischen Gerechtigkeit würde nicht eines Seiner Kinder besser ausstatten als das andere. Ursprünglich erschuf Er alle Seelen gleich und sich zum Bilde. Sie empfingen auch die größten Gaben Gottes: Willensfreiheit und die Kraft, vernünftig zu denken und entsprechend zu handeln.

Irgendwo und irgendwann in früheren Zeiten haben die Menschen verschiedene Gebote Gottes übertreten und dadurch die gesetzmäßigen Folgen verursacht.

Alle Menschen haben die volle Freiheit erhalten, ihre Vernunft falsch oder richtig zu gebrauchen. Ein Missbrauch der von Gott gegebenen Vernunft führt zu dem, was wir »Sünde«

nennen, und diese verursacht Leid. Der richtige Gebrauch führt zur Tugend, und sie ist die Vorbotin des Glücks. Gott in Seinem grenzenlosen Edelmut würde uns nie strafen. Wir strafen uns selbst durch unsere unvernünftigen Handlungen; und wir belohnen uns selbst durch unser richtiges Verhalten. Das allein erklärt, warum Gottes Verantwortung endete, als Er dem Menschen Vernunft und freien Willen verlieh.

Der Mensch hat diese gottgegebene Unabhängigkeit missbraucht und sich dadurch Unwissenheit, körperliches Leid, vorzeitigen Tod und anderes Unglück zugezogen. Er erntet, was er gesät hat. Das Gesetz von Ursache und Wirkung gilt für jedes Leben. Was heute in unserem Leben geschieht, wird durch unsere gestrigen Handlungen bestimmt; und unser morgiges Leben hängt davon ab, wie wir heute leben und handeln.

Und so kommt es, dass der Mensch, der doch Gott zum Bilde erschaffen ist und potenziell über dieselben Kräfte verfügt wie Er, durch seine eigenen Fehler und selbst auferlegten Begrenzungen seinen Anspruch auf das Erbteil seines Vaters und dessen Macht über das Universum verliert. Der Missbrauch der Vernunft und die Identifizierung der Seele mit dem vergänglichen Körper oder mit den Einflüssen von Umgebung, Vererbung und Weltgeschehen sind für die Verzweiflung und das Leid des Menschen verantwortlich.

Wie ein schlafendes Gotteskind ein erwachtes Gotteskind werden kann

Dennoch bleibt die Tatsache bestehen, dass jedes menschliche Wesen, wie falsch es sich auch äußerlich verhalten mag, seiner Möglichkeit nach ein Kind Gottes ist. Selbst der größte Sünder ist ein noch nicht erwachtes Kind Gottes, ein schlafender Unsterblicher, der sich weigert, durch Läuterung seines Bewusstseins das göttliche Licht ganz zu empfangen. Bei *Johannes* 1, 12 heißt es: »Wie viele ihn aber *aufnahmen*, denen gab er Macht, Gottes Kinder zu werden, die an seinen Namen glauben.«

Ein Becher kann nicht den Ozean in sich aufnehmen, es sei denn, dass er so groß wird wie der Ozean. Ähnlich muss auch der Mensch den Becher seiner Konzentration und seiner Fähigkeiten erweitern, wenn er Gott erkennen will. *Aufnehmen* ist eine Fähigkeit, die man selbst entwickeln muss; sie unterscheidet sich von bloßem Glauben.

Wie der Glaube, ein Kind Gottes zu sein, zur Erfahrung werden kann

Johannes will mit seinen Worten sagen, dass die aus ihrem Schlaf erwachenden Kinder Gottes, die das Gesetz geistiger Disziplin befolgen, Gott durch ihre entwickelte Intuition empfangen oder fühlen können und auf diese Weise die in ihnen schlummernden Kräfte eines Gottessohnes wiedergewinnen. Es ist die Unwissenheit, die den Menschen glauben macht, er sei klein und begrenzt. *Unwissenheit ist die größte aller Sünden.*

Der Mensch, der im Schlaf der Täuschung liegt, hält seinen Traum menschlicher Schwächen für wirklich und misst ihm große Bedeutung bei. Es ist nicht richtig, wenn die Seele (im Gewand des Ego) glaubt, sie sei vom Körper begrenzt, anstatt sich selbst als einen Teil des unbegrenzten GEISTES zu *erkennen*. Es ist gut und richtig zu glauben, dass wir Gottes Kinder sind und nicht nur die Kinder von Sterblichen; denn vom metaphysischen Standpunkt aus stimmt es, dass der Mensch im Wesentlichen Gott zum Bilde erschaffen wurde. Es ist daher ein Irrtum, anzunehmen, dass man ein vergängliches Wesen sei. Auch durch bloßen Glauben kann man sein intuitives Wissen allmählich vertiefen und eines Tages sein wahres Wesen als Seele – als Kind Gottes – erkennen. Deshalb muss man wie ein verirrtes Kind damit beginnen, an diese Wahrheit zu glauben; denn der Glaube ist die Voraussetzung dafür, die Wahrheit untersuchen und erkennen zu können.

Wer sich in Not befindet, betet ganz spontan zu einem unbekannten Gott und erwartet Hilfe. Wenn er – und sei es auch nur zufällig – von seinen Schwierigkeiten befreit wird, glaubt er, seine Gebete seien von Gott erhört worden. Doch wenn seine Gebete nicht erhört werden, weiß er keinen Rat mehr und beginnt an Gott zu zweifeln.

Der Unterschied zwischen Forderung und Gebet

Die heiligen Forderungen [in *Flüstern aus der Ewigkeit*],[1] die mir eingegeben wurden, während ich verschiedene fruchtbare Gespräche mit unserem Vater führte, veröffentliche ich jetzt, um meinen Mitmenschen zu zeigen, wie auch sie mit Ihm erfolgreich in Verbindung treten können. Ich ziehe dem Wort »Gebet« den Ausdruck »Forderung« vor; denn diesem haftet nicht die primitive und mittelalterliche Vorstellung von einem Gott an, der ein königlicher Tyrann ist, dem wir uns als Bettler nähern, den wir anflehen und dem wir schmeicheln müssten.

Viele Gebete sind nichts als Bettelei und zeugen von Unwissenheit. Manche Leute beten nur aufs Geratewohl. Wenige wissen, wie man betet, um Gott zu erreichen; und sie wissen auch nicht, ob ihre Gebete erhört werden oder ob etwas unabhängig von ihren Gebeten geschah. Auch unterscheiden sie nicht zwischen Dingen, die sie benötigen, und Dingen, die sie sich nur wünschen. Manchmal ist es tatsächlich gut, dass wir nicht die Dinge erhalten, von denen wir meinen, dass wir sie brauchen. Ein Kind mag das Verlangen haben, eine Flamme anzufassen, doch die Mutter will es vor Schaden bewahren und hindert es daran.

Gott ist zwar allmächtig, aber Er handelt nicht willkürlich oder verletzt Gesetze, nur weil jemand betet. Er hat dem Menschen Unabhängigkeit gegeben, die dieser so gebraucht, wie er will. Wenn Gott dem Menschen seine Fehler vergeben würde, sodass dieser sich weiterhin fehlerhaft verhalten könnte, ohne die Folgen tragen zu müssen, würde Gott sich selbst widersprechen. Er würde das Gesetz von Ursache und Wirkung – das für das Handeln gilt – missachten und die Menschen nicht so behandeln, wie es die von Ihm geschaffenen Gesetze bestimmen, sondern Seiner jeweilige Laune entsprechend. Auch Schmeicheleien oder Loblieder können Ihn nicht dazu bewegen, Seine feststehenden Gesetze zu ändern. Müssen wir deshalb ohne

---

[1] Ähnliche Gebetsforderungen sind auch in Paramahansa Yoganandas Buch *Wissenschaftliche Heilmeditationen* und *Meditationen zur Selbst-Verwirklichung* enthalten (herausgegeben von der Self-Realization Fellowship).

die Gnade und das Erbarmen Gottes leben und hilflose Opfer unserer menschlichen Schwächen bleiben? Müssen wir unweigerlich die Früchte unseres Handelns ernten, wie es vorherbestimmt ist oder wie es das sogenannte »Schicksal« will?

Keineswegs! Der Herr ist Gesetz *und* Liebe. Ein Gottsucher, der reine Hingabe und reinen Glauben besitzt, der sich nach der bedingungslosen Liebe Gottes sehnt und sich *außerdem* in seinem Handeln nach den göttlichen Gesetzen richtet, wird sicherlich die läuternde Nähe Gottes fühlen, welche die Auswirkungen seines Karmas mildert. Einem reumütigen Sucher, der Gott tief genug liebt und sein Leben dadurch in Einklang mit dem mitfühlenden Herrn bringt, wird Gott jede Sünde und ihre Folgen vergeben können.

Am besten ist es, wenn man weder um eine bestimmte Gunst noch um Befreiung von den schlechten Folgen betet und auch nicht resigniert und tatenlos zusieht, wie das Gesetz des Handelns seinen Lauf nimmt. Was wir getan haben, können wir wieder rückgängig machen. Wir müssen das Gift unserer Taten mit den richtigen Gegenmitteln behandeln. So kann zum Beispiel ein schlechter Gesundheitszustand oft dadurch verbessert werden, dass man die Gesetze der Gesundheit befolgt. Doch wenn chronische Krankheiten und Leiden auf keine menschlichen Maßnahmen reagieren, wenn die Kraft menschlicher Heilmethoden bei Körper und Geist versagt, weil sie offensichtlich begrenzt ist, dann müssen wir Gott um Hilfe bitten – denn Seine Kraft ist unbegrenzt. Und wir müssen uns liebevoll als Seine Kinder an Ihn wenden – nicht als Bettler.

Jedes Bettelgebet, sei es auch noch so aufrichtig, setzt der Seele Grenzen. Als Kinder Gottes müssen wir daran glauben, dass wir alles, was der Vater hat, *ebenfalls* haben. Das ist unser Geburtsrecht. Jesus hatte diese Wahrheit erkannt: »Ich und mein Vater sind eins.« Darum besaß er – ebenso wie sein Vater – Herrschaft über alle Dinge. Die meisten von uns betteln und beten, ohne sich zuvor innerlich des eigenen göttlichen Geburtsrechts bewusst zu werden; deshalb werden wir durch das Gesetz des Bettelns eingeschränkt. Wir brauchen nicht zu betteln; wir sollten das, was wir in unserer menschlichen Einbildung verloren glaubten, von unserem Vater *zurückfordern*.

In diesem Zustand müssen wir die uralte Vorstellung

löschen, schwache menschliche Wesen zu sein. Wir müssen jeden Tag daran denken, darüber meditieren, uns daran erinnern, daran glauben und erkennen, dass wir Kinder Gottes sind; und wir müssen uns auch dementsprechend verhalten! Es mag einige Zeit dauern, bis wir zu dieser Erkenntnis gelangen, deshalb müssen wir mit der richtigen Methode anfangen, anstatt uns auf dilettantische Bettelgebete zu verlassen. Das verursacht nur Unglauben, Zweifel und trügerischen Aberglauben. Erst wenn sich das schlummernde Ego nicht mehr als Körper, sondern als freie Seele (oder Kind Gottes) erkennt, die im Körper wohnt und durch den Körper wirkt, gebührt es ihm, sein göttliches Recht zu fordern.

Tiefe Aufmerksamkeit und Hingabe sind nötig

Diese heiligen Forderungen offenbaren einige seelische Einstellungen, die mit Sicherheit eine Antwort von Gott gebracht haben. Es genügt jedoch nicht, seine Forderung in der Sprache eines anderen zu stellen. Wenn man seine Geliebte trifft, sollte man nicht den Wortlaut eines Buches benützen, das von Liebe handelt, sondern sollte frei aus dem Herzen sprechen. Wenn man die Liebesworte eines anderen gebraucht, um zu Gott zu sprechen, muss man sie zu seinen eigenen machen, dass heißt, man muss ihren Sinn zutiefst verstanden und sich innerlich damit befasst haben; und dann muss man sie konzentriert und voller Liebe sprechen. Ähnlich ist es auch nicht verfehlt, wenn der Liebende seine Geliebte mit den Worten eines großen Dichters anspricht, solange er diese mit seiner eigenen Liebe und seinem eigenen Gefühl lebendig macht.

Wenn man seine Forderungen oder Bestätigungen nur blindlings wiederholt, ohne Hingabe oder echte Liebe zu empfinden, ist man nichts weiter als ein betender Plattenspieler, der nicht weiß, was Beten bedeutet. Wer seine Gebete nur laut und mechanisch herunterleiert und dabei an etwas ganz anderes denkt, kann keine Antwort von Gott erwarten. Unaufmerksame Wiederholung von Gottes Namen bringt keine Ergebnisse. Doch wenn man eine Forderung oder ein Gebet laut oder in Gedanken ständig und mit immer tieferer Aufmerksamkeit und Hingabe wiederholt, wird das Gebet vergeistigt;

und aus dem bewussten, gläubigen Wiederholen wird ein überbewusstes Erleben.

Gott lässt sich durch keine scheinheiligen Gebete täuschen, denn Er ist der Quell aller Gedanken. Man kann Ihn niemals bestechen. Andererseits aber ist es leicht, Sein Herz durch Aufrichtigkeit, Beharrlichkeit, Konzentration, Hingabe, Entschlossenheit und Glauben zu bewegen. Lange intellektuelle Gebete, an denen der Geist nicht beteiligt ist, führen zu Heuchelei; und verständnisloses Beten fördert Unwissenheit, Fanatismus und Aberglauben. Wenn man eine Forderung mit immer tieferer Konzentration und Überzeugung wiederholt, ist das kein mechanisches Wiederholen; es ist eine immer größer werdende, verwandelnde Kraft und geistige Bereitschaft, die den Sucher auf wissenschaftliche Weise Schritt für Schritt näher zu Gott führt.

Solch heilige Forderungen sind natürliche, hingebungsvolle und aufrichtige Herzensergießungen. Wenn man den Geist durch Konzentration vorbereitet und dann mit stets zunehmender Überzeugung und Hingabe in Gedanken (oder auch laut in einer Gruppe) diese wissenschaftlichen göttlichen Forderungen wiederholt, wird man mit Sicherheit Erfolg haben. Eure wichtigste Forderung sollte sein, eure Einheit mit dem Himmlischen Vater wiederzuerlangen, denn ihr seid Gottes Kinder. Erkennt diese Wahrheit, und ihr werdet auch alles andere empfangen.

Fordert ohne Unterlass, dann werdet ihr empfangen

Nachdem ihr die Saat eurer Forderung vertrauensvoll ausgesät habt, grabt sie nicht von Zeit zu Zeit wieder aus, um zu sehen, wie weit sie gediehen ist, denn dann wird sie nie aufgehen. Sät eure Forderung voller Glauben aus und bewässert die Saat täglich, indem ihr immer wieder auf die richtige Weise fordert. Lasst euch nie entmutigen, wenn sich nicht sofort Erfolge einstellen. Haltet an eurer Forderung fest, dann werdet ihr euer verlorenes göttliches Erbteil wiedererlangen. Dann, und nur dann, wird euer Herz höchste Erfüllung finden. Fordert eure göttlichen Rechte, bis sie euch zugesprochen werden. Fordert unaufhörlich das, was euch zusteht, dann werdet ihr es empfangen.

Wer auf die richtige Weise fordert, wird sich weder durch Aberglauben noch Enttäuschung oder Zweifel davon abhalten lassen. Wenn ihr einmal lernt, wie ihr den richtigen Ablauf von Ursachen in Gang bringen müsst, der Gott tatsächlich zu einer Antwort bewegt, werdet ihr wissen, dass Er sich nie vor euch verborgen hat, sondern dass ihr euch im Schatten eurer selbst erzeugten Dunkelheit vor Ihm versteckt hieltet. Sobald ihr durch intuitives *Wissen* fühlt, dass ihr Kinder Gottes seid, werdet ihr durch ständige Bemühungen, geistige Disziplin und hingebungsvolles Meditieren Herrschaft über alle Dinge erhalten.

Wenn eure Forderung nicht erfüllt und erhört wird, könnt ihr nur euch selbst und eure früheren Handlungen dafür verantwortlich machen. Lasst euch nicht entmutigen. Denkt nie, dass ihr euch eurem Schicksal oder der Vorherbestimmung eines launischen Gottes überlassen müsst, sondern versucht nach jedem Fehlschlag, das, was ihr braucht – was ihr wegen eures eigenen Versagens nicht erhalten habt, was euch aber vom GEIST schon bestimmt ist –, durch verstärkte Bemühungen zu erwerben. Fordert mit heiliger Hingabe die Anerkennung eures göttlichen Geburtsrechtes, das euch als Gottes Kind zusteht.

Man muss wissen, wie und wann man beten soll – je nachdem, was benötigt wird –, dann erlangt man auch das gewünschte Ergebnis. Wenn man die richtige Methode anwendet, setzt diese die entsprechenden göttlichen Gesetze in Bewegung; und das Wirken dieser Gesetze führt mit wissenschaftlicher Genauigkeit zu Ergebnissen.

Einige praktische Ratschläge

Wählt euch – je nach Bedarf – eine Forderung aus dem Inhaltsverzeichnis aus. Setzt euch regungslos und mit aufrechter Wirbelsäule auf einen geraden Stuhl und beruhigt eure Gedanken. Ebenso wie man ein feuchtes Streichholz nicht entzünden kann, so kann auch ein von Zweifeln erfüllter, ruheloser Geist das Feuer der Konzentration nicht entflammen, ganz gleich, wie oft er sich um den zündenden kosmischen Funken bemüht.

Zwischen den Zeilen dieser Gebetsforderungen verbirgt sich die Flamme der Inspiration; doch da sie in diesem Buch durch das stumme Medium der Druckerschwärze, des Papiers und der intellektuellen Begriffe dargestellt werden, muss man die ihnen innewohnende erleuchtende Flamme durch eigene Intuition und Hingabe entfachen. Lasst die innere Substanz dieser Worte mit dem Christus-Befehl eurer tiefen intuitiven Wahrnehmung aus dem Grab hohler intellektueller Vorstellungen auferstehen.

Menschen von verschiedener geistiger Veranlagung, welche dieselben Gebete lesen, mögen diese verschiedenartig auslegen. Wie viel man vom unermesslichen Meer der Wahrheit aufnehmen kann, hängt nur von der eigenen Intelligenz und Wahrnehmungskraft ab. Ähnlich fühlt jeder die Inspiration, die diesen Gebetsforderungen innewohnt, in dem Ausmaß, wie es seiner eigenen Intuition und Gefühlstiefe entspricht.

Wer von dem göttlichen Feuer dieser Gebetsforderungen möglichst viel gewinnen will, sollte sich jeweils nur einen Abschnitt vornehmen und sich in dessen Sinn vertiefen; er sollte sich die geistigen Bilder vergegenwärtigen, die in der Sprache zum Ausdruck kommen, und tief darüber meditieren, bis er auf den feurigen Kern stößt, der frei von allen begrenzenden Worten ist.

Zuerst sollte man eine Gebetsforderung ganz durchlesen, um deren Sinn zu erfassen. Doch wenn man sie dann viele Male hintereinander immer wieder liest und danach mit geschlossenen Augen wiederholt und versucht, die tiefe Inspiration zu *fühlen*, die hinter ihr und in ihr verborgen liegt, wird man dieses Gebet vergeistigen – das heißt, man wird die hinter dem Deckmantel der Worte schlummernde Inspiration erwecken.

Schließt die Augen und richtet den Blick auf den Punkt geistiger Konzentration zwischen den Augenbrauen; meditiert dann über die Bedeutung der Forderung, die ihr euch ausgesucht habt, bis sie ein Teil von euch wird. Durchtränkt die Forderung beim Meditieren mit eurer Hingabe. Während sich eure Meditation und eure Hingabe vertiefen, stellt euch vor, dass diese Forderung aus eurem eigenen Herzen kommt. Stärkt euren Glauben, dass Gott die Sehnsucht eures Herzens fühlt, die durch diese bestimmte Forderung zum Ausdruck kommt.

Fühlt, dass Gott unmittelbar hinter eurer hingebungsvollen Forderung den schweigenden Worten eurer Seele lauscht. Fühlt dies! Ihr müsst *ganz aufgehen* in der Forderung eures

Herzens, und ihr müsst die feste Überzeugung haben, dass Er euch zugehört hat. Dann geht euren Pflichten nach und fragt euch nicht unentwegt, ob Gott eure Forderung erfüllen wird. Glaubt fest daran, dass eure Forderung gehört wurde und dass ihr zu der Erkenntnis gelangen werdet, dass alles, was Gott gehört, auch euch gehört. Meditiert unaufhörlich über Gott; und sobald ihr Ihn *fühlt*, werdet ihr als Sein göttliches Kind euer rechtmäßiges Erbteil erhalten.

Die unvergängliche Pflanze der Gebetsforderung treibt täglich neue Blüten

Diese Forderungen wurden mir vom Allmächtigen Vater eingegeben; sie stammen nicht von mir. Ich habe sie nur erfühlt und ihnen durch das Medium der Worte Ausdruck verschafft, damit ich sie euch vermitteln kann. Sie enthalten meinen Segen; und ich bete darum, dass sie in der Harfe eures Herzens eine verwandte Saite erklingen lassen, damit ihr sie so fühlen könnt, wie ich sie gefühlt habe.

Gebetsforderungen gleichen unvergänglichen Pflanzen, die unaufhörlich neue Blüten treiben. Eine Gebetspflanze hat immer dieselben Zweige von Worten, aber jeden Tag bringt sie frische Rosenknospen göttlicher Gefühle und Inspirationen hervor, wenn man sie regelmäßig mit Meditation bewässert. Die Gebetspflanze muss auch vor den verheerenden Wirkungen des Zweifels, der Zerstreuung und der geistigen Trägheit bewahrt werden – wenn man zum Beispiel die Meditation aufschiebt (auf ein Morgen, das nie kommt) – sowie vor Geistesabwesenheit und Zerstreutheit, das heißt, wenn man sich lediglich einbildet, dass die Gedanken ganz auf die seelische Kraft des Gebets gerichtet seien.

Solche Parasiten auf den Gebetspflanzen sollten vernichtet werden – durch Glauben und Hingabe an Gott, durch Selbstbeherrschung, durch Entschlossenheit und Treue zur Lehre. Dann kann man täglich Rosen unsterblicher Inspiration vom Strauch dieser Gebetsforderungen pflücken.

O ihr alle, die ihr nach seelischer Erweckung verlangt! Werdet ruhig, dann wird Gott euch durch eure intuitive Seele antworten. Lernt Ihn kennen, indem ihr euer wahres SELBST erkennt.

Das Karma durch Weisheit überwinden

Tempel der Self-Realization Fellowship, Hollywood, Kalifornien, 6. Juni 1943

Viel ist schon über das Gesetz des Karmas geschrieben worden. Ich fürchte jedoch, dass die von den Meistern Indiens so weise erklärte Theorie des Karmas von Unwissenden weitgehend entstellt worden ist, sodass die Menschen des Westens dieses große kosmische Prinzip von Ursache und Wirkung ganz falsch verstehen. Ihr gebraucht das Wort *Karma* in einem begrenzten Sinn, der sich nur auf die Vergangenheit bezieht. Das aber ist unrichtig. *Karma* bedeutet ganz allgemein Handlung – nicht allein die Wirkungen früherer Handlungen. Das Wort bezieht sich auf Handlungen, die früher geschehen sind oder die jetzt geschehen – oder die in der Zukunft geschehen könnten. Wenn ihr »Wasser« sagt, dann meint ihr das Wasser ganz allgemein; sonst müsstet ihr es näher erklären und es als Süßwasser, Salzwasser oder irgendeine andere Art von Wasser bezeichnen. Die wahre Bedeutung des Wortes *Karma* ist also jede Handlung, die ihr vollbringt, und ebenfalls die Summe all eurer Handlungen – der guten und der schlechten, der jetzigen und der früheren. Jetzige Handlungen werden *gegenwärtiges* Karma genannt. Handlungen, die bereits zurückliegen, nennt man *früheres* Karma. Und wenn ihr über die *Wirkungen* eurer früheren Handlungen sprecht, müsst ihr sagen: »Das ist das Ergebnis meines früheren Karmas.« Aber auch damit ist noch nicht gesagt, um was für eine Art von Karma es sich handelt – um ein vorteilhaftes oder leidbringendes.

Nun stellt sich die Frage: Was sind die Triebfedern der Handlungen? Unter welchem Einfluss steht ihr, wenn ihr auf bestimmte Weise handelt oder euch so und nicht anders verhaltet? Damit sind wir bereits beim Kernpunkt des Themas.

Heute handelt ihr auf eine bestimmte Weise und behauptet: »So habe ich es in meinem Leben immer gemacht.« Wir können das Thema etwas gründlicher untersuchen, wenn ich euch bitte, über die Einflüsse nachzudenken, die euch zu diesen Handlungen bewogen haben. Es gibt zweierlei Arten des Handelns: Handlungen, die aus freiem Willen geschehen, und Handlungen, die unter bestimmten Einflüssen begangen werden. Es gibt so viele subtile Einflüsse, die eure Entscheidungen bestimmen, dass ihr kaum beurteilen könnt, für welche Handlungen ihr euch frei entschieden und welche ihr unter dem karmischen Zwang der Vergangenheit oder unter einem anderen Einfluss unternommen habt.

Es gibt nur wenige wahrhaft »freie« Menschen. Die meisten Leute denken, sie seien frei, während ihr Geist in psychologischen Ketten gefangen liegt. Und diese sind viel schwerer abzuschütteln als gewöhnliche Ketten, denn sie sind so fein, dass man sie nur schwer erkennen und schon gar nicht zerreißen kann! Wer diese psychologischen Fesseln sprengen will, muss über das entsprechende gründliche Wissen verfügen.

Vielleicht verfolgen euch die Handlungen, die sich in einer Million Jahren von früheren Leben angesammelt haben. Deshalb fühlt sich ein gewöhnlicher Mensch so hilflos, wenn er sich vom Zwang seines Karmas befreien will. Er fühlt sich hoffnungslos an diese unsichtbaren Ketten gebunden – an Einflüsse ausgeliefert, die von all den Handlungen in früheren Leben herrühren, Handlungen, für die er sich freiwillig oder unter dem Druck vorherrschender Einflüsse entschieden hat.

Eure in früheren Leben begangenen Handlungen sind in konzentrierter Form als Neigungen im Gehirn wirksam. Es ist durchaus nicht leicht, diese karmischen Einflüsse zu erkennen. Dennoch könnt ihr anhand eurer hervorstechenden Merkmale, Neigungen und Stimmungen feststellen, welche Veranlagungen sich bei euch eingenistet haben und wie stark ihr Einfluss auf euer gegenwärtiges Leben und eure jetzigen Handlungen ist.

Einflüsse auf das freie Handeln des Menschen

Welches sind nun, außer dem Karma der Vergangenheit, die Einflüsse, die auf euer jetziges Leben einwirken? Einer dieser Einflüsse ist die gegenwärtige Zivilisation. Ganz gleich,

Das Karma durch Weisheit überwinden

in welches Zeitalter jemand hineingeboren wird, er wird von dessen Zivilisation beeinflusst. Wer im achten Jahrhundert lebte, wurde von jenem Jahrhundert beeinflusst. Ihr richtet euch zum Beispiel alle nach der jetzigen Kleidermode. Ihr habt mehr Auswahl an Stoffen zur Verfügung als die Menschen in früheren Jahrhunderten. Heute denkt ihr mehr an Komfort und Stil als an die Wärme und Notwendigkeit der Kleidung. Ihr esst alle so, wie es in der jetzigen Zivilisation üblich ist. Im sechsten Jahrhundert zum Beispiel sprach man noch nicht von Vitaminen. Auf diese Weise werden also euer Bewusstsein, eure Handlungen und euer Verhalten von der jetzigen Gesellschaft beeinflusst.

Auch die Nationalität übt einen starken Einfluss auf den Menschen aus. Weil die Seele sich mit dem Körper identifiziert, denkt sie: »Ich bin ein Amerikaner« oder: »Ich bin ein Hindu« und so fort. Es ist nicht leicht, sich von diesem Einfluss, dieser Identifizierung zu befreien. Warum aber solltet ihr denken, dass ihr ein Amerikaner oder Inder oder Franzose seid? Und warum pflegte ich zu denken, dass ich ein Hindu bin? Ihr seht, dass ich gesagt habe: ich *pflegte zu denken*, denn ich fühle mich jetzt eins mit der ganzen Menschheit. Ich habe mich so geschult, dass ich mich nicht mit einer Nationalität, einer Rasse oder mit irgendetwas identifiziere, was die Universalität der Seele begrenzt. Das ist ein sanfter Hinweis, wie auch ihr euer Karma überwinden könnt: Bleibt in eurem Verhalten und in euren Lebensgewohnheiten immer weltumfassend. Auf diese Weise werdet ihr frei.

Die Seele hat sich schon in viele Gewänder gekleidet: Heute bist du ein Amerikaner und im nächsten Leben vielleicht ein Chinese und so fort. Deshalb ist es unklug, irgendeine Nationalität abzulehnen oder gar zu hassen, denn der Hass hat eine ebenso starke Anziehungskraft wie die Liebe. Alles, was ihr hasst, werdet ihr anziehen, damit ihr lernt, dieses Vorurteil zu überwinden. Das ist eine Gesetzmäßigkeit. Wer zum Beispiel eine farbige Rasse hasst, wird unweigerlich in eben dieser Rasse wiedergeboren. Je größer der Hass, umso stärker die karmische Anziehung des gehassten Objekts. Die Entstehung der weißen und dunklen Rassen wurde durch klimatische Bedingungen beeinflusst. Eines Tages wird sich das Klima derart ändern, dass die weißen Rassen im Orient und die dunklen in den westlichen Ländern leben werden. Das wird geschehen – aber erst in vielen, vielen Jahren.

Außerdem wird der Mensch durch die Gesellschaft, in der er lebt, geformt. Er wird durch seine Nachbarn beeinflusst: Wenn er in einem aristokratischen Umfeld lebt, wird er sich wie ein Aristokrat benehmen; wenn er unter Geschäftsleuten lebt, verhält er sich so wie sie. Verschiedene Menschentypen haben unterschiedliche Gewohnheiten, die euch beeinflussen. Wenn ihr zum Beispiel mit Künstlern Umgang pflegt, dann meint ihr, dies sei die einzig richtige Art zu leben. (Übrigens verurteile ich die Künstler nicht, aber sie müssen etwas praktischer denken. Man kann nicht von Schönheit allein leben. »Ich schlief und träumte, das Leben sei Schönheit; ich erwachte und sah, das Leben war Pflicht.«[1] Ihr müsst die Schönheit auch in der Pflicht erkennen.) Wenn ihr in der Gesellschaft spirituell gesinnter Personen lebt, werdet auch ihr spirituelle Gedanken haben. Die Umgebung ist stärker als die Willenskraft. Wenn ihr euch also spirituell weiterentwickeln wollt, sucht euch gute Gesellschaft und pflegt keinen Umgang mit Menschen, die schlechte Gewohnheiten haben und euch negativ beeinflussen können.

Ihr werdet auch maßgebend von eurer Familie beeinflusst. Ihr meint, dass ihr einer bestimmten Gruppe von Menschen angehört – nämlich eurer Familie. Ihre Mitglieder haben euch geprägt, und ihre Gewohnheiten hemmen euch.

Und dann hat sich jeder von einigen Gewohnheiten berauschen lassen. Manche sind verrückt nach Geld, manche nach Liebe oder Ruhm oder anderen Dingen. Sie stehen ständig unter dem Einfluss ihrer eigenen gewohnheitsmäßigen Handlungen, die sie in diesem und in früheren Leben begangen haben, und werden von ihnen hin und her geworfen und bezwungen. Das ist die hypnotische Wirkung des Karmas.

Gewinnt die euch von Gott verliehene Freiheit wieder

Was ist aus eurer Freiheit geworden? Wie wenig ist euch

---

[1] Aus dem Gedicht *Beauty and Duty* von Ellen Sturgis Hooper (1816–1841).

davon übriggeblieben! Die Freiheit, die Gott euch als Seinen Kindern geschenkt hat und die euch befähigt, an die Milchstraße heranzureichen und euch in den Blumen und Sternen gegenwärtig zu fühlen – diese Freiheit habt ihr infolge der vielen Einflüsse, unter denen ihr steht, völlig verloren.

Die meisten Menschen gleichen psychologischen Antiquitäten: Sie sind brüchig geworden, weil sie fixe Ideen und eingefleischte Gewohnheiten haben. Sobald ihr euch auf ein solches Möbelstück setzt, bricht es unter euch zusammen! Deshalb behaupten unsere indischen Astrologen, dass wir allesamt Marionetten seien. Ich glaube das jedoch nicht. Ich glaube, dass ihr alles Karma überwinden könnt, wenn ihr nur wolltet. Schließt ihr in einem Zimmer alle Türen und Fenster, wird der Raum dunkel. Doch sobald ihr Licht hereinlasst, ist die Dunkelheit augenblicklich verschwunden. Sogar eine Höhle, die Tausende von Jahren im Dunkel gelegen hat, wird sofort hell, wenn man sie erleuchtet. Oder wollt ihr einwenden, dass das Licht Hunderte von Jahren benötige, um diese Äonen der Dunkelheit zu vertreiben? Das ist eine unsinnige Vorstellung!

Wir mögen also Karma aus früheren Leben haben – entsprechend der Zivilisation, Nation, Gesellschaft und Familie, in der wir gelebt haben; und wir haben auch Karma aus diesem Leben, das unter dem Einfluss der gegenwärtigen Zivilisation, Nationalität, Gesellschaft und Familie entstanden ist. Doch sobald wir *erkennen*, dass wir Götter sind, können wir schon jetzt frei von Karma sein. Jedes menschliche Wesen ist Gott zum Bilde erschaffen. Wenn ihr dieses Bild in eurem Innern findet, wie könntet ihr da noch Karma haben? Gott als der Meister dieses Universums hat kein Karma; und wenn ihr wisst, dass ihr mit Gott eins seid, dann habt auch ihr kein Karma mehr.

Eine Giftschlange wird von dem Gift, das sie in sich trägt, nicht berührt. So ist es auch mit der Täuschung oder *Maya*, die Gottes Schöpfung innewohnt; sie beeinflusst uns, aber nicht Ihn. Das ist ungerecht, nicht wahr? Deshalb muss Er uns erlösen; doch das wird nicht eher geschehen, als bis wir danach verlangen.

Da wir Gott zum Bilde geschaffen sind, können wir frei von Karma sein – vorausgesetzt, dass wir unser göttliches Erbteil von Ihm fordern. Euch ist aber genau das Gegenteil eingeredet worden. Wenn man an das Karma glaubt, verleiht man ihm Macht. Warum solltet ihr glauben, dass ihr gebunden seid? Ihr solltet euch sagen: »Ich bin kein sterbliches Wesen; ich bin ein Kind Gottes.« Damit durchtrennt ihr die Wurzeln des Karmas: »Jenseits aller Phantasie und gestaltlos bin ich, alles Leben durchdringe ich. Keine Freiheit ersehne ich, keine Knechtschaft fürchte ich. Denn ich bin frei – ewig bewusste, ewig neue Glückseligkeit. Ich bin frei. Ich bin Er, ich bin Er, seliger GEIST, ich bin Er.«[2] Doch sobald ihr der Täuschung nachgebt und glaubt, dass ihr sterbliche Wesen seid, erlaubt ihr all eurem Karma aus der Vergangenheit, euch einzufangen.

Dieses Leben gleicht einer Räuberhöhle: sein Einfluss beraubt euch des Bewusstseins eures göttlichen Erbteils. Wenn ihr sagt: »Ich gehöre nicht hierher« und euch bemüht hinauszugelangen, braucht ihr nicht länger unfreiwillige Gefangene zu sein.

Errettet eure Freiheit mit Weisheit und Unterscheidungskraft

Ihr müsst eure Freiheit erretten. Wie steht es mit bestimmten Entschlüssen, die ihr gefasst habt – führt ihr sie auch aus? Wenn nicht, seid ihr an das Karma gebunden. Wenn es euch aber gelungen ist, das zu tun, was ihr euch vorgenommen habt – und zwar durch Unterscheidungskraft und nicht unter dem Einfluss eures früheren oder gegenwärtigen Karmas und auch nicht unter dem Einfluss von Nationalität, Gesellschaft oder Familie –, dann bedeutet das Freiheit. Lasst euch immer von eurer Unterscheidungskraft und Weisheit leiten. Handelt nicht unter dem Zwang von Gewohnheiten, und folgt auch nicht blindlings allen gesellschaftlichen Bräuchen und der Meinung anderer Leute. Seid frei!

Ab und zu begegnet man einem freien Menschen, jemandem, der keine ausgetretenen Pfade beschreitet – einem Menschen, der frei ist, weil sein Handeln nur von Weisheit gelenkt wird. Darin liegt die Größe eines Mahatma Gandhi. Als er nach England reiste, um den König und die Königin aufzusuchen, erschien er nicht in einem Gesellschaftsanzug, wie es

---

[2] Umschreibung eines bekannten Sanskrit-Liedes von Swami Shankara.

die Etikette verlangt. Er wurde von ihnen in seinem einfachen dörflichen Lendentuch und Umhang empfangen. Er lebt in großer Freiheit, weil er seinen Idealen treu bleibt und sich nicht durch gesellschaftliche Bräuche binden lässt.

Bevor ihr handelt, fragt euch, ob ihr nur vor den Leuten gut dastehen wollt oder ob ihr eurer unterscheidungsfähigen Weisheit folgt. Nach diesem Kriterium handle ich. Auch als frei geborene Amerikaner wisst ihr noch nicht, was wahre Freiheit ist. Viele Leute denken, Freiheit bestünde darin, immer das tun zu können, was ihnen gerade in den Sinn kommt. Doch wahre Freiheit liegt darin, das zu tun, was man tun sollte – und zwar genau dann, wann man es tun sollte. Andernfalls seid ihr Sklaven. Lasst euch nur von Weisheit leiten. Wenn ihr dazu nicht in der Lage seid, werdet ihr Hunderte von Inkarnationen lang Sklaven bleiben.

Der Wahrheit zu folgen heißt jedoch nicht, dass ihr anderen eure Überzeugungen aufdrängen sollt. Sprecht zu anderen nur dann über die Wahrheit, wenn jene sie willkommen heißen oder danach fragen. Andernfalls lernt zu schweigen und haltet mit eurer Meinung zurück. Wenn ihr jedoch fühlt, dass ihr etwas sagen solltet, so sagt es. Wenn nötig, bietet der ganzen Welt die Stirn. Galilei behauptete, dass die Erde sich um die Sonne drehe, und wurde deshalb gemartert. Später stellte man fest, dass er recht hatte. Doch tut nie etwas aus Stolz, denn dann kommt ihr zu Fall.

Lernt, weise zu handeln, indem ihr euch auf einen wahren Guru ausrichtet

Lasst euch bei allem, was ihr tut, von Weisheit leiten und nie von dem Wunsch, jemanden zu verletzen. Sollte sich aber jemand verletzt fühlen, weil ihr das Richtige getan habt, braucht ihr nichts zu fürchten; ihr schuldet nur euch selbst Rechenschaft – keinem anderen. Selbst Gott ist nicht euer Richter; ihr richtet euch selbst: Wenn ihr falsch handelt, straft ihr euch selbst. Wenn ihr richtig handelt, befreit ihr euch selbst. So arbeitet das gerechte Gesetz des Karmas. Weder Gott noch Seine Engel diktieren euch etwas, sondern nur das Gesetz des Handelns: Was ihr sät, das werdet ihr ernten. Wenn euch ein

Unglück widerfährt, macht Gott deswegen keine Vorwürfe. Die Ursache liegt allein bei euch – bei euren früheren Handlungen.

Wenn es euch an Weisheit mangelt und ihr nicht wisst, wie ihr handeln sollt, stellt euch auf die Weisheit eines weisen Menschen ein. Was ihr für Weisheit haltet, hat oft nichts mit Weisheit zu tun, sondern nur mit euren eigenen Wünschen und karmischen Neigungen. Deshalb braucht ihr einen Guru. Der Guru wird euch von Gott gesandt, um euch zu befreien. Wenn ihr mit seiner Weisheit im Einklang seid, findet ihr Freiheit. Sonst aber bleibt ihr Sklaven eurer Launen. Der Weg zur Freiheit besteht darin, solchen Seelen zu folgen, die selbst frei sind. Als ich meinem Guru, Swami Sri Yukteswar, begegnete, riet er mir, meinen Willen auf den seinen abzustimmen. Er erklärte mir, dass ich einen starken Willen hätte, der aber von Instinkten geleitet werde. Sobald ich dann meinen Willen mit dem seinen in Einklang brachte, wurde er von Weisheit regiert.

Keiner kann mich dazu verleiten, etwas zu tun, von dem ich weiß, dass ich es nicht tun sollte. Ich weiß, was ich tue, denn ich lasse mich nur noch von Weisheit leiten. Ich bin in jeder Hinsicht verantwortlich für meine eigenen Handlungen und mache niemand anders für die Folgen meines Handelns verantwortlich. Diese Freiheit hat mir der Meister gegeben, und ich habe sie nie mehr verloren.

»Merke dir gut: Wenn du dich (dem Guru) völlig anheimgibst, wenn du (dem Guru und deiner inneren Wahrnehmung) Fragen stellst und (dem Guru) dienst, werden die Weisen, welche die Wahrheit erkannt haben, dir ihre Weisheit vermitteln. Wenn du die Weisheit des Gurus erfasst hast, wirst du nicht mehr der Täuschung zum Opfer fallen.«[3] Es ist sehr schwer, Fortschritte auf dem geistigen Weg zu machen, wenn ihr auf euch selbst gestellt seid; doch es ist sehr leicht, wenn ihr einen wahren Guru habt, dem ihr euch überlasst und der nur an eurem geistigen Wohl interessiert ist. Ich hatte mich meinem Meister vollkommen anheimgegeben, und ich sah, dass er mir alles vermittelte, was er selber besaß. Und durch diese Art von

---

[3] Bhagavad-Gita IV, 34–35.

Hingabe fand ich Freiheit. Jede Seele sehnt sich nach dieser Freiheit. Auf diese Weise überwindet ihr euer Karma.

Das einzige Anliegen des Gurus ist euer spiritueller Fortschritt. Ein Lehrer, der etwas von seinen Jüngern verlangt, ist kein Meister. Der einzige Wunsch eines Meisters besteht im Geben, nicht im Nehmen. Hat der Jünger jedoch den Wunsch, dem Werk des Meisters zu dienen, so gewinnt er dadurch – denn dem Jünger selbst wird geholfen, wenn er Gottes Werk unterstützt.

Die Meister beauftragen einige Jünger damit, ihr Werk weiterzuführen. Meister sind mehr an Seelen interessiert als an großen Menschenmengen – an Seelen, die ihnen nachfolgen und wirklich entschlossen sind, sich in Disziplin zu üben. Ein wahrer Jünger sucht Befreiung, indem er die Disziplin des Gurus akzeptiert; und er diszipliniert sich selbst, indem er die weisen Anleitungen des Gurus befolgt. Doch die meisten Jünger möchten lieber selbst Gurus sein!

Hier in den westlichen Ländern erwarten die Kirchgänger von ihrem Geistlichen, dass er ihren Wünschen nachkommt; er wird abhängig von ihnen. Ich bitte niemals jemanden von euch um etwas, was ausschließlich mir persönlich nützen würde. Manchmal habe ich vorgeschlagen, dass ihr dem Werk helfen sollt, doch ich selbst halte mich frei von jeder Abhängigkeit von anderen Menschen. Auch wenn ich mit großen finanziellen Schwierigkeiten in Bezug auf das Werk zu kämpfen hatte, habe ich niemandem klein beigegeben noch meine Ideale verraten. Ich habe immer meine Freiheit bewahrt. Wenn mir Mt. Washington[4] entrissen wird, so macht mir das nichts aus; und wenn es mir erhalten bleibt, werde ich freudig bis zum letzten Tag meines Lebens alle damit verbundenen Bürden tragen. Das ist mein Prinzip. Wo immer Gott mich hinstellt, werde ich Ihm weiter dienen. Denn der Wille des Vaters ist auch mein Wille.

Die Disziplin des Gurus befreit uns von den Fesseln der Launen und Gewohnheiten

Euer ganzes Leben lang seid ihr Sklaven gewesen und habt

---

[4] Der internationale Hauptsitz der Self-Realization Fellowship auf dem Mt. Washington in Los Angeles.

euren eigenen Launen nachgegeben. Ich weiß noch, dass ich während meiner Jugend diese oder jene Speisen nicht mochte; doch als ich zu meinem Meister kam, befreite er mich von all diesen Schrullen, die ich im Kopf hatte. Zuerst stellte er fest, was ich nicht gerne aß. Dann sagte er: »So, du magst also dies nicht und das nicht.« Nach einer Woche fragte er mich, wie mir das Essen im Ashram schmecke. Ich sagte, ganz wunderbar. Da verriet er mir, dass ich in den verschiedenen Speisen genau das gegessen hatte, von dem ich gedacht hatte, ich möge es nicht! Durch diese Disziplin half er mir, meine Vorlieben und Abneigungen zu überwinden.

Die meisten Menschen im Westen denken nur an ihre Bequemlichkeit. Der Meister kümmerte sich nie darum, wo ich schlafen sollte; und wenn ich es mir auf menschliche Weise bequemer machen wollte, kritisierte er mich. Durch diese konstruktive Kritik und Schulung wurde ich völlig unabhängig vom Nahrungs-, Kleidungs-, Gesellschafts- und Körperbewusstsein. Ich war so glücklich, endlich aus meinem selbst erschaffenen Kerker hinausgelangt zu sein. Der Meister schenkte mir diese Freiheit durch seine Schulung – Freiheit von Gewohnheiten und Launen und von einengenden Vorstellungen.

Lasst euren Willen also nicht zum Gefangenen eurer Gewohnheiten und Launen werden. Das bedeutet aber nicht, dass ihr ihn nicht gebrauchen sollt. Lernt, ihn mit Unterscheidungskraft zu gebrauchen; dann folgt ihr dem Willen eures Vaters.

Gewöhnt euch daran, eure sich entwickelnde Unterscheidungskraft mit der weisen Urteilskraft des Gurus zu vergleichen, denn nur auf diese Weise könnt ihr erkennen, ob ihr recht habt. Wir hängen viel zu sehr an unseren eigenen Vorstellungen. Welche Meinung wir auch vertreten, wir zitieren ausgiebig aus den heiligen Schriften, die unsere Meinung bekräftigen sollen. Doch wenn ihr euren Willen mit dem des Meisters vergleicht und euch von seinem Willen leiten lasst, wisst ihr, ob ihr der Weisheit folgt oder euch von euren Instinkten und eurem früheren Karma leiten lasst.

In den heiligen Schriften steht, dass ihr einen sichtbaren Meister braucht – das bedeutet: einen Meister, der auf Erden gelebt hat. Nur wenn ihr dem Rat eines wahren Gurus folgt, könnt ihr sicher sein, dass euer Handeln euch von eurem Karma befreit. Ein Weiser verlangt keinen persönlichen Gehorsam von euch; doch wenn ihr euch freiwillig seiner Führung anvertraut, wird er euch gewiss die Wahrheit sagen. Er wird euch sagen, was am besten für euch ist. Ganz gleich, wie oft ihr strauchelt oder ihn verlasst, er wird immer euer Bestes im Auge haben und euch das sagen, was wahr ist. Er lässt sich durch nichts bestechen; so war mein Meister. Er war einer der wenigen Menschen, die nicht zögerten, mich auf meine Fehler hinzuweisen. Er pflegte zu sagen: »Da ist die Tür; wenn du willst, kannst du jederzeit gehen.« Viele verließen ihn, ich aber blieb. Ich wusste, dass er nichts von mir verlangte, dass ich aber dieses *Etwas* von ihm wollte, das er besaß. Der Meister hatte mir vorausgesagt, dass seine Disziplin manchmal wehtun werde; wenn ich ihm aber verspräche zu gehorchen, so müsse ich dieses Versprechen auch halten. Und das tat ich. Hier in Amerika wird dem Geistlichen zu verstehen gegeben, dass er die Mitglieder seiner Gemeinde mit Samthandschuhen anfassen müsse. Doch der Meister war streng. Er sagte mir: »Deine Methoden werden viel milder sein als meine, doch meine Art ist nun einmal so. Akzeptiere sie oder nicht.« Ich akzeptierte sie bereitwillig, und dadurch bin ich ein freier Mensch geworden.

Niemand jedoch kann euch befreien, wenn ihr nicht selbst die nötigen Anstrengungen macht. Gott will, dass ihr frei werdet. Er hat euch freien Willen verliehen, sodass ihr zwischen dem Weg der Weisheit und dem Weg des Karmas wählen könnt. Versucht, immer weise zu handeln; und jeden Abend prüft euch ehrlich und stellt fest, ob es euch gelungen ist. Übt euch in Selbstdisziplin. Wenn ihr euch vom Guru führen lasst und seine Ratschläge befolgt und wenn ihr euer Verhalten stets überprüft, werdet ihr plötzlich feststellen, dass ihr frei geworden seid. Dann könnt ihr euch jeden Tag dieser Freiheit erfreuen.

Weisheit zerstört die Wurzeln allen Elends

Stellt euch einmal vor, welche Freiheit ihr fühlt, wenn ihr frei von weltlichen Einflüssen, von den Einflüssen eurer Vergangenheit, eurer Familie, eurer Nachbarn und eurer Gewohnheiten seid! Dann werdet ihr erkennen, dass ihr reiner GEIST seid. Ihr gehört keiner Gruppe, keiner Nationalität, keiner Familie an; und ihr habt keine Gewohnheiten mehr. Das Karma gehört zu der Räuberhöhle, in der karmisch gebundene Leute leben. Sagt euch immer: »Ich und mein Vater sind eins. Ich habe kein Karma. Ich bin frei!«

»O Arjuna, so wie eine angefachte Flamme das Brennholz in Asche verwandelt, so verzehrt das Feuer der Weisheit alles Karma und lässt es zu Asche werden. Wahrhaftig, in dieser Welt ist nichts so heiligend wie die Weisheit. Der Gottsucher, der erfolgreich im Yoga ist, wird dies zu gegebener Zeit spontan in seinem inneren SELBST erkennen.«[5] Wenn ihr die Ursachen des Karmas zerstört, habt ihr damit auch die Wurzeln und die künftige Saat allen Leidens, allen Elends zerstört. Dann seid ihr zu wahren Gottessöhnen geworden; ihr habt zu eurem eigenen, wahren Wesen zurückgefunden. Und dann ist es gleichgültig, was mit dem Körper geschieht. Wer im Meer der Weisheit schwimmt, weiß, dass ihn nichts mehr verletzen kann. Jesus wusste, dass er gekreuzigt würde, doch dieses Wissen berührte ihn nicht. Er baute seinen Körpertempel nach dem Tode wieder auf und bewies damit, dass er frei von Karma war.

Das Karma anzuerkennen bedeutet, sich als sterbliches Wesen zu akzeptieren. Gebt nicht zu, dass ihr hilflose Sterbliche seid, die vom Karma regiert werden. Sagt euch: »Ich bin ein Kind Gottes. Ich gehöre Ihm.« Das ist die Wahrheit. Warum solltet ihr nicht die Wahrheit aussprechen? Sobald ihr diese Wahrheit erkannt habt, ändert sich eure innere Verfassung. Doch wenn ihr meint, Sterbliche zu sein, fesselt ihr euch mit den Ketten der sterblichen Wesen. Ihr seid Kinder Gottes; ihr seid Götter. Wie also könntet ihr vom Karma beeinflusst werden? Weigert euch, an das Karma gebunden zu bleiben; es ist ein alter Aberglaube der Unwissenden, dass ihr euer Schicksal nicht ändern könnt.

Sagt nie, dass ihr Sünder seid. Wie könnt ihr Sünder sein? Gott ist euer Vater. Da Er eine Welt geschaffen hat, in der es so viel Böses gibt, könntet ihr Ihm ja sagen, dass auch Er ein Sünder sei. So spreche ich zu Gott. Man kann Ihm ruhig sagen, was man meint. Aber macht euch klar: Wenn Gott sich abseits von

---

[5] Bhagavad-Gita IV, 37–38.

allem Bösen in Seiner Schöpfung halten kann, so können wir das auch. Wir können ebenso frei sein wie Er. Identifiziert euch nie mehr mit dem Bösen. Ihr mögt Fehler begangen haben, doch die gehören nicht mehr zu euch, sobald ihr sie ablegt. Zerstört euer Karma durch Weisheit. Lebt im Bewusstsein des GEISTES.

Heute sagt ihr euch: »Ich bin GEIST«, und morgen begeht ihr einen Fehler und seid bereit, diese Überzeugung aufzugeben. Akzeptiert eure Schwächen nicht. Jesus hat sogar am Kreuz nicht aufgegeben! Wenn ihr unter größten Qualen und Versuchungen an der Weisheit festhalten könnt, werdet ihr schon im nächsten Augenblick frei sein. Die Weisen halten auch angesichts des Todes an dieser Weisheit fest, doch die Unwissenden fallen in ihre alten menschlichen Gewohnheiten zurück. Wenn ihr aufgebt und meint, euer Fall sei hoffnungslos, hat niemand als ihr selbst euch ein vernichtendes Urteil gesprochen. Ihr selbst habt euer gutes und schlechtes Karma geschaffen; und wenn ihr meint, für euch bestehe keine Hoffnung, dann habt ihr versagt. Doch wenn ihr denkt: »Ich bin frei, ich bin stark; und selbst wenn das schlechte Karma mich ereilt, werde ich nicht aufgeben«, dann wird euer gutes Karma zum Vorschein kommen. Ganz gleich, wie schlecht euer Karma ist, überprüft und beurteilt euer Leben und bemüht euch, eurer Einsicht gemäß das Gute und Richtige zu tun. Dann wird sich euer Karma ändern, und ihr werdet erleben, dass sich euer schlechtes Karma in gutes verwandelt.

Analysiert jeden Abend euren Tag und stellt fest, ob eure Gewohnheiten euch bezwungen haben. Wenn jemand falsch handelt und dann sagt, er könne nicht anders, ist er ein Sklave. Er sollte stattdessen zugeben, dass er Fehler gemacht hat, und sich dann bemühen, es besser zu machen. Und wenn er wieder strauchelt, sollte er sich sagen: »Ich muss mich noch mehr anstrengen!« So überwindet man seine Schwächen. Gebt nie auf. Ihr seid keine Sünder; und wer euch Sünder nennt, der ist selbst ein Sünder.

Der wahre Zweck der Religion

Versteht ihr nun, dass die Kirchen dringend einer Erneuerung bedürfen? Sie erwarten, dass die Menschen einem aus zweiter Hand vermittelten Glauben folgen. Doch die Wahrheit muss *gelebt* werden; man muss sie zu einem Teil seines eigenen Wesens machen. Die Kirchen haben viel Gutes getan, doch sie müssen jeden einzelnen Menschen erneuern. Ein Mond verbreitet mehr Licht als alle Sterne zusammen – und dasselbe trifft auf jeden wahrhaft vergeistigten Menschen zu. Da ich euren Geist auf Gott lenken will, halte ich gesellige Veranstaltungen in unseren Kirchen nur selten ab. Ich spreche mit euch nur über Weisheit. Ich lenke euch nicht vom eigentlichen Zweck der Religion ab, der darin besteht, Gott zu erkennen.

Deshalb errichtet die Self-Realization Fellowship Kirchen aller Religionen,[6] damit alle Menschen fühlen, dass die geistigen Schranken beseitigt sind und dass sie zusammenkommen können, um Gott wahrhaftig zu suchen. Jesus sprach: »Denn wo zwei oder drei versammelt sind in meinem Namen, da bin ich mitten unter ihnen.«[7] Das wichtigste Ziel einer Kirche

---

[6] Paramahansaji plante die Tempel der Self-Realization Fellowship als heilige Stätten, in denen man das Ideal tatsächlicher Verbundenheit mit Gott und allgemeiner geistiger Brüderlichkeit anstrebt. »Die Self-Realization Fellowship«, erklärte der Guru, »bedeutet Gemeinschaft mit Gott durch SELBST-Verwirklichung und Freundschaft mit allen wahrheitsliebenden Seelen.« In seine Anrufungen schloss er nicht nur Gott und die SRF-Gurus ein, sondern auch die »Heiligen aller Religionen«. In diesem Geiste gründete er auch Anfang der 1940er Jahre die Tempel der Self-Realization Fellowship in Hollywood und San Diego; er bezeichnete jeden von ihnen als eine »Kirche aller Religionen«.

Wenn er über die »Einheit aller Religionen« oder die »Vereinigung aller Religionen« sprach, erklärte er, dass er damit nicht meine, man solle verschiedene Glaubensrichtungen und religiöse Praktiken miteinander verschmelzen, sodass ein homogenes Gemisch daraus entsteht, denn das wäre angesichts der weitgehenden kulturellen und psychologischen Unterschiede der menschlichen Rassen höchst unlogisch und unnötig. Jede Ausdrucksform hat ihre bestimmte Bedeutung, und sein Werk der Self-Realization Fellowship bezeichnete er als eine »besondere Mission«. In seinem Buch *Religion als Wissenschaft* (herausgegeben von der Self-Realization Fellowship) spricht er über die wahre, grundlegende Einheit aller Religionen:

»Wenn man unter Religion *in erster Linie* Gottesbewusstsein versteht – die Erkenntnis Gottes im eigenen Innern und in der Außenwelt – und *in zweiter Linie* Glaubensbekenntnisse, Gebote und Dogmen, dann gibt es genau genommen nur eine Religion in der Welt, denn es gibt nur einen Gott. ... Nur wenn man die Religion so versteht, kann sie ihre Universalität bewahren, denn wir können unmöglich bestimmte Bräuche und Gepflogenheiten allgemeingültig machen.«

[7] *Matthäus* 18, 20.

sollte nicht darin bestehen, mehr Gotteshäuser zu bauen und mehr Menschen zu bekehren, sondern ihnen die Erkenntnis Gottes zu vermitteln. Bienenkörbe ohne den Honig der Gottverbundenheit sind wertlos. Jesus warnte, dass »die Blinden keine Blinden führen können«. Wenn ihr Gott noch nicht gefunden habt, könnt ihr Ihn auch anderen nicht vermitteln. Ich sagte meinem Meister, dass ich mich nie vor eine Versammlung stellen und über Gott sprechen würde, bevor er mir nicht das Erlebnis Gottes geschenkt hätte. Das ist das Wichtigste – das persönliche Gotteserlebnis.

Gott hat uns die Mittel gegeben, das Karma zu überwinden: Lasst euch in eurem Handeln von Weisheit leiten, anstatt verschiedenen Einflüssen nachzugeben; übt euch in Selbstdisziplin und folgt der weisen Führung eines wahren Gurus; erwartet euer göttliches Erbteil, da ihr Kinder Gottes seid, die Ihm zum Bilde erschaffen sind; sucht guten Umgang, wie ihr ihn zum Beispiel hier findet, wenn ihr regelmäßig zur Kirche kommt; und übt die Techniken, die euch ein tatsächliches persönliches Gotteserleben schenken werden. »Jetzt sollst du die Weisheit des Yoga erfahren; wenn du dir diese zu eigen machst, o Arjuna, wirst du die Fesseln des Karmas sprengen.«[8]

Wir lehren euch hier, in das Schweigen der Meditation zu tauchen, damit ihr – besonders beim Üben des *Kriya-Yoga* – Gott wahrhaftig erleben könnt. Und deshalb breitet sich die Self-Realization Fellowship in aller Welt aus. Dieser Weg ist von einigen der größten Meister Indiens vorgezeichnet worden, um die Kirchen »Christ-lich« zu machen und um zu zeigen, dass der wahre Zweck der Religion darin besteht, Gott zu erkennen. Jeder von euch muss durch sein vorbildliches Leben zu einem Botschafter dieses Lichtes werden.

---

[8] Bhagavad-Gita II, 39.

Erkennt, dass ihr unsterblich seid wie Christus

Mitte der 1930er Jahre

Im irdischen Lichtspieltheater läuft auf der Leinwand der Zeit der dramatische Film des Lebens ab. Der Kosmische Regisseur hat die vielen abwechslungsreichen Filme aus der Zeit der Antike, des Mittelalters und der Neuzeit auf die Leinwand projiziert. Er dreht Filme über Kriege, Hungersnot, Armut, über Tragödien und Komödien, über Gut und Böse, um das Publikum bis in alle Ewigkeit zu unterhalten. Und weil der Hunger nach Unterhaltung bei den Zuschauern enorm groß ist, bemüht sich der Regisseur, eine große Auswahl an Filmen zu produzieren.

Die Erde ist dazu bestimmt, ein Ort des Frohsinns zu sein, der vorübergehend ein Unterhaltungsprogramm für uns Unsterbliche bietet. Weil wir das aber vergessen und uns mit dem irdischen Drama identifizieren, leiden wir. Wir sollten uns daran erinnern, dass unser wahres Zuhause die Residenz unveränderlicher, ewig neuer, glückseliger, allgegenwärtiger Unsterblichkeit ist.

Unwissende Seelen, die ihr Leben verbummeln und sich von irdischen Wünschen und irdischen Täuschungen berauschen lassen, halten sich gern und lange im irdischen Filmtheater auf, um dort die aufregenden Erlebnisse von Lust und Schmerz, Gesundheit und Krankheit, Leben und Tod auf sich einwirken zu lassen.

Die Schöpfung wurde durch einen wunschlosen Wunsch des GEISTES ins Leben gerufen. Der Herr war ganz allein und hatte niemanden, mit dem er Seine Freude teilen konnte. Deshalb stieg der Wunsch in Ihm auf, Seine Glückseligkeit durch viele andere auszudrücken. Er sandte unsterbliche Wesen auf die Erde – individualisierte Ebenbilder Seiner selbst –, die sich dort das kurze, ewig wechselnde Drama von Leben und Tod anschauen sollten. Doch während die Unsterblichen sich ihrer Individualität erfreuten, gingen sie in die Falle der Dualität. Die göttlichen, unsterblichen Seelen identifizierten sich mit den Charakteren in diesem irdischen Film und verfielen der Krankheit der Täuschung: dem irdischen Bewusstsein der Wechselhaftigkeit.[1]

Ähnlich wie sich ein wohlhabender Prinz für einen armseligen Bettler hielt, als er sich betrunken in den Elendsvierteln herumtrieb, so bilden sich auch die Unsterblichen ein, krank oder gesund, lebendig oder tot, glücklich oder unglücklich zu sein, wenn sie sich in diesem vergänglichen Drama von der Täuschung der Wechselhaftigkeit haben berauschen lassen. Ich würde mich sogar lieber mit meiner Unsterblichkeit langweilen, als von einer unheilbaren Krankheit befallen zu werden und den Alpdruck eines irdischen Traumtods zu erleiden.

Unwissende Unsterbliche, die in einem tragischen Drama auf dieser Erde mitwirken, identifizieren sich mit ihrer vergänglichen Rolle. Sie nehmen diese zu ernst und stöhnen auf, wenn sie jemanden spielen müssen, der in Armut stirbt. Wenn ein Unsterblicher in Ohnmacht fällt und sich einbildet, er

---

[1] Hinweis auf die hinduistische Vorstellung von *Maya*, der kosmischen Täuschung, und *Avidya*, der Unwissenheit. In seiner *Autobiographie eines Yogi* schrieb Paramahansa Yogananda: »Diejenigen, die sich an die kosmische Illusion klammern, müssen sich auch ihrem Grundgesetz, der Polarität, unterwerfen, und das bedeutet: Ebbe und Flut, Aufstieg und Verfall, Tag und Nacht, Lust und Schmerz, Gut und Böse, Geburt und Tod. ... *Maya*, die Illusion, von der die ganze Welt beherrscht wird, äußert sich im Menschen als *Avidya*, wörtlich: ›Nichtwissen‹, d.h. Unwissenheit, Täuschung. *Maya* und *Avidya* können niemals durch den analysierenden Verstand oder durch bloße Überzeugung überwunden werden, sondern einzig und allein dadurch, dass man [durch Yoga-Meditation] den Bewusstseinszustand des *Nirvikalpa-Samadhi* erreicht.«

Bei anderer Gelegenheit sagte er: »Die Seele ist aus der Universalität des Geistes herabgestiegen und hat sich mit den Begrenzungen des Körpers und des Sinnesbewusstseins identifiziert. ... Im Wesentlichen bleibt die Seele unberührt von den Begrenzungen des Körpers und ist unwandelbar. Doch unter dem Einfluss der *Maya* oder der Täuschung identifiziert sie sich subjektiv mit Wechselhaftigkeit und Sterblichkeit, bis sich das Bewusstsein höherentwickelt und im Zustand der Selbst-Verwirklichung seine Unsterblichkeit wiedererlangt.« (Siehe *Maya* im Glossar.)

sterbe an einer Schusswunde, die ja nur eine geträumte Verletzung in einem Traumdrama ist, dann ist er ein Narr. Die verwirrten Unsterblichen fügen sich viele mentale Qualen zu, die völlig unnötig sind.

Es gibt reiche Menschen, die in ihrem Erdentraum an einem Nervenzusammenbruch sterben und denken: »Wenn ich hier auf der Erde nur einen gesunden Körper hätte, dann könnte ich ruhig so arm wie eine Kirchenmaus sein.« Daraufhin reinkarnieren sie sich als gesunde Menschen, die aber kein Geld haben. Dann plagen sie sich immer wieder ab, auf einen grünen Zweig zu kommen; und wenn sie schließlich vor Hunger sterben, denken sie: »Wenn ich nur gesund wäre und viel Geld hätte, wie glücklich wäre ich dann.« Danach werden sie als reiche und gesunde Menschen wieder geboren, aber sie finden kein Glück. Auf ihrem Totenbett denken sie: »Wenn ich nur glücklich sein könnte, dann wäre es mir gleich, ob ich gesund oder reich bin.« Und wenn sie das nächste Mal auf die Erde zurückkommen, sind sie sehr glücklich, aber weder gesund noch reich; doch bald merken sie, wie sehr sie beides entbehren – und so drehen sie sich ständig im Kreis.

Auf diese Weise strafen sich unsterbliche Seelen ständig, weil sie auf dieser Erde nie vollkommene Befriedigung finden. Es ist äußerst töricht, am Ende dieses irdischen Filmes, den man angeschaut oder in dem man mitgespielt hat, an gebrochenem Herzen zu sterben und mit unerfüllten Wünschen ins Grab zu sinken; denn dieses irdische Drama kann uns nie das vollkommene Glück des GEISTES verschaffen.

Einige Menschen sterben, während sie sich nach vollkommener menschlicher Liebe sehnen. Andere sterben, während sie davon träumen, dass ihnen Ruhm und Reichtum vollkommenes Glück bringen. Aber sie alle irren, denn selbst wenn sie das ganze Erdreich besäßen und von allen Menschen angebetet würden, so ist das – verglichen mit dem, was sie als abtrünnige Sterbliche verloren haben – sehr wenig. Sobald man in die Allgegenwart eingeht, gehört einem der ganze Kosmos mit all seiner himmlischen Unterhaltung und seiner ewig neuen Unsterblichkeit. Damit verglichen bedeutete es nichts, wenn ihr die ganze Erde besäßet; denn dies brächte viel Leid mit sich, und im Tode würde der täuschende Gedanke, dass euch alles wieder verloren geht, der Seele große Qualen bereiten.

Kein Mensch ist wirklich im Besitz irgendwelcher materiellen Dinge, denn im Tode werden ihm diese alle wieder genommen und gehen in andere Hände über. Wir dürfen die Dinge dieser Welt nur benutzen. Deshalb ist es töricht, vom eigenen materiellen Besitz besessen zu sein. Betet lediglich darum, dass euch das gegeben wird, was ihr braucht, und dass ihr die Kraft habt, euch diese Dinge willentlich zu beschaffen.

Weil der Tod uns zwingt, alles aufzugeben, stirbt selbst ein Millionär in Armut. Es ist besser, so zu sein wie Jesus: Vom materiellen Standpunkt aus war er arm, aber da er von Gott erfüllt war, war er reich. Auch wenn er nichts Materielles besaß, so hatte er durch Gott dennoch alles, sogar nach seinem Tode. Weltlich gesinnte reiche Menschen haben in diesem Leben alles und im Jenseits nichts mehr.

Ganz gleich, wer ihr seid oder in welcher Lage ihr euch befindet, denkt nie, dass eure Sorgen die schlimmsten in der Welt sind. Auch wenn ihr eine Rolle spielen müsst, die mit Armut und Krankheit beladen ist – es gibt andere Menschen, deren Rollen noch viel schlimmer sind als eure. Ob ihr in diesem Erdenleben ein Millionär oder ein Bettler seid, ist dasselbe, *wenn ihr das nur wirklich begreift*. Wenn ihr euch als Schauspieler in diesem irdischen Filmtheater betrachtet, dann müsst ihr nur daran denken, eure kleine oder große Rolle freudig und gut zu spielen. Das ist alles.

Während ihr eure angenehme oder unangenehme Rolle spielt, wünscht euch nicht, die Rolle eines anderen zu übernehmen. Erfüllt die euch übertragene Aufgabe, denn sonst werdet ihr bis in alle Ewigkeit unvollkommene menschliche Rollen spielen und je nach euren wechselhaften Wünschen von einer zur anderen springen. Lasst euch nicht in diese Falle locken. Die einzige Methode, den enttäuschenden Irrlichtern des Besitzes, des Ruhmes und der irdischen Freuden zu entrinnen, besteht darin, es nicht zu bedauern, wenn euch verwehrt wird, was ihr euch wünscht. Ihr wendet natürlich ein: »Unsere Wünsche werden von unseren Bedürfnissen verursacht. Wir wünschen uns Nahrung, weil uns der Hunger eingepflanzt wurde.« Das stimmt; doch ich spreche von einer größeren Freiheit des

Geistes und der Seele. Wenn ihr die erlangt habt, können euch weder zerrissene Kleider noch der Hungertod innerlich im Geringsten unglücklich machen.

Wenn ihr das alles erfüllende Gottesbewusstsein besitzt, dann habt ihr alles – auch wenn euch keine materiellen Dinge gehören. Menschen, die tatsächlich mit Gott in Verbindung stehen, fühlen sich nie arm oder übergangen; auch halten sie die Reichen nicht für glücklicher als sich selbst. Es ist eher so, dass ein Mensch, der von der Freude Gottes berauscht ist, alle anderen bedauert.

Als Jesus sprach: »Die Füchse haben Gruben, und die Vögel unter dem Himmel haben Nester; aber des Menschen Sohn hat nicht, da er sein Haupt hinlege«,[2] beklagte er nicht etwa seine Armut, sondern wies darauf hin, dass er im Besitz des Kosmos war – eins mit der Allgegenwart – und nicht auf einen kleinen Ort beschränkt sein konnte wie die meisten Erdenmenschen.

Jesus besaß kein Bankkonto; er riet den Menschen auch nicht, sich zuerst um Wohlstand zu bemühen, wie es einige neuzeitliche religiöse Organisationen tun. Diese lehren ihre Mitglieder, zu Gott zu beten oder sich in Schweigen zu üben, während ihre ganze Aufmerksamkeit auf die Erfüllung ihrer materiellen Wünsche gerichtet ist. Jesus warnte: »Nach solchem allen trachten die Heiden [die materiell gesinnten, kurzsichtigen Menschen] ... Trachtet am ersten nach dem Reich Gottes ... so wird euch solches [Wohlstand, Weisheit, Glück, Reichtum] alles zufallen« – ohne dass ihr darum zu beten braucht.

Wer Gott gefunden hat, dem gehört der ganze Kosmos und damit auch alles, was in ihm enthalten ist. Jesus hatte voll und ganz erkannt, dass er eins mit dem Vater war. Deshalb konnte er vieles tun, was den in der Täuschung lebenden Sterblichen nicht möglich ist. Er erweckte Tote zum Leben. Er ließ seinen verstümmelten Körper auferstehen. Vergleicht einmal einen Millionär auf seinem Totenbett, der gezwungen ist, sein Heim und seinen Reichtum bis auf den letzten Pfennig aufzugeben, mit Jesus Christus nach seinem Tode; ihm gehörte das Reich der Allgegenwart. Wünscht euch deshalb nicht, Millionäre zu

---

[2] *Lukas* 9, 58.

sein; materiellen Wünschen nachzuhängen ist Zeitvergeudung. Wünscht euch lieber, so zu sein wie Christus, und bemüht euch auch darum. Nützt eure Zeit, indem ihr täglich meditiert – immer länger und immer tiefer; das ist der schnellste Weg, ein Christus zu werden.

Und was hat es schon zu sagen, wenn ihr Millionäre werdet? Ihr würdet dann auch weiterhin noch mehr verlangen; und während ihr eine weitere Million zu erobern versucht, sterbt ihr vielleicht an einem Herzinfarkt. Sich in der Meditation um Verbindung mit Gott zu bemühen, ist reine Freude. Wenn ihr meditiert, werdet ihr glücklich; und ihr werdet noch glücklicher, wenn ihr durch Meditation das Ende des Weges erreicht und Gott begegnet – dem König ewig neuer Freude.

Erinnert euch während eurer Erdenreise immer daran, dass ihr nur Filmschauspieler seid. Euch werden vielleicht alle möglichen Rollen zugeteilt – traurige und heitere. Ihr müsst sie gut spielen; und wenn ihr einen tragischen Charakter dargestellt habt, sagt euch: »Das war ein ausgezeichneter, trauriger Film, und ich habe meine Rolle gut gespielt.« Und wenn ihr schließlich sagen könnt: »Herr, ich habe meine Rollen von Geburt und Tod gut gespielt; ich habe alle traurigen und heiteren Rollen gut gespielt, und diese Rollen haben mir größte Zufriedenheit und Freude gebracht; und o Herr, Deine großartigen irdischen Filme haben mich wunderbar unterhalten; dennoch habe ich kein Bedürfnis mehr, weitere Rollen zu übernehmen«, dann wird Er vielleicht entgegnen: »Nun gut, du sollst von jetzt an nicht mehr zum Ensemble der irdischen Schauspieler gehören. Kehre in Mein Heim der Ewigkeit zurück – in Mein Heim ewig neuer Freude.«

Gott sagt jedem verirrten Unsterblichen: »Mein Sohn, wisse, dass du ewig Mein Kind bist, ob gut oder böse, ob auf Erden oder im Himmel. Doch wenn du vergisst, dass du in Meinem Reich zu Hause bist und dich in Meine irdischen Dramen verwickeln lässt, machst du dich unglücklich. Sobald du erkennst, dass du ein Unsterblicher bist – Mein glückseliges Ebenbild –, kannst du auf Erden bleiben und dich mit der Einstellung eines Unsterblichen an den irdischen Dramen freuen; oder du kannst in Mein Heim kommen und die ewig abwechslungsreiche, ewig neue, freudige Inspiration Meines ewig glückseligen Wesens genießen.«

Löst euch jetzt von allen Wünschen, an denen ihr hängt, aber erfüllt eure irdischen Pflichten mit wachsendem Ehrgeiz, um Gott Freude zu bereiten und andere glücklich zu machen. Wenn sich dann eines Tages das Tor des Todes öffnet, wird euer Geist jauchzen und tanzen und rufen: »Jetzt endlich kann ich durch dieses Tor in meine Heimat eilen – die Unvergängliche Glückseligkeit.« Durchkreuzt jeden feindseligen Versuch, mit dem eure Anhänglichkeit euch an diese Erde binden will; aller Fesseln ledig, eilt unmittelbar zu Gott – in eure wahre Heimat.

Ihr werdet aller Dinge bald überdrüssig, wenn ihr sie erhalten habt. Und am schnellsten werdet ihr ihrer müde, wenn euch jeder irdische Wunsch erfüllt wird. Doch es gibt etwas, dessen ihr nie überdrüssig werdet, weder jetzt noch in alle Ewigkeit, und das ist die ewig neue Freude, die euch durch wahre Gottverbundenheit zuteil wird. Eine Freude, die sich immer gleich bleibt, mag langweilig werden; doch die Freude Gottes, die ewig neu und ohne Ende ist, wird euch in alle Ewigkeit beglücken. Eine solche Freude findet man nur in tiefer Meditation.

Die in der Täuschung lebenden Unsterblichen wandern durch die Korridore vieler Inkarnationen – sie steigen auf, fallen nieder, hoffen, freuen sich und weinen. Die Natur bietet den Menschen, die nach spannender Unterhaltung verlangen, ein buntes Gemisch aus Lust und Leid. Christusähnliche Seelen aber konzentrieren sich auf die ewig neue, ewig währende, unveränderliche Freude in allen Dingen – in Gott.

Christus, der eins ist mit Gottes allgegenwärtigem Bewusstsein, weht im Wind, lacht in den Bächlein, funkelt in den Sternen, errötet im Sonnenuntergang und lächelt in den Blüten, deren Duft seine Nähe verraten. Christus tanzt auf den Wellen menschlicher Gefühle und Gedanken dahin. Christus ist die Freude in allen Herzen und allen Dingen. Wer die Augen seiner Weisheit geschlossen hält, sieht nur die Dunkelheit des Leidens, des Todes, der Krankheit, des Schmerzes und der vergänglichen Vergnügen. Christus indessen sieht mit offenen Augen nichts als Licht, Freude und Schönheit; und er betet darum, dass auch alle Seelen auf Erden dies erleben mögen, wenn sie die allsehenden Augen der Weisheit durch ihre Hingabe öffnen und wieder zum Bewusstsein ihrer glückseligen Unsterblichkeit erwachen.

Verstärkt euren Magnetismus

*Erster Tempel der Self-Realization Fellowship,
Encinitas, Kalifornien, 28. Juli 1940*

Die Welt der Gedanken ist grenzenlos. Ganz gleich, welchen Wissenszweig ihr euch wählt, sobald ihr euch auf ein bestimmtes Thema konzentriert, können eure Gedanken diese Richtung bis ins Unendliche verfolgen. Die Weisheits- oder Informationsquelle, aus der ihr schöpfen könnt, versiegt nie. Wisst ihr eigentlich, dass jeder von euch das, was ich sage, etwas anders interpretiert? Der Denkvorgang eines jeden Menschen unterscheidet sich von demjenigen aller anderen Menschen. Worin besteht nun dieser Denkvorgang?

Nehmen wir einmal an, jemand kneift euch. Zuerst habt ihr eine körperliche Empfindung. Aus dem Reiz der Empfindung entsteht eine Wahrnehmung. Sobald ihr die Empfindung wahrgenommen habt, steigt in eurem Geist der Gedanke auf: »Jemand hat mich gekniffen.« Das ist der Vorgang der Begriffsbildung. Der Ablauf, der von der Empfindung über die Wahrnehmung zum Begreifen führt, ist eine individuelle Reaktion. Da das innere Wesen und Erleben jedes Menschen einzigartig ist, werden auch alle seine Reaktionen auf ein bestimmtes Erlebnis von denjenigen irgendeines anderen Menschen verschieden sein. Diese Gesamtheit all dessen, was ihr innerlich seid – eure Gedanken, Gefühle, Reaktionen, Beweggründe – entscheidet über die Beschaffenheit eures Magnetismus, eurer Anziehungskraft.

Magnetismus ist die größte Kraft, durch die ihr Freunde und das Wohlwollen anderer gewinnen könnt. Wir alle möchten wahrgenommen werden; keiner will übergangen oder vergessen werden. Selbst ein Kind spielt sich absichtlich auf, um die Aufmerksamkeit auf sich zu lenken. Wir möchten auch, dass man gut von uns denkt und dass andere uns mögen. Doch wie viele von uns bringen anderen das Verständnis und die

Rücksichtnahme entgegen, die wir zu verdienen meinen? Für unsere eigenen Schwächen haben wir sehr großes Mitgefühl und Verständnis, jedoch sind wir nur allzu schnell bereit, andere zu kritisieren und zu verurteilen, wenn sie einen Fehler begehen. Bringen wir es fertig, uns vor andere hinzustellen und ihnen über all die Fehler zu berichten, die wir seit unserer Kindheit begangen haben? Sicher nicht. Doch bevor wir nicht gelernt haben, uns gut zu betragen, können wir auch andere nicht lehren, sich richtig zu verhalten – noch haben wir das Recht, ihre Schwächen nicht zu tolerieren. Die Welt ist voll von Menschen, die andere verändern wollen, aber nicht sich selbst. Wir müssen uns jedoch selbst kritisch und konstruktiv unter die Lupe nehmen, sonst bleiben wir Jahr für Jahr dieselben. Wichtig ist unsere eigene Wandlung zum Besseren: Wenn wir uns selbst gebessert haben, werden wir Tausenden durch unser Beispiel helfen können. Beispiele sprechen lauter als Worte.

Beginnt damit, euch allen Menschen gegenüber freundlich zu verhalten

Wie kann man zu einem König der Herzen werden, der von allen geliebt wird? Ihr müsst mehr wie die Heiligen werden, damit ihr wie ein wahrer König den Thron der Liebe in den Herzen anderer einnehmen könnt. Beginnt damit, dass ihr euch anderen gegenüber stets freundlich zeigt. Unfreundlichkeit ist eine geistige Krankheit. Wenn ihr lieblos seid und handelt, macht ihr euch unglücklich und schädigt euer Nervensystem. Verhalten sich andere unfreundlich gegen euch, sollte euch das umso mehr anspornen, selbst freundlich zu sein. Ich übe mich jederzeit darin. Ganz gleich, wie sehr mich andere verletzen, sie können mich nicht dazu bewegen, boshaft zu reagieren. Je unfreundlicher sich die Menschen mir gegenüber verhalten, umso mehr Verständnis schenke ich ihnen. Doch wenn ich jemandem, der sich meiner Schulung anvertraut hat, eine wichtige Lehre erteilen will, kann ich manchmal sehr streng sprechen. Aber ich bin nie ärgerlich oder unfreundlich. Diejenigen unter euch, die auf diese Weise von mir diszipliniert worden sind, haben erlebt, dass ich auf dem Höhepunkt meiner Strafpredigt zwar äußerst ungehalten scheine, aber dann meine scharfe

Redeweise sofort aufgeben und außerordentlich sanft sprechen kann. Solche Selbstbeherrschung verleiht uns gewaltige Kraft. Lasst eure Stimme nie hart klingen, weil ihr ärgerlich werdet oder euch jemandem gegenüber rachsüchtig fühlt. Tut es der Blume gleich und streut Blütenblätter der Liebenswürdigkeit über bösgesinnte Menschen aus, die euch reizen oder angreifen. Durch Selbstbeherrschung und richtiges Betragen werdet ihr schließlich erkennen, dass ihr ein Teil des Ewigen Guten seid; ihr habt keinen Anteil mehr am falschen Verhalten der Menschen.

Das innere Selbst muss entwickelt werden

Um wirklich anziehend zu sein, müsst ihr sowohl geistig und seelisch als auch körperlich anziehend sein. Die jetzige Generation verbindet mit Anziehungskraft die Vorstellung von modischer Kleidung und Schönheitspflege. Doch Schönheit muss über das Äußerliche hinausgehen. Ihr könnt euch den stattlichsten Mann und die allerschönste Frau der Welt ansehen und dennoch hinter ihrem anziehenden Äußeren viel verborgene Hässlichkeit entdecken. Sie gleichen den prachtvollen Sarkophagen in den Gräbern der alten Ägypter. Wie wunderschön und vollkommen die gemeißelten Bildnisse aussehen! Doch sobald ihr den Sargdeckel hochhebt, findet ihr nichts Schönes mehr an der leblosen Gestalt. Wenn die spirituellen Eigenschaften, die unser wahres seelisches Wesen ausmachen, brach liegen, dann ist ein anziehender physischer Körper kaum mehr als ein Sarg, der ein verkümmertes Bewusstsein beherbergt.

Natürlich ist es gut, dass eine angenehme körperliche Erscheinung unsere unansehnlichen Knochen, Sehnen und inneren Organe verbirgt. Warum aber sollten wir Jahr für Jahr vor allem damit beschäftigt sein, nur die äußere Form zu schmücken? In Amerika scheinen sich die Leute besonders darauf zu konzentrieren, ihr äußeres Erscheinungsbild in einem guten Zustand zu erhalten, um ihr Alter zu verbergen. Ich habe viele gesehen, die aussahen, als wären sie vierzig, in Wirklichkeit aber sechzig Jahre alt waren. Das ist auch ganz in Ordnung. Warum solltet ihr den Körper nicht in gutem Zustand erhalten und anziehend machen? Ihr könnt aus eurem Körper machen, was immer ihr wollt. Warum also nachlässig sein und ihn »auf den Hund kommen« lassen, wie man so sagt? Achtet auf euer Gewicht. Wenn euer Körper unproportioniert ist, dann liegt es meist daran, dass ihr zu träge seid oder zu viel esst. Einen Tag lang halten manche Leute eine Diät ein oder fasten, am nächsten Tag holen sie das Versäumte aber mehr als nach. Verschafft euch stattdessen viel körperliche Bewegung und achtet mehr darauf, *was* ihr esst.

Doch weil es unendlich viele Möglichkeiten im Leben gibt – es gibt so viel zu lernen und zu tun –, werdet ihr keine Zeit haben, etwas für euer inneres Selbst zu tun, wenn ihr euch hauptsächlich darauf konzentriert, eure körperliche Erscheinung zu verbessern. Sich lange vor dem Spiegel zurechtzumachen – sich zu schminken und die Haare zu färben –, mag jemandem höheres Ansehen im Berufs- oder Privatleben bringen, und dagegen ist nichts einzuwenden; aber auf diese Weise werdet ihr eure innere Persönlichkeit, euer inneres Selbst, nicht weiterentwickeln. Damit möchte ich sagen, dass ihr auch eurem inneren Selbst etwas Zeit schenken müsst.

Im Orient konzentriert man sich mehr auf die innere Anziehungskraft, und im Westen wird eine äußerlich anziehende Erscheinung mehr betont. Beides miteinander zu verbinden ist notwendig. Ich würde lieber geistig anziehend sein als körperlich. Doch wenn ich beides sein kann – umso besser. Wir sollten lernen, unser äußeres Leben zu vereinfachen und uns Zeit zu nehmen, unser inneres Selbst zu veredeln. Auf diese Weise entwickelt man echten Magnetismus.

Wenn ihr einem Menschen zum ersten Mal begegnet, kann es sein, dass er euch nicht sehr attraktiv erscheint; doch später stellt ihr fest, dass sein inneres Wesen höchst anziehend und magnetisch ist. Ein solcher Mensch war Sokrates und auch Lincoln. Sie besaßen dank ihrer wunderbaren inneren Eigenschaften einen derartigen Magnetismus, dass andere sich zu ihnen hingezogen fühlten. Wenn ihr diese Art von göttlicher Anziehungskraft besitzt, ist die äußere Erscheinung weniger wichtig.

Eure körperliche Erscheinung, vor allem die Augen, offenbart mehr oder weniger, was ihr in früheren Leben gewesen seid – so tief prägt das innere Wesen die äußere Gestalt. Von allen körperlichen Merkmalen sagen die Augen am allermeisten aus. Ihr solltet euch um schöne Augen bemühen. Und wie? Die Augen spiegeln deutlich wider, was ihr innerlich seid. Es gibt also nur eine Methode, die das Leben und den Ausdruck der Augen verschönern kann: die Gedanken und Gefühle immer mehr zu veredeln.

Es gibt Augen, die ganz grausam dreinblicken – andere haben einen niederträchtigen oder selbstsüchtigen Ausdruck. Wie liebenswürdig die Worte oder Handlungen eines solchen Menschen auch sein mögen, an dem Ausdruck seiner Augen könnt ihr erkennen, wie er wirklich ist. Hinter diesen offenen Fenstern kann er sich nicht verbergen. Denkt also gute Gedanken, konstruktive Gedanken. Als bevorzugte Wesen seid ihr Gott zum Bilde geschaffen und habt nicht das Recht, euer inneres Leben zu verunstalten.

Eure Augen sollten friedlich und ruhig sein, von Kraft und göttlicher Liebe erfüllt; und das erreicht ihr, wenn ihr euch diese Tugenden aneignet. Nur auf diese Weise könnt ihr innerlich so anziehend werden, dass eine unvollkommene äußere Erscheinung gar keine Rolle mehr spielt.

Verwandelt eure Prüfungen in triumphale Siege

Es ist nie zu spät, sich zu vervollkommnen. Achtet auf eure Gedanken, Gefühle und Handlungen und leitet sie richtig. Fragt euch am Ende eines jeden Tages: Wie habe ich heute gelebt? Richtig zu leben bedeutet, sich ständig um Vervollkommnung zu bemühen – körperlich, geistig, moralisch und spirituell. Wer in seiner Entwicklung nicht stagniert, sondern sich laufend zu verbessern sucht – Tag für Tag und Jahr für Jahr –, entwickelt Magnetismus.

Nutzt jede Prüfung, die auf euch zukommt, als eine Gelegenheit, euch selbst zu vervollkommnen. Wenn ihr euch Schwierigkeiten und Prüfungen gegenüberseht, lehnt ihr euch meistens gegen sie auf: »Warum muss gerade mir das passieren?« Stattdessen solltet ihr jede Prüfung als eine Spitzhacke ansehen, mit der ihr im Boden eures Bewusstseins graben und den in eurem Innern verborgenen Quell geistiger Kraft zum Sprudeln bringen könnt. Jede Prüfung sollte die in euch verborgene Kraft zum Vorschein bringen, denn ihr seid Kinder

Gottes, Ihm zum Bilde erschaffen. Unsere Prüfungen sind nicht dazu da, uns zu zerstören. Nur Feiglinge und diejenigen, die daran zweifeln, dass sie vollkommene Ebenbilder Gottes sind, werden rebellisch und kapitulieren vor ihren Prüfungen, als wären diese unüberwindbare zerstörerische Mächte. Wenn ihr eure Prüfungen in dieser Weise anseht, werdet ihr eurem Potenzial als menschliche Wesen nicht gerecht. Die richtige Haltung ist, jede Prüfung als Ansporn zu nehmen, damit ihr euer inneres Selbst festigt. Ringt ein Ringkämpfer nicht mit stärkeren Gegnern, wird er selbst nie stärker werden. Wenn ihr deshalb all euren Schwierigkeiten tapfer und geistig gewappnet entgegentretet, werdet ihr stärker und widerstandsfähiger. Indem ihr aus euren Prüfungen siegreich hervorgeht, erweckt ihr das vergessene Ebenbild Gottes in euch und werdet euch wieder eurer Einheit mit dem Vater bewusst. Wir müssen also daran denken, die uns von Gott verliehene Kraft zu gebrauchen, um unsere Prüfungen siegreich zu bestehen und dadurch unser inneres Leben zu festigen. Diese innere göttliche Kraft ist der Quell unseres Magnetismus.

Die Bedeutung guten Umgangs und tiefer Aufmerksamkeit

Was euren Magnetismus außerdem noch verstärkt, ist tiefe Aufmerksamkeit: durch diese Kraft könnt ihr den Magnetismus anderer Menschen anziehen. Lernt, eure ganze Aufmerksamkeit auf das zu richten, was ihr gerade tut. Wenn ihr mit jemandem zusammenkommt, seid gute Zuhörer. Stellt euch mit Hilfe eurer Aufmerksamkeit auf solche Menschen ein, welche diejenigen anziehenden Eigenschaften besitzen, die ihr entwickeln wollt. Wenn ihr an Kraft zunehmen wollt, gesellt euch zu solchen, die stark sind. Wenn ihr kaufmännische Fähigkeiten entwickeln wollt, pflegt Umgang mit Geschäftsleuten. Wenn ihr machtvollen göttlichen Magnetismus erlangen wollt, sucht Menschen auf, die Gott lieben. So werdet ihr viel schneller vorankommen, als wenn ihr nur Bücher über diese Themen lest.

Heilige und andere Menschen, die in dieser Welt viel erreichen, verfügten immer über großen Magnetismus. Wenn ihr euch tief auf bedeutende Menschen konzentriert, könnt ihr deren Schwingungen empfangen. Gewöhnlich erlangen wir unser Wissen durch unseren Gesichts- und Gehörsinn: indem wir

Bücher lesen oder uns Vorträge anhören. Doch noch wirksamer ist der direkte Kontakt mit einem weisen Menschen. Durch solchen Umgang eignet ihr euch ein bestimmtes Wissen viel schneller an. Auch wenn diese große Seele zehntausend Meilen entfernt von euch lebt – wenn ihr an sie denkt und euch aufmerksam auf sie konzentriert, könnt ihr ihre Schwingungen empfangen. Was ihr dadurch erhaltet, geht über bloße Worte hinaus: Ihr könnt den Magnetismus eines anderen durch den geistigen Draht der Gedanken empfangen.

Krishna, Buddha und Jesus – diese großen Seelen besaßen höchsten geistigen Magnetismus. Immer wenn ich ein Bildnis dieser großen Meister betrachte oder an sie denke, empfange ich ihre Schwingungen. Wenn ich mich mit Jesus in Verbindung setze, fühle ich Gott als den Vater. Wenn ich an Ramprasad[1] denke, fühle ich die Schwingung Gottes als die Mutter. Eine solche Verbundenheit mit göttlichen Seelen erlangt man nicht, wenn man lediglich einige Augenblicke an sie denkt. Nur wenn man Tag für Tag über einen großen Heiligen meditiert, wird man allmählich seine geistigen Schwingungen empfangen.

Es ist auch von großem Wert, Orte aufzusuchen, an denen Heilige gelebt haben. Assisi, der Aufenthaltsort des heiligen Franziskus; Bodh Gaya, wo Buddha Erleuchtung erlangte; Jerusalem, wo Jesus predigte – solche Orte sind auf immer von den Schwingungen der göttlichen Seelen durchdrungen, die dort gelebt haben. Ihre Schwingungen werden erhalten bleiben, bis diese Erde sich auflöst. Überall dort, wo Seelen Gott erlebt haben, werdet ihr euch besser mit Ihm in Verbindung setzen können und leichter Antwort von Ihm erhalten. Oftmals hat eine solche Pilgerfahrt das Leben eines Menschen völlig verwandelt.

Man kann sich mit einem erleuchteten Weisen in Verbindung setzen, indem man ihn persönlich aufsucht oder indem man tief über ihn meditiert. Wichtig ist vor allem, dass ihr euer Bewusstsein auf ihn einstellt. Wenn ihr euch im Einklang mit einer großen Seele befindet, die Gott liebt, wird diese innere Einstellung allmählich euer Leben auf wunderbare Weise

---

[1] Ramprasad (1718–1775) war ein Heiliger aus Bengalen, der viele Loblieder auf Kali – eine Ausdrucksform der Göttlichen Mutter – verfasste.

verwandeln. Euer Wille wird dadurch nicht versklavt, sondern er erweitert sich. Das ist der Unterschied zwischen der inneren Ausrichtung auf einen egozentrischen Menschen und dem Einklang mit einem wahren Guru. Der Magnetismus einer erleuchteten Seele verbindet euch mit dem Magnetismus Gottes.

Gott ist die höchste magnetische Kraft

Jesus sprach: »Trachtet am ersten nach dem Reich Gottes ..., so wird euch solches alles zufallen.« Gott ist die Höchste Kraft hinter allen anderen Kräften, die Höchste Liebe hinter jeder Art von Liebe, der Höchste Künstler hinter aller Kunst. Richtet ihr euren Geist auf Gott, die Höchste Magnetische Kraft, ladet ihr euch mit göttlichem Magnetismus auf und könnt alles Gewünschte anziehen. Wenn ihr euch in tiefer Meditation in Gott versenkt, wenn ihr Ihn von ganzem Herzen liebt und wenn Seine Gegenwart euch mit großem Frieden erfüllt, sodass ihr euch nichts anderes mehr wünscht, wird der göttliche Magnetismus all eure Wunschträume erfüllen – und noch viel mehr. Auf allen Gebieten meines Lebens habe ich diese Wahrheit beweisen können: Wenn ihr Gott um Seiner selbst willen liebt – nicht wegen Seiner Gaben – und wenn Sein göttlicher Magnetismus euch ganz und gar durchdrungen hat, fließt Seine Kraft von eurem eigenen Herzen und Geist nach außen, sodass ihr die Erfüllung auch des kleinsten in euch aufsteigenden Wunsches anzieht. Wenn ihr Gott bedingungslos liebt, gibt er anderen Menschen bestimmte Gedanken ein, und diese werden dann zu Werkzeugen, die selbst eure unausgesprochenen Wünsche erfüllen.

Göttlicher Magnetismus also ist das, was ihr entwickeln wollt. Er kann alles zu euch herbeiziehen. Wünscht euch immer nur das, was gut, edel und rein ist. Dann werdet ihr zu einem göttlichen Menschen, der von Gottes Magnetismus erfüllt ist und alles anziehen kann, was er sich wünscht.

Meditiert tief und sendet Gott aus tiefster Seele diesen Ruf: »Herr, Du musst in meinen Körpertempel kommen. Ob er von Krankheit, Alter oder anderen Mängeln heimgesucht wird, spielt keine Rolle. In welchem Zustand mein Tempel sich auch befinden mag, ich bin sicher, dass Du ihn betreten wirst, sobald

Du weißt, dass ich Dich wahrhaft liebe, und sobald ich weiß, dass Du mich liebst.«

Wenn diese Erkenntnis in euch aufsteigt, dann bedeutet euch der Körper, an dem ihr so gehangen habt, nicht mehr viel – ihr schenkt eurem inneren Leben größere Bedeutung als der Verfolgung unwichtiger materieller Ziele. Der göttliche Mensch, der Gott mehr liebt als sein Ich, stellt fest, dass die Anziehungskraft in seinem Innern Gott selbst ist; dann hängt er nicht mehr an seinem grobstofflichen Körper. »O Herr, ob mein Körper auf Erden wandelt und Deinen Namen singt oder im Meer des Todes schläft, ich bin immer bei Dir. Leben und Tod mögen mir ihre Lieder singen, doch ich bin eins mit dem Lied der Ewigkeit. Ich kann nicht sterben, denn ich bin der Atem des Ewigen Lebens.«

Jetzt wollen wir zusammen beten: »Vater, ich habe alle negativen Gedanken abgeworfen. Ich lag in den eisernen Ketten des Materialismus gefangen, doch Deine magnetische Gegenwart hat mich verändert; ich weiß, dass ich Dir zum Bilde geschaffen bin. Ich bin ein göttlicher Magnet. Dein magnetischer Strom fließt durch meine Hände; der Magnetismus Deiner Weisheit fließt durch mein Gehirn; der Magnetismus Deiner Liebe fließt durch mein Herz; und der Magnetismus Deiner Freude fließt durch meine Seele. OM, Frieden, Amen.«

Wie ihr eure nächste Inkarnation vorbereitet

*Tempel der Self-Realization Fellowship, San Diego,
11. Juni 1944*

Heute sprechen wir über ein Thema, das euch helfen soll, zu verstehen, warum ihr hier auf der Erde seid. Das wird euch weitere unfreiwillige Inkarnationen ersparen. Die Wiedergeburt wird uns nicht aufgezwungen, es sei denn, wir geben Anlass dazu.

Das Leben ist eine langwierige Schulung. Überall gibt es etwas zu lernen. Doch genauso wie unartige Buben in der Schule Unfug stiften, andere Kinder abzulenken versuchen, nicht auf den Lehrer hören und dann nicht versetzt werden und die Klasse wiederholen müssen, so ist es auch mit den meisten Menschen. Sie gleichen »bösen Buben« in der Schule des Lebens, die ständig in Schwierigkeiten geraten, weil sie nicht auf den Lehrer hören. Das Leben lehrt euch ständig etwas, und wenn ihr nicht gut aufpasst, seid ihr schlechte Schüler. Denkt einmal hierüber nach, denn das ist, kurz gesagt, worüber ich zu euch sprechen will.

»Böse Buben«, die ihre Prüfungen nicht bestehen, müssen immer wieder beschämt in dieselbe Klasse zurückkehren und sich mit den gleichen Lektionen auseinandersetzen. Gute Schüler jedoch wachsen zu weisen Menschen heran. Christus, Krishna, Buddha und alle Erleuchteten haben ihre Schulung beendet, ihr Examen mit Auszeichnung bestanden und sind zu Gott zurückgekehrt. Sie brauchen diese Schule des Lebens nicht mehr zu besuchen, es sei denn, sie tun dies freiwillig als Lehrer und »Erlöser«, um anderen zu helfen.

Reinkarnation bedeutet, dass ihr eure Schulausbildung noch nicht beendet habt. Ihr müsst erst alle Klassen körperlicher, geistiger und seelischer Entfaltung durchlaufen, bevor ihr das Diplom der Vollkommenheit und Freiheit erhaltet. Wo liegt der Grund für euren Misserfolg?

Wir müssen verstehen, warum wir hier sind

Anfänglich wissen wir gar nicht, warum wir überhaupt hier sind. Die meisten Leute denken, dass das Leben nur daraus bestehe, sich alles Nötige und Wünschenswerte zu beschaffen, sich zu vergnügen, sich um menschliche Liebe zu bemühen und schließlich ins Grab zu sinken. Die Menschen kommen schon vorprogrammiert ins Leben – mit bestimmten Neigungen und unerfüllten Wünschen von früher. Mit dem kleinen Rest ihres freien Willens ahmen sie dann die Wünsche und Handlungen der anderen nach. Wenn sie mit Geschäftsleuten zusammenkommen, wollen sie so werden wie diese. Wenn sie in Gesellschaft von Künstlern sind, bedeutet ihnen die Kunst alles. Gott wollte, dass wir in dieser Welt praktisch handeln – Er hat uns zum Beispiel den Hunger gegeben, der gestillt werden muss. Doch wenn wir uns nur um Nahrung und Unterkunft, um Geld und Besitz kümmern, vergessen wir die wahre Quelle des Glücks. Beschafft euch das, was ihr braucht, verfolgt lohnenswerte Ziele im Leben, aber gebt euch vor allem Gott anheim. Dann steht eure Schulung unter Seiner weisen und liebevollen Führung. Er kennt all euer angehäuftes Karma und weiß, was am besten für euch ist. Setzt Ihm keinen Widerstand entgegen.

Der hauptsächliche Grund für die Reinkarnation sind unerfüllte Wünsche. Ihr braucht kein König zu sein, um höchste Erfüllung zu finden. Ihr könnt eure Wünsche aber auch nicht dadurch loswerden, dass ihr all euren Besitz verschenkt und zu Bettlern werdet. Jeder von euch hat sein eigenes, selbst erzeugtes Schicksal und muss die damit verbundenen Lektionen lernen; ihr müsst also die Rolle, die euch hier übertragen worden ist, gut spielen. Wenn jeder Schauspieler auf der Bühne nur einen König oder eine Königin darstellen will, dann gibt es kein Spiel. Selbst wenn ein Darsteller nur eine kleine Rolle hat, kann er doch die ganze Vorstellung ruinieren, falls er schlecht spielt. Jede Rolle ist wichtig, und jeder sollte sich harmonisch auf die anderen Spieler einstellen, damit die Aufführung ein Erfolg wird. Der Herr hat sich bemüht, ein gutes Drama aus

Seiner Schöpfung zu machen, aber ich fürchte, dass die meisten Darsteller es verpfuscht haben.

Die ideale Lebensweise besteht darin, euer Bestes zu tun, aber objektiv zu bleiben und an nichts zu hängen. Richtet eure Aufmerksamkeit auf die Studienfächer, die euch das Leben zuweist. Sie enthalten die Lektionen, die ihr lernen müsst. Wandert nicht ziellos umher und erzeugt nicht ungezählte neue Wünsche. In den heiligen Schriften der Hindus heißt es, dass etwa acht Millionen Inkarnationen (auf der Leiter der Evolution) nötig sind, ehe man zu einem menschlichen Wesen aufsteigt. Wie könnt ihr jetzt, nachdem ihr einen menschlichen Körper erhalten habt, so viel Zeit mit sinnlosen Dinge vergeuden! Zeit ist etwas sehr Kostbares. Endlich hat eure Seele eine Gestalt erhalten, die fähig ist, der Göttlichkeit voll Ausdruck zu geben und das »Ebenbild Gottes«, das ihr seid, sichtbar werden zu lassen.

Fragt euch jeden Morgen: »Was wünsche ich mir?« – »Nichts, nichts anderes als Dich, Herr. Wenn Du mich jetzt aus dieser Welt abrufst – ich bin bereit.« Das ist die richtige Einstellung. Doch es ist nicht leicht, an ihr festzuhalten; denn tausend Versuchungen werden sich euch in den Weg stellen, um zu prüfen, ob ihr frei von Wünschen seid.

Einmal sprach ich mit Amelita Galli-Curci, der berühmten Opernsängerin, die eine solch engelhafte Stimme hatte, und fragte sie: »Haben Sie gar keine Wünsche mehr?«

Sie erwiderte: »Gewiss nicht.«

Ich sprach dann über andere Dinge und fragte sie plötzlich: »Was halten Sie von der Musik?«

»Ich liebe die Musik«, sagte sie, »auch im Himmel will ich noch singen!«

»Dann werden Sie auf die Erde zurückkehren müssen«, antwortete ich ihr. »Dieser Wunsch ist noch lebendig.« Da verstand sie, was ich meinte.

Als ich meine Suche nach Gott begann, versuchte meine Familie mich für andere Dinge zu interessieren. Mir wurde eine hohe Stellung angeboten, da betete ich zu Gott um Seine Führung. Er fragte mich: »Was erhoffst du dir davon? Suche zuerst das höchste Glück.« Mein Cousin [Prabhas Chandra Ghosh] erhielt meine Stellung und auch die mir zugedachte Ehefrau. Durch Gottes Gnade wurde ich frei!

Wenn ihr eure Gedanken auf Gott gerichtet haltet, werdet ihr frei sein

Wenn sich Wünsche einstellen, lasst euch von Weisheit leiten – nicht von Launen oder Eigensinn. Wenn ihr Herrschaft über eure Sinne habt und euren Geist auf Gott gerichtet haltet, werdet ihr frei sein. Doch wenn euer letzter Tag und die Zeit gekommen ist, zum Himmlischen Vater zurückzukehren, und die Engel euch dann fragen: »Magst du gern Erdbeertorte?« und ihr antwortet: »O ja, lecker, lecker!«, so werden sie euch sagen: »Dann musst du nach Amerika zurückkehren.« Oder sie mögen fragen: »Magst du gern Curry-Gerichte?« – »O ja, Herr!« – »Dann kehre nach Indien zurück. Du kannst nicht beim Vater bleiben, weil du noch irdische Wünsche hast.«

Der göttliche Mensch freut sich an allem, ist jedoch an nichts gebunden. Er ist dankbar für den Gebrauch von Gegenständen, die Gottes Schöpfung ihm zur Verfügung stellt; aber wenn er genug davon gehabt hat, dann bedeuten sie ihm nichts mehr. Hängt keinen unerfüllten Wünschen nach. Lebt und arbeitet in dieser Welt nur, um Gottes Willen zu erfüllen. Sagt Ihm: »Ich habe nicht um diesen Körper gebeten; doch weil Du ihn mir gegeben hast, will ich für ihn sorgen und ihm das zukommen lassen, was er braucht; ich will ihn als Werkzeug gebrauchen, um Deinen Willen auf Erden zu erfüllen.« Wenn ihr gegenüber dem Körper diese unpersönliche Einstellung habt, wird euer Verhältnis zu Gott sehr persönlich. Ich möchte, dass ihr alle diesen Zustand erreicht. Doch den erlangt ihr nicht, indem ihr viele Bücher lest oder eure Zeit mit Zerstreuungen vergeudet. Meditiert stattdessen! Taucht tief in die Meditation hinein. Heute Morgen konnte ich mich gar nicht daran erinnern, letzte Nacht geschlafen zu haben. Und als ich meine Augen nach oben richtete, blieben sie dort im Zustand des *Samadhi* unbeweglich stehen. Die Welt bewegte sich gleich einem Meer in meinem Innern, und ich fühlte das ganze Universum in mir pulsieren.

Bemüht euch um die Erkenntnis, dass ihr weder Mann noch Frau seid, sondern eine Seele, die Gott zum Bilde geschaffen wurde. Sonst wird Gott euch immer wieder hierherschicken müssen, bis ihr eure Unwissenheit überwunden und euer wahres Selbst erkannt habt. Werdet euch Gottes so bewusst, dass ihr Ihn als die einzige Wirklichkeit erkennt. Je mehr ihr meditiert, umso mehr wird diese Erkenntnis euer vorherrschender Gedanke werden. Dann wird es der Welt nicht mehr gelingen, euch dieses Bewusstsein zu nehmen – ganz gleich, was sie versucht.

Als ich mit meiner Gottsuche begann, vermied ich alles, was meine Gedanken von Ihm ablenken könnte – als wäre es Gift. Ich vermied sogar jeden überflüssigen Kontakt mit Menschen, die anderer Gesinnung waren, denn ich wollte mich nicht von ihnen beeinflussen lassen. Milch kann nicht auf dem Wasser schwimmen; sie vermischt sich mit dem Wasser und wird verdünnt. Wenn sie aber zu Butter geschlagen worden ist, dann kann die Butter auf dem Wasser schwimmen. Ähnlich sollte sich ein ernsthafter Wahrheitssucher verhalten: er sollte sein Bewusstsein in Gott verankern. Sorgt zuerst für eure eigene Befreiung. Dann wird euch niemand mehr negativ beeinflussen können; im Gegenteil, ihr werdet imstande sein, andere zu ändern. Wenn euer Wille jedoch schwach ist und jemand euch in Versuchung führt, werdet ihr dieser nachgeben. Doch wenn ihr überzeugt seid, dass das wahre Glück in euch selbst liegt – in eurer Beziehung zu Gott –, kann euch niemand mehr umstimmen; stattdessen werden andere eurem Beispiel folgen.

Gott ist für alle da, die Ihn suchen. Widmet Ihm eure Nächte. Der Tag gehört dem Teufel, weil er uns mit der Relativität und der Täuschung des Daseins beschäftigt hält und uns darein verwickelt. Wenn ihr aber eure Nächte Gott schenkt und tagsüber versucht, bei all eurer Tätigkeit an Ihn zu denken, werdet ihr allezeit von Ihm berauscht sein. Der göttliche Mensch ist stets trunken vom Herrn. Die Arbeit kann mein Bewusstsein nicht von Ihm ablenken; ich erledige sie mit größter Freude. In diesen Tagen habe ich kaum geschlafen. Ich fühle mehr denn je die überwältigende Freude, den wunderbaren Segen Gottes. Dafür lebe ich. Bei Ihm zu sein und Seine Wünsche zu erfüllen – darum dreht sich mein ganzes Leben.

Erfüllt eure Pflichten gegenüber Gott und den Menschen

Selbst ein materialistischer Mensch, der sich konstruktiv beschäftigt, ist besser als ein müßiger »spiritueller« Mensch. Wer träge ist und auf dieser Erde niemandem einen Dienst erweist, wird schließlich von Gott und den Menschen verlassen. Doch diejenigen, die ihre Pflichten nur den Menschen, aber nicht Gott gegenüber erfüllen, gleichen einem Maulesel, der einen Sack Gold auf seinem Rücken trägt und nur die schwere Last fühlt, ohne ihren Wert zu kennen. Handlungen, die ohne jeden Gedanken an Gott vollbracht werden, sind bindend und belasten uns; Handlungen, die wir im Bewusstsein Gottes vollbringen, sind befreiend. Wenn man seine materiellen Pflichten nicht erfüllt, weil man nur noch Gott dienen will, ist das in Ordnung, weil unsere oberste Pflicht Ihm gilt; ohne die Kraft, die Er uns verliehen hat, könnten wir überhaupt keine Verpflichtung erfüllen. Der Herr vergibt alle Schuld, die entsteht, wenn diejenigen, die um Seinetwillen allem entsagt haben, ihren geringeren Pflichten nicht nachkommen.[1] Entsagung bedeutet, Gott den ersten Platz im Leben einzuräumen, ganz gleich, ob man in der Welt lebt oder einem religiösen Orden angehört.

Mein Bruder sagte mir einmal: »Das Geld kommt zuerst und Gott danach.« Doch er starb, bevor er Gelegenheit hatte, Gott zu finden oder sich seines Geldes zu erfreuen. Denkt an die Worte Christi: »Trachtet am ersten nach dem Reich Gottes und nach seiner Gerechtigkeit, so wird euch solches alles zufallen.«[2] Wenn ihr Gott findet, wird euch auch alles andere zuteil. Sobald Er euch in den Armen hält, könnt ihr niemals fallen. Eure Fehler werden berichtigt, eure Irrtümer werden in Weisheit verwandelt. Das habe ich festgestellt.

Die richtige Einstellung zum Leid

Es gibt zwei Arten von Gottsuchern: solche, die dem Af-

---

[1] »Gib alle anderen *Dharmas* (Pflichten) auf und denke nur noch an Mich; Ich will dich von allen Sünden befreien (die aus dem Versäumnis dieser geringeren Pflichten entstehen).« Bhagavad-Gita XVIII, 66
[2] *Matthäus* 6, 33.

fenbaby gleichen, und solche, die wie ein Kätzchen sind. Das Affenbaby klammert sich an die Mutter; doch wenn diese hin und her springt, kann es herunterfallen. Das kleine Kätzchen wird von der Katzenmutter umhergetragen; und wo immer die Mutter es hinträgt, bleibt es zufrieden sitzen. Das Junge vertraut vollkommen auf seine Mutter. Ich gleiche mehr diesem Kätzchen; ich lege alle Verantwortung in die Hände der Göttlichen Mutter. Doch diese Einstellung beizubehalten erfordert große Willenskraft. Eure Gefühle müssen unter allen Umständen ruhig bleiben – in Gesundheit oder Krankheit, Reichtum oder Armut, bei Sonnenschein oder grauem Himmel. Auch wenn ihr im stockfinsteren Keller des Leidens sitzt, fragt ihr euch dann nicht, warum die Mutter euch dorthin gesetzt hat. Ihr vertraut darauf, dass sie weiß, was am besten für euch ist. Manchmal erweist sich ein scheinbares Unheil als ein Segen für euch.

Als der Goldene Lotostempel vom Kliff hinabstürzte,[3] hielt ich dies zuerst für eine schreckliche Katastrophe. Doch dann kam es ganz anders, denn es trieb mich dazu an, andere Tempel und Ashramzentren zu gründen.

Verdüstert sich euer Leben, ist das nichts weiter als der Schatten, den die ausgestreckte Hand der Göttlichen Mutter wirft, wenn sie euch liebkosen will. Vergesst das nie. Wenn die Mutter euch liebkosen will, wirft ihre Hand manchmal, noch ehe sie euch berührt, einen Schatten. Treten also Schwierigkeiten auf, denkt nicht, dass Sie euch bestraft; Ihre Hand, die einen Schatten über euch wirft, birgt einen Segen, weil sie ausgestreckt wird, um euch näher zu Ihr zu ziehen.

Das Leid ist ein guter Lehrer für diejenigen, die unverzüglich und bereitwillig daraus lernen. Doch für andere, die sich ihm empört widersetzen, wird es zum Tyrannen. Das Leid kann uns nahezu alles lehren. Seine Lektionen drängen uns dazu, mehr Unterscheidungskraft, Selbstbeherrschung, Nichtanhaften und

---

[3] Der erste Tempel der Self-Realization Fellowship, der 1938 auf dem Grundstück der SRF-Einsiedelei in Encinitas eingeweiht wurde, stand auf einem Steilufer über dem Pazifik. Dieser Tempel fiel der ständigen Erosion der Küste zum Opfer und wurde später durch einen anderen SRF-Tempel in Encinitas ersetzt.

Sittlichkeit zu erwerben und unser transzendentes geistiges Bewusstsein zu entwickeln. Magenschmerzen zum Beispiel mahnen uns, nicht zu viel zu essen und darauf zu achten, was wir essen. Der Schmerz, den der Verlust von Besitz oder von Angehörigen verursacht, erinnert uns daran, dass alle Dinge in dieser Welt der Täuschung vergänglich sind. Die Folgen falschen Handelns zwingen uns, mehr Unterscheidungskraft zu gebrauchen. Ist es deshalb nicht besser, durch Weisheit zu lernen? Dann setzt ihr euch nicht einer unnötigen schmerzvollen Disziplin aus, die euch der strenge Zuchtmeister des Leidens erteilt.

Hinter aller menschlichen Liebe findet ihr die göttliche Liebe

Selbst eine erfüllende menschliche Liebe kann leidvoll sein. Ohne göttliche Liebe ist die menschliche Zuneigung wie eine Sackgasse, die uns einengt und begrenzt. Ich erkannte dies, als meine Mutter mir durch den Tod entrissen wurde. Was für eine Enttäuschung erleben Millionen von Menschen, welche die menschliche Liebe als das einzig Erstrebenswerte im Leben betrachten! Sie lassen sich zum Narren halten und tun sich selbst großes Unrecht an. Wo sind all die Menschen, die sie geliebt und verloren haben? Und welche Lehre sollen wir daraus ziehen? Dass wir Gottes Liebe hinter jeder menschlichen Liebe lieben sollen.

Wer sonst könnte euer Vater oder eure Mutter sein als der Himmlische Vater und die Göttliche Mutter? Sie haben einen menschlichen Körper angenommen, um euch zu lieben und für euch zu sorgen. Warum liebt euch der Vater eines anderen nicht genauso wie euer eigener? Weil Gott ein ganz persönliches Interesse an euch hatte und dieses elterliche Gefühl einem bestimmten Wesen einflößte, zu dem ihr karmisch hingezogen wurdet. Gott wurde auch zur Mutter, die euch bedingungslos liebt; ihre Liebe ist jedoch blind, wenn sie nicht von göttlichem Bewusstsein durchdrungen ist. Die Liebe des Vaters steht mehr unter dem Einfluss von Vernunft und Ordnung.

Die Bibel lehrt: »Du sollst deinen Vater und deine Mutter

ehren ...«[4] Aber sie lehrt auch: »... du sollst den Herrn, deinen Gott, lieben von ganzem Herzen, von ganzer Seele, von allem Vermögen.«[5] Wenn ich »Vater« oder »Mutter« sage, haben diese Worte jetzt eine ganz andere Bedeutung für mich. Hinter der Liebe und Zuneigung meiner Eltern erkenne ich nun den Himmlischen Vater und die Göttliche Mutter, den göttlichen »Jemand Anderen«, der mich durch ihre elterliche Liebe geliebt hat.

Wenn ihr euch an all die Mütter und Väter erinnern könntet, die ihr während eurer Inkarnationen gehabt habt, würdet ihr nicht mehr wissen, wen ihr als eure Angehörigen lieben solltet. Ihr fühlt euch zu eurer jetzigen Familie zugehörig. Doch wenn ihr sterben und in die Nachbarfamilie eurer früheren Eltern hineingeboren würdet, so würden euch diese nicht ebenso lieben wie vorher. Wer liebt euch wirklich außer Gott? Ihn müsst ihr suchen. Einmal hatte ich eine Vision, in der ich erkannte, dass es die Göttliche Mutter war, die in vielen meiner Leben die Gestalt meiner Mütter angenommen hatte, um mich zu lieben und zu leiten. Jetzt sehe ich in jeder Frau eine Ausdrucksform der Göttlichen Mutter. Auf diese Weise sollten wir lernen, die göttliche Mutter hinter allen Müttern zu sehen, den göttlichen Vater hinter allen Vätern, und den göttlichen Freund hinter allen Freunden.

Freundschaft ist die reinste Art der Liebe

Die reinste Art der Liebe Gottes ist die Freundschaft, denn diese entspringt spontan dem Herzen und wird einem nicht durch den Familiensinn aufgedrängt. Echte Freunde trennen sich nie; nichts kann ihre brüderliche Beziehung auflösen. Ich habe nie einen treuen Freund verloren. Obgleich zwei von ihnen, denen ich aufrichtige Liebe schenkte, sich mir gegenüber feindlich verhielten, bin ich noch immer ihr Freund. Wenn ihr wahre, bedingungslose Freunde sein wollt, muss eure Liebe in der Liebe Gottes verankert sein. Eure Beziehung zu Gott inspiriert jede wahre göttliche Freundschaft mit allen

---

[4] 2. Mose, 20, 12.
[5] 5. Mose 6, 5.

Menschen. Treue Freunde verhelfen sich gegenseitig zu größerem Fortschritt.

Das Verhältnis zwischen Guru und Jünger ist die höchste Ausdrucksform der Freundschaft, denn es gründet auf bedingungsloser göttlicher Liebe und Weisheit. Es ist die höchste und heiligste aller Beziehungen. Christus und seine Jünger waren eines Geistes, so wie mein Meister [Swami Sri Yukteswar] und ich, sowie ich und alle, die mit mir im Einklang sind, dank des vereinigenden Bandes unserer gemeinsamen Liebe zu Gott. Das einende Sakrament dieser Beziehung empfangen wir, indem wir Seine Liebe gemeinsam aus dem Kelch aufrichtiger Herzen trinken.

Man sollte in menschlicher Freundschaft jede allzu große Vertraulichkeit vermeiden, sonst geschieht es nur zu leicht, dass Freunde sich nach einiger Zeit gegenseitig ausnutzen. Göttliche Freunde jedoch achten sich mit der Zeit immer mehr, und jeder ist darauf bedacht, dem anderen nur das Beste zukommen zu lassen. Diese Art göttlicher Freundschaft besteht zwischen Guru und Jünger. Wer eine solche Freundschaft genießt, ist auf dem Weg, Weisheit und Freiheit zu erlangen.

Immer wenn ich öffentliche Ansprachen halte – wie bei diesen Gottesdiensten –, erscheint eine Gestalt vor meinen Augen: mein Guru. Er hat den größten Einfluss auf mein Leben. Sogar jetzt, da er nicht mehr auf dieser Erde weilt, ist er immer bei mir.

Geistige Ideale führen zu einer harmonischen Ehe

Wenn ihr hinter allen Freunden den Einen Freund sucht, kann es in allen euren Beziehungen wahre Freundschaft geben – in der Familie, unter Geschwistern, in der Ehe und auf dem geistigen Weg.

Freundschaft ist auch in einer ehelichen Beziehung äußerst wichtig. Sexualität allein wird die Eheleute einander nicht näherbringen; sie kann sie sogar schnell wieder trennen, wenn das höhere Gefühl wahrer Liebe und Freundschaft nicht überwiegt. Wenn Sexualität als das Wichtigste in der Ehe gewertet wird, verliert das Paar das Interesse aneinander, sobald das anfängliche Hochgefühl sinnlicher Befriedigung nachlässt. Wer nicht zwischen wahrer Liebe und sinnlicher Anziehung unterscheiden kann, wird immer wieder vom Gegenüber enttäuscht werden.

Wer heiraten will, sollte zuerst lernen, Herrschaft über seine Gefühle zu erlangen. Ohne dass sich zwei Menschen darin geübt haben, bekämpfen sie sich in der Arena der Ehe heftiger als gegnerische Soldaten in einem Weltkrieg! Jeder Krieg endet einmal; doch einige Eheleute bekämpfen sich ihr ganzes Leben lang. Man sollte annehmen, dass die Menschen in einer zivilisierten Gesellschaft eigentlich wissen sollten, wie sie miteinander auskommen können, doch nur wenige haben diese Kunst gelernt. Eine Ehe sollte durch hohe Ideale und den Wein göttlicher Inspiration genährt werden; dann wird sie zu einer glücklichen Verbindung, aus der beide Partner Gewinn ziehen.

Einmal wurde ich in Boston gebeten, anlässlich der Silberhochzeit eines angeblich idealen und sehr glücklichen Paares zu sprechen. Sobald ich aber dessen Haus trat, fühlte ich, dass irgendetwas nicht stimmte. Ich bat zwei vertrauenswürdige Schüler, das Paar den ganzen Abend unauffällig zu beobachten. Sie sagten mir dann, dass Mann und Frau in Anwesenheit der Gäste immer gelächelt und liebe Worte miteinander gewechselt hätten: »Ja, Liebling« – »Natürlich, Liebling«. Doch wenn sie sich in der Küche oder Speisekammer allein wähnten, stritten sie heftig miteinander.

Ich sprach sie darauf an: »Warum benehmen Sie sich so? Ich spüre eine große Disharmonie in diesem Haus; Ihre silberne Hochzeit ist mit einer Menge Eisen durchsetzt.« Zuerst waren sie beleidigt. Doch ich blieb dabei: »Was gewinnen Sie durch diesen ständigen Streit?« Ich redete ihnen sehr ins Gewissen. Später kamen sie zu mir und baten um Verzeihung. Da sagte ich ihnen: »Sie bleiben nur zusammen, weil Sie als ideales Paar gelten; doch ich möchte, dass Sie tatsächlich so leben und glücklich werden.«

Man sollte seine Ideale in seinem Verhalten, seinen Gedanken und seiner Rede zum Ausdruck bringen. Wenn zwei schlecht gelaunte Leute zusammenkommen, kann ihr Verhalten zueinander schnell unaufrichtig werden. Sobald sich in der Ehe Betrug einschleicht, ist sie gescheitert. Wozu diese Scheinheiligkeit? Derartige Fehler sollten von Anfang an vermieden werden.

Ausgleich zwischen weiblichen und männlichen Eigenschaften

Es scheint, dass seit je eine gewisse Rivalität zwischen Mann und Frau bestanden hat. Doch sie sind gleichwertig; keiner ist dem anderen überlegen. Seid stolz auf das, was ihr in diesem Leben seid. Ihr seid Seelen, die während verschiedener früherer Inkarnationen in männlichen und weiblichen Körpern gelebt haben. Wenn ihr in diesem Leben eine Frau seid und die Männer beneidet, werdet ihr euch als Mann reinkarnieren müssen. Und nun gebt acht: Wenn ihr jetzt Männer seid und euch den Frauen überlegen fühlt, werdet ihr vielleicht als Frau wiedergeboren. Der Mann behauptet, dass die Frau emotionell sei und nicht vernünftig denken könne; und die Frau beschwert sich darüber, dass der Mann kein Gefühl besitze. Beide haben unrecht. Die Frau kann vernünftig denken, doch das Gefühl hat bei ihr die Oberhand; und der Mann kann fühlen, doch bei ihm überwiegt die Vernunft. Das Ideal besteht darin, Vernunft und Gefühl in unserem Wesen in Einklang zu bringen. Wer zu weibisch ist, wird keine Freiheit der Seele erlangen, und ebenso der nicht, der zu betont männlich ist. Beide Geschlechter sollten sich um einen Ausgleich bemühen und durch Freundschaft und Verständnis voneinander lernen. In den großen Heiligen sehen wir den idealen Ausgleich zwischen männlichen und weiblichen Eigenschaften. Jesus gehörte zu ihnen, wie auch alle großen Meister. Wenn ihr diesen vollkommenen Ausgleich zwischen Vernunft und Gefühl erlangt habt, dann habt ihr eine der wichtigsten Lektionen gelernt, die euch auf Erden aufgegeben worden sind.

Der Sinn des Lebens besteht darin, Gott zu erkennen. Führt kein einseitig materialistisches Leben. Beherrscht euch selbst und besonders eure Sinne, lasst euch in eurem Handeln von Weisheit leiten, meistert das Leben und erlangt Freiheit. Das durchschnittliche Leben besteht aus siebzig Jahren Schulung. Wenn dann der Tod eintritt, werdet ihr eure Ausbildung nicht beendet haben und in diese Schule zurückkehren müssen – es sei denn, ihr habt Gott gefunden, Seine Weisheit in euch aufgenommen und alles, womit Er euch gesegnet hat, zu schönster Wirkung gebracht.

Nehmt diesen Weg ernst, auf dem es viel zu lernen gibt. Erfüllt euer Bewusstsein von Anfang an mit Gott. Liebt Ihn mehr als Seine Gaben. Er besitzt alles – nur eure Liebe nicht. Er hat uns erschaffen, damit wir Seine Gabe des freien Willens vielleicht dazu gebrauchen, Ihn zu suchen. Der einzige Sinn unseres Daseins besteht darin, Gott zu finden und zu Ihm zurückzukehren. Liebt Gott über alles und macht euren Körper zu einem Tempel Gottes. Tut alles im Gedanken an Ihn. Bemüht euch um das Höchste Glück und lasst auch andere daran teilnehmen. Vervollkommnet eure Liebe durch die Liebe Gottes und schließt die ganze Menschheit in eure Liebe ein.

Wenn ihr Kinder habt, helft ihnen, nach hohen Idealen zu streben, dass sie zu Gott zurückfinden. Jeder von euch hat eine gewaltige Aufgabe vor sich: andere Menschen durch sein geistiges Beispiel zu Gott zu führen. Das größte Geschenk, das ihr anderen geben könnt, besteht darin, ihnen zu helfen, Gott zu finden.

Vergesst also nie: Gott kommt zuerst! Fangt heute an, nicht erst morgen. »So dich aber deine Hand ärgert, so haue sie ab!«[6] Ihr braucht Willenskraft und die richtige Führung, um Erfolg zu haben. Gebraucht euren Willen, indem ihr euch von der Weisheit eures Gurus leiten lasst, dann werdet ihr alle Hindernisse auf eurem Weg beseitigen können.

Befreit euch vom Schwarm der Sorgen

Erwartet hier keine Vollkommenheit oder bleibendes Glück; ihr werdet es nicht finden. Diese Welt wird immer voller Sorgen sein. Warum wollt ihr euch ständig der Disziplin dieser Schule aussetzen? Lernt eure Lektionen ein für alle Mal, damit ihr nicht immer wieder gegen euren Willen hierhergesandt werdet. Erhebt euch über diese Schulung. Seid überall siegreich. Lebt für Gott, arbeitet für Ihn, denkt an Ihn und erfüllt Seinen Willen. Körper, Geist und Seele, der Wille und die Sinne – sie alle sollten ganz von Gott durchdrungen sein. Dann werdet ihr frei sein und könnt die Heimreise antreten.

---

[6] *Markus* 9, 43.

Und dann braucht ihr nicht mehr in diese Welt mit all ihren Sorgen, Schwierigkeiten und Kriegen zurückzukehren.

Wenn eure Schulung abgeschlossen ist, euer Leben zu Ende geht und die Menschen euren Tod beweinen, könnt ihr euch freuen und sagen: »Geliebter Gott, der Meister Tod öffnet mir das Tor zur Freiheit. Ich habe nun genug Schulung erhalten. Ich werde ein Pfeiler in Deinem Tempel sein und brauche nicht mehr hinauszugehen,[7] es sei denn, Du forderst mich dazu auf. Wenn es Dein Wunsch ist, werde ich immer wieder hierherkommen, um anderen zur Freiheit zu verhelfen.«

Meine Inkarnation ist freiwillig. Ich habe meine Schulung beendet, doch ich will nicht eher zu Gott heimkehren, als bis auch die anderen befreit worden sind. Solange nur ein Bruder weinend am Wegrand zurückbleibt, werde ich wiederkommen, um seine Tränen zu trocknen und ihn mit mir zu nehmen – zu Gott.

Viele Menschen schaden und ruinieren sich durch Unwissenheit und verfehlte Wünsche. Ich bin gekommen, ihnen zu helfen, sie zu lehren und sie mit mir zu jenen Unendlichen Ufern zu nehmen, von wo man nicht mehr gezwungen wird, zurückzukehren. Es ist wunderbar, alle Lektionen des Lebens zu lernen und dann anderen zu helfen, sie ebenfalls zu meistern. Wenn schließlich der letzte Tag kommt, gibt es keine Furcht und kein Bedauern. Dann ist es so, wie der sterbende Jüngling sagte: »Weint nicht um mich, ihr, die ihr an diesem trostlosen Ort zurückbleibt und weiterhin trauern und klagen müsst! Vielmehr bin ich es, der euch bedauert. Denn heute kommt mein Göttlicher Geliebter im prächtigen Triumphwagen des Todes, um mich mit sich zu nehmen – ins Reich der Unsterblichkeit, zum Palast der glückseligen Träume. Oh, meine Lieben, freut euch mit mir!«[8]

---

[7] Offenbarung 3, 12.
[8] Aus dem Gedicht *Des sterbenden Jünglings göttliche Antwort* in dem Buch *Lieder der Seele* von Paramahansa Yogananda (herausgegeben von der Self-Realization Fellowship).

Echte Anzeichen für Fortschritt in der Meditation

Um 1930

Während man auf dem Weg des Lebens voranschreitet, gewinnt man tieferen Einblick in die eigene Seele und erkennt, dass die eigentlichen Fragen des Daseins lauten: »Wer bin ich, und warum bin ich hier?« Ein Tier hat nicht die Fähigkeit, seine Lage und seine Umgebung zu hinterfragen; nur der Mensch hat das Denkvermögen dazu. Und deshalb ist es dem Menschen bestimmt, diese Kraft zu gebrauchen, um sich zu vervollkommnen und das Bestmögliche aus seinem Leben zu machen. Die höhere Intelligenz wurde dem Menschen nicht nur gegeben, damit er das Frühstück, das Mittag- und Abendessen zu sich nehmen, heiraten und Kinder zeugen kann. Sie wurde ihm verliehen, damit er den Sinn des Lebens versteht und seelische Freiheit erlangt.

Von allen Büchern, die geschrieben worden sind, ist Gottes Buch der Natur am schwersten zu verstehen. Doch ihr werdet die ganze Schöpfung begreifen einschließlich des Kapitels über das menschliche Dasein, wenn Gott zu eurem Lehrer wird. Indien hat gezeigt, wie man sich durch geeignete Meditationsmethoden mit Gott verbinden kann. Verbundenheit mit Gott wird erst möglich, wenn man durch Meditation Herrschaft über den ruhelosen Geist erlangt hat. Man kann nicht meditieren, wenn die Gedanken unbeherrscht umherschwirren. Ein Geist, der euch nicht gehört, ein Geist, der völlig von den Sinnen beansprucht wird, kann weder Gott dargeboten noch von Ihm empfangen werden. Dort, wo euer Herz ist, da sind auch eure Gedanken. Sobald ihr eure Gefühle und Empfindungen beherrschen könnt, wird es euch möglich sein, euren Geist auf Gott

Echte Anzeichen für Fortschritt in der Meditation

zu richten.[1] Wenn ihr Gott gefunden habt, so gehört euch auch alles andere. Darauf bezog sich Jesus, als er sagte: »Trachtet am ersten nach dem Reich Gottes und nach seiner Gerechtigkeit, so wird euch solches alles zufallen.«[2]

Wenn ihr euch in der Meditation mit Gott in Verbindung setzt, werdet ihr in Ihm auferstehen. Sein Geist allein kann alle Übel in der Welt und im eigenen Innern beseitigen. Doch der Mensch muss sich bemühen, dieses Göttliche Bewusstsein zu erkennen und die unendliche Güte des Herrn in sich zum Ausdruck zu bringen. Der aufrichtige Wahrheitssucher weiß, dass die Tugend weit verlockender ist als das Laster und dass Handlungen unter dem Einfluss guter Gewohnheiten mehr Freude bereiten als Handlungen unter dem trügerischen Einfluss schlechter Gewohnheiten. Gute Gewohnheiten bringen Freude, schlechte Gewohnheiten bringen Leid. Wer es gewohnt ist, seinen Leidenschaften zu frönen, wird leiden müssen. Wer ein weltliches und mechanisches Leben führt, wird Eintönigkeit, Gleichgültigkeit, Verdruss, Sorgen, Furcht, Widerwillen und Enttäuschung ernten.

Wer regelmäßig zur Kirche geht und sich gute Predigten anhört, fühlt sich zeitweilig inspiriert und hat manchmal den Wunsch, Gott näherzukommen. Doch erst die Gewohnheit hingebungsvoller Meditation und Konzentration führt zur Erleuchtung.

Es scheint, dass man sich die Gewohnheit der Meditation nur schwer aneignen kann, denn der Anfänger gibt sich oft der täuschenden Erwartung hin, dass er schnell Ergebnisse erlangen werde. Die Ergebnisse in der Meditation kommen langsam, aber sicher. Viele Anfänger wünschen sich eine Art »spiritueller Unterhaltung«. Andere erwarten, dass ihre Bemühungen sofort mit Manifestationen von himmlischen Lichtern, Heiligen und Gottheiten belohnt werden; doch diese Erwartung ist verfrüht.

---

[1] Der Weg des *Kriya-Yoga*, der in Paramahansa Yoganandas *Lehrbriefen der Self-Realization Fellowship* dargelegt wird, schließt wissenschaftliche Techniken ein, die zur Verinnerlichung des Bewusstseins führen, sodass der Meditierende seinen Geist von den Ablenkungen der Sinne zurückziehen und sich innerlich ganz in Gott versenken kann.
[2] *Matthäus* 6, 33.

Wahre Visionen stellen sich nur nach langen und regelmäßigen geistigen Bemühungen ein. Bei vorzeitigen Erlebnissen solcher Erscheinungen handelt es sich meistens um selbst erzeugte Halluzinationen. Wenn man das Eindringen solch falscher Bilder, die aus dem Unterbewusstsein aufsteigen, vermeiden will, sollte man die Augen in der Meditation halb öffnen und fest auf die Stelle zwischen den Augenbrauen gerichtet halten – den Sitz der Konzentration und der überbewussten Wahrnehmung. Vor allem sollte man Visionen nicht mehr lieben oder sich mehr wünschen als Gott.

Echte Anzeichen für Fortschritt in der Meditation sind diese:

- Ein ständig zunehmendes Gefühl des Friedens während der Meditation.
- Ein bewusstes inneres Erleben von Ruhe in der Meditation, das sich allmählich in immer größere Glückseligkeit verwandelt.
- Tiefere Erkenntnisse und Antworten auf konkrete Fragen im ruhigen, intuitiven Zustand innerer Wahrnehmung.
- Zunehmende geistige und körperliche Leistungsfähigkeit im täglichen Leben.
- Liebe zur Meditation und der Wunsch, am meditativen Zustand des Friedens und an der Freude festzuhalten, anstatt sich weltlichen Verlockungen zuzuwenden.
- Eine Bewusstseinserweiterung, in der man dieselbe bedingungslose Liebe für alle Menschen fühlt wie für diejenigen, die einem am nächsten stehen.
- Tatsächliche Verbindung mit Gott, den man als ewig neue, in der Meditation gefühlte Glückseligkeit anbetet, und ebenfalls in Seinen allgegenwärtigen Manifestationen innerhalb und jenseits der Schöpfung.

Die konzentrierte Kraft der Aufmerksamkeit führt zum Erfolg

Internationaler Hauptsitz der Self-Realization Fellowship, Los Angeles, 11. Juli 1940

Der Erfolg hängt mit der seelischen Zufriedenheit zusammen, die man in der eigenen Umgebung empfindet. Er ist das Ergebnis von Handlungen, die auf den Idealen der Wahrheit beruhen, und schließt auch das Glück und Wohlbefinden anderer ein, denn das bringt einem selbst Erfüllung. Wenn ihr diese Gesetzmäßigkeit auf euer materielles, geistiges, moralisches und spirituelles Leben anwendet, werdet ihr feststellen, dass sie eine vollständige, umfassende Beschreibung von Erfolg ist.

Die Menschen verstehen unter Erfolg nicht immer dasselbe – je nachdem, welche Ziele sie im Leben verfolgen. Man kann das Wort sogar im Zusammenhang mit Diebstahl hören: »Er war ein erfolgreicher Dieb!« Das zeigt, dass nicht jede Art von Erfolg wünschenswert ist. Unser Erfolg darf anderen nicht schaden. Eine weitere Vorbedingung für Erfolg ist, dass er nicht nur uns selbst harmonische und vorteilhafte Ergebnisse verschaffen soll, sondern dass wir auch andere daran teilnehmen lassen. Nehmen wir einmal an, eine Ehefrau übt sich in längeren Schweigezeiten, und während dieser Zeit weigert sie sich sogar, mit ihrem Mann und ihren Kindern zu sprechen. Obgleich es ihr gelingen mag, still zu sein und dadurch etwas inneren Frieden zu gewinnen, ist ihr Verhalten zweifellos selbstsüchtig und stört das Glück ihrer Familie. Sie kann erst dann wirklich erfolgreich genannt werden, wenn ihre guten Absichten auch denen helfen, für die sie mitverantwortlich ist.

Mit dem materiellen Erfolg ist es ganz ähnlich: ihn zu erlangen bedeutet mehr, als dass allein wir selbst zur Freude an unserem Besitz berechtigt sind. Erfolg verpflichtet uns moralisch dazu, auch anderen zu helfen, sich bessere Lebensbedingungen zu schaffen. Jeder, der intelligent genug ist, kann Geld verdienen. Doch wenn er ein liebevolles Herz hat, wird er dieses Geld niemals für selbstsüchtige Zwecke gebrauchen; er wird immer andere daran teilhaben lassen. Das Geld wird zum Fluch für den Geizhals und zum Segen für solche, die ein Herz haben.

Henry Ford zum Beispiel verdient eine Menge Geld. Aber er hält nichts von einer Wohltätigkeit, welche die Menschen nur zur Untätigkeit ermutigt. Stattdessen verschafft er vielen Menschen Arbeitsplätze und einen Lebensunterhalt. Weil Henry Ford mit seinem Geld auch anderen zu Wohlstand verhilft, ist er auf die richtige Weise erfolgreich. Er hat der breiten Masse sehr geholfen; die amerikanische Zivilisation verdankt ihm viel.

Selbst die größten Heiligen werden erst dann endgültig erlöst, wenn sie ihren Erfolg – das höchste Erlebnis der Gottverwirklichung – anderen vermitteln, das heißt, wenn sie ihnen zu göttlicher Erleuchtung verhelfen. Deshalb sind diejenigen, die dieses hohe Ziel erreicht haben, sehr darauf bedacht, das Verständnis derer zu vertiefen, die noch nicht so weit sind.

Wenn ihr also Freude und Vergnügen daran habt, kraft eures Geistes wahren Erfolg zu erlangen, macht ihr nicht nur euch selbst glücklich, sondern auch andere.

Unterschiedliche Auffassungen von Erfolg in Ost und West

Im Osten versteht man unter Erfolg etwas anderes als in den westlichen Ländern. Doch der Osten ist eifrig dabei, das Schlimmste zu imitieren, was in den westlichen Filmen gezeigt wird. Das Märchen vom Glück, das die Filme beschreiben, bringt dem Herzen etwas Trost; doch die Realität sieht anders aus, denn es ist gar nicht so leicht, Erfolg zu haben. Das Leben kann oft grausam sein. Selbst um das Überleben müsst ihr kämpfen. Denkt einmal, was ihr alles tun müsst, um den Körper zu ernähren und ihn kräftig und frei von Krankheit zu erhalten. Auch wenn euch das gelingt, ist der Erfolg nur vorübergehend, denn schließlich muss der Körper wieder der Erde übergeben werden. Um ein erfolgreiches Leben zu haben, müsst ihr gegen sehr viele innere und äußere Kräfte ankämpfen, die eure wertvollen Errungenschaften zunichte machen wollen.

Der Westen konzentriert sich auf einen teilweisen oder

vorübergehenden Erfolg, der dieses gegenwärtige Leben betrifft. Der Osten konzentriert sich auf den vollkommenen Erfolg, der ewig währt. Diejenigen, die ewigen Erfolg erlangt haben, nennen wir *Siddhas*[1] – das sind Seelen, die der Meister des Universums als erfolgreich bewertet hat. Ein solcher Mensch ist körperlich, geistig und seelisch vollkommen glücklich. Er mag einige oder gar keine Besitztümer haben, und dennoch hat er großen Reichtum – innere Zufriedenheit und ein spirituelles Verständnis für das Zusammenwirken von Seele und GEIST und für die wichtige Beziehung zwischen dem Körper und dem Kosmischen Leben. Das ist wahrer Erfolg. Im Osten wird das Kind dazu erzogen, sich diese Art von Erfolg zu wünschen. Im Westen gebt ihr eurem Kind eine kleine Spardose und lehrt es, Geld als Mittel zur Zufriedenheit anzusehen. Es ist zwar gut, sich in materieller Hinsicht abzusichern, doch die Kinder sollten auch den Wert eines unvergänglichen Erfolges kennenlernen. Der Reichtum der Seele ist für immer auf der Bank der Ewigkeit angelegt worden, und ihr könnt jederzeit Glück davon abheben.

Aber selbst spiritueller Reichtum kann einseitig sein, wenn ihr materielle Verpflichtungen habt und nicht in der Lage seid, ihnen nachzukommen. Nur ein großer Yogi, der sich über die Gesetze der Natur erhoben hat, kann alle materiellen Belange völlig ignorieren. Im Osten wurde die Lehre vom spirituellen Glück gefördert, während man der materiellen Sicherheit nur wenig Beachtung schenkte. Im Westen habt ihr einigen materiellen Komfort, seid aber nicht wirklich glücklich. Was wir brauchen, ist ein Ausgleich zwischen beiden. Wenn ihr euch auf nur *eine* Sache im Leben konzentriert, ganz gleich, was sie ist, werdet ihr einseitig. Ein Künstler zum Beispiel mag ganz in seiner Kunst aufgehen und sich um keine anderen wichtigen Dinge kümmern. Das führt zu Unausgeglichenheit und macht ihn nervös und unglücklich. Doch Kunst in Verbindung mit Gott ist eine großartige Kombination! Geschäfte in Verbindung mit Gott, Wissenschaft in Verbindung mit Gott, anderen dienen in Verbindung mit Gott – solche Kombinationen sorgen für allseitigen Erfolg und wahres Glück.

---

[1] In Sanskrit »Jemand, der erfolgreich ist«, d.h. jemand, der SELBST-Verwirklichung, d.h. Vereinigung mit Gott erlangt hat.

Man kann sowohl den Reichtum als auch Krankheiten und Sorgen von vielen Gesichtspunkten aus betrachten. Das Schöne am Westen ist eure Sauberkeit. Hier haben Moskitos und Wanzen keine große Überlebenschance, während sie im Osten reichlich vorkommen. Doch seid nicht zu stolz darauf; denn hier gibt es schlimmere Dinge – zum Beispiel unbezahlte Rechnungen und finanzielle Sorgen, weil ihr euch alles auf Raten kauft –, die an eurem Frieden nagen.

Das Leben bedeutet mehr, als bloß zu existieren

Gott hat diese Erde nicht erschaffen, damit wir hier nur essen, schlafen und sterben; vielmehr sollen wir herausfinden, was für ein Ziel Er verfolgt. Einige weise Menschen haben den göttlichen Plan geschaut, doch viele andere erkennen ihn in ihrer Blindheit nicht. Für diejenigen, die in Unkenntnis des göttlichen Planes leben, wird die Erde zu einer Folterkammer. Wenn ihr jedoch eure Lebenserfahrungen zu eurem Lehrmeister macht und aus ihnen lernt, was das wahre Wesen der Welt ist und welche Rolle ihr darin spielt, dann werden eure Erlebnisse zu wertvollen Wegweisern, die euch zu ewiger Erfüllung und ewigem Glück verhelfen.

Der Herr hat der Täuschung so viel Macht verliehen! Wir leben in einem Tollhaus. Ihr meint, Geld bedeute Glück; doch wenn ihr es habt, stellt ihr fest, dass ihr immer noch nicht glücklich seid. Ihr mögt Geld haben und eure Gesundheit einbüßen; oder ihr mögt euch guter Gesundheit erfreuen und euer Geld verlieren; oder ihr mögt Geld und Gesundheit besitzen, aber viele Schwierigkeiten mit anderen Menschen haben. Ihr tut anderen Gutes, und sie erwidern es mit Hass. Ohne Gott wird euch nichts in dieser Welt zufriedenstellen. Und es ist bemerkenswert, dass Gott selbst versucht, uns durch materielle Versuchungen von sich wegzulocken; Er will wissen, ob wir den göttlichen Geber oder nur Seine Gaben ersehnen.

Wenn Gott gewollt hätte, dass wir nur in einem weltlichen Bewusstsein leben, wären wir völlig zufrieden mit weltlichen Dingen und einer weltlichen Lebensweise. Habt ihr schon einmal eine Herde Schafe beobachtet? Eines springt voran, und alle anderen springen hinterher. Die meisten Menschen verhalten sich genauso. Irgendjemand führt eine Modetorheit ein

Die konzentrierte Kraft der Aufmerksamkeit führt zum Erfolg

oder tut etwas Aufsehenerregendes, und alle anderen machen es nach. So ist es in allen Zeitaltern gewesen. Jede Nation hat ihre eigenen Bräuche, und wir können wohl kaum behaupten, dass diese alle sinnvoll seien. Wer aber kann sagen, ob ein gewisser Lebensstil oder Brauch unsinnig geworden ist? Um das zu beurteilen, muss man daran denken, dass alle Bräuche ursprünglich aus einem bestimmten Grund entstanden sind. Wenn dieser Grund noch besteht, erfüllt der Brauch einen nützlichen Zweck; aber es ist töricht, einem Brauch blindlings zu folgen. Wir müssen feststellen, was wahr ist und was uns wirkliches Glück verschafft, und dann sollten wir uns danach richten.

Wir sollten unser Leben vereinfachen

Wenn ihr die Eigenarten im menschlichen Verhalten vorurteilslos untersucht, werdet ihr sehen, wie lächerlich einige unserer Gewohnheiten und Bräuche sind. Hier in Amerika haltet ihr euch an so viele Regeln! Ihr kleidet euch auf ganz bestimme Art: Smoking zum Festessen, Gesellschaftsanzug zum abendlichen Ausgehen, sportliche Kleidung für Mußestunden – ja, ich habe sogar eine Annonce gesehen, in der besondere Jacketts für Raucher angepriesen wurden! Und dann wundern sich die Frauen, wenn die Männer so gern zur Erholung aufs Land fahren, wo sie keine Socken und Krawatten zu tragen brauchen! Es ist gut, sich ab und zu nicht an einen monotonen Tagesplan zu halten. Sicher ist es löblich, methodisch vorzugehen und tüchtig zu sein, doch wer sein Leben zu sehr organisiert, steht seinem Glück selbst im Wege.

In Indien sind die Wohnungen sehr einfach, und auch die Kleidung ist einfach. Hier dagegen ist das Leben so kompliziert, dass euch das Glück unter den Händen zerrinnt, während ihr versucht, bestimmte Dinge auf bestimmte Weise zu tun. Warum sollte man sein Leben so umständlich machen und darauf bestehen, dass der Tisch genau so und nicht anders gedeckt werden muss, dass die Wohnung genau so und nicht anders auszusehen hat? Wenn wir in Indien Gäste einladen, tanzen wir vor Freude. Wir können das Treffen kaum erwarten. Wenn ihr in Amerika Gäste einladet, bereitet ihr euch stundenlang unter großem Aufwand darauf vor, damit alles so perfekt wie möglich ist. Und wenn die Gäste endlich da sind, könnt ihr es kaum erwarten, dass sie wieder gehen!

Das Leben sollte einfach sein, die Kleidung sollte einfach sein, das Essen sollte einfach sein. Ich dachte immer, dass es zu kostspielig sei, in einem Restaurant zu essen, doch ab und zu sollte man es tun. Ihr könnt es euch nicht leisten, so viel Zeit in der Küche zu verbringen, dass ihr für andere, wichtigere Dinge keine Zeit mehr habt. Als ich umherreiste und Vorträge hielt, pflegte ich meine Mahlzeiten zu vereinfachen. Ich hatte nur eine Flasche Milch und etwas Salat und Käse auf meinem Fensterbrett stehen. So einfach war das!

Der Himmel liegt im eigenen Innern, nicht in äußeren Dingen

In Indien war unsere Schulung im Ashram sehr streng. Wir lernten, unsere Wünsche einzuschränken, wir durften unseren Neigungen und Abneigungen nicht nachgeben und keine Vorlieben haben. Wir waren dankbar für alles, was uns gegeben wurde. Obgleich ihr hier so viel habt, sind einige von euch mit all ihrem Besitz genauso unglücklich, wie sie es ohne Besitz wären. Man kann sagen: Eure Wünsche enden nie. Morgens, wenn sich der Mann rasiert und angezogen hat, verlangt er zuerst sein Frühstück. Wenn er am Tisch sitzt, wünscht er, dass seine Frau ihm etwas anderes vorgesetzt hätte; und sie wünscht sich schöneres Geschirr und schöneres Besteck. Tag für Tag wünschen sie sich dies oder das, bis gar nichts mehr sie befriedigen kann – nicht einmal der Ehepartner oder die Kinder! Sie sind alles andere als glücklich. Und weil sie so unzufrieden sind, lassen sie ihre schlechte Stimmung an denjenigen aus, die ihnen am nächsten stehen. Die Frau nörgelt am Mann herum, der Mann schreit die Kinder an, und die Kinder werden aufsässig und geraten in Schwierigkeiten, weil sie die falschen Freunde haben. Was ich sagen will, ist dies: Es ist nicht unrecht, Besitz zu haben, aber es ist falsch, von seinem Besitz besessen zu sein. Ihr müsst euch von jeglicher Anhänglichkeit frei machen.

Ich trage den Himmel in mir. Wenn ich mich an unserem schönen Grundstück in Encinitas freue, macht mein innerer Himmel es noch himmlischer. Ohne diese innere Zufriedenheit kann selbst ein Paradies auf Erden zum Hades werden.[2] Eines weiß ich: Hätte ich nicht meine innere Freude, so könnten mich die Probleme und die große Verantwortung, die ich hier zu tragen habe, so unglücklich machen, dass ich am liebsten davonliefe. Der ärgste Feind des Glücks in diesem Land sind die Rechnungen! Ich liebe so vieles hier in Amerika – besonders liebe ich die Menschen –, doch eure Vorstellung, dass ihr gewisse Dinge braucht, um glücklich zu sein, ist eine Täuschung. Selbst wenn ihr dann diese Dinge erworben habt, seid ihr noch nicht glücklich! Warum also wollt ihr dem Irrlicht materiellen Glücks nachlaufen? Gestaltet euer Leben einfach. Schafft euch nicht so viele Dinge an, um die ihr euch kümmern müsst. Wenn ihr euch etwas Neues gekauft habt, erscheint es euch ganz wunderbar. Doch nach einer Weile habt ihr euch daran gewöhnt, und ihr schenkt ihm keine Zeit mehr; oder ihr vergesst es und wünscht euch etwas anderes. Aber die Rechnungen vergessen euch nicht!

Ihr müsst euer Leben fest in der Hand haben; gestaltet es so einfach wie möglich. Richtet ein Bankkonto für Notfälle oder für Dinge ein, die ihr wirklich braucht. Legt mehr auf die Seite, als ihr für »unnötige Notwendigkeiten« ausgebt. Und lasst immer andere an eurem Glück teilhaben. Wenn ihr für andere sorgt, werdet ihr selbst nie Mangel leiden. Wenn ich auf der Stelle diesem Ort den Rücken kehrte, so weiß ich, dass ich ihn nie vermissen würde. Und ich würde nie Hunger leiden; alles, was ich brauchte, würde mir gegeben. Damit will ich mich nicht rühmen; ich habe erfahren, dass diese Kraft in meinem Leben tatsächlich wirksam ist. Ob ich auf der Oberfläche des Lebens treibe oder in die Meerestiefen versinke, ich weiß, dass ich bei Gott bin und dass nichts mir etwas anhaben kann. Diese Erkenntnis verschafft mir größte Freude. Ohne das Verständnis und die Erfahrungen, die ich durch diese Lehren Indiens erhalten habe, wäre ich der unglücklichste Mensch der Welt. Obgleich ich über viel Geld verfügt habe, ließ ich mich davon nicht versklaven. Geld hat mir nie etwas bedeutet. Ich habe alles für Gottes Werk hergegeben, um anderen zu helfen.

---

[2] »Der Abtrünnige (derjenige, der nicht im SELBST verankert ist) besitzt keine Weisheit, noch ist er mit der Meditation vertraut. Wer nicht meditiert, erlangt keine Ruhe. Und wie kann der Friedlose Glück finden?« (Bhagavad-Gita II, 66).

Mein größter Besitz ist mein inneres Glück; es ist ein Reichtum, von dem sich selbst Könige nicht träumen lassen.

Euer Erfolg liegt in dem, was ihr euch innerlich erworben habt

Wenn ihr euch die vielen Menschen anseht, die weder glücklich noch erfolgreich sind, dürft ihr nicht glauben, das Leben müsse eben so sein. Ihr könnt alles aus euch machen, was ihr zu sein wünscht. Das, was ihr innerlich erreicht habt, bestimmt euren Erfolg. Wenn ihr innerlich leer seid, seid ihr auch nicht glücklich. Und wenn ihr äußerlich nichts besitzt, innerlich aber glücklich seid, habt ihr wahren Erfolg erlangt. Ihr könnt die Leute also nicht nach ihren äußeren Umständen beurteilen. Unter den Menschen, die euch hier umgeben, mag jemand sein, der einen hohen geistigen Bewusstseinszustand erreicht hat, der wahren Seelenfrieden besitzt und innerlich glücklich ist.

Deshalb bringt uns sittlicher Erfolg – das heißt, frei sein von der Tyrannei schädlicher Gewohnheiten und Triebe – mehr Glück als materieller Erfolg. Sittlicher Erfolg führt zu einem seelischen Glück, das euch durch keine äußeren Umstände genommen werden kann. Ihr könnt eure ganze Zeit damit verbringen, Geld zu verdienen, doch das wird euch nicht den bleibenden Trost und die Sicherheit geben, die ihr ersehnt. Es wird euch im Gegenteil mehr Unglück bringen, denn Frieden und Glück hängen von euren Gedanken und nicht von irgendwelchen Dingen ab. Wenn ihr euch nicht die Zeit nehmt, euren Geist zu disziplinieren, kann kein noch so großer Besitz euch zufriedenstellen. Diese Disziplinierung ist kein qualvoller Prozess, sondern eine Bewusstseinsschulung, damit ihr so zu denken und zu handeln lernt, dass ihr wahres Glück findet.

Euer Glück ist euer Erfolg, deshalb lasst es euch von niemandem rauben. Schützt euch vor solchen Menschen, die versuchen, euch unglücklich zu machen. Als ich noch jung war, wurde ich sehr ungeduldig, wenn jemand eine Unwahrheit über mich erzählte. Doch dann stellte ich fest, dass es viel besser ist, ein ruhiges Gewissen zu haben, als von den Menschen anerkannt zu werden. Das Gewissen ist intuitive Vernunft, die euch die Wahrheit über euch selbst und eure Beweggründe vermittelt. Wenn euer Gewissen rein ist, wenn ihr wisst, dass ihr das Richtige tut, braucht ihr euch vor nichts zu fürchten. Ein reines Gewissen spiegelt die Anerkennung Gottes wider. Haltet euch makellos vor dem Tribunal eures Gewissens, dann werdet ihr glücklich sein und Gottes Segen empfangen.

Wenn ihr nicht genug Geld verdient, dann habt ihr euch nicht genügend darauf konzentriert; und wenn ihr nicht glücklich seid, dann habt ihr euch nicht darauf konzentriert, glücklich zu werden. Der Maulesel, der einen Sack Gold auf seinem Rücken trägt, kennt den Wert dieser Last nicht. Ähnlich verhält es sich mit dem Menschen: Er fühlt nur die schweren Lasten, die ihm das Leben auferlegt, und hofft, am Ende des Weges vielleicht etwas Glück zu finden; doch er erkennt nicht, dass er die höchste und ewig währende Glückseligkeit der Seele bereits in sich trägt. Weil er sein Glück in äußeren Dingen sucht, weiß er nicht, dass er die höchste Glückseligkeit bereits im eigenen Innern besitzt.

Betrachtet eure Pflichten aus der richtigen Perspektive

Die Yoga-Lehre rät euch nicht dazu, euren weltlichen Pflichten zu entfliehen. Sie lehrt euch, euren Geist mit Gedanken an Gott zu erfüllen und dort, wo Er euch hingestellt hat, eure Rolle in der Welt zu spielen. Wenn ihr euch nach einem Leben der Abgeschiedenheit in den Wäldern oder Bergen sehnt und meint, dass ihr dort frei von Pflichten wäret und Gott finden könntet, dann müsst ihr auch die Willenskraft haben, Tag für Tag dort in Meditation zu verbringen. Solche Bemühungen sind gewiss empfehlenswert. Doch besser ist es, in der Welt zu leben, ohne weltlich zu sein – eure wahren Pflichten zum Wohl anderer Menschen zu erfüllen, während eure Gedanken immer bei Gott sind. »Keiner, der die Arbeit scheut, erreicht Vollkommenheit ... O Arjuna, vollbringe all deine Handlungen, während du dich in den Yoga vertiefst und jede Anhänglichkeit (an die Früchte deines Handelns) vermeidest.«[3]

Ihr müsst eure größeren und kleineren Pflichten aus der richtigen Perspektive sehen. Auch darf die eine Pflicht nicht mit

---

[3] Bhagavad-Gita III, 4 und II, 48.

einer anderen in Widerspruch stehen. In den Sanskrit-Schriften gibt es ein göttliches Gesetz – eines der schönsten Gesetze, das der Welt je gegeben wurde: »Wenn eine Pflicht im Widerspruch zu einer anderen steht, dann ist es keine wahre Pflicht.« Wenn ihr euch auf Kosten eurer Gesundheit um finanziellen Gewinn bemüht, erfüllt ihr nicht die Pflicht eurem Körper gegenüber. Wenn ihr so fanatisch in der Ausübung eurer Religion seid, dass ihr eure materiellen Pflichten vernachlässigt, seid ihr kein ausgeglichener Mensch; ihr habt zugelassen, dass eine bestimmte Pflicht im Widerspruch zu eurer Verantwortung der Familie und dem Körper gegenüber steht. Wenn ihr eure Pflicht Gott gegenüber aus den Augen verliert, weil ihr so viel Aufhebens von eurer Familie macht, so ist ein solcher Aufwand keine wahre Pflicht.

Viele fragen sich: »Sollen wir uns zuerst um materiellen Erfolg bemühen, damit wir unseren weltlichen Verpflichtungen nachkommen können, und erst dann Gott suchen? Oder sollen wir uns zuerst um Gott bemühen und dann um Erfolg?« Auf jeden Fall kommt Gott zuerst. Beginnt und beendet euren Tag nie, ohne euch in tiefer Meditation mit Ihm in Verbindung zu setzen. Wir dürfen nicht vergessen, dass wir keine unserer Pflichten erfüllen könnten, wenn Gott uns nicht die Kraft dazu verliehen hätte. Deshalb steht unsere Pflicht Gott gegenüber an erster Stelle. Wenn ihr eure anderen Pflichten erfüllt, aber Gott vergesst, gefällt Ihm das ganz und gar nicht. Das ideale Verhalten besteht darin, alle Pflichten nur aus einem Wunsch zu erfüllen: Gott Freude zu bereiten.

Wenn wir nun sagen, wir sollten Gott suchen und ebenfalls unsere materiellen Pflichten erfüllen, so klingt das gut. Doch wenn ihr nicht tief und regelmäßig meditiert, sodass euer Bewusstsein sich *zuerst in Gott verankert*, wird die Welt all eure Aufmerksamkeit in Anspruch nehmen, und ihr werdet keine Zeit mehr für Ihn finden. Solange ihr nicht in dem Bewusstsein lebt, dass Gott bei euch ist, werden eure materiellen Pflichten gewöhnlich zu einer Last. Doch wenn ihr euch Gott immer nahe fühlt und eure Pflichten in Gedanken an Gott erfüllt, könnt ihr der glücklichste Mensch sein. »Meine Verehrer, die ständig an Mich denken, die sich Mir völlig anheimgegeben haben, die sich gegenseitig zur Erleuchtung verhelfen und immer von Mir künden, sind zufrieden und glücklich.«[4] Wenn ich nicht die Schulung meines Gurus Swami Sri Yukteswar gehabt hätte, durch die ich das göttliche Bewusstsein erlangte, hätte ich schon lange den Mut verloren, als ich mich bemühte, den Menschen zu helfen und dieses Werk aufzubauen, und manchmal Schläge erhielt statt Unterstützung.

Ich pflegte Guruji vorzuhalten, dass Organisationen Wespennester seien. Jeder erwarte nur Vorteile für sich selbst. Doch ich habe Folgendes festgestellt: Wenn Gott zuerst kommt, wird eine geistige Organisation zu einem Bienenstock, in dem Gott der Honig ist, der die Menschen mit göttlicher Liebe und göttlichem Frieden nährt. Wenn ihr über andere mit der Einstellung herrscht: »Ich bin der König«, werden sie euch bald vom Thron stürzen. Doch wenn ihr die Menschen mit aufrichtiger Liebe leitet, könnt ihr zu einem König der Herzen werden.

Zweifellos spiegelt sich eure Liebe mehr in aufrichtigen Herzen wider, und wenn ihr alle unterschiedslos liebt, könnt ihr diejenigen erkennen, welche diese Liebe erwidern. Jesus spielte darauf an, als er die Hingabe der Frau rechtfertigte, die sein Haupt mit kostbarem Öl gesalbt hatte,[5] und als er von dem »guten Teil« sprach, das Maria erwählt hatte, als sie versunken zu seinen Füßen saß, anstatt ihrer Schwester Martha bei der Betreuung der anderen Gäste zu helfen.[6]

Die Göttliche Liebe ist unvergleichlich

Wenn ihr nur wüsstet, welch inniges Verhältnis manche Wahrheitssucher zu Gott haben! Kein anderes Erlebnis lässt sich mit dieser Freude vergleichen. Ich kannte einen Heiligen, der so tief in Gott versunken war, dass sein Antlitz wahre Göttlichkeit ausstrahlte. Ich erkundigte mich nach seinem Familienleben, und er sagte: »Das ist vorbei und vergessen. Ich kenne jetzt kein anderes Leben als das mit Gott.«

Ich erzählte ihm von meinem Vater und wie viel er für mich getan hatte. Er meinte: »Du bist undankbar. Du hast

---

[4] *Bhagavad-Gita* X, 9.
[5] *Matthäus* 26, 7–13.
[6] *Lukas* 10, 39–42.

vergessen, dass der Himmlische Vater dir deinen guten irdischen Vater gegeben hat. Als ich den Ruf Gottes vernahm, überlegte ich mir Folgendes: ›Wenn ich nun sterben sollte, wer wird sich dann um meine Familie kümmern? Der Eine, der mir das Leben geschenkt hat, wird für sie sorgen.‹ Ich *wusste*, dass Er dies tun wird.« Und Gott hat ihm geholfen, weil er sein Leben in aller Aufrichtigkeit Gott allein geschenkt hatte.[7]

»Wer Mich überall wahrnimmt und alle Dinge in Mir, der verliert Mich nie aus den Augen, noch verliere Ich ihn je aus den Augen.«[8] Mein Geliebter verbirgt sich in den Blumen, blickt durch das schimmernde Fenster des Mondes und spielt in jedem Winkel der Natur Verstecken mit mir. Durch den Schleier der Natur, den Schleier der Täuschung beobachtet Er mich ständig.

Überseht nie den Großen Liebenden, der sich hinter allen menschlichen Liebhabern verbirgt. Lasst nicht weltliche Liebe euer Herz einnehmen, lasst es in göttlicher Liebe erglühen. Diese Liebe ist unübertrefflich. Sobald die göttliche Liebe Besitz von eurem Herzen ergreift, wird euer ganzer Körper von einer seligen Stille erfüllt: »Als der Meister des Universums in meinen Körpertempel trat, hörte mein Herz auf zu schlagen, und alle Zellen meines Körpers stellten ihre Funktionen ein. Sie verharrten gebannt und lauschten der Stimme des Unsterblichen Lebens – der Stimme des Liebenden, der alle liebt und der das Leben aller Leben ist. Mein Herz, mein Gehirn und alle Zellen meines Körpers waren wie elektrisiert – durch Seine Gegenwart unsterblich geworden.« Derart ist die Liebe des Herrn.

Das Leid, das durch Hass und Kriege verursacht wird, beweist, dass Geistigkeit und Güte die höheren Kräfte sind. Hass zerstört, und Liebe baut auf wie keine andere Kraft. Deshalb,

---

[7] Zu dem Gottsucher, dessen Seele frei von allen irdischen Wünschen ist und an nichts mehr hängt, der in der höchsten Liebe zu Gott verankert ist, spricht der Herr: »Gib alle anderen Dharmas (Pflichten) auf und denke nur noch an Mich; Ich will dich von allen Sünden befreien (die aus dem Versäumnis dieser geringeren Pflichten entstehen).« (Bhagavad-Gita XVIII, 66)

[8] Bhagavad-Gita VI, 30, eine von Paramahansaji oft zitierte Stelle, die er wörtlich wie folgt übertragen hat: »Wer Mich überall schaut und alle Dinge in Mir enthalten sieht, der verliert Mich nie aus den Augen, noch verliere Ich ihn je aus den Augen.«

liebe Freunde, lernt aus der Torheit des Hasses und dem Wahnsinn des Krieges und schenkt eure Liebe Gott. Nichts anderes als Seine Liebe wird zu einem Erfolg, der euch alles erfüllt. Liebe allein wird der Welt wahre Erfüllung bringen. Wenn alle Nationen einander schätzten und darauf bedacht wären, sich gegenseitig zu helfen – nicht durch Gewalt und unfaire Methoden, sondern durch Liebe und Güte –, gäbe es für die ganze Welt wahren und dauerhaften Erfolg.

Bedenkt die Milliarden, die in einem Krieg ausgegeben werden, damit sich die Menschen gegenseitig töten können! Welche Schande für die Menschheit! Wo soll das alles hinführen? Nur zu Leid und Zerstörung. Diesem Elend kann allein durch die Liebe ein Ende gesetzt werden. Solange eine Nation immer wirksamere Abwehrwaffen baut, werden andere Nationen versuchen, noch mehr aufzurüsten, um sich zu verteidigen; und die Menschen werden ständig in Angst und Schrecken leben. Warum bemühen sich nicht alle Länder um Liebe und Verständnis, anstatt sich zu hassen und Kriege zu stiften?

Eine Universal-Religion der Liebe ist die einzige Lösung. Liebe verhilft euch zum Sieg und macht euch zu Eroberern. Jesus war einer der größten Eroberer, nicht wahr? Ein Eroberer der Herzen.

Die Kraft hinter allen Kräften

Zuallererst müsst ihr Erfolg beim Meister des Universums haben. Ihr lasst euch so sehr in eure materiellen Pflichten verwickeln, dass ihr meint, für Gott keine Zeit mehr zu haben. Was aber, wenn Gott sagte, Er habe keine Zeit, euer Herz schlagen und euer Gehirn denken zu lassen? Wie stünde es dann um euch? Er ist die *Liebe* hinter jeder Liebe. Er ist die *Vernunft* hinter aller Vernunft. Er ist der *Wille* hinter jedem Willen, der *Erfolg* hinter allen Erfolgen, die *Kraft* hinter allen Kräften. Er ist das Blut in euren Adern, der Atem hinter euren Worten. Wenn Er Seine Kraft zurückzieht, wird meine Stimme verstummen, und ich werde nichts mehr sagen können. Wenn Seine Kraft sich nicht durch unsere Herzen und Köpfe Ausdruck verschaffte, würden wir für immer verstummen. Denkt also immer daran: Die wichtigste Pflicht in eurem Leben ist eure Pflicht Gott gegenüber.

Es ist nützlich, Gott zuerst zu suchen

Alle heiligen Schriften lehren: »Trachtet am ersten nach dem Reich Gottes.«[9] Ihr könnt aber beobachten, wie die Leute die geistigen Lehren, die sie lesen oder in der Kirche hören, nicht in ihr tägliches Leben einbeziehen. Wenn ihr die Gesetze der Wahrheit beherzigt und anwendet, werdet ihr erkennen, wie nützlich alle spirituellen, geistigen und physischen Gesetze sind. Wer die heiligen Schriften nur oberflächlich liest, gewinnt nichts daraus. Doch wenn ihr euch auf die Wahrheiten, die ihr lest, konzentriert und wirklich daran glaubt, werden diese euch helfen. Vielleicht möchtet ihr gern glauben; ihr mögt sogar denken, dass ihr glaubt; aber sobald ihr wirklich glaubt, stellt sich das Ergebnis augenblicklich ein.

Es gibt verschiedene Stufen des Glaubens. Manche Leute glauben überhaupt nicht. Andere möchten gern glauben, wieder andere glauben ein wenig, und noch andere glauben nur so lange, bis ihr Glaube geprüft wird. Wir sind uns unserer Überzeugungen so lange sicher, bis ihnen widersprochen wird; dann sind wir verwirrt und werden unsicher. Der Glaube ist intuitive Überzeugung, ein Wissen der Seele, das selbst durch Widersprüche nicht erschüttert werden kann.

Das Gebot der heiligen Schriften, man solle Gott zuerst suchen, ist sehr nützlich. Denn wenn ihr Ihn einmal gefunden habt, könnt ihr euch Seine Kraft zunutze machen und euch mit den Dingen versorgen, die ihr tatsächlich benötigt – wie es euch euer gesunder Menschenverstand eingibt. Vertraut diesem Gesetz. Wenn ihr mit Gott im Einklang seid, wird euch der Weg zu wahrem Erfolg gezeigt, und der besteht in einem Ausgleich spiritueller, geistiger, sittlicher und materieller Errungenschaften.

Haltet an dem Gedanken fest: Ich muss Gott finden. Dieser Gedanke sollte den ganzen Tag über in eurem Geist vorherrschen – besonders während der freien Augenblicke zwischen euren verschiedenen Pflichten. Lenkt eure Aufmerksamkeit auf die wichtigen Dinge im Leben. Zu viel Zeit wird mit oberflächlichen Beschäftigungen vergeudet. Wenn ich mit meinen

---

[9] *Matthäus* 6, 33.

Das Verwaltungsgebäude im internationalen Hauptsitz der Self-Realization Fellowship im Jahre 1996. Es steht auf einem 7,5 ha großen Grundstück auf der Anhöhe von Mt. Washington, mit Blick über Los Angeles. Von hier aus wird die *Kriya-Yoga*-Lehre, die Paramahansa Yogananda in den Westen brachte, in der ganzen Welt verbreitet.

Das von Sri Yogananda 1936 gegründete Ashram-Zentrum der Self-Realization Fellowship in Encinitas, Kalifornien. In der Einsiedelei (direkt am Steilufer über dem Pazifischen Ozean gelegen) verfasste er die *Autobiographie eines Yogi* und andere Werke. Heute zieht die Stätte Besucher aus aller Welt an, die kommen, um einige Zeit im SRF-Retreat zu verbringen oder den schönen Meditationsgarten oben auf der Klippe zu genießen.

(*links*) Der Autor mit dem Präsidenten von Mexiko, Dr. Emilio Portes Gil, einem großen Bewunderer Sri Yoganandas und dessen Lehre, Mexiko-Stadt, 1929. (*rechts*) Begrüßung des indischen Botschafters in den USA, Binay R. Sen, dessen Gemahlin Madame Sen und des Generalkonsuls M. R. Ahuja im internationalen Hauptsitz der SRF, 4. März 1952.

Die konzentrierte Kraft der Aufmerksamkeit führt zum Erfolg 325

Schülern zusammen bin, lenke ich ihre Aufmerksamkeit immer auf Gott. Manchmal sagen sie: »Wie schön das Meer doch ist« oder »Wie herrlich dieser Garten ist«,[10] und dann sage ich ihnen: »Seid still, ihr braucht nicht die ganze Zeit etwas zu sagen. Geht nach innen, dann werdet ihr die göttliche Herrlichkeit hinter aller Schönheit schauen.«

Die meisten Menschen gleichen Schmetterlingen, die ziellos umherflattern. Es scheint, dass sie nirgendwohin gelangen und nur kurz einmal innehalten, um dann wieder auf etwas anderes zuzufliegen, das sie verlockt. Die Biene ist fleißig und bereitet sich auf schwere Zeiten vor. Doch der Schmetterling lebt nur für den heutigen Tag. Wenn der Winter kommt, ist der Schmetterling verschwunden, während die Biene genügend Nahrung gesammelt hat, um von ihr zu leben. Wir müssen lernen, den Honig göttlichen Friedens und göttlicher Kraft zu sammeln und zu speichern.

Ruhelose menschliche »Schmetterlinge« interessieren sich vor allem für Filme und sinnlose Tätigkeiten. Wenn Gott bei euch den ersten Platz einnimmt, ist es in Ordnung, ab und zu ins Kino zu gehen, doch meistens ist das Zeitverschwendung. Als Anfänger auf dem geistigen Weg solltet ihr ruhige Orte aufsuchen, an die ihr euch regelmäßig zurückziehen könnt, um allein zu sein und nur an Gott zu denken. Wenn ihr aber mit anderen Menschen zusammen seid, widmet euch ihnen voll und ganz. Schenkt ihnen eure Liebe und Aufmerksamkeit. Doch nehmt euch immer Zeit, mit Gott allein zu sein. Ich empfange nur selten jemanden am Morgen; das sind meine Stunden der Abgeschiedenheit. Geht nicht so oft auf Partys. Dort werdet ihr kaum euer Glück finden. Achtet auf guten Umgang. Kommt mit weisen Menschen oder guten Freunden zusammen, die eure Gedanken auf geistige Dinge lenken, und bemüht euch vor allem darum, Gott näherzukommen.

---

[10] Das Ashramzentrum der Self-Realization Fellowship in Encinitas, Kalifornien, liegt auf einer Anhöhe mit Ausblick auf den Ozean. Dieses Grundstück wie auch dasjenige des Hauptsitzes in Los Angeles ist wunderbar angelegt und spiegelt Gottes Schönheit in der Natur wider.

Überwindung geistiger Grenzen durch die Meditation

Wertvolle Bücher zu lesen ist weit besser, als die Zeit mit törichten Dingen zu verbringen. Besser aber noch als das Bücherlesen ist die Meditation. Richtet eure Aufmerksamkeit nach innen. Dann werdet ihr neue Kraft und neuen Frieden in Körper, Geist und Seele fühlen. Das Problem bei eurer Meditation ist, dass ihr nicht so lange meditiert, bis sich Ergebnisse einstellen. Deshalb habt ihr auch keine Vorstellung von der Kraft eines konzentrierten Geistes. Wenn ihr ein Glas mit schlammigem Wasser eine Weile stehen lasst, setzt sich der Schlamm am Boden nieder, und das Wasser wird klar. Und wenn sich in der Meditation der Schlamm eurer ruhelosen Gedanken zu setzen beginnt, kann sich allmählich die Kraft Gottes im klaren Wasser eures Bewusstseins widerspiegeln.

Wisst ihr auch, warum einige Menschen nie in der Lage sind, gesund zu werden oder genug Geld zu verdienen, ganz gleich, was sie unternehmen? Zunächst einmal tun die meisten Leute alles nur halbherzig. Sie gebrauchen nur ein Zehntel ihrer Aufmerksamkeit. Darum gelingt ihnen auch nichts richtig. Außerdem mag es an ihrem Karma liegen, den Folgen ihrer früheren falschen Handlungen, dass sie eine chronische Neigung zu Fehlschlägen haben. Akzeptiert aber keine karmischen Begrenzungen. Glaubt nie, dass ihr irgendetwas nicht schaffen könntet. Wenn euch manches nicht gelingt, so deshalb nicht, weil ihr euch eingeredet habt, dass ihr es nicht könnt. Doch wenn ihr euren Geist davon überzeugt, dass ihr die nötige Kraft zum Erfolg habt, könnt ihr alles vollbringen! Durch wahre Gottverbundenheit könnt ihr von einem sterblichen Wesen zu einem unsterblichen Wesen werden. Und dann werden alle Ketten gesprengt, die euch hemmen. Das ist ein wichtiges Gesetz, an das wir uns erinnern müssen. Sobald eure Aufmerksamkeit fest auf etwas gerichtet ist, wird die Höchste Kraft euch beistehen, sodass ihr in spiritueller, geistiger und materieller Hinsicht Erfolg habt. Ich habe diese Kraft immer wieder in meinem Leben angewandt, auch ihr könnt es. Ich weiß, dass Gottes Kraft niemals versagt. Wenn andere Kräfte, die ihr erlangt habt, euch ein wenig Erfolg bringen, ist dieser nicht von Dauer. Erst wenn eure Aufmerksamkeit sich auf

Die konzentrierte Kraft der Aufmerksamkeit führt zum Erfolg

Gott konzentriert, leuchtet sie wie ein großes Licht, das euch Gott offenbart.

Wenn irgendein Problem euch zu schaffen macht – wenn ihr keine Lösung findet und keiner euch helfen kann –, taucht ein in die Meditation. Meditiert, bis ihr die Lösung gefunden habt. Sie wird kommen. Ich habe dies hundertmal erlebt und weiß, dass die konzentrierte Kraft der Aufmerksamkeit nie versagt. Sie ist das Geheimnis des Erfolges. Konzentriert euch so lange, bis eure Konzentration vollkommen geworden ist. Dann bemüht euch um das, was ihr euch wünscht. Als sterbliche Wesen seid ihr begrenzt, doch als Kinder Gottes habt ihr keine Grenzen. Richtet eure Konzentration auf Gott. Konzentration ist alles. Geht zuerst nach innen, lernt eure Gedanken zu sammeln und Gottes Kraft zu fühlen. Dann bemüht euch um materiellen Erfolg. Wenn ihr euch Gesundheit wünscht, wendet euch zuerst an Gott und setzt euch mit dem Kosmischen Leben in Verbindung, das hinter allem Leben steht; dann befolgt die Gesundheitsregeln. Ihr werdet sehen, dass dies viel wirksamer ist, als wenn man sich nur auf Ärzte verlässt. Setzt euch mit Gott in Verbindung, und dann bemüht euch um Gesundheit oder um finanzielle Mittel oder um einen Lebenspartner.

Wenn ihr Antwort von Gott erhalten wollt, müsst ihr tief meditieren. Eure Meditationen müssen von Tag zu Tag tiefer werden. Dann werdet ihr feststellen, dass eure konzentrierte Aufmerksamkeit all eure unzulänglichen Gedanken ausbrennt und dass die Kraft Gottes in euch einströmt. Diese Kraft kann alle Samen von Fehlschlägen vernichten.

Lasst in eurer Aufmerksamkeit nicht nach

Als ich mit diesem geistigen Weg begann, war ich sehr ruhelos während der Meditation; aber dann kam die Zeit, in der ich 48 Stunden lang tief versunken in göttlicher Ekstase sitzen konnte. Stellt euch diese Kraft vor! Konzentriert euch auf diese Kraft.

Nutzt eure Zeit gut, vergeudet sie nicht. Manchmal wollt ihr in die Stadt fahren, um schnell etwas zu besorgen, was ihr braucht, doch wie leicht lasst ihr euch dann von anderen Dingen ablenken. Und bevor ihr es gewahr werdet, sind Stunden vergangen. Am Ende des Tages stellt ihr fest, wie sehr ihr eure Aufmerksamkeit zerstreut habt. Damit hat sie ihre ganze Wirksamkeit verloren. Der Geist gleicht einer Tüte voller Senfkörner. Wenn ihr diese Körner auf den Boden schüttet, ist es nicht leicht, sie wieder aufzusammeln. Eure Konzentration muss so kraftvoll sein wie ein Staubsauger, der die verstreuten Saatkörner der Gedanken wieder einsaugt.

Wenn ihr am Ende des Tages eure Pflichten erfüllt habt, zieht euch zurück und setzt euch ruhig hin. Nehmt ein gutes Buch zur Hand und lest aufmerksam darin. Dann meditiert lange und tief. Auf diese Weise werdet ihr viel mehr Frieden und Glück finden, als wenn ihr euch in ruhelose Tätigkeiten stürzt und eure Gedanken wild in alle Richtungen schweifen lasst. Wenn ihr meint, dass ihr meditiert, während euer Geist die ganze Zeit zerstreut umherwandert, täuscht ihr euch. Sobald ihr jedoch gelernt habt, euch auf Gott zu konzentrieren, lässt sich das mit nichts anderem vergleichen. Probiert es einmal aus. Haltet ein Picknick, macht einen Stadtbummel, geht mit Freunden auf eine Party; und am Ende des Tages seid ihr nervös und ruhelos. Wenn ihr es aber zur Gewohnheit macht, zu Hause allein zu meditieren, werdet ihr große Kraft und großen Frieden in euch einströmen fühlen. Und diese werden euch sowohl während eurer Tätigkeit als auch in der Meditation begleiten. Abgeschiedenheit ist der Preis, den man für wahre Größe zahlen muss.

Wer seine Aufmerksamkeit auf Gottes Kraft richtet, wird auf jedem Gebiet Erfolg haben

Große Menschen tun alles mit ganzer Aufmerksamkeit. Diese Kraft kann man durch Meditation voll entwickeln. Wenn ihr von dieser konzentrierten göttlichen Kraft Gebrauch macht, könnt ihr sie auf alles richten und Erfolg haben. Nutzt sie, um Körper, Geist und Seele zu entwickeln.

Deshalb, liebe Freunde, möchte ich mit folgenden Worten schließen: Richtet eure Aufmerksamkeit auf Gott, dann werdet ihr alle Kraft erlangen, die ihr jemals braucht. Und wenn ihr regelmäßig die von der Self-Realization Fellowship gelehrten, wissenschaftlichen Methoden der Konzentration und Meditation befolgt, werdet ihr sehen, dass es keinen schnelleren und sichereren Weg gibt, euch mit Gott zu vereinigen.

Beschleunigung der menschlichen Entwicklung

Buffalo, New York, 29. Mai 1927[1]

Habt ihr einmal darüber nachgedacht, wie ihr euer Leben verbringt? Nur wenige von uns wissen, wie viel wir in unser Leben hineinlegen und aus ihm herausholen können – vorausgesetzt, wir gehen richtig, weise und sparsam damit um. Als Erstes sollten wir keine Zeit vergeuden; ein Leben nach dem anderen geht dahin, bevor wir endlich aufwachen, und deshalb verstehen wir auch nicht den unschätzbaren Wert der Zeit, die Gott uns geschenkt hat. Wir verbringen zu viel Zeit damit, umherzujagen, ohne etwas zu erreichen. Wir sollten innehalten, nachdenken und zu verstehen versuchen, was das Leben uns geben kann. Die meisten Leute denken überhaupt nicht richtig nach; alles, was sie tun, ist: essen, schlafen, arbeiten und sterben.

Die durchschnittliche Lebensdauer beträgt 60 Jahre, aber wisst ihr auch, wie viele Jahre ihr in Wirklichkeit lebt? Die meisten Leute schlafen zwischen sechs und zehn Stunden am Tag – das macht ein Drittel ihres Lebens aus. 20 bis 25 Jahre werden also in einem unbewussten Zustand verbracht. Es bleiben dann noch 35 bis 40 Jahre übrig. Etwa fünf bis zehn Jahre gehen mit leerem Gerede, mit Klatsch oder Vergnügen verloren. Das verringert die Zahl auf 30, und was tut ihr während dieser 30 Jahre? Ihr müsst essen, euch ausruhen und natürlich auch arbeiten. Arbeit ist nötig, weil man das »Tier«, den Körper, am

---

[1] Aufzeichnungen, die in einer frühen Ausgabe des *Self-Realization Magazine* abgedruckt wurden. Auszüge dieses Artikels wurden später unter Paramahansajis Anleitung revidiert und in verschiedenen SRF-Veröffentlichungen herausgegeben, darunter auch in den späteren Ausgaben des *Self-Realization Magazine* und in den *Lehrbriefen der Self-Realization Fellowship*. Der Vortrag erscheint hier wieder als Ganzes.

Leben erhalten muss, und das beansprucht den größten Teil eurer Zeit. Wenn ihr also euer Leben genau untersucht, bleiben euch kaum zehn Jahre!

Sobald ihr morgens aufwacht, denkt ihr gleich an Kaffee und Toast – ihr toastet euch selbst, wenn ihr nur an das Frühstück denkt. Ihr schenkt Gott keinen Gedanken, der euren Geist erfrischen könnte, und dann eilt ihr zur Arbeit. Die Stunden vergehen – ihr habt es immer eilig, sorgt euch, und mittags gibt es Kaffee und Krapfen; ihr ernährt euch nicht einmal richtig! Es wird Abend, und ihr geht ins Kino oder zum Tanzen. Ihr kommt spät abends nach Hause, geht ins Bett, steht morgens auf und beginnt mit dem Gedanken an das Frühstück wieder denselben Kreislauf. Auf diese Weise also verbringt ihr euer Leben.

Der Sinn des Lebens besteht darin, Wissen und Weisheit zu erwerben

Während der 60 Jahre eures Lebens benötigt ihr schon allerlei, um das körperliche Vehikel in gutem Zustand zu erhalten; doch das ist nicht der einzige Sinn des Lebens. Ihr braucht bestimmt keine Millionen, um euch gut zu kleiden und zu ernähren; ihr braucht keinen großen Aufwand, nur um das »Tier«, den Körper, zu füttern und zu versorgen. Das Leben hat einen viel tieferen Sinn. Diese Welt ist eine große Schule, in der wir ständig nach mehr Wissen und größerer Weisheit streben sollten.

Fragt euch einmal, wie viele gute Bücher ihr bisher gelesen habt. Jeden Tag werden etwa zwei Dutzend neue Bücher in Amerika gedruckt – über Ethik, Musik, Literatur, Botanik, Logik, Wissenschaft, heilige Schriften, unsterbliche Wahrheiten. Wie könnt ihr all dieses Wissen noch in eure zehn Lebensjahre hineinpacken? Außerdem wird nicht jeder sechzig Jahre alt, dazu muss man Glück haben. Wie könnt ihr sicher sein, dass euer Leben nicht durch eine Krankheit verkürzt wird? Dennoch vertrödelt ihr eure Zeit und geht zu Bridgeparties! Ich habe nichts dagegen einzuwenden, wenn ihr dies aus guten Gründen tut. Aber wollt ihr wirklich eure Zeit so verplempern, indem ihr auf dem Gehsteig steht und die vielen Menschen vorüberziehen seht oder euch die zahllosen Dinge in den Schaufenstern anschaut, die ihr nicht braucht, aber dennoch kaufen wollt? Wollt ihr eure Zeit wirklich so am Wegrand verschwenden?

Wie nun könnt ihr all die Dinge lernen, die ihr noch wissen wollt? Sehnt sich euer Herz nicht danach, alles zu lernen, was es Wissenswertes in der Welt gibt? Wie ist es dem Durchschnittsmenschen möglich, all diese Weisheit zu erlangen? Wie könnt ihr Zeit finden, um Schriften über Jesus, von Aristoteles und von all den großen Dichtern zu lesen? Das Leben scheint aussichtslos kurz, wenn wir uns das überlegen. Ihr lest ein paar Bücher und denkt, ihr wüsstet schon alles. In den Städten gibt es wunderbare Bibliotheken, doch nur wenige Leute suchen diese auf. Denkt an all das Wissen und all die Weisheit, welche die Menschen in der Schule des Lebens erworben haben. Wie kann euer Gehirn all das in den paar verbleibenden Jahren noch aufnehmen? Ist das überhaupt möglich? Solange ihr auf Erden lebt, solange eure Augen noch die Sterne sehen, solange ihr euch an Gottes Sonnenschein erfreut und Seine Luft einatmet, werdet ihr auch nach immer mehr Wissen verlangen.

Die meisten Leute wandern mit leerem Kopf durch das Leben. Sie meinen, dass sich in ihrem Kopf ein Gehirn befinde – sie *meinen* es aber nur. In Wirklichkeit sind sie innerlich leer. »O ja, ich habe eine wunderbare Bibliothek zu Hause. Die kann ich Ihnen gern zeigen, wenn Sie mich mal besuchen.« Sie sieht zwar schön aus, wird aber nie benutzt. Bände über Musik, Dichtkunst, Wissenschaft und alle möglichen Themen sind vorhanden. Wenn ihr an all die Dinge denkt, die ihr noch lernen wollt, solltet ihr eure Zeit nicht vergeuden. Ihr seid die meiste Zeit unzufrieden, weil sich euer Geist nicht mit wertvollen Gedanken beschäftigt. Denkt an Plato, Shakespeare, Maeterlinck, Shankara und deren Werke. Welch ein Vorrecht ihr habt! Dank der wunderbaren Werke dieser Großen könnt ihr euch jederzeit mit ihnen auseinandersetzen. Stattdessen aber denkt ihr immer daran, welche Show ihr euch als Nächstes ansehen wollt.[2]

Sicher ist es gut, sich dann und wann unterhalten zu lassen;

---

[2] In späteren Vorträgen, als das Fernsehen die ersten Unterhaltungssendungen brachte, warnte Paramahansaji davor, dass dieses machtvolle Medium Verstand und Zeit der Zuschauer völlig in Beschlag nehmen könnte.

doch wenn ihr euer ganzes Leben mit nutzlosem Zeitvertreib verbringt und über andere klatscht – das heißt, wenn ihr an den Fehlern anderer mehr interessiert seid als an euren eigenen –, seid ihr die Verlierer. Zuerst müsst ihr euer eigenes Haus gründlich säubern!

Wie sehr ihr doch euer Interessengebiet begrenzt! Ein Schneider starb eines Nachts und kam in den Himmel. Am nächsten Morgen begann er nach einer Singer-Nähmaschine Ausschau zu halten. Er hatte seine begrenzten Gewohnheiten noch nicht abgelegt, obgleich er im Himmel keine Kleider mehr brauchte, er war in Licht-Gewänder gehüllt. Auch ihr verschwendet kostbare Zeit mit unwichtigen Dingen, während ihr von den Schätzen Gottes umgeben seid, die überall auf euch warten.

Die Weisheit klopft an eure Tür und bittet sanft: »Lass mich ein«, aber es erfolgt keine Antwort – kein Gedanke und keine Reaktion. Billige Sensationsromane preisen sich euch mit rauchiger Stimme an, und sofort eilen eure Gedanken ihnen entgegen und widmen sich ihnen mit offenem Herzen. Auf diese Weise entwickelt ihr einen Geschmack für niedere Dinge. Wenn ihr eine Vorliebe für verdorbenen Käse entwickelt habt, verliert ihr euren Geschmack für guten, frischen Käse. Und wenn euer Interesse auf niedere Dinge gerichtet ist, verliert ihr das Interesse an besseren Angeboten. Ihr meint sogar, ihr könntet gar nicht anders, denn die zwingende Kraft der Gewohnheiten ist sehr groß. Entwickelt die gute Gewohnheit, in diesem Leben wertvolle Interessen zu verfolgen.

Plant eure Lebenszeit. Lest die besten Bücher aus aller Welt; vergeudet eure Zeit nicht damit, unkritisch alles Mögliche zu lesen. Lest etwas über Medizin, über Astronomie, über Naturwissenschaften und über die heiligen Schriften. Doch ihr müsst einem Gebiet den Vorrang geben – ihr müsst eure Berufung finden. Wenn ihr euch in der Meditation mit der Kosmischen Schwingung in Verbindung setzt,[3] werdet ihr an das

---

[3] Hinweis auf die Meditationstechnik der Self-Realization Fellowship, in der man sich auf Gott als Oм [siehe Glossar] konzentriert. Der Oм-Schwingung liegt das Christusbewusstsein oder die Universale Intelligenz zugrunde. Daher bringt das Eintauchen in das Oм den Meditierenden in Verbindung mit der Unendlichen Quelle göttlicher Führung und Weisheit.

richtige Ziel geführt; dann werdet ihr den Beruf finden, für den ihr bestimmt seid. Konzentriert euch darauf, dass ihr euch hervorragende Kenntnisse in eurem Berufszweig erwerbt. Manche probieren zehn verschiedene Berufe aus und bringen es in keinem zu etwas. Als Anfänger in eurer Selbstvervollkommnung könnt ihr euch nicht alles über viele Wissensgebiete aneignen; lernt etwas über alle Gebiete, und alles über ein bestimmtes Gebiet.

Man kann seine Entwicklung beschleunigen

Nach wie vor sind die Wissensgebiete unglaublich umfangreich und die geistige Weisheit unermesslich. Und obgleich die Erde nur ein Staubkörnchen im Universum ist, erscheint sie uns als riesig. Doch mit fortschreitender menschlicher Entwicklung wird unsere Welt immer kleiner – jeden Tag verkleinert sie sich durch die modernen Verkehrsmittel. Bald werden wir zu anderen Planeten reisen müssen, wenn wir Abenteuer erleben wollen! Die Elektrizität bewegt sich in einer Sekunde überallhin – warum können wir das nicht, da unsere Körper doch im Wesentlichen aus elektromagnetischen Wellen bestehen? Dennoch entwickeln wir uns auf zahllosen Gebieten weiter, indem wir alltägliche Dinge schneller erledigen. Durch Anwendung besserer Geschäfts- und Verkehrsmethoden, durch die Massenproduktion mit Hilfe gewaltiger Maschinen ist die Evolution beschleunigt worden. Überlegt euch einmal, wie viel Zeit es früher gekostet hat, ein Tuch mit der Hand zu weben! Diese Zeit wird uns durch moderne Maschinen erspart. Die Evolution der Gesellschaft ist also durch zunehmend bessere Methoden vorangetrieben worden. Warum können wir nicht auch unsere menschliche Entwicklung beschleunigen und lernen, schnelleren Erfolg auf allen Gebieten unseres Lebens zu erzielen? Wie kann das menschliche Gehirn in der Zeitspanne eines Lebens alles Wissen und alle Weisheit aufnehmen? Das frage ich mich immer wieder.

Als ich Luther Burbank begegnete, zeigte er mir einen Walnussbaum und sagte: »Ich habe ihm hundert Jahre seines gewöhnlichen Wachstums erspart; ich habe ihn in zwölf Jahren großgezogen.« Und man konnte sehen, dass der Baum bereits Nüsse trug.

Wenn man es fertigbringt, den Walnussbaum in zwölf anstatt hundertfünfzig Jahren zur Reife zu bringen, dann müsste doch dem Menschen Ähnliches möglich sein. Ein Mensch kann sich in einer Lebensspanne von 60 Jahren so hoch entwickeln, dass er ein Zentrum allen Wissens wird. Das ist der springende Punkt, den ich eurem Geist einprägen möchte. Ich habe vorhin erwähnt, wie Maschinen die Evolution der Welt vorangetrieben haben. Woher sind diese Maschinen gekommen? Aus der Fabrik des menschlichen Geistes. So wie der Mensch die Evolution der Gesellschaft und des Geschäftslebens beschleunigt hat, so kann er auch die eigene Evolution auf allen Gebieten seines Lebens beschleunigen, wobei seine inneren Fähigkeiten mit eingeschlossen sind.

Burbank hat außerdem Mandeln mit weichen Schalen gezüchtet, er hat Tomaten verfeinert, aus Knollen das Riesenmaßliebchen geschaffen und einen Kaktus ohne Stacheln gezüchtet. In der Urzeit pflegten verschiedene Tiere Kakteen zu fressen, und deshalb hat der Kaktus schützende Stacheln entwickelt. Wenn eine Lebensform einer anderen zu schaden beginnt, entwickelt sie Waffen zu ihrer Verteidigung. Burbank erzählte mir, dass er während seiner Versuche, einen stachellosen Kaktus zu züchten, jeden Tag in den Garten gegangen sei und der stacheligen Pflanze gesagt habe: »Hör bitte zu, lieber Kaktus, ich bin Luther Burbank, dein Freund. Ich werde dich bestimmt nie verletzen, warum also brauchst du noch Stacheln?« Auf diese Weise hat er den stachellosen Kaktus gezüchtet. Durch Worte, durch Aufmerksamkeit, durch Gedankenkraft und Kenntnis der Naturgesetze könnt ihr dem Protoplasma gewisse Schwingungen einprägen und dadurch den Evolutionsvorgang bewusst lenken und beschleunigen.

Wie man das Gehirn aufnahmefähiger macht

Professor James von der Harvard-Universität vertritt die Meinung, dass die meisten unserer Gewohnheiten durch Vererbung erworben werden. Der Schwachsinn eines Menschen könne nicht behoben werden, behauptet die Wissenschaft. Die Wissenschaftler führen Messungen durch und glauben allzusehr an den Einfluss der Vererbung. Sie müssen noch lernen, dass der Mensch seine Entwicklung beschleunigen kann, indem er seine

Gehirnzellen erweckt. Die Aufnahmefähigkeit der Gehirnzellen kann so groß werden, dass der Mensch in einem einzigen Leben alles wünschenswerte Wissen in sich speichern kann.

Zwischen den Erziehungsmethoden, die von Lehrern in Indien und im Westen angewandt werden, besteht ein großer Unterschied. Im Westen werden den Studenten bestimmte Ideen eingetrichtert. »Wie viele Bücher hast du gelesen? Mit wie vielen Professoren hast du studiert?« Ein Mann hatte an der Universität promoviert, und zwar auf dem Fachgebiet der Fruchtzuckerherstellung. Er wurde einmal gefragt, ob man Zucker auch aus Guavefrüchten herstellen könne. Nachdem er lange nachgedacht hatte, sagte er: »Das habe ich nicht studiert. Das gehörte nicht zu meinem Studienfach.« Er besaß keinen gesunden Menschenverstand.

Weisheit gewinnt man nicht durch ein Eintrichtern von außen; die Größe und das Ausmaß eurer inneren Aufnahmefähigkeit entscheiden darüber, wie viel wahres Wissen ihr erwerben könnt und wie lange ihr dazu braucht. Wer große Aufnahmefähigkeit besitzt, begreift alles sehr schnell. Leute, denen es an diesem Auffassungsvermögen mangelt, mögen dieselben Erlebnisse haben oder dieselben Informationen erhalten und dennoch nicht sehen oder verstehen, worum es eigentlich geht. Ein intelligenter Mensch ist einem dummen Menschen weit überlegen. Eure Erfahrungen vermitteln euch Weisheit, je nachdem, wie groß der Kelch eurer Aufnahmefähigkeit ist.

Konzentrierte Aufmerksamkeit macht euch hochgradig empfänglich für die Weisheit

Wie könnt ihr eure Aufnahmefähigkeit verbessern und dadurch eure Entwicklung beschleunigen? Indem ihr all eure Erlebnisse bewusst durch die Kraft der Konzentration verdichtet. Konzentration bedeutet, dass ihr eure Aufmerksamkeit sammelt und auf eine bestimmte Sache richtet. Verdichten bedeutet, dass ihr mit dieser konzentrierten Aufmerksamkeit etwas schnell erledigt, was sonst viel Zeit in Anspruch nehmen würde. Durch Konzentration könnt ihr jedes Erlebnis verdichten und euch die jeweilige Weisheit daraus aneignen. Durch das Verdichten eurer individuellen Erlebnisse könnt ihr all eure Erfahrungen und die daraus gewonnene Weisheit in eine kürzere

Zeitspanne komprimieren und dadurch viel mehr gewinnen, als wenn ihr nur ziellos durchs Leben geht.

Ich will euch ein entsprechendes Beispiel geben. Einer meiner Freunde sagte mir, ich sei zwar ein sehr geistiger Mensch, aber im Geschäftsleben könne ich nie erfolgreich sein. Da erwiderte ich: »Ich werde dir innerhalb zweier Wochen 5000 Dollar für dein Geschäft beschaffen«, worauf er sagte: »Das musst du mir erst beweisen. Ich bin von Natur aus skeptisch.«

Ich hatte keine Eile, Geld in zweifelhafte Unternehmen zu investieren. Ich machte von meiner Konzentration Gebrauch, zog meinen Geist von allen Ablenkungen zurück und richtete meine ganze Aufmerksamkeit nach innen. Die meisten von euch richten die Scheinwerfer der Aufmerksamkeit fortwährend nach außen, anstatt nach innen. Ihr solltet den Scheinwerfer eures Geistes nach innen lenken, damit er euch die Göttliche Quelle zeigt. (Wir leben an der Außenseite des Universums. Die innere Seite ist fühlbarer und wirklicher, denn dort kann man die feineren Gesetzmäßigkeiten wahrnehmen, die hinter allen äußeren Erscheinungen wirken. Jede Änderung im Geschäftsleben, jede Änderung im Planetensystem oder in unserem physischen Körper – alles ist dort aufgezeichnet.) Gewöhnlich konzentrieren sich die Menschen gar nicht; ihr Geist ist ruhelos, und der unruhige Geist zieht vorschnelle Schlussfolgerungen und verfolgt irgendetwas, das ihm gar nicht zusteht. Ihr müsst die göttlichen Gesetze befolgen. Vergesst eines nicht: Konzentriert euch und bittet dann darum, dass die Göttliche Kraft euch helfen möge.

Ich setzte mich also mit dieser Quelle in Verbindung, und sogleich wurden mir viele Häuser gezeigt. Ich blieb jedoch nicht still in meinem Zimmer sitzen und sagte: »Der Himmlische Vater wird die Zimmerdecke öffnen und 5000 Dollar in meinen Schoß werfen«, weil ich Ihm ein glühendes Gebet gesandt habe. Ich kaufte die Sonntagszeitung und sah mir die Seite mit den Immobilien an. Dann suchte ich mir einige Häuser aus und riet meinem Freund, sein Geld in diesen anzulegen.

Er meinte: »Das scheint mir alles ziemlich riskant.« Doch ich sagte: »Mach dir keine Sorgen, zweifelnder Thomas, und lass dir den Erfolg nicht durch deine Skepsis vereiteln.«

Zwei Wochen später erlebte der Immobilienmarkt einen

Aufschwung, und die Preise für Häuser stiegen enorm an. Er verkaufte die Häuser und hatte einen Reingewinn von 5000 Dollar. Ich hatte ihm bewiesen, dass Gottes Kraft immer dann durch unseren Geist wirkt, wenn wir sie mit vollem Vertrauen nutzen.

Wenn eure Konzentration von der Göttlichen Kraft gelenkt wird, macht ihr nicht so leicht falsche Investitionen; ihr geht geradewegs auf den Erfolg zu. Wenn sich diese Kraft des Geistes auf geschäftliche Dinge anwenden lässt, so auch auf andere Dinge – zum Beispiel auf die Musik und das Schreiben. Ich beginne stets in meinem Innern, wenn ich bestimmte Erkenntnisse zum Ausdruck bringen will, und nicht damit, Wissen von außen in mich einzupumpen. Alle Musikinstrumente, die ich spiele, habe ich auf diese Weise erlernt. Vielleicht war ich zu stolz, mich an einen Lehrer zu wenden. Ich sagte mir: »Nun, der erste Mensch, der Musik machte, hat es auch nicht von anderen gelernt. Warum kann ich nicht dasselbe vollbringen?« (Das lässt sich allerdings leicht sagen; doch wenn ihr nur dasteht und wartet, während ihr eine Straßenbahn erfindet, wird es lange dauern, bis ihr an euer Ziel gelangt!)

Alle Fragen, die ich hatte, sind mir beantwortet worden; so schnell, wie Gott antworten kann, erhalte ich unmittelbar Antwort von Ihm. Beginnt von innen, nicht von außen. Auf diese Weise kann jeder innerhalb kurzer Zeit die Erfahrungen machen, zu denen er sonst viele Jahre gebraucht hätte. Es ist nicht nötig, dass ihr euch durch eine ganze Bibliothek lest. Ihr braucht nicht alles in der Schule oder von Lehrern zu lernen. Dichtung, Musik und alles Wissen fließt ohne Unterlass aus der inneren Quelle – aus der Seele. Wie sonst könntet ihr während einer einzigen kurzen Lebensspanne all die Antworten auf die Rätsel des Körpers und die Geheimnisse der unendlichen göttlichen Weisheit erhalten, wenn ihr nicht eure innere Quelle anzapft, die allwissend ist?

Wie ein unwissender Gottsucher herausfand, dass man Gott im eigenen Innern suchen muss

Es war einmal ein frommer Hindu, der sich den Kopf darüber zerbrach, welche der heiligen Schriften er lesen und welches Idol er anbeten sollte. (In Indien nimmt man sich oft

Idole zu Hilfe, um die Gedanken besser auf eine besondere Ausdrucksform des einen gestaltlosen GEISTES konzentrieren zu können, und diese werden im Tempel ehrfürchtig zugedeckt, damit die Vögel oder das Wetter sie nicht beschädigen können.) Dieser Hindu fragte sich also: »Welchen Gott soll ich anbeten?« Er kaufte sich ein Idol, ängstigte sich dann aber, weil er meinte, die anderen Idole könnten ihm das übelnehmen. So kaufte er sich ein weiteres. Schließlich hatte er zwei große Koffer mit Idolen und heiligen Büchern angefüllt. Diese Koffer, die er dauernd mit sich schleppte, hingen von einer Stange auf seinen Schultern. Doch jeden Tag riet ihm jemand anders, er solle doch diesen oder jenen Gott anbeten und dieses oder jenes Buch lesen.« Die Koffer wurden ständig schwerer, bis der arme Mann einsah, dass er einen dritten Koffer brauche. Doch dann kamen ihm Bedenken. »Ich kann ja unmöglich drei Koffer mit mir herumschleppen.« Er setzte sich an einem Teich nieder und begann zu weinen und zu beten: »Unendlicher GEIST, sage mir bitte, welches Buch ich lesen und welches Idol ich anbeten soll. Immer wenn ich einen der Götter anbete, meine ich, die anderen würden mir grollen.«

Da kam gerade ein Heiliger des Wegs, bemerkte den weinenden Mann und fragte ihn: »Mein Sohn, warum weinst du? Was ist geschehen?«

»Heiliger Mann, ich weiß nicht, welches heilige Buch ich lesen soll. Und sieh dir diese Hunderte von Idolen an. Ich weiß nicht, welches ich um seine Gunst bitten soll.«

Da antwortete der Heilige: »Mach die Augen zu und greif dir irgendein Buch heraus. Dann folge den darin gegebenen Anweisungen dein ganzes Leben lang. Und zerschmettere die Idole eines nach dem anderen auf einem Felsen. Dann bete dasjenige an, das nicht zerbrochen ist.«

Der Mann griff also ein Buch heraus und begann seine Idole zu zerschmettern. Da die meisten von ihnen aus Ton gemacht waren, zerbrachen sie – bis auf eines, das aus Stein gemeißelt war. Plötzlich kehrte der Heilige zurück und sprach: »Eins habe ich vergessen dir zu sagen: Jetzt, wo du deinen Gott gefunden hast, kehre nach Hause zurück. Solltest du aber einen noch machtvolleren Gott als diesen finden, so bete ihn an. Bete immer den mächtigsten an.«

Beschleunigung der menschlichen Entwicklung

So kehrte der Mann also heim und setzte das steinerne Idol auf seinen kleinen Hausaltar, betete es an und legte Früchte davor nieder. Täglich stellte er fest, dass das Obst verschwunden war, und dachte: »Der Heilige hat mir wahrlich das richtige Idol empfohlen. Da es das Obst aufisst, muss es sich um einen lebendigen Gott handeln.«

Eines Tages aber konnte er seine Neugier nicht mehr zügeln und nahm sich vor, den Gott beim Essen zu beobachten. Während er betete, öffnete er die Augen ein wenig und sah eine große Maus heranschleichen und das Obst fressen. Da sagte er sich: »Sieh mal einer an! Dieses steinerne Idol kann das Obst gar nicht essen, aber die Maus kann es. Deshalb ist sie der mächtigere Gott.« Er ergriff die Maus beim Schwanz und band sie am Altar fest.

Seine Frau aber meinte: »Du bist wohl wahnsinnig geworden!«

»Nein«, erwiderte er, »ich bin nicht verrückt, ich befolge nur die Anweisungen des Heiligen, der mir gesagt hat, immer den mächtigeren Gott anzubeten.« Damit warf er die Steinfigur fort und begann die Maus anzubeten.

Als er eines Tages meditierte, hörte er ein lautes Geräusch, das vom Altar zu kommen schien. Als er die Augen öffnete, sah er, wie eine Katze seine Maus auffraß. »Das ist ja kurios«, dachte er. »Die Katze ist machtvoller als die Maus. Deshalb muss ich die Katze anbeten.« Und sogleich packte er die Katze und setzte sie auf den Altar. Diese Katze hatte es jetzt nicht mehr nötig, Mäuse zu fangen; sie bekam jeden Tag Milch, ohne sich darum bemühen zu müssen. Tag für Tag meditierte der Mann tiefer, und Tag für Tag wurde die Katze fetter.

Der Mann hatte die Gewohnheit, nach jeder Meditation eine Schale Milch zu trinken, die seine Frau ihm servierte. Die Miezekatze aber war nicht mit dem zufrieden, was man ihr gab; sie liebäugelte bereits mit der Schale Milch, die dem Mann gehörte. Eines Tages schleckte sie die Schale heimlich aus und setzte sich wieder auf den Altar. Als seine Frau hereinkam, bemerkte sie, dass die Milch verschwunden war. Sie schaute auf die unschuldig dreinblickende Katze auf dem Altar und holte einen Besen. Bald wurde der Mann durch das Geräusch von Besenhieben gestört, die auf die jaulende Katze niederprasselten, sodass er aus seiner Meditation gerissen wurde. Als er sah, wie seine Frau auf die Katze einschlug, dachte er: »Das ist ja interessant. Offensichtlich ist meine Frau mächtiger als die Miezekatze; deshalb ist sie ein besserer Gott als die Katze.« Und so gebot er seiner Frau, sich auf den Altar zu setzen. Sie setzte sich also dorthin, und jeden Tag meditierte er nun über sie.

Natürlich kochte sie weiterhin für ihren Mann, und nachdem er sie genügend angebetet hatte, aß er seine Mahlzeit. Da geschah es eines Tages, dass er auf ein Stück Kohle biss, das sich in seinem Reisgericht befand. »Warum hast du mir Kohle in den Reis getan? Warum macht du so was?« schrie er sie an.

Darauf entschuldigte sich die Frau und sagte: »Meister, ich habe das Kohlestückchen nicht absichtlich in den Reis getan. Bitte, vergib mir, ich bin deine Dienerin.«

»Aha, das ist aber interessant«, sagte der Mann da. »Du bist also meine Dienerin und dienst mir gern. Deshalb bin ich mächtiger als du. Ich selbst bin der machtvollste Gott. Gott ist in mir! Ich habe Ihn in mir selbst gefunden.«

Ihr werdet Gott nirgendwo anders finden als in euch selbst. Wenn ihr Ihn im eigenen Innern entdeckt, findet ihr Ihn auch außerhalb und überall. Wenn ihr Ihn im Tempel eurer Seele findet, erkennt ihr auch, dass Er in allen Tempeln und Kirchen sowie in allen Seelen wohnt.

Kriya-Yoga – die wissenschaftliche Methode zur Beschleunigung der menschlichen Entwicklung

Es ist unmöglich, in diesem Leben alle Veden und heiligen Schriften zu lesen und allen dort dargestellten Methoden zu folgen, um Göttlichkeit zu erlangen. Wie könnt ihr dann aber das höchste Ziel eurer Entwicklung erreichen? Ihr müsst in eurem Innern suchen, so wie es der Wahrheitssucher in der soeben erzählten Geschichte festgestellt hat.

Ihr könnt nicht alle Weisheit erfassen, es sei denn, euer Gehirn ist entsprechend entwickelt. Alles hängt von der Aufnahmefähigkeit eures Geistes, eurer Gehirnzellen und der feinstofflichen astralen Lebens- und Bewusstseinszentren in der Wirbelsäule ab. Alle 12 Jahre verwandelt sich unser Körper; deshalb stellen wir im Alter von 12, 24 und 36 Jahren deutliche Veränderungen fest. Wenn es keine Hindernisse wie zum

Beispiel Krankheit und andere karmische Folgen gäbe – die durch Missachten der Naturgesetze entstehen –, würde sich infolge der körperlichen Veränderungen auch der Geist im Laufe der Jahre entsprechend veredeln. Krankheit und falsche Lebensweise verzögern diese Evolution; doch normalerweise entwickelt sich euer Gehirn alle zwölf Jahre so weit, dass es eine geringfügige Verfeinerung der Denkweise offenbart.

Wenn man im Laufe der natürlichen Evolution zwölf Jahre für das Wachstum und die Veränderung des Gewebes braucht, damit das Denkmuster ein wenig verfeinert wird, dann müsste man fast unendlich lange darauf warten, bis das Gehirn für alle Weisheit aufnahmefähig wird. Es gibt aber eine Methode, diesen Evolutionsvorgang zu beschleunigen – eine Methode, welche die Vordenker Indiens gelehrt haben. Sie besteht darin, besondere Lebensströme um Wirbelsäule und Gehirn kreisen zu lassen. Wenn man diese Methode anwendet und den Strom um die sechs (zwölf durch Polarität) astralen zerebrospinalen Zentren kreisen lässt, kann man ein Ergebnis erzielen, das einem Jahr gewöhnlicher körperlicher Entwicklung entspricht. Auf diese Weise gewinnen viele Heilige in kurzer Zeit ein spirituelles Wissen, das dem der theoretisierenden Theologen weit überlegen ist. Für das, was jene sofort wahrnehmen können, ist normalerweise ein jahrelanges Studium mit zahlreichen Erkenntnissen erforderlich. Wer diesen Strom um die göttlichen Lebens- und Bewusstseinszentren in Wirbelsäule und Gehirn kreisen lässt, macht diese aufnahmefähiger. Selbst wenn ihr ein Jahr lang nur zwanzig Minuten am Tag übt, könnt ihr Ergebnisse erlangen, die vielen Jahren natürlicher Evolution entsprechen. Jesus Christus besuchte keine Universität, und dennoch weiß kein einziger der großen Wissenschaftler so viel über Gott und die Naturgesetze wie er.[4]

---

[4] Die hier erwähnte Technik ist der *Kriya-Yoga*. In seiner *Autobiographie eines Yogi* berichtet Paramahansa Yogananda, dass »der *Kriya-Yoga* eine Wiederbelebung derselben Wissenschaft ist, die Krishna vor mehreren Jahrtausenden Arjuna vermittelte und die später auch Patanjali und Christus sowie Johannes, Paulus und anderen Jüngern bekannt wurde.«

»Die alten *Rishis* entdeckten, dass der Mensch sowohl durch seine irdische als auch durch seine himmlische Umgebung in einer Reihe von Zwölfjahreszyklen auf dem natürlichen Entwicklungsweg vorangetrieben wird. Den

Das durch Erfahrung gewonnene Wissen wird uns gewöhnlich durch die Sinne vermittelt. Doch die Sinne geben uns nur Kenntnis von den äußeren Erscheinungen – vom Äußeren der wahren Substanz. Wenn man die oben erwähnte Methode konzentriert übt und so alle feinstofflichen Zellen der Wirbelsäule und des Gehirns auf die kosmische Quelle ausrichtet, werden diese stark magnetisiert und mit göttlicher Erkenntniskraft aufgeladen.

Es wird manchmal behauptet, dass die Gehirnzellen bei der Geburt schon fest programmiert seien und deshalb nicht mehr geändert werden könnten. Das stimmt nicht. Gott hat uns nach Seinem Bilde erschaffen, und deshalb können wir keine Begrenzungen haben. Wenn wir tief genug in uns selbst hineinblicken, werden wir erkennen, dass dies so ist. In einem schwachsinnigen Menschen ist Gottes Kraft ebenso vorhanden wie in den intelligentesten Menschen. Die Sonne scheint gleichmäßig auf die Kohle und den Diamanten herab; es liegt an der Kohle, dass sie das Sonnenlicht nicht so reflektieren kann wie der Diamant. Alle erblichen Begrenzungen des Menschen sind dadurch bedingt, dass er in einer früheren Inkarnation ein bestimmtes Gesetz übertreten hat. Doch was einmal getan wurde, kann auch wieder ungeschehen gemacht werden. Wenn die Gehirnzellen eines schwachsinnigen Menschen mit

---

heiligen Schriften zufolge benötigt der Mensch normalerweise eine Million Jahre krankheitsfreier Entwicklung, um sein menschliches Gehirn zu vervollkommnen und in das kosmische Bewusstsein einzugehen. ... Menschen, die sich nur von der im All wirkenden natürlichen Kraft führen lassen, werden nach einer Million Jahren SELBST-Verwirklichung erlangen, wenn sie sich richtig ernähren, genug Sonnenlicht aufnehmen und harmonische Gedanken hegen. Man muss zwölf Jahre gesund leben, um nur die geringste Verfeinerung in der Gehirnstruktur zu bewirken, und eine Million Sonnenjahre, um das Gehirn so weit zu veredeln, dass es kosmisches Bewusstsein auszudrücken vermag. ...

Der *Kriya-Yogi* lernt, seine Lebenskraft geistig auf- und abwärts um die sechs Rückenmarkzentren kreisen zu lassen (das Medulla-, Nacken-, Herz-, Lenden-, Kreuzbein- und Steißbeinzentrum), die den zwölf astralen Tierkreiszeichen, d.h. dem symbolischen Kosmischen Menschen, entsprechen. Wenn diese Energie eine halbe Minute lang um das empfindsame Rückenmark des Menschen fließt, bewirkt sie einen subtilen Fortschritt in dessen Evolution, denn eine halbe Minute *Kriya* entspricht einem Jahr natürlicher geistiger Entwicklung.«

dem nach innen gerichteten Scheinwerferlicht der Konzentration durch die oben genannte Methode erweckt werden, wird die zuvor verdunkelte Intelligenz ebenso zum Vorschein kommen wie bei einem intelligenten Menschen.

Euer Körper besteht aus 27 Billionen Zellen. Jede Zelle ist ein intelligentes Wesen.[5] Ihr müsst die schlummernde Intelligenz in jeder Zelle erwecken, wenn ihr alles wissen wollt, was es in dieser Welt zu wissen gibt. Doch ihr habt diese Zellen nie geschult. Deshalb seid ihr ständig melancholisch und launisch und leidet unter mangelndem Verständnis.

Die hervorragende wissenschaftliche Methode, geistigen und spirituellen Fortschritt zu bewirken, besteht darin, die Zellen zu magnetisieren, indem man den Lebensstrom um Gehirn und Wirbelsäule kreisen lässt; dadurch kann man seine Evolution um ein Jahr gesunden, harmonischen Lebens beschleunigen. Wenn ihr diese Technik täglich zwanzig Minuten lang übt, könnt ihr eure Denkweise erheblich verfeinern. Sobald ihr die Gehirnzellen belebt habt und diese mit dem göttlichen Magnetismus in Berührung gekommen sind, wird jede einzelne Gehirnzelle zu einem pulsierenden Gehirn; das heißt, ihr werdet in euch selbst Myriaden erweckter Gehirne haben, die bereit sind, jede Wissensspur zu verfolgen. Dank dieser erweckten Gehirne erwacht auch die Vielzahl denkfähiger Zellen im Körper, und ihr werdet alle Dinge verstehen können. Ihr werdet das unermessliche Buch der Natur und der Wahrheit mit Hilfe der 27 Billionen mikroskopisch kleiner erweckter und vergeistigter Gehirne und ihrer Intelligenz studieren. Warum wollt ihr euch damit zufriedengeben, nur einen kleinen Teil eures Gehirns halbwegs zu schulen?

Alles Wissen und aller Erfolg sind in diesem Leben erreichbar

Immer wenn ihr etwas wissen wollt, beginnt nicht mit den äußeren Fakten. Geht nach innen und konzentriert euch. Bemüht euch um innere Führung. Sobald der Geist aufnahmefähig

---

[5] Jahrzehnte, nachdem Paramahansa Yogananda diesen Vortrag gehalten hatte, entdeckten Biologen das DNA-Molekül, das in jedem Zellkern vorhanden ist. Versuche haben bewiesen, dass die DNA einer jeden Zelle das Wissen und die Intelligenz enthält, einen völlig neuen Körper und ein neues Gehirn zu bilden.

geworden ist, nehmt euch die einzelnen Punkte vor und bemüht euch um eine Lösung in beruflicher oder geistiger Hinsicht. Lasst euch nicht entmutigen und sagt nie, dass etwas nicht möglich sei.

Jedes menschliche Wesen ist eine Verkörperung der Unendlichen Kraft. Ihr sollt diese Kraft in allem, was ihr tut, zum Ausdruck bringen. Wann immer ihr irgendetwas bewirken wollt, verlasst euch nicht nur auf äußere Quellen; geht tief nach innen und setzt euch mit der Unendlichen Quelle in Verbindung. Alle erfolgreichen Geschäftsmethoden, alle Erfindungen, alle musikalischen Schwingungen, alle inspirierenden Gedanken und Werke sind in den Annalen Gottes aufgezeichnet.

Zuerst müsst ihr festlegen, was ihr erreichen wollt; bittet dann Gott, euch zu leiten, damit ihr richtig handelt und dadurch an euer Ziel gelangt. Dann meditiert. Und danach handelt im Einklang mit der inneren Führung, die ihr erhalten habt; auf diese Weise wird euch das Gewünschte zuteilwerden. Wie schnell, wie leicht und wie wunderbar werdet ihr alles verstehen, wenn der Geist ruhig ist! Dann wird sich bei allem rascher Erfolg einstellen; denn wenn ihr die richtigen Gesetze anwendet, steht euch die Kosmische Kraft zur Verfügung.

Der Wissenschaftler sowie der Geschäftsmann und jeder, der nach Erfolg strebt, würde mehr erreichen, wenn er sich darauf konzentrierte, die Aufnahmefähigkeit seiner Gehirnzellen zu erhöhen, anstatt sich nur auf Bücher und das Universitätsstudium zu verlassen, um voranzukommen. In der Welt beginnt man seine Suche mit Büchern und äußeren Methoden, doch ihr solltet zuerst eure intuitive Empfänglichkeit erhöhen. In euch selbst liegt der unendliche Quell allen Wissens. Ruhe, Konzentration und Verdichtung der Erfahrungen durch intuitive Wahrnehmung werden euch zum Meister auf jedem Wissensgebiet machen. Erledigt alles mit voller Konzentration, niemals geistesabwesend. Und versucht nicht, zu viele Dinge auf einmal zu tun; erledigt zuerst die wichtigsten Pflichten im Leben, und zwar voller Begeisterung und mit tiefer Aufmerksamkeit. Stopft nicht wahllos irgendwelche nutzlosen Ideen in euch hinein. Warum wollt ihr in den ausgetretenen Schuhen von Toten wandeln? Handelt nicht wie ein intellektueller

Plattenspieler, der sich damit zufriedengibt, die ungeprüften Behauptungen anderer nachzuplappern.

Wo sucht ihr, liebe Freunde? Ihr habt gebetet, aber Gott hat nicht geantwortet. Doch wenn ihr die erweckten Gehirnzellen – intelligente Wesen, die ihr bisher noch nicht geschult habt – mit der Freude Gottes durchdringt, kann in diesem Leben alles Wissen erworben werden. Dann kann man schon jetzt die Ewigkeit schauen. Erwacht!

Beweis der Existenz Gottes

Etwa 1940 verfasst

Jemand fragte mich einmal: »Können Sie mir eine Erklärung geben, die mir hilft, an die Existenz Gottes zu glauben?«

»Ja«, sagte ich, »wie können Sie sich sonst die unverkennbare Intelligenz erklären, die der ganzen Schöpfung zugrunde liegt – angefangen vom einzelnen Atom bis hin zum kompliziert aufgebauten Menschen?« Dann erklärte ich ihm weiter:

Hier ist ein Tisch; darauf steht ein Krug Wasser; im ganzen Zimmer befindet sich Luft zum Atmen; draußen steht ein Baum; dort sieht man den Himmel und die wärmende Sonne. Jedes dieser Dinge ist grundverschieden von allen anderen. Doch sie alle sind das Ergebnis einer Differenzierung der *einen* universalen Schwingung.

Wie kommt es, dass diese einzige vibrierende kosmische Energie zu festen Stoffen oder zu Flüssigkeiten oder Gasen wird? Durch welch geheimnisvollen Prozess werden diese verschiedenen Schwingungsfrequenzen so koordiniert, dass sie menschliches Leben möglich machen? Hinter allen Manifestationen muss es eine lenkende Intelligente Kraft geben, welche die ganze Schöpfung ins Leben gerufen hat. Zum Beispiel befinden wir uns hier auf unserer kleinen Erde – irgendwo im Weltraum –, und diese Erde umkreist die weit entfernte Sonne in unserem Universum. Ohne die Mitwirkung von Licht und Wärme der Sonne gäbe es kein Leben auf dieser Erde. Wir kennen das Hungergefühl, und die Natur versorgt uns mit Nahrung; und nachdem wir diese zu uns genommen haben, verwandelt eine unbekannte Kraft die Nahrung in Energie und Gewebe für den Körper. All die Wunder des Lebens, die wir als selbstverständlich betrachten, beweisen die Existenz einer allgegenwärtigen göttlichen Intelligenz hinter den Naturerscheinungen.

Wenn wir die Blütenpracht auf der Erde und die strahlenden Sterne am unermesslichen nächtlichen Himmel sehen, können wir nicht umhin, uns zu fragen: »Gibt es eine verborgene höhere Schönheit hinter diesen vergänglichen Erscheinungen? Liegt hinter dem menschlichen Intellekt eine höhere Intelligenz?« Die Blumenpracht im Garten des irdischen Lebens entzückt unser Auge. Doch irgendwo muss eine Quelle aller Schönheit und aller Intelligenz liegen, eine Quelle, die noch weit zauberhafter ist, aus der wir kommen und in die wir wieder eingehen werden.

Alle Dinge im Universum sind miteinander verbunden. Und wenn wir die menschliche Intelligenz, die Gott uns verliehen hat, richtig gebrauchen, begreifen wir allmählich auch, dass alles Leben mit einer Höchsten Intelligenz verbunden ist. Manchmal mag es uns scheinen, als seien wir Marionetten des Schicksals; doch wenn wir unsere Intelligenz über die täuschenden Formen erheben und die Reichweite unseres Bewusstseins und unserer geistigen Wahrnehmungen untersuchen, erkennen wir, dass ein Funke dieser göttlichen Kraft in uns selber liegt – ein Funke jener Kraft, die alles Leben erschafft und erhält, ein Funke, der nur darauf wartet, angefacht zu werden.

In den heiligen Schriften aller wahren Religionen lesen wir, dass Gott allmächtig, unendlich und ewig ist. Durch die Fenster der heiligen Schriften können wir einen Blick auf die göttliche Kraft werfen, in der alle Dinge wurzeln. Doch unser Geist mit seinem begrenzten Verständnis, der durch die Gesetzmäßigkeiten des Kausalprinzips eingeschränkt wird, kann die Ewigkeit nicht erfassen. Deshalb leben wir innerhalb des Kreises unserer begrenzten geistigen Fähigkeiten. Der Allmächtige Gott befindet sich sowohl innerhalb als auch außerhalb dieses Kreises.

In der Bhagavad-Gita heißt es: »Einige staunen über die Seele. Andere beschreiben sie als etwas Wunderbares. Wieder andere lauschen den herrlichen Beschreibungen der Seele. Und dann gibt es noch andere, die zwar alles über die Seele hören, aber sie ganz und gar nicht verstehen.«[1]

---

[1] II, 29. Das SELBST ist der GEIST, der sich im Menschen als unsterbliche individualisierte Seele manifestiert, eine vollkommene Widerspiegelung Gottes. Die Erkenntnis, dass das SELBST im eigenen Innern wohnt, ist die erste Stufe auf dem Weg zum GEIST, zu dem Herrn, der sowohl immanent (in der ganzen

Auf vielfältige Weise zeigt uns die menschliche Vernunft, dass Gott der Ursprung aller Dinge ist. Doch ein Beweis der Existenz Gottes lässt sich nicht allein durch intellektuelle Schlussfolgerungen liefern. Wenn wir Gott erkennen wollen – was ja der einzige Zweck unseres Daseins ist –, so müssen wir uns über die üblichen Denkprozesse erheben können; denn Er befindet sich jenseits des Bereichs menschlicher Vernunft. Ein Geist, der von Wunschobjekten und störenden Gefühlen der Lust und des Schmerzes in Anspruch genommen wird, kann Ihn niemals voll und ganz erfassen.

Wer einen höheren Bewusstseinszustand erlangen und göttliche Wahrnehmungen haben will, muss mit Hilfe der Meditation fähig werden, den Geist von seiner anhaltend ruhelosen Tätigkeit zurückzuziehen. In diesem verinnerlichten Zustand erwacht das spirituelle Empfindungsvermögen, das heißt: die Intuition. Intuition ist jene Kraft des GEISTES, die jeder Seele mitgegeben worden ist und durch welche sie die Wahrheit unmittelbar – ohne Vermittlung irgendeines Mediums – wahrnehmen kann. Wie ein kleiner Becher nicht den unermesslichen Ozean fassen kann, so kann auch der begrenzte Becher des menschlichen Verstandes die unendliche Weisheit nicht erfassen. Das Bewusstsein des Menschen muss erweitert werden, wenn es den unermesslichen Ozean der Wahrheit fassen soll.

In der Meditation erhält man den Beweis für die Existenz Gottes

Das in einem Behälter eingeschlossene Wasser strömt in alle Richtungen, sobald die Wände, die es umfassen, zerbrechen. Ähnlich frei wird auch das Bewusstsein des Menschen, wenn die Deiche der Engstirnigkeit, der Egozentrik und Ruhelosigkeit brechen. Durch regelmäßige Meditation erweitert sich das Bewusstsein und verschmilzt mit dem glückseligen, allgegenwärtigen Bewusstsein des GEISTES.

Ziel der Meditation ist es, den Geist zu beruhigen, damit er die göttliche Allgegenwart unverzerrt widerspiegeln kann.

Schöpfung allgegenwärtig) als auch transzendent ist (als das Glückselige Absolute).

Ruhe in der Meditation ist der anfängliche positive Zustand der Bewusstseinserweiterung; die Glückseligkeit der Vereinigung mit Gott ist der Endzustand.

Den endgültigen Beweis der Existenz Gottes erhaltet ihr durch eure eigenen Erfahrungen in der Meditation. Habt ihr Ihn erst einmal in der Kathedrale schweigender Meditation, in der Tiefe eurer Seele gefunden, werdet ihr Ihn überall wahrnehmen.

Zweifel, Glaube und Vertrauen

Aus den frühen 1930er Jahren

Alle Dinge in Gottes Schöpfung haben einen bestimmten Nutzen. Die gesamte Materie, wie unscheinbar sie auch sein mag, erfüllt eine besondere Aufgabe und hat eine entsprechende Wirkung. Das trifft auch auf die Gedanken und Gefühle zu, die in unserem Bewusstsein auftauchen und wieder verschwinden. Wir wissen nur wenig über die Wirkung, die solche inneren Regungen in uns hinterlassen, und über den Nutzen, zu dem sie in uns entstehen. Wenn ihr euch ein Stück Kupfer vorstellt, wisst ihr sofort, dass es nützlich ist. Doch worin besteht der Nutzen eines einzelnen Gedankens? Denkt einmal über diese Frage nach. So wie die Welt aus Atomen und Molekülen besteht, so besteht das innere Wesen, der Charakter einer Person, aus den »Atomen und Molekülen« ihrer Gedanken. Wenn ihr die Beschaffenheit eures inneren Lichtes verstehen wollt, verfolgt die Spur jedes Gedankens und wägt seine relative Nützlichkeit anhand eurer Urteilskraft ab.

Heute wollen wir einmal die Gefühle des Zweifels, des Glaubens und des Vertrauens genau prüfen. Sie verursachen letztendlich den Meinungsstreit unter den Religionen. Große Lehrer ermahnen die Menschen, Gott und den heiligen Schriften Glauben und Vertrauen zu schenken, und sie warnen vor der zerstörerischen Wirkung des Zweifels. Doch ohne diese Begriffe voneinander zu unterscheiden, kann man nicht recht verstehen, inwiefern dieser Ratschlag nützlich ist.

Da nichts erschaffen worden ist, ohne einen Zweck zu erfüllen, kann ich nicht den Moralisten zustimmen, die sich streng auf religiöse Schriften stützen: beim bloßen Erwähnen des Wortes »Zweifel« rümpfen jene verächtlich die Nase. Wir wollen stattdessen darüber nachdenken, warum es das Prinzip des Zweifels überhaupt gibt. In welcher Hinsicht ist der Zweifel für menschliche Wesen schlecht – oder gut? Solange

Zweifel, Glaube und Vertrauen 351

wir die Psychologie, die dem Zweifel, dem Glauben und dem Vertrauen zugrunde liegt, nicht untersucht haben, können wir diese inneren Regungen nicht angemessen akzeptieren oder ablehnen und sie als vorteilhaft oder zerstörerisch bezeichnen.

Wenn wir den Begriff des Zweifels genauer untersuchen, stellen wir fest, dass in ihm einerseits etwas Nützliches und andererseits etwas Zerstörerisches liegt – je nachdem, wie er angewandt wird. Ich brauche nicht lange über die zerstörerische Wirkung des Zweifels zu sprechen, denn sein schädlicher Einfluss ist allgemein bekannt. Einige Religionsführer – besonders solche, die blindlings an Dogmen festhalten – betrachten jeden Zweifel als potenziell schädlich und raten dazu, ihn völlig auszurotten und stattdessen alles bedingungslos zu akzeptieren. Doch jeden Zweifel zu vermeiden bedeutet, nicht mehr denken zu wollen.

Zerstörerischer Zweifel ist lähmend. Er verhindert konstruktives Denken und den Gebrauch der Willenskraft. Er blockiert unsere Empfänglichkeit für die wohltätigen höheren Kräfte und Gesetze im Universum, und er verhindert es, dass wir uns der stets hilfsbereiten Gnade Gottes öffnen. Er führt zu innerer Unsicherheit und einem Gefühl der Hoffnungslosigkeit. Er widersetzt sich dem Fortschritt und weist Ideen ab, je nach dem, wie es der Unwissenheit, den Vorurteilen oder den Emotionen gerade passt.

Nun wollen wir uns aber der konstruktiven Seite des Zweifels zuwenden.

Wenn der Mensch nicht zweifeln könnte, würde er keine Fortschritte machen

Da uns vorwiegend die Materie vor Augen steht – in Form von Gegenständen und Lebewesen –, verhindert sie, dass wir die ganze Wahrheit erkennen. Der Zweifel an der Vormachtstellung der Materie führt schließlich zu der Erkenntnis, dass es einen Gott geben muss. Wenn die Materie – ein Gemisch von Atomen – alles ist, was es gibt, wie können dann diese unsichtbaren Partikel eine Parlamentssitzung abhalten und solch ein organisiertes Universum erschaffen und lenken? Es ist unmöglich, dass leblose Atome sich von allein zusammensetzen und intelligente Wesen hervorbringen. Und so kehrte man dem Materialismus den Rücken zu und erkannte, dass ein intelligentes Bewusstsein – oder Gott – der Schöpfer dieser Welt sein müsse – wobei man das konstruktive, fortschrittliche Element des Zweifels anwandte. Dieses konstruktive Element ist die wissenschaftliche Tendenz der Gedanken, mit deren Hilfe wir Fragen stellen, um der Wahrheit auf die Spur zu kommen. Wenn wir das nicht täten, sondern die Dinge einfach so akzeptierten, wie sie uns erscheinen, würde der Mensch zum Tier. Einige Zivilisationen des Altertums vertraten die Ansicht, dass Sonne, Mond und Sterne Gottheiten seien, die das Leben der Menschen regierten. Doch indem der Mensch diese Vorstellung anzweifelte, wuchs er über sie hinaus. Durch konstruktive Fragestellungen wurde dieser Glaube als mangelhaft befunden. Wenn der Mensch nicht zweifeln könnte, würde er keine Fortschritte machen; die Welt würde im Sumpf der Unwissenheit versinken. Wenn wir nichts in Frage stellten, könnten wir nicht mehr zwischen Theorien oder irreführenden Behauptungen und der Wahrheit unterscheiden. Daher ist es richtig, die Gesetze der Vernunft anzuwenden.

Der Zweifel untersucht eine Hypothese. Die Wissenschaftler beschäftigen sich mit einem solchen Lehrsatz und analysieren ihn mit Hilfe ihres stets gegenwärtigen Examinators, des Zweifels. Nichts wird als selbstverständlich hingenommen. Eine Behauptung wird geprüft, um festzustellen, ob sie stimmt oder nicht. Wenn nicht, wird sie abgelehnt oder neu formuliert. Wenn die Wissenschaftler mit dem augenblicklichen Wissensstand zufrieden wären, würde die Zivilisation sich nicht weiterentwickeln. Darin liegt eine wichtige Lehre für uns.

Was die Religion angeht, sollten die Wissenschaftler den konstruktiven Zweifel mit derselben Aufgeschlossenheit anwenden wie auf dem Gebiet wissenschaftlicher Forschung. Viel zu lange schon hat sich die Wissenschaft auf der zerstörerischen Seite des Zweifels festgefahren und die Religion von vornherein für ein abergläubisches Dogma gehalten. Wenn eine Baugenossenschaft nur dafür sorgte, alle schadhaften Gebäude niederzureißen, ohne sie zu renovieren oder durch bessere Gebäude zu ersetzen, wäre das katastrophal. Dasselbe trifft auf diejenigen zu, die Sittlichkeit und Religion abschaffen möchten und keinen Raum für die göttlichen Grundsätze zurücklassen wollen, obwohl diese erwiesenermaßen eine Voraussetzung für das Wohl und Glück der Menschen sind. Selbstverständlich ist auch die zerstörerische Seite des Zweifels nötig, wenn es darum geht, uns von alteingesessenen Irrtümern zu befreien; doch wenn bei diesem Vorgang auch die Wahrheit ausgerottet wird, dann schadet es der ganzen Menschheit.

Durch konstruktiven Zweifel nähern wir uns der Wahrheit

Der Zweifel ist eine dynamische Energie, die wir richtig anwenden müssen, damit sie uns zu fortschrittlichen Handlungen anspornt. Wenn wir durch konstruktiven Zweifel einige unserer geliebten Theorien widerlegen, ist das besser, als wenn wir nur blindlings und gedankenlos anderen folgen – so wie »ein Blinder, der von einem Blinden geführt wird«. Konstruktiver Zweifel in Bezug auf göttliche Themen führt uns schneller an die Wahrheit heran als dogmatischer Glaube. Dieser entbehrt der Klarheit des Geistes, welche nötig ist, wenn wir die Wahrheit, die Gott uns bereits eingegeben hat, richtig erkennen wollen. Dogmatismus beraubt uns der Fähigkeit, die Tiefe der Wahrheiten zu ergründen, über die alle großen Meister gesprochen haben – wie zum Beispiel Jesus im Neuen Testament und Sri Krishna in der Bhagavad-Gita. Die Religion sollte, wie die Wissenschaft, einer genauen Prüfung unterzogen werden. Auf diese Weise erlangten die *Rishis* des Altertums den Zustand der Erleuchtung: Sie erforschten, sie fanden und bewiesen jene unveränderlichen Prinzipien, welche die Ewige Wirklichkeit darlegen und enthüllen.

Die großen Meister ermutigen uns zu glauben, doch sie sagen nicht, dass wir nichts anzweifeln oder in Frage stellen dürften. Nehmen wir einmal an, dass sich in den heiligen Schriften ein Druckfehler befinde; anstatt »Du sollst nicht stehlen« heißt es: »Du sollst stehlen«, denn das Wort *nicht* ist ausgelassen worden. Wer dies blindlings akzeptiert, lässt auch die Fehler zu, die sich einschleichen – die Schreibfehler eines Verfassers oder die Fehler eines Druckers.

Prüft die Dinge mit Hilfe eurer Vernunft. Wenn ihr bestimmte Ideen vorurteilslos, mit Achtung und Unterscheidungskraft untersuchen könnt, werdet ihr viel schneller die Wahrheit erfassen und die Unwahrheit aufdecken. Gott hat euch die Fähigkeit des Denkens verliehen, doch ihr müsst die Werkzeuge der Intelligenz im Einklang mit Seinen Gesetzen gebrauchen. Behandelt die Religion mit derselben Einstellung wie die Naturwissenschaften. Viele, die nie zweifeln und nie nachforschen, werden nicht zur Wahrheit gelangen. Vernünftige Überlegungen werden die brüchigen Stützen des dogmatischen Fanatismus niederreißen und an seiner Stelle ein starkes Fundament des Glaubens errichten, auf dem der Bau des Vertrauens ruhen kann.

Vertrauen beginnt mit konstruktivem Glauben

Glaube und Vertrauen werden oft als Synonyme betrachtet und deshalb nicht immer korrekt gebraucht. Vertrauen bedeutet viel mehr als bloßer Glaube, wie wir gleich sehen werden. Im Glauben sowie im Zweifel gibt es eine konstruktive und eine zerstörerische Seite. Wenn man an einem echten Glauben konstruktiv festhält, führt er zum Zustand der Verwirklichung. Die absolute Wahrheit kann vom Sinnesbewusstsein nicht erfasst werden. Erscheinungen können aufgrund der Sinneserfahrungen mit dem Intellekt gedeutet werden, jedoch nicht deren Wesenskern oder das ihnen zugrunde liegende »Ding an sich«. Dazu muss man innere Erleuchtung erlangt haben. Deshalb sagt ein erleuchteter Lehrer seinem noch unerfahrenen Jünger: »Bevor du nicht fähig bist, dies selbst zu verstehen, musst du mir glauben und mir folgen.« Das bedeutet nicht, dass man alles blindlings akzeptieren solle. Der konstruktive Glaube entbehrt nicht der Vernunft. Die Vernunft und das Gefühl sagen uns, dass hinter jedem echten Glauben irgendeine Wahrheit liegt. Wenn man Zugang zu seiner angeborenen unterscheidungsfähigen Intelligenz gewinnt, kann man diese Wahrheit erkennen. Ein solch inneres Erfassen der Wahrheit ist aber nur möglich, wenn man die intuitive Wahrnehmungskraft der Seele spirituell entwickelt. Bis das erreicht ist, mag es zwischen der Vernunft des Jüngers und der Verwirklichung des Meisters Widersprüche geben. Deshalb müssen wahre Meister ihre Jünger bitten, ihnen zu glauben und auf ihre Verantwortung hin gewisse Vorstellungen zu akzeptieren, wobei die Jünger wissen, dass sie selbst einmal diese Wahrheiten erkennen werden. Auf dieser Grundlage beruht jede Art von Forschung.

Wenn euch ein Mathematikprofessor die Infinitesimalrechnung erklärt, ihr aber euren Geist verschließt und sagt, ihr glaubt ihm nicht – nur weil ihr es im Augenblick nicht versteht –, kann er euch nichts beibringen. Zuerst müsst ihr Papier und Bleistift zur Hand nehmen und seinen Anweisungen folgen. Wenn ihr danach nicht die versprochenen Ergebnisse erhaltet, könnt ihr mit Recht zweifeln. Urteilt aber nicht voreilig; vergewissert euch zuerst, dass ihr bei der Lösung des Problems keine Fehler begangen habt. Ihr seht also, dass ihr ihm zuerst einmal glauben müsst.

Grundlagen des Glaubens

Glaube ist eine Gewohnheit oder ein Zustand des Geistes, wobei in eine Person, eine Sache oder eine Lehre Zutrauen und Zuversicht gesetzt werden – wie zum Beispiel eine Überzeugung von den Wahrheiten in der Religion. Der Glaube ist eine Gewissheit oder ein Gefühl, dass das, woran man glaubt, wahr oder wirklich ist.

Zum Glauben gehören grundlegend Zustimmung, Glaubwürdigkeit, Sicherheit, Verlass, Überzeugung, Gewissheit, Vertrauen.

Bei der Idee der Zustimmung sind die Begriffe Glaube, Vertrauen, Überzeugung und Gewissheit einzeln oder im Zusammenhang vorhanden. Glaube und Vertrauen unterscheiden sich hauptsächlich darin, dass Glaube in der Regel auf wenig mehr hindeutet als auf intellektuelle Zustimmung, während Vertrauen vollkommenes Zutrauen oder Zuversicht voraussetzt – wie bei jemandem, dessen Überzeugung oder Glaube zu Vertrauen herangereift ist.

Eine Überzeugung ist eine feste Ansicht, eine Idee, von der man sich vergewissert hat, wie: »Ich bin überzeugt, dass er eine unehrliche Person ist.« Es besagt, dass diese Sicherheit auf eigenen Empfindungen oder Wünschen beruht – nicht so sehr auf Argumenten oder Beweisen.

Gewissheit zeugt von einem unveränderlichen und entschiedenen Glauben, zum Beispiel: »Seine Überzeugung ist zum sicheren Gefühl geworden.«

Glaubwürdigkeit gibt dem Glauben Substanz. Irgendetwas muss als glaubwürdig gelten, um für wahr gehalten zu werden.

Glaube stützt sich auch auf Verlass, das heißt, Zutrauen zu etwas Geglaubtem aufgrund stützender Beweise.

Mit Glaube sind auch Wille und Vorstellungsvermögen verbunden. Ohne Bereitwilligkeit kann man nichts glauben. Und da Glaube ein ungewisses Warten ist in der Hoffnung auf ein Ergebnis, setzt er auch Vorstellungsvermögen voraus. Hans stellt sich vor, dass er mit Jute geschäftlichen Erfolg haben wird. Deshalb sagt man von ihm, er glaube an sein geschäftliches Projekt. Wille und Vorstellungsvermögen im Glauben machen diesen zu einer starken Kraft – zum Positiven oder Negativen.

Durch unbesonnenen Glauben kann man wertvolle Energie vergeuden

Im Glauben an eine betrügerische Person oder ein zum Scheitern verurteiltes Geschäft oder eine falsche Lehre scheint der Mensch seine wertvolle Energie zu vergeuden, weil er sie in die falsche Richtung lenkt. Ein solch unbesonnener Glaube bringt einem kaum mehr ein als bittere Erfahrungen. Ein falscher Freund mag uns lange vertrauenswürdig scheinen, oder wir mögen ein zweifelhaftes Geschäft lange für solide halten und es unterstützen, doch früher oder später, wenn wir die wahren Tatsachen erfahren, verlieren wir den Glauben an sie. Bei materiellen Dingen wirken sich also falsche Vorstellungen meistens weniger schlimm aus, weil unser Geist gewöhnlich auf greifbare Ergebnisse erpicht ist.

Dagegen haben wir von spirituellen Dingen oft nur vage oder verstiegene Vorstellungen. Bestimmte Geistliche oder bestimmte Lehren ermahnen uns, Glauben und Vertrauen zu haben; doch sie erklären kaum, worin das Wesen dieser Tugend besteht und wie man sie sich aneignet. Die allgemeine Regel und einzige Zuflucht für die meisten Gläubigen ist blinder Glaube. Deshalb werden Glaube und Vertrauen im Zusammenhang mit dem religiösen Leben am wenigsten verstanden. Die meisten Gläubigen haben nur eine verschwommene, unbestimmte Vorstellung von dieser dynamischen Kraft und meinen, sie sei etwas Unerreichbares und nur einigen Auserwählten zuteil, denen Gott Seine Gnade erweise. Was spirituelle Dinge angeht, glauben viele andere einfach blindlings; denn sie halten alles, was mit dem GEIST zu tun hat, für mystisch und meinen, es liege jenseits des menschlichen Gesichtskreises.

Ein irrtümlicher Glaube, den man nie geprüft hat, wird zu einem starren Dogmatismus. Wenn sich der Glaube als falsch erweist, wird aus dem Dogmatismus der Unglaube. Glaubt man dagegen an eine wahre Lehre und folgt ihr beharrlich, so kristallisiert sich dieser Glaube und wird allmählich zur Überzeugung und zum Vertrauen. Wir sehen also, dass der Glaube, sei er falsch oder echt, nur ein Vorstadium ist. Er kann nur vorübergehend sein, denn er verwandelt sich in der Folge entweder in Dogmatismus oder Unglauben – oder in Vertrauen.

Ein primitiver oder unausgereifter Glaube, der nicht in der Wahrheit wurzelt, kann sich auf dreierlei Weise kundtun: a) er ist blind; b) er ist hartnäckig und beständig; c) er wird durch die Wissbegier erregt.

a) Ein Glaube, der dem Gefühl oder der Empfindung entspringt, beginnt mit einer hochtrabenden »Zuversicht«, wie zum Beispiel: »Ich will dir bis in den Tod treu bleiben.« Doch wenn er durch Kritik oder Widerspruch auf die Probe gestellt wird, endet er mit heftiger Verdammung.

b) Anhänger der zweiten Gruppe sind hartnäckig in ihrem blinden Glauben. Sie leben und sterben mit derselben emotionellen Überzeugung, auch wenn diese völlig falsch ist. Dieser Zustand unterscheidet sich kaum vom Dasein primitiver Völker, die vom Aberglauben regiert werden.

c) Menschen, deren Glaube mit Wissbegier beginnt und endet, sind in einer etwas besseren Lage. Wenn sie feststellen, dass ihr Wissensdurst sie auf den falschen Weg geführt hat, geben sie ihn schnell wieder auf und suchen eifrig nach etwas Neuem.

Jenseits dieser drei Möglichkeiten liegt der forschende Glaube. Er beruht auf der Zustimmung des Verstandes. Er hält seine Augen und Ohren stets offen, immer bereit, etwas Neues zu erforschen, von dem er überzeugt ist oder das ihn interessiert. Diese Art von Glauben kann jedoch leicht zu einer gewohnheitsmäßigen Wankelmütigkeit werden, sodass man aus einer Laune heraus nicht nur das Irrtümliche, sondern auch das Wahre wieder aufgibt.

Entstehung des Vertrauens

Was wir brauchen, ist ein forschender Glaube – gepaart mit Aufrichtigkeit und Ehrfurcht und gefolgt von Festhalten an wahren Glaubensvorstellungen oder zumindest an solchen, deren Ergebnisse ständig überzeugen. Durch die Öffnung der Geduld sickert allmählich die Wahrheit ein und kristallisiert diesen Glauben dann zum festen Vertrauen. Doch solange der Glaube nicht auf Wahrheit beruht, wird man nicht die Überzeugung beibehalten können, die sich dann zum Vertrauen fortentwickelt.

Vertrauen kann sich in vielen Glaubensarten ausdrücken, wenn unsere aufrichtigen Überzeugungen der Wahrheit entsprechen:

- Fester Glaube oder Vertrauen (in eine Person, eine Sache, eine Lehre oder eine Idee – zum Beispiel Vertrauen auf Gott, Vertrauen auf die Medizin).
- Anerkennung spiritueller Wirklichkeiten und sittlicher Grundsätze als das Höchste im Leben.
- Traditionsbezogenes Vertrauen, zum Beispiel in die Wahrhaftigkeit und Autorität der heiligen Schriften und Lehren. Oder ein praktisches Vertrauen, ein durch die Billigung von Intellekt, Zuneigung und Wille geleitetes Vertrauen auf Gottes Gnade, die dem Menschen durch Seine göttlichen Boten zuteil wird.
- Die Summe all dessen, an das man glaubt: ein System religiöser Glaubensrichtungen, wie zum Beispiel der christliche Glaube oder die maßgebende Überlieferung der Veden.

Vertrauen führt zu dem dauerhaften Zustand der Zuverlässigkeit, Redlichkeit und Treue.

Haltet trotz aller Rätsel des Lebens unerschrocken an eurem Vertrauen fest

Das Leben ist, was sein Wesen und seinen Sinn anbelangt,

Zweifel, Glaube und Vertrauen 359

ein schwieriges, aber kein unlösbares Rätsel. Dank unseres fortschrittlichen Denkens kommen wir täglich einigen seiner Geheimnisse auf die Spur. Die wissenschaftlich genau konstruierten Maschinen dieses neuen Zeitalters sind gewiss bemerkenswert. Durch die immer zahlreicheren Entdeckungen der Physik erhalten wir eine deutlichere Vorstellung davon, wie wir uns das Leben angenehmer machen können. Doch trotz all unserer Maschinen, Berechnungen und Erfindungen scheinen wir dennoch Spielbälle in den Händen des Schicksals zu sein; wir sind noch weit davon entfernt, uns von der Vorherrschaft der Natur unabhängig zu machen.

Ständig von der Gunst der Natur abhängig zu sein ist sicherlich keine wahre Freiheit. Unsere Begeisterung erleidet einen starken Dämpfer, wenn wir Überschwemmungen, Orkanen und Erdbeben hilflos gegenüberstehen oder wenn uns plötzlich, ohne ersichtlichen Grund, unsere Angehörigen durch Krankheit oder Unfall entrissen werden. Dann erkennen wir, dass wir in Wirklichkeit gar nicht viel erreicht haben. Trotz all unserer Bemühungen, das Leben so zu gestalten, wie wir es möchten, bringt uns dieser Planet immer noch in bestimmte Situationen, die von einer unbekannten Intelligenz geleitet werden und auf die wir keinen Einfluss haben. Mehr als nur arbeiten und einige Verbesserungen erzielen können wir nicht. Wir säen den Weizen und stellen daraus das Mehl her; aber wer hat das ursprüngliche Weizenkorn erschaffen? Wir essen das Brot, das von diesem Mehl gemacht wird; aber wer befähigt uns, es zu verdauen und zu assimilieren?

Trotz unserer Mitwirkung scheint es auf allen Lebensgebieten eine unvermeidbare Abhängigkeit vom Göttlichen zu geben, ohne die wir nicht weiterkommen. Trotz all unseres stolzen Wissens führen wir ein unsicheres Dasein. Wir wissen nicht, wann unser Herz stillstehen wird. Daher gelangen wir zu dem Schluss, dass es nötig ist, sich furchtlos unserem wahren, unsterblichen SELBST und der Höchsten Gottheit anzuvertrauen, zu deren Ebenbild dieses SELBST geschaffen wurde – wir benötigen ein Vertrauen, das frei von Egoismus ist und uns dazu verhilft, fröhlich, unbesorgt und ungezwungen vorwärtszustreben.

Vertraut euch furchtlos dieser Höheren Macht an. Es

macht gar nichts, wenn ihr euch heute vornehmt, frei und unerschrocken zu sein, aber morgen an der Grippe erkrankt und euch elend fühlt. Befehlt eurem Bewusstsein, stark im Vertrauen zu bleiben. Das SELBST kann von keiner Krankheit angesteckt werden. Körperliche Krankheiten sind das Ergebnis falscher, krankmachender Gewohnheiten, die im Unterbewusstsein wurzeln. Solch karmische Auswirkungen widerlegen nicht die Wirksamkeit und dynamische Kraft des Vertrauens.

Haltet das Steuer des Vertrauens fest in den Händen und schenkt widrigen Umständen keine Beachtung. Seid stärker als die Stürme des Lebens, verwegener als alle Gefahren. In dem Grade, wie dieses neu erworbene Vertrauen seinen dynamischen Einfluss auf euch ausübt, wird eure versklavende Schwäche dahinschwinden.

Wenn Gott es nicht wollte, könnte sich keines eurer Blutkörperchen bewegen, könntet ihr keinen Atemzug tun. Daher ist die vollkommene Hingabe an Gott der Prüfstein für euer Vertrauen. Dieses Sichhingeben hat nichts mit Trägheit zu tun, mit der Einstellung, dass Gott alles für uns zustande bringen müsse; denn wenn wir etwas ersehen, müssen wir uns selbst aufs Äußerste bemühen. Vielmehr entsteht diese Hingabe aus Liebe für Gott und aus Ehrfurcht vor Ihm, dem Allerhöchsten. Ganz gleich, welche Hindernisse sich mir in den Weg stellen, ich würde mich Gott hingeben und bis zum letzten Atemzug arbeiten, würde aber nie aus Feigheit oder Angst vor Fehlschlägen aufgeben.

Vertrauen bedeutet ewige Sicherheit – eine unmittelbare Wahrnehmung der Wahrheit

Vertrauen führt nicht nur zu Heilungen und anderen Erfolgen, sondern es ist auch die Kraft, welche die Auswirkung der geistigen Gesetze erkennen lässt, auf denen alle sogenannten Wunder beruhen.

»Es ist aber der Glaube eine gewisse Zuversicht des, das man hofft, und ein Nichtzweifeln an dem, das man nicht sieht.«[1] Erhoffte »Unmöglichkeiten« werden durch die Kraft

---

[1] *Hebräer* 11, 1.

dieses Vertrauen verwirklicht – ein Vertrauen, das glaubt, ohne zu sehen, und das trotz aller Widrigkeiten glaubt.

Vertrauen ist Verwirklichung an sich. Es enthält keine zerstörerischen Elemente wie der Glaube. Der Glaube kann durch gegensätzliche Beweise und Zweifel ins Wanken geraten oder verloren gehen, doch Vertrauen bedeutet ewige Sicherheit, weil es die unmittelbare Wahrnehmung der Wahrheit ist. Früher einmal glaubte man, dass die Erde flach sei; doch als die Wissenschaft immer weitere Entdeckungen machte, stellte sich heraus, dass sie rund ist. Es handelte sich also nur um einen Glauben, der revidiert werden musste. Doch das Vertrauen kann nicht widerlegt werden; denn es ist ein reifer Ausdruck der uns innewohnenden unfehlbaren Intuition, die uns bisher ungeahnte Wirklichkeiten enthüllt. Deshalb kann es blinden Glauben geben, aber kein blindes Vertrauen.

Die Seele erkennt die Wahrheit durch Intuition, und das daraus gewonnene *Wissen* ist Vertrauen. Intuition entsteht an dem Punkt, an welchem sich eine Überzeugung plötzlich in direkte Wahrnehmung der Wahrheit dieses Glaubens verwandelt. Intuition bedarf keiner Vermittlung und keiner Beweise durch die Sinneswahrnehmungen oder die Vernunft.

Woher wisst ihr zum Beispiel, dass ihr existiert? Ihr wisst es, weil ihr es wisst. Daran besteht kein Zweifel. Nichts in der Welt könnte euch vom Gegenteil überzeugen. Selbst wenn ihr gelähmt wärt oder euch selbst nicht sehen könntet, würdet ihr dennoch fühlen oder *erleben,* dass ihr existiert – durch die Wahrnehmung der Seele.

Vertrauen ist das ABC der Intuition. Es ist ein tiefes inneres Gefühl des *Wissens.* Fast alle von euch haben schon einmal eine Vorahnung gehabt, die sich verwirklichte. Das ist eine Manifestation der sich entwickelnden oder unkontrollierten Intuition. Die auf die Außenwelt gerichtete Intelligenz deutet die Erscheinungen; und das nach innen gerichtete Vertrauen deutet durch Verbindung mit dem »Ding an sich« die intuitiven Wahrnehmungen der Seele. Alle Dinge können durch die Kraft des Vertrauens ans Licht gebracht werden.

Im Zustand ruhiger Intuition wird das Vertrauen geboren

Das Sanskritwort für Vertrauen ist sehr ausdrucksvoll.

Es heißt *Visvas*. Die übliche wörtliche Übersetzung »leicht atmen, Vertrauen haben, frei von Furcht sein« drückt den Sinn jedoch nicht vollständig aus. Das Sanskritwort *Svas* bezieht sich auf den Atemvorgang und damit auch auf Leben und Gefühl. *Vi* hat die Bedeutung von »Gegenteil, ohne«. Das heißt, derjenige, dessen Atem, Leben und Gefühl ruhig sind, besitzt ein aus der Intuition geborenes Vertrauen, nicht aber solche Personen, deren Gefühle ruhelos sind. Der Erwerb intuitiver Ruhe hängt von einer Entfaltung des inneren Lebens ab. Wenn die Intuition sich genügend entwickelt hat, führt sie sofort zur Erkenntnis der Wahrheit. Auch euch kann diese wunderbare Erkenntnis zuteilwerden. Und die Methode, die dahin führt, ist die Meditation.

Meditiert geduldig und beharrlich. Während die innere Ruhe zunimmt, werdet ihr in den Bereich seelischer Intuition gelangen. In allen Zeitaltern erlangten diejenigen Erleuchtung, die Zugang zu dieser inneren Welt der Gottverbundenheit hatten. Jesus sprach: »Wenn aber du betest, so gehe in dein Kämmerlein und schließ die Tür zu und bete zu deinem Vater im Verborgenen, und dein Vater, der in das Verborgene sieht, wird dir's vergelten öffentlich.«[2] Zieht euch in das SELBST zurück und schließt die Tür der Sinne zu, damit die ruhelose Welt nicht eindringen kann, dann wird Gott euch all Seine Wunder offenbaren.

Durch die innere Verbundenheit der Seele mit Gott beginnt sich die Intuition ganz von selbst zu entfalten. Anfangs ist eine Art vorläufiges Vertrauen notwendig. Ihr müsst wissen, dass Gott bei euch ist und dass ihr Seine Kinder seid, die Ihm zum Bilde geschaffen sind. Schenkt Ihm eure Liebe und gebt euch Ihm ganz anheim. Durch Intuition wird sich diese Überzeugung allmählich in Vertrauen verwandeln. Wenn das Bewusstsein ruhig ist, manifestiert sich die Intuition – jenseits der Sinne und des Intellekts – als ein Gefühl, das man zumeist im Herzen wahrnimmt. Wenn sich dieses Gefühl während der Meditation bemerkbar macht, fühlt ihr mit tiefer Überzeugung, dass ihr auf dem richtigen Wege seid. Dann werdet ihr euch

---

2 *Matthäus* 6, 6.

dieser Intuition immer mehr bewusst werden und euch von ihr leiten lassen. Das bedeutet aber nicht, dass ihr die Vernunft aufgebt. Ruhige, unvoreingenommene Vernunft kann ebenfalls zur Intuition führen. Gebraucht gesunden Menschenverstand. Vergesst aber nicht, dass ein arrogantes oder emotionales Denken zu Fehleinschätzungen und Irrtümern führt.

Vermeidet, was beim Zweifel und beim Glauben zerstörerisch wirken kann, und nutzt deren positive Eigenschaften. Schreitet unermüdlich voran, damit ihr ins Reich des Vertrauens gelangt. Auf diese Weise werdet ihr Fortschritte machen. In der Ruhe der Meditation kann sich euer Bewusstsein auf die Wahrheit einstellen und richtiges Verständnis gewinnen. Und in diesem Zustand entfaltet sich die Intuition und führt schließlich zum Vertrauen und zum Zustand des »Nichtzweifelns an dem, das man nicht sieht«.

Vision Indiens:
Entfaltung des höheren Selbst

Paramahansa Yogananda war bekannt dafür, dass er in seinem ganzen Leben das Ideal zu verwirklichen suchte, Ost und West kulturell und spirituell durch »einen Austausch ihrer besten charakteristischen Eigenschaften« einander näher zu bringen. Der folgende Artikel, in dem er erklärt, was Indien dem Westen zu bieten hat und was es vom Westen empfangen kann, ist eine seiner frühen Lobreden auf sein geistiges Mutterland. Obgleich dieser Text vor vielen Jahrzehnten geschrieben wurde und sich die Lage und die Bedingungen in Indien und in aller Welt inzwischen gewandelt haben, ist diese »Vision Indiens« aus den 1920er Jahren weiterhin gültig und wertvoll, weil sie einen guten Überblick über das Thema Einheit von Ost und West gibt. Die wichtigste spirituelle Botschaft Indiens an die Welt besteht darin, die Entwicklung des höheren SELBST zu fördern; sie hat Paramahansajis Worte im zweiten Teil dieses Artikels inspiriert.

In Indien spiegelt sich die ganze Welt wider; es ist ein Land unterschiedlicher Klimazonen, Religionen, Wirtschaftszweige, Kunstwerke, Menschentypen, Landschaften, kultureller Entwicklungsstufen und Sprachen.

Seine Zivilisation lässt sich viele tausend Jahre zurückverfolgen. Seine großen Seher, Propheten und Herrscher haben Spuren hinterlassen, die von einer sehr alten arischen Zivilisation in Indien zeugen.[1]

---

[1] Der alte Name für Indien ist *Aryavarta*, wörtlich: »Stätte der Arier«. Die Sanskritwurzel des Wortes *arya* bedeutet »wertvoll, heilig, edel«. Der spätere Gebrauch des Wortes *Arier*, der sich nicht auf geistige, sondern körperliche Merkmale bezieht, wird von einigen Ethnologen, einschließlich des Indologen Max Müller, für eine Missdeutung der ursprünglichen Bedeutung gehalten.

In seiner *Autobiographie eines Yogi* schrieb Yogananda: »In der gesamten Literatur und Tradition der Hindus ist nichts zu finden, was die allgemein verbreitete Theorie abendländischer Geschichtsschreiber bestätigt, die besagt, die ersten Arier seien aus einem anderen Teil Asiens oder aus Europa in Indien ›eingefallen‹. Die Gelehrten sind deshalb auch nicht in der Lage, den

Viele westliche Touristen besuchen Indien, sehen sich auf den Straßen einige Fakire, Schwertschlucker oder Schlangenbeschwörer an und meinen, das sei alles, was Indien zu bieten habe. Doch diese Menschen stellen nicht das wahre Indien dar. Das wahre Leben Indiens und das Geheimnis seiner Vitalität beruhen seit undenklichen Zeiten auf seiner spirituellen Kultur, die es zum Mutterland der Religionen gemacht hat. Wenn Indien auch über sanitäre Einrichtungen, Geschäftsmethoden und Gewinnung von Rohstoffen viel vom Westen lernen kann und wenn es auch »Geschäfts-Missionare« wie Henry Ford und Thomas Edison nötig hat, so hungern die westlichen Länder dennoch nach etwas anderem, ob sie sich dessen bewusst sind oder nicht: Sie verlangen nach praktischen spirituellen Lehren, auf die Indien sich seit Jahrhunderten spezialisiert hat.

In den Städten des Westens hat sich die Wissenschaft so weit entwickelt, dass der physische Körper des Menschen meist gut versorgt ist mit Nahrung, Kleidung und Wohnraum. Ohne geistigen Frieden und spirituellen Trost genügt jedoch der körperliche und materielle Komfort nicht. Indien, als geistiges Vorbild aller Religionen, ist der inoffizielle Reformator, der den menschlichen Geist und die Seele auf wunderbare Weise inspirieren kann. Indiens größtes und fruchtbarstes Vermächtnis für die Menschheit sind die Techniken, die eine wissenschaftliche spirituelle Kultur des Menschen fördern; diese Techniken wurden von seinen Heiligen und Sehern entdeckt und seit Jahrhunderten weitergereicht.

Indien ist ein Land voller Geheimnisse, die jedoch von verständnisvollen Forschern und Wahrheitssuchern ergründet werden können. Es besitzt die höchsten und gewaltigsten Berge der Welt – den Himalaja. Das im Norden gelegene Darjiling kann als die indische Schweiz bezeichnet werden. Die einzigartigen alten Burgruinen und die weiträumigen Paläste der Fürsten in Delhi; das unermessliche Gebiet des Ganges,

Zeitpunkt zu bestimmen, wann diese imaginäre Wanderschaft begonnen haben soll. Dem Zeugnis der Veden zufolge ist Indien seit Urzeiten die Heimat der Hindus gewesen. Dieser Gedanke wird in dem außergewöhnlichen und leicht lesbaren Buch *Rig-Vedic India* (Das Indien des Rig-Veda) von Abinas Chandra Das zum Ausdruck gebracht, das 1921 von der Universität Kalkutta herausgegeben wurde.«

dessen Ufer seit Jahrhunderten durch viele meditierende und erleuchtete Heilige gesegnet worden sind; die sonnenvergoldeten Gipfel der Himalaja-Bergkette; die alten Pilgerstätten und Meditationshöhlen, wo Yogis und Swamis die Reisigbündel der Unwissenheit mit der Weisheit Gottes entflammten; der Taj Mahal in Agra, das edelste Wunderwerk der Architektur, das je in Marmor geschaffen wurde – ein ideales Sinnbild menschlicher Liebe; die dunklen Wälder und Dschungel, wo stolze Tiger umherschweifen; der blaue Himmel und der strahlende Sonnenschein; die herrlichen orientalischen Früchte und Gemüsesorten; die verschiedenartigen Menschentypen – all das macht Indien zu einem einmalig faszinierenden, romantischen und unvergesslichen Erlebnis.

Ein Land großer Gegensätze

Indien ist ein Land großer Gegensätze – ein Land unwahrscheinlichen Reichtums und äußerster Armut, höchster geistiger Reinheit und unkultivierten, einfachen Lebens, ein Land, in dem Rolls Royces und Ochsenkarren, reich geschmückte Elefanten und altmodische Pferdewagen nebeneinander bestehen.

Im Norden sieht man blauäugige und blondhaarige Hindus, im heißeren, tropischen Süden Menschen mit dunkler, sonnengebräunter Haut. Insgesamt ist Indien ein Land der Überraschungen, der Gegensätze und Extreme. Wenn alles zum Geschäft wird, zur stumpfen Routine, dann wird das Leben prosaisch; in Indien dagegen fühlt man, dass das Leben ein großes Abenteuer ist – ein Erlebnis voller Geheimnisse und Überraschungen.

Indien mag in materieller Hinsicht keine Wolkenkratzer und auch nicht die vielen, oft geistig entnervenden Bequemlichkeiten des modernen Lebens bieten; wie alle andere Nationen hat es seine Schwächen. Doch Indien beherbergt viele bedürfnislose, christusähnliche »spirituelle Wolkenkratzer«, die den westlichen Brüdern und Schwestern zeigen könnten, wie man aus jeder Lebenslage höchste geistige Freude gewinnen kann. Diese wissenschaftlich denkenden Mystiker und Seher – welche die Wahrheit durch eigene Bemühungen und Erfahrungen erkannt haben, anstatt sich mit den üblichen, unbewiesenen Glaubensartikeln zu begnügen – können anderen helfen, ihre Intuition zu entwickeln und den Quell des Friedens und der Erfüllung anzuzapfen, der unter all den Geheimnissen sprudelt. Obgleich mir der Vorteil einer westlichen Erziehung zuteil wurde, fand ich nur in Indien die wahre Lösung aller Lebensrätsel.

Visionen der Leben spendenden Philosophie Indiens

Seit undenklichen Zeiten haben sich die größten Seher Indiens darauf spezialisiert, die Philosophie und den Sinn des Lebens zu erforschen und zu verstehen. Eine der am meisten diskutierten philosophischen Fragen ist diese: Besteht das Ziel menschlichen Lebens aus Dienen oder Eigennutz. Ich hatte einmal ein langes Streitgespräch mit einem Europäer, der immer eintönig wiederholte, das Ziel des Lebens bestehe darin, zu dienen, während ich erklärte, das Ziel sei höherer Eigennutz. Immer wieder fragte ich ihn, warum er das »Dienen« so hoch einschätze; doch statt mir das vernünftig zu erklären, wiederholte er immer nur: »Dienen ist das Ziel des Lebens; wer das bezweifelt, lästert Gott.«

Da ich sah, wie dogmatisch er dachte, fragte ich ihn: »Ist Dienen das Ziel des Lebens, weil die Heilige Schrift das behauptet?«

»Ja«, erwiderte er heftig.

»Glauben Sie alles wortwörtlich, was in der Heiligen Schrift steht?« fragte ich weiter. »Glauben Sie, dass Jonas von einem Wal verschluckt und nach einigen Tagen wieder lebend ausgespuckt wurde? Wie erklären Sie sich das?«

»Nein, ich weiß nicht, wie er das fertigbrachte«, gestand mein Freund.

Das war genau der springende Punkt. Wenn man die Wahrheit in den Geschichten der heiligen Schriften verstehen will – wenn man wissen will, was Irrtum und was Wahrheit ist, was wörtlich oder metaphorisch gemeint ist –, muss man Vernunft und Unterscheidungskraft anwenden und alles mit tiefer Intuition, die durch Meditation entwickelt wird, überprüfen.

Viele Leute meinen, dass alles, was gedruckt ist, auch stimmen müsse. Vor allem viele fromme Gläubige meinen, dass alles unanfechtbar sei, was im Gewand der Autorität von heiligen Schriften einherkommt. Doch das Anlegen eines äußeren Gewandes macht den Menschen längst nicht unfehlbar. Auch

Verfasser von heiligen Texten können Fehler machen, oder sie können traditionsgemäß die Wahrheit mit Allegorien, Metaphern und Gleichnissen verschleiern. Wenn man die Wahrheit einer bestimmten Lehre verstehen will, muss man danach leben; man muss feststellen, ob sie anwendbar ist oder nicht – man muss sie der Feuerprobe der Erfahrung unterwerfen. Lasst uns frei von Dogmatismus in die Welt hinaustreten und unsere religiösen Überzeugungen mit den religiösen Erfahrungen und Erkenntnissen wahrer Lehrer vergleichen. Lasst uns zu Bilderstürmern werden und die in uns liegenden falschen Vorstellungen ausmerzen. Wir sollten nicht eine Vielzahl unverdauter theologischer Lehren in uns hineinstopfen und dadurch an einer chronischen theologischen Verdauungsstörung leiden.

Das Ideal des Dienens, wie es die Weisen Indiens erklären

Das Gesetz, anderen zu dienen, folgt gleich auf das Gesetz des Eigeninteresses oder der Selbsterhaltung, was auch »Eigennutz« genannt werden kann. Kein normaler Mensch tut je etwas ohne Grund. Religiöse Lehren und Anweisungen beruhen entweder auf blindem Aberglauben oder auf wahren religiösen Erfahrungen. Die Gebote der heiligen Schrift »Diene deinem Nächsten wie dir selbst« und »Liebe deinen Nächsten wie dich selbst« haben einen tieferen Sinn: das Gesetz, anderen zu dienen, muss von allen Gläubigen befolgt werden, die ihr begrenztes eigenes Selbst erweitern wollen.

Kein Mensch handelt, ohne mittelbar oder unmittelbar ein eigennütziges Motiv zu haben. Dass man anderen dient, ist eine Voraussetzung dafür, dass man auch Hilfe von anderen empfängt. Dadurch, dass man anderen finanziell, geistig oder moralisch hilft, findet man selbst Erfüllung. Wenn wir ohne jeden Zweifel wüssten, dass unsere Seele verloren ginge, wenn wir anderen dienten, würden wir dann noch dienen? Wenn Jesus überzeugt gewesen wäre, dass er durch seinen Opfertod auf dem Altar menschlicher Unwissenheit Gott missfallen würde, hätte er dann so gehandelt? Gewiss nicht. Er wusste, dass er trotz des Verlustes seines Körpers die Gnade seines Vaters erlangen und dass seine Seele befreit zu höchster Freude aufsteigen würde. Solch unsterbliche Söhne Gottes und alle Märtyrer und Heiligen machen eine sichere Anlage: Sie opfern ihren kleinen sterblichen Körper, um das unsterbliche Leben zu gewinnen. Alles Wertvolle im Leben fordert seinen Preis.

Deshalb wird auch das größte Opfer für andere nicht vollbracht, ohne dass das eigene Selbst davon profitiert. Daher ist die logische Schlussfolgerung, dass der eigentliche Beweggrund des Lebens der höhere Eigennutz ist – das heißt, ein Handeln, welches das höhere SELBST fördert, und nicht das Dienen in Selbstverleugnung.

Der Mensch weiß, dass er anderen dienen muss, weil er sonst kein Recht darauf hat, Dienst von anderen zu erwarten. Alle Lebewesen sind auf irgendeine Weise voneinander abhängig. Wenn die Bauern ihr Land nicht mehr bestellten und die Geschäftsleute nicht mehr für Transport und Verteilung sorgten, könnten sich selbst die Entsagenden nicht am Leben erhalten. Mit der Zunahme der Bevölkerung und des Reichtums werden heutzutage sogar die Wälder unterteilt; Stücke davon gehen in den Besitz von Großgrundbesitzern. Und diese lassen Warnzeichen an den Bäumen aufhängen, die besagen, dass Unbefugte, welche das Grundstück betreten, bestraft werden. Deshalb können die Entsagenden vernünftigerweise nicht erklären: »Ich will nicht arbeiten und meinen Lebensunterhalt verdienen – ich will lieber von den Früchten des Waldes leben.« Sie müssen irgendwelche Dienste leisten, um das Recht auf materielle Versorgung zu erlangen. Daher bezieht sich das Dienen und Empfangen von Dienstleistungen immer auf eine niedrigere oder höhere Eigenliebe – ganz gleich, ob es sich um Geschäftsleute handelt, die materielle Dienste leisten, oder um spirituell Entsagende, welche göttliche Weisheit vermitteln[2].

Drei Arten von Eigennutz: der bösartige, der gute und der heilige Eigennutz

Wir sollten jedoch deutlich zwischen dem bösartigen, dem

---

[2] Abgeschiedenheit ist notwendig, wenn man sich fest im SELBST verankern will. Ist dies erreicht, kehren die Meister in die Welt zurück, um der Menschheit zu dienen. Selbst Heilige, die keine sichtbare Arbeit leisten, tun der Welt durch ihre Gedanken und heiligen Schwingungen mehr Gutes als unerleuchtete Menschen durch ihre eifrige humanitäre Tätigkeit. – Paramahansa Yogananda in *Autobiographie eines Yogi*.

guten und dem heiligen Eigennutz unterscheiden. Bösartiger Eigennutz lässt den Menschen für seinen eigenen Komfort sorgen, indem er andere ihres Komforts beraubt. Sich auf Kosten anderer zu bereichern ist eine Sünde und widerspricht den Interessen des höheren individuellen SELBST desjenigen, der in dieser Weise eigennützig ist. Wem es Freude macht, die Gefühle anderer durch scharfe Kritik zu verletzen, handelt ebenfalls auf böse Weise eigennützig; solch bösartige Schadenfreude trägt nicht zum Guten in der Welt bei. Echter und guter Eigennutz motiviert den Menschen, nach eigenem Komfort, Wohlstand und Glück zu trachten, wobei er aber auch anderen zu Reichtum und Glück verhilft. Bösartiger Eigennutz verbirgt seine zerstörerischen Kräfte, die unvermeidbares Leid bringen, hinter der unschuldigen Maske einer Zusicherung auf vorübergehenden Komfort. Durch bösartige Eigenliebe begrenzt man sich auf einen kleinen Kreis von Menschen und schließt die übrige Menschheit aus. Gute Eigenliebe schließt einen selbst sowie alle anderen Menschen in den weiten Kreis der Brüderlichkeit ein. Gute Eigenliebe bringt uns reiche Ernte – Hilfe von anderen Menschen, Erweiterung des Selbst, göttliches Mitgefühl, dauerhaftes Glück und SELBST-Verwirklichung.

Jeder Geschäftsmann sollte auf gute Weise eigennützig sein, indem er aufrichtig, ehrlich, anständig und konstruktiv handelt und arbeitet, sodass er für sich selbst und seine Familie sorgen kann und auch anderen Menschen nützlich ist. Ein solcher Geschäftsmann ist demjenigen weit überlegen, der nur aus Eigeninteresse handelt und dem das Schicksal seiner Kunden und der von ihm abhängigen Menschen gleichgültig ist. Letzterer handelt gegen seine eigenen Interessen, denn gemäß dem Gesetz von Ursache und Wirkung wird er schließlich großes Leid auf sich selbst herabziehen. Der Reichtum vieler Geizhälse fällt in die Hände von Verwandten, die ihn oft aus reiner Genusssucht vergeuden. Eine solche Eigenliebe hilft letzten Endes weder dem Geber noch dem Empfänger.

Wer die Fallen des bösartigen Eigennutzes vermeiden will, sollte sich zuerst in gutem Eigennutz üben, wobei er seine Familie und diejenigen, denen er dient, als ein Teil seiner selbst betrachtet. Hat er dies erreicht, kann er sich schließlich im heiligen Eigennutz üben (oder in der »Uneigennützigkeit«, wie man es allgemein nennt); in diesem Zustand sieht er das ganze Universum als sein eigenes Selbst an.

Heiliger Eigennutz

Wer heiligen Eigennutz empfindet, fühlt den Kummer anderer und bemüht sich, ihnen weiteres Leid zu ersparen; er findet sein Glück in der Freude anderer und versucht ständig, die Not einer immer größeren Anzahl von Menschen zu lindern. Wer aus heiligem Eigennutz handelt, betrachtet jeden Verlust, den er auf Erden erleidet, als ein Opfer, das er bereitwillig für andere bringt, um ihnen Gutes zu tun, und für seinen eigenen großen und endgültigen Gewinn. Er lebt, um seine Brüder zu lieben, denn er weiß, dass sie alle Kinder des einen Gottes sind. Sein Eigennutz ist heilig, denn sobald er an sich selber denkt, versteht er darunter nicht – wie sonst üblich – seinen kleinen Körper und Verstand, sondern er denkt an die körperlichen und geistigen Bedürfnisse all derer, die er kennt oder auf die er Einfluss nehmen kann. Sein Ich wird zum SELBST aller anderen. Er wird zum Geist und zum Gefühl aller Geschöpfe. Er kann nur das für sich selbst tun, was auch gut für alle ist. Wer die Körper aller Menschen und Lebewesen als seine eigenen Glieder betrachtet, wird gewiss den Universalen, Alldurchdringenden GEIST in sich selbst erkennen.[3]

Er handelt nicht aus einer bestimmten Erwartung heraus, sondern ist nach bestem Wissen und Gewissen bemüht, sich selbst wie auch allen anderen zu helfen und für ihre Gesundheit, Nahrung, Arbeit, ihren Erfolg und ihre geistige Befreiung zu sorgen.

Wer aus gutem und heiligem Eigennutz handelt, kommt Gott, der auf dem Altar allumfassender Güte ruht, immer näher. Wer dies erkannt hat, handelt gewissenhaft und ist nur noch tätig, um den Gott des Friedens zu erfreuen, der ihn ewig leitet und der in seinem Innern wohnt.

---

3 »Wer den Höchsten Herrn unterschiedslos in allen Wesen wahrnimmt und den Unvergänglichen im Vergänglichen schaut, der sieht die Wahrheit. ... Wer erkennt, dass alle einzelnen Wesen in dem Einen enthalten sind, der sich in viele aufgeteilt hat, der geht in Brahman ein.« (Bhagavad-Gita XIII, 27. 30)

Wunder durch den *Raja-Yoga*

Zusammenstellung eines Vortrags und eines Artikels, die um 1926/27 unter demselben Titel erschienen (mit Zitaten aus der Autobiographie eines Yogi)

> Als »Wunder« bezeichnet man gewöhnlich ein Ereignis oder ein Geschehen, das sich nicht gesetzmäßig, d. h. außerhalb der Naturgesetze, vollzieht. Doch alles, was sich in unserem präzise aufgebauten Universum ereignet, geschieht gesetzmäßig und lässt sich gesetzmäßig erklären. Die sogenannten Wunderkräfte eines großen Meisters sind eine natürliche Folge seiner genauen Kenntnis feinstofflicher Gesetze – jener Gesetze, die den inneren Kosmos des Bewusstseins regieren.
>
> In Wirklichkeit kann daher nichts als »Wunder« bezeichnet werden, es sei denn, dass man alles in einem tieferen Sinne als Wunder ansieht. Gibt es etwas Alltäglicheres und zugleich Wunderbareres, als dass jeder von uns in einem komplizierten körperlichen Organismus eingeschlossen ist und auf eine Erde gesetzt wurde, die mit anderen Sternen durch den Weltraum wirbelt?
>
> »Autobiographie eines Yogi«

Raja-Yoga, der »königliche Yoga«, ist die Wissenschaft der Gottverwirklichung, eine Methode, welche die Seele Schritt für Schritt wieder mit dem GEIST vereint – das heißt, den Menschen mit seinem Schöpfer. Sie wurde von den *Rishis* des alten Indien entwickelt und führt zu erwiesenen und gleichbleibenden Ergebnissen. Der *Raja-Yoga* ist von dem großen Weisen Patanjali in seinen *Yoga-Sutras* auf meisterhafte Weise in ein System gebracht worden. Er vereinigt die höchsten Yoga-Lehren aus allen anderen Yoga-Zweigen: Hingabe, rechtes Handeln, körperliche und geistige Selbstbeherrschung und Verbindung mit Gott durch wissenschaftliche Konzentrations- und Meditationstechniken. Am Ende dieses Weges steht die

Gottverwirklichung, die »alle Dinge möglich macht«, denn sie macht aus einem Sterblichen einen Unsterblichen.

Die westlichen Länder leisten Hervorragendes auf dem Gebiet der Naturwissenschaften, die uns über die Materie informieren und nützliche Erfindungen ermöglichen. Der Orient zeichnet sich durch die Wissenschaft des GEISTES aus, welche die Seele in Einklang mit dem Unendlichen bringt. Ich habe jedoch festgestellt, dass die Menschen in Amerika noch sehr wenig über die im Orient gelehrten spirituellen Wissenschaften und Wahrheiten wissen. Es gibt da viele falsche Vorstellungen.

Der wahre spirituelle Wissenschaftler ist weder ein Magier noch ein Wahrsager

Während eines Aufenthaltes in Seattle ging ich einmal zur Einwanderungsbehörde, um mir ein Visum nach Vancouver in British Columbia zu besorgen. Der dortige Beamte schien von meinem ockerfarbigen Turban fasziniert und betrachtete mich sarkastisch.

Ich hatte schon einige Zeit gewartet, doch der Mann am Schreibtisch machte keinerlei Anstalten, nach meinen Wünschen zu fragen; er ließ nicht einmal erkennen, dass er meine Anwesenheit bemerkt hatte. Deshalb klopfte ich ans Schalterfenster, um seine Aufmerksamkeit zu erwecken. Das brachte den Beamten schließlich dazu, sich widerstrebend von seinem Stuhl zu erheben und mich zu fragen, was ich wünsche. Er sah mich verächtlich an, blickte auf meinen Turban und fragte: »Lesen Sie Kristallkugeln, sind Sie ein Wahrsager oder Schwertschlucker? Oder vielleicht ein Schlangenbeschwörer?«

Ich versicherte ihm, dass ich nicht als Wahrsager oder Schlangenbeschwörer nach Amerika gekommen sei. Ich sei auch kein Fakir. Ich sei heute hier hergekommen, um ein Einreisevisum nach Vancouver zu beantragen. Da forderte er mich auf, am nächsten Tag wiederzukommen.

Am folgenden Tag brachte ich ein Buch mit, das ich geschrieben hatte, und auch Kopien einiger meiner Gedichte. Ich sagte nichts, sondern überreichte sie ihm. Er war sichtlich überrascht. Als er höflich ein paar Zeilen gelesen hatte und mich verlegen anblickte, als wolle er sich für sein Benehmen entschuldigen, lächelte ich ihm zu und sagte: »Lieber Herr, wissen Sie auch, dass die Hindus nie eine Fabrik hatten, in der Kristallkugeln hergestellt wurden? Kristallkugeln sind ein Produkt des Westens. Dass die Hindus aus Kristallkugeln die Zukunft lesen, ist mir also neu. Was die Wahrsager anbetrifft, davon gibt es eine ganze Anzahl hier in Amerika – wie auch in Indien. Aber fragen Sie deshalb jeden Amerikaner, der Ihnen begegnet, ob er ein Wahrsager sei?«

Nicht jeder Hindu ist ein Wahrsager. Es liegt nicht im Wesen der Inder, einer unverheirateten Frau zu schmeicheln und ihr vorauszusagen, dass sie einen guten reichen Mann heiraten werde, und ihr für diese falsche Prophezeiung drei oder vier Dollar abzuknöpfen. Weise Hindus können euch lehren, eure Probleme zu lösen und euer »Schicksal« zu ändern. Eure jetzige Armut oder euren Reichtum, eure Krankheit oder Gesundheit habt ihr durch eure früheren Handlungen selbst verursacht, und euer jetziges Leben und eure jetzigen Handlungen werden eure Zukunft bestimmen. Spirituelle Gelehrte können auf wissenschaftliche Weise feststellen, wie das Gesetz von Ursache und Wirkung sich auf die Handlungen und das Leben der Menschen auswirkt. Sie glauben an keine Schicksalsmacht – das heißt an vorherbestimmte Ereignisse ohne Ursache. Sie halten die Menschen nicht zum Narren, indem sie ihnen etwas vorhersagen, was sie durch betrügerische Vorstellungen, doppelsinnige Behauptungen und Schwindel erfunden haben. Die echten Hindu-Astrologen studieren methodisch, wie das Gesetz von Ursache und Wirkung das Leben und Handeln der Menschen bestimmt. Sie enthüllen euch nicht nur eure Vergangenheit oder sagen euch die Zukunft voraus, sondern sie lehren euch die Kunst, unerwünschte Ereignisse abzuwenden und erwünschte Ereignisse herbeizuführen – je nachdem, was aufgrund eurer früheren schlechten oder guten Handlungen auf euch zukommt. Gute Astrologen sagen ihren Schülern nur das, was ihnen helfen kann, und nicht das, was lediglich deren nutzlose Neugier befriedigt. Sie sind der Meinung, dass es keinen Zweck hat, euch das zu sagen, was ohnehin eintreffen wird – es sei denn, sie kennen eine Methode, mit der man das selbst erschaffene Schicksal abwenden oder schwächen kann. Manchmal ist Unwissenheit ein Segen.

Ich sagte also dem Beamten der Einwanderungsbehörde:

»Mein Herr, ich habe noch nicht die einzigartige, gefährliche Erfahrung gemacht, Schwerter zu schlucken oder Kobras zu beschwören, was unsere meisterhaften Magier oft bei Tageslicht auf offener Straße und vor den neugierigen Augen der Menge tun. Es stimmt zwar, dass einige von ihnen außergewöhnliche Kräfte besitzen, aber sie sind ebenfalls darin bewandert, Taschenspieler-Tricks vorzuführen; sie können durch optische Täuschungen irgendetwas herbeizaubern. In dieser Hinsicht ist der orientalische Magier seinen westlichen Kollegen überlegen.«

Heiter forderte ich dann den Beamten heraus: »Ich bin einigen betrügerischen Menschen in westlichen Ländern begegnet, die Hüte und Anzüge trugen, aber ich habe nie Betrug mit dem Tragen von Hüten in Verbindung gebracht. Wie kommt es, dass Sie das Beschwören von Schlangen mit meinem Turban in Verbindung bringen?«

Inzwischen hatten sich die verächtlichen Falten im Gesicht des Beamten geglättet. In sehr freundlichem Ton sagte er: »Es tut mir leid. Wahrscheinlich werden viele gute Hindus, die einen Turban tragen, von einigen Menschen nur deshalb verachtet, weil einige turbantragende Inder einen falschen Eindruck auf unsere Landsleute gemacht haben.«

Da sagte ich ihm: »Sie können nicht von allen Hindus erwarten, dass sie ihren Turban ablegen, nur weil einige Hindus kein gutes Beispiel gegeben haben – genauso wie ich nicht von all meinen westlichen Brüdern erwarten kann, dass sie ihre Hüte ablegen, weil einige von denen, die Hüte tragen, Betrüger sind. Westliche Touristen, die nach Indien reisen, sehen oft unsere ärmlich gekleideten Kulis und die Vorführungen von Magiern oder Fakiren auf der Straße, und Sie meinen, dass die Inder dunkle Anzüge und Krawatten tragen sollten, wenn sie als zivilisiert gelten wollen. Bräuche und Sitten sind nicht von Bedeutung, denn sie hängen mit bestimmten klimatischen Bedingungen zusammen. Die wahre Entwicklung des Menschen besteht in der Entwicklung seiner geistigen Kräfte.«

Amerikanische Touristen, die Indien besuchen, müssen also darauf achten, dass sie sich keine falschen Vorstellungen von den wahren indischen Yogis machen. Wahre Yogis unterscheiden sich erheblich von Magiern, Schwertschluckern und Gauklern, die auf der Stelle Mangobäume aus dem Boden wachsen lassen. Diese sind bloße Unterhaltungskünstler. Jene hingegen sind große Seelen, die man nicht leicht erkennt, weil sie sich ruhig und unauffällig verhalten und ein sehr einfaches Leben führen. Doch sie besitzen göttliche Weisheit und verfügen über Wunderkräfte, wie Christus sie besaß. Jesus sprach: »Es sei denn, dass ihr umkehrt und werdet wie die Kinder, so werdet ihr nicht ins Himmelreich kommen. Wer nun demütig wird wie dies Kind, der ist der Größte im Himmelreich.«[1] Durch göttliche Einfachheit und Demut kann man große geistige Kraft und Weisheit erlangen.

Physische und geistige Wunder – die Notwendigkeit von *Raja-Yoga*

»Das ganze Universum ist bestimmten Gesetzen unterworfen. Die Kräfte, die das sichtbare, von der Wissenschaft erforschbare Universum regieren, werden Naturgesetze genannt. Doch es gibt feinere Gesetze, welche die verborgenen geistigen Ebenen und die inneren Bereiche des Bewusstseins regieren; diese können von der Yoga-Wissenschaft erforscht werden. Nicht der Physiker, sondern der erleuchtete Meister kennt das wahre Wesen der Materie. Aufgrund dieses Wissens konnte Christus das Ohr des Kriegsknechtes heilen, das einer seiner Jünger abgeschlagen hatte.«[2]
Swami Sri Yukteswar in Autobiographie eines Yogi

Es besteht kein Unterschied zwischen den physischen Gesetzen und den übernatürlichen Gesetzen oder Wundern, die man bewirken kann, wenn man weiß, wie der menschliche Geist funktioniert. Die Amerikaner können durch Anwendung physikalischer Gesetze gewisse Wunder zustande bringen; fortgeschrittene Yogis können geistige Wunder vollbringen. Viele Hindus betrachten das Radio und die Bildfunk-Kameras noch als ein Wunder. Und den Amerikanern sind die Wunder des Geistes, die so oft von indischen Yogis vollbracht werden, noch

---

[1] *Matthäus* 18, 3–4.
[2] »Und einer von ihnen schlug des Hohenpriesters Knecht und hieb ihm sein rechtes Ohr ab. Jesus aber antwortete und sprach: Lasst sie doch so machen! Und er rührte sein Ohr an und heilte ihn.« (*Lukas* 22, 50–51)

unverständlich. In dieser Zeit, in der so viele überraschende Erfindungen gemacht werden, sollten die Amerikaner vernünftig genug sein, die geistigen Wunder, die ihre hinduistischen Brüder vollbringen, zumindest gründlich zu untersuchen. Wunder sind nichts anderes als das Wirken übernatürlicher, kosmischer Gesetze. Jesus und die großen Meister Indiens wissen, wie man sie anwendet. Dem Durchschnittsmenschen dagegen erscheinen solche Taten als Wunder, doch in Wirklichkeit sind sie das Ergebnis höherer, verborgener Gesetzmäßigkeiten.

Der Yoga verbindet die Kraft des menschlichen Geistes mit der kosmischen Kraft. Sogar die Rajas – die indischen Fürsten – haben die Grundsätze der Konzentration, die der *Raja-Yoga* lehrt, ohne Weiteres geübt, obgleich sie viele Regierungsarbeiten zu erledigen hatten. Diese Methoden verleihen dem Menschen Macht über das eigene Schicksal; sie können materielle, sittliche, soziale und geistige Misserfolge in Erfolge verwandeln und lassen sich genauso gut mit dem geschäftigen und sorgenvollen Leben der westlichen Rajas und Maharajas – den amerikanischen Millionären und Milliardären – vereinbaren.

Die menschliche Natur ist überall gleich. Sowohl der Amerikaner wie auch der Hindu braucht Ausgeglichenheit und spirituelle Kraft. Der Amerikaner lässt für sich die Maschinen hart arbeiten, während der Inder seinen Lebensunterhalt durch seiner Hände Arbeit verdienen muss. Theoretisch hat der amerikanische Geschäftsmann daher mehr Zeit, sich darin zu üben, geistige Wunder zu vollbringen als der sprichwörtliche spirituelle Hindu.

Der Erwerb »übernatürlicher« geistiger Kräfte hat im Vergleich zum Erwerb geschäftlicher Fachkenntnisse den Vorteil, keinen Begrenzungen unterworfen zu sein. Der durchschnittliche intelligente Geschäftsmann wird vielleicht durch die scharfe Konkurrenz bezwungen. Wenn sein geschäftlicher Scharfsinn erlahmt, hat er ständig Misserfolge. Doch der Hindu-Weise gibt nicht auf, wenn die intellektuellen Fähigkeiten nachlassen. Er kann seine unbegrenzten höheren Kräfte einsetzen, um einen Wunsch zu verwirklichen. Gott ist allmächtig, und auch der Mensch kann mit Hilfe des *Raja-Yoga* an Macht gewinnen, indem er sich bewusst mit Ihm vereinigt.

Ob man sich durch physische Mittel um Heilung einer

chronischen Krankheit, um Erfolg oder um inneren Frieden bemüht, man stößt überall an bestimmte Grenzen. Alles wird durch das Gesetz von Ursache und Wirkung regiert. Wenn ihr immer wieder vergeblich versucht habt, eure körperlichen und geistigen Krankheiten zu heilen, solltet ihr feststellen, worin eure Begrenzungen liegen. Ihr könnt kaum Erfolge erwarten, wenn ihr nur begrenzte Kraft zur Verfügung habt. Ihr müsst die Tür eures Innern öffnen und lernen, übernatürliche Kräfte zu entwickeln; dann könnt ihr alles im Leben zustande bringen. Sonst setzt ihr euer Glück ständig aufs Spiel.

Seht euch einmal den Geisteszustand so vieler Leute an. Sie kommen sich so schlau vor – indem sie dem Geld nachjagen, um alle möglichen Wünsche zu befriedigen und Sicherheit zu finden. Ihr Leben gleicht einem Schnellzug, der auf das eine Ziel zurast – Geld und immer nur Geld. Sie erkennen nicht, wohin diese Fahrt sie führt, und jonglieren so lange mit ihren ehrgeizigen Wünschen, bis sie plötzlich mit leeren Händen diese Erde verlassen müssen. Ein solches Leben ist leer und sinnlos. Worin besteht der Sinn unseres Lebens hier und im Jenseits? Die Meister lehren Methoden, durch die jeder, selbst der materiell Erfolgreichste, der so viele Ablenkungen, Bequemlichkeiten und Reichtümer hat, ein vollkommen erfülltes Leben führen kann – in körperlicher, geistiger und spiritueller Hinsicht.

Seid Meister euer selbst und lasst euch nicht von Gewohnheiten, sondern von eurem freien Willen und der Weisheit der Gotteserkenntnis leiten. Ihr habt das Vorrecht und die freie Wahl, hier auf Erden euren eigenen Himmel zu schaffen; ihr habt alle Mittel dazu in der Hand. Gott hat euch die Kraft verliehen, Ihn zu erkennen. Mit dem *Raja-Yoga* hat Er euch die wissenschaftliche Methode gegeben, eure Gedanken auf Ihn zu lenken. Das ist die wahre Wissenschaft des Gebets, durch die ihr mit Gott in Verbindung treten und mit Ihm Zwiesprache halten könnt.

Historisch belegte Wunder

Ich will von einigen authentischen, historisch belegten Wundertaten indischer Yogis berichten, die beweisen, dass diese der heutigen Zeit weit voraus waren; sie konnten Wunder vollbringen, für welche die moderne Naturwissenschaft noch keine Erklärung hat.

Vor etwa 70 Jahren [ca. 1860] war die heilige Stadt Benares in ehrfürchtigem Aufruhr wegen der Wundertaten des Trailanga Swami.[3] Dieser war 250 Jahre alt, und es wird berichtet, dass er sich zwei oder drei Tage hintereinander unter oder auf der Wasseroberfläche des Ganges aufzuhalten pflegte. Er konnte in den Gedanken anderer wie in einem Buch lesen; er konnte mehrere Becher einer giftigen Flüssigkeit trinken, ohne daran zu sterben, und hatte offensichtlich ähnliche Wunder vollbracht wie Jesus Christus. Es heißt, dass er einmal, als er gewisse städtische Verordnungen nicht befolgt hatte, ins Gefängnis gesperrt wurde. Doch schon in der nächsten Minute sah man ihn oben auf dem Dach umhergehen. Er verfügte über viele Wunderkräfte. Kann die Wissenschaft uns irgendjemanden nennen, der 250 Jahre alt geworden ist?

Auch einem anderen Wunder lag der *Raja-Yoga* zugrunde: Im 19. Jahrhundert willigte Sadhu Haridas ein, sich sechs Wochen lang lebendig begraben zu lassen. Am Hof des Fürsten Ranjit Singh – des Kaisers von Punjab – und beglaubigt von französischen und anderen europäischen Ärzten ist diese Zurschaustellung der übernatürlichen Kräfte des Sadhu Haridas geschichtlich aufgezeichnet worden. Nachdem der ganze Körper des Haridas mit Wachs bedeckt, in einen Sack eingenäht und dann in eine versiegelte steinerne Truhe gelegt worden war, ließ der Kaiser den *Sadhu* in seinem königlichen Garten ein bis zwei Meter unter der Erde begraben. Anschließend wurde dieser Ort sechs Wochen lang aufmerksam bewacht. Millionen von Menschen warteten neugierig auf das Ergebnis, als der *Sadhu* nach Ablauf von sechs Wochen ausgegraben wurde. Die steinerne Truhe wurde geöffnet, der Sack und das Wachs wurden entfernt, und der Körper wurde von französischen und englischen Ärzten als tot erklärt. Doch nach einigen Minuten blinzelte Sadhu Haridas mit den Augen und kehrte zum Leben zurück. Bum! ertönte die Kanone vom Schutzwall der kaiserlichen Festung in Lahore [Punjab, im heutigen Pakistan] und

---

[3] Siehe *Autobiographie eines Yogi*, Kapitel 31.

verkündete damit, dass der heilige Haridas am Leben sei. Dieses Ereignis ist in jedem ausführlichen Geschichtsbuch über Indien aufgezeichnet.

Bis auf den heutigen Tag gibt es Heilige, die ab und zu ein Wunder vor den Augen der Öffentlichkeit vollbringen. Meine Mutter hat den Lehrer meines Lehrers, Lahiri Mahasaya, in einem ekstatischen Zustand gesehen, in welchem er für längere Zeit alle Lebensvorgänge aufgehoben hatte.[4] Doch gilt es als spirituelle Erniedrigung und eine Schmähung der göttlichen Gesetze, wenn große Yogis ihre Kräfte nur deshalb zur Schau stellen, um die zwecklose Sensationslust Neugieriger zu befriedigen. Es hat geraume Zeit gedauert, bis ich die Wunderkräfte meines Meisters Swami Sri Yukteswarji erkannte, obgleich ich so viel mit ihm zusammen war.

Mein Meister offenbarte mir die unfehlbare Kraft Gottes

Sri Yukteswar war von Natur zurückhaltend und nüchtern und erging sich nie – wie viele einfältige Visionäre – in vagen Andeutungen. Er stand mit beiden Beinen fest auf der Erde, während sein Haupt in den Himmel ragte. ... Mein Guru sprach nur ungern über die transzendenten Bereiche. Das einzig »Wunderbare« an ihm war seine vollkommene Einfachheit. In der Unterhaltung vermied er alle aufsehenerregenden Anspielungen, ließ aber umso mehr seine Taten sprechen. Es gibt Lehrer, die viel über Wunder sprechen, aber keines vollbringen können. Sri Yukteswar erwähnte die feinstofflichen Gesetze nur selten; insgeheim aber wandte er sie nach Belieben an.

»Ein Erleuchteter vollbringt nur dann Wunder, wenn das innere Gesetz es ihm gebietet«, erklärte der Meister. »Es liegt nicht in Gottes Willen, die Geheimnisse Seiner Schöpfung allen unterschiedslos zu enthüllen. Außerdem hat jeder Mensch das Recht, von seinem freien Willen

---

[4] »Dabei sahen die Besucher mit ehrfürchtigem Staunen, dass Lahiri Mahasaya fast ständig in einem überbewussten Zustand verharrte, in dem er weder atmete noch schlief; Puls und Herzschlag standen still, seine Augenlider bewegten sich stundenlang nicht, und eine Aura tiefen Friedens umgab ihn. Kein Besucher verließ ihn, ohne geistig erhoben worden zu sein; sie alle wussten, dass sie den schweigenden Segen eines wahren Gottmenschen empfangen hatten.« – *Autobiographie eines Yogi*

*Gebrauch zu machen. Ein Heiliger wird niemandem diese
Unabhängigkeit streitig machen.«*
                                        Autobiographie eines Yogi

Ich habe meinen Guru viele Wunder vollbringen sehen, und ich hebe hier vor allem eines hervor und erkläre vor aller Welt, dass ich mein Staatsexamen nur seinen Wunderkräften verdanke. Während meiner Universitätsjahre pflegte ich fast jeden Tag in seinem Ashram zuzubringen, seine Weisheit in mich aufzunehmen und zu meditieren. Ich vernachlässigte meine Studien so sehr, dass ich kaum noch wusste, wo meine Lehrbücher waren. Fünf Tage vor der Prüfung an der Universität erklärte ich dem Meister, dass ich nicht zur Prüfung erscheinen würde. Seine freundliche Miene änderte sich plötzlich, und er sagte: »Dann breche ich augenblicklich jede Verbindung mit dir ab.« Er bestand auf seiner Forderung und sagte: »Alles, was ich von dir verlange, ist, dass du zur Prüfung *erscheinst.*« Und er behauptete, dass ich sie bestehen würde, obgleich ich nicht gelernt hätte. Zögernd willigte ich ein und nahm mir vor, seine Aufforderung ganz wörtlich zu verstehen und nur zu »erscheinen« und dann die Fragebögen mit seiner Lehre füllen.

Als Nächstes bat er mich, zuerst freundlich und dann energisch, einen meiner Freunde, Romesh Chandra Dutt, der mit Auszeichnung studiert hatte, um Hilfe zu bitten. Jeden Morgen während der Prüfungstage sollte ich Romesh alle möglichen Fragen stellen, die mir in den Sinn kämen und mir dann seine Antworten einprägen. Romesh unterrichtete mich in meinen Prüfungsfächern und beantwortete alle meine Fragen. Die philosophische Prüfung an der Universität Kalkutta ist in vieler Hinsicht sogar schwieriger als an der Harvard-Universität. Die Prüflinge werden vielen Ungerechtigkeiten und Schwierigkeiten ausgesetzt. Ich tat, was der Meister mir aufgetragen hatte; und seltsamerweise fand ich auf meinen Prüfungsbögen immer genau die Fragen, auf die Ramesh – der unbewusst geleitet wurde – mich aufmerksam gemacht oder die er mir vor einigen Stunden gerade erklärt hatte. Nach dem ersten Tag schon erklärte ich allen anderen zuversichtlich, dass ich bestehen würde. Und als ich dann wirklich mein Diplom erhielt, meinten mein Vater und meine Freunde, die alle Hoffnung auf den erfolgreichen Abschluss meines Universitätsstudiums aufgegeben hatten, dass ich ein Wunder vollbracht hätte. Deshalb setze ich jetzt in meinen Büchern und Artikeln nach meinem Namen gern den Titel A.B. [Bakkalaureus der philosophischen Fakultät], denn er erinnert mich an dieses einzigartige Erlebnis und an den Segen, der mir durch die göttliche Kraft meines Gurus zuteil wurde.[5] Als ich den Meister fragte, wie dies möglich gewesen sei, erwiderte er nur, dass Vertrauen, fleißige Arbeit und Kenntnis der übernatürlichen Gesetze dort Wunder vollbringen können, wo irdische, menschliche Bemühungen versagen.

Ich entsinne mich noch eines Freundes, der bemerkt hatte, wie hingebungsvoll ich dem Meister folgte und wie nachlässig ich meine Studien betrieb. Einmal machte er sich über mich lustig und sagte: »Es tut mir leid, dir sagen zu müssen, dass weder dein Guru noch Gott dich durch das Examen bringen können.« Und halb aus Überzeugung, halb aus Widerspruch antwortete ich: »Warum denn nicht?« In dem Augenblick hätte ich es mir nicht träumen lassen, dass sich mein Ausspruch auf solch dramatische Weise bewahrheiten würde.

Mein Meister lebt noch in Indien, in Fleisch und Blut, und ich wage es nicht, all die wunderbaren Dinge zu berichten, die ich gesehen habe.[6] Doch so viel kann ich sagen: In der ganzen westlichen Welt habe ich nicht einen einzigen Menschen gefunden, der ihm gleichkommt. Ich würde all die Armut, Hungersnot und die Unannehmlichkeiten eines Lebens in Indien dem angenehmen Leben in Amerika vorziehen, wenn

---

5 Kurz nach diesem Vortrag gebrauchte Paramahansaji seinen Titel immer weniger, denn er fühlte, dass dieser den Zweck erfüllt hatte, den Sri Yukteswar beabsichtigt hatte: ihn bei den skeptischen westlichen Zuhörern einzuführen. »Später wirst du in westliche Länder reisen«, hatte Sri Yukteswar ihm gesagt, »und die Menschen dort werden empfänglicher für die alte Weisheit Indiens sein, wenn der fremde Hindu-Lehrer einen akademischen Grad besitzt.«

6 Swami Sri Yukteswar ging am 9. März 1936 in den *Mahasamadhi* ein. (Das ist der endgültige und bewusste Austritt eines Yogis aus seinem Körper.)
Im Jahr 1927 waren die westlichen Länder noch nicht aufgeschlossen genug für die inspirierenden Offenbarungen, von denen das Leben der christusähnlichen Yogis in Indien voll ist. Erst 20 Jahre später wurden diese in Paramahansa Yoganandas Buch *Autobiographie eines Yogi* veröffentlicht.

ich wieder zu Füßen eines solchen Meisters sitzen könnte. Wenn ein empfänglicher Jünger bloß die Hände oder Füße eines erleuchteten Meisters berührt, wird er in den ekstatischen Zustand göttlicher Seligkeit versetzt.

Unmittelbare Erfahrung der Wahrheit

»Geistiger Fortschritt lässt sich nicht daran messen, dass jemand übernatürliche Kräfte zur Schau stellt, sondern allein an der Tiefe und Glückseligkeit der Meditation. ...

Wie schnell werden wir aller irdischen Freuden überdrüssig! Die von unersättlichen Begierden getriebenen Menschen finden nirgendwo wahre Befriedigung, sondern verfolgen ein Ziel nach dem anderen. Dieses »andere«, das sie suchen, ist Gott, der Einzige, der ihnen immerwährende Freude schenken kann. ...

Wenn wir unser Bewusstsein mit Hilfe des Kriya-Yoga *von allen Störungen der Sinne befreit und geläutert haben, erhalten wir in der Meditation einen zweifachen Beweis der Gegenwart Gottes. Der erste überzeugende Beweis Seiner Existenz ist die ewig neue Freude, die jede Faser unseres Seins durchdringt; und der zweite Beweis besteht darin, dass wir in der Meditation unmittelbar von Ihm geführt werden und jedes Mal, wenn wir in einer schwierigen Lage sind, die richtige Antwort erhalten.«*

Swami Sri Yukteswar in der
Autobiographie eines Yogi

Die Amerikaner sind gute Zuhörer und an echtem Fortschritt interessiert; sie sollten jetzt tiefer gehen und sich die philosophische Botschaft von Indiens spiritueller Wissenschaft nicht nur anhören. Sie sollten die Technik lernen, mit deren Hilfe sie die übernatürlichen Wunder des Geistes verstehen und die höheren Gesetze anwenden können, damit ihr Leben nicht nur finanziell erfolgreich, sondern auch in jeder Hinsicht glücklich wird.

Zwischen Denken und Wissen besteht ein großer Unterschied. Wenn ihr diese *Raja-Yoga*-Lehre des Yogoda[7] anwendet,

---

[7] *Yogoda Satsanga Society* (siehe Glossar) ist der Name, unter dem Paramahansajis Gesellschaft in Indien bekannt ist. Anfangs gebrauchte er die Bezeichnung *Yogoda* auch im Zusammenhang mit seinem Werk in Amerika.

werdet ihr etwas erlangen, was ihr noch nie im Leben hattet – die unmittelbare Erfahrung der Wahrheit. Ich weiß, wenn ich dem folge, was mein Guru und die *Paramgurus*[8] mich gelehrt haben, kann ich Erleuchtung erlangen und brauche nicht blindlings irgendetwas zu glauben oder nur intellektuell zu verstehen und an »spirituellen Verdauungsstörungen« zu leiden. Ein Glaube, der sich auf Dogmen oder bloß intellektuelles Wissen gründet, kann euch nicht viel nützen, wenn die Welt sich ihm entgegenstellt. Ihr braucht die große Kraft der Überzeugung, und die erlangt ihr durch SELBST-Verwirklichung; dann können euch selbst Berge von Hindernissen nicht mehr aufhalten. Ihr könnt die Wahrheit, die Christus und die großen Meister verkündeten, beweisen.[9] Wenn ihr euch täuschen lasst, so ist das eure eigene Schuld. Bemüht euch um Weisheit!

Ihr könnt nicht einfach untätig bleiben; tut deshalb etwas, was sich lohnt. Das hat mein Meister mich gelehrt. Er war nur daran interessiert, uns näher zu Gott zu führen. Die Menschen tauschen ihr Glück gegen nichtige Dinge ein. Gott ist der Verwalter des Universums; sucht Ihn, dann wird euch Sein ganzes Angebot zur Verfügung stehen. Das werdet ihr erreichen, wenn ihr Gott tatsächlich erlebt und die Wahrheit erkennt.

Die innere Tür, die zu göttlicher Macht und Glückseligkeit führt

Wie konnte Christus seinen gekreuzigten Körper auferstehen lassen? Wie vollbrachten Lahiri Mahasaya und Sri Yukteswar ihre Wunder? Die moderne Wissenschaft hat bisher noch keine Antwort darauf gefunden, obgleich sich der menschliche Gesichtskreis mit dem Beginn des Atomzeitalters beträchtlich erweitert hat und das Wort »unmöglich« im menschlichen Sprachschatz immer mehr an Bedeutung verliert.

Autobiographie eines Yogi

Erfolg, Wohlstand, Heilung chronischer Krankheiten, Herr

---

8 *Paramguru* ist der Guru des eigenen Gurus. (Siehe Glossar.)
9 »So ihr Glauben habt und nicht zweifelt, so werdet ... ihr sagen zu diesem Berge: Hebe dich auf und wirf dich ins Meer! so wird's geschehen.« (*Matthäus* 21, 21)

über seine Gewohnheiten werden – all das ist erreichbar. Wenn ihr sämtliche materiellen Mittel erschöpft und euch umsonst bemüht habt, wendet euch nicht immer wieder an diese nutzlosen Hilfsquellen. Öffnet die Tür zu eurem Innern, dann wird eine belebende geistige Kraft in euch einfließen, die alle Schwäche und jeden Misserfolg vertreibt. Warum wacht ihr nicht auf und bittet Gott um Hilfe? Werdet ruhig, indem ihr euch auf den GEIST konzentriert; meditative Ruhe ist ein unerschöpfliches Reservoir göttlicher Kraft.

Gott zieht niemanden vor. Wenn ihr euch an Seine Gesetze haltet, werdet ihr Ihn finden. Als ich Ihn im eigenen Innern fand, fand ich Ihn auch in allen anderen Dingen. Schon als kleiner Junge sehnte ich mich nach Gott. Einmal schrieb ich Ihm einen Brief. Ja, das habe ich wirklich getan. Und ich adressierte ihn an »Gott im Himmel« und warf ihn ein. Wenn wir jemandem schreiben, erwarten wir natürlich eine Antwort. Als keine Antwort eintraf, vergoss ich vor Enttäuschung Bäche von Tränen. Schließlich kam dann doch die Antwort – nicht mit vielen Worten auf einem Stück Papier, sondern als große Lichtvision. Wie wunderbar das war! Ihr *könnt* Antwort von Gott empfangen, wenn ihr es nur versucht und nicht aufgebt. Stellt Gott innerlich und aufrichtigen Herzens eure wichtigen Fragen und sendet sie Ihm in tiefer Meditation, dann werdet ihr mit Sicherheit Antwort erhalten.

Wir können den Herrn nur durch Befolgung Seiner Gesetze und durch Liebe anziehen, durch echte innere Verbundenheit, durch unaufhörliche Sehnsucht, bis Er antwortet. Wenn einmal die äußere Mauer der Unwissenheit durch wissenschaftliche Meditation abgetragen wird, zeigt Er euch die Tür, die zu Ihm führt. Klopft laut an diese Tür und fahrt unaufhörlich damit fort. Dann wird sie sich öffnen, und die unendliche Kraft und Glückseligkeit Gottes wird euch überfluten.

Wiederholt meine Worte: »Ich und der Vater sind eins; Er ist in mir, und ich bin in Ihm. Frieden, Glückseligkeit und Allmacht herrschen in mir – in Gott, der in mir ist.«

Auferstehung: Erneuerung und Verwandlung von Körper, Geist und Seele

Ein Vortrag, den Paramahansaji am 7. April 1929 vor Schülern des SRF-Zentrums in der Stadt Washington hielt[1]

Die Gedanken sind unbegrenzt! Jedes Wort stellt eine ideelle Vorstellung des Unendlichen dar, denn hinter jedem Wort und jedem Gedanken manifestiert sich der GEIST. Viele Gedankenwellen tanzen in den Wellen des Bewusstseins, doch dahinter liegt der gewaltige, unermessliche Ozean der Wahrheit. Jeder Gedanke, dem wir Ausdruck verschaffen, ist eine Welle in diesem Ozean des Wissens.

Was bedeutet Auferstehung? Wieder zu leben! Zu einem neuen Leben erwachen! Was erwacht wieder – und auf welche Weise? Wir müssen verstehen, inwieweit Auferstehung neues Leben bedeutet. Alle Dinge unterliegen einem ständigen Wechsel. Und dieser Wechsel kann vorteilhaft oder nachteilig sein für das, was sich ändert. Wenn ich zum Beispiel ein schmutziges Trinkglas auf den Boden werfe, verändert es seine Form, nicht wahr? Doch diese Änderung ist nicht vorteilhaft, sondern nachteilig für den Gegenstand. Wenn ich das Glas dagegen abwasche und es zum Glänzen bringe, ist die Veränderung vorteilhaft. *Auferstehung bedeutet einen vorteilhaften Wechsel für einen Gegenstand oder für einen Menschen.*

Ihr könnt eure alten Möbel durch einen Tischler oder Polsterer wieder auferstehen lassen. Ihr könnt euer Haus mit der Hilfe von Architekten auferstehen lassen. Aber wir sprechen

---

[1] Unter der Leitung von Paramahansa Yogananda wurden Teile dieses Vortrags sowie andere Vorträge und Artikel aus den ersten Jahren in die *Lehrbriefe der Self-Realization Fellowship* mit aufgenommen.

hier über die Auferstehung des menschlichen Körpers. In diesem Zusammenhang bedeutet Auferstehung eine Wandlung, die uns erhebt. Ihr könnt nicht stillstehen. Ihr müsst entweder vorwärts oder rückwärts schreiten. Es ist eine große und inspirierende Wahrheit, dass ihr im Leben nie stehen bleiben könnt. Ihr müsst euch entscheiden: entweder für die Veränderungen, die euch schaden, oder für solche, die euch nützen.

Jedes menschliche Wesen ist eine Ausdrucksform des grenzenlosen, unermesslichen GEISTES. Ist es nicht wunderbar zu sehen, wie sich die menschlichen Wesen ohne irgendeinen Motor, ohne Drähte, ohne eine sichtbare Kraftquelle so leicht hin und her bewegen? Die menschliche Maschine erwacht am Morgen, frühstückt, geht zur Arbeit, geht zum Mittagessen, kehrt in das Büro zurück, isst zu Abend, geht ins Kino (oder betreibt irgendein Hobby zu Hause), dann geht sie schlafen, um wieder aufzuwachen und das Ganze – Tag für Tag – zu wiederholen. Wir sterblichen Wesen werden von etwas gelenkt, das ähnlich funktioniert wie ein Radio – nämlich von der intelligenten, aktiven und vitalen Energie, die Gott in Seinen schöpferischen Naturgesetzen[2] wirken lässt. Schiffe können durch Radiowellen gelenkt werden; und ähnlich werden auch wir durch die »Radiosendungen« der Naturgesetze gelenkt, die der unendliche, allgegenwärtige GEIST erschaffen hat.

Wir sind allerdings keine Automaten. Unsere Seele ist eine Widerspiegelung des GEISTES. So wie das Sonnenlicht, das auf ein fließendes Gewässer fällt, gebrochen wird und sich in Myriaden glitzernder Funken aufteilt, so verhält es sich auch mit dem GEIST, der auf die vibrierende Schöpfung herabstrahlt und sich darin als individualisierter GEIST – als die Seele – in jedem menschlichen Körper und Geist widerspiegelt. Obgleich die Seele eine Widerspiegelung des GEISTES ist, hat sie sich mit dem Körper identifiziert und sich all die Begrenzungen des Körpers und Geistes zu eigen gemacht. Dennoch ist sie – durch den Vorgang der Evolution – ständig bemüht, aufzuerstehen, indem sie sich von den Verzerrungen befreit, die durch die Abhängigkeit an Körper und Geist entstanden sind. Das ist jedoch

---

[2] *Prakriti:* die tätige Ausdrucksform des GEISTES in Seiner Rolle als Schöpfer.

leichter gesagt als getan, nicht wahr? Das widergespiegelte Ebenbild der Seele auferstehen zu lassen bedeutet, die entstellende Ruhelosigkeit des Körperbewusstseins abzulegen und die Seele wieder mit dem ursprünglichen, alldurchdringenden, harmonischen Licht des GEISTES zu vereinen.

Theorie und Praxis

Es gibt eine Geschichte von einem charismatischen Prediger[3], der Gott im Himmel begegnete und Ihm sagte: »Erinnerst Du Dich nicht an mich? Ich habe Dich bei großen Versammlungen vorgestellt und dann die Menschen waggonweise in den Himmel geschickt.« Worauf Gott antwortete: »Du magst sie wohl geschickt haben, aber niemand ist hier angekommen.« Manchmal sprechen wir nur theoretische Gebete und glauben, dass wir dadurch von unseren Schwächen befreit werden; aber das bilden wir uns nur ein. Unsere tatsächlichen Worte und Handlungen beweisen etwas anderes. Lasst euer Selbst auferstehen! Die Auferstehung darf nicht nur theoretisch stattfinden, sie muss zu einer praktischen Wirklichkeit werden. Selbst ein theoretisches Gebet ist besser als gar keines; doch oft schadet es dem gesunden Menschenverstand.

Wir wollen uns zunächst mit der geistigen Auferstehung befassen. Zu Beginn des Lebens spielt die Seele mit dem körperlichen Werkzeug; doch allmählich wird sie zum Sklaven des Körpers. Wir müssen daher lernen, uns im Leben über die physische Ebene zu erheben. Geistige Entwicklung ist ein Ergebnis der körperlichen Entwicklung, das heißt der Evolution. Im Verlauf der natürlichen Evolution erreicht die Seele die Ebene des Intellekts oder die Ebene des Wohlstands – was nur dem Menschen ermöglicht ist – und erhebt sich dann zur Ebene geistiger Verwirklichung, die allem Wohlstand und allen intellektuellen Errungenschaften erst Sinn gibt. Intellektuelle Errungenschaften sind zweifellos nützlich – alle guten Dinge nützen uns. Allmählich lernen wir, wie wir den Körper im GEIST auferstehen lassen können, und zwar dadurch, dass wir Körper

---

[3] Der Evangelist Billy Sunday (William Ashley Sunday, 1862–1935), wie in der Satire *Heavenly Discourse* von Charles Erskine Scott Wood erzählt wird.

Paramahansa Yogananda, New York, 1926

Der am Ganges gelegene Yogoda-Math in Dakshineswar bei Kalkutta. Der stattliche Ashram, 1939 von Paramahansa Yogananda erworben, ist der Hauptsitz seiner Organisation in Indien (Yogoda Satsanga Society of India).

Der von Paramahansa Yogananda 1950 in Los Angeles gegründete Lake Shrine der Self-Realization Fellowship. Die schöne, 4 ha große spirituelle Stätte – mit dem oben gelegenen, 1996 eingeweihten Tempel – wird jährlich von Zehntausenden von Menschen besucht. Links im Bild, in der Nähe der Lotos-Türme befindet sich die World-Peace-Gedenkstätte für Mahatma Gandhi; dies ist der einzige Ort außerhalb Indiens, in dem ein Teil der Asche des Mahatmas in einem Schrein aufbewahrt wird.

und Geist vergeistigen. Dann werden wir zu einem Werkzeug, in dem sich der GEIST voll Ausdruck verschaffen kann.

Auferstehung bedeutet, die Seele aus dem Kerker der Unwissenheit herauszuholen – die Seele zu erheben und sie aus den Fesseln des irdischen Bewusstseins zu befreien. Das menschliche Leben ist manchmal sehr schön, doch wer an ihm hängt, gleicht einem im Käfig eingesperrten Paradiesvogel. Auch wenn ihr ihm die Käfigtür öffnet, bleibt der Vogel aus Anhänglichkeit und Gewohnheit in seinem Bauer sitzen und hat kein Verlangen, hinauszufliegen. Ist es nicht bedauerlich, dass der Vogel gar kein Verlangen nach der grenzenlosen Freiheit verspürt, die er einst besaß? Er hat jedoch Angst. Auch wir mögen, wenn wir während der Meditation das körperliche Bewusstsein dahinschwinden fühlen, wie der Vogel denken: »Ob ich wohl in das Unendliche eingehe und nie mehr zurückkomme?« Wir haben Angst, uns in den Himmel des grenzenlosen Bewusstseins aufzuschwingen; zu lange haben wir uns mit dem Körper identifiziert. Und nun schrecken wir davor zurück, den unendlichen Raum unserer Allgegenwart zu betreten, weil wir uns davor fürchten, die Allmacht und Allwissenheit unserer Seele auferstehen zu lassen. Spirituelle Auferstehung heißt, die uns angeborene Weisheit aus den Fesseln des Körpers zu befreien.

Körperliche Freiheit ist keine wahre Freiheit

Wir wollen jetzt von der körperlichen Auferstehung sprechen, das heißt davon, diejenigen körperlichen Veränderungen zu fördern, die euch erheben und euch nützen. Zuerst will ich etwas über die lebendigen Toten sagen, die man auf der Straße einhergehen sieht. Viele Leute halten sich für frei, weil sie denken und sprechen, Hände und Füße bewegen und unbehindert durch die Straßen der Stadt wandern können. Doch sie sind nicht frei. Sie sind gefesselt – an die Kette gelegt durch die Natur und durch ihre unterbewussten Gewohnheiten. Sie gleichen Schlafwandlern. Es gibt viele Arten körperlicher Unfreiheit. Wenn ihr euch zum Beispiel noch nicht von der Knechtschaft der Krankheit befreien konntet, dann seid ihr immer noch Gefangene hinter den Gittern der Materie. Es ist äußerst wichtig, dass ihr durch richtige Lebensweise aus der

Krankheit aufersteht. Nach vielen Jahren intensiven Studiums habe ich entdeckt, wie man Gesundheit erlangen kann, nämlich – mit wenigen Worten ausgedrückt – indem man sich mit der Kosmischen Energie verbindet.[4]

Wir müssen ferner die Bedeutung der Ernährung verstehen. Fleisch ist schädlich für den Körper – doch ebenso zu lange gekochtes Gemüse, worin alle Vitamine zerstört sind. Lasst euren Geist von den falschen Essgewohnheiten auferstehen.

Vitamine sind äußerst wichtig, damit der Körper sich richtig entwickeln und kräftig werden kann. Vitamine sind das Gehirn der Nahrung. Sie werden im ganzen Körper verteilt und schenken ihm Kraft. Sie sind die Funken, die das Schießpulver der Chemikalien in Brand setzen.

Ungeschwefelte Feigen und Rosinen sind natürliche Süßigkeiten. Die gewöhnlichen Feigen und Rosinen sind wie Mumien. Sie sind so behandelt worden, dass sie nicht verderben, aber sie enthalten kein Leben mehr. Solche Feigen und Rosinen könnt ihr in eurem Testament künftigen Generationen vererben! Sonnengetrocknete Feigen halten sich nur drei Monate lang. Die Mumien-Früchte sind mit Schwefeldämpfen behandelt worden, die alle Vitamine töten. Ist es nicht ein Jammer, Nahrungsmittel haltbar zu machen, indem man das Beste in ihnen zerstört?

Es ist empfehlenswert, Eier hart zu kochen, weil sie Bakterien von kranken Hühnern enthalten können.

Merkt euch diese Grundregeln: reichlich frisches Obst und Gemüse[5], das nicht durch falsche Zubereitung oder zu

---

[4] *Prana*, die intelligente Energie, die feinstofflicher ist als die Atomenergie, stellt das Lebensprinzip des physischen Kosmos dar. Wenn wir die Techniken der Self-Realization Fellowship üben, insbesondere die Aufladeübungen, können wir den Körper mit dieser kosmischen Energie aufladen – mit dem universalen *Prana* (siehe Glossar).

[5] Obgleich Paramahansa Yogananda empfahl, dass die tägliche Nahrung viel rohes Obst und Gemüse enthalten solle, sagte er auch: »Wenn eure Nahrung bisher hauptsächlich aus gekochten Speisen bestanden hat, führt die Rohkost allmählich ein, bis euer Verdauungssystem sich daran gewöhnt hat. Es ist besser, das Gemüse zu dünsten, anstatt zu kochen. Wenn man Gemüse im Wasser kocht, sollte man die Flüssigkeit, in der es gekocht wurde, ebenfalls zu sich nehmen.«

lange Lagerung entwertet worden ist, dazu Nüsse, Vollkorngetreide und einige Milchprodukte; auf diese Weise werdet ihr der Natur nicht zuwiderhandeln. Erst nach jahrelangen Versuchen habe ich die Wirksamkeit dieser Regeln erkannt. Diese Erkenntnisse möchte ich überall verbreiten. Die Natur akzeptiert keine Entschuldigung dafür, dass ihr jahrelang ihre Gesundheitsregeln übertreten habt. Wenn ihr euch vernünftig ernährt, aber gelegentlich gegen diese Regeln verstoßt, wird es euch nicht allzu viel schaden.

Ich habe mich in meinem ganzen Leben nie besser gefühlt als jetzt. Obgleich ich während meiner Jugendzeit öfter kränklich war, habe ich jetzt sehr kräftige Muskeln. Natürlich verhilft mir dazu auch *Yogoda* [die Techniken der Self-Realization Fellowship], und nicht nur die Ernährung.

Richtige Ernährung ist wichtig

Kürzlich begegnete ich einem Mann, der Onkel Billy Ries genannt wurde und der 79 Jahre alt ist. Er hat einen vollen Haarwuchs, obgleich er vorher ganz kahl gewesen war. Er erzählte mir, dass er jahrelang einen Bauch vor sich hergeschoben habe und dass man ihm, als er 25 Jahre alt war, keine Lebenschance mehr gab. Er hat sich selbst zu neuem Leben erweckt. Er begann sich folgende Gedanken zu machen: »Wenn es einen Gott gibt, dann dürfte Er mich nicht krank werden lassen.« Schließlich begann er sich zu fragen, ob er nicht selbst dafür verantwortlich sein könnte. Er ließ sich also aus dem Grab der Krankheiten auferstehen, die er ständig durch seine eigenen Fehler angezogen hatte. Er stellte fest, dass nicht mehr als 16 Elemente nötig sind, um den Körper zu erhalten. Deshalb stellte er seine Essgewohnheiten um und erlangte wieder vollkommene Gesundheit. Er kann hoch in die Luft springen, und er spielte seine Kraft erfolgreich gegen die meine aus. Wir sind gute Freunde. Ich verdanke ihm viele wertvolle Hinweise, wie man gesund lebt.

Da ihr ohnehin essen müsst, warum dann nicht richtig essen? Auch wenn ihr mehrmals täglich eine volle Mahlzeit zu euch nehmt, kann euer Körper doch am Verhungern sein. Volle Mahlzeiten, die nur aus Weißbrot, Süßigkeiten und Torten bestehen, mögen den Hunger zwar stillen, können euch aber nach einigen Monaten regelrecht umbringen. Ihr müsst aus dem Grab falscher Essgewohnheiten auferstehen. Eine Klapperschlange warnt euch, bevor sie zubeißt, doch fetthaltige Soßen und weißes Mehl warnen euch nicht; sie sehen gut aus und schmecken auch köstlich. Alles, was weiß ist – Weißmehl, Feinzucker und geschältes Getreide –, ist nicht immer gesund. Dagegen sind braune Nahrungsmittel – Vollkorngetreide und natürlicher Zucker in Früchten und in Honig – oft sehr bekömmlich. Bevor die Mühlen in Gebrauch kamen, gab es nur ungeschältes Getreide, doch dann fingen wir an, alles zu verfeinern. Und jetzt haben wir – auf Umwegen – das Beste aus dem Getreide entfernt. Weißes Brot kann sogar den Darm vergiften. Ihr dürft keine Verstopfung dulden. Die *Yogoda*-Magenübung ist ausgesprochen wirksam und fördert die Verdauung und Ausscheidung.[6]

Vernünftiges Fasten

Wichtig ist außerdem, dass ihr einen Tag in der Woche nur Orangensaft trinkt und den inneren Organen eine Ruhepause gönnt. Ihr werdet dadurch nicht sterben – sondern *leben*! Fastet einmal im Monat zwei oder drei Tage hintereinander, und nehmt nur Orangensaft zu euch.[7] Wir sind viel zu sehr an die Materie gebunden, aus Angst, eine Mahlzeit zu verpassen. Ganz offensichtlich leben wir nicht in dem Sinne vom GEIST Gottes, wie es Jesus Christus mit den Worten meinte, wir sollten vom Wort Gottes leben: »Der Mensch lebt nicht vom Brot allein, sondern von einem jeglichen Wort, das durch den Mund Gottes geht.«[8] Erhebt euch über die schlechte Gewohnheit, zu viel zu essen und euch zum Sklaven eures Gaumens zu machen. Beim

---

[6] Eine der Übungen, die zu Paramahansajis Aufladeübungen gehören und in den *Lehrbriefen der Self-Realization Fellowship* enthalten ist.

[7] Wer guter Gesundheit ist, sollte keine Schwierigkeiten haben, zwei oder drei Tage hintereinander zu fasten; ein längeres Fasten sollte aber nur auf ärztlichen Rat und unter ärztlicher Aufsicht geschehen. Wer unter einer chronischen Krankheit oder einem Organschaden leidet, sollte die hier gegebenen Empfehlungen über Diät und Gesundheit nur befolgen, wenn der Arzt es auch gutheißt.

[8] *Matthäus* 4, 4.

Fasten mit Orangensaft wird jede Zelle sauber geschrubbt. Zumindest einmal im Monat solltet ihr den Körper durch Fasten gründlich reinigen. Ihr müsst darauf achten, dass sich keine Toxine im Körper anhäufen. Wenn ihr plötzlich krank werdet, betet ihr eilends zu Gott, dass Er euch heilen möge. Lasst es besser gar nicht erst dazu kommen! Die beste und einfachste Methode, gesund zu bleiben, besteht darin, einen Tag in der Woche und zwei oder drei Tage im Monat nur Orangensaft zu sich zu nehmen. Lasst eure Seele aus der Hypnose falscher Essgewohnheiten auferstehen.

Wir müssen in vielerlei Hinsicht auferstehen, wenn wir zu Gott gelangen wollen. Wer den Körper vergeistigen will, muss nicht nur richtig essen, sondern auch in allen Dingen Maß halten, Sonnenlicht tanken und sich körperliche Bewegung verschaffen.

Erhebt euch über das Krankheitsbewusstsein

Dann gilt es, aus dem *Bewusstsein* der Krankheit aufzuerstehen. Das ist für die Genesung noch wichtiger als Meditation oder physikalische Heilmittel. Deutsche Wissenschaftler haben durch Versuche festgestellt, dass es vielen Leuten besser geht, wenn sie nicht ständig über ihr körperliches Befinden nachdenken und sich nicht durch ihre Krankheit entmutigen lassen. Zwischen Geist und Körper besteht eine enge Beziehung; deshalb ist es außerordentlich wichtig, alle Gedanken an Krankheit abzuwerfen. Oft schon sind wir von einer Krankheit geheilt worden, aber da sich unsere Gedanken weiterhin mit ihr beschäftigten, haben wir sie wieder zurückgeholt.

Als ein gewisser Heiliger einmal spät in der Nacht meditierte, sah er den Geist der gefürchteten Pockenkrankheit in das Dorf kommen, in dem er lebte. »Halt ein, du Geist!« rief der Heilige. »Heb dich von dannen. Du darfst keinen Ort belästigen, in dem ich Gott anbete.«

»Ich nehme nur drei Menschen mit«, erwiderte der Geist, »und das tue ich im Einvernehmen mit meiner kosmischen karmischen Pflicht.« Da schaute der Heilige traurig drein und nickte zustimmend.

Am nächsten Tag starben drei Leute an den Pocken. Doch am Tag darauf starben noch weitere Dorfbewohner, und jeden

Tag danach wurden weitere von der gefürchteten Krankheit hinweggerafft. Der Heilige hielt sich nun für schändlich betrogen; er meditierte tief und rief den Geist herbei. Als der erschien, schalt ihn der Heilige.

»Du schlimmer Geist, du hast mich betrogen und nicht die Wahrheit gesagt, als du mir versichertest, dass du nur drei Menschen an Pocken sterben lassen würdest.«

Aber der Geist erwiderte: »In Namen des großen GEISTES, ich habe dir die Wahrheit gesagt.«

Der Heilige fuhr unbeirrt fort: »Du verspachst, nur drei Personen mitzunehmen, und so viele Menschen sind der Krankheit erlegen.«

»Ich selbst habe nur drei mitgenommen«, erwiderte der Geist, »die anderen haben sich durch ihre Angst selbst umgebracht.«

Ihr müsst euren Geist aus dem Bewusstsein der Krankheit auferstehen lassen – jeden Gedanken an Krankheit verbannen. Ihr seid unverletzbarer GEIST, doch jetzt regiert der Körper euren Geist. Der Geist soll über den Körper herrschen. Dann wird der Körper keine Einflüsterungen aus der Umgebung und keinen Gedanken an Vererbung mehr akzeptieren. Falsche körperliche Lebensgewohnheiten sind der Nachwelt von unseren Urahnen überliefert worden, die der irdischen Täuschung zum Opfer fielen. Manchmal stellt sich eine Krankheit nur deshalb ein, weil ihr sie durch das von euren Vorfahren ererbte Krankheitsbewusstsein angezogen habt. Ihr dürft nie vergessen, dass der GEIST die Schöpfung durch seine intelligente »gefunkte« Energie aufrechterhält; wenn Er diese zurückzöge, würdet ihr sofort tot umfallen – wie ein Vogel, den man abgeschossen hat. Trotz eures großen Ansehens und all eures Reichtums könntet ihr dann nicht mehr am Leben bleiben. Ihr müsst verstehen, dass ihr alles Gott zu verdanken habt und dass ihr unmittelbar von Seiner Kraft lebt. Erhebt euch über das Bewusstsein körperlicher Krankheit. Gott hat die Krankheit nicht erschaffen. Erhebt euch über das Krankheitsbewusstsein, das eure Vorväter euch überliefert haben. Seht allen Schwierigkeiten mutig entgegen und fürchtet euch nicht. So lauten die Wahrheiten, die in Indien von alters her gelehrt werden – Wahrheiten, die euch frei machen!

Als Nächstes kommt die Auferstehung aus unseren geistigen Gewohnheiten. Die Seidenraupe spinnt Fäden um sich selbst herum, bis sie zu einem Kokon geworden ist. Bevor ihr jedoch Flügel gewachsen sind und sie aus dem Kokon entschlüpfen kann, fängt der Seidenhersteller sie ein, und die Raupe erleidet den Tod in ihrem selbst erschaffenen Kerker. Ganz ähnlich verstricken auch wir uns. Bevor uns spirituelle Flügel wachsen, spinnen wir törichterweise die Fäden der Angst, Sorge und Unwissenheit um uns herum, bis Krankheit und Tod kommen und uns zerstören. Wir liegen in unseren selbst erschaffenen Fesseln gefangen. Was ist am schädlichsten? Unsere eigenen falschen Gedanken, unsere falschen Lebensgewohnheiten: Wir überlegen nicht richtig und handeln dementsprechend falsch. Wir müssen aus unseren Gedanken des Ärgers, die uns spirituell abstumpfen, aus unseren selbstsüchtigen Gedanken, aus dem Lärm disharmonischen Lebens auferstehen.

»Lass die Toten ihre Toten begraben«

Viele Leute meinen, dass sie wach seien, doch sie sind es nicht. Die meisten wandeln wie Tote einher. Ihr habt von Schlafwandlern gehört, die »Feuer« rufen oder Vorträge halten. Die meisten Menschen gleichen ihnen. Damit meine ich nicht *Yogoda*-Schüler oder echte Wahrheitssucher. Jesus sagte: »Lass die Toten ihre Toten begraben.«[9] Er sprach von einem Menschen, der begraben werden sollte – und zwar von jemandem, der bereits selber unter der Erde der Unwissenheit begraben lag. Denen, die sich durch ihre eigenen falschen Lebensgewohnheiten selbst begraben haben, solltet ihr helfen, aufzuerstehen. Das könnt ihr aber nur dann tun, wenn ihr aus eurer eigenen, auferstandenen Seele lächeln könnt. Ich meine damit kein künstliches Lächeln im Sinne von: »Ich freue mich ja *soooo*, Sie zu sehen!« Wenn ihr lächelt, sobald Gott durch euer Herz, durch eure Seele lächelt, und wenn die Seele dann durch euer Herz lächelt und das Herz wiederum durch eure Augen lächelt, dann thront der Prinz des Lächelns unter dem Baldachin eurer

---
9 *Lukas* 9, 60.

himmlischen Brauen. Lasst euch dieses Lächeln niemals durch aufsässiges Heucheln nehmen. Lächelt auch dann noch, wenn die Stürme des Leidens euch umtosen.

Gott weiß, dass ihr von eurer selbst erschaffenen Unwissenheit benebelt seid und deshalb auf dem Meer der Prüfungen umhertreibt und nicht seht, dass der allgegenwärtige GEIST alles durchdringt. Er weiß, dass ihr auf dem kleinen Boot eures Lebens hilflos dahintreibt und gegen die Stürme um euch her ankämpfen müsst. Er weiß aber auch, dass ihr euch auf Ihn zubewegt. Wenn euch Prüfungen zu schaffen machen, betet zum Vater: »Ich habe mich mit meinem Boot auf ein dunkles Meer hinausgewagt, doch ich habe Deinen Ruf vernommen. Ich weiß, dass Du mich erwartest.« Ihr müsst weiterkämpfen, auch wenn eure Hände zu erlahmen scheinen; ihr müsst kämpfen und dürft nicht aufgeben. Wenn sich dann die Wolken verziehen und ihr wieder ein glückliches und erfolgreiches Leben führen könnt, werdet ihr alle Prüfungen vergessen.

Prüfungen sind nicht dazu da, euch zu vernichten, sondern euch Gott näherzubringen. Es ist nicht Gott, der euch diese Prüfungen sendet. Ihr habt sie selbst angezogen – und zwar durch eure Handlungen, die ihr bewusst oder unbewusst irgendwo und irgendwann einmal begangen habt. Ihr selbst seid verantwortlich dafür, doch deshalb braucht ihr nicht unter einem Minderwertigkeitskomplex zu leiden. Ihr müsst nur eure Prüfungen bestehen und euer Bewusstsein aus dem Umfeld geistiger Unwissenheit auferstehen lassen. Sagt Ihm immer: »Himmlischer Vater, ich weiß, dass Du mir zu Hilfe kommst und dass ich Deinen Silberstreifen schauen werde, der die dunklen Wolken umgibt. Auf dem stürmischen Meer der Prüfungen bist Du der Polarstern für meine schiffbrüchigen Gedanken.«

Wovor fürchtet ihr euch? Ihr seid unsterbliche Wesen. Ihr seid weder Mann noch Frau, wie ihr vielleicht denken mögt; ihr seid freudige, ewige Seelen. Identifiziert eure Unsterblichkeit nicht mit menschlichen Gewohnheiten, denn diese sind eure ärgsten Feinde. Ebenso wie Jesus seine Liebe zum Ausdruck bringen und angesichts schwerster Prüfungen sagen konnte: »Vater, vergib ihnen, denn sie wissen nicht, was sie tun«, so solltet auch ihr in der Lage sein, anderen – trotz schwerster

Prüfungen – zu vergeben und zu sagen: »Meine Seele ist auferstanden. Meine Widerstandskraft ist größer als alle meine Prüfungen, denn ich bin ein Kind Gottes.« Wer seine mentalen Fähigkeiten entwickelt und die geistigen Gesetze ernsthaft befolgt, wird Gott finden. Wenn sich eure geistigen Kräfte entfalten, wird sich auch die Schale eurer Verwirklichung erweitern, bis sie das Meer des Wissens aufnehmen kann. Dann seid ihr aus eigener Kraft auferstanden.

Schenkt und vergesst es dann

Zu Ostern feiern wir das Fest der Auferstehung, um Jesus zu ehren, dessen Leben ein solch großes Beispiel war. Menschen, denen ihr Gutes getan habt, mögen sich gegen euch wenden und euch verletzen. Wer jedoch eine Belohnung dafür erwartet, dass er Gutes getan hat, ist kleinlich und engstirnig. Schenkt und vergesst es dann. Wenn euch euer Nächster verletzt, sagt euch, dass er es nicht besser weiß; doch sagt dies nicht laut. Setzt euch über das kleinliche Denken hinweg – über die kleinen Dinge, die euch stören.

Habt ihr manchmal das Gefühl, dass die Umstände euch gänzlich aus dem Gleichgewicht gebracht haben – dass ihr völlig durcheinander, zerknirscht, zerschmettert und kraftlos seid? Weist solche Gedanken sofort ab! Ihr habt Kraft genug, ihr habt sie nur noch nicht eingesetzt. Ihr habt alle Kraft, die ihr benötigt. Es gibt nichts Größeres als die Kraft des Geistes. Erhebt euren Geist über die kleinen Gewohnheiten, die euch so weltlich machen. Zeigt das immerwährende Lächeln – das Lächeln, das von Gott kommt. Zeigt das strahlende Lächeln, das Gleichmut und Kühnheit ausdrückt – das Lächeln, das Millionen Dollar wert ist und das euch keiner rauben kann.

Vor einigen Jahren fuhr ich mit dem Zug nach Los Angeles und begegnete im Abteil einem Mann, dessen Benehmen und allgemeine Erscheinung sofort meine Aufmerksamkeit erregten. Er war ein gut gekleideter, erfolgreich aussehender Geschäftsmann, und alles deutete darauf hin, dass ihm alle guten Dinge des Lebens zur Verfügung standen und er allen Grund hatte, glücklich zu sein. Trotz dieses vielversprechenden äußeren Eindrucks tat er mir leid, denn er schien ziemlich niedergeschlagen. »Was mag mit diesem Mann nicht stimmen?«

fragte ich mich. »Er hat sich selbst in ein Scheingewand der Schwermut gehüllt. Ich muss versuchen, ihn wieder zum Leben zu erwecken!«

Ich schaute ihm fest in die Augen und fragte: »Sind Sie glücklich?« Er versuchte, mich mit einem wütenden Blick einzuschüchtern, doch ich schaute ihm unbeirrt in die Augen. Ich sagte mir, dass er mich mit seinem stechenden Blick in Gedanken schon vernichtet hatte und mich nicht noch ein zweites Mal töten könnte. Schließlich sagte er: »Geht Sie das etwas an?« – »Ja«, erwiderte ich, »es gehört zu meiner Aufgabe, wandelnde Tote wieder zum Leben zu erwecken.«

»Ja, ich bin glücklich«, antwortete er kurz angebunden. »Nein«, sagte ich mit Nachdruck, »ich weiß, was in Ihren Gedanken vor sich geht.«

»Warum sollte ich nicht glücklich sein?« entgegnete er. »Jeden Monat zahle ich fünfzig- bis sechzigtausend Dollar auf mein Bankkonto ein.« Da dachte ich: »Arme Seele!« Denn offensichtlich hielt er das Einzahlen großer Summen auf das Konto für sein Glück. »Vielleicht sind Sie morgen schon nicht mehr hier, um nur einen einzigen Cent einzuzahlen«, entgegnete ich. »Haben Sie schon Ihr ›Bankkonto‹ bei Gott eröffnet?«

Später lud er mich zum Essen ein, doch innerlich war er mir immer noch feindselig gesinnt. Während wir uns unterhielten, wurde er vernünftiger. »Machen Sie sich nicht abhängig von Ihrem Reichtum«, beschwor ich ihn. »Sie könnten plötzlich sterben, ohne Gelegenheit gehabt zu haben, Ihr Testament zu machen. Diese materiellen Reichtümer gehören Ihnen gar nicht. Eröffnen Sie ein Konto bei Gott.« Ich hatte sein Interesse erweckt, und er sagte: »Besuchen Sie mich einmal in Boston«. Ich machte den Gegenvorschlag: »Besuchen Sie mich in Los Angeles.« Aber dazu hatte er keine Zeit. Als ich während einer späteren Reise wieder nach Boston kam, übernachtete ich in dem Hotel, in dem er immer einzukehren pflegte, wie er mir gesagt hatte. Ich erkundigte mich nach ihm. Da fragte mich der Geschäftsführer des Hotels: »Wissen Sie nicht, was ihm passiert ist? Er war auf dem Heimweg von einem Eishockeyspiel und wurde von einem Lastwagen überfahren. Er hat nie wieder das Bewusstsein erlangt.« Das tat mir außerordentlich leid. Er war geistig ein wenig erwacht, aber nicht genug.

Auf dem Schoß der Unsterblichkeit

Wenn ihr mit dem Unendlichen im Einklang seid, werdet ihr wissen, dass ihr euch immer auf dem Schoß der Unsterblichkeit, auf dem Schoß unendlicher Sicherheit befindet – auch wenn die Natur euren Körper zerstört. Erhebt euch über das Bewusstsein menschlicher Gewohnheiten und der damit verbundenen menschlichen Gedanken. Lebt jeden Augenblick in dem Bewusstsein eurer Verbindung mit dem Unendlichen. Nur das währt ewig; es ist das Einzige, das ewig besteht. Ich sage euch dies nicht, um euch Angst einzujagen, sondern um euer Verständnis zu vertiefen und euch zu größeren Bemühungen anzuspornen, damit ihr eure Seele nicht unter einer falschen Genügsamkeit begrabt.

Eröffnet euer göttliches »Bankkonto« – das wird euch nie verloren gehen. Ihr könnt während all eurer Reisen – im Jetzt und in der Ewigkeit – darauf Zugriff haben, ob ihr im Flugzeug sitzt oder euch auf der Astralebene bewegt. Ihr solltet euch sagen: »Ich will von einem Stern zum anderen fliegen – sei es auf dieser Seite der Ewigkeit oder auf der anderen –, ich will auf den Wellen des Lebens – von Atom zu Atom – dahinsegeln oder mit den Lichtstrahlen fliegen, mit den Sternen wirbeln oder mich im Tanz der menschlichen Leben wiegen – ich bin unsterblich! Ich bin vom Bewusstsein des Todes auferstanden!«

Erhebt euch über Ärger, Trübsinn und Misserfolge. Ihr müsst erfolgreich dabei sein, zu erfahren, dass ihr Gottes Kinder seid. Erfolg ist nicht nur auf spirituelle Dinge beschränkt. Erfolg sollte man überall haben. Erhebt euch über das Bewusstsein der Krankheit, über mentale Gewohnheiten und Schwächen. Bewahrt euch ein strahlendes Lächeln, das auch durch prüfende Umstände nicht von eurem Gesicht vertrieben werden kann.

Spirituelle Auferstehung

Nun kommen wir zur spirituellen Auferstehung. Das bedeutet metaphysische Entspannung – das heißt, das Bewusstsein von der hartnäckigen körperlichen Gewohnheit zurückzuziehen, sich mit eurem Körper zu identifizieren. Während der Meditation löst ihr euch von der Identifizierung mit eurem

Mentalkörper, indem ihr das rastlose Sinnesbewusstsein zur Ruhe bringt. Ähnlich müsst ihr auch die Lebenskraft von den inneren physischen Organen zurückziehen und das Körperbewusstsein überwinden. In einer derartigen Entspannung, wenn ihr nicht mehr am Körperbewusstsein festhaltet, seid ihr frei, dann offenbart sich das wahre Wesen der Seele, und ihr wisst, dass ihr auch ohne Körper leben könnt, obwohl ihr euch noch im Körper befindet. Der Körper ist etwas, was nicht zu euch gehört. Auferstehung gibt es nicht nur nach dem Tode. Ihr müsst bereits auferstehen, während ihr noch in diesem Körper lebt. Ihr tut das jede Nacht im Schlaf: das ist die unbewusste Auferstehung. Ihr müsst lernen, dies ebenfalls in der Meditation zu tun: das ist die bewusste Auferstehung. Es hat Heilige in Indien gegeben, die in einen totenähnlichen Zustand eingingen, dann begraben und später wieder ausgegraben wurden und nach mehreren Tagen, die sie unter der Erde verbracht hatten, weiterlebten. Sie haben bewiesen, dass Auferstehung des Körpers möglich ist.[10] Paulus, Johannes und andere Jünger Christi waren ebenfalls mit der geistigen Methode vertraut, die Lebenskraft während der Meditation bewusst vom Körper abzuschalten und sie willentlich wieder einzuschalten. Deshalb erklärte Paulus: »Ich sterbe täglich«.[11] Auf Nahrung zu verzichten und dennoch am Leben zu bleiben, ist eine andere Art bewusster Auferstehung.

Die Auferstehung Jesu Christi war von anderer Art – von höherer Art. Diese höhere Auferstehung bedeutet, dass ihr die Schöpfung versteht und wisst, wie man die Seele von der Knechtschaft der Unwissenheit – der großen täuschenden Kraft, der *Maya* – befreien kann.

Wir haben kein physisches Dasein, es sei denn im allgemeinen Sinne. Der Körper, den ihr seht, ist nichts anderes als materialisierte Energie. Wie kann Energie krank werden? Krankheit ist eine Täuschung. Doch lediglich zu behaupten, sie sei eine Täuschung, genügt nicht. Wenn ihr in einem Traum euren Traumkopf gegen eine Traummauer stoßt, habt ihr einen

---

[10] Siehe die Geschichte über Sadhu Haridas auf Seite 379.
[11] *1. Korinther* 15, 31.

gebrochenen Traumschädel. Wacht auf, dann seid ihr von eurer geträumten Verletzung geheilt. Wie *Yogoda* lehrt, können wir nur durch die Verbindung mit Gott erkennen, dass Er zum Universum geworden ist und dass der menschliche Körper und alle anderen Dinge nichts als kondensierte Energie sind. Und Energie ist »eingefrorenes« Kosmisches Bewusstsein oder Gott. Wir sollten es nicht Intelligenz nennen. Intelligenz ist etwas anderes. Zu sagen, dass alles Intelligenz sei, ist unrichtig. Es ist das Kosmische Bewusstsein, das uns die Dinge wahrnehmen lässt und bewirkt, dass wir uns sowohl der sogenannten Materie als auch des GEISTES bewusst sind.

In meinem Buch *Wissenschaftliche Heilmeditationen*[12] habe ich deutlich erklärt, warum wir den GEIST nicht in der Materie wahrnehmen können. Jesus Christus hatte die Fähigkeit, Ihn wahrzunehmen. Auferstehung bedeutet nicht nur – wie Jesus –, den Körper und die Seele auf eine andere Daseinsebene zu erheben, sondern auch, die Atome des Körpers zu verwandeln (d.h. sie zu vergeistigen und sie dann – wie auch den menschlichen Geist – in die Freiheit zu entlassen). Alles – Haut, Haare, Augen – ist nichts als erstarrte Energie und das erstarrte Bewusstsein Gottes. Als Petrus das Ohr des Kriegsknechtes abschlug, heilte Jesus es wieder an. Wie war ihm das möglich? Die Atome gehorchten ihm, weil er *wusste*, dass sie vom Bewusstsein Gottes gelenkt werden. Sie gehorchen euch aber nicht, weil ihr nicht im Einklang mit dieser lenkenden Kraft des Kosmischen Bewusstseins seid – einer Kraft, welche eine Blume in der Form einer Blume zusammenhält. Ihr habt die falsche Vorstellung, dass die feste Materie Wirklichkeit ist. Durch Meditation werdet ihr fähig, den Unterschied zwischen der Seele und der Illusion eines festen Körpers zu erkennen. Ihr werdet erfahren, dass das liebende Bewusstsein des GEISTES die goldene kosmische Schnur ist, welche die Atome zusammenhält. Mit dieser Schnur bindet Er die Atome zu einer Blume oder zum menschlichen Körper zusammen. Er nimmt sich Myriaden von Elektronen – ähnlich wie ein Kind, das mit Knetmasse spielt – und schleudert sie in den unermesslichen

---

[12] Herausgegeben von der Self-Realization Fellowship.

Raum, wo sie zu Sternen oder Universen werden. Stellt euch einmal vor, wie winzig wir in Seinen Augen sind – sicher nicht größer als eine Mikrobe. Und obgleich wir so winzig erscheinen, sind wir dennoch als Seelen, die Ihm zum Bilde geschaffen sind, sehr groß!

Hier ist eine kleine Geschichte, die von Größe handelt. Wir halten unsere Errungenschaften für wunderbar, aber für Gott sind sie längst nicht so groß. Eines Tages sah ich einen großen mit Schnee bedeckten Sandhaufen, auf dem eine winzige Ameise emporkrabbelte. Da dachte ich: »Dieser Ameise kommt es sicher so vor, wie wenn sie einen Berg im Himalaja besteigt.« Der Sandhaufen mag ihr bestimmt gigantisch erschienen sein, mir jedoch nicht. Ähnlich ist eine Million Sonnenjahre für den Geist Gottes wahrscheinlich nur ein Augenblick. Wir sollten lernen, in großen Begriffen zu denken: Ewigkeit! Unendlichkeit!

Die Kreuzigung der Seele durch den Eigendünkel

Und als Letztes: Lasst euren Geist aus den formalen Glaubensbekenntnissen auferstehen – aus Glaubensvorstellungen, die euch ein wenig Befriedigung verschafft haben, über die ihr jedoch hinausgewachsen seid. Damit meine ich Religionen, die euch die Überzeugung gaben, etwas zu wissen – obwohl ihr es gar nicht wisst. Die schlimmste Kreuzigung der Seele ist die Kreuzigung durch arroganten Eigendünkel – nämlich zu denken, wir seien sehr groß und weise. Eure Seele muss von der Knechtschaft durch die Kleinheit und Begrenzungen des Körpers sowie von all dem Leid befreit werden, dem dieser unterworfen ist. Wenn ihr an die verheerende Wirkung von Krankheiten denkt, meint ihr, Gott sei ungerecht. Ihr müsst aber *wissen*, dass ihr unsterblich seid, dass ihr unter keiner irdischen Prüfung zusammenbrechen, sondern lernen sollt, eure Unsterblichkeit durch euer *Lächeln* zu beweisen. Sagt euch: »Ich bin unsterblich; ich bin auf eine irdische Schule geschickt worden, um dort zu lernen, meine Unsterblichkeit wiederzugewinnen. Auch wenn ich hier auf Erden durch läuternde Feuer schreiten muss, bin ich dennoch die Seele, die nie zerstört werden kann. Das Feuer kann mich nicht verbrennen; das Wasser kann mich nicht benetzen; der Wind kann mich nicht austrocknen; die Atome können mich nicht zerschmettern; ich bin ein Unsterblicher, der die Lektionen der Unsterblichkeit träumt – nicht um vernichtet, sondern um unterhalten zu werden.« Im Traumland sind Krankheit und Gesundheit dasselbe, sind Reichtum und Misserfolg dasselbe – nichts als Traumvorstellungen. Natürlich ist es besser, von Reichtum zu träumen als von Misserfolg. Wenn ihr also in diesem Leben unbedingt etwas träumen müsst, warum nicht schöne Träume haben? Wenn ihr zu viele schlimme Träume habt, werdet ihr dauernd weinen und nie erkennen, dass alles nur ein Traum ist. Viel besser ist es, von Gesundheit, Wohlstand und Weisheit zu träumen.

Erkennt keine Niederlage an

Lasst eure Seele aus allen Träumen der Gebrechlichkeit auferstehen. Lasst sie in ewiger Weisheit auferstehen. Wie erreicht ihr das? Ihr braucht unter anderem: Selbstbeherrschung, richtige Ernährung, Standhaftigkeit, eine unerschrockene Geisteshaltung; und ihr müsst euer Bewusstsein von jeder Identifizierung mit dem Körper befreien, indem ihr die wissenschaftlichen Konzentrations- und Meditationsmethoden täglich mit Hingabe übt. Gebt euch nie geschlagen. Erkennt keine Niederlage an; eine Niederlage anzuerkennen, bedeutet eine noch größere Niederlage. Ihr verfügt über grenzenlose Kraft; diese Kraft müsst ihr entwickeln, das ist alles.

Meditation ist die höchste Methode, die Seele aus der Knechtschaft des Körpers auferstehen zu lassen und von den Fesseln eurer Prüfungen zu befreien. Meditiert zu Füßen des Unendlichen. Lernt, euch ganz mit dem göttlichen Bewusstsein zu erfüllen. Eure Prüfungen mögen schwer und hart sein, aber euer größter Feind ist euer eigenes Ich. Ihr seid unsterblich – doch eure Prüfungen sind sterblich. Sie sind veränderlich – ihr aber seid unwandelbar. Ihr könnt ungeheure Kräfte entfesseln und all eure irdischen Prüfungen zunichte machen.

Einmal fielen ein großer Frosch und ein kleiner Frosch in einen Eimer frischer Milch. Die Wände des Eimers waren blank geputzt und glatt, sehr steil und schlüpfrig, sodass die Frösche nicht hinausklettern konnten. Sie bemühten sich verzweifelt, am Leben zu bleiben; doch jedes Mal, wenn sie nach etwas Luft schnappten, gingen sie gleich wieder unter. Lange paddelten sie umher. Nach einer Weile gab der große Frosch den Kampf auf und ertrank. Doch der kleine Frosch sagte sich: »Das Leben ist zu schön. Ich will noch nicht sterben. Ich werde so lange strampeln, bis mir die Füße abfallen.« Und so strampelte er weiter, bis er plötzlich etwas Festes unter sich fühlte: Er hatte die Milch zu Butter geschlagen. Und sofort hüpfte der kleine Frosch hinaus. So ist es auch im Leben. Wenn ihr, wie der große Frosch, die Hindernisse nicht energisch genug bekämpft, wenn ihr aufgebt, dann verdient ihr es, euren Schwierigkeiten zu unterliegen. Doch wenn ihr entschlossen weiterkämpft, werdet ihr die Hindernisse überwinden. Der Unendliche wird euch irgendwie zu Hilfe kommen, und ihr werdet aus euren Problemen hinaushüpfen. Macht es so wie der kleine Frosch. Kämpft um jeden Preis weiter. Entschlusskraft ist nötig! Erhebt euch über alle Schwächen, über Krankheit, Unwissenheit, das Krankheitsbewusstsein und vor allem über die gewohnheitsbedingten irdischen Schwächen, die euch im Leben zu schaffen machen.

Einssein mit dem unendlichen Christus

Internationaler Hauptsitz der Self-Realization Fellowship, Los Angeles, Kalifornien, 25. Dezember 1934

Die Evolution verläuft geradlinig, eine Stufe folgt auf die andere. Ähnlich bewegt sich auch die individuelle Seele zu immer höheren Ausdrucksformen der Natur hin, bis sie in einem geistig erwachten göttlichen Menschen Vollkommenheit erlangt. Der kosmische Einfluss auf diese natürliche Evolution ist zyklisch.[1] Im aufwärtssteigenden Abschnitt des Zyklus kommt zuerst die materielle, dann die intellektuelle und schließlich die spirituelle Entwicklung. Dann verläuft die allgemeine Tendenz des Lebens wieder rückwärts zur intellektuellen und zur materiellen Ebene. Auf diese Weise bleibt Gottes Schöpfung ständig in Bewegung. Wir, die Schauspieler aus vielen Nationen, führen auf der Bühne der Zeit immer wieder das Drama des Lebens auf. Wir sollten den Sinn dieses Dramas verstehen. Wir haben die Aufgabe, unsere Rollen gut zu spielen, ohne uns zu sehr in unsere Rollen zu verwickeln und uns mit ihnen zu identifizieren.

Wir haben eine verzerrte Ansicht vom Leben, weil wir es mit einer engstirnigen und selbstsüchtigen Einstellung betrachten. Wenn wir es nur mit den Augen Gottes sehen könnten! Sobald wir die inneren Augen seelischer Weisheit öffnen, schauen wir das allgegenwärtige Licht Gottes. In diesem Licht befindet sich das Bewusstsein Christi, der »Sohn« oder die reine Widerspiegelung Gottes im ganzen Universum. Dieses Christusbewusstsein, der Unendliche Christus, ist Gottes Intelligenz und Liebe, die an die geschlossenen Augenlider unserer Seele pochen und uns auffordern, in das innere Licht

---

[1] Hinweis auf die Weltzyklen oder *Yugas* (siehe Glossar).

zu schauen; dann würden alle Unwissenheit und alle Unterschiede verschwinden. Demjenigen, der sein inneres Auge geöffnet hat,[2] erscheint alles als Eins. Jesus bezog sich auf dieses universale Bewusstsein, als er sprach: »Ich und der Vater sind eins.«[3] Krishna drückte diese göttliche Einheit mit ähnlichen Worten aus: »Ich bin der Quell aller Dinge; aus Mir geht die ganze Schöpfung hervor. ... Sieh hier und jetzt in Meinem Kosmischen Körper alle Welten vereint. ... Du kannst Mich jedoch nicht mit deinen irdischen Augen erblicken. Deshalb gewähre Ich dir die göttliche Schau.«[4]

Wenn wir Gott als die allem zugrunde liegende Wirklichkeit sehen, können wir vermeiden, in die täuschenden, verzerrten Erfahrungen unserer materiellen Welt verwickelt zu werden. Sterne, Planeten, Pflanzen, Tiere und menschliche Wesen wurden alle auf dieser wunderschönen kosmischen Bühne freigelassen, damit jedes die ihm zugeteilte Rolle spielen kann. Nur wenige Menschen verstehen den Sinn des Spiels, denn nie halten sie inne, um tief darüber nachzudenken. Den Unerleuchteten erscheint das Drama oft chaotisch und ungerecht. Doch Gott erschuf bewusst nicht alle Menschen automatisch als arme Leute oder als Millionäre; denn wenn jeder gleich wäre wie der andere, könnte dieses Drama nicht weitergehen. Vielfalt ist die Grundlage der Natur, und die eigene Entwicklung ist ein Mittel, diese Vielfalt aufrechtzuerhalten. Mit Hilfe des Gesetzes von Ursache und Wirkung, Aktion und Reaktion, haben wir uns selbst zu dem gemacht, was wir jetzt sind, und zu dem, was wir später sein werden. Das Ergebnis dieser Vielfalt, die sowohl vom Menschen als auch von der Natur verursacht wird, ist das, was wir als das kosmische Drama erleben. Gott will jedoch nicht, dass wir wegen dieser Unterschiede leiden. Er möchte, dass wir erkennen: Ganz gleich, ob wir jetzt die Rolle eines Königs oder eines Dieners spielen, wir müssen sie nach bestem Vermögen spielen, sollten aber nie vergessen, dass wir

---

[2] Das einfältige oder geistige Auge der Weisheit oder der allwissenden seelischen Intuition. »Wenn dein Auge einfältig ist, so wird dein ganzer Leib licht sein.« (*Matthäus* 6, 22)
[3] *Johannes* 10, 30.
[4] Bhagavad-Gita X, 8; XI, 7–8.

als Seelen, die Ihm zum Bilde geschaffen sind, nur eine vorübergehende Rolle spielen.

Es kommt deshalb nicht darauf an, ob wir Fußböden scheuern oder das Oberhaupt einer großen Nation sind. Solange wir nicht wissen, dass wir nur eine Rolle auf der Bühne der Zeit spielen, werden wir unter den Gegensätzen leiden, die zu einem Bewusstsein gehören, das sich mit den verschiedenen Lebenslagen und Situationen identifiziert. Die Schauspieler auf der Bühne beklagen sich nicht über ihre bestimmte Rolle, sondern spielen sie nach bestem Vermögen; sie wissen, dass ihre Rolle nur eine vorübergehende Darstellung ist. Seht ihr nun, was ich meine? Nur wenn wir das Leben zu ernst nehmt, leiden wir.

Erkennt das Eine Leben, das alles durchdringt

Auch wenn wir wissen, dass Unterschiede relativ sind, müssen wir nicht nur intellektuell erkennen, sondern auch spirituell erfassen, dass das Eine Leben alles durchdringt. In Bezug auf Gott gibt es nur eine Religion, nur eine Wahrheit, die den unterschiedlichen Namen der Religionen zugrunde liegt. Ein solch universeller Bewusstseinszustand ist sehr schwer zu erlangen, solange man noch keine SELBST-Verwirklichung besitzt: das Wissen, dass wir Seelen sind und dass alle Seelen ein Teil des Einen Gottes sind. Die kleinen und die großen Wellen tauchen alle aus demselben Ozean auf. Wenn wir nun in spiritueller Hinsicht einmal Abstand nehmen und jeden Menschen und jede Religion von einem überpersönlichen Standpunkt aus betrachten, werden wir erkennen, dass alles aus Gott besteht.

Solange wir aber die Wellen der Schöpfung nicht in dieser Weise sehen, wird es immer Unterschiede und die damit zusammenhängenden Sorgen und Schwierigkeiten geben. Kein Mensch und auch kein Prophet wird je in der Lage sein, alle Ungleichheiten und Trennungen auf dieser Erde auszulöschen. Doch wenn ihr euch im Bewusstsein Gottes wiederfindet, verschwinden diese Unterschiede, und ihr werdet sagen:

> Leben ist süß und Tod nur ein Traum,
> wenn Dein Lied mich durchdringt.
> Freude ist süß und Leid ein Traum,
> wenn Dein Lied mich durchdringt.

> Gesundheit ist süß und Krankheit ein Traum,
> wenn Dein Lied mich durchdringt.
> Ja, Lob ist süß, Tadel ein Traum,
> wenn Dein Lied mich durchdringt.[5]

Das ist die höchste Philosophie. Fürchtet euch vor nichts. Auch wenn ihr auf einer Welle vom Sturm hin und her geworfen werdet, so befindet ihr euch immer noch im Schoß des Meeres. Haltet immer an dem Bewusstsein fest, dass Gott allen Dingen zugrunde liegt. Seid gleichmütig und sagt euch: »Ich fürchte mich nicht. Ich bin aus der Substanz Gottes erschaffen, ich bin ein Funke vom Feuer des GEISTES. Ich bin ein Atom der Kosmischen Flamme. Ich bin eine Zelle des unermesslichen Körpers des Vaters. ›Ich und der Vater sind eins.‹«

Bemüht euch, so zu leben wie Christus

Erkennt die gewaltige geistige Kraft und Schönheit im Leben Christi und bemüht euch, so zu leben wie er. Christus vertrat nicht nur eine Nation; er liebte alle Rassen als Kinder Gottes. Strebt danach, die Menschen aller Nationen als eure Brüder zu betrachten. Wahre Brüderlichkeit wird jedoch nur dann entstehen, wenn wir sie im Herzen fühlen. Und dieses Gefühl lässt sich nur durch SELBST-Verwirklichung und echte, innigliche Verbindung mit Gott entwickeln.

Alles wird euch verraten, wenn ihr Gott verratet, indem ihr Ihn vergesst. Es ist also an der Zeit, dass ihr eure Einheit mit allen erkennt – dadurch, dass ihr euch mit Gott eins fühlt. Übt euch darin, diese Einheit zu fühlen, wenn sich euer Bewusstsein in der Meditation zur Unermesslichkeit erweitert hat. Seid in dieser Hinsicht sehr beharrlich. Schaltet die ganze Welt im Schweigen der Meditation aus, damit die weniger wichtigen Dinge in Gottes Schöpfung euch nicht von Ihm ablenken. Nichts anderes darf dann in euren inneren Tempel eindringen. Im Heiligtum eures Herzens soll nur eine Kraft, eine Freude, ein Frieden thronen – nämlich Gott. Wenn ihr das

---

5 »Wenn Dein Lied mich durchdringt« aus *Kosmische Lieder* von Paramahansa Yogananda.

erreicht, wird der Unendliche Christus euer Bewusstsein mit der Einheit der göttlichen Allgegenwart segnen.

Ihr müsst auch äußerlich ein reines Leben führen – rein in Gedanken, Worten und Handlungen. Seid liebenswürdig zu allen. Selbst wenn der größte Sünder zu euch kommt, seht ihn als euren Bruder an, der noch nicht erwacht ist. Verletzt niemanden, kritisiert niemanden außer euch selbst. Werft eure Launen ab und zertrampelt sie zu Staub!

Lasst euch in eurem Handeln vom inneren Willen des Gewissens leiten

Der Meister [Swami Sri Yukteswar] pflegte mir zu sagen: »Lerne, dich richtig zu betragen.« Das ist das Allerschwerste, was es gibt. Ihr solltet lernen, euch bei all eurem Handeln vom inneren Willen eures Gewissens leiten zu lassen, das auf den Willen Gottes eingestellt ist, und nicht von Emotionen und Instinkten. Als ich meinem Guru zum ersten Male begegnete, sagte er mir: »Erlaube mir, dich zu disziplinieren.« Damit meinte er nicht, dass er aus mir einen mechanischen Menschen – einen blinden Anhänger – machen wolle. Er sagte: »Ich werde dir die göttliche Sicht vermitteln.« Als ich meinen Willen auf den des Meisters einstellte, wurde mein Wille stärker und ließ sich von Weisheit leiten.

Gottes Wille wird von Weisheit und Gerechtigkeit bestimmt. Diejenigen, die im Einklang mit Ihm sind, lassen sich nicht von Launen und Gewohnheiten regieren. Sie leben in der Freiheit Gottes, und ihr Wille wird von Seiner Weisheit und Gerechtigkeit bestimmt. Deshalb ist es wichtig für den Anfänger auf dem spirituellen Weg, seinen Willen auf den Willen derjenigen einzustellen, die im Einklang mit Gott leben. Ein solcher Gehorsam bedeutet nicht, dass man seinen eigenen Willen nicht gebraucht. Es erfordert vielmehr gewaltige Willenskraft, sich auf die Weisheit einzustimmen. Ich musste die allergrößte Selbstbeherrschung aufbringen, um dem Rat meines Gurus zu folgen und nicht meinen alten Gewohnheiten und Instinkten nachzugeben. Der Meister verlangte nie etwas von seinen Jüngern; jeder empfing das, was er aufnehmen wollte und wofür er empfänglich war. Indem ich ihm von ganzem Herzen folgte, erlangte ich völlige Herrschaft über mich selbst – eine Freiheit, die ich nie aus eigenem Antrieb erworben hätte.

Weder Gott noch Satan noch irgendjemand anders kann euch beeinflussen, es sei denn, dass ihr euren eigenen Willen richtig oder falsch gebraucht. Macht von eurem freien Willen Gebrauch, den Gott euch verliehen hat, und sucht Ihn. Dann werdet ihr gewiss Freiheit erlangen. Und vergesst nicht, dass es von größter Wichtigkeit ist, euch mit bester Gesellschaft zu umgeben – mit Menschen, die euch inspirieren und eure Unterscheidungskraft und euren Willen stärken.

Fliegen können nicht zwischen Schmutz und Honig unterscheiden: sie fliegen abwechselnd von dem einen zum anderen. Doch die Biene lässt sich nur von der Süße des Honigs anlocken. Ähnlich gibt es auch Menschen ohne Unterscheidungskraft, die sich – wie die Fliegen – sogar von den unreinsten Wünschen anziehen lassen. Einige mögen sich hin und wieder zu Gott hingezogen fühlen und meditieren. Doch sobald eine neue Versuchung auftaucht, lassen sie sich gleich wieder vom weltlichen Leben betören. Der Gottsucher dagegen gleicht der Honigbiene. Er liebt nur das, was schön und rein ist. Er sieht, hört, riecht, schmeckt und berührt nur das, was gut ist. Er strebt nach dem Guten, fühlt das Gute und verlangt immer nach dem Nektar der göttlichen Gegenwart in der Meditation.

Seid vor allem aufrichtig mit Gott. Seid demütig, während ihr euch bemüht, innerlich empfänglich zu sein und zu hören, was Gott euch zu sagen hat. Werft alles ab, was euch im Leben von Gott fernhält. »So dich aber deine Hand ärgert, so haue sie ab!«[6] Räumt alle Hindernisse aus eurem Weg – alles, was eure spirituelle Entwicklung hemmt.

Meditiert, solange noch Zeit ist!

Ich hoffe, dass ihr alle die größten Anstrengungen machen werdet, zu meditieren. Eure Suche nach Gott kann nicht warten. Lasst alles andere warten, aber lasst Gott nicht auf euch warten. Zögert nicht länger, denn jederzeit können Alter und

---

[6] *Markus* 9, 43.

Krankheit euer Leben plötzlich beenden. Solange ihr noch Zeit und Gelegenheit habt, meditiert!

Ich gebe euch das lebendige Zeugnis von Christus: die Freude seiner Gegenwart, die ich fühle, seitdem er gestern bei unserer Meditation zu mir kam.[7] Ich hatte immer geglaubt, seine Augen müssten dunkel sein, weil er ein Orientale war. Ich wies die westlichen Darstellungen zurück, die ihn mit blauen Augen zeigen. Merkwürdigerweise aber sah ich ihn dieses Mal mit blauen Augen – solch schönen Augen! Noch nie habe ich solche Augen gesehen! Als ich in sie hineinblickte, wurden sie auf wunderbare Weise dunkel; und die Stimme Christi sprach: »Warum willst du mich in einem Körper sehen? Schaue mich als das Unendliche!«

Alle Heiligen, die in Gott eingegangen sind, haben die Macht, wieder in der Gestalt zu erscheinen, die sie früher auf Erden hatten. Wenige Menschen nur wissen um die ständige Gegenwart der Engel und der großen Meister. Ebenso wie Melodien durch den Äther ziehen und durch ein Radio aufgefangen werden können, könnt ihr euch auch mit Heiligen in Verbindung setzen; sie verbergen sich gleich hinter dem ätherischen Schleier des Raumes, doch ihr müsst meditieren, um sie wahrzunehmen.

Wenn ein großer geistiger Lehrer auf die Erde kommt, verleiht seine Gegenwart Kraft und Inspiration und erfüllt seine Jünger mit großer Freude. Doch nachdem er wieder gegangen ist, mögen diese sich verwaist und verloren fühlen, wenn sie nicht selbst genügend geistige Kraft haben. Darum sind Meditation und Einklang mit Gott so wichtig, damit die Jünger lernen, sich selbst mit Inspiration und Freude aufzuladen. Alle Wunder Gottes werden ihnen schließlich in der ekstatischen Verbindung tiefer Meditation enthüllt.

Verbindung mit Gott bedeutet kein Auslöschen des Bewusstseins. Die Ekstase ist das Erwachen des Bewusstseins,

---

[7] Hinweis auf die jährlich stattfindende ganztägige Weihnachtsmeditation, die Paramahansaji 1931 im internationalen Hauptsitz der Self-Realization Fellowship einführte und selbst viele Jahre lang leitete. Diese geistige Tradition wird von Anhängern der Self-Realization Fellowship in allen Teilen der Welt fortgesetzt.

die Ausweitung der Wahrnehmungen über die Grenzen des Körpers hinaus bis zur grenzenlosen Ewigkeit, von wo ihr die kleine Welle des Lebens auf dem Ozean der Unendlichkeit tanzen seht.

Ich weiß, dass ich lediglich ein Darsteller in Gottes Traumfilm bin, so wie auch ihr es seid. Eines Tages, wenn wir nicht mehr auf der Bühne des Lebens zu spielen brauchen, werden wir erkennen, dass unsere Körper nur Schatten sind, die den kosmischen Strahl von Gottes Allgegenwart unterbrechen, und dass die einzige Wirklichkeit im manifestierten Universum das Licht des Unendlichen Christus ist. Wir wollen diesen Gedanken allen senden, die auf irgendeine Weise nach dem Glück suchen und die nicht wissen, dass sie in Wirklichkeit Gott suchen.

Mein größtes Weihnachtsgeschenk an euch ist der Wunsch, dass ihr die Freude fühlen könnt, die Christus in seiner Seele empfand; und mögt ihr, wenn ihr die Schwelle des neuen Jahres überschritten habt, diese ewig neue Freude Christi an jedem Tag erleben.

Betet immer wieder aus tiefster Seele: »O Christus, o Herr, komm und entferne den Staub meiner Gleichgültigkeit. O Unendlicher Christus, überflute mein Bewusstsein mit Deinem göttlichen Bewusstsein.«

* * *

»Oh, welche Freude!«

Am Ende der Weihnachtsfeier 1934 schüttete Paramahansaji im Gebet Gott sein Herz aus. Sri Daya Mata, die seine Worte stenografisch aufnahm, notierte auf ihrem Blatt: »Ein hingebungsvolles Gebet, das die Seele so tief bewegte, dass allen Anwesenden Tränen der innigsten Sehnsucht nach Gott in die Augen traten.«

O geliebter GEIST, Höchste Göttliche Liebe! Wir fühlen uns geborgen im Schoß Deiner Liebe, umhüllt vom allgegenwärtigen Licht und der Freude des Unendlichen Christus. Verglichen mit Deiner Liebe ist meine Liebe so klein, denn sie ist ja nur Deiner Liebe entsprungen. O Christus, in der Ekstase des

Glücks vereinen sich unsere Herzen zu einem unermesslichen Altar, der unaufhörlich von Deiner strahlenden Gegenwart erhellt wird.

Vater, Mutter, Freund, geliebter Gott, nimm mir alles, was ich habe, sogar den Körper. Nichts anderes ist mir wichtig, als dass Du bei mir bist – Dein Bewusstsein, Dein Geist, Deine Liebe. Kein Ruhm mehr, keine Bewunderung, keine Organisation – nur Deine Gegenwart in alle Ewigkeit. Mein einziger Wunsch: Lass Deine Liebe für immer in meinem Herzen leuchten und gib mir die Fähigkeit, Deine Liebe in allen Herzen zu erwecken.

Vater, lass uns immer Deine Freude fühlen. O Göttlicher Ozean, der unter der Welle meines Bewusstseins wogt, als kleine Welle wurde ich vom Sturm der Unwissenheit hin und her geworfen. Nun fühle ich mit jeder Faser meines Seins, dass mich das unermessliche Meer Deiner Freude trägt.

Oh, welche Freude, welcher Frieden, welche Seligkeit von Dir ausgeht! Der Springbrunnen Deiner Freude ergießt sich in unsere Seelen und löscht alles Zeitbewusstsein aus. Freude! Freude! Freude! Wir schwimmen in den Fluten Deines Glücks, in der Seligkeit Deiner Gegenwart.

O Vater, Mutter, Freund, geliebter Gott, es ist mir ernst, es ist mir ernst! Nimm mir alles, wenn es Dein Wille ist. Ich werfe mich freudig in den Staub zu Deinen Füßen. Nur Deine Liebe möchte ich verkünden. Lass mich nur von Deiner Liebe sprechen. Keine Predigten mehr will ich halten; ich will die Menschen nicht mit wohlklingenden Worten anlocken, sondern nur mit meiner glühenden Liebe zu Dir. Schicke mir Gottsucher, die Dich lieben – nichts anderes wünsche ich mir.

O ewige Ekstase, wo hört Deine Freude auf? Endlose Freude, ewige Freude raubt mir den Atem; wie kann ich da noch sprechen, o Selige Gegenwart?

O heiliger Gott, unser Vater, unsere Mutter, unser Geliebter, Du bist die einzige Wirklichkeit. Bleibe Du für immer im Schrein unseres Herzens. Lass nicht zu, dass wir Dich je verlassen. Nimm uns in Deine Arme, o Mutter, wo wir an Deiner warmen Brust der Unsterblichkeit die Milch Deiner barmherzigen Gnade trinken wollen.

Göttliche Mutter, steh uns bei, wenn wir in die Grube der

Versuchung fallen; stärke unseren Wunsch, nur nach Dir zu verlangen. O Göttlicher GEIST, unser Eigen, geliebter Allerheiligster, welche Freude, welches Glück! Segne uns immer, ganz gleich, wo wir sind. Lehre uns, Deinen Namen in der göttlichen Vereinigung zu trinken – alle Predigten und Bücher werfe ich in das Feuer Deiner Gegenwart. Schicke mir nur solche Gottsucher, die mit mir Deinen Namen trinken wollen.

Meine Liebe geht den goldenen Pfad entlang, der zu Dir führt. Oh, der Du von allen der Nächste bist und doch der Allerfernste – ich suchte Dich überall, um dann plötzlich zu erkennen, dass Du immer in meinem Herzen gewesen bist. In meinem Innern, in der äußeren Welt und überall schenke ich Dir meine Liebe. O Göttlicher GEIST, ich knie zu Deinen Füßen; ich bin der demütige Staub zu Deinen Füßen.

Vater, Mutter, Freund, geliebter Gott, Du bist mein Eigen, Dir schenke ich mein Herz. Ich will meine Zeit nicht länger vergeuden. Wohin ich auch gehe, wo ich auch sein mag, gib mir die Freude, Deinen Namen gemeinsam mit anderen zu trinken. Das ist alles, worum ich Dich bitte. Nimm alles, was ich besitze, nur nicht meine Liebe zu Dir. O GEIST, mein Eigen, mein Eigen, taufe uns alle mit Deiner Liebe, damit wir sie wahrhaftig fühlen können.

O Gott, o Christus, o Guru, wie kann ich Euch für all diese Freude danken? Ich bin berauscht von Eurer Freude! Ewige Seligkeit, ich neige mich wieder und wieder vor Dir. Du durchdringst jeden meiner Gedanken. Welch lebendige Freude, welch ewig währendes Glück! O Vater, o Christus, Ihr seid ewige Freude!

Ich neige mich vor euch allen, vor dem Unendlichen Christus, der in eurem Innern gegenwärtig ist. O Christus, schenke uns deine ekstatische Freude, damit sie zu jeder Stunde, jeder Minute und an jedem Tag bei uns sein möge. Freude! Freude! Freude!

Seid eins mit dem Christusbewusstsein

von *Paramahansa Yogananda*,
24. Dezember 1938

Ein besonders segensreiches Ereignis im internationalen Hauptsitz der Self-Realization Fellowship ist die ganztägige Weihnachtsmeditation. Paramahansa Yogananda führte diese Meditationen 1931 ein und leitete sie persönlich jedes folgende Jahr. Während dieser Meditationen drückte er in seinen Worten manchmal seine eigene glutvolle Hingabe an Gott aus; manchmal sprach er zum Herrn, um für die Versammelten zu bitten, oder er sprach zu Ihm als einer der Versammelten, und manchmal gab er den Anwesenden geistige Ratschläge – spontane Inspirationen einer Seele, die tief mit Gott verbunden ist.

Sowohl der Ruf des Lebens als auch der Ruf des Todes sind zwingend, *doch der Ruf Gottes ist der wichtigste von allen.* Richtet eure Herzen und Seelen mit äußerster Konzentration auf Gott. Vergesst jedes Zeitbewusstsein. Ganz besonders heute solltet ihr Gott mit der ganzen Kraft eurer Seele zeigen, dass ihr Ihn mehr liebt als alles andere im Leben. Ich möchte, dass ihr den Geber aller Gaben mehr liebt als Seine Gaben. Wenn ihr Gott eure Hingabe unaufhörlich und mit zunehmender Innigkeit schenkt, werdet ihr heute Seine Gegenwart erleben wie nie zuvor.

Wir alle wollen Zeit und Raum vergessen und unser Bewusstsein erweitern. Lasst euer Herz von Frieden und Freude durchfluten. Freude ist der Beweis der Gegenwart Gottes. Während ihr heute meditiert, wird eure Seele von großer Freude erfüllt werden. Fühlt diese Freude. Fühlt, wie sich euer Bewusstsein im Geiste Christi erweitert. Wir sind hier versammelt, den Christus anzubeten, der sich in Jesus verkörpert hat, und ebenfalls den Menschen Jesus, der das Christusbewusstsein offenbarte, sowie alle großen Meister, die in diesem Bewusstsein vereint sind. Gott und Christus sind eins. Alle befreiten Meister sind durch ihre vollkommene Übereinstimmung mit dem Sohn oder Christusbewusstsein eins mit Gott. Bemüht euch also mit größter Entschlossenheit, dieses Universale Christusbewusstsein zu erleben.

Wenn ihr mit der Spitzhacke der Aufmerksamkeit grabt, werdet ihr unter den Steinen der Ruhelosigkeit das Juwel des Christusbewusstseins finden. Gerade heute ist vielleicht der Tag, an dem ihr Erfolg damit habt. Heute ist vielleicht der Tag, an dem das herrliche Morgenrot am Horizont eures Geistes aufgeht und euch vom Land der Materie in die größere Freude und Freiheit Gottes führt. Schließt euch im Geiste mir an – mit der ganzen Kraft eurer Seele, mit der ganzen Kraft eurer Liebe –, damit wir alle diese Freiheit in Gott fühlen. Legt nun die Hände über dem Herzen aneinander und sagt: »*Pranam.*«[1] Und jetzt betet mit mir:

»Wir neigen uns vor dem großen Gott. Jesus Christus, Bhagavan Krishna, Mahavatar Babaji, Lahiri Mahasaya, Sri Yukteswar [unser Guru-Präzeptor], Heilige aller Religionen, wir neigen uns vor dem Christusbewusstsein in jedem von euch. OM, OM, OM. Himmlischer Vater, erfülle unsere Körper mit dem Christusbewusstsein. Erfülle unseren Geist mit dem Christusbewusstsein. Erfülle unsere Seelen mit dem Christusbewusstsein. Wir senden dieses Gebet an die ganze Welt: Möge die Geburt Christi jedes Jahr so gefeiert werden, wie wir es heute tun – durch die Verbindung mit dem Christusbewusstsein. Wo immer wir sein mögen, lass uns über diesen Tag berichten, damit die ganze Welt jedes Jahr vor dem geselligen Weihnachten am 25. Dezember ein geistiges Weihnachten feiert. Denn Christus gehört zu Gott, und Festlichkeiten gehören zur Welt; deshalb beten wir Christus im Geiste an, indem wir meditieren, und durch unsere Festlichkeiten beten wir Christus im Körper an. OM. Frieden. OM.«

Wenn ihr meditiert, sollt ihr eure Gedanken nicht umherwandern lassen, sondern euch mit wacher und stets wachsender

---

[1] Aus *pra* = »vollkommen«, und *nam* = »Gruß« oder »verneigen«. Dieser Gruß – mit den Händen in Gebetshaltung – ist ein Ausdruck der Ehrfurcht vor Gott oder demjenigen, in dem sich das Göttliche offenbart.

Hingabe an Gott wenden – bis diese Verbindung mit dem GEIST euch tiefe Freude bringt. Fleht Ihn in der inneren Stille immer wieder an, zu Euch zu kommen; fleht Ihn mit derselben Sehnsucht an, die ihr spürt, wenn ihr euch irgendetwas dringend wünscht. Betet mit diesem Gefühl der Dringlichkeit zu Ihm und sagt Ihm, wie sehr ihr euch nach Ihm sehnt. Ganz gleich, wie widerspenstig sich eure Gedanken verhalten, achtet nicht darauf. Bringt eure Gedanken immer wieder zu Gott zurück, indem ihr ständig betet: »Offenbare Dich. Komm zu mir; komm zu mir. O Gott, so wie Du Dich Christus offenbart hast, offenbare Dich auch mir. Offenbare Dich. Komm zu mir.« Eure geistige Konzentration sollte einer mächtigen Flutwelle gleichen, die ständig anschwillt, je mehr sie sich dem Ozean der göttlichen Gegenwart nähert. Vertieft die Glut eurer Sehnsucht immer mehr. »Wir neigen uns zu Deinen Lotosfüßen der Ewigkeit, o GEIST. Offenbare Dich.«

[Danach wurde einige Zeit meditiert. Als Paramahansaji wieder sprach, begann er mit der folgenden wahren Geschichte:]

Ein materialistisch gesinnter Arzt suchte eines Tages einen gewissen Heiligen mit der Absicht auf, dem Meister seine Meinung über verschiedene Dinge zu sagen. »Wenn ich diesem Heiligen nur einmal begegnen könnte«, dachte er, als er sich auf dem Weg zur Einsiedelei des Meisters befand, »dann werde ich ihm die Ohren langziehen und ihm zeigen, dass die Welt wirklich und Gott unwirklich ist.«

Gerade als der Arzt dies dachte, kam ihm ein Jünger des Heiligen entgegengelaufen und sagte: »Mein Meister wünscht den Arzt zu sehen, der ihm die Ohren langziehen und ihm zeigen will, dass Gott unwirklich ist.«

Der Arzt verlor vor Staunen fast die Besinnung. Als er den Heiligen erreichte, der unter einem Baum saß, sagte er: »Zum ersten Mal in meinem Leben fühle ich Reue. Ich fühle, dass es Gott war, der Euch von mir erzählt hat. Sagt mir bitte, ob ich diesem Gott, der mit Euch spricht, je begegnen kann.«

»Zweimal während Eures Lebens«, erwiderte der Heilige, »wenn Ihr morgens und abends aufrichtig betet.«

»Aber die Gedanken schweifen immer wieder ab«, protestierte der Arzt.

»Ganz gleich, wie oft die Gedanken abschweifen«, sagte der Heilige, »wenn Ihr immer wieder zu Gott betet, wird Er Euch antworten.«

Einen Monat nach dieser Begebenheit wurde die Schwägerin des Arztes schwer krank. Ein Heilpraktiker, der sie behandelte, sagte, ihre Genesung hänge davon ob, ob man ihr frische Trauben beschaffen kann. Doch während jener Jahreszeit gab es keine Trauben. Als der Arzt, ihr Schwager, dies hörte, erinnerte er sich an die Worte des Heiligen: dass Gott seine Gebete erhören würde. Und so flüsterte er seinem Bruder zu: »Ich werde die Trauben besorgen.«

Der Arzt sandte einen Diener in alle möglichen Geschäfte, aber es gab nirgendwo Trauben. So betete der Doktor darum, eine Möglichkeit zu finden, dieses kostbare Obst zu beschaffen. Der Tag verging und auch der Abend. Um Mitternacht hörte er, dass jemand an die Tür klopfte. Als er öffnete, stand ein Mann mit einem Korb voller Trauben vor ihm. Erstaunt befragte ihn der Arzt. »Mein Arbeitgeber sendet Ihnen diese Früchte«, erwiderte der Fremde.

Am nächsten Morgen rief der Arbeitgeber ihn an und erklärte:

»Ich hatte mich gestern Abend um 22 Uhr zurückgezogen, als ich Sie in einer Vision erblickte, wie Sie dringend nach Trauben verlangten. Meine Frau und ich waren gerade aus dem Norden zurückgekehrt, wo diese Früchte wachsen, und hatten einige mitgebracht. Immer wieder sah ich Sie, wie Sie nach diesem Obst verlangten. Schließlich erschien ein großes Licht, und ich hörte eine Stimme sprechen: »Bring diese Trauben zu Dr. – «. Ich stand auf, dachte dann aber, ich hätte mir dies alles eingebildet, und legte mich wieder ins Bett. Obgleich ich in einen Dämmerschlaf fiel, beunruhigten mich immer noch dieses Licht und diese Stimme. Nach einer Weile wurde ich wach, weil ich meine Frau umhergehen hörte. Sie sagte mir, dass auch sie ein großes Licht gesehen und eine Stimme gehört habe, die ihr gebot, unsere Trauben sofort zu Ihnen zu schicken. Und so ließ ich meinen Diener sie Ihnen bringen.«

Da wusste der Arzt, dass Gott ihm die Früchte gesandt

hatte. Er brachte sie zur Frau seines Bruders, die dank der gesegneten Trauben schnell von ihrer Krankheit genas.

Dieser Arzt hat mir die Geschichte selbst erzählt. Das Erlebnis hat sein Leben völlig verwandelt.

Wir sollten Gott jedoch nicht um solcher Erlebnisse willen suchen. Solange wir nach außerordentlichen Erlebnissen verlangen, wird Gott selbst nicht kommen. Lasst niemanden wissen, was ihr im Herzen fühlt, was in eurer Seele vorgeht. Innerlich müsst ihr ständig um Seine Gegenwart beten. Dann wird Er kommen. Dies ist der Tag, an dem ihr euch besonders bemühen solltet, Ihn zu empfangen. Vergesst das Vergangene. Dies kann der wichtigste Tag eures Lebens sein, wenn ihr euch nur entsprechend anstrengt. Ihr habt so viel Zeit damit vergeudet, an weltliche Vergnügen zu denken. An diesem Tag aber solltet ihr von ganzem Herzen beten; dies ist die wunderbarste Gelegenheit, die ihr je gehabt habt, Gott die Blumen eurer Hingabe zu Füßen zu legen.

Oft ist Gott gerade dann zu mir gekommen, wenn ich es am wenigsten erwartete. Viele Male, wenn ich in Encinitas am Strand entlangwanderte, ist Er mir erschienen. Der hl. Franziskus und die großen Meister sind zu mir gekommen. Sogar jetzt sind sie alle hier bei euch. Der Astralhimmel liegt unmittelbar hinter der grobstofflichen Schwingung dieser Welt. Letzte Nacht besuchte mich die Seele der lieben Seva Devi [2] in ihrem vollkommenen Astralkörper und sagte: »Ich bin frei. Ich werde morgen bei der Weihnachtsmeditation unter euch sein.« Es bedeutet mir eine große Freude, dass auch sie bei uns ist, und zwar ganz wirklich und mit großer Ehrfurcht. Ich sehe sie so deutlich vor mir, wie ihr mich seht.

Wir müssen die großen Geheimnisse des Lebens und Todes enträtseln, denn sie erfüllen einen bestimmten Zweck: sie wollen uns anregen, Gott aus ganzer Seele zu suchen, bis wir Ihn, unseren ewigen Geliebten, finden.

Ich weiß, dass wir unseren geliebten hl. Lynn[3] vermissen.

---

[2] Eine treu ergebene Jüngerin Paramahansajis aus dem Westen, der er diesen indischen Namen verliehen hatte. Sie erlag einen Monat zuvor einer schweren Krankheit.

[3] Siehe *Rajarsi Janakananda* im Glossar.

Gegen seinen Willen musste er diesmal in Kansas City bleiben. Aber auch er ist jetzt im Geiste bei uns.

Ich bete darum, dass ihr euch jeden Tag eures Leben so verbunden mit Gott fühlt wie heute. Mein Herz ist tief dankbar, es ist überwältigt von Seiner Güte. Er hat mir alles gegeben, was ich mir in diesem Leben wünschte; aber vor allem hat Er mir sich selbst geschenkt. Ich fühle unendliche Dankbarkeit! Er, der in meinem Herzen Verstecken gespielt hat, ist mir jetzt immer nahe. Er verbirgt sich hinter all den aufdringlichen »wirklichen« Erscheinungsformen. Dort wartet Er auf euch. Ihr braucht nicht durch den Sumpf des Leidens zu waten. Eilt zu Ihm. Der Geliebte wartet auf euch; Er breitet Seine Arme aus, um euch zu empfangen und zu vergeistigen, um euch unsterblich zu machen. Es gibt keine Raubtiere des Todes oder der Krankheit, die euch verfolgen, es sei denn im Traum eurer Unwissenheit.

Seid reinen Herzens. Stellt eure Hingabe für Gott vor anderen nicht zur Schau. Seid aufrichtig. Seid konzentriert und fest entschlossen, euch heute in der Meditation zu bemühen, denn der Allmächtige ist mit uns.

»Vater, Mutter, Freund, geliebter Gott, wir danken Dir von Herzen, dass wir hier sind, um Dich anzubeten und Dir unsere Dankbarkeit zu zeigen, anstatt unsere Zeit mit nichtigen Dingen zu vergeuden.«

[Danach folgte eine Meditation.]

»Die Stimme des Herzens ist Deine Stimme, o Gott! Im Ausdruck unserer Hingabe hören wir das Echo Deiner Stimme. Strafe uns nicht mit Deiner Abwesenheit, weil wir ruhelos sind oder unser Karma unzulänglich ist. Komm zu uns, denn wir sind doch Deine Kinder. Wir verlangen nach Deiner Gegenwart. Dieser Tag, an dem wir sie erleben dürfen, soll ein Leuchtfeuer auf unserem Lebensweg sein, das uns den Weg in Dein ewiges Leben weist. O Gott, Himmlischer Vater, kröne diesen Tag für uns mit Deiner beseligenden Nähe, sodass er alle anderen 364 Tage des Jahres überstrahlt, an denen wir uns fast nur mit materiellen Dingen beschäftigen.

Segne uns, o Herr, damit wir Dich so lieben lernen, dass wir uns jeden Tag erneut von Dir berauschen lassen – und zwar so sehr, dass wir an anderen Tagen, wo die Welt uns ruhelos macht, diesen Geisteszustand verabscheuen.

O Göttlicher GEIST, segne uns, damit wir jeden Tag in Deinem Bewusstsein leben. Immer, wenn wir ins materielle Bewusstsein zurückfallen, lass uns ungeduldig nach Dir verlangen. Ändere die Richtung, die unser Leben genommen hat, damit jedes Mal, wenn schlechte Gewohnheiten uns zur Materie hinziehen, unser Geist stattdessen zu Dir flüchtet. Wir sind ruhelos, wenn wir uns mit weltlichen Dingen befassen, aber friedvoll, wenn wir bei Dir sind. In der Ekstase sind wir alle eins mit Dir. Du bist unser Leben und unsere Liebe und alle Seligkeit, die wir suchen. Mit tiefer Hingabe neigen wir uns vor Dir. Du bist der Meister unserer Herzen. Es liegt nun an Dir, ob Du Dich uns ergeben willst. Auch wenn unsere Hingabe nicht ausreicht, lass Dich dennoch durch unsere Sehnsucht, unsere Aufrichtigkeit und Entschlossenheit bewegen. Offenbare Dich uns allen!

Lass Deine Liebe für immer im Heiligtum unserer Hingabe leuchten und gib uns die Fähigkeit, Deine Liebe in allen Herzen zu erwecken. Himmlischer Vater, hilf uns aus der Grube der Versuchung heraus, in die wir durch den falschen Gebrauch Deiner Gabe der Vernunft gefallen sind.

Taucht immer wieder nach innen. Vertieft euch immer wieder in die himmlische Freude dieses kostbaren Augenblicks, damit sich dieses göttliche Erlebnis ständig in eurem Leben wiederholt. »Himmlischer Christus, wir rufen Dich besonders an diesem Tage herbei, damit uns dein Bewusstsein erfüllt. Lass deine Liebe im Heiligtum unserer Hingabe leuchten. Himmlischer Vater, lass Dein Bewusstsein auf uns herniedersteigen, und mögen wir mit Christus und den großen Meistern für immer und ewig in Dir aufsteigen. OM, OM, OM.«

[Meditation]

Es war der große Babaji, der in Verbindung mit Christus dieses Werk der Self-Realization Fellowship in die Welt brachte. Christus kam, um uns allen sein Bewusstsein zu vermitteln; und es schmerzte ihn tief, dass die Menschheit sich immer mehr von ihm entfernte und ihn nicht mehr im Geist anbetete.

Das Erbarmen, das Christus mit der Menschheit fühlt, ist eine Tatsache, die Verbundenheit mit Ihm ist eine Tatsache! Doch die meisten Menschen haben den Sinn für diese Tatsachen verloren, denn sie haben den wahren Geist der Weihnacht vergessen und feiern die Geburt Christi hauptsächlich auf weltliche Art. Worin aber liegt der Sinn dieser Feier, wenn nicht darin, dass wir die Geburt des Christusbewusstseins in uns erfahren? Macht euch einmal klar, was das bedeutet! Wir dürfen nie vergessen, dass der eigentliche Sinn der Weihnacht darin besteht, Christus im Geiste anzubeten. Es war Christus, der mir eingab, ein oder zwei Tage vor Weihnachten diese lange Meditation abzuhalten. Nun folgen bereits viele Menschen in Amerika diesem Brauch, und ich hoffe, dass schließlich jede Kirche und jede Familie, die Christus verehrt, vor Weihnachten einen Tag in Meditation und Schweigen verbringen wird.

Schweigen ist der Altar Gottes. Wir müssen unsere Gedanken aber nicht nur zum Schweigen bringen, wir müssen uns mit Christus verbinden. Christus ist überall gegenwärtig, sein Licht erstrahlt in euch und in allen Dingen. In der Wiege unserer Liebe wird das Christuskind geboren. Daran sollt ihr heute denken. An jedem Tag in eurem Leben muss das Christusbewusstsein von Neuem geboren werden. Verbreitet diese Botschaft überall. Ich hoffe, dass jeder von euch sich für diesen Gedanken einsetzen wird – ob zu Hause oder bei anderen Familien.

Ihr unterschätzt die Kräfte, die in euch verborgen liegen. Rüttelt die Seelen wach, die ihre Augen vor Gott verschlossen haben. Gottes Allwissenheit ist sowohl im weisen Menschen als auch in demjenigen gegenwärtig, der seine Augen vor dem Licht verschlossen hat. Es liegt nur an euch, ob ihr Sein Licht in euch entdeckt – indem ihr lange und tief meditiert, indem ihr eure Liebe für den Allmächtigen immerfort zum Ausdruck bringt.

So wie wir in einem spannenden Film alles um uns herum vergessen, so vergisst derjenige, der Gott liebt, alles außer dem Geliebten. Der Durchschnittsmensch hat deshalb nicht genügend Hingabe, um Gottes Gegenwart zu fühlen, weil seine Gedanken meist auf weltliche und nicht auf göttliche Dinge gerichtet sind. Wenn aber ein Film oder menschliche Liebe oder weltliche Vergnügen unsere Aufmerksamkeit stundenlang in Anspruch nehmen können, wie faszinierend muss es dann

Seid eins mit dem Christusbewusstsein

erst sein, mit Gott, dem unterhaltsamsten Wesen im ganzen Universum, in Verbindung zu stehen! Leider aber *versuchen* die meisten Menschen gar nicht, Ihn kennenzulernen. Wenn ihr Ihn erst kennt, wird Er euch so berauschen, dass die Stunden im Nu dahinfliegen. Ganz gleich, was ich auch tue, ich finde an nichts mehr Freude, es sei denn, Gott ist bei mir. Und wenn ich dieser Welt überdrüssig werde, schließe ich die Tore der Sinne zu und setze mich mit Gott in Verbindung. Nichts in der Welt lässt sich mit dem Glücksgefühl vergleichen, das sich einstellt, wenn man die Augen vor der Welt verschließt und sich stetig dem seligen Reich Gottes nähert.

Für mich ist dies sehr einfach. Euch scheint es nur deshalb so schwer zu sein, weil ihr meint, dass es hinter dem Dunkel der geschlossenen Augen keine Unterhaltung und Abwechslung gebe. Und doch erwartet euch dort die größtmögliche Abwechslung. Ihr findet sie nicht, weil ihr nicht darauf wartet. Wenn ihr aber die Schwelle des Unterbewusstseins überschritten habt, werdet ihr die große Freude des Überbewusstseins fühlen, die Körper, Geist und Seele berauscht. In diesem Zustand vergeht Stunde um Stunde, ohne dass der Gottsucher sich der Welt bewusst wird.

Auf vielen Gesichtern liegt ein Lächeln, das der Welt gilt; doch es verliert seinen Glanz, wenn dahinter nicht das Lächeln Gottes liegt. Ich kann das Ende von allem voraussehen; ich weiß, dass alle menschlichen Vergnügen in eine Sackgasse führen. Gott will sich euch nicht aufdrängen. Ihr müsst Ihn suchen! Er ist es, der euch die Liebe ins Herz gelegt hat, doch ihr missbraucht sie, indem ihr euch an einige wenige Menschen klammert, die ihr als euer Eigen betrachtet. Und während ihr euch an eure eigene kleine Familie bindet, vergesst ihr, dass sie euch einst wieder genommen werden muss. In Wirklichkeit ist es Gott, den ihr in anderen Menschen liebt und der euch durch sie wiederliebt. Wer seine Familie und seine Freunde nicht liebt, kann auch Gott nicht lieben. Doch wer sich ganz in menschlicher Liebe verliert, wird Gott verlieren. Er ist es, der uns als Vater, Mutter, Kinder und Freunde liebt. Wenn wir den Sinn dieses Dramas vergessen, strafen wir uns selbst durch unsere Unwissenheit. Lasst euch nicht von weltlichen Zielen irreführen. Obgleich ich mich für das Werk der Self-Realization

Fellowship sehr einsetze, bin ich im Herzen dennoch frei und weiß, dass das Drama nach Gottes Willen verläuft.

Ich weiß, dass Er mich liebt und dass ich Ihn liebe. Ich liebe Ihn mehr als alles andere. Nichts nimmt meine Aufmerksamkeit so gefangen wie Er. Für mich ist Gott verlockender als alle weltlichen Versuchungen.

»Mein Herz kennt Tag und Nacht nur eine Sehnsucht, o Herr! Lass mich das tun, was Du wünschst, und lass mich nicht meinem eigenen Ehrgeiz und meinen eigenen Wünschen nachgeben. Lehre mich, alles zu tun, was Du mir aufträgst, um diese Erde vollkommen zu machen; all meine Gedanken sollen von Dir künden; alles, was ich tue, soll andere Menschen an Dich erinnern.«

Darum, meine Lieben, meditiert jeden Morgen und jeden Abend. Vergeudet keine Zeit. Ab und zu könnt ihr euren Geist hierhin und dorthin wandern lassen, doch haltet an nichts fest. Zieht euch oft zurück und meditiert. Zuerst werden eure Gedanken unwillkürlich rebellieren; doch wenn ihr beharrlich seid, werdet ihr schließlich feststellen, dass euch nichts anderes so befriedigt wie die Meditation. Welche Freiheit ich fühle, wenn ich die Augen schließe! Dann nimmt die Freude Gottes von mir Besitz – und diese Freude in meinem Herzen ist etwas Wirkliches. Gibt es ein größeres Wunder als den menschlichen Körper oder das Wunder des kosmischen Körpers der Natur, den Gott erschaffen hat? Die Batterie des menschlichen Körpers wird nicht durch Nahrung aufgeladen, sondern durch jedes Wort (jede Welle kosmischer Energie), das vom göttlichen Schöpfer durch das verlängerte Mark, durch das Gehirn und durch das Herz geleitet wird. Geht zur Quelle eures Seins zurück; dann werdet ihr Gott fühlen! Dann werdet ihr entdecken, dass der göttliche Springbrunnen aller Freude und allen Lebens in euch selber liegt!

In Indien begegnete ich einst einem Heiligen, der 18 Jahre lang in Meditation gesessen und Gott gesucht hatte, bevor er Ihn fand. Aber denkt nur, was er danach besaß: Gott für alle Zeiten – Gott in alle Ewigkeit! Nehmt euch darum jeden Tag etwas Zeit, um alles andere abzuschalten und zu meditieren. Die beste Zeit, die man Gott widmen kann, ist die Nacht. Geht niemals zu Bett, ohne vorher mit Gott Verbindung aufzunehmen!

Sprecht ständig mit Ihm, ganz gleich, was ihr tut: »Herr, Dich sehne ich mehr als alles andere herbei. Verlocke mich, womit Du willst – ich sehne mich nur nach Deiner Gegenwart.«

Wenn ihr so aus tiefstem Herzen zu Ihm sprecht, wird Gott euch antworten. Dann werdet ihr merken, dass es nichts bringt, sich auf seine Fehler oder auf die Fehler anderer zu konzentrieren. Wie sehr Satan sich auch bemüht, mich zu verlocken (und er versucht es immer noch, obwohl ich schon viele Jahre diesen Weg gehe!), ich sehe, dass Gott bei mir ist. Er ist immer in meinem Herzen. Meine Fehler mögen sehr groß gewesen sein, doch meine Liebe zu Gott hat meine Fehler fortgeschwemmt. Innerlich bin ich vollkommen frei; nicht ein Wunsch hält sich in meinem Herzen verborgen. Ich liebe Ihn über alles. Und wenn es Sein Wille ist, bin ich bereit, Fußböden zu scheuern, um Ihm dadurch meine Liebe zu beweisen.

»Meinen Körper, mein Herz, meinen Geist und meine Seele weihe ich Dir, o Herr. Tu mit meinem Körper, was Du willst. Die kurze Zeit, die ich hier bin, lebe ich nur für Dich, o Herr! Jeder Muskel soll vor Freude vibrieren; jedes Blutkörperchen soll von Deinem herrlichen Licht durchdrungen werden. Alle materiellen Dinge, die ich koste, schmecken mir wie Gift; darum trinke ich nur Deinen Nektar. Kein anderer Trank kommt diesem gleich, o Herr! Ich weihe mein Leben, meine Gedanken, meine Wünsche Dir allein. Ich weiß, dass alle Wünsche nur Sackgassen sind, die zu endlosen Enttäuschungen führen. Doch eines habe ich gelernt: Indem ich mir nur das wünsche, von dem Du willst, ich solle es haben, geliebter Gott, finde ich letzte Erfüllung. Lass Deine Gegenwart auch allen anderen offenbar werden, so wie ich Dich fühle – und noch viel stärker, denn Du bist ewig neue Unterhaltung! Offenbare Dich allen!

Wir sind hier nicht versammelt, o Herr, um nur zu beten und zu singen. Wir sind nicht gekommen, um an diesem Tag Jesus oberflächlich zu verehren, sondern um Deiner Allgegenwart die Blumen unserer Liebe bewusst zu Füßen zu legen. Nimm die strahlende Freude unserer Herzen entgegen. Es ist nicht viel, was wir Dir zu bieten haben; doch alle Freude und alle Liebe für Dich, die im Garten unseres Herzens erblühen, gehören Dir. Empfange, was Dein ist. Wir sind Dein Eigen. Ob gut oder böse, wir sind Deine Kinder. Dank unserer Liebe wirst

Du Dich uns offenbaren müssen. Du musst zu uns kommen. In Dir sind wir immerdar frei.

Die Morgenröte, die am Himmel leuchtet, die Berge und die lodernden Feuer der Sonne und der Sterne – sie alle sind Ausdrucksformen Deiner Anmut und Deiner liebenden Allgegenwart. O GEIST, während unsere Herzen immer mehr für Dich erglühen, während sie aus Sehnsucht nach Dir erbeben, eilen unsere Seelen – eingeschlossen in diese irdischen Körper – Deinen ewigen Ufern entgegen. Du bist unser. Warum verbirgst Du Dich vor uns? Segne uns, damit wir die Tore unserer Sinne verschließen und uns dorthin begeben, wo Dein liebster Aufenthalt ist: zu dem von Tränen gereinigten Altar unserer Seele. Vater, Mutter, Freund, geliebter Gott, ob gut oder böse, wir sind Deine Kinder, wir verlangen nach Dir. All unsere Enttäuschungen, all unsere Schwächen, all unsere schlechten Gewohnheiten können uns nicht mehr einschüchtern, denn die Kraft unserer Liebe für Dich ist größer. Entferne die Pfropfreiser unserer schlechten Gewohnheiten, die auf dem Baum unseres ewigen Lebens wachsen. Wir pflücken die Blüten menschlicher Lust vom Baum des Lebens und legen sie Dir zu Füßen. Du bist die einzige Freude, die wir in all unserer Tätigkeit suchen. Wir sehnen uns nach dem Glanz Deiner Herrlichkeit, nach dem strahlenden Licht Deines Wesens!«

[Meditation]

»Vater, wir danken Dir. Möge dieser Tag noch lange in uns nachleuchten: als ein Leuchtfeuer Deiner Gnade, Deiner Herrlichkeit und der Erinnerung an Dich, damit es die Dunkelheit dieser Inkarnation erhellt. Vater, möge Dein Licht an diesem Tag leuchten und uns durch dieses Leben und auch durch künftige Leben führen – falls wir auf diese Welt zurückkehren müssen. Vater, Mutter, Freund, geliebter Gott, nimm die glühende Liebe unserer Seele entgegen! Empfange die reine Liebe und Hingabe unserer Seelen. Was sollen wir Dir sonst noch sagen, als dass wir Dich lieben? Offenbare Dein Bewusstsein in uns, so wie es in Christus offenbar war. Wir danken Dir, dass Du uns heute die Freude des Christusbewusstseins geschenkt hast. Wir danken Dir in alle Ewigkeit!«

Fasst neue Entschlüsse: Werdet zu dem, was ihr sein wollt!

Internationaler Hauptsitz der Self-Realization Fellowship, 31. Dezember 1934

»Himmlischer Vater, während wir das neue Jahr beginnen, mögen wir durch seine offenen Tore Deine Herrlichkeit und Deine Ideale schauen. Mögen wir Deine Kraft, Deine Vitalität und Deine Führung immer in uns fühlen, sodass wir aus eigenem Antrieb und durch ständig richtiges Handeln den Weg beschreiten, der unmittelbar zu Dir führt.«

Fasst neue Entschlüsse und bestimmt, was ihr im nächsten Jahr tun und werden wollt. Stellt euch ein Programm zusammen; haltet euch daran, dann werdet ihr feststellen, wie viel glücklicher ihr seid. Wenn ihr diesen Plan, euch zu vervollkommnen, nicht einhaltet, bedeutet dies, dass ihr euren Willen gelähmt habt. Ihr habt keinen größeren Freund und keinen größeren Feind als euch selbst. Wenn ihr euch selbst ein Freund seid, könnt ihr viel vollbringen.[1] Es gibt kein Gesetz Gottes, das euch daran hindert, das zu sein, was ihr werden wollt, und zu erreichen, was ihr euch vorgenommen habt. Nichts Widriges kann euch beeinflussen, es sei denn, ihr billigt es.

Allein eure Willenskraft entscheidet, was ihr zu tun fähig seid, nichts anderes – weder eure früheren Gewohnheiten noch euer früheres Karma, noch euer Horoskop. Wenn ihr euch nach astrologischen Voraussagen richtet, verstärkt ihr euer früheres Karma und schwächt euren Willen. Gott ist euer Wille. Ihr müsst auf jeden Fall vermeiden, dass sich die Vorurteile des Zweifels oder der Mutlosigkeit zwischen eure Willenskraft

---

[1] »Der Mensch soll das Selbst (Ego) durch das Selbst erheben; das Selbst darf nicht erniedrigt werden. Wahrlich, das Selbst ist sein eigener Freund, und das Selbst ist sein eigener Feind« (Bhagavad-Gita VI, 5)

und euer Leben schieben. Zweifel ist verheerend. Er lähmt die bewegende Kraft der Hoffnung und zerstört den Willen. Wenn die Willenskraft geschwächt ist, habt ihr den Motor beschädigt, der euch zum Erfolg verhilft. Der Glaube kann alles vollbringen, der Zweifel kann alles zerstören. Ihr dürft unter keinen Umständen zu einem Opfer des Zweifels werden.

Lasst euch von niemand und nichts die Überzeugung nehmen, dass ihr das werden könnt, was ihr sein wollt. Kein anderer hindert euch daran als ihr selbst. Obgleich mein Meister, Swami Sri Yukteswarji, mir dies immer wieder sagte, konnte ich es anfangs kaum glauben. Doch als ich die mir von Gott verliehene Gabe der Willenskraft in meinem Leben anwandte, merkte ich, dass sie mein Retter war. Seinen Willen nicht zu gebrauchen bedeutet, leblos wie ein Stein, ein unbeseelter Gegenstand zu sein – ein nutzloses menschliches Wesen zu sein.

Die Kraft der Gedanken

Viele Menschen sind nicht nur körperlich, sondern auch geistig träge. Konstruktive Gedanken gleichen einem verborgenen Scheinwerfer, der euch mit Sicherheit den Weg zum Erfolg zeigen wird. Es gibt immer einen Weg, ihr müsst nur tief genug darüber nachdenken. Wer seine Bemühungen schon nach kurzer Zeit aufgibt, schwächt die Kraft seiner Gedanken. Um euer Ziel zu erreichen, müsst ihr euch aufs Äußerste bemühen, eure Gedanken zu gebrauchen, bis sie genügend Leuchtkraft haben, euch den Weg zu erhellen, der ans Ziel führt.

Die Vorstellungskraft ist sehr stark. Die Fähigkeit, etwas zu erreichen, liegt ganz im eigenen Geist. Selbst euer Körper wird im Wesentlichen durch Gedanken erhalten. Die Nahrung ist dabei nebensächlich, die hauptsächliche Kraft, die euch erhält, ist euer Geist, euer Bewusstsein. Es sind die Gedanken, die den Körper mit Energie versorgen. Wenn das Denken aufgehoben ist, fühlt sich der Körper schwach und beginnt zu verfallen.

Gottes Gedanken sind der Kern aller Dinge. Sie leben, sie sind unendlich. Alles ist aus der Unendlichen Weite entstanden. Gott zieht aus Seinem Bewusstsein einen Gedanken hervor und lässt ihn zu einem Lebewesen werden; Er zieht einen anderen Gedanken hervor und befiehlt ihm, zu einer Blume zu werden, und so wird dieser zu einer bestimmten Blüte; andere Gedanken werden zu Bergen oder Edelsteinen oder Sternen.

Werft alle negativen Gedanken und Befürchtungen ab. Denkt daran, dass ihr als Kinder Gottes dieselben Möglichkeiten habt wie die Hervorragendsten unter den Menschen. Keine Seele ist größer als eine andere. Stellt euren Willen auf die Weisheit Gottes ein, so wie die Weisen sie zum Ausdruck gebracht haben. Wenn euer Wille sich mit Weisheit verbunden hat, könnt ihr alles erreichen. Furcht behindert den Fortschritt. Was auch immer auf euch zukommen mag, seid darauf vorbereitet, dagegen anzugehen. Stellt euch geistig auf die Wechselfälle des Lebens ein, ohne dass ihr euch durch Leid lähmen lasst. Selbst der Tod sollte euch nicht erschrecken. Todesangst ist etwas Unsinniges. Denn solange ihr noch nicht tot seid, lebt ihr; und sobald ihr tot seid, gibt es nichts mehr zu befürchten! Der Tod ist etwas, was wir alle durchmachen müssen, deshalb kann er nicht so schlimm sein. Wir sind Wellen auf der Oberfläche des Meeres; und im Tode versinkt unser Bewusstsein eine Zeitlang in die Unendliche Einheit, aus der wir gekommen sind. Dies ist nichts, was wir bedauern müssen, im Gegenteil, es ist ein Ausruhen, eine Pension nach all den Anstrengungen, die uns das Leben gebracht hat – eine Beförderung zu einer größeren Freiheit![2]

Bewahrt euch unter allen Umständen euren Gleichmut. Verhaltet euch in jeder Lebenslage in der Tätigkeit ruhig und in der Ruhe tätig. Verbannt alle Enttäuschungen, die ihr durch Verluste und Leid erlitten habt. Diese hinderlichen Beschränkungen, die sich der Kraft der Gedanken und des Willens entgegenstellen, müssen unbedingt beseitigt werden. Prüfungen wurden euch nicht auferlegt, um euch zu strafen, sondern um euch wachzurütteln – um euch erkennen zu lassen, dass ihr ein Teil des GEISTES seid und dass unmittelbar hinter dem Funken eures Lebens die göttliche Flamme der Unendlichkeit lodert; unmittelbar hinter dem Schimmer eurer Gedanken erstrahlt das Große Licht Gottes; gerade hinter eurem scharfen Verstand liegt der allwissende GEIST und unmittelbar hinter eurer Liebe

---

[2] Siehe *Astralwelt* im Glossar.

die alles erfüllende Liebe Gottes. Wenn ihr das nur erkennen könntet! Fallt nicht von Gott ab. Er hat keinem Einzigen mehr Vorrechte verliehen als allen anderen. Alle sind gleichermaßen Ihm zum Bilde erschaffen, doch wegen ihrer Wünsche und schlechten Gewohnheiten spiegeln nicht alle Sein Göttliches Licht auf dieselbe Art wider. Ihr findet eure Erfüllung nicht im Erlangen von Wunschgegenständen, sondern in der Entfaltung eurer seelischen Eigenschaften, indem ihr danach strebt, lohnende Ziele zu erreichen. Nichts kann euch daran hindern, diese große Kraft hinter eurem Leben zu fühlen. Nur eure schlechten Gewohnheiten wollen euch vom Gegenteil überzeugen.

Schlechte Gewohnheiten sind eure ärgsten Feinde

Schlechte Gewohnheiten sind die ärgsten Feinde, die ihr haben könnt. Diese Gewohnheiten sind eine Strafe. Sie zwingen euch dazu, Dinge zu tun, die ihr gar nicht tun wollt, sodass ihr unter den Folgen zu leiden habt. Ihr müsst schlechte Gewohnheiten abwerfen und hinter euch lassen, wenn ihr vorankommen wollt. Jeder Tag sollte euch von alten Gewohnheiten zu besseren Gewohnheiten führen. Fasst in diesem neuen Jahr den ernsthaften Entschluss, nur an solchen Gewohnheiten festzuhalten, die zu eurem Besten dienen.

Am leichtesten werdet ihr eure unerwünschten Neigungen los, wenn ihr nicht mehr an sie denkt und ihnen keine Beachtung mehr schenkt. Lasst es nie zu, dass eine Gewohnheit euch fest im Griff hat. »Wie kann ich dazu gezwungen werden, etwas zu tun, was ich nicht tun will?« Genau dieser Gedanke bringt euch voran, auch wenn eure Gewohnheiten euch noch zurückzuhalten versuchen. Euer Bewusstsein hat sich an den Gedanken gewöhnt, dass es von schlechten Gewohnheiten hypnotisiert worden ist. Wenn der Gedanke in euch aufsteigt, dass ihr gewohnt seid, zu rauchen oder viel zu essen, spürt ihr sofort, dass ihr rauchen oder essen müsst. Doch wenn ihr euch weigert, diese Gewohnheit anzuerkennen, ist Schluss damit. Ihr müsst die Gewohnheit entwickeln, »Nein« zu sagen. Und haltet euch von solchen Dingen fern, die schlechte Gewohnheiten fördern. Setzt euch keinen Versuchungen aus.

Die schlechten Gewohnheiten wollen euch ständig einreden, dass ihr sie nicht erfolgreich bekämpfen könnt; doch ihr könnt es. Widersteht euren schlechten Gewohnheiten mit aller Macht. Entschließt euch, Erfolg zu haben. Der Geist ist alles; er ist allmächtig und kann Leben und Tod beherrschen.

Lasst also dieses neue Jahr zu einem Jahr der Entschlusskraft werden. Wir haben kein Recht, die verflossenen Ereignisse des alten Jahres in das neue hinüberzuschleppen. Ihr seid Kinder Gottes. Was bedeuten schon die Fehler, die ihr früher einmal begangen habt? Ihr seid erwacht; nichts kann euch zurückhalten, wenn ihr es nicht zulasst. Ihr seid die Meister eures Schicksals. Ihr habt Glück, denn Gott ist ganz unvoreingenommen; Er liebt euch ebenso sehr, wie er Jesus und die großen Heiligen liebt. Er ist bedingungslose Liebe, denn Er selbst ist in allen Dingen. Überall, wo Er ist, ist Seine Liebe, Seine Hingabe. Seid jenen gleich, die Seine Gegenwart stärker widerspiegeln als andere! Sobald ihr für Ihn empfänglich und durchlässig werdet, wird Sein Licht in euch erstrahlen.

Das Leben macht sich über selbst auferlegte Pflichten lustig

Fühlt euch nicht an diese Erde gebunden. Sie ist nur ein Ort, wo ihr für eine gewisse Zeit eure Rolle spielen sollt. Nehmt sie nicht allzu wichtig. Bemüht euch im Leben um einen Ausgleich von materiellen und geistigen Pflichten; das wird euch höchstes Glück bringen. Strebt nach Gott; das wird euch helfen, eure Rolle gut zu spielen. Gott hätte euch kein Gehirn gegeben, wenn Er nicht gewollt hätte, dass ihr denkt und vernünftig urteilt. Er hätte euch keinen Willen verliehen, wenn Er nicht gewollt hätte, dass ihr ihn gebraucht. Erweckt jedoch keine neuen Wünsche, während ihr eure Pflichten erfüllt. Werdet zu vollkommenen Schauspielern, die sich bemühen, allein das zu tun, was Gott wünscht. Nur wenn ihr eure Rolle in Gottes Drama möglichst perfekt spielt, habt ihr das Recht, euch in eure Göttliche Heimat zurückzuziehen.

Das Leben ist ausgesprochen unbarmherzig; es macht sich lustig über die Pflichten, die ihr euch selber auferlegt. Sobald euch der Tod ereilt, werden eure Bemühungen, die eigenen Wünsche zu erfüllen, augenblicklich zunichte, auch wenn diese Wünsche wertvoll sind. Warum solltet ihr dann dem Leben so viel Bedeutung beimessen? Dennoch müsst ihr weiter tätig sein; doch vergesst nie, dass dieses Leben nur ein Spiel ist. Ihr müsst gut spielen, aber dabei ständig an Gott denken. Erfüllt eure Pflichten, weil ihr Gott erfreuen wollt. Wenn ihr eure alltäglichen Aufgaben vernachlässigt, wird euch das keine Erlösung bringen; denn das entspricht nicht Gottes Plan. Er selbst ist in alle Ewigkeit tätig, damit das Weltall zu unserem Wohl weiterbesteht. Niemand könnte etwas Neues hervorbringen oder etwas vollenden, wenn es nicht vorher im Geist Gottes entstanden wäre. Wir sind nur Seine Werkzeuge, welche die Fähigkeit haben, Neuerungen und Änderungen vorzunehmen, um unser Leben und das der anderen zu verbessern. Benützt eure gottgegebene Schöpferkraft; das ist die Grundlage jedes Erfolges. Versucht das, was bisher geleistet worden ist, zu übertreffen. Der schöpferische Mensch gehört zu Gottes besten Werkzeugen. Er verbessert sich selber und das, was die Entwicklung in seiner Umwelt bisher zustande gebracht hat. Gott wirkt durch solche willigen, schöpferischen Menschen.

Seid tätig und macht Gebrauch von eurer Willenskraft und Vernunft, wobei ihr immer daran denken sollt, dass unmittelbar hinter eurem Leben Gottes Leben liegt, unmittelbar hinter eurem Willen der Wille Gottes. Wenn ihr feststellen wollt, was der Wille des Herrn ist, gebraucht eure Vernunft. Bleibt nicht einfach untätig sitzen und wartet nicht darauf, dass euch die Dinge in den Schoß fallen. Gebraucht euren Willen, aber bittet Gott darum, euch zu leiten, und glaubt an Seine Führung. Dann werdet ihr überall und auf vielerlei Weise bewusste Führung erleben. Ihr braucht euch nicht mehr zu sorgen. Ganz gleich, welche Rolle euch übertragen worden ist, ihr braucht nur euer Bestes zu tun – mehr ist nicht nötig.

In Gottes Drama ist jede Rolle wichtig

Seid zufrieden mit eurer eigenen Rolle. Beklagt euer Schicksal nicht. In diesem Leben hat jeder Schwierigkeiten, von denen er meint, dass kein anderer sie habe. Wünscht euch nie, in der Haut eines anderen zu stecken, von dem ihr glaubt, er habe es besser als ihr. Am besten ist es, sich nichts zu wünschen, sondern den Herrn zu bitten, euch das zu geben, was zu eurem Besten dient. Ihr seid ein Teil von Gottes Schöpfung. Er braucht jeden von uns, um dieses Drama aufzuführen. Vergleicht euch nie mit anderen. Ihr seid das, was ihr eben seid. Kein anderer ist so wie ihr. Keiner kann eure Rolle so spielen wie ihr. Deshalb solltet ihr auch nicht versuchen, die Rolle eines anderen zu übernehmen. Wichtig ist nur, den Willen dessen zu erfüllen, der euch hierher gesandt hat; das ist, was ihr eigentlich wollt. Während ihr eure Rolle spielt, denkt immer daran, dass Gott durch euch wirkt.

Begrenzt euch nicht durch engstirnige Selbstsucht. Wenn ihr andere Menschen an euren Errungenschaften und an eurem Glück teilhaben lasst, tut ihr Gottes Willen. Immer wenn ihr an euch selbst denkt, denkt auch an andere. Strebt ihr nach Frieden, denkt an andere, die Frieden brauchen. Wenn ihr euer Möglichstes tut, andere glücklich zu machen, werdet ihr erkennen, dass ihr dem Vater Freude bereitet.

Bemüht euch nur noch darum, ein harmonisches Leben zu führen und viel Willenskraft aufzubringen, um den Willen dessen zu erfüllen, der euch hergesandt hat. Verliert nie den Mut und bewahrt euch euer Lächeln. Euer Lächeln muss aus eurem Herzen kommen und mit dem Lächeln auf eurem Gesicht vollkommen im Einklang sein. Wenn euer Körper, euer Geist und eure Seele das Lächeln eures inneren Gottesbewusstseins zum Ausdruck bringen, könnt ihr überall, wo ihr hingeht, ein Lächeln verbreiten.

Die Freude der Meditation ist euer bester Umgang

Gesellt euch immer zu Menschen, die euch inspirieren. Sucht den Umgang mit Menschen, die euch erheben können. Lasst eure Entschlüsse und euer positives Denken nicht durch schlechte Gesellschaft vergiften. Und wenn ihr keinen guten, inspirierenden Umgang finden könnt, werdet ihr ihn in der Meditation finden. Der beste Umgang, den ihr haben könnt, ist die Freude der Meditation. Ihr schlaft sechs bis acht Sunden, und das fällt euch nicht schwer. Ihr genießt es, weil ihr euch dann teilweise des inneren Friedens und der inneren Freude bewusst seid; wenn ihr jedoch meditiert, nehmt ihr ganz bewusst die Freude wahr, die ihr im Schlaf nur ein wenig fühlt. Diese Freude ist sehr viel größer; Stunden gehen dahin, ohne dass ihr es merkt. Das Land der Freude befindet sich unmittelbar hinter dem unterbewussten Traumland. In diesem Zustand erkennt ihr: »Ich bin nicht das Ego. Ich fühle, aber ich bin nicht die Gefühle; ich denke, aber ich bin nicht der Verstand; ich habe einen Körper, aber ich bin GEIST.«

Eure Hingabe muss sich, gleich einem Senkblei, immer tiefer in das Meer göttlicher Wahrnehmungen versenken. Diejenigen, deren inneres Auge in der Meditation geöffnet ist, nehmen Gottes Gegenwart unmittelbar im Herzen wahr. Solange im Tempel des Körpers aber noch die Dämonen der Ruhelosigkeit und der Wünsche umhertanzen, hält sich der Vater fern. Doch wenn die Hingabe, mit der ihr nach Ihm ruft, beständig wird, dann kommt Er – genauso, wie eine Mutter auf das fortwährende Schreien ihres Kindes reagiert. Im Tempel des Schweigens kommt Er zuerst als Frieden. Wenn ihr tiefer taucht, begegnet ihr Ihm im Tempel des *Samadhi*, der Vereinigung, berührt ihr Ihn und fühlt ihr Seine Glückseligkeit im eigenen Innern und überall. Wenn man Gott innerlich nicht wahrnimmt, ist es sehr schwer, Ihn zu lieben. Doch wenn dieses Höchste Glück eure Gedanken und euer ganzes Wesen durchdringt, könnt ihr gar nicht anders, als Ihn zu lieben.

Das Leben ist von der unsichtbaren Göttlichen Gegenwart erfüllt

Euer Lebenskelch ist innen und außen von der Gegenwart Gottes erfüllt; doch weil ihr nicht aufmerksam genug seid, könnt ihr Gottes Immanenz nicht wahrnehmen. Doch wenn ihr euch auf Ihn einstellt, so, wie man ein Radio richtig einstellt, könnt ihr den GEIST empfangen. Hier ist ein Vergleich: Ihr füllt eine Flasche mit Meerwasser, verkorkt sie und werft sie dann ins Meer; obgleich sie im Wasser schwebt, vermischt sich das eingeschlossene Wasser nicht mit dem des Meeres. Doch sobald ihr die Flasche öffnet, vermischt sich das Wasser in der Flasche mit dem Meer. Wir müssen den Korken der Unwissenheit entfernen, ehe wir in Berührung mit dem GEIST kommen können.

Unsere Heimat ist die Unendlichkeit. Wir halten uns nur kurze Zeit in der Karawanserei des Körpers auf. Wer sich von der Täuschung hat trunken machen lassen, hat vergessen, wie man dem Pfad folgt, der zu Gott führt. Doch wenn der göttliche

Vater in der Meditation das verlorene Kind einfängt, vergeudet es keine Zeit mehr.

Schreitet mit neuer Hoffnung durch die Tore des neuen Jahres. Vergesst nicht, dass ihr Gottes Kinder seid. Nur ihr könnt bestimmen, was aus euch werden soll. Seid stolz darauf, dass ihr Kinder Gottes seid. Was habt ihr zu fürchten? Ganz gleich, was kommt, glaubt, dass der Herr es euch schickt; ihr müsst die täglichen Herausforderungen meistern. Darin liegt euer Sieg. Tut Seinen Willen, dann wird nichts euch etwas anhaben können. Er liebt euch in alle Ewigkeit. Prägt euch das ein, glaubt das. *Wisset* das. Dann werdet ihr eines Tages plötzlich feststellen, dass ihr als Unsterbliche in Gott lebt.

Meditiert mehr und seid fest davon überzeugt, dass Gott immer bei euch ist, ganz gleich, was geschieht. Dann wird der Schleier der Täuschung von euch abfallen, und ihr werdet eins mit DEM, was Gott ist. So habe ich das größte Glück meines Lebens gefunden. Ich sehne mich jetzt nach nichts mehr, denn in Ihm habe ich alles. Niemals würde ich mich von diesem meinem größten Reichtum trennen.

Das ist meine Botschaft an euch für das neue Jahr.

»Deine Liebe allein genügt«
Ein Abend in tiefer Gottverbundenheit

Ein Donnerstagabend-Gottesdienst, den Paramahansaji am 6. Dezember 1936 im internationalen Hauptsitz (Mt.Washington) der Self-Realization Fellowship hielt, kurz nachdem er von seinem einjährigen Besuch in Indien zurückgekehrt war.

»Geliebter Gott, große Gurus, möge Eure unendliche Gnade diese Organisation der Self-Realization Fellowship segnen, damit sie immer so ist, wie ich es mir seit je gewünscht habe – so, wie Du es bestimmst.

Himmlischer Vater, segne das Kind meines Herzens, den heiligen Lynn. Ich danke Dir dafür, dass Du mir eine solche Seele gesandt hast, die ich mein Eigen nenne, und die Dich und Deine Wahrheit verkörpert. Ich danke Dir auch für all die wunderbaren Seelen, die hierhergekommen sind, um Dir ihr Leben zu weihen, und für alle, die noch kommen werden, um Dich zu suchen. Offenbare Dein Leben in ihrem Leben. Segne uns, damit wir durch unsere Liebe zu Dir Mt. Washington zu einem Himmel auf Erden machen und damit wir, während wir Dir dienen, nicht unseren eigenen Ruhm suchen, sondern den Deinen, o Vater. Möge im Herzen eines jeden, der hierher kommt, um Dich zu suchen, ein ›tragbarer Himmel‹ entstehen. Mt. Washington, du bist geheiligt durch die geliebten Seelen hier. Möge dieser Ort solche Menschen hervorbringen, die Gott lieben!

O Höchster GEIST, Vater, Mutter, Freund, geliebter Gott, wir schenken Dir unsere bedingungslose Hingabe. Mögen wir Dich mit der Liebe aller Heiligen lieben. Du bist der Quell, dem alle Tröpflein Deiner manifestierten Erscheinungen entspringen: Du bist die Kraft, welche die Sterne erschafft; die Vitalität, welche die ganze Schöpfung erhält und alles Leben entstehen lässt; die Schönheit, die alle Dinge schön gestaltet; die Liebe,

»Deine Liebe allein genügt«

die alle Herzen zur Liebe bewegt. Du bist der Quell ewig neuer Freude, der in den Seelentempeln all Deiner meditierenden Verehrer funkelnd hervorsprudelt. Mit ganzem Herzen, mit meiner Seele, meiner Intelligenz, meinem Geist und meiner Hingabe bete ich – und als Dein Sohn fordere ich –, dass Du Dich mitten unter uns offenbarst. Nichts anderes kann unsere Herzen befriedigen.

Noch nie war ich so glücklich wie jetzt, o Herr, da so viele Seelen sich Dir zuwenden. Ich suche keine Macht, keine Jünger, nur Deine Liebe, o GEIST. Nichts anderes soll mein Herz in Besitz nehmen. Nichts anderes hat Platz darin als nur Du allein. Nicht mehr mit Worten bete ich, sondern mit meiner Liebe, mit meinem Herzen, meiner Seele.

Göttliche Mutter, Du hast mich heute Nacht gefragt, was ich mir wünsche. Nach nichts anderem sehne ich mich als nach Deiner Liebe in meinem Herzen und in den Herzen all derer, die mich lieben und Dich suchen. Nichts anderes wünsche ich mir.

Göttlicher GEIST, geheiligt sei Dein Reich, das in uns liegt. Mit unserer ganzen Hingabe rufen wir Dich an. Offenbare Dein Bewusstsein in uns. Errette uns aus der Grube der Versuchung, in die wir gefallen sind, weil wir unsere Vernunft missbraucht haben, die Du uns geschenkt hast. Wenn wir uns geistig stärker gemacht haben und es Dein Wille ist, uns zu prüfen, mach Dich dann verlockender als alle Versuchungen. Auf der Waage meines Geistes habe ich Dich gegen alles andere abgewogen und fand Dich unendlich viel anziehender, viel herrlicher, viel bezaubernder. Nichts kommt Deiner einzigartigen Schönheit gleich. Vor Deiner Schönheit verblassen alle anderen Verlockungen.

O, Bezaubernder Prinz, offenbare Dich uns. Segne uns, Deine Verehrer, auf allen Wegen unseres Lebens, damit wir auch nicht für einen einzigen Augenblick der Täuschung verfallen und uns mit etwas Geringerem zufriedengeben als mit Deiner Liebe in unseren Herzen. Du bist unser wahrer Geliebter. Solche Freude, solche Seligkeit, ewige Herrlichkeit. Wo ist Begierde, wo ist Trennung? Sie verblassen vor dem Glanz Deiner ewig neuen Freude.

O GEIST, was kann sich mit Deiner Liebe messen! Geliebter

meines Herzens, Geliebter aller Herzen, König der Könige, Gott aller Götter, Vater, Mutter, Freund, geliebter Gott, Deine Herrlichkeit ist groß. Ich halte mich von allem fern, was mich nicht an Dich erinnert, ich heiße alles willkommen, was Dich widerspiegelt. O Göttlicher GEIST, Du hast Deine Verehrer hierhergebracht. Ich will nicht mit Worten predigen, sondern ihnen mit dem Blumenstrauß meines Herzens Deine Liebe schenken.

Göttlicher GEIST, durchdringe unsere Herzen mit Deiner Herrlichkeit, erfülle unsere Seelen mit Deinem Geist. Bleibe Du für immer in uns. Du allein, o GEIST, Du allein! Wir neigen uns wieder und wieder vor Dir, wir legen unsere Liebe zu Deinen rosenfarbenen Füßen nieder. Mit Deiner Freude, o GEIST, lenke unser Bewusstsein nach innen. Löse die ablenkenden Sinnesempfindungen des Fleisches in Deiner kosmischen Freude auf. Täusche uns nicht mit dem kleinen Körper, wo doch Deine Freude unmittelbar hinter dem Schleier des Schweigens auf uns wartet. Mit Deiner Hilfe wollen wir diesen Schleier zerreißen. Führe uns nicht länger mit Deiner kosmischen Täuschung in die Irre, sondern erfülle uns mit Deiner Liebe, damit wir Dich als den Einen erkennen, als den Einzigen, den wir suchen.

Alles Streben lege ich zu Deinen Füßen nieder, o Allmächtiger Gott. Deine Liebe allein genügt. Nimm in diesem Augenblick selbst mein Leben von mir, wenn das Dein Wunsch ist. Ich wünsche mir nichts anderes als Dich, als nur Dich. In den Herzen Deiner Verehrer will ich mich mit Dir verbinden. Ich will keine Zeit mehr vergeuden, sondern jeden Augenblick nutzen, Deinen Namen zu kosten, der sich im Bewusstsein aller Herzen eingeprägt hat, die Dich lieben. Das ist es, was ich mir wünsche – Dich, der Du der ewige Schatz des Himmels bist. Was mehr könnte ich mir wünschen als die Herrlichkeit Deines GEISTES?

O Göttlicher GEIST, mit meinem Leben, mit meinem Geist, mit all der Weisheit und Wahrnehmungskraft, die ich von Dir und meinem geliebten Guru empfange, lege ich immer wieder dieses feierliche Gelübde im Herzen ab: ewige Treue zu Dir und meine ganze Liebe für die Gottsucher, die Dich lieben. O GEIST, sei mit uns, sei mit uns. Solche Freude, solche Freude; oh, Glückseligkeit des GEISTES, oh, Seligkeit Deiner Herrlichkeit! Wovon soll ich reden, wenn nicht von Deiner Liebe?

»Deine Liebe allein genügt«

Nein, erfüll unsere Herzen mit Deiner Liebe. Das ist alles, was ich mir wünsche.

O Unendlicher Herr, Du bist der unermessliche Himmel, und ich bin ein Tröpflein des Himmels. [Paramahansaji singt:] ›Ich bin der Himmel, der blaue Himmel ... Ein winziges Tröpflein im Himmelsmeer, im starren, stillen Blau.‹[1]

Der Himmel, der unendliche Raum, kann durch nichts begrenzt oder versehrt werden; wir sind ein Tröpflein dieser Unendlichkeit, ein kleines Nest, das den allgegenwärtigen GEIST birgt.

[Hier ging Paramahansaji in den glückseligen Zustand des *Samadhi* ein. Nach einiger Zeit tiefer Gottverbundenheit wandte er sich wieder an die versammelten Gottsucher:]

Missbraucht niemals den Namen Gottes. Wenn ihr zu Ihm singt, müsst ihr fühlen, was ihr singt, und dann singt, was ihr fühlt. Dem Gott des Himmels, dem Gott der Wolken und Sterne, dem Gott der Götter, dem Gott von Millionen Seelen, die kommen und gegangen sind, dem Gott aller Wahrheitssucher – diesem Ewigen Herrn geloben wir unsere unsterbliche Treue. Warum sollten wir mit trockenen Worten und begrenzten Gedanken über Ihn sprechen? Wir wollen Ihn im Tempel der Meditation fühlen, Er sehnt sich, dorthin zu uns zu kommen.

Ähnlich wie der Ozean unmittelbar unter der Welle liegt, so befindet sich der Ozean des GEISTES unmittelbar hinter der Welle des Körpers. Wenn ihr schlaft, seid ihr nicht der Körper, dann habt ihr keinen Körper. Wenn ihr aufwacht, lasst ihr euch durch die Täuschung des Fleisches begrenzen, doch wenn ihr die Augen schließt, könnt ihr euer grenzenloses Bewusstsein fühlen.

Ich schaue diesen kleinen Körper als gefrorenen Himmel; und wenn ich meditiere, wird der Körper zum unermesslichen Himmel, der in der Unendlichkeit Gottes aufgeht. »Starres stilles Blau« bedeutet gefrorene Fantasie, gefrorene Vorstellung, wie die Bilder eines Traumes. Im Traum seht ihr, wie

---

[1] Teil des Liedes »Ich bin der Himmel« aus dem Buch *Kosmische Lieder* von Paramahansa Yogananda.

Menschen geboren werden und lachen und sterben, doch wenn ihr aufwacht, sind all diese Bilder verschwunden. Ähnlich ist auch dieser Körper eine Verdichtung des unermesslichen Raumes. Doch so erscheint euch der Körper nicht. Wenn ihr im Wachbewusstsein seid, scheinen er und all seine begrenzten Fähigkeiten wirklich zu sein, doch in Wahrheit träumt ihr nur. Schüttelt ihr jedoch den Traum der Täuschung im wahren Wachsein der Meditation ab, erkennt ihr, dass eure irdischen Erfahrungen gefrorene Gedanken Gottes waren. Die Träume im unterbewussten Schlaf sind unsere eigenen gefrorenen Gedanken, und wir sind die gefrorenen Traumgedanken Gottes. Um euch von diesem Traum zu befreien, müsst ihr in *Ihm* erwachen. Und dieses Wachsein ist die Wirklichkeit. Das ist es, was ich jede Minute, jede Sekunde schaue, in diesem Bewusstsein lebe ich ständig.

Ich schildere euch diese Dinge so, wie ich sie gerade in mir wahrnehme. Ich will keine Ansprachen mehr halten. Die Göttliche Mutter sagt: ›Trinke Meine Liebe gemeinsam mit anderen Gottsuchern‹, und das ist alles, was ich tun will. Ich habe keinen anderen Wunsch. Wer zu mir kommen möchte, sollte mit dieser Einstellung kommen.

Einige der größten indischen geistigen Lehrer sprachen nur sehr wenig. Sie lehrten ihre Anhänger stattdessen, nach innen zu gehen und zu *fühlen,* und baten sie dann, ihre Erfahrungen zu schildern. Die heutige Religion hingegen legt Wert darauf, in Emotionen zu schwelgen oder sich in intellektuelle Auslegungen zu ergehen. Diese vermitteln dem Suchenden kein wahres Gotteserlebnis. Echtes Verlangen nach Gott kann durch nichts anderes gestillt werden als durch Gott selbst.

In dieser wechselvollen, unsicheren Welt fühlt ihr euch oft sehr einsam. Gott allein wird euch niemals enttäuschen. Eure Freude an allen anderen Dingen wird schal, sodass ihr nach etwas Neuem verlangt. Doch wenn ihr Gott erst einmal gefunden habt, werdet ihr immer mehr nach Ihm verlangen.

Die einzige wahre Predigt ist die Verbindung mit Gott – mit jener großen Kraft Gottes, die hier in diesem Saal schwingt. Diese Schwingung ist sehr heilig. Darum möchte ich mit meinen Worten keine Sensationssucher anziehen. Ich möchte nur Seine Liebe allen durstigen Seelen schenken. Das glorreiche

»Deine Liebe allein genügt«

Vorbild der Meister muss wieder lebendig werden. Sie pflegten in den Wäldern zu sitzen, in Gott versunken – sie sprachen nicht und versuchten auch nicht, neue Anhänger zu gewinnen –, sie waren umgeben von wahren Seelen, die durch den Magnetismus der Gottesliebe angezogen wurden. Das Licht Gottes fällt auf die Felder und die Bäume herab. Stellt euch dies vor! Welche Freude! Welche Herrlichkeit! Ein Ort, sich mit Gott zu verbinden – das wird Mt. Washington sein. Tag und Nacht wollen wir Seinen Namen trinken. Auf diese Weise müssen wir Ihn suchen, Ihn fühlen und von Ihm sprechen, damit alle, die hierher kommen, ebenfalls Seinen Namen singen, Ihn fühlen und von Ihm sprechen, wenn sie wieder gehen.

Die Göttliche Mutter war hier. Ich habe mit Ihr gesprochen! ›O Göttliche Mutter, nichts anderes wünsche ich mir, als mit Deinem Bewusstsein, Deiner Herrlichkeit, Deiner Kraft vereint zu sein. Segne uns, segne einen jeden von uns, damit wir Dich fühlen und dank unserer eigenen seelischen Erkenntnis aus tiefster Seele von Dir sprechen, während wir uns darum bemühen, andere aus dem Netz des Teufels zu befreien.‹

Vater, Mutter, Freund, Geliebter Gott, erwecke diese Liebe, die ich fühle, in allen Seelen. Lass keinen anderen Wunsch, keine andere Begierde aufkommen als die, Deine Freude, Deine Weisheit und Deine ewige Schönheit zu empfangen und auszudrücken. In Dir, o Herr, leben und wirken wir, in Dir haben wir unser Dasein. Dieser Körper hat nur dann einen Wert, wenn wir die Saat Deiner Liebe in die Erde des Fleisches, des Geistes und der Seele säen und die Früchte Deiner Glückseligkeit ernten.

Segne immerdar den heiligen Lynn, damit er in meinem Geiste weiter wirken möge, wenn ich nicht mehr hier bin. Nie zuvor bin ich einem Menschen begegnet, der so ehrlich, so aufrichtig und demütig ist wie er. Möge er immer so bleiben. Er ist beschützt, wo immer er auch ist. Möge die Liebe des Göttlichen GEISTES sein Leben durchdringen. Und möge sein Leben Zeugnis ablegen von meinem Leben.

Göttliche Mutter, das Licht Deiner Liebe ist für kurze Zeit überschattet durch das Böse in der Welt. Aber wir werden Deine Liebe offenbaren, damit sie als leuchtende göttliche Lichtflut für immer die Dunkelheit vertreibt. Ich fühle Deine große Kraft. Mit den Geschützen Deiner Kraft können wir das

Böse in der Welt zerstören, doch die größere Kraft, o Göttliche Mutter, ist die Kraft Deiner Liebe. Diese Kraft müssen wir anwenden, um Kriege und Plagen, welche die Welt heimsuchen, zu beseitigen. Ich fühle die Qualen dieser Welt, und ich will immer wieder auf die Erde zurückkehren, um Deine Kinder zu retten.

Segne uns, Geliebter Gott, damit wir als treue Verkünder Deiner Botschaft durch die Welt ziehen, um Dich zu rühmen und um Deinen Namen und Deine Herrlichkeit zu verbreiten. Dabei wollen wir nicht die Anerkennung der Menschen suchen, sondern nur Deine Anerkennung, o GEIST.

Ich möchte nur noch mit denen zusammen sein, die Dich lieben. Ich will Deinen Namen trinken mit all Deinen Verehrern. Komm zu mir, o Geliebter, der Du die erste und einzige Liebe meines Herzens bist. Lass alle Menschen Deine Liebe und Deine Herrlichkeit fühlen, damit sie alle Dinge, alle unwirklichen Träume aufgeben und von Deiner Liebe erfüllt sind. Von nichts anderem kann ich reden als von Deiner Liebe, Deiner Freude! Flöße uns unaufhörlich die Empfindung Deiner Liebe ein und wecke in uns das dringende Verlangen, uns *jetzt* mit Dir zu verbinden. Lehre uns, allem zu entsagen, was uns von Dir fernhält.

Du allein bist ewig und die einzige Wirklichkeit. Durch Dich werden alle Dinge belebt und mit Kraft erfüllt. Du bist meine Nahrung, mein Schlaf, meine Kraft, meine Freude. O welche Freiheit, welche Freude! Befreie alle, wie Du mich befreit hast! Gesegnet bist Du, der Du mir diese Freude geschenkt hast.

Betet jetzt mit mir und drückt in euren Worten die tiefe Sehnsucht eurer Seele aus: ›Himmlischer Vater, Mutter, Freund, Geliebter Gott, ich bringe Dir die flehentlichen Rufe meiner Seele dar. Vergib mir, dass ich im Land der Materie umhergeschweift bin. Sei jetzt und immerdar bei mir, damit ich ständig Deine gesegnete Gegenwart fühle. Ich muss Dich nicht erst erwerben, denn Du bist bereits mein in alle Ewigkeit. Segne mich nur damit, meine Erinnerung an Deine Gegenwart wieder lebendig werden zu lassen, die Erinnerung, dass ich Dich in Ewigkeit besitze. OM, OM, *Amen*.‹«

Erobert Herzen

Ein inoffizieller Vortrag vor Ashrambewohnern und anderen Mitgliedern im internationalen Hauptsitz der Self-Realization Fellowship in Los Angeles, 3. November 1938

Betrachten wir das Leben objektiv, erkennen wir, dass es wunderbar ist. Es wirkt dann auf uns wie eine Filmveranstaltung, bei der jeden Tag ein anderer Film gezeigt wird. Es würde uns jedoch nicht gefallen, ständig denselben Film anzuschauen, das wäre sinnlos eintönig. Hätte das Leben nicht seine Höhen und Tiefen, seine Siege und Niederlagen, würde es sich kaum lohnen. Nehmt es aber nicht zu ernst, denn dann wird es äußerst elendig. Wollt ihr den unwandelbaren, unerschütterlichen Zustand des GEISTES erreichen, müsst ihr immer ausgeglichen sein. »O Arjuna! Wer vollkommenen Gleichmut erlangt hat, siegt schon hier in dieser Welt über die Relativität des Daseins. Er hat wahrhaftig den Thron des GEISTES erreicht – den makellosen, vollkommen ausgeglichenen GEIST.«[1]

Persönliche Wünsche wirken wie eine Säure, die den Frieden der Seele zerfrisst. Manchmal läuft alles reibungslos, und wir denken, die Welt und unser Platz darin seien gut; doch dann kommt eine Zeit, in der alles schiefzugehen scheint. Das ist eine Lektion, die uns stärker machen soll, um unsere inneren Kräfte hervorzulocken. Aber stattdessen ärgern wir uns, dass unsere Wünsche durchkreuzt werden. Wenn unsere Wünsche vereitelt werden und wir einen Wutanfall bekommen, wird unser Geist umnebelt. Wir vergessen unsere Lage und verlieren unsere Unterscheidungskraft; und wenn wir dann ohne Unterscheidungskraft handeln, machen wir Fehler und sind unglücklich.[2] Wenn ihr euch nie mehr im Leben über Niederlagen oder

---

[1] Bhagavad-Gita V, 19.
[2] »Wer ständig über den Sinnesgegenständen brütet, beginnt an ihnen zu hängen. Diese Anhänglichkeit ist die Brutstätte der Begierde; die Begierde gebiert

über die Menschen ärgert, die sie verursacht haben, könnt ihr euren Weg klarer erkennen, gleichgültig, was um euch herum geschieht.

Darum müsst ihr euren Frieden unter allen Umständen bewahren. Wenn ihr euren inneren Frieden beibehalten könnt, habt ihr den höchsten Sieg errungen. Ganz gleich, welches eure Lebensumstände sind, fühlt niemals, dass es gerechtfertigt ist, euren inneren Frieden zu verlieren. Sonst könnt ihr nicht mehr klar denken, und ihr habt die Schlacht verloren. Gebt euren Frieden nie auf, dann seid ihr immer erfolgreich, gleichgültig, wie sich eure Probleme entwickeln. Auf diese Weise bezwingt man das Leben. Ihr habt nichts zu fürchten. Wenn ihr überhaupt vor etwas Angst haben solltet, dann nur vor euch selbst. Aber wenn ihr alles ernsthaft und liebevoll tut, habt ihr niemanden und nichts zu fürchten. Findet ihr die Seele, dieses Sammelbecken des Friedens, werden immer weniger Streitfragen euer Leben belasten können.

Wer Gott liebt, lebt in der Seele, seinem wahren SELBST. Er tut alles für Gott, nichts für sich. Er liebt jeden, weil er die Welt als kosmisches Schauspiel des Herrn ansieht. Er kann nie dazu herausgefordert werden, ärgerlich zu reagieren oder egoistisch zu handeln, er hat nur den Wunsch, allen zu helfen. Diese Einstellung müsst ihr haben. Sie kann nicht vorgetäuscht, sondern muss gelebt werden. Das gelingt nur, wenn ihr Gott in allen Menschen seht – wenn ihr jeden liebt, weil er ein Teil eurer Liebe für Gott ist.

Mit jedem von euch, für dessen Entwicklung ich arbeite, fühle ich dieselbe Verbundenheit, die ihr mit eurer Familie habt – ich habe das gleiche Gefühl, mit der ganzen Menschheit eins zu sein, wie ihr es mit euren nächsten Verwandten habt. Niemand kann dieses Gefühl beschreiben. Wenn es euch erfüllt, versteht ihr allmählich den Sinn und die Schönheit des Lebens.

---

den Zorn. Der Zorn gebiert die Täuschung; die Täuschung gebiert den Verlust der Erinnerung (an das SELBST). Der Verlust der richtigen Erinnerung gebiert den Verlust der Unterscheidungskraft. Und der Verlust der Unterscheidungskraft führt zum Untergang (des geistigen Lebens).« (Bhagavad-Gita II, 62–63)

Liebt die Menschen, doch nicht ihre Fehler

Wenn ihr Gott und darum jeden liebt, bedeutet das nicht, dass ihr die Fehler der Menschen liebt. Gott zu lieben heißt, unerschütterlich an Seinen Grundsätzen festzuhalten. Als ich ganz sicher war, dass ich allein für Gott arbeitete, verließen mich das Bewusstsein und die Furcht, meine Überzeugungen könnten falsch sein. Ich bin jederzeit bereit, mich korrigieren zu lassen, wenn ich unrecht habe. Aber wenn ich recht habe, verlässt mich die innere Überzeugung nie. Sie beruht nicht auf Stimmungen, sondern gründet in der Wahrheit, und in dieser bleibe ich standhaft.

Unerschütterliche Freude in Gott ist die richtige Grundlage für jede Tätigkeit, für alles, was ihr tut. Wer von Gott dieses sichere Fundament erhalten will, muss fähig sein, sich zu jedermanns Füßen niederzuwerfen, gleichzeitig aber auch entschlossen sein, für die Wahrheit einzutreten – verankert in der Freude und Sicherheit Gottes.

Im Tempel der Seele offenbart sich aufs Schönste die vollkommene Gegenwart Gottes. Wer vollkommene Liebe zu Gott hat, wen die Liebe Gottes trägt, der kann Seine wunderbare Gegenwart in allen erkennen, aber gleichzeitig auch die Blindheit der Menschen, deren Augen durch Irrtum und Unwissenheit verschlossen sind. Wer Gott liebt, sieht in anderen beides, die Dunkelheit und das Licht. In einem prächtigen Tempel beispielsweise sehen die, deren Augen geöffnet sind, diese Schönheit; doch diejenigen, die ihre Augen geschlossen halten, sehen nicht den Tempel, sondern die Dunkelheit. Deshalb können große Seelen Gottes glorreiche Gegenwart in allen Seelentempeln erblicken, doch im gleichen Licht sehen sie alle, die in der Dunkelheit straucheln, weil ihre Augen geschlossen sind.

Ich wollte nie ein spiritueller Lehrer sein. Mir fiel auf, dass man in dieser Stellung oft meint, viel zu wissen, während man eigentlich sehr wenig weiß. Erst als mein Meister [Swami Sri Yukteswar] mir sagte: »Du hättest diese Weisheit nicht erhalten, wenn ich sie dir nicht gegeben hätte«, widmete ich mein Leben dem Lehren. Wie mir mein Meister die Wahrheit vermittelt hatte, so ermutigte er mich, sie selbstlos an andere weiterzugeben.

Wenn ihr ein spiritueller Lehrer sein wollt, müsst ihr aufrichtig sein. Alles, was ihr sagt, muss von innen her kommen. Seid ihr rechtschaffen und ehrlich, dann ist euer Geist unbestechlich und weicht nicht von Gottes Prinzipien ab. Ihr könnt nicht unfreundlich sein, weil Selbstsucht und Zorn keinen Einfluss auf euch haben. Ihr tut alles mit größter Aufrichtigkeit. Verhaltet euch auf diese Weise – ob ihr auf einer Rednerbühne steht oder durch euer Leben wirkt –, und ihr werdet sehen, wie sich euer Leben und das Leben derer wandelt, denen ihr helfen wollt. Tretet von diesem Augenblick an ehrlich und furchtlos für die Wahrheit ein. Lasst den Herrn, nicht euer Ego durch euch sprechen, wohin ihr auch geht. Ihr braucht im Umgang mit Menschen nicht listig zu sein; es genügt, wenn ihr ganz aufrichtig seid. Wenn ihr aufrichtig seid, wird jeder ehrliche Mensch mit euch harmonieren und euch offenherzig entgegenkommen. Begegnet ihr anderen nicht herrisch oder ärgerlich, sondern mit aufrichtiger Liebe, gibt es nur wenige, die euch missverstehen; und denen möge Gott helfen, denn durch ihr eigenes Handeln bringen sie sich in eine schwierige Lage.

Liebt man den Vater aller Menschen und hat auch nur den kleinsten Gedanken, sich an jemandem zu rächen, oder den Wunsch, jemanden zu strafen, fällt man zutiefst von Gott ab. Wer Gott liebt, wagt nicht, andere in Gedanken zu verletzen. Natürlich wäre es falsch, jedermann unbesehen zu unterstützen. Aber Übeltäter nicht zu unterstützen, bedeutet nicht, sie rachsüchtig zu verletzen. Einst sagte ein Philosoph: »Die beste Rache ist, nicht dem zu gleichen, der Unrecht tat.« Wir sollten vor der Meinung anderer den Respekt haben, den wir auch für uns wünschen; da ist kein Platz für Hässliches. Wir sollten die Meinung anderer sowohl liebevoll ablehnen, als ihr auch liebevoll zustimmen.

Beurteilt euch vor Gott und eurem Gewissen

Es ist leicht, in Worten ein Meister zu sein; aber es erfordert ein außerordentliches Maß an Kraft, ein Meister im Zusammenleben mit Menschen zu sein. Jeder sieht euch anders und beurteilt euch nach seiner eigenen Auffassung. Vor Jahren reiste ein junger Mann mit uns auf einer Vortragstour von der Ostküste nach Los Angeles. Er versäumte keine Gelegenheit, alles zu kritisieren. Vor dem Unterricht pflegte ich meine langen Haare zu kämmen. Er analysierte mich ständig, aber er wusste nicht, dass auch ich meine geistige Kamera auf ihn gerichtet hatte. Nach zwei Wochen sagte ich zu ihm: »Ich möchte mich gerne mit dir unterhalten. Was hast du in deinen Briefen über mich geschrieben?« Er erschrak und sagte: »Jemand hat meine Briefe geöffnet.« Ich antwortete: »Dann gibst du es also zu. Da ich wusste, dass Du über mich schreibst, wollte ich dir Stoff zum Schreiben liefern. Deshalb habe ich mir besondere Mühe gegeben, vor dem Spiegel zu stehen und meine Haare mit übertriebener Sorgfalt zu kämmen.« Er war beschämt.

Was ihr vor Gott und eurem Gewissen seid, das ist es, was ihr wirklich seid. Auch wenn die ganze Welt euch missversteht, ist nichts verloren; ihr seid, was ihr seid. Kritik auszuhalten ist eine sehr wirkungsvolle Art, ein besserer Mensch zu werden. Obwohl es leichter ist, andere zu kritisieren, als bei sich selbst Fehler zu finden, ist es äußerst wichtig, zuerst sich selbst zu ändern. Ich lernte vom Meister, mich unerbittlich zu prüfen, wenn ich kritisiert wurde. Finde ich einen Fehler, korrigiere ich mich, und wenn ich keinen finde, lächle ich.

Von der Wahrheit überzeugt zu sein befriedigt eure Seele am meisten; verzichtet nie darauf und macht in dieser Hinsicht keine Zugeständnisse. Wenn jemand nur deshalb kritisiert und widerspricht, weil er sein egoistisches Bedürfnis befriedigen möchte, überlegen oder dominierend zu erscheinen, ist das falsch. Intelligente Menschen finden schnell eine Ebene der Übereinstimmung, weil sie eine verständnisvolle Haltung haben. Mein Meister war so ehrfurchtgebietend weise, dass es mir Freude machte, ihn öfter zu einem Streitgespräch herauszufordern. War meine Auffassung falsch, beharrte er auf seinem Standpunkt. Nach einiger Zeit verstand ich ihn dann und sah, wo ich unrecht hatte. Wird euer Blick durch Göttliche Kraft gelenkt, seid ihr nie unsicher, ihr fühlt immer die führende Hand des GEISTES. Das ist die innere Verbundenheit, die ihr in eurem Leben bewahren wollt. Seid furchtlos, ehrlich und liebevoll, dann könnt ihr allen offen ins Gesicht sehen, weil ihr wisst, dass ihr euer Bestes getan habt. Wollt ihr jemandem eure Aufrichtigkeit beweisen, lasst eure Handlungen für euch sprechen.

Gott schickt euch die Erfahrungen, die ihr braucht, damit

ihr Gewinn daraus ziehen könnt. Wenn ihr vor euren Lektionen davonlauft, müsst ihr sie dennoch irgendwann und irgendwo einmal lernen. Jede Erfahrung ist ein guter Lehrmeister, wenn ihr daraus lernt, aber ein Tyrann, wenn ihr grollend und verständnislos darüber schimpft. Mit der richtigen Einstellung ist das Leben sehr einfach und leicht.

Nur spirituelle Beziehungen sind dauerhaft

Ich hoffe, ihr alle habt meine Worte verstanden. Ich habe mich Gott völlig anheimgegeben; und was Er mir sagt, gebe ich an euch weiter. Ich glaube, dass alles, was Gott mir gibt, einen praktischen Wert hat; und das gilt auch für alle, die mir lieb und teuer sind. Wie ich schon sagte, habe ich keine Angehörigen. Jeder von euch, der Gott liebt, ist mein Eigen. Der naturbedingte Zwang in familiären Beziehungen ist irreführend; aber eine spirituelle Beziehung ist dauerhaft, weil Gott unser Vater ist und wir Seine Kinder sind. Eine Mutter liebt ihr Kind jetzt, doch wenn es stirbt und im Nachbarhaus wiedergeboren wird, wird ihr Verhältnis zu ihm nicht mehr das gleiche sein. Die spirituelle Beziehung indessen ist das stärkste Band, weil sie von einem Leben zum nächsten bestehen bleibt.

Da wir alle im höchsten Sinn Kinder Gottes sind, müssen wir lernen, jeden von ganzem Herzen und unvoreingenommen zu lieben. Ich erinnere mich, dass mich mein Meister einmal fragte: »Liebst du alle Menschen gleich?« Ich antwortete: »Ja«. Doch er sagte: »Noch nicht, noch nicht.« Dann kam mein jüngster Bruder in meine Schule nach Ranchi[3], und ich hatte das Bewusstsein, er stehe mir besonders nahe. Da wurde mir klar, warum der Meister gesagt hatte: »Noch nicht.« Langsam verlor sich dieses Bewusstsein, und ich erkannte, dass mein Bruder nur ein Teil der ganzen Menschheit war, die ich liebte. Das ist keine gefühllose, unmenschliche Haltung. Ihr liebt dann alle Menschen gleichermaßen – so wie Gott. Und dann lernt ihr, euch für andere genauso einzusetzen wie für eure Angehörigen. Eines Tages fragte mich mein Meister wieder:

---

3 *Yogoda Satsanga Vidyalaya*, gegründet 1918 von Paramahansa Yogananda. (Siehe *Ranchi, Schule in* im Glossar.)

»Liebst du die ganze Welt?« Ich antwortete nur: »Ich liebe.«
Und er lächelte und sagte: »Du hast deine Aufgabe bewältigt.«

Als ich 1935/36 nach Indien zurückkehrte, freute es mich besonders, dass die Liebe für mein Heimatland nicht engherzig war, sondern dass ich dieselbe Liebe für alle Nationen empfand. Als ich vor Jahren meine Familie verließ, um diesem Weg zu folgen, sagte mein Vater, den ich nach dem Tod meiner Mutter am meisten liebte: »Wer wird sich um deine Brüder und Schwestern kümmern, wenn ich sterbe?« Ich erwiderte: »Vater, ich liebe dich mehr als alle anderen auf der Welt, aber Ihn, der mir dich gegeben hat, liebe ich am allermeisten. Ich hätte dich – und du hättest mich – nicht wertschätzen können, wenn Gott das nicht gewollt hätte. Wenn ich eines Tages mit dem Bewusstsein des himmlischen Vaters im Herzen zu dir komme, wirst du stärker fühlen, dass ich deiner Liebe wert war.«

Gottes Liebe ist die höchste Liebe, eine höhere gibt es nicht. Liebe, die dem Instinkt entspringt, hat ihre Schwächen, weil sie unfrei ist. Darum habe ich zu Gott als der Göttlichen Mutter gesungen: »In der Welt kann mich niemand lieben, in der Welt kennt man wahre Liebe nicht.«[4] Nur die göttliche Liebe großer Meister entspringt der Weisheit. Diese Liebe ist unendlich größer als Elternliebe oder jede andere Art menschlicher Liebe – Jesus opferte sein Leben für die Welt.

Wer kümmert sich um meine Seele, außer Gott und mein Meister? Der Meister behütete mich immer – nur von Liebe bewegt behütete er mich vor Unwissenheit. Er bemühte sich mit unendlicher Liebe, mir Weisheit zu geben. Ich sehe seine Augen vor mir, in denen nichts als die Höchste Liebe war.

Es ist Gott, der uns durch unsere Angehörigen liebt. Darum sollten wir Gott besonders dankbar sein: Er gibt uns eine gute Mutter und einen guten Vater, gute Freunde und einen Guru, der für uns nur das Allerbeste will. Mutterliebe kommt der vollkommenen göttlichen Liebe nahe, weil die Mutter uns

---

[4] Aus »Wo ist Liebe?« In *Kosmische Lieder* von Paramahansa Yogananda: »In der Welt kann mich niemand lieben, in der Welt kennt man wahre Liebe nicht. Wo ist die Liebe wahr und rein? Wo kann man wahrhaft lieben mich? Dort sehnt sich meine Seele hin.« (Herausgegeben von der Self-Realization Fellowship.)

auch dann liebt, wenn es sonst niemand tut; und sie verzeiht uns, wenn wir uns irren. Doch die Liebe Gottes findet höchsten Ausdruck in der Liebe eines wahren Gurus. Dieser liebt uns bedingungslos; und aus dem Gefühl dieser erhabenen Liebe lehrt und erzieht er uns, damit unsere Seelen ihr ewiges Glück finden. Obwohl ich meine Mutter immer herzlich lieben werde, steht die Liebe zu meinem Meister an erster Stelle.

Wahre Liebe und selbstsüchtige Liebe

Tut alles aus Liebe, aus Liebe zu Gott – und zu Gott in allen. Es ist schwierig für den Durchschnittsmenschen, zwischen dem Wunsch zu unterscheiden, anderen Gutes zu tun, und dem Wunsch, seine Eigenliebe zu befriedigen. Oft lässt sich jemand, der die gute Absicht hat, sich um andere zu kümmern, durch seine Eigenliebe verleiten. Von Weisheit zeugt es, wenn alle eigensüchtigen Wünsche vollständig aus dem Bewusstsein verschwunden sind und man nur danach strebt, anderen zu dienen und für alle das Beste zu tun. So zu handeln ist sehr schwer, aber wenn die Selbstliebe ganz aufhört, kostet man die göttliche Liebe.

Wahre Liebe bedeutet, ständig auf den Fortschritt der Seele zu achten. Sobald ihr die sinnlichen Wünsche und schlechten Gewohnheiten eines Menschen befriedigt, liebt ihr diese Seele nicht mehr. Ihr seid ihm nur gefällig, um Feindseligkeit zu vermeiden. Ganz gleich, wie unangenehm es ist, einem Freund zu sagen, dass er unrecht hat, sofern ihr es ihm mit liebevollem Herzen sagt und fest auf eurer Meinung besteht, wird er euch eines Tages respektieren, wenn ihr recht habt. Selbst wenn ihr unrecht habt, wird er wissen, dass ihr eure Meinung aufrichtig und aus Liebe gesagt habt. Stimmt nie jemandem zu, der unrecht hat, auch nicht denen, die euch am liebsten und teuersten sind. Ist man mit Fehlverhalten einverstanden, besticht man die eigene Seele, um von einem Missetäter wohlwollend beurteilt zu werden, und das hat später verheerende Folgen. Streitet nicht mit anderen, so überzeugt ihr sie nicht. Ihr könnt sie nur durch eure Liebe beeinflussen. Sagt ein- oder zweimal das, was ihr zu sagen habt, und vergesst es dann. Seid demütig und frei von Ärger. Sagt nur: »Lass uns abwarten. Mit der Zeit sehen wir dann, was geschieht.« Die Zeit bringt alles an den

Tag; und wenn Freunde sich gut verstehen, haben sie nicht die Einstellung: »Ich hatte recht und nicht du.«

Darum bitte ich euch alle, zu lernen, wahre Freunde zu sein, wirklich liebevolle Seelen. Habt ihr diese göttliche Haltung, werdet ihr Herzen erobern. Es gibt nichts Befriedigenderes. Ihr werdet nie einsam sein, denn ihr werdet wahre Seelen anziehen. Auch wenn man euch allein lassen sollte, seid ihr doch bei Gott.

Ihr wisst nicht, wie wunderbar diese Art der Liebe ist. Sie ist erhaben. Manchmal bekommt ihr eine Ahnung davon, wenn ihr sehr glücklich seid und fühlt, dass ihr mit den anderen eins seid in Gott – wenn ihr einander liebt, weil Gott euer Vater ist, ganz gleich, wie die menschlichen Beziehungen auch sein mögen.

Anhänglichkeit kann keine spirituelle Verbundenheit schaffen, doch Liebe kann es

Wir sind hier beisammen, um eine Zeit lang gemeinsam zu wandern. Nachher müssen wir in verschiedene Richtungen auseinandergehen. Wenn wir aber göttliche Liebe in unserer Seele haben, dann werden wir, wohin wir auch gehen, uns im Reich des Herrn wieder begegnen. Wir bleiben nicht auf immer getrennt, sondern werden wieder zueinander hingezogen. Anhänglichkeit kann dieses spirituelle Band nicht herstellen, doch Liebe kann es. Die Natur tanzt ihren *danse macabre*, diesen Tanz des Todes. Die Liebe jedoch überdauert den Tod und die verheerenden Wirkungen der Zeit. Alle, die ich früher geliebt habe – in diesem oder in anderen Leben –, liebe ich noch genauso.

Anhänglichkeit ist verhängnisvoll, weil sie zwingend und einschränkend ist. Sobald ein Kind geboren ist, liebt die Mutter es. Dieses Gefühl ist ihr von der Natur eingegeben, andernfalls würde sie sich nicht um das hilflose Wesen kümmern. Der Drang, unsere Familie zu lieben, wurde uns als erste Lektion gegeben, damit wir lernen, alle bedingungslos zu lieben. Aber Anhänglichkeit untergräbt Familienliebe und alle Formen menschlicher Beziehungen, weil sie andere ausschließt und blind Besitz ergreift. Macht euch frei von Anhänglichkeit und lernt, allen wahre, aufrichtige Liebe zu schenken. Wahre Liebe ist überpersönlich und an nichts gebunden. Unsere Augen strahlen dann vor Liebe, und wir fühlen uns wunderbar zusammengehörig; wir spüren, dass wir eins sind. Ab und zu fühlt man das auch im alltäglichen Leben, aber dieses Gefühl wird so leicht durch plumpe Vertraulichkeit und Respektlosigkeit entstellt.

Wir müssen lernen, unsere Familie, unsere Freunde, unser Land und die ganze Menschheit in reiner Weise zu lieben. Patriotismus ist gut; aber wenn er Aggressionen fördert, ist er verfehlt. Patriotischer Egoismus ist schlecht. Die Nationen sollten sich vor Egoismus in Acht nehmen. Wie viele egoistische Nationen wurden schon von Gott vernichtet! Indien war eine der größten Nationen der Welt. Doch seine Zeit des Reichtums und der Macht wurde aus karmischen Gründen durch Fremdherrschaft beendet, als die oberen Klassen aus egoistischen Motiven erklärten: »Wir sind Arier« und begannen, andere durch das Kastensystem[5] auszugrenzen und zu erniedrigen. Aber Indien wird seinen früheren Zustand dank seiner Spiritualität zurückgewinnen.

Die vollkommene Liebe für die Familie, die Freunde, die Nationen, die ganze Menschheit, das ist die Liebe Gottes, wenn ihr ohne jede Voreingenommenheit bereit seid, für alle zu leben und zu sterben. Das ist der Grund, warum ich an euch allen so interessiert bin. Als ich mich in Encinitas ganz in die Freude Gottes vertiefte, ließ Er mich fühlen, dass ich euch vernachlässigte.[6] Das Gefühl der geistigen Verpflichtung, das von meiner Liebe zu Gott und zu euch allen herrührt, hat mich hierher zu euch geführt. Ich habe keinen anderen Wunsch als das Verlangen nach Gott und keinen anderen Ehrgeiz als den, für Gott zu arbeiten.

Gott hat uns zusammengeführt. Die schönste Gelegenheit, die sich einem Menschen bietet, ist die Gelegenheit, Gott zu dienen. Wenn wir nicht mehr auf dieser Erde sind, werden viele Seelen kommen und unsere Schwingungen hier fühlen.

---

[5] Siehe *Kaste* im Glossar.

[6] Nach seiner Rückkehr aus Indien 1936 weilte Paramahansaji oft in der Einsiedelei der Self-Realization Fellowship in Encinitas, wo er in relativer Abgeschiedenheit an seinen Schriften arbeiten konnte.

Jedes Mal, wenn wir gute Schwingungen zurücklassen, lassen wir einen Teil unseres ewigen Lebens zurück. Shakespeare hat diese Welt verlassen, Lincoln hat sie verlassen, aber sie haben einen unsterblichen Teil ihres Lebens auf dieser Erde gelassen. Dasselbe taten mein Meister und die *Paramgurus*.[7] Solange der Name dieser Erde bestehen bleibt, bleiben auch die Schwingungen, die große Seelen zurückgelassen haben; und wenn diese Erde vergeht, werden die Schwingungen im Herzen des Vaters ruhen.

So lassen wir »Fußspuren im Sand der Zeit« zurück – geistige Fußspuren guter Schwingungen, die alle, welche nach uns kommen, fühlen werden. Denkt einmal, wie segensreich das sein wird, was wir zurücklassen, wenn wir diese Schwingungen durch unsere Liebe zu Gott und durch den Dienst für Sein Werk verstärken.

Helft einander zum Wohle aller

In einer Organisation hängt das Gesetz der Freiheit von einem allgemeinen Gesetz ab. In einer Gemeinschaft – sei es eine Einsiedelei, ein Meditationszentrum, eine Familie oder ein Geschäft – sollte jeder seine persönlichen Wünsche und die Ansprüche seines Ichs dem Wohle aller opfern. Wenn ihr beisammen seid, solltet ihr die Gesetze der Zusammenarbeit beachten. Es geht nicht um die Frage, wer bedeutender oder weniger bedeutend ist – das Ideal ist, miteinander zusammenzuarbeiten. Ich hoffe, dass ihr dazu euren Teil beitragt. Wer fähig ist, die allgemeinen Gesetze einer Organisation zu befolgen, trägt dazu bei, Stärke und Harmonie zu entwickeln.

Was Gott denkt, steht auf dem Pergament der Ewigkeit geschrieben und wird in allen kommenden Zeiten nicht ausgelöscht. Bemüht euch zuerst und vor allem darum, Gott zu erfreuen, dann die Menschen. Der Versuch, den Menschen zu gefallen, gefällt auch Gott, aber wenn ihr den Menschen gefallen wollt, muss das mit Weisheit geschehen. Bemüht euch, ihnen nicht zu missfallen, doch denkt immer zuerst an eure Verpflichtung Gott gegenüber.

---

[7] Siehe Glossar.

Es ist so wundervoll, gut und demütig zu sein. Egoismus stößt ab, Demut zieht an. Verhält sich ein Mensch demütig, berührt er eine wunderschöne Saite im Herzen anderer. Ein demütiger Mensch übt leicht einen spirituellen Einfluss auf andere aus. Er hat die Genugtuung, dass er auf dieser Erde sein Bestes gegeben hat. Das kommt auch in den Worten des Avatars und Königs Rama zum Ausdruck: »Ich bin Rama, der in den Herzen aller thront.« Wer in aufrichtigen Herzen regiert, ist ein wahrer König. Niemand kann egoistisch sein, wenn Gott im Herzen wohnt. Je demütiger ihr seid, desto stärker werdet ihr im GEIST sein.

Während sich die Self-Realization Fellowship weiterentwickelt, hoffe ich, dass ihr alle innerlich immer wieder sagt: »Wo ist die Liebe wahr und rein?« Die Kraft der Liebe ist die größte aller Kräfte. Keine Macht der Obrigkeit ist größer als diese Kraft. Liebe kann alles erobern. Hier herrscht so viel Liebe und Verständnis. Schwester Gyanamata[8] und der heilige Lynn sind in höchstem Maße verständnisvoll, mehr als ich je gesehen habe. Unsere Schwester überlässt still und unaufgefordert ihr Zimmer, wenn Gäste kommen, damit diese eine Unterkunft haben. Sie schläft dann in der Waschküche. Sind unsere Herzen von göttlicher Liebe erfüllt, werden wir eines Tages das Land erreichen, wo alle Mauern des Missverstehens verschwunden sind – wenn unsere Seelen und Gedanken kristallklar geworden sind.

Wir kamen auf die Erde, um einander mit Gottes vollkommener Liebe zu lieben, frei von egoistischen Wünschen. Dieses Gefühl haben wir bisweilen alle, aber dann nimmt Satan es wieder fort. Satan ist Disharmonie und Missverständnis. Gott ist Liebe, und Liebe ist Gott. Nehmt es nicht zu ernst, wenn jemand unfreundliche Dinge über euch sagt. Erwidert es mit Liebe. Schaut den, der euch nicht versteht, liebevoll an, mit

---

8 Sri Gyanamata, »Mutter der Weisheit«, war eine der ersten *Sannyasis* (Ordensmitglieder, die das endgültige Gelübde ablegen) der Self-Realization Fellowship. Paramahansa Yogananda lobte oft ihre heilige geistige Größe. Ihr Leben und ihre inspirierenden geistigen Ratschläge sind in *God Alone: The Life and Letters of a Saint* enthalten (herausgegeben von der Self-Realization Fellowship).

jener Liebe, die vollkommenem Verstehen entspringt, und ihr werdet erleben, wie dieser Mensch sich ändert.

»Alles, was ich gesagt habe, kam aus meinem Herzen«

Was ich sage, sind nicht bloß Worte, sondern das, was ich für euch alle empfinde. Am allereinfachsten wäre es, nichts zu sagen oder fortzugehen und allein mit Gott unter einem Baum zu sitzen. Falls ich euch je unwissentlich erzürnt habe, bitte ich euch, mir zu verzeihen. Mein Gewissen ist rein, ich habe nichts zu fürchten. Alles, was ich gesagt habe, kam aus meinem Herzen. Wenn ihr euch danach richtet, freut es Gott; und wenn ihr das nicht tut, betrübt es Ihn. Aber was ihr auch tut, ich könnte euch nicht böse sein, denn ich habe keine eigenen Wünsche. Mein einziges Verlangen ist, Gott zu erfreuen und euch allen um eurer selbst willen zu dienen.

Lasst uns beten: »Himmlischer Vater, gib uns wahre Liebe für alle und hilf uns besonders, einander aufrichtig zu lieben. Lass uns diese Liebe fühlen und allen anderen entgegenbringen, damit wir mit allen befreiten Seelen die Ewigkeit genießen können, denn Du, o Gott, bist diese Liebe.«

Der Herr gab mir soeben, als ich zu euch sprach, eine Vision der ganzen Welt. Er sagte: »Ich liebe alle und habe allen die Freiheit gegeben, Mich abzulehnen oder anzunehmen. Ob sie meinen Wünschen folgen oder mir widerstreben, Ich liebe sie alle. Obwohl Ich der Welt Meine Liebe schenkte, vernichten sie einander rücksichtslos und hasserfüllt und töten einander durch Bomben – dennoch liebe Ich sie alle. Sie werden Meine Liebe fühlen, wenn sie sie im Tempel ihrer Herzen suchen. Diese Liebe, die Ich für alle Nationen und alle Zivilisationen empfinde, ungeachtet ihrer Missetaten, ist die Liebe, die du empfinden musst, damit du Meine Liebe für alle fühlen und verstehen kannst.« Das ist die Botschaft des Herrn an euch. Er liebt uns alle, ungeachtet unserer falschen und bösen Taten – obwohl Ihn das Leid betrübt, das wir einander durch schlechte Handlungen zufügen. Wenn wir Gottes wahre Kinder sein wollen, müssen wir wie Er bedingungslos lieben.

Tut also alles, was ihr tut, für Gott. Verbreitet euer ganzes Leben lang Wahrheit und Liebe – seid wie kleine Kinder: furchtlos, unbefangen und freundlich. Achtet nicht darauf, wie andere sich verhalten. Es gab eine Zeit, in der ich verstimmt war und mich verletzt fühlte, wenn jemand meine Hand ausschlug, die ich ihm hilfreich gereicht hatte, aber das fühle ich jetzt nicht mehr. Mein Herz ist bis zum Rand erfüllt mit Liebe zu Gott und mit Seiner überwältigenden Liebe für alle.

Wie ihr euren geistigen Fortschritt beschleunigen könnt

Einsiedelei der Self-Realization Fellowship in Encinitas, Kalifornien, 22. August 1943

Es heißt, der Weg zu Gott sei so schmal wie eines Messers Schneide – und manchmal ist er auch so scharf. Wer diesen schmalen Pfad freiwillig und zielbewusst geht, nicht davor zurückschreckt oder wegen dessen Schärfe aufgibt, wird Gott erreichen. Es klingt schwierig, aber ich behaupte, der Weg ist sehr einfach, wenn man sich entschließt, ihn aus Liebe zu Gott bis ans Ende zu gehen. Jeder, der Gott liebt, kann nie daran denken, umzukehren.

Obwohl die richtige Einstellung den Weg leicht macht, bedeutet das nicht, dass man keinen Konflikten und Schwierigkeiten ausgesetzt ist. Aber diese schrecken den wahren Gottsucher nicht ab.

Unter den Prüfungen, mit denen man konfrontiert wird, ist der Zweifel ein besonders gefährliches Hindernis. Viele Menschen verfangen sich in der Unschlüssigkeit des Zweifels – in Spekulationen über Gott, in Bedenken, ob es wirklich möglich sei, Gott kennenzulernen, und, wenn ja, ob sie selbst fähig seien, Ihn zu finden. Oft werden mehrere Inkarnationen durch solch unentschlossenes Denken verschwendet.

Ich sehe, dass viele Suchende den geistigen Weg gehen und ihn wieder verlassen, weil sie den Täuschungen nachgeben. Ich schaue mir ihr früheres Karma an, und obwohl mich ihr Mangel an Entschlusskraft betrübt, verstehe ich sie. Darum bin ich nie übermäßig begeistert, wenn Gottsucher kommen, und nie entmutigt, wenn einige wieder gehen. Ich weiß genau, wohin das Karma jeden Menschen führt. Aber das karmische Muster muss nicht festgelegt bleiben. Wer auf einen Meister hört, kann diesen Lebensplan, den er selbst entworfen hat, wieder ändern – er kann sein Karma überwinden.

Weiß jemand nicht genau, wie er sich richtig ernähren soll, so hört er deshalb nicht auf zu essen. Doch wenn manche Menschen bei der Suche nach Gott Zweifel bekommen, geben sie ihre geistige Ernährung auf, als könnten sie ohne diese leben. Weil sie das tun, leiden sie. Wenn Zweifel auftauchen, sollte man sie mit Vertrauen und Entschlusskraft überwinden. Haltet euch an einen, der Gott gefunden hat. Dann werdet ihr auf dem geistigen Weg mit Sicherheit erfolgreich sein.

Der Blinde kann den Blinden nicht führen

Es gibt viele, die andere führen wollen, aber kein Recht dazu haben. Der Blinde kann den Blinden nicht führen. Niemand kann euch zu Gott bringen, der Gott nicht selbst gefunden hat. Um charismatische Persönlichkeiten bilden sich oft Gemeinschaften, die sich nach dem Tod dieser Persönlichkeiten wieder auflösen. Ein wahrer Guru hat kein Bedürfnis nach Ruhm und Ehre. Sein einziger Wunsch ist es, anderen durch die Verwirklichung Gottes zu dienen.

Ich suchte in ganz Indien, um einen wahren Meister zu finden. Ich suchte in Büchern, reiste von einem Tempel zum anderen und von einem heiligen Ort zum nächsten, aber meine Zweifel folgten mir überall nach. Als ich jedoch den einen fand, der Verwirklichung hatte – meinen Guru Sri Yukteswarji –, und den göttlichen Geist in seinen Augen sah, verließ mich jeder Zweifel. Durch seinen Segen änderte sich mein ganzes Leben. Darum betone ich immer wieder, wie wichtig es ist, einem wahren Guru und seinen Lehren zu folgen. Ich sagte dem Meister, ich würde nie als Lehrer über Gott reden, wenn ich Ihn nicht erlebt hätte. Indem ich meinem Guru bedingungslos folgte, fand ich Gott.

Wenn ihr die Regeln, die für die Beziehung zwischen Guru und Jünger gelten, ständig beachtet, wird der geistige Weg sehr leicht. Ihr könnt dann nicht in die Irre gehen. Gleichgültig, wie sehr die Täuschung versucht, euch vom rechten Weg abzubringen – der Meister, der Gott kennt, weiß von eurer Schwierigkeit und hilft euch, wieder standhaft auf dem geistigen Weg zu bleiben. Das tut der Guru für euch, wenn ihr im Einklang mit ihm seid. Auch wenn der Guru und ihr Tausende Meilen voneinander entfernt seid, wird seine Hilfe euch erreichen. Ich fühle den Meister ständig bei mir, obwohl er nicht mehr auf dieser Erde verkörpert ist. Die Führung und den Segen des Gurus zu haben, ist die leichteste Art, auf dem geistigen Weg voranzukommen.

Gott gehört euch bereits

Gott muss nicht erworben werden; Er muss verwirklicht werden, denn Er gehört bereits zu euch. Ich sage ständig zu Ihm: »Herr, warum verbirgst Du Dich? Dazu hast Du kein Recht, da Dir alle gehören und Du zu jedem gehörst – immer und ewig. Warum also diese scheinbare Trennung?« Planlos Suchende entschuldigen ihre geistige Trägheit, indem sie rational erklären: »Mein Geist ist zu unruhig« oder: »Ich bin zu sinnlich« usw. Konzentriert euch nie auf eure Fehler. Dadurch identifiziert ihr euch mit ihnen. Ihr seid es, die sich den Schleier der Täuschung vor die Augen der Weisheit hängen. Alles, was ihr denkt, das seid ihr auch.

Tagsüber werden euch stets eure Schwächen in Erinnerung gerufen; doch jede Nacht, wenn ihr im Schlaf die Welt vergesst, vergesst ihr auch eure Begrenzungen. Im Tiefschlaf seid ihr reiner GEIST, eins mit eurem Unendlichen SELBST. Warum könnt ihr das nicht tagsüber erkennen? Gott zeigt euch jede Nacht, was ihr seid; warum zweifelt ihr? Ihr seid keineswegs ein Bündel aus Fleisch und Knochen. Ob bewusst oder unbewusst, ihr seid bei Gott. Jenseits des Traumzustands offenbart sich das wahre SELBST. »Wo Phantasie mich nie erreicht, bin ich gestaltlos.«[1] Euer Bewusstsein hat sich zum allgegenwärtigen GEIST ausgeweitet. Haltet an der Vorstellung fest, dass ihr jede Nacht mit dem göttlichen GEIST zusammen seid; ihr vergesst Ihn nur vorübergehend während des Tages.

Man könnte sagen, dass von allen Dingen, die Gott dem Menschen gegeben hat, Sein größtes Geschenk der Schlaf ist, weil man dabei den irdischen Traum vergisst und sich vom sterblichen Bewusstsein erholt. Der Durchschnittsmensch hat

---

[1] Eine Zeile aus einem Sanskrit-Lied von Swami Shankara; eine Strophe davon ist in den *Kosmischen Liedern* von Paramahansa Yogananda enthalten, unter dem Titel »Nicht Tod, nicht Geburt«.

keinen anderen Fluchtweg; doch selbst der primitivste Mensch genießt im unbewussten *Samadhi*[2] des Schlafs eine geistige Erfrischung. Aber im Gegensatz zum bewussten *Samadhi* ist der Schlaf eine Art Narkotikum. Ich habe mit dem Schlaf experimentiert. Ich bin bis an die Schlafgrenze gegangen und dann zwischen Wachsein und Schläfrigkeit geblieben. Und manchmal schlafe ich tief und kann mich gleichzeitig schlafen sehen. Indem ich diese Bewusstseinszustände beherrschen lernte, habe ich verschiedene Erkenntnisse über die Wirkungsweisen von Seele und Ego gewonnen.

Wenn ihr heute Nacht in den Tiefschlaf versinkt, vergesst ihr all eure Unzulänglichkeiten, die sich im Laufe zahlloser Inkarnationen angesammelt haben. Der GEIST nimmt euch in Seine Arme. Lernt, das tagsüber bewusst zu tun; haltet an der unerschütterlichen inneren Ruhe des Tiefschlafs fest. Dann könnt ihr Gott erkennen, denn in der Ruhe seid ihr mit dem Unendlichen zusammen. Die *Kriya-Yoga*-Meditation hilft euch, euer Bewusstsein in diesem Zustand zu verankern.

Gewinnt eure göttliche Natur zurück

Ich betone nicht nur die Wichtigkeit der Meditation, sondern auch die Notwendigkeit, zusätzlich zur Meditation den Geist während der Arbeit auf Gott zu richten. Die Hälfte der Schlacht wird durch Meditation gewonnen, denn die seelische Kraft, die ihr durch die Meditation gewinnt, beeinflusst eure Gedanken und euer Verhalten während der Arbeit. Tiefes Meditieren festigt euer spirituelles Denken. Je länger und tiefer ihr regelmäßig meditiert, desto stärker fühlt ihr, dass zwischen Arbeit und Meditation kein Unterschied mehr besteht. Das heißt, ob ihr arbeitet oder meditiert, ihr bleibt in das göttliche Bewusstsein des glückseligen GEISTES getaucht. Ihr identifiziert euch nicht mehr mit den Tätigkeiten, Schmerzen und Gebrechen des sterblichen Körpers. Ihr erkennt, dass ihr reiner GEIST seid.

Der Körper ist eine Brutstätte der Täuschung. Er lässt uns an die Wirklichkeit dieser begrenzten Welt glauben. Aber wenn

---

[2] Siehe Fußnote S. 20.

wir bei Gott sind, ist diese scheinbare Wirklichkeit verschwunden. So einfach ist das. Im *Samadhi*-Zustand der Meditation genießen wir bewusst die glückselige Erfahrung Gottes als Einzige Wirklichkeit.

Warum gebt ihr eure göttliche Natur auf? Warum lasst ihr euch auf alle möglichen Launen und Gefühlswallungen ein, die den Ausdruck dessen verzerren, was ihr wirklich seid? Bemüht euch ständig, ausgeglichen und ruhig zu sein. Werdet zum König, zum absoluten Herrscher eures geistigen Reiches der Stille. In der Stille ist der Geist völlig frei von emotionaler Unruhe. Solange der Geist nicht ruhig ist, bleibt Gott verborgen. Lasst also durch nichts euer friedvolles Königreich der Ruhe stören. Lebt Tag und Nacht in der Freude des »Friedens Gottes, der höher ist als alle Vernunft.«[3]

Launen sind eure größten Feinde. Gebt ihnen nicht nach, merzt sie aus, denn sie sind ein gewaltiges Hindernis auf dem Weg eures Fortschritts. Macht von der unerbittlichen Kraft der Wachsamkeit Gebrauch, um euch vor Launen zu schützen. Ich erlaube Stimmungen nie, in mein Bewusstsein einzudringen, ganz gleich, welche Schwierigkeiten auftauchen. Und ich ziehe es vor, mit keinem zu verkehren, der launisch ist. Ich beachte seine Launen nicht, denn sie sind sehr ansteckend. Angenommen, jemand ist verdrießlich; ihr trefft euch mit ihm, und bald fühlt ihr euch ebenfalls verdrießlich. Verkehrt mit denen, die eine positive, fröhliche Natur haben. Jemand lächelt gern; ihr trefft euch mit ihm und habt bald Lust, auch zu lächeln.

Werdet nicht zornig. Versucht nie, jemandem etwas heimzuzahlen, und tadelt nicht die anderen, sondern bessert euch selbst. Alle Welt mag euch schlecht behandeln, aber warum solltet ihr euch selbst durch falsches Verhalten schlecht behandeln?

Akzeptiert keine begrenzenden Einflüsse

Denkt daran, dass all eure Schwierigkeiten eurem Bewusstsein nur aufgepfropft sind. Sie gehören nicht zu eurer Seele. Warum also ihren begrenzenden Einfluss akzeptieren?

---

[3] *Philipper* 4, 7.

Warum furchtsam und voller Zweifel sein? Warum behaupten, ihr wärt ruhelos oder launisch oder könntet nicht meditieren? Solche Behauptungen sind Lügen, denn sie stehen im Widerspruch zur Wahrheit eures wirklichen SELBST. Bestätigt lieber innerlich: »Ich bin ein Kind Gottes; ich bin bei Ihm, Er ist bei mir.« Obwohl mein Geist in all den vielen Jahren seit meiner Kindheit manchmal ruhelos gewesen sein mag, erinnere ich mich dennoch nicht an eine Woche, einen Tag oder bloß eine Minute, in der ich nicht innerlich bei Ihm war – Tag und Nacht. So sollt ihr leben. Am Anfang – und vielleicht jahrelang – müsst ihr euch ständig darum bemühen; und dann ist keine Mühe mehr nötig, denn ihr seid immer bei Gott. Der angehende Konzertpianist muss üben und immer wieder üben, bis die Musik ein Teil von ihm wird. Wie der Schriftsteller ständig an sein Werk denkt und der Erfinder an seine Entwürfe, so muss der göttliche Mensch immer an Gott denken. Hat man dieses ständige Bewusstsein von der Gegenwart Gottes, ist man äußerst glücklich. Diese göttliche Freude kann man nicht beschreiben.

Gestern war ich den ganzen Tag mit Leuten beschäftigt, und es wurde sehr spät, bevor ich die Zeit fand, stille zu sein. Aber als ich in meinem Zimmer saß, um zu meditieren, war ich sofort bei Gott. Ich betete: »Herr, Du bist ich.« Und kaum hatte ich das gesagt, da verschwand die Welt, und ich war in völliger Ekstase bei Gott. Wenn ihr euch bemüht, wird die Zeit kommen, in der auch ihr diese Erfahrung macht.

Gott hat sich euch bereits geschenkt, aber ihr habt Ihn nicht angenommen. Die Ursache all eures Kummers ist, dass ihr nicht die nötige Anstrengung macht, Ihn kennenzulernen. Dafür seid ihr selbst verantwortlich. »Herr, Du hast mich als Prinz erschaffen, aber ich bin eigenwillig aus meinem göttlichen Reich fortgegangen; und wie ein verlorener Sohn entschloss ich mich, ein Bettler zu sein.«

Natürlich mache ich Gott auch Vorwürfe und sage Ihm, dass Er im Grunde genommen für unsere Schwierigkeiten verantwortlich ist, weil Er uns erschaffen hat. Jeden Tag werfe ich es Ihm vor und sage: »Herr, hast Du Dir nicht viel schlechtes Karma aufgeladen, weil Du diese beschwerliche Welt erschaffen hast?« Aber ich weiß, Er hat kein Karma. Und wenn ihr erkennt, dass ihr eins mit Ihm und zu Seinem Bilde erschaffen seid, habt ihr ebenfalls kein Karma. Darum lege ich nicht allzu viel Gewicht auf die Karma-Theorie. Je mehr ihr an der Vorstellung festhaltet, begrenzt zu sein, desto mehr schränkt ihr euch ein. Jesus sagte: »Steht nicht geschrieben in eurem Gesetz: Ich habe gesagt, ihr seid Götter?«[4] Die bessere Einstellung ist, nicht auf der Vorstellung der Sünde zu beharren, denn sie ist eine Lüge. Wenn ein schlafender Prinz träumt, er sei ein Bettler, und – gequält von Armut und Hunger – aufschreit, sagt ihr nicht zu ihm: »Bettler, wach auf!« Ihr sagt: »Prinz, wach auf!« Warum also sollte jemand sich oder einen anderen Menschen einen Sünder nennen? Vergesst diese Vorstellung. Gleichgültig, worin ihr gefehlt habt, haltet an dem Gedanken fest: »Herr, ich bin zu Deinem Bilde erschaffen.« Ihr habt die Kraft in euch, gut zu sein!

Begehrt nichts anderes als Gott

Was nützt es, euer Schicksal zu beweinen und zu beklagen? Entschließt euch, Gott noch in diesem Leben zu erreichen. Zu Ihm müsst ihr gehen, denn in Ihm seid ihr zu Hause. Solange ihr Gott fernbleibt, werden eure Schwierigkeiten nie aufhören – körperlich, moralisch, geistig und spirituell. Ihr wisst nicht, was ihr noch alles durchmachen müsst. Aber ihr habt genügend Intelligenz, um euer SELBST zu erkennen und zu begreifen, dass ihr zu Gott, von dem ihr ausgegangen seid, zurückkehren müsst.

Eure Liebe zu Gott sollte so groß sein, dass ihr nichts anderes begehrt als Ihn. Mir fällt nichts ein, worum ich Ihn bitten könnte. Manchmal jedoch bitte ich um etwas für Sein Werk, und Er erfüllt meine Bitte – oft augenblicklich. Aber ich verlange nie etwas für mich selbst außer: »Sei Du immer bei mir. Ganz gleich, welche Schwierigkeiten auftauchen, gib mir nur die Kraft, ihnen mit dem Gedanken an Dich zu begegnen. Aber prüfe mich nie, Herr, mit Deiner Abwesenheit.«

Oft sage ich dem Herrn: »Ich bin Dir jetzt auf die Schliche gekommen. Du hast diese Welt für die Sinne verführerisch

---

[4] *Johannes* 10, 34.

gemacht, um zu sehen, ob wir Dich lieben oder Deine Schöpfung. Ich will nur Dich, mein Herr. Niemand außer Dir kann mir helfen oder mein Herz ganz zufriedenstellen – nur Du.«

Sprecht mit Gott in dieser Weise. Er wird euch glauben machen, dass er euch nicht antwortet. Aber sofern ihr Ihn innig liebt und Ihm vertraut, wird Er euch antworten, wenn ihr es am wenigsten erwartet. Sogar wenn ihr denkt, Gott sei euch fern, aber euch dennoch ständig nach Ihm sehnt – »Warum kommt Er nicht?« –, ist Er bei euch. Denkt daran. Er beobachtet euch. Er kennt jeden eurer Gedanken, jedes Gefühl, das ihr habt. Euren Geist mit Plunder zu füllen, ist töricht. Füllt ihn mit Gedanken an Gott. Bittet darum, dass ihr euch immer an Ihn erinnert. Denkt an Ihn, bevor ihr handelt, während ihr tätig seid und nachdem ihr eure Pflichten erfüllt habt. »Wer Mich überall wahrnimmt und alle Dinge in Mir, der verliert Mich nie aus den Augen, noch verliere Ich ihn je aus den Augen.«[5] Er ist euch näher als der Nächste, lieber als der Liebste, vertrauter als der Vertrauteste.

Haltet an der Wahrheit fest, dass Gott in eurem Leben das Allerwichtigste ist. Solange euch menschliche Liebe, Leben, Schönheit, Ruhm, Geld oder sonst etwas wichtiger sind und ihr euch daran klammert, kommt Er nicht zu euch.

Ihr wurdet auf die Erde geschickt, um Gottes kosmisches Schauspiel zu erleben und dann in eure Heimat zu Ihm zurückzukehren, aber ihr habt dieses Kino zu eurem Zuhause gemacht. Ich weiß, dass ich hier nicht zu Hause bin. Das mag einem weltlichen Menschen sehr seltsam klingen, doch es ist ein ganz wundervoller Bewusstseinszustand. Was sonst soll man sich denn noch wünschen, wenn man sich im Zustand endlosen Glücks befindet? Wenn man diese ewig neue Freude fühlt, wie kann man da noch verstimmt oder ärgerlich sein oder nach diesem oder jenem verlangen? Ihr habt dann keine Zeit mehr für solche weltlichen Verstrickungen. Ich fühle mich jetzt innerlich allem entrückt, vollkommen eins mit Gott. Ich interessiere mich für nichts anderes – ausgenommen für jene, die sich für Gott interessieren. Sich einer religiösen

---

5 Bhagavad-Gita VI, 30.

Gemeinschaft anzuschließen, um Gesundheit, Reichtum oder Macht zu erwerben, ist eine unsinnige Idee. Diese Dinge lenken nur ab. Natürlich ist Gesundheit besser als Krankheit, und Erfolg besser als Misserfolg, aber der Sinn der Religion liegt darin, euch zu Gott zu führen. Irgendwie müsst ihr zu Ihm zurückkehren.

Der einzige uns bekannte Weg, wie wir Gott erfreuen können, besteht darin, alle Wünsche zu verbannen, auch den Wunsch nach Gesundheit. Entsagt innerlich allem. Kümmert euch um die Bedürfnisse des Körpers und Geistes und erfüllt eure von Gott auferlegten Pflichten, aber ohne persönliche Wünsche und ohne Anhänglichkeit. Es ist nicht nötig, der Welt zu entfliehen, doch lasst euch nicht zu sehr auf sie ein, sonst könnt ihr innerlich nicht unberührt bleiben. Wer sich aus Trägheit allen Pflichten entzieht, unter dem Vorwand, Gott in der Abgeschiedenheit zu suchen, vervielfacht seine Schwierigkeiten. Seine Launen, Leidenschaften und Schwächen begleiten ihn, wohin er auch geht. Pflichtgetreues Handeln in Verbindung mit Meditation ist der sicherere Weg, das kleine Selbst zu besiegen.

Warum sollte Gott uns mit außergewöhnlichen Kräften und Wundern unterhalten?

Ein weiterer allgemeiner Fehler bei unsicheren Wahrheitssuchern ist, dass sie sich spirituell unbefriedigt fühlen, wenn der Herr ihnen keine aufsehenerregenden Phänomene liefert. Warum sollte Gott uns mit außergewöhnlichen Kräften und Wundern unterhalten? Wenn ihr euch dazu hingezogen fühlt, wollt ihr im Grunde gar nicht Gott – und ihr werdet Ihn auch nicht finden. Sehnt ihr euch ernsthaft nach Gott, verlangt ihr nach nichts anderem, auch nicht nach außergewöhnlichen Kräften. Die Fähigkeit, erstaunliche Kunststücke zu vollbringen, ist nicht unbedingt ein Zeichen, dass man Gott kennt. Der göttliche Mensch macht sich nichts aus solchen Fähigkeiten, er verehrt die Einzige Kraft – Gott. Wenn ihr Gott kennt, besitzt ihr vielleicht keine Wunderkräfte, aber wenn es nötig ist, stehen euch alle Kräfte des Universums zur Verfügung. Gott verlieh mir in diesem Leben viele Kräfte, aber ich habe sie

Ihm zurückgegeben; ich benutze sie nur, wenn Er mich dazu auffordert.

Es gibt eine Geschichte über den Mystiker Madhusudana und seine Begegnung mit Gorakhnath, dem Heiligen von Gorakhpur, wo mein Körper geboren wurde. Als ich diese Geschichte hörte, heilte sie mich von jedem Wunsch nach außergewöhnlichen Kräften. Gorakhnath hatte alle acht Kräfte oder *Aishvaryas* eines völlig erleuchteten Yogis erlangt.[6]

Als die Zeit kam, sich von seinem Körper zu trennen, wollte er seine Kräfte einer würdigen Seele übertragen. Das können die Meister; so übergab auch Elia seinen wunderkräftigen Mantel dem Elisa.[7] Eines Tages sah Gorakhnath in einer Vision einen jungen Mann, eine geistig hochentwickelte Seele, in Benares am Ganges stehen. Da Gorakhnath die Kraft hatte, im Astralkörper von einem Ort zu einem anderen zu gelangen, erschien er vor dem jungen Madhusudana, der aufblickte, den Heiligen sah und sagte: »Bitte steh nicht vor mir, du verdeckst mir die Sonne.«

Der Heilige antwortete: »Weißt du nicht, wer ich bin? Ich bin Gorakhnath.«

»Ich weiß,« sagte der junge Mann, »aber ich bin jetzt gerade mit meiner Andacht beschäftigt.«

Nach einiger Zeit fragte der Gottsucher den Heiligen: »Was willst du von mir?«

Gorakhnath erklärte: »Ich habe acht geistige Kräfte; und wem ich dieses *Chintamani* [ein mystisches Juwel, das alle Wünsche erfüllt] gebe, der wird all diese Kräfte besitzen. Ich möchte sie dir geben.«

Madhusudana sagte: »Gut, gib sie mir.« Zum großen Erstaunen von Gorakhnath nahm er den mystischen Edelstein und schleuderte ihn weit in das Wasser des Ganges.

»Warum hast du das getan?« fragte Gorakhnath.

---

[6] Die *Aishvaryas* oder *Siddhis* sind göttliche Kräfte, die sich einstellen, wenn der Yogi zu den höchsten Stufen spiritueller Entwicklung fortschreitet. Sie werden beschrieben bei Patanjali in seinen *Yoga-Sutras*, Teil III, und bei Swami Sri Yukteswar im 4. Kapitel seines Buches *Die heilige Wissenschaft* (herausgegeben von der Self-Realization Fellowship).

[7] 2. Könige 2, 9–14.

Da sagte der junge Mann: »Das ist alles noch Täuschung, bloß Täuschung! Mir wurden diese Kräfte gegeben, damit ich sie benütze, wie ich will, nicht wahr? Nun, das ist das Einzige, was ich damit anfangen kann. Verglichen mit dem, was ich bereits habe, sind sie nichts.«

Der große Gorakhnath verbeugte sich vor ihm und sagte: »Du hast mich von meiner letzten Täuschung befreit, die mich von Gott fernhielt.«

Sogar die Großen werden manchmal vom Ziel abgelenkt. Gorakhnath war so fasziniert von seinen Kräften, dass er nicht über sie hinaus- und zu Gott gelangt war. Aber als er schließlich die Anhänglichkeit an diesen hochgeschätzten Besitz aufgab, erlangte er Gottvereinigung. Ihr seht, die Täuschung nimmt viele Formen an, aber der wahre Gottsucher gleicht dem zielbewussten Madhusudana in dieser Geschichte. Wenn ihr Gott liebt, wünscht ihr euch nichts anderes, denn Gott ist das Liebenswerteste, was ihr besitzen könnt. Der Gottsucher akzeptiert keinen Ersatz für Gott. Er weiß, Gott ist alles in allem, Er ist immer gegenwärtig, und Er allein ist eine sichere Zuflucht vor den Mühen des Lebens.

Lebt in der Unwandelbaren Wirklichkeit

Früher erschien mir diese Welt so wirklich. Jetzt aber erlebe ich sie wie einen Film. Ich sehe, wie meine Mutter in Gorakhpur für mich Mangos schält. Es ist so deutlich, als geschähe es jetzt, obwohl meine Mutter, die ich so sehr liebte, nicht mehr lebt. Alle früheren Szenen meiner Kindheit tauchen auf. Ebenso wird dieser gegenwärtige Filmabschnitt mit euch allen, die hier bei mir sitzen, eines Tages vorbei sein und ersetzt werden durch neue Szenen und neue Schauspieler im ständig sich ändernden Film der Zeit. Doch er wird für immer im kosmischen Filmarchiv aufbewahrt bleiben.

Aber obwohl ich in dieser Welt lebe und sie als Folge bewegter Bilder betrachte, die ständig kommen und gehen, liegt mir dieser irdische Film meistens fern. Ich gehe nach innen in die Unwandelbare Wirklichkeit. So muss man Gott suchen. Lebt in diesem ewigen Bewusstsein.

Auch wenn ihr die ganze Welt durchsucht, werdet ihr Gott nicht finden. Intellektuelle Reden über den Schöpfer führen euch nicht zu Gott. Sucht ihr Ihn jedoch im Innern und bemüht ihr euch täglich darum, findet ihr Ihn. Der Weg zu Gott geht nicht über den Verstand, sondern über die Intuition. Die geistige Reife hängt davon ab, was ihr intuitiv erlebt, durch die Verbindung eurer Seele mit Gott. Es ist so einfach, wenn ihr innerlich ständig mit Gott redet: »Herr, komm zu mir!« Warum errichtet ihr eine Schranke des Zweifels zwischen euch und Gott? Wenn ihr Ihn liebt und innerlich mit Ihm sprecht und *wisst*, dass Er bei euch ist, werdet ihr viel mehr erreichen, als wenn ihr nur stundenlang geistesabwesend in der Stille sitzt und vermeintlich meditiert, während euer Geist überallhin geht, nur nicht zu Gott. Bewahrt Ihn immer im Herzen, und wenn ihr meditiert, taucht tief in die Verbindung mit Gott.

Im Grunde seid ihr völlig von Gott abhängig. Ohne Seine göttliche Kraft könnt ihr nicht ein einziges Wort sagen. Er pocht in eurem Herzen. Er denkt durch euer Gehirn. Er kennt all eure Gedanken und Taten, bevor ihr sie kennt. Warum zweifelt ihr an Ihm? Redet offen mit Ihm. Sprecht zu Ihm. Er wird euch nicht enttäuschen.

Gespräche mit Gott erfordern Stille

Um mit den Menschen zu sprechen, braucht man eine hörbare Stimme. Um mit Gott zu sprechen, braucht man Stille. Menschen, die zu viel reden, sind nicht bei Gott. In ihren Gedanken bleibt nicht genug Zeit für Ihn. Wer innerlich mit Gott spricht, ist äußerlich schweigsamer. Ganz gleich, wo er sich befindet, er ist gewohnt, ruhig zu sein. Da der Wahrheitssucher Gott viel zu erzählen hat, hat er anderen wenig zu sagen. Wenn jene, die Gott viel zu sagen haben, einmal sprechen, kommen ihre Worte von Gott und sind voller Weisheit und Verständnis.

Wenn ihr Gott wahrzunehmen beginnt, habt ihr keine Zeit mehr für unnütze Dinge. Ihr wollt allein sein – allein mit Gott. Und ihr möchtet keinen kostbaren Augenblick verschwenden, den ihr mit Ihm verbringen könntet. Auch wenn solche Gottsucher tätig sind, verringert dies in keiner Weise ihre Liebe zu Gott.

Durch müßiges Geschwätz verliert man die Hingabe an Gott. Es verstärkt die geistige Rastlosigkeit, die den Geist von Ihm abzieht. Gestern saß ich hier in Encinitas am Teich.

Um mich herum wurde viel geschwatzt. Aber ich war in dem Unendlichen Licht, in welchem der Himmel und alles in göttlichen Glanz getaucht ist. Ich schwieg die ganze Zeit. Es war kein erzwungener Zustand, sondern eine innere Stille und ein Friede, der ein Teil des eigenen Wesens wird.

Bemüht euch ununterbrochen, euren Geist auf Gott zu lenken. Seid immer bei Ihm. Fühlt ständig seine Gegenwart. Verschwendet nicht eure Zeit. In dieser rastlosen Welt ist der Tag der Tummelplatz des Teufels. Ihr könnt den Teufel nur überlisten, wenn ihr euren Geist mit Gott beschäftigt. Und wenn die Nacht kommt, lasst die Welt und all eure Tagespflichten hinter euch und meditiert; seid trunken vor Liebe zu Gott. Bei Ihm zu sein ist millionenfach freudvoller und stärkender als zu schlafen.

Wir sind Seelen, keine fleischlichen Wesen

Wir sind Seelen, individualisierter GEIST; darum müssen wir zu Gott zurückkehren. Wir müssen uns als Seelen empfinden, nicht als fleischliche Wesen. Wenn ich jetzt die Fotografie meiner Eltern anschaue, kann ich nicht glauben, dass die Geburt meines Körpers wirklich durch sie verursacht wurde, denn ich weiß, auch sie wurden von Gott geschaffen. Der himmlische Töpfer schuf den Ton und formte daraus meinen Vater, meine Mutter und mich. Wie könnte ich dann sagen, meine Eltern erschufen mich? Allein mein himmlischer Vater ist verantwortlich dafür, dass ich auf die Welt gekommen bin. Ähnlich sagt es Shankara: »Nicht Tod, nicht Geburt, nicht Kaste kenn ich. Vater, Mutter habe ich nicht. Ich bin Er, ich bin Er; ich bin GEIST, ich bin Er.« Jetzt sind diese irdischen Eltern tot, aber in meinem Bewusstsein und in der Erinnerung meiner Seele bleiben sie ein Teil Gottes, so wie ich ein Teil Gottes bin. Wie könnte ich also diese Erinnerung begrenzen, indem ich sie meinen Vater und meine Mutter nenne?

Hingabe an die Eltern kommt gleich nach der Hingabe an Gott, weil euer wahrer Vater sie dazu bestimmt hat, sich um euch zu kümmern. Aber eure größte Treue sollte Gott gehören, dem göttlichen Vater hinter Vater und Mutter. Gott ist euer Vater, Gott ist eure Mutter, Gott ist eure höchste Liebe. Mit Gott sind elterliche oder andere Beziehungen wunderbar, aber ohne Gott sind sie für dieses eine Leben nur ein Wechselspiel zwischen den Gesetzen des Karmas und der Natur. Diese Beziehungen wären bedeutungslos, wenn Gott nicht Seine Gedanken und Seine Liebe in unsere Herzen gesenkt hätte.

Wenn ihr wüsstet, wie wunderschön eure Seele ist und wie ihr ihren Ausdruck im Ego verunziert und das göttliche Bewusstsein durch falsche Handlungen beleidigt habt, würdet ihr erstaunt sein. Die meisten Menschen finden dieses Leben sehr attraktiv, doch mit der Zeit werden sie seiner überdrüssig und gehen im Tod unbewusst zur Seele zurück. Mein Bewusstsein verhält sich genau entgegengesetzt. Ich lebe jetzt in der Seele und verrichte doch weiterhin irgendwie meine Arbeit in dieser Welt. Aber ich erlaube mir nicht, an etwas haften zu bleiben, denn ich sehe die Zeitbedingtheit und die Ungerechtigkeiten des Lebens. Ich sehe die Grausamkeiten – der große Fisch verschlingt den kleinen Fisch, ein Tier lebt vom Fleisch eines anderen Tieres, Leben kämpft mit Leben, und ich sehe die Schrecken der Armut und Krankheit. Ich sage: »Herr, es ist Dein Schauspiel. Sei's drum! Aber ich habe kein Bedürfnis, ein Teil davon zu sein, sondern wünsche nur, Deinen Willen zu erfüllen. Ich werde Dein Werk so schnell wie möglich verrichten und aus Deinem Spiel verschwinden. Doch ich will auch andere aus diesem trügerischen Spiel der Komödien und Albträume befreien.«

Nehmt dieses Leben nicht zu ernst. Es wird vorbei sein, bevor ihr es merkt. Als Kinder erschien uns das Leben so herrlich. Es gab so vieles, was man sich wünschte, so viele Dinge zu genießen und so wenig Verantwortung. Doch schaut einmal, wie das Leben jetzt ist! All jene Träume sind vergangen. Auch die gegenwärtige Episode des Lebens wird vorübergehen. Aber solange ihr noch am Leben seid, habt nur ein Ziel vor Augen – Gott. Wie könnte Er eurer Liebe widerstehen, wenn ihr Ihn ernsthaft sucht? Sprecht innerlich ständig zu Ihm, dann kann Er euch nicht fernbleiben.

»Mutter, meine Seele ruft nach Dir; verbergen kannst Du Dich nicht mehr.«[8] Schließt die Augen, denkt an Gott und ruft

---

[8] Aus dem Lied »Komm aus Deinem Himmelszelt«, in Paramahansa Yoganandas Buch *Kosmische Lieder* (herausgegeben von der Self-Realization Fellowship).

die Göttliche Mutter mit eurer Seele. Das könnt ihr jederzeit und überall tun. Ganz gleich, womit ihr gerade beschäftigt seid, ihr könnt euch geistig mit Gott unterhalten: »Mein Herr, ich suche nach Dir, ich will nichts als nur Dich allein. Ich sehne mich danach, immer bei Dir zu sein. Du hast mich zu Deinem Bilde erschaffen, und bei Dir bin ich zu Hause. Du hast kein Recht, mich von Dir fernzuhalten. Vielleicht habe ich etwas falsch gemacht, weil ich mich durch die Täuschungen Deines kosmischen Spiels verführen ließ; aber weil Du meine Mutter, mein Vater und mein Freund bist, weiß ich, dass Du mir verzeihst und mich wieder aufnimmst. Ich möchte in mein göttliches Heim gehen. Ich möchte zu Dir kommen!«

Vergegenwärtigt euch Gott im täglichen Leben

Tempel der Self-Realization Fellowship in Hollywood, Kalifornien, 4. Oktober 1942

Wenn ihr Gott tief verehrt, könnt ihr Ihn alles fragen. Jeden Tag stelle ich Ihm neue Fragen, und Er antwortet mir. Er fühlt sich nie beleidigt, wenn wir Ihn aufrichtig fragen. Manchmal mache ich Ihm sogar Vorwürfe, weil Er diese Schöpfung ins Leben gerufen hat: »Wer muss das Karma für all das Böse in diesem Drama erdulden? Du, der Schöpfer, bist frei von Karma. Warum hast Du uns also diesen Leiden unterworfen?«[1] Ich glaube, wir tun Ihm sehr leid. Er möchte uns gerne wieder aufnehmen, aber Er kann es nicht, wenn wir nicht mitmachen und uns darum bemühen.

Obwohl ich Gott tadle, weil Er die Täuschung geschaffen hat, ist sie nun eine Tatsache, und das wird sich nicht ändern. Statt Gott zu beschuldigen, dass Er uns in diese Klemme gebracht hat, ist es besser, uns selber zu tadeln, weil wir uns entschlossen haben, darin zu bleiben. Wir selber müssen uns von der Täuschung frei machen, und das gelingt nur, wenn wir Weisheit erlangen. Je dringender ihr Gott um Verständnis bittet, desto besser werdet ihr Seine Antworten empfangen. Ein wahrer Verehrer Gottes verliert nie seine Hingabe und Entschlossenheit, auch wenn er sich in viele Zweifel verstrickt.

Selbst treue Gottsucher glauben manchmal, dass Er auf ihre Gebete nicht antworte. Gott antwortet jedoch schweigend, durch Seine Gesetze. Doch bevor Er sich des Gottsuchers nicht völlig sicher ist, wird Er nicht offen antworten, Er wird nicht mit ihm reden. Der Herr der Welten ist so demütig, dass Er

---

[1] Ein besonders tief empfundenes Gefühl im Zusammenhang mit den Tragödien, die durch den damals tobenden Zweiten Weltkrieg ausgelöst wurden.

nicht spricht, um nicht den freien Willen des Gottsuchers zu beeinflussen, mit dem dieser sich für Gott entscheiden oder Ihn ablehnen kann. Sobald ihr Ihn kennt, werdet ihr Ihn zweifellos lieben. Wer könnte dem Unwiderstehlichen widerstehen? Aber ihr müsst Gott eure bedingungslose Liebe beweisen, um Ihn kennenzulernen. Ihr müsst Vertrauen haben. Ihr müsst *wissen*, dass Er euch zuhört, sobald ihr betet. Dann wird Er sich selbst offenbaren. Er kann seine Ohren nicht mehr vor eurem Gebet verschließen.

Unsere Beziehung zu Gott ist nicht kalt und unpersönlich wie die zwischen Arbeitgeber und Arbeitnehmer. Wir sind Seine Kinder. Er *muss* uns zuhören! Wir kommen nicht um die Tatsache herum, dass wir Seine Kinder sind. Wir sind nicht bloß Geschöpfe, die Er erschaffen hat, wir sind ein Teil von Ihm. Er schuf uns als Prinzen, aber wir haben es vorgezogen, Sklaven zu werden. Er möchte, dass wir wiederum Prinzen werden und in unser Königreich zurückkehren. Aber keiner, der auf sein königliches Erbe verzichtet hat, kann es wiedergewinnen, ohne sich anzustrengen. Wir sind zu Seinem Bilde erschaffen, doch wir haben diese Wahrheit irgendwie vergessen. Wir sind der Täuschung erlegen, sterbliche Wesen zu sein, und müssen mit dem Dolch der Wahrheit den Schleier dieser Täuschung durchtrennen.

Der vordergründigen Show des Lebens überhaupt eine Wirklichkeit zuzusprechen zeugt von einem Mangel an echter Weisheit; aber Gott hat uns mit Seiner *Maya* – der kosmischen Täuschung, die uns das als Wirklichkeit sehen lässt, was nur ein Spiel aus Licht und Schatten ist – so beeindruckt, dass es sehr schwer ist, nicht davon beeinflusst zu werden. Seid ihr hungrig, lässt *Maya* euch glauben, ihr würdet verhungern, wenn ihr nicht esst. Es gibt jedoch viele Menschen, die bis zu siebzig Tage gefastet haben. Ich selbst habe lange Fastenzeiten eingehalten und nach dreißig Tagen kein bisschen Hunger verspürt. Wenn aber euer Geist glaubt, ihr könntet nicht ohne Nahrung leben, dann *werdet* ihr auch nicht leben. Das ist eine allgemeine Täuschung, die ihre Grundlage nur in eurem Geist hat. Da es nur wenige Ausnahmen von der vermeintlichen Regel gibt, erklärt die Wissenschaft, die Menschen könnten nicht lange ohne Nahrung leben. Es kommt jedoch vor, dass jemand völlig ohne Essen lebt: Therese Neumann aus Bayern und Giri Bala aus Bengalen sind zwei Heilige des zwanzigsten Jahrhunderts, die ohne Essen leben.[2]

Wir denken gewöhnlich auch, wir könnten nicht ohne Atem auskommen, doch wenn wir in tiefer Meditation *Kriya-Yoga* üben, wissen wir, dass es möglich ist. Heilige in Ost und West sind oft in den atemfreien *Samadhi*-Zustand eingetreten. Das irdische Leben ist bloß ein System von Suggestionen, die uns glauben machen, wir müssten uns an bestimmte Muster des Essens, Atmens usw. halten. Aber sobald ihr meditiert und eurem Bewusstsein erlaubt, sich nach innen zur Quelle, zur unsterblichen Seele, zurückzuziehen, erkennt ihr, dass ihr diesen einschränkenden Mustern nicht unterworfen seid. Dann wisst ihr, dass Feuer euch nicht verbrennen und Wasser euch nicht ertränken kann und dass Gesundheit und Krankheit Träume sind. Von begehrlichen Wünschen und Launen erregt, haben wir eine Vorstellung von der Welt entwickelt, die unwahr ist. Die Wahrheit findet Ausdruck in der Weisheit der großen Meister, die uns die Welt so enthüllt, wie sie wirklich ist. Wäre ich nicht in dieser Weisheit erzogen worden, wäre ich nicht gerne in dieser Welt geblieben.

»Halte dich fern von diesem Meer des Leidens«

In Wahrheit hängen nur Narren an dieser Welt. »Narren« sind alle, die in der Unwissenheit leben, alle, denen die Welt real erscheint, weil sie denken, so zu leben sei die einzige Art und Weise. Unwissenheit ist wie ein Ekzem. Je mehr man versucht, sich davon zu befreien, indem man nachgibt und sich kratzt, desto mehr juckt es. Doch je weniger ihr daran rührt, desto weniger wird es euch belästigen. Darum sagt Krishna in der Bhagavad-Gita zu Arjuna: »Halte dich fern von diesem Meer des Leidens.«[3] Lebt in der Welt und spielt eure Rolle, aber lasst euch nicht von ihren Täuschungen einfangen und fesseln, sonst werdet ihr versklavt.

Wer ständig auf der Ebene des Geschlechtstriebs lebt, denkt,

---

[2] Siehe Kapitel 39 und 46 in Paramahansajis *Autobiographie eines Yogi* (herausgegeben von der Self-Realization Fellowship).
[3] In Anlehnung an XII, 7.

er könne ohne Sex nicht auskommen. Wer aber enthaltsam ist und die Geschlechtskraft umwandelt, verlangt nie nach Sex. Rauchen erzeugt dieselbe Täuschung. Menschen, die nie geraucht oder mit dieser Gewohnheit gebrochen haben, vermissen den Tabak nicht.

Ihr braucht im Leben nichts dringender als Gott

Wollt ihr dauerndes Glück finden, müsst ihr aufhören, euch als sterbliche Wesen zu betrachten. Übt diese Wahrheit im täglichen Leben. Es ist ein Kampf, den ihr während des ganzen Lebens und der darauf folgenden Inkarnationen ausfechten müsst; deshalb ist es besser, sofort damit zu beginnen! Schiebt ihn nicht auf, denkt nicht, ihr könntet ja morgen mit dem Meditieren beginnen. Dieses Morgen wird nie kommen. Vor langer Zeit verbrachte ich ein ganzes Jahr mit dieser Einstellung und sagte immer noch: »morgen«. Dann entschloss ich mich: »Ich will heute mit dem Meditieren anfangen.« Seither habe ich keinen Tag ausgelassen.

Zuerst müsst ihr euch klarmachen, dass Gott wichtig für euch ist. Ihr müsst im Herzen erkennen, dass Er in eurem Leben das Allernötigste ist. Vergegenwärtigt euch Gott im täglichen Leben, indem ihr zunächst eure Meditationen vertieft. Es ist besser, kurze Zeit tief zu meditieren, als lange Zeit dazusitzen, während die Gedanken umherschweifen. Bemüht ihr euch nicht, den Geist zu beherrschen, macht er, was er will, ganz gleich, wie lange ihr dasitzt, um zu meditieren.

Übt euch als Nächstes in der langen und tiefen Meditation. Das führt euch in Sein Königreich. Bevor ihr nicht lernt, sowohl lange als auch tief zu meditieren, wird Gott sich euch nicht enthüllen. Gandhi verbrachte jede Woche einen Tag in Schweigen und Meditation. Alle Weisen, die Gott gefunden haben, suchten diese Stille. Ich widme Ihm meine Nächte und Morgenstunden. Es ist nicht möglich, genau das Gleiche zu tun, wenn man im Berufsleben steht. Versucht ihr es aber, werdet ihr erstaunt sein, wie viel Zeit ihr findet, in der ihr an Gott denken könnt. Wir betrügen und berauben uns selbst, wenn wir meinen, wir könnten bis morgen mit der großen Anstrengung warten, bei Gott zu sein.

Die Täuschung wird durch guten Umgang vernichtet,

durch den Umgang mit Heiligen und durch Verehrung der Boten Gottes. Sogar der Gedanke an Heilige hilft euch, die Täuschung zu überwinden. Es ist nicht so sehr der persönliche Umgang, sondern die innere Übereinstimmung mit den göttlichen Boten, welche die Täuschung zerstört. Ein wahrer Guru will nicht die Herzen anderer für sich selbst gewinnen, sondern in ihrem Bewusstsein das göttliche Bewusstsein erwecken. So war mein Meister [Sri Yukteswar]: er war eins mit uns – nie stellte er seine Größe zur Schau. Wollte jemand im Ashram anerkannt werden oder Autorität ausüben, so erfüllte ihm der Meister diesen Wunsch. Ich aber wollte das Herz des Meisters, das göttliche Bewusstsein in ihm; und darum ist er für immer hier in meinem Herzen. Das ist der Einklang, den ihr euch mit den Meistern wünscht.

Erfüllt eure Pflichten mit dem Gedanken an Gott

Neben den Zeiten der Meditation solltet ihr Tag und Nacht an Gott denken. »Meines Herzens Tür hab ich weit geöffnet Dir. ... Tag und Nacht, Tag und Nacht, Herr, ich warte Tag und Nacht.«[4] Wir müssen unser Bewusstsein erheben, sodass selbst die alltäglichsten Arbeiten mit dem Gedanken an Gott getan werden. Es gibt zwei Arten von Pflichten: solche, die ihr für euch selbst tut (was euch gefesselt hält), und solche, die ihr für Gott tut. Eine Pflicht, die ihr als Geschenk für Gott verrichtet, ist spirituell ebenso förderlich wie Meditation. Gott liebt den Suchenden, der Ihm sowohl seine Handlungen als auch sein Schweigen als Opfergabe darbringt. Aber ihr könnt Ihn nicht bloß durch gute Werke finden: ihr müsst Ihm eure tiefste Liebe schenken. Er möchte, dass ihr Ihm Herz, Geist und Seele hingebt. Er will wissen, ob ihr Ihn liebt. Ihr müsst Ihn bei der Arbeit und in der Meditation suchen. Geht ihr innerlich mit Gott und tragt ihr gleichzeitig eine schwere Last irdischer Pflichten auf den Schultern, liebt Er euch noch mehr. Denkt also an Ihn, bevor ihr handelt, während ihr handelt und nachdem ihr gehandelt habt. Die Gita sagt: »Wer immer auf

---

4 »Meines Herzens Tür« aus den *Kosmischen Liedern* von Paramahansa Yogananda (herausgegeben von der Self-Realization Fellowship).

Mich blickt, auf den gebe ich Acht. Er verliert Mich nie aus den Augen noch verliere Ich ihn aus den Augen.«[5]

Ihr müsst täglich meditieren. Fangt gleich damit an! Schaut nicht auf die Zukunft. Beginnt jetzt sofort, an Gott zu denken. Wenn ihr an Ihn denkt, seid ihr ein König. Warum wollt ihr Gefangene irdischer Launen und Gewohnheiten sein? Wenn ihr euch analysiert, seht ihr dann nicht, dass ihr Dinge getan habt, die ihr gar nicht tun wolltet? Es ist ein ständiger Kampf, seine Entschlüsse durchzuführen. Gut ist, sich etwas vorzunehmen und es dann auch zu tun. Ihr müsst einen starken, ruhigen Willen entwickeln und einen kühlen Kopf bewahren. Gebt nie eure guten Entschlüsse auf.

Gewöhnt euch daran, bei allen Tätigkeiten an Gott zu denken. Es ist äußerst wichtig, dass ihr das zu einem Teil eures täglichen Lebens macht. Haltet euch aber nicht nur ein paar Tage daran, um dann alles wieder zu vergessen. Haltet euch jeden Tag daran, so gut ihr nur könnt. Auch wenn ihr in alte Gewohnheiten zurückfallt, versucht es weiterhin. Zu gegebener Zeit werdet ihr spirituell stark und kräftig sein.

Gott antwortet, wenn wir uns bemühen

Gott antwortet, wenn wir uns bemühen. Dann wisst ihr, dass Er *ist*. Er wird nicht länger ein Mythos sein. Er wird unsichtbar auf eure Wünsche antworten und mit euch Verstecken spielen. Danach kommt Er offen zu euch. Eure früheren Fehler spielen keine Rolle. Doch weiterhin diese Fehler zu machen ist die größte Sünde gegen euch selbst; denn wenn ihr etwas Schlechtes tut, bringt ihr euch um das wahre Glück. Ihr habt die Kraft, euch zu schaden oder euch zu nützen. Es liegt an euch, die Ameisen der Unwissenheit, die euch beißen, fernzuhalten. Wenn ihr selbst euch nicht dazu entschließt, glücklich zu sein, kann euch niemand glücklich machen. Gebt nicht Gott die Schuld daran! Und wenn ihr lieber glücklich sein wollt, kann euch niemand unglücklich machen. Hätte Er uns keine Willensfreiheit gegeben, könnten wir Ihn tadeln, wenn

---

[5] In Anlehnung an Bhagavad-Gita VI, 30.

wir unglücklich sind. Aber Er hat uns diese Freiheit gegeben. Es liegt an uns, wie wir unser Leben gestalten.

Ihr könntet fragen: »Wenn wir Willensfreiheit besitzen, warum gestalten sich die Dinge dann nicht so, wie wir sie uns wünschen?« Es liegt daran, dass ihr euren Willen geschwächt habt – euer Bewusstsein der göttlichen Kraft in euch. Aber wenn ihr ihn durch Selbstbeherrschung und Meditation stärkt, wird er frei; und sobald euer Wille frei ist, seid ihr Meister eures Schicksals. Wenn ihr jedoch feststellt, dass ihr Tag für Tag gegen euer Gewissen handelt, werdet ihr nie frei sein. Ihr müsst euch Zeit nehmen, das zu tun, was zu eurem Besten dient. Keiner hindert euch daran, außer ihr selbst. Ihr macht euch zum Gefangenen eurer eigenen Stimmungen und schlechten Gewohnheiten. Das ist der Grund, warum ihr euren Willen schulen müsst, damit ihr geistig beweglicher werdet. Haltet euren Willen unter Kontrolle, indem ihr die besten Dinge im Leben tut – mehr an Gott denkt, mehr meditiert, Selbstbeherrschung übt und so weiter.

Die dynamische Kraft des »geistigen Flüsterns«

Die größte Hilfe für eure Entwicklung ist die Gewohnheit, innerlich zu Gott zu flüstern. Ihr werdet eine Änderung an euch bemerken, die euch sehr zusagt. Ganz gleich, was ihr tut, Gott sollte ständig in euren Gedanken sein. Wenn ihr eine besondere Show sehen, ein Kleid oder ein Auto kaufen wollt, das ihr bewundert habt, ist es dann nicht so, dass ihr fortwährend daran denkt, wie ihr diese Dinge bekommen könnt, gleichgültig, womit ihr gerade beschäftigt seid? Bevor ihr eure starken Wünsche nicht erfüllt habt, beruhigt sich euer Geist nicht; er drängt unablässig darauf, diese Wünsche zu befriedigen. In derselben Weise sollten eure Gedanken Tag und Nacht bei Gott sein. Wandelt unbedeutende Wünsche in das eine große Verlangen nach Ihm um. Euer Geist muss ständig flüstern: »Tag und Nacht, Tag und Nacht, Herr, ich warte Tag und Nacht.«

Geistiges Flüstern entwickelt eine dynamische Kraft, welche die Materie in das umwandelt, was ihr wollt. Ihr wisst gar nicht, wie groß die Kraft des Geistes ist. Wenn euer Geist und Wille im Einklang mit dem Göttlichen Willen sind, braucht ihr keinen Finger zu rühren, um auf der Erde etwas zu verändern.

Das göttliche Gesetz wird für euch arbeiten. Alle bemerkenswerten Leistungen in meinem Leben beruhten auf dieser Geisteskraft, die im Einklang mit dem göttlichen Willen stand. Wenn der göttliche Dynamo läuft, muss alles, was ich mir nur wünsche, geschehen. Als mir unser neuer Tempel hier in den Sinn kam, stand eine Kraft dahinter, von der ich wusste, dass sie nicht aufzuhalten war. Ich sah Gottes großen Willen am Werk. Dinge, die der sterbliche Geist noch nicht einmal zu hoffen wagte, kamen trotz allem zustande.[6]

Alles, woran ihr fest glaubt, wird geschehen. Jesus sagte: »Wer zu diesem Berge spräche: Hebe dich und wirf dich ins Meer! und zweifelte nicht in seinem Herzen, sondern glaubte, dass es geschehen würde, was er sagt, so wird's geschehen.«[7]

Entmutigt euch nicht, indem ihr euch einredet, ihr wärt Sünder und Gott würde nie zu euch kommen. Damit lähmt ihr euren Willen. Sünde ist eine vorübergehende Täuschung, und was geschehen ist, ist vorbei. Es gehört nicht mehr zu euch. Aber ihr solltet nicht noch einmal denselben Fehler machen.

Nehmt euer schlechtes Karma nicht hin

Lehnt das Karma ab. Zu viele Menschen verstehen die Bedeutung von Karma falsch und nehmen eine fatalistische Haltung ein. Ihr seid nicht gezwungen, das Karma hinzunehmen. Wenn ich euch sage, hinter euch steht jemand, der euch prügeln will, weil ihr ihn einmal geschlagen habt, und ihr sagt dann unterwürfig: »Nun, das ist mein Karma« und wartet darauf, dass er zuschlägt, werdet ihr natürlich den Schlag abbekommen. Warum versucht ihr nicht, den Wütenden zu besänftigen? Indem ihr ihn beruhigt, könnt ihr seine Verbitterung vielleicht mildern, sodass er nicht mehr wünscht, euch niederzustrecken.

Erkennt ihr euch als Kinder Gottes, was für ein Karma

---

[6] Es handelt sich um den Tempel der Self-Realization Fellowship in Hollywood, der am 30. August 1942 eingeweiht wurde. Er war während des Zweiten Weltkriegs errichtet worden, als restriktive Bestimmungen vorherrschten und das Baumaterial knapp war. Doch ein Hindernis nach dem anderen konnte beseitigt werden.

[7] *Markus* 11, 23.

habt ihr dann? Gott hat kein Karma, und auch ihr habt keines, wenn ihr *wisst*, dass ihr Seine Kinder seid. Ihr sollt jeden Tag bestätigen: »Ich bin kein sterbliches Wesen; ich bin nicht der Körper, ich bin ein Kind Gottes.« Damit übt ihr die Vergegenwärtigung Gottes. Gott ist frei von Karma. Ihr seid zu Seinem Bilde erschaffen. Auch ihr seid frei von Karma.

Eure Schwächen könnt ihr am besten beseitigen, wenn ihr gar nicht darüber nachdenkt, sonst überwältigen sie euch. Lasst das Licht herein, dann fühlt ihr, dass es nie eine Dunkelheit gab. Dieser Gedanke ist eine der größten Inspirationen meines Lebens. Wenn Licht in eine Höhle gebracht wird, in der jahrtausendelang Dunkelheit geherrscht hat, verschwindet diese sofort. Ebenso werden unsere Fehler und Schwächen verschwinden, wenn wir das Licht Gottes hereinlassen. Das Dunkel der Unwissenheit kann nie mehr eintreten.

Nach dieser Lebensphilosophie sollten wir leben. Nicht morgen, sondern heute, sofort. Es gibt keine Entschuldigung dafür, nicht an Gott zu denken. Flüstert im Hintergrund eures Geistes Tag und Nacht: Gott! Gott! Gott!, statt: Geld, Sex oder Ruhm. Ob ihr Geschirr spült, Gräben aushebt, im Büro oder Garten arbeitet – was immer ihr tut –, sagt innerlich: »Herr, offenbare Dich mir! Du bist hier. Du bist in der Sonne. Du bist im Gras. Du bist im Wasser. Du bist in diesem Raum. Du bist in meinem Herzen!«

Und sobald große Liebe zu Gott euer Herz erfüllt, vermisst ihr nichts; gleichgültig, was ihr in dieser Welt habt oder nicht habt, ihr seid trotzdem wunschlos glücklich. Göttliche Liebe verwandelt alle weltlichen Wünsche, selbst das Verlangen nach menschlicher Liebe, diese irdische Leidenschaft, die so oft Leid bringt, weil sie so unbeständig ist oder durch den Tod zerstört wird. Liebt ihr den Herrn, gebt ihr euch nie mehr mit einer geringeren Liebe zufrieden. In Ihm findet ihr die Liebe aller Herzen. Ihr findet Vollkommenheit. Alles, was die Welt euch gibt und wieder wegnimmt, wobei sie euch bekümmert oder enttäuscht zurücklässt, werdet ihr bei Gott in viel größerem Maße finden, und zwar ohne schmerzliche Nachwirkungen.

Jede Minute ist kostbar

Das Leben scheint so greifbar real zu sein, und dennoch

ist es schwer zu fassen. Jede Minute ist kostbar. Heute lebt ihr, morgen lebt ihr nicht mehr. Ich denke täglich daran. Wir verschwinden einer nach dem anderen. Es werden andere kommen, und wir werden gehen. Aber der Körper ist nur ein Gewand. Wie oft im Leben habt ihr eure Kleider gewechselt, doch deshalb würdet ihr nicht sagen, *ihr* hättet euch verändert. Ebenso wenig verändert ihr euch, wenn ihr dieses körperliche Gewand im Tod ablegt. Ihr seid dieselben – unsterbliche Seelen, Kinder Gottes. Reinkarnation bedeutet nur einen Wechsel des irdischen Gewandes, aber euer wahres Selbst wird sich nie ändern. Ihr müsst euch auf euer wahres Selbst konzentrieren, nicht auf den Körper, der bloß ein Kleid ist.

Ich denke manchmal, dass die Sinneswahrnehmungen die schlimmsten Feinde des Menschen sind, weil sie uns glauben machen, etwas zu sein, was wir nicht sind. Das Kältegefühl lässt uns denken, uns sei kalt; und das Wärmegefühl lässt uns denken, uns sei heiß. Wenn wir aber diese Empfindungen im Geist ablehnten, wäre uns weder kalt noch heiß.

Vor langer Zeit ging ich eines Nachts in Duxbury, Massachusetts, bei Mondschein im Meer schwimmen. Dr. M.W. Lewis und sein Sohn Bradford begleiteten mich. Das Wasser war sehr kalt, aber ich sagte mir: Alles besteht aus Elektrizität, und dieselbe Elektrizität, welche die Kälte hervorbringt, erzeugt auch Wärme, und das Wasser selbst ist nichts als eine Manifestation elektrischer Energie. Als ich dies gerade dachte, schaute Bradford mich seltsam an, wandte sich an seinen Vater und rief aus: »Ein Licht umgibt Swamijis[8] Körper!« Das Licht Gottes war über mich gekommen, als ich mich geweigert hatte, das Gefühl der Kälte zu akzeptieren, und stattdessen die Wahrheit bestätigte, dass alles aus Göttlicher Elektrizität bestehe.

Fangt Gott im Netz bedingungsloser Liebe

Redet ihr aber zu viel über diese Dinge, nimmt Gott sie euch weg. Er ist wie ein kleines Kind – Er kennt keine Arglist.

---

[8] 1935 verlieh Sri Yukteswar seinem geliebten Jünger Yogananda den geistigen Titel *Paramahansa*. Davor wurde er Swami Yogananda genannt. Die Nachsilbe *ji* drückt Respekt aus und wird in Indien an Namen und Titel angehängt. (Siehe *Swami* im Glossar.)

Doch wenn ihr Ihn auch nur ein bisschen betrügt oder Ihm einen Streich spielt, verschwindet Er. Darum ist es so schwer, Ihn festzuhalten. Ihr müsst Ihn im Netz eurer bedingungslosen Liebe fangen. Liebe bedeutet: Sehnsucht nach Gott. Gott schätzt Liebe mehr als Verehrung. Bei der Verehrung bleibt noch ein Abstand und eine heilige Scheu bestehen, vielleicht sogar Furcht; in der Liebe jedoch ist Einheit, Vereinigung.

Verzweifelt nicht, wenn ihr noch keine bedingungslose Liebe für Gott empfindet. Alle werden erlöst. Wenn ihr es vorzieht, auf dem Weg der Evolution Zeit zu verlieren, seid ihr die Verlierer. Ihr könnt nicht stillstehen, sondern müsst vorwärts oder rückwärts gehen. Aber irgendwann müsst ihr erlöst werden. Erlöst werden bedeutet, die Unwissenheit aufzugeben, welche die Seele verhüllt. Man kann einen Goldklumpen, der mit Schlamm bedeckt ist, nicht sehen. Und solange der Schmutz der Unwissenheit die goldene Seele verbirgt, könnt ihr sie nicht wahrnehmen. Da ihr nur den Körper kennt, seid ihr unfähig, euch als Seele zu begreifen. Die menschliche Form ist der Schlamm, mit dem ihr eure Seele überzogen habt – und darum wisst ihr nicht, was ihr seid. Wascht den Schmutz ab, vergesst den Körper in der Meditation, dann werdet ihr erkennen, was ihr seid. Wie könntet ihr als Kinder Gottes anders als vollkommen sein? Aber ihr müsst eure innewohnende Göttlichkeit verwirklichen.

Ihr müsst eure Liebe zu Gott sehr geheim halten. Und ihr dürft von Seiner Liebe und davon, dass Er bei euch ist, nichts erzählen. Seid wie die Meister, die innerlich ständig an die Schönheit hinter den Blumen denken; an das Licht hinter der Sonne; an das Leben, das in allen Augen funkelt und in jedem Herzen schlägt; an die Bewegung, die sich in allen Füßen regt, in allen Händen arbeitet; an den Geist, der in allen Gehirnen tätig ist, und an die Liebe hinter aller Liebe.

Gott ist so groß, so herrlich! Lebt man im Reich des göttlichen Bewusstseins, sieht man diese irdische Welt, die von Gott nichts weiß, als Albtraum, und man ist für immer von ihren Schrecken befreit.

Ihr verschwendet täglich kostbare Zeit. Jeder kleine Augenblick, den ihr mit Gott verbringt, ist zu eurem größten Vorteil; und alles, was ihr mit dem Wunsch tut, Gott in eurem

Herzen zu erfreuen, bleibt in Ewigkeit erhalten. Gott ist Freiheit von allen Leiden. Gott ist der Reichtum und das Wohlergehen, das ihr sucht. Gott ist die Liebe, nach der ihr ausschaut. Der Wunsch der Seele nach Gott steht hinter allen Wünschen. Weltliche Wünsche verschleiern die Sehnsucht der Seele, sich mit der göttlichen Glückseligkeit zu vereinen. Nur Gott kann alle Wünsche dieses Lebens und die der vergangenen Inkarnationen befriedigen. So habe ich es erlebt.

Gott zu erfahren ist mit nichts zu vergleichen

Sucht also Tag und Nacht nach Ihm. Nichts lässt sich mit dem Erlebnis vergleichen, das euch zuteil wird, wenn ihr das tut. Gott ist das Ziel, das ihr sucht. Ihr könnt ohne Ihn nicht leben. Und alle Dinge, die ihr euch wünscht, werdet ihr in Ihm finden. Er spielt mit seinen Verehrern Verstecken; doch eines Tages, wenn dieses Spiel vorbei ist, wird Er zu jedem von euch sagen: »Nicht, um dich zu quälen, habe Ich Mich so lange vor dir versteckt, sondern um unsere Vereinigung am Ende strahlend und schön zu gestalten. Nachdem du Mich in vielen Inkarnationen gesucht hast, hast du Mich schließlich gefunden; und Ich begrüße dich freudig in deinem Zuhause. Lange habe Ich auf dich gewartet. Du warst nicht der Einzige, der gesucht hat. In allen Erfahrungen deines Lebens war Ich es, der dich verfolgte und liebte, indem Ich Mich in deine Familienangehörigen und Freunde verkleidete. Ich habe dich beobachtet und sehnsüchtiger auf dich gewartet, als du Mich gesucht hast. Viele Male hast du Mich vergessen, aber Ich konnte dich, Mein Kind, nicht vergessen. Geliebtes Kind, schließlich bist du freiwillig zu Mir zurückgekehrt. Wir werden uns nie mehr trennen.«

So liebt Gott jedes menschliche Wesen. Er wartet auf euch. Schenkt der Welt keine Aufmerksamkeit. Tut eure Pflicht, aber seid bei Gott. Es lohnt sich. Jeder Augenblick eures Lebens sollte mit dem Gedanken an Gott erfüllt sein. Vergeudet nicht eure Zeit. Ich bin begierig darauf, zu Gott zurückzukehren – nicht nur um meinetwillen, sondern um anderen den Weg zu dieser Ewigen Sicherheit zu zeigen. Ich möchte zu Ihm gehen und andere mitnehmen. Bitte betet mit mir:

»Ehre sei Dir, Herr des Universums, Herr meiner Seele! Du liebst uns und verfolgst uns sogar, wenn wir Dich nicht lieben.

Herr der Liebe, Herr der Welt, wohne in den Tempeln unseres Lebens! Sei Du der einzige König auf dem Thron all unserer Wünsche, denn Du bist das einzige Glück, die einzige Freude. Segne uns, damit wir Dich jeden Tag, jede Minute unseres Lebens unmittelbar hinter unseren Gedanken finden. Nimm den Kelch der irdischen Täuschung von uns; doch wenn wir eine Zeit lang daraus trinken müssen, segne uns, damit wir mit größerer Freude und Begeisterung die Ewigkeit genießen. OM, Friede, OM.«

Paramahansa Yogananda –
Ein Yogi im Leben und im Tod

Am 7. März 1952 hielt Paramahansa Yogananda in Los Angeles/Kalifornien auf einem Bankett, das zu Ehren des indischen Botschafters, Seiner Exzellenz Binay R. Sen, veranstaltet wurde, eine Ansprache. Unmittelbar danach ging er in den *Mahasamadhi* ein. (Das ist der endgültige und bewusste Austritt eines Yogis aus seinem Körper.)

Der große Weltlehrer bewies nicht nur während seines Lebens, sondern auch noch im Tode die Wirksamkeit des Yoga (der wissenschaftlichen Techniken, die zur Gottvereinigung führen). Noch mehrere Wochen nach seinem Hinscheiden leuchtete sein unverändertes Antlitz in einem göttlichen Glanz – unberührt von jeder Verwesung.

Harry T. Rowe, der Direktor des Friedhofs von *Forest Lawn Memorial Park* in Los Angeles (wo der Körper des großen Meisters vorläufig ruht), sandte der Self-Realization Fellowship eine beglaubigte Urkunde, der wir hier folgende Auszüge entnehmen:

»Das Ausbleiben jeder Verfallserscheinungen am Leichnam Paramahansa Yoganandas stellt den außergewöhnlichsten Fall in unserer ganzen Erfahrung dar. ... Selbst zwanzig Tage nach seinem Tode war kein Zeichen einer körperlichen Auflösung festzustellen. ... Die Haut zeigte keine Spuren von Verwesung, und im Körpergewebe ließ sich keine Austrocknung erkennen. Ein solcher Zustand von Unverweslichkeit ist, soweit wir das aus Friedhofsannalen wissen, einzigartig. ... Als Yoganandas Körper eingeliefert wurde, erwarteten die Friedhofsbeamten, dass sich allmählich, wie bei jedem Leichnam, die üblichen Verfallserscheinungen einstellen würden. Mit wachsendem Erstaunen sahen wir jedoch einen Tag nach dem anderen verstreichen, ohne dass der in einem gläsernen Sarg liegende Körper irgendeine sichtbare Veränderung aufwies. Yoganandas Körper befand sich anscheinend in einem erstaunlichen unverweslichen Zustand. ...

Kein Verwesungsgeruch konnte während der ganzen Zeit an seinem Körper wahrgenommen werden. ... Die körperliche Erscheinung Yoganandas war am 27. März, kurz bevor der Bronzedeckel auf den Sarg gelegt wurde, dieselbe wie am 7. März. Er sah am 27. März genauso frisch und vom Tode unberührt aus wie am Abend seines Todestages. Es lag also am 27. März keine Veranlassung vor zu behaupten, dass sein Körper auch nur das geringste Zeichen der Zersetzung aufweise. Aus diesem Grunde möchten wir nochmals betonen, dass der Fall Paramahansa Yoganandas unseres Wissens einzigartig ist.«

Im Jahr 1977, als sich der *Mahasamadhi* Paramahansa Yoganandas zum 25. Mal jährte, gab die indische Regierung zu seinen Ehren eine Gedenkbriefmarke heraus. Zusammen mit der Briefmarke veröffentlichte die Regierung eine Erläuterung, aus der ein Auszug folgt:

»*Das Ideal der Gottesliebe und des Dienstes an der Menschheit fand schönsten Ausdruck im Leben Paramahansa Yoganandas. ... Obgleich er den größten Teil seines Lebens außerhalb Indiens verbrachte, gehört er zu unseren großen Heiligen. Sein Werk breitet sich mehr und mehr aus und wird zu einem immer helleren Licht, das den Menschen aller Länder auf ihrer Pilgerreise zu Gott den Weg weist.*«

Zusätzliche Möglichkeiten, sich Paramahansa Yoganandas Lehren über den *Kriya-Yoga* anzueignen

Die Self-Realization Fellowship hat es sich zur Aufgabe gemacht, Wahrheitssucher in aller Welt weitgehend zu unterstützen. Bitte besuchen Sie unsere Website oder wenden Sie sich an unseren internationalen Hauptsitz, wenn Sie Informationen über Folgendes wünschen: unsere jährlich stattfindenden öffentlichen Vorträge und Seminare; Meditationen und Andachten in unseren Tempeln und Zentren in vielen Ländern der Welt; Termine für unsere Retreats (Einkehrtage) sowie Informationen über andere Aktivitäten.

www.yogananda-srf.org

Self-Realization Fellowship
3880 San Rafael Avenue
Los Angeles, CA 90065-3219 USA
+(323) 225-2471

oder

Gemeinschaft der Selbst-Verwirklichung
Laufamholzstraße 369
D-90482 Nürnberg
Tel.: 0911/50 10 87
Fax: 0911/5 04 83 17

Lehrbriefe der Self-Realization Fellowship

Diese Lehrbriefe enthalten Paramahansa Yoganandas Anleitung zu den Techniken der Yoga-Meditation und seine Grundsätze und persönlichen Ratschläge für eine spirituelle Lebensweise.

Wenn Sie sich von den spirituellen Wahrheiten in diesem Buch angesprochen fühlen, möchten wir Sie einladen, die *Lehrbriefe der Self-Realization Fellowship* zu abonnieren.

Paramahansa Yogananda hat diese Reihe von *Lehrbriefen*, die für das Selbststudium gedacht sind, zusammenstellen lassen, um aufrichtigen Wahrheitssuchern Gelegenheit zu geben, die in diesem Buch erwähnten althergebrachten Yoga-Meditationstechniken zu lernen und zu üben – einschließlich des wissenschaftlichen *Kriya-Yoga*. Die *Lehrbriefe* enthalten auch seine praktischen Ratschläge, mit denen man Ausgeglichenheit sowie körperliche, geistige und seelische Gesundheit erlangen kann.

Die *Lehrbriefe der Self-Realization Fellowship* können gegen eine geringe Gebühr bezogen werden (diese dient zur Deckung der Druck- und Versandkosten). Alle, welche die *Lehrbriefe* beziehen, werden in Bezug auf das Üben der Techniken von Nonnen und Mönchen der Self-Realization Fellowship ausgiebig persönlich beraten.

Weitere Informationen …

Einzelheiten über die *Lehrbriefe der Self-Realization Fellowship* enthält die kostenlose Broschüre *Ungeahnte Möglichkeiten*. Um diese Broschüre und eine Anmeldung für die *Lehrbriefe* anzufordern, besuchen Sie bitte unsere Website oder wenden Sie sich an unseren internationalen Hauptsitz in Los Angeles oder die Gemeinschaft der Selbst-Verwirklichung (s. Seite 488).

www.yogananda.org/lehrbriefe

Ebenfalls bei der Self-Realization Fellowship erschienen:
AUTOBIOGRAPHIE EINES YOGI

Paramahansa Yoganandas Lebensgeschichte ist ein fesselnder Bericht über die einzigartige Wahrheitssuche eines Menschen. Meisterhaft versteht es der Autor, seine spannende Erzählung zu bereichern, indem er mit wissenschaftlicher Genauigkeit die feinen, aber präzisen Gesetze erklärt, durch deren Anwendung die Yogis Wunder vollbringen und kosmisches Bewusstsein erlangen. Lebendig und in allen Einzelheiten beschreibt er die langen Jahre der Schulung in Indien bei seinem christusähnlichen Meister Swami Sri Yukteswar. Treffend und warmherzig schildert er seine Begegnungen mit bedeutenden Persönlichkeiten aus Ost und West – darunter Mahatma Gandhi, Luther Burbank, die katholische Stigmatisierte Therese Neumann und Rabindranath Tagore.

Die *Autobiographie eines Yogi* vermittelt eine fundierte Einführung in die Wissenschaft des Yoga und ist auf diesem Gebiet zu einem Klassiker geworden, der die wissenschaftlichen Grundlagen offenbart, die allen großen östlichen und westlichen Religionen zugrunde liegen. Das Buch wurde in mehr als 25 Sprachen übersetzt und dient heute als Studienmaterial an Hochschulen und Universitäten in aller Welt.

Zu beziehen als gebundene Ausgabe (Art.-Nr. 1060) oder als Taschenbuch (Art.-Nr. 1009) im Buchhandel oder direkt beim Herausgeber.

»Ein außergewöhnlicher Bericht.« **The New York Times**

»Eine faszinierende und klar kommentierte Studie.« **Newsweek**

»… muss den westlichen Leser ganz einfach interessieren und beeindrucken.« **Saturday Review**

»Eine echte Offenbarung … eine Erzählung voll köstlichem Humor und gewinnender Offenheit … so spannend wie ein Roman.«
News-Sentinel, Fort Wayne, Indiana

»Weder in englischer noch in irgendeiner anderen europäischen Sprache ist je etwas über Yoga geschrieben worden, was dieser Darstellung gleicht.« **Columbia University Press**

»Endlich einmal wird uns ein Bild des Universums vor Augen geführt, das in sich stimmig ist und uns zutiefst befriedigt – angefangen von den Welten, die durch das All wirbeln, bis ins kleinste Detail des menschlichen Lebens.« **Runner's World**

»Auf den Seiten dieser von unvergleichlichem und scharfem Geist gestalteten Darstellung eines faszinierenden Lebens wird ein Menschenbild von einer so ungeheuerlichen Größe offenbar, dass es den Leser von der ersten bis zur letzten Seite atemlos in Bann hält. … Man möchte dieser bedeutenden Biographie die Kraft zusprechen, eine geistige Reformation auszulösen.« **Schleswig-Holsteinische Tagespost**

Weitere Veröffentlichungen von Paramahansa Yogananda

*Erhältlich in Buchhandlungen (bitte erwähnen, dass es sich um einen amerikanischen Verlag handelt);
bei Brockhaus Commission, Tel. 07154 / 1327-0, Fax 07154 / 1327-13,
E-Mail: bestell@brocom.de (bitte Art.-Nr. bereithalten);
oder direkt beim Herausgeber, Self-Realization Fellowship,
Tel. 001/ 818-549-5151 (nur auf Englisch)
oder bookstore.yogananda-srf.org*

Gott spricht mit Arjuna: *Die Bhagavad-Gita – Neue Übersetzung und neuer Kommentar*   Art.-Nr. 1424

In diesem grandiosen zweibändigen Werk offenbart Paramahansa Yogananda die innerste Essenz dieser bedeutendsten heiligen Schrift Indiens. Er erkundet ihre psychologischen, geistigen und metaphysischen Tiefen und präsentiert dem Leser eine atemberaubende Chronik der Ereignisse, die der Seele – beim Einsatz der königlichen Wissenschaft der Gottverwirklichung – auf ihrem Weg zur Erleuchtung widerfahren.

Die Wiederkunft Christi – Die Auferstehung des Christus im eigenen Inneren, Band I   Art.-Nr. 1441

Der erste von drei geplanten deutschen Bänden mit Paramahansa Yoganandas unvergleichlichem Meisterwerk der Inspiration. Geführt von ihm wird diese Reise durch die vier Evangelien den Leser zutiefst bereichern. Vers um Vers erhellt Yogananda den universellen Weg zur Einheit mit Gott, den Jesus seine engsten Jünger gelehrt hat: »Wie man Christus gleich werden und den Ewigen Christus im eigenen Inneren auferstehen lassen kann.«

Der Yoga der Bhagavad-Gita: *Eine Einführung in die universale indische Wissenschaft der Gottverwirklichung*   Art.-Nr. 1732

Diese Zusammenstellung ausgewählter Abschnitte aus *Gott spricht mit Arjuna* – Paramahansa Yoganandas profunder, von der Kritik mit großer Anerkennung bedachter Übersetzung und Auslegung der Bhagavad-Gita – bietet Wahrheitssuchern eine ideale Einführung in die zeitlose, universale Lehre der Gita. Zum ersten Mal werden alle von Yogananda übersetzten Verse der Bhagavad-Gita in ununterbrochener Folge präsentiert.

Der Yoga Jesu: *Einblick in die verborgenen Lehren der Evangelien*
Art.-Nr. 1736

Dieses kompakte Buch ist eine Auswahl aus Paramahansa Yoganandas hochgepriesenem zweibändigen Werk *The Second Coming of Christ*. In den vorliegenden Texten wird bestätigt, dass Jesus – wie die ehrwürdigen Weisen und Meister des Ostens – die Grundsätze des Yoga nicht nur selbst kannte, sondern diese universale Wissenschaft der Gottverwirklichung auch an seine engeren Jünger weitergab. Sri Yogananda zeigt, dass Jesu Botschaft nichts mit sektiererischer Uneinigkeit zu tun hat, sondern dass sie einen vereinigenden Weg darstellt, der Wahrheitssuchern aller Glaubensrichtungen ermöglicht, das Reich Gottes zu erlangen.

Die ewige Suche des Menschen Art.-Nr. 1613

Paramahansa Yoganandas *Gesammelte Vorträge und Essays* (Band I–III) bieten eine ausführliche Erörterung des weiten Spektrums inspirierender und universaler Wahrheiten, die Millionen Leser der *Autobiographie eines Yogi* gefesselt haben. In diesem Band I werden u. a. erklärt: wenig bekannte und bisher kaum verstandene Aspekte der Meditation; das Leben nach dem Tode; das Wesen der Schöpfung; Gesundheit und Heilung; die unbegrenzte Kraft des Geistes; unsere ewige Suche, die nur in Gott Erfüllung findet.

Im Zauber des Göttlichen Art.-Nr. 1640

Band II von Paramahansa Yoganandas *Gesammelten Vorträgen und Essays*. Eine Auswahl aus den breit gefächerten Themen: *Wie man göttliche Liebe entwickelt; Wie man physische, geistige und seelische Heilmethoden miteinander in Einklang bringt; Eine Welt ohne Grenzen; Nehmt euer Schicksal selbst in die Hand; Die Kunst, das sterbliche Bewusstsein und den Tod durch Yoga zu überwinden; Der Kosmische Liebende; Wie man die Freude im Leben findet.*

Der Wein des Mystikers: *Die Rubaijat von Omar Chajjam – Eine geistige Deutung* Art.-Nr. 1579

Ein inspirierender Kommentar zur geheimnisvollen Bildersprache der *Rubaijat*, der Licht auf die mystische Wissenschaft der Gottverbundenheit wirft. Das Buch enthält 50 farbige Original-Illustrationen und gewann 1995 den Benjamin-Franklin-Preis für das beste Buch auf dem Gebiet der Religion.

An der Quelle des Lichts: *Einsichten und Inspirationen, um den Herausforderungen des Lebens zu begegnen* Art.-Nr. 1672

Erleuchtende Gedanken, nach Themen geordnet. In diesem praktischen Handbuch findet der Leser in Krisenzeiten rasche Orientierungshilfe; er kann das Buch auch dazu benutzen, sich erneut die ewig gegenwärtige Kraft Gottes bewusst zu machen, um sich für das Alltagsleben zu stärken.

Flüstern aus der Ewigkeit Art.-Nr. 1106

Eine Sammlung von Paramahansa Yoganandas Gebeten und Meditationserlebnissen im göttlichen Bewusstseinszustand. Seine Worte bringen durch ihre poetische Schönheit und ihren majestätischen Rhythmus die unerschöpfliche Mannigfaltigkeit Gottes zum Ausdruck und auch die unsagbare Seligkeit, die Er allen aufrichtigen Suchern schenkt.

Religion als Wissenschaft Art.-Nr. 1158

Jeder Mensch, so schreibt Paramahansa Yogananda, hat einen unleugbaren Wunsch: Leid zu überwinden und dauerhaftes Glück zu erlangen. Sri Yogananda untersucht die relative Wirksamkeit der verschiedenen Methoden, die zu diesem Ziel führen, und erklärt dann, auf welche Weise es möglich ist, jene Sehnsucht zu erfüllen.

Aus der Quelle der Seele: Wege zum erfolgreichen Beten
Art.-Nr. 1621

Erhebende Gedanken aus den Schriften Paramahansa Yoganandas. Das Buch ist ein inspirierender Weggefährte, der uns täglich aufs Neue zeigt, wie das Gebet jeden Tag zu einem Quell der Liebe, der Kraft und der inneren Führung werden kann.

Wege zum inneren Frieden: Ruhige Tätigkeit – tätige Ruhe
Art.-Nr. 1632

Eine Auswahl praktischer und inspirierender Ratschläge aus den Ansprachen und Schriften Paramahansa Yoganandas. »Tätige Ruhe« entsteht, wenn wir in der Meditation inneren Frieden finden; und »ruhige Tätigkeit« entfaltet sich, wenn wir fest verankert bleiben in der Stille und Freude unseres wahren SELBST, während wir ein aktives, erfülltes und ausgeglichenes Leben führen.

Erfolg im Leben Art.-Nr. 1722

In diesem kraftvollen Buch zeigt Paramahansa Yogananda, dass wir die höchsten Ziele des Lebens verwirklichen können, wenn wir das unbegrenzte Potenzial in unserem Innern anzapfen. Er gibt praktischen Rat, der uns zum Erfolg führen wird, umreißt klare Methoden, mit denen wir uns dauerhaftes Glück verschaffen, und erklärt, wie wir Trägheit und Negativität überwinden, indem wir uns die dynamische Kraft unseres eigenen Willens zunutze machen.

Warum Gott das Böse zulässt und wie man sich darüber erhebt
Art.-Nr. 1729

Hier vermittelt Paramahansa Yogananda Kraft und Trost für Krisenzeiten, indem er die Mysterien von Gottes *Lila*, dem göttlichen Drama, erläutert. Der Leser wird die Ursache für die dualistische Natur der Schöpfung – Gottes Wechselspiel von Gut und Böse – verstehen und erhält Anleitung, wie er sich auch über die schwierigsten Lebenslagen erheben kann.

Leben ohne Angst
Art.-Nr. 1728

Paramahansa Yogananda lehrt uns, wie wir die Fesseln der Angst sprengen und unsere eigenen psychologischen Stolpersteine aus dem Weg räumen können. *Leben ohne Angst* ist ein klares Zeugnis für das, was wir werden können, wenn wir nur fest an die Göttlichkeit unserer wahren Natur – der Seele – glauben.

Zwiesprache mit Gott
Art.-Nr. 1407 (geb.); 1406 (Taschenbuch)

Paramahansa Yogananda definiert Gott als den transzendenten, universalen GEIST, als vertrauten Vater, Mutter, Freund und Geliebten aller Seelen. Er zeigt uns, wie nahe der Herr jedem von uns ist und wie man Ihn dazu bringen kann, Sein Schweigen zu brechen und uns auf fühlbare Weise zu antworten.

Meditationen zur SELBST-Verwirklichung
Art.-Nr. 1353

Über 300 geistig erhebende Meditationen, Gebete und Affirmationen, die dem Menschen helfen, gute Gesundheit und Vitalität, Selbstbewusstsein, Kreativität und innere Ruhe zu entwickeln und immer mehr im Bewusstsein der glückseligen Gegenwart Gottes zu leben.

Wissenschaftliche Heilmeditationen
Art.-Nr. 1305

Hier gibt Paramahansa Yogananda eine tiefschürfende Erläuterung der Wissenschaft der Heilmeditation. Er erklärt, warum Affirmationen so wirksam sind und wie man die Kraft der Worte und der Gedanken nicht nur zur Heilung anwenden kann, sondern auch, um gewünschte Veränderungen auf jedem Lebensgebiet zu erreichen. Das Buch enthält eine große Auswahl an Affirmationen.

Worte von Paramahansa Yogananda
Art.-Nr. 1216

Eine Sammlung von Aussprüchen und weisen Ratschlägen Paramahansa Yoganandas – offenherzige und liebevolle Antworten, die der Guru ratsuchenden Schülern gab. Mehrere seiner engsten Jünger haben diese Worte aufgezeichnet und ermöglichen es dadurch jedem Leser, dem Meister auf ganz persönliche Weise zu begegnen.

Lieder der Seele Art.-Nr. 1652
Mystische Gedichte Paramahansa Yoganandas: Bekenntnisse des Herzens, die durch unmittelbare Gotteswahrnehmung ausgelöst wurden und von Gott in der Natur, in der menschlichen Seele, in allen täglichen Erlebnissen und im Zustand geistiger Erweckung – der *Samadhi*-Meditation – zeugen.

Das Gesetz des Erfolges Art.-Nr. 1457 (geb.); 1456 (Taschenbuch)
Der Meister erklärt die wirksamen Grundsätze, die einem dazu verhelfen, seine Ziele im Leben zu erreichen, und vermittelt einen Überblick über die universalen Gesetze, die im persönlichen, beruflichen und geistigen Leben zu Erfolg und Erfüllung führen.

Kosmische Lieder Art.-Nr. 1251
Worte und Noten zu 60 religiösen Liedern mit einer Abhandlung über das geistige Singen, das zur Verbindung mit Gott führt.

AUDIOAUFNAHMEN VON PARAMAHANSA YOGANANDA

Beholding the One in All
Awake in the Cosmic Dream
Songs of My Heart
Be a Smile Millionaire
The Great Light of God
To Make Heaven on Earth
One Life Versus Reincarnation
Removing All Sorrow and Suffering
In the Glory of the Spirit
Follow the Path of Christ, Krishna, and the Masters
Self-Realization: The Inner and the Outer Path

WEITERE VERÖFFENTLICHUNGEN DER SELF-REALIZATION FELLOWSHIP

Die Heilige Wissenschaft von Swami Sri Yukteswar Art.-Nr. 1903

Die Stimme des Herzens von Sri Daya Mata Art.-Nr. 1616

Alles Glück liegt in dir von Sri Daya Mata Art.-Nr. 1816

Intuition – Wegweiser der Seele … von Sri Daya Mata Art.-Nr. 1724

Nur die Liebe von Sri Daya Mata Art.-Nr. 1806

KOSTENLOSE EINFÜHRUNGSBROSCHÜRE: *UNGEAHNTE MÖGLICHKEITEN*

Die von Paramahansa Yogananda gelehrten wissenschaftlichen Meditationstechniken, einschließlich des *Kriya-Yoga*, sowie seine Ratschläge zu allen Aspekten einer ausgeglichenen Lebensführung werden in den *Lehrbriefen der Self-Realization Fellowship* dargelegt. Falls Sie nähere Auskunft darüber wünschen, fordern Sie bitte die kostenlose Broschüre *Ungeahnte Möglichkeiten* an: www.yoganandasrf.org/lehrbriefe.

Auf Anfrage erhalten Sie einen ausführlichen Katalog aller von der Self-Realization Fellowship veröffentlichten Bücher, Audio- und Video-Aufnahmen.

(Adressen siehe Seite 488.)

Ziele und Ideale
der Self-Realization Fellowship

dargelegt von ihrem Gründer Paramahansa Yogananda
Sri Mrinalini Mata, Präsidentin

Menschen aller Nationen mit bestimmten, wissenschaftlichen Techniken bekannt zu machen, die zur unmittelbaren, persönlichen Gotteserfahrung führen;

zu lehren, dass der Sinn des Lebens in der Höherentwicklung des begrenzten menschlichen Bewusstseins liegt, bis es sich aus eigener Kraft zum Bewusstsein Gottes erweitert, und zu diesem Zweck Tempel der Self-Realization Fellowship in aller Welt zu errichten, in denen wahre Gottverbundenheit gepflegt wird, und die Menschen außerdem anzuregen, sich in ihrem eigenen Heim und Herzen einen Tempel Gottes zu schaffen;

darzulegen, dass das ursprüngliche, von Jesus Christus gelehrte Christentum und der ursprüngliche, von Bhagavan Krishna gelehrte Yoga im Wesentlichen völlig übereinstimmen und dass diese Prinzipien der Wahrheit die wissenschaftliche Grundlage aller echten Religionen bilden;

auf den schnellsten Weg zu Gott hinzuweisen, in den alle wahren religiösen Wege schließlich einmünden: auf den Weg täglicher, wissenschaftlicher und hingebungsvoller Meditation über Gott;

die Menschen von ihrem dreifachen Leiden: körperlicher Krankheit, geistiger Unausgeglichenheit und spiritueller Unwissenheit zu befreien;

die Menschen zu einem einfacheren Leben und tieferen Denken anzuregen und unter allen Völkern den Geist wahrer Brüderlichkeit zu verbreiten, indem ihnen die Erkenntnis vermittelt wird, dass alle Menschen Kinder des einen Gottes sind;

die Überlegenheit des Geistes über den Körper und die der Seele über den Geist zu beweisen;

Böses durch Gutes, Leid durch Freude, Grausamkeit durch Güte, Unwissenheit durch Weisheit zu besiegen;

Wissenschaft und Religion durch die Erkenntnis, dass beide auf denselben Gesetzen beruhen, miteinander in Einklang zu bringen;

die geistige Verständigung und den kulturellen Austausch zwischen Morgen- und Abendland zu fördern;

der ganzen Menschheit als dem eigenen, erweiterten SELBST zu dienen.

Glossar

Arjuna: Der erhabene Jünger, dem Bhagavan Krishna die unsterbliche Botschaft der Bhagavad-Gita *(s.d.)* vermittelte; einer der fünf Pandava-Prinzen aus dem *Mahabharata*, dem großen Epos der Hindus, in dem er eine der Hauptpersonen darstellt.

Ashram: Geistige Einsiedelei; oft ein Kloster.

Astralkörper: Der feinstoffliche Körper des Menschen, der aus Licht, *Prana* (oder Biotronen) besteht; die zweite der drei Hüllen, welche die Seele nacheinander umschließen: der Kausalkörper *(s.d.)*, der Astralkörper und der physische Körper. Ähnlich wie die Elektrizität eine Glühbirne erhellt, so beleben die Kräfte des Astralkörpers den physischen Körper. Der Astralkörper besteht aus 19 Elementen: Intelligenz, Ichbewusstsein, Gefühl, Verstand (Sinnesbewusstsein); aus den fünf Werkzeugen der Erkenntnis (die Wahrnehmungskräfte in den physischen Sinnesorganen von Gesicht, Gehör, Geruch, Geschmack und Tastsinn); den fünf Werkzeugen der Tätigkeit, welche für die körperlichen Vorgänge der Zeugung, der Ausscheidung, des Sprechens, der Fortbewegung und der Fingerfertigkeit verantwortlich sind; und den fünf Werkzeugen der Lebenskraft, welche die Funktion des Kreislaufs, des Stoffwechsels, der Assimilation, der Kristallisation und der Elimination im Körper ausführen.

Astrallicht: Das feinstoffliche Licht, das von den Biotronen (siehe *Prana*) ausgeht; die Substanz, aus der die Astralwelt besteht. Mit der allumfassenden intuitiven Wahrnehmungskraft der Seele kann der Gottsucher in tiefer Meditation das astrale Licht – insbesondere als geistiges Auge *(s.d.)* – wahrnehmen.

Astralwelt: Die feinstoffliche Welt der Schöpfung Gottes, ein Universum aus Licht und Farbe, das aus feineren als den atomaren Kräften besteht, d.h. aus Schwingungen der Lebensenergie oder Biotronen (siehe *Prana*). Jedes Lebewesen, jeder Gegenstand, jede Schwingung auf der materiellen Ebene hat ein astrales Gegenstück, denn im astralen Universum (dem Himmel) liegt die »Blaupause« für unser materielles Universum. Beim physischen Tod steigt die in einen astralen Lichtkörper eingehüllte Seele in eine der höheren oder niederen Astralwelten empor, je nach Verdienst des Menschen, um seine geistige Weiterentwicklung in der größeren Freiheit jener feinstofflichen Sphäre fortzusetzen. Er verbleibt dort für eine karmisch vorbestimmte Zeit – bis zu seiner Wiedergeburt.

Atem: »Durch die Atmung fließen zahllose kosmische Ströme in den Menschen ein und machen seinen Geist ruhelos«, schrieb Paramahansa Yogananda. »Um sich dem ständigen Wechsel in der Welt der Erscheinungen zu entziehen und in die Unendlichkeit des GEISTES einzugehen, lernt der Yogi, seinen Atem durch wissenschaftliche Meditation zu beruhigen.«

Äther: Auf Sanskrit *Akasha*. Obgleich die heutige Naturwissenschaft die Existenz des Äthers nicht als erwiesen betrachtet, wird er von den indischen Weisen seit Jahrtausenden erwähnt. Paramahansa Yogananda sprach vom Äther als dem Hintergrund, auf den Gott Seinen kosmischen Film der Schöpfung projiziert. Der Raum verleiht den Objekten Dimension; und der Äther trennt die einzelnen Bilder voneinander. Dieser »Hintergrund« ist eine schöpferische Kraft, die alle Schwingungen im Raum koordiniert und ein unerlässlicher Faktor ist, wenn es sich um die feineren Kräfte – Gedanken und Lebensenergie *(Prana)* und die Beschaffenheit des Raums, den Ursprung der stofflichen Kräfte und der Materie selbst handelt. Siehe *Elemente*.

Aufladeübungen: Der Mensch ist von kosmischer Energie umgeben, so wie ein Fisch vom Wasser umgeben ist. Durch die Aufladeübungen, die von Paramahansa Yogananda selbst entwickelt wurden und in den *Lehrbriefen der Self-Realization Fellowship (s.d.)* beschrieben sind, kann der Mensch seinen Körper mit dieser kosmischen Energie, dem *Prana*, das ihn überall umgibt, versorgen.

Avatar: Göttliche Inkarnation; aus dem Sanskritwort *Avatara*, das aus den Silben *ava* = »hernieder« und *tri* = »steigen« besteht. Wer eins mit dem GEIST geworden ist und dann auf die Erde zurückkehrt, um der Menschheit zu helfen, wird als Avatar bezeichnet.

Avidya: Wörtlich »Nichtwissen«, Unwissenheit; im Menschen manifestiert sie sich als *Maya* – kosmische Täuschung *(s.d.)*. Im Wesentlichen bedeutet *Avidya*, dass der Mensch in Unkenntnis seiner göttlichen Natur und der einzigen Wirklichkeit – des GEISTES – lebt.

Babaji: Siehe *Mahavatar Babaji*.

Bewusstseinszustände: Im irdischen Bewusstsein kennt der Mensch drei Zustände: den Wach-, den Schlaf- und den Traumzustand. Doch er erlebt weder seine Seele – das Überbewusstsein – noch Gott; der Christusmensch hingegen kennt sie. So wie sich das Bewusstsein des irdischen Menschen auf seinen ganzen Körper erstreckt, so erstreckt sich das Bewusstsein des Christusmenschen auf das ganze Universum, das er als seinen eigenen Körper fühlt. Jenseits des Christusbewusstseins liegt das Kosmische Bewusstsein, in dem man sowohl die Einheit mit Gott als das absolute Bewusstsein jenseits der vibrierenden Schöpfung erlebt als auch Gottes Allgegenwart, die sich in den Welten der Erscheinungen offenbart.

Bhagavad-Gita: »Gesang des Herrn«. Ein aus 18 Kapiteln bestehender Teil des Epos *Mahabharata*, das zu den aus alten Zeiten stammenden heiligen Schriften Indiens gehört. Die Gita ist im Wesentlichen ein Dialog zwischen dem *Avatar (s.d.)* Krishna und seinem Jünger Arjuna am Vorabend der historischen Schlacht von Kurukshetra. Sie stellt eine tiefschürfende Abhandlung über die Wissenschaft des Yoga (der Vereinigung mit Gott) dar und enthält zeitlose Ratschläge in Bezug auf Glück und Erfolg im täglichen Leben. Die Gita handelt sowohl von einem allegorischen wie von einem historischen Geschehen – sie ist eine geistige Abhandlung über den inneren Kampf zwischen den guten und schlechten Eigenschaften des Menschen. Je nach dem inhaltlichen Zusammenhang ist Krishna ein Sinnbild für den Guru, die Seele oder Gott; und Arjuna versinnbildlicht den strebsamen Gottsucher. Mahatma Gandhi schrieb über diese heilige Schrift: »Wer über die Gita meditiert, wird aus ihr täglich neue Freude und Erkenntnis schöpfen. Es gibt keine einzige Schwierigkeit, welche die Gita nicht lösen könnte.«

Wenn nicht anders angegeben, wurden die Zitate aus der Bhagavad-Gita in diesem Band von Paramahansa Yogananda selbst übersetzt. In den einzelnen Vorträgen hat er das Sanskrit je nach dem Sinnzusammenhang bisweilen wörtlich und manchmal frei übertragen. Die meisten Gita-Zitate in dieser Ausgabe *Der ewigen Suche des Menschen* stammen aus seinem Buch *Gott spricht mit Arjuna: Die Bhagavad Gita – Königliche Wissenschaft der Gottverwirklichung* (herausgegeben von der Self-Realization Fellowship im Jahre 2005). Für diese Zitate haben wir die endgültige Version benutzt, die Paramahansaji der umfassenden Übersetzung und Auslegung dieses Werkes zugrunde gelegt hat. Wenn er in einer Ansprache eine Stelle aus der Gita freier übersetzt hat, um etwas besonders zu betonen, wurde diese Übertragung beibehalten und als solche in der Fußnote gekennzeichnet.

Bhagavan Krishna: Ein *Avatar (s.d.)*, der viele Jahrhunderte vor der christlichen Zeitrechnung in Indien lebte. Eine der Deutungen, die dem Wort *Krishna* in den heiligen Schriften der Hindus gegeben wird, ist »allwissender GEIST«. So ist *Krishna* ebenso wie *Christus* ein geistiger Titel, der die göttliche Größe des *Avatars* aufzeigt – seine Einheit mit Gott. Der Titel *Bhagavan* bedeutet »Herr«. Als Krishna die in der Bhagavad-Gita aufgezeichnete Rede hielt, war er Herrscher über ein Königreich in Nordindien. In seinen Jugendjahren war Krishna ein Kuhhirte, der seine Gefährten durch die Melodien seiner Flöte entzückte. In dieser Rolle stellt Krishna allegorisch die Seele dar, die auf der Flöte der Meditation spielt, um alle irregeleiteten Gedanken zur Herde der Allwissenheit zurückzuführen.

Glossar

Bhakti-Yoga: Der geistige Weg zu Gott, auf dem Liebe und Hingabe die wichtigsten Mittel zur Verbindung und Vereinigung mit Ihm sind. Siehe *Yoga*.

Biotronen: Siehe *Prana*.

Böse, das: Die satanische Kraft, die Gottes Allgegenwart in der Schöpfung verschleiert und in Mensch und Natur als Disharmonie in Erscheinung tritt. Im weiteren Sinne auch alles, was dem göttlichen Gesetz (siehe *Dharma*) zuwiderhandelt und was verursacht, dass der Mensch das Bewusstsein seiner wesentlichen Einheit mit Gott verliert und Ihn daher nicht erkennen kann.

Brahma-Vishnu-Shiva: Drei Ausdrucksformen Gottes, die Seine Immanenz in der Schöpfung versinnbildlichen. Sie stellen die dreifache Funktion der Christus-Intelligenz *(Tat)* dar, die das Wirken der Natur – als Schöpfung, Erhaltung und Auflösung – leitet. Siehe *Dreieinigkeit*.

Brahman (Brahma): Absoluter GEIST.

Chakras: Im Yoga versteht man darunter die sieben okkulten Zentren der Lebenskraft und des Bewusstseins in der Wirbelsäule und im Gehirn, die den physischen und astralen Körper des Menschen am Leben erhalten. Diese Zentren werden *Chakras* (»Räder«) genannt, denn die konzentrierte Energie in jedem von ihnen ist einer Nabe vergleichbar, von der Leben spendende Licht- und Energiestrahlen ausgehen. In aufsteigender Reihenfolge werden diese *Chakras* wie folgt benannt: *Muladhara* (das Steißbeinzentrum an der Basis der Wirbelsäule); *Svadhishtana* (das Kreuzbeinzentrum, etwa 5 cm über dem *Muladhara*); *Manipura* (das Lendenzentrum, gegenüber dem Nabel); *Anahata* (das Rückenzentrum, gegenüber dem Herzen); *Vishuddha* (das Nackenzentrum, am oberen Ende der Halswirbelsäule); *Ajna* (der Tradition gemäß zwischen den Augenbrauen; in Wirklichkeit aber ist es durch Polarität direkt mit dem verlängerten Mark verbunden; siehe auch *Verlängertes Mark* und *Geistiges Auge*) sowie *Sahasrara* (unter der Schädeldecke).

Die sieben Zentren sind göttlich geplante Ausgänge oder »Falltüren«, durch welche die Seele in den Körper hinabgestiegen ist und durch die sie mit Hilfe der Meditation wieder aufsteigen muss. Durch sieben aufeinanderfolgende Stadien erlangt die Seele Kosmisches Bewusstsein. Indem sie bewusst durch die sieben geöffneten oder «erweckten» zerebrospinalen Zentren hinaufsteigt, tritt sie den Weg zur Unendlichkeit an – den wahren Weg, der sie schließlich wieder zur Vereinigung mit Gott führt.

In den Yoga-Abhandlungen bezeichnet man meist nur die sechs niedrigeren Zentren als *Chakras* – wobei das *Sahasrara* als siebentes Zentrum getrennt aufgeführt wird. Jedoch werden alle sieben Zentren Lotosblumen genannt, deren Blütenblätter sich öffnen, d. h. nach oben weisen, wenn die Lebenskraft und das Bewusstsein die Wirbelsäule hinaufsteigen.

Chitta: Intuitives Gefühl – das Aggregat des Bewusstseins, zu dem *Ahamkara* (Ichbewusstsein), *Buddhi* (Intelligenz) und *Manas* (Verstand oder Sinnesbewusstsein) gehören.

Christusbewusstsein: Unter »Christus« oder »Christusbewusstsein« versteht man das von Gott ausgehende Bewusstsein, das der ganzen Schöpfung innewohnt. In der Bibel wird es »der eingeborene Sohn« genannt, die einzige reine Widerspiegelung Gottvaters in der Schöpfung; in der heiligen Schrift der Hindus wird es als *Kutastha-Chaitanya* oder *Tat* bezeichnet – als die kosmische Intelligenz des GEISTES, die in der ganzen Schöpfung gegenwärtig ist. Jesus, Krishna und andere Avatare besaßen dieses allumfassende Bewusstsein, die Einheit mit Gott. Große Weise und Yogis kennen diesen Zustand als *Samadhi (s.d.)*-Meditation, in der sich ihr Bewusstsein mit der Intelligenz in jedem Partikel der Schöpfung identifiziert; sie fühlen das ganze Universum als ihren eigenen Körper. Siehe *Dreieinigkeit*.

Christuszentrum: Das *Kutastha-* oder *Ajna-Chakra* an der Stelle zwischen den Augenbrauen, das durch Polarität direkt mit dem verlängerten Mark *(s.d.)* verbunden ist. Es ist sowohl das Zentrum der Willenskraft und Konzentration als auch des Christusbewusstseins *(s.d.)* und der Sitz des geistigen Auges *(s.d.)*.

Dharma: Die ewigen Grundsätze der Rechtschaffenheit, die das ganze Universum aufrechterhalten; die dem Menschen angeborene Pflicht, mit diesen Grundsätzen in Harmonie zu leben. Siehe auch *Sanatana-Dharma*.

Diksha: Geistige Einweihung; aus der Sanskrit-Verbwurzel *diksh* = sich widmen. Siehe auch *Jünger* und *Kriya-Yoga*.

Dreieinigkeit: Wenn der GEIST die Schöpfung ins Leben ruft, wird er zur Dreieinigkeit: Vater, Sohn, Heiliger Geist bzw. *Sat, Tat, OM*. Der Vater *(Sat)* ist Gott der Schöpfer jenseits der Welt der Erscheinungen. Der Sohn *(Tat)* ist Gottes allgegenwärtige Intelligenz innerhalb der Schöpfung. Der Heilige Geist (OM) ist die Schwingungskraft Gottes, die vergegenständlicht, d. h. zur Schöpfung wird.

Die Schöpfung hat im Verlauf der Ewigkeit viele Zyklen (siehe *Yuga*) der Entstehung und Auflösung durchlaufen. Zur Zeit der Auflösung des Kosmos lösen sich die Dreieinigkeit und alle anderen erschaffenen Dinge wieder im Absoluten GEIST auf.

Glossar

Egoismus: Das Ich-Prinzip, *Ahamkara* (wörtlich: »ich tue«), ist die eigentliche Ursache des Dualismus, der scheinbaren Trennung zwischen Mensch und Schöpfer. *Ahamkara* bringt die Menschen unter den Einfluss der *Maya (s.d.)*, sodass das Subjekt (Ich) fälschlicherweise als Objekt erscheint und das Geschöpf sich für den Schöpfer hält. Indem der Mensch das Ichbewusstsein überwindet, erwacht er und erkennt sein göttliches Wesen, seine Einheit mit Gott, dem Einzigen Leben.

Elemente (fünf): Die Kosmische Schwingung oder OM ruft die ganze irdische Schöpfung, einschließlich des menschlichen Körpers, durch die Manifestation von fünf *Tattvas* (Elementen) ins Leben. Diese sind: Erde, Wasser, Feuer, Luft und Äther *(s.d.)*. Es handelt sich um aufbauende, intelligente Kräfte, die prinzipiell aus Schwingungen bestehen. Ohne das Erdelement gäbe es keine feste Materie; ohne das Wasserelement keine Flüssigkeiten; ohne das Luftelement keine Gase; ohne das Feuerelement keine Hitze; ohne das Ätherelement keinen Hintergrund, auf den die kosmischen Filmbilder projiziert werden können. *Prana* (die kosmische Energie) fließt durch das verlängerte Mark in den Körper und teilt sich dann in fünf elementare Ströme auf durch Vermittlung der fünf niedrigeren *Chakras (s.d.)* oder Zentren: des Steißbein- (Erde), Kreuzbein- (Wasser), Lenden- (Feuer), Rücken- (Luft) und des Nackenzentrums (Äther). Im Sanskrit nennt man diese Elemente *Prithivi, Ap, Tej, Prana* und *Akasha*.

Encinitas, Kalifornien: Encinitas, ein Ort an der Küste Südkaliforniens. Dort befinden sich ein Ashram-Zentrum und ein Retreat (Stätte der inneren Einkehr) sowie eine Einsiedelei der Self-Realization Fellowship, die Paramahansa Yogananda 1937 gegründet hat. Das große Grundstück und die auf einem Kliff gelegene Einsiedelei mit Ausblick auf den Pazifischen Ozean wurden Paramahansaji von Rajarsi Janakananda *(s.d.)* geschenkt.

Geistiges Auge: Das *eine* Auge der Intuition und allgegenwärtigen Wahrnehmungskraft im Christus*(Kutastha)*-Zentrum *(Ajna-Chakra)* zwischen den Augenbrauen. Der tief meditierende Yogi nimmt das geistige Auge als einen Ring goldenen Lichtes wahr, der einen opalblauen Kreis umschließt, in dessen Mittelpunkt sich wiederum ein fünfzackiger weißer Stern befindet. Mikrokosmisch gesehen, versinnbildlichen diese Formen und Farben nacheinander die Schwingungsebene der Schöpfung (die Kosmische Natur oder den Heiligen Geist); den Sohn oder die Intelligenz Gottes in der Schöpfung (das Christusbewusstsein); und den schwingungslosen GEIST jenseits aller Schöpfung (Gottvater).

Das geistige Auge ist das Tor, das zu den höchsten göttlichen Bewusstseinsebenen führt. In tiefer Meditation, wenn das Bewusstsein des Gottsuchers das geistige Auge durchdringt und in die drei darin versinnbildlichten Bereiche eintritt, erlebt er nacheinander die folgenden Stadien: das Überbewusstsein oder die ewig neue Freude seelischer Verwirklichung und seine Einheit mit Gott als OM *(s.d.)* oder als Heiliger Geist; das Christusbewusstsein, seine Einheit mit der universalen Intelligenz Gottes in der ganzen Schöpfung; und das Kosmische Bewusstsein, seine Einheit mit der Allgegenwart Gottes, die sich sowohl jenseits als auch innerhalb der vibrierenden Schöpfung befindet. Siehe auch *Bewusstseinszustände; Überbewusstsein; Christusbewusstsein.*

Paramahansa Yogananda erklärte einen Abschnitt aus dem Buch *Hesekiel* (43, 1–2) wie folgt: »Durch das göttliche Auge in der Stirn (›den Morgen‹), führt der Yogi sein Bewusstsein in die Allgegenwart und hört das Wort oder OM, den göttlichen Laut eines ›großen Wassers‹: die Lichtschwingungen, die das einzig Wirkliche in der Schöpfung sind.« Mit Hesekiels Worten ausgedrückt: »Und er führte mich wieder zum Tor gegen Morgen. Und siehe, die Herrlichkeit des Gottes Israels kam von Morgen und brauste, wie ein großes Wasser braust, und es ward sehr licht auf der Erde von seiner Herrlichkeit.«

Auch Jesus sprach vom geistigen Auge: »Wenn nun dein Auge *eins* ist, so ist dein ganzer Leib licht ... So schaue darauf, dass nicht das Licht in dir Finsternis sei.« *(Lukas* 11, 34–35)

Göttliche Mutter: Die Ausdrucksform Gottes, die in der Schöpfung tätig ist; *Shakti* oder die Kraft des transzendenten Schöpfers. Andere Bezeichnungen für diese Ausdrucksform der Gottheit sind Natur oder *Prakriti,* OM, Heiliger Geist, Kosmische Intelligente Schwingung. Ebenfalls die persönliche Ausdrucksform Gottes als Mutter, welche die Liebe und mitfühlenden Eigenschaften Gottes verkörpert.

In den heiligen Schriften der Hindus heißt es, dass Gott sowohl immanent als auch transzendent, d.h. sowohl persönlich als auch überpersönlich, ist. Man kann Ihn als das Absolute suchen oder als eine Seiner ewigen Eigenschaften – als Liebe, Weisheit, Glückseligkeit, Licht; oder in Gestalt einer *Ishta* (einer Gottheit); oder als Himmlischer Vater, Himmlische Mutter, Himmlischer Freund.

Guru: Geistiger Lehrer. Obgleich das Wort *Guru* oft missbraucht und einfach auf jeden Lehrer oder Erzieher angewandt wird, so hat ein wahrer, erleuchteter Guru Herrschaft über sich selbst erlangt und weiß sich eins mit dem allgegenwärtigen GEIST. Nur ein solcher ist fähig, den Sucher auf seinem Weg nach innen richtig zu leiten und ihm göttliche Verwirklichung zu vermitteln.

Wenn ein Wahrheitssucher bereit ist, Gott ernsthaft zu suchen, sendet dieser ihm einen Guru und leitet den Jünger durch die Weisheit, Intelligenz, SELBST-Verwirklichung und Lehre eines solchen Meisters. Indem der Jünger der Lehre des Meisters folgt und sich seiner Disziplin unterwirft, kann er das Verlangen seiner Seele nach dem Manna der Gotteswahrnehmung stillen. Ein solcher Guru ist von Gott beauftragt, wahren Suchern zu helfen, die aus tiefster Seele nach Ihm rufen, und ist kein gewöhnlicher Lehrer. Er dient Gott als menschliches Werkzeug, denn Gott benutzt seinen Körper, seine Worte, seine Gedanken und geistigen Fähigkeiten dazu, die irrenden Seelen zu sich zu ziehen und in ihre unsterbliche Heimat zurückzuführen. Ein Guru ist die lebendige Verkörperung der in den heiligen Schriften enthaltenen Wahrheiten. Er ist ein Vermittler, den Gott auf die Bitte des Wahrheitssuchers hin gesandt hat, um diesen von der Bindung an die Materie zu befreien und zu erlösen. »Umgang mit dem Guru zu pflegen«, schreibt Swami Sri Yukteswar in *Die Heilige Wissenschaft*, »bedeutet nicht nur, in seiner körperlichen Gegenwart zu weilen (was oft unmöglich ist), sondern hauptsächlich, ihn im Herzen zu fühlen, seinen Ratschlägen zu folgen und sich innerlich auf ihn einzustellen.« Siehe auch *Meister*.

Gurudeva: »Göttlicher Lehrer«, ein gebräuchlicher Sanskritbegriff, der Respekt zum Ausdruck bringt und oft verwendet wird, wenn man seinen geistigen Präzeptor anredet oder von ihm spricht; im Englischen ist es manchmal mit »master« (Meister) übersetzt worden.

Gurus der Self-Realization Fellowship: Die Gurus der Self-Realization Fellowship (Yogoda Satsanga Society of India) sind Jesus Christus, Bhagavan Krishna und eine Reihe von erleuchteten Meistern der Gegenwart: Mahavatar Babaji, Lahiri Mahasaya, Swami Sri Yukteswar und Paramahansa Yogananda. Es ist eines der Hauptanliegen der SRF, die Harmonie und grundsätzliche Übereinstimmung zwischen den Lehren Jesu Christi und der Yoga-Wissenschaft Bhagavan Krishnas aufzuzeigen. Alle diese Gurus tragen durch ihre erhebende Lehre und ihre göttliche Vermittlung dazu bei, die Mission der Self-Realization Fellowship zu erfüllen, nämlich der ganzen Menschheit eine praktische geistige Wissenschaft der Gottverwirklichung zu bringen.

Hatha-Yoga: Ein System von Techniken und körperlichen Stellungen *(Asanas)*, welche die Gesundheit und geistige Ausgeglichenheit fördern. Siehe *Yoga*.

Heiliger Geist: Siehe OM und *Dreieinigkeit*.

Heiliger Lynn (James J. Lynn): Siehe *Rajarsi Janakananda*.

Intuition: Die allwissende Fähigkeit der Seele, welche dem Menschen ohne Vermittlung der Sinne ein unmittelbares Erleben der Wahrheit ermöglicht.

Jadava Krishna: *Jadava* bezieht sich auf den Volksstamm, den Bhagavan Krishna als König regierte; es ist einer der Namen, unter denen Krishna bekannt ist. Siehe *Bhagavan Krishna*.

-ji: [Sprich: dschi] Eine Nachsilbe, die Respekt ausdrückt; in Indien wird sie oft den Eigennamen und Titeln angefügt, z. B. Gandhiji, Paramahansaji, Guruji.

Jnana-Yoga: Der Weg zu Gott, auf dem die Unterscheidungskraft des Intellekts in die allwissende Weisheit der Seele umgewandelt wird.

Jünger: Ein Wahrheitssucher, der zu einem Guru kommt, um sich von ihm zu Gott führen zu lassen; zu diesem Zweck geht er eine immerwährende geistige Verbindung mit seinem Guru ein. Bei der Self-Realization Fellowship wird diese Verbindung zwischen Guru und Jünger während der Einweihung *(Diksha)* in den *Kriya-Yoga* hergestellt. Siehe auch *Guru* und *Kriya-Yoga*.

Karma: Auswirkungen vergangener Handlungen aus diesem oder vorhergehenden Leben; aus der Sanskritwurzel *kri* = »tun«. Das ausgleichende Gesetz des *Karmas* ist, wie in den Schriften der Hindus erklärt wird, das Gesetz von Aktion und Reaktion, von Ursache und Wirkung, von Säen und Ernten. Die natürliche Gerechtigkeit sorgt dafür, dass jeder Mensch durch seine Gedanken und Handlungen zum Urheber seines Schicksals wird. Die Kräfte, die er durch seine weisen oder törichten Taten selbst in Bewegung gesetzt hat, müssen zu ihm als dem Ausgangspunkt zurückkehren und gleichen somit einem Kreis, der sich unerbittlich schließt. Kenntnis vom Gesetz des *Karmas* ermöglicht es dem menschlichen Geist, sich von seinem Groll gegen Gott und die Menschen zu befreien. Das *Karma* des Menschen folgt ihm Leben für Leben, bis es abgetragen oder geistig aufgelöst worden ist. Siehe *Wiedergeburt*.

Die Summe der Handlungen aller Menschen innerhalb einer Gemeinde, eines Landes oder der ganzen Welt erzeugt das Massenkarma, das örtliche oder auch weiterreichende Auswirkungen hat – je nach seiner Stärke und dem Überwiegen von Gut oder Böse. Die Gedanken und Handlungen eines jeden Menschen tragen deshalb zum Wohl oder Wehe der ganzen Welt und aller Nationen bei.

Karma-Yoga: Der Weg, der durch selbstloses Handeln und Dienen zu Gott führt. Der Wahrheitssucher kann sich durch selbstloses Dienen und dadurch, dass er Gott die Früchte seines Handelns überlässt

Glossar

und Ihn als den einzig Handelnden erkennt, von seinem kleinen Ich lösen und Gott erleben. Siehe *Yoga*.

Kaste: Das Kastensystem bedeutete ursprünglich keinen erblichen Stand, sondern eine Einstufung, die gemäß den natürlichen Fähigkeiten der Menschen vorgenommen wurde. Im Laufe seiner Höherentwicklung macht der Mensch vier unterschiedliche Stadien durch, die von den ehrwürdigen Hindu-Weisen mit *Shudra, Vaishya, Kshatriya* und *Brahmane* bezeichnet wurden. Der *Shudra* ist hauptsächlich an der Befriedigung seiner körperlichen Bedürfnisse und Wünsche interessiert; die Tätigkeit, die seinem Entwicklungsstand am meisten entspricht, ist körperliche Arbeit. Der *Vaishya* strebt nach weltlichem Gewinn und Befriedigung seiner Sinne; er verfügt über größere schöpferische Fähigkeiten als der *Shudra* und wählt oft den Beruf eines Bauern, Geschäftsmannes, Künstlers oder einen anderen Beruf, in dem sich seine geistige Kraft Ausdruck verschaffen kann. Der *Kshatriya*, dem im Laufe vieler Leben die Wünsche eines *Shudra* und *Vaishya* erfüllt worden sind, beginnt nach dem Sinn des Lebens zu suchen; er versucht, seine schlechten Gewohnheiten zu überwinden, seine Sinne zu beherrschen und das zu tun, was richtig ist. *Kshatriyas* werden meist edle Herrscher, Staatsmänner oder Krieger. Der *Brahmane* hat seine niedere Natur überwunden, konzentriert sich ganz auf geistige Ziele und erkennt Gott; deshalb ist er fähig, andere zu lehren und ihnen zu ihrer Befreiung zu verhelfen.

Kausalkörper: Im Wesentlichen ist der Mensch eine Seele, die in einen Kausalkörper eingeschlossen ist. Sein Kausalkörper ist eine Ideen-Matrize für den astralen und irdischen Körper. Der Kausalkörper setzt sich aus 35 Ideen zusammen, die den 19 Elementen des Astralkörpers und den 16 grundlegenden Elementen des irdischen Körpers entsprechen.

Kausalwelt: Hinter der physischen Welt der Materie (den Atomen, Protonen, Elektronen) und der feinstofflichen Astralwelt, die aus leuchtender Lebensenergie (den Biotronen) besteht, liegt die Kausal- oder Ideenwelt (die Ideotronen). Nachdem sich der Mensch weit genug entwickelt und die irdischen und astralen Universen hinter sich gelassen hat, lebt er im kausalen Universum. Im Bewusstsein der Kausalwesen besteht die Essenz der physischen und astralen Universen nur noch aus Gedanken. Alles, was der Erdenmensch in seiner Fantasie tun kann, das kann ein Kausalwesen in Wirklichkeit tun; die einzige Einschränkung dabei sind die Gedanken selbst. Schließlich wirft der Mensch seine letzte Hülle – den Kausalkörper – ab und vereinigt sich mit dem allgegenwärtigen GEIST, der jenseits aller Schwingungsebenen besteht.

Konzentrationstechnik: Die Konzentrationstechnik der Self-Realization Fellowship (auch *Hong-Sò*-Technik genannt) wird in den *Lehrbriefen der Self-Realization Fellowship* gelehrt. Sie verhilft einem auf wissenschaftliche Weise dazu, die Aufmerksamkeit von allen Ablenkungen zu befreien und sie nur auf jeweils einen Gegenstand zu richten. Das ist eine wichtige Voraussetzung für die Meditation – die Konzentration auf Gott. Die *Hong-Sò*-Technik ist ein wesentlicher Bestandteil der Wissenschaft des *Kriya-Yoga (s.d.)*.

Kosmische Energie: Siehe *Prana*.

Kosmische Täuschung: Siehe *Maya*.

Kosmischer Laut: Siehe OM.

Kosmisches Bewusstsein: Das Absolute, der GEIST jenseits der Schöpfung. Hiermit bezeichnet man auch den Zustand der *Samadhi*-Meditation, in dem man seine Einheit mit Gott sowohl jenseits der vibrierenden Schöpfung als auch in ihr erlebt. Siehe *Dreieinigkeit*.

Krishna: Siehe *Bhagavan Krishna*.

Krishna-Bewusstsein: Christusbewusstsein; *Kutastha-Chaitanya.* Siehe *Christusbewusstsein*.

Kriya-Yoga: Eine heilige geistige Wissenschaft, die aus Indien stammt, wo sie schon seit Jahrtausenden bekannt ist. Sie enthält bestimmte Meditationstechniken, mit deren Hilfe man bei hingebungsvollem Üben Gott erkennen kann. Paramahansa Yogananda erklärte, dass die Sanskritwurzel des Wortes *Kriya* »kri« ist und so viel wie »tun, handeln, reagieren« bedeutet. Es ist die gleiche Wurzel, die man in dem Wort *Karma*, dem natürlichen Prinzip von Ursache und Wirkung, findet. *Kriya-Yoga* ist daher die »Einheit *(Yoga)* mit dem Unendlichen durch eine bestimmte Handlung oder einen bestimmten Ritus *(Kriya)*.« *Kriya-Yoga* gehört seinem Wesen nach zum *Raja-Yoga* (dem »königlichen« oder »vollkommenen« *Yoga*) und wird von Krishna in der Bhagavad-Gita und von Patanjali in den *Yoga-Sutras* gepriesen. Nachdem der *Kriya-Yoga* in unserem Zeitalter von Mahavatar Babaji *(s.d.)* wieder eingeführt wurde, ist er zum *Diksha* (zur geistigen Einweihung) durch die Gurus der Self-Realization Fellowship geworden. Seit dem *Mahasamadhi (s.d.)* von Paramahansa Yogananda wird *Diksha* durch den von ihm ernannten geistigen Nachfolger, den Präsidenten oder die Präsidentin der Self-Realization Fellowship/Yogoda Satsanga Society of India gegeben (oder durch jemanden, der vom Präsidenten beauftragt worden ist). Um *Diksha* empfangen zu können, müssen die Mitglieder der Self-Realization Fellowship bestimmte geistige Bedingungen erfüllen. Wer *Diksha* erhalten hat, ist ein *Kriya-Yogi*

Glossar

oder *Kriyaban*. Siehe auch *Guru* und *Jünger*.

Lahiri Mahasaya: *Lahiri* war der Familienname von Shyama Charan Lahiri (1828–1895). *Mahasaya* ist ein religiöser Sanskrit-Titel und bedeutet »großherzig«. Lahiri Mahasaya war ein Jünger Mahavatar Babajis und der Guru von Swami Sri Yukteswar (dem Guru von Paramahansa Yogananda). Er war ein christusähnlicher Lehrer, der über große Wunderkräfte verfügte und als Familienvater auch berufliche Verantwortung trug. Seine Mission bestand darin, eine für den Menschen der Neuzeit geeignete Form des Yoga zu verbreiten, in welcher der richtige Ausgleich zwischen Meditation und der Erfüllung weltlicher Pflichten gefunden wird. Er wurde als ein *Yogavatar* bezeichnet, »eine Inkarnation des Yoga«. Es war Lahiri Mahasaya, dem Babaji die aus alten Zeiten stammende und fast verloren gegangene Wissenschaft des *Kriya-Yoga (s.d.)* vermittelte und ihn anwies, aufrichtige Sucher in diesen Yoga einzuweihen. Lahiri Mahasayas Leben wird in der *Autobiographie eines Yogi* beschrieben.

Laya-Yoga: Dieses Yoga-System lehrt, wie man sich geistig in bestimmte astrale Laute versenken kann, was zur Vereinigung mit Gott als dem kosmischen OM-Laut führt. Siehe OM und *Yoga*.

Lebenskraft: Siehe *Prana*.

Lehrbriefe der Self-Realization Fellowship: Die Lehre Paramahansa Yoganandas ist in Lehrbriefen zusammengefasst worden, die man zu Hause studieren kann und die aufrichtigen Wahrheitssuchern in aller Welt zur Verfügung stehen. Diese Lehrbriefe enthalten die von Paramahansa Yogananda gelehrten Yoga-Meditationstechniken, einschließlich die des *Kriya-Yoga (s.d.)*; letztere werden solchen Schülern vermittelt, welche die erforderlichen Bedingungen erfüllen. Auskunft über die Lehrbriefe wird vom internationalen Hauptsitz der Self-Realization Fellowship erteilt sowie von deren Zweigstelle, der Gemeinschaft der Selbst-Verwirklichung in 90482 Nürnberg, Laufamholzstraße 369.

Lynn, James J. (heiliger Lynn): Siehe *Rajarsi Janakananda*.

Mahasamadhi: Aus den Sanskritwörtern *maha* = »groß« und *Samadhi (s.d.)*. Die letzte Meditation oder bewusste Vereinigung mit Gott, während der ein vollendeter Meister mit dem kosmischen OM-Laut verschmilzt und seinen irdischen Körper verlässt. Einem Meister ist dieser von Gott bestimmte Zeitpunkt stets im Voraus bekannt. Siehe *Samadhi*.

Mahavatar Babaji: Der unsterbliche *Mahavatar* (»großer Avatar«), der im Jahre 1861 Lahiri Mahasaya die Einweihung in den *Kriya-Yoga (s.d.)*

gab und dadurch der Welt die aus alten Zeiten stammende Technik der Befreiung wiederschenkte. Seit Jahrhunderten lebt er in einem ewig jugendlichen Körper im Himalaja und sendet der Welt unaufhörlich seinen Segen. Seine Mission besteht seit jeher darin, den Propheten bei ihrer besonderen Aufgabe zu helfen. Viele Titel sind ihm schon gegeben worden, die seinem außergewöhnlichen Zustand geistiger Erleuchtung gerecht werden, doch der *Mahavatar* hat allgemein den einfachen Namen Babaji angenommen, der sich aus dem Sanskritwort *Baba* = »Vater« und der Nachsilbe *-ji* ableitet, die Respekt ausdrückt. Weitere Einzelheiten über sein Leben und seine geistige Mission werden in der *Autobiographie eines Yogi* berichtet. Siehe *Avatar*.

Mantra-Yoga: Göttliche Vereinigung durch hingebungsvolles, konzentriertes Wiederholen von Ur-Lauten, denen eine geistig heilsame Kraft innewohnt. Siehe *Yoga*.

Maya: Die täuschende Kraft, die der ganzen Struktur der Schöpfung innewohnt und die zur Folge hat, dass der Eine als viele erscheint. *Maya* ist das Prinzip der Relativität und bedeutet Umkehrung, Kontrast, Dualität und Gegensätzlichkeit; der »Satan« (auf Hebräisch wörtlich »der Gegner«) bei den alttestamentlichen Propheten; und der »Teufel«, den Christus bildhaft als »Mörder« und »Lügner« beschrieb, »denn die Wahrheit ist nicht in ihm.« (*Johannes* 8, 44).

Paramahansa Yogananda schrieb:

»Das Sanskritwort *Maya* bedeutet ›die Messende‹; es ist die der Schöpfung innewohnende magische Kraft, die im Unbegrenzten und Unteilbaren scheinbare Begrenzungen und Teilungen hervorruft. *Maya* ist die Natur selbst – die Welt der Erscheinungen, die sich in ständiger Bewegung befindet und somit im Gegensatz zur göttlichen Unwandelbarkeit steht.

In Gottes Plan und Spiel *(Lila)* besteht die einzige Aufgabe von Satan oder *Maya* darin, zu versuchen, die Aufmerksamkeit des Menschen vom GEIST auf die Materie zu lenken, vom Wirklichen auf das Unwirkliche. ›Der Teufel sündigt von Anfang an. Dazu ist erschienen der Sohn Gottes, dass er die Werke des Teufels zerstöre‹ (*1. Johannes* 3, 8). Das heißt, dass die Offenbarung des Christusbewusstseins im Innern des Menschen die Trugbilder oder ›Werke des Teufels‹ mühelos zerstört.

Maya ist der Schleier der Vergänglichkeit in der Natur, der ständige Werdegang der Schöpfung, der Schleier, den jeder Mensch lüften muss, um dahinter den Schöpfer – die unwandelbare, ewige Wirklichkeit – zu schauen.«

Meditation: Konzentration auf Gott. Im Allgemeinen versteht man darunter das Üben irgendeiner Technik, die es einem ermöglicht, die Aufmerksamkeit nach innen zu richten und sich auf eine Ausdrucksform Gottes zu konzentrieren. Genau genommen ist Meditation das Endresultat eines erfolgreichen Übens solcher Techniken: unmittelbares Erleben Gottes durch intuitive Wahrnehmung. Sie stellt die siebente Stufe *(Dhyana)* des Achtstufigen Yoga-Wegs dar, so wie er von Patanjali *(s.d.)* beschrieben wird; diese ist erst dann erreicht, wenn sich der Meditierende so tief konzentrieren kann, dass er völlig unberührt von den Sinneseindrücken der äußeren Welt bleibt. In noch tieferer Meditation erreicht er dann die achte Stufe des Yoga-Wegs: *Samadhi (s.d.)* – Verbindung und Vereinigung mit Gott. Siehe auch *Yoga*.

Meister: Einer, der Meister seiner selbst geworden ist. Paramahansa Yogananda wies darauf hin, dass »die kennzeichnenden Merkmale eines Meisters nicht körperlicher, sondern geistiger Art sind ... Wer beweisen will, dass er ein Meister ist, muss fähig sein, willentlich in einen Zustand einzugehen, in dem er ohne Atem lebt *(Savikalpa-Samadhi)*, und den Zustand unveränderlicher Glückseligkeit *(Nirvikalpa-Samadhi)* zu erreichen.« Siehe *Samadhi*.

Paramahansaji erklärt weiter: »Alle heiligen Schriften stimmen darin überein, dass der Herr den Menschen sich zum Bilde erschaffen und ihm Allmacht verliehen hat. Die Herrschaft über das Universum erscheint übernatürlicher Art zu sein, aber in Wirklichkeit wohnt diese Kraft jedem inne, der sich ›richtig‹ an seinen göttlichen Ursprung ›erinnert‹. Menschen, die Gottverwirklichung besitzen ... sind frei vom Ichbewusstsein *(Ahamkara)* und persönlichen Wünschen. Das Handeln echter Meister befindet sich in müheloser Übereinstimmung mit *Rita*, der natürlichen Gerechtigkeit. Emerson schreibt, dass alle großen Persönlichkeiten ›nicht tugendhaft, sondern zur Tugend selber werden; dann ist der Zweck der Schöpfung erfüllt, und Gott ist zufriedengestellt‹.«

Mt. Washington: Sitz des Mutterzentrums und internationaler Hauptsitz der Self-Realization Fellowship (Yogoda Satsanga Society of India) in Los Angeles; im erweiterten Sinn auch ein häufig verwendeter Name für das Mutterzentrum. Im Jahre 1925 kaufte Paramahansa Yogananda das 4,8 Hektar große Grundstück. Er errichtete dort ein Schulungszentrum für den religiösen Orden der Self-Realization Fellowship und ein Verwaltungszentrum, von wo aus die alte Wissenschaft des *Kriya-Yoga* in aller Welt verbreitet wird.

OM (Aum): Die Sanskritwurzel oder der Ur-Laut, der jene Ausdrucksform der Gottheit symbolisiert, die alle Dinge erschafft und erhält;

Kosmische Schwingung. Das OM der Veden wurde zum heiligen Wort *Hum* der Tibeter, *Amin* der Moslems und *Amen* der Ägypter, Griechen, Römer, Juden und Christen. Die großen Religionen der Welt behaupten, dass alle erschaffenen Dinge aus der kosmischen Energieschwingung des OM oder Amen, des Wortes oder Heiligen Geistes, entstanden sind. »Im Anfang war das Wort, und das Wort war bei Gott, und Gott war das Wort ... Alle Dinge sind durch dasselbe [das Wort oder OM] gemacht, und ohne dasselbe ist nichts gemacht, was gemacht ist.« *(Johannes* 1, 1. 3)

Amen bedeutet auf hebräisch *sicher, treu.* »Das sagt, der Amen heißt, der treue und wahrhaftige Zeuge, der Anfang der Schöpfung Gottes.« *(Offenbarung* 3, 14) Ebenso wie die Schwingung eines laufenden Motors ein Geräusch erzeugt, so legt der allgegenwärtige Laut des OM Zeugnis vom Laufen des »Kosmischen Motors« ab, der alles Leben und jeden Teil der Schöpfung durch seine Schwingungsenergie aufrechterhält. In den *Lehrbriefen der Self-Realization Fellowship (s.d.)* lehrt Paramahansa Yogananda Meditationstechniken, die dem Übenden helfen, Gott als OM oder Heiligen Geist zu erleben. Eine solch glückselige Verbindung mit der unsichtbaren göttlichen Kraft (»dem Tröster, dem heiligen Geist«, *Johannes* 14, 26) ist die wahrhaft wissenschaftliche Grundlage des Gebets.

Paramahansa: Ein geistiger Titel, der einen Meister *(s.d.)* bezeichnet. Er kann einem Jünger, der die nötigen Qualifikationen dafür hat, nur von einem wahren Guru verliehen werden. *Paramahansa* bedeutet wörtlich »höchster Schwan«. In den heiligen Schriften der Hindus ist *Hansa* oder Schwan ein Sinnbild geistiger Unterscheidungskraft. Swami Sri Yukteswar verlieh seinem geliebten Jünger Yogananda diesen Titel im Jahre 1935.

Paramguru: Wörtlich bedeutet es »vorangegangener Guru«; der Guru des eigenen Gurus. Für die Mitglieder der Self-Realization Fellowship (die Jünger von Paramahansa Yogananda) bezieht sich das Wort *Paramguru* auf Sri Yukteswar; für Paramahansa Yogananda hingegen auf Lahiri Mahasaya. Mahavatar Babaji ist Paramahansajis *Param-Paramguru*.

Patanjali: Der ehrwürdige Exponent des Yoga, der in den *Yoga-Sutras* die Prinzipien des Achtstufigen Yoga-Wegs dargelegt hat: 1. Sittliches Verhalten *(Yama);* 2. Religiöse Gebote *(Niyama);* 3. Richtige Haltung, um körperliche Ruhelosigkeit zu überwinden *(Asana);* 4. Herrschaft über die Lebenskraft, die subtilen Lebensströme *(Pranayama);* 5. Verinnerlichung *(Pratyahara);* 6. Konzentration *(Dharana);* 7. Meditation *(Dhyana);* 8. Samadhi, Erlebnis des Überbewusstseins. Siehe *Yoga.*

Prana: Funken der intelligenten Energie, die subtiler als die Atomenergie ist und das Leben ausmacht; sie werden in den Abhandlungen der Hindus insgesamt als *Prana* bezeichnet. Paramahansa Yogananda hat den Begriff mit »Biotronen« übersetzt. Im Wesentlichen sind es verdichtete Gedanken Gottes, Bestandteile der Astralwelt *(s.d.)* und das Lebensprinzip im stofflichen Universum. In der physischen Welt gibt es zwei Arten von *Prana*: 1. die kosmische Energie, die in der Schöpfung allgegenwärtig ist und alle Dinge durch Schwingungen erhält; 2. das spezifische *Prana* oder die Energie, die jeden Körper durch die fünf Ströme oder Funktionen aufbaut und erhält. Der *Prana*-Strom erfüllt die Aufgabe der Kristallisation, der *Vyana*-Strom die des Blutkreislaufs, der *Samana*-Strom die der Assimilation, der *Udana*-Strom die Funktion des Stoffwechsels und der *Apana*-Strom die der Ausscheidung.

Pranam: Eine Art des Grüßens in Indien. Die Handflächen werden aneinandergelegt – wobei die Handwurzeln in der Höhe des Herzens gehalten werden und die Fingerspitzen die Stirn berühren. Diese Geste ist eigentlich eine Version des *Pranam*, das wörtlich »vollständiger Gruß« bedeutet – aus der Sanskritwurzel *nam* = »grüßen«, »sich verbeugen« und der Vorsilbe *pra* = »vollständig«. Das *Pranam* ist in Indien die übliche Art des Grüßens. In Gegenwart von Ordensleuten oder anderen geistig hochstehenden Personen kann man das Wort »*Pranam*« dabei auch aussprechen.

Pranayama: Bewusste Herrschaft über *Prana* (die schöpferische Schwingung oder Energie, die das Leben im Körper erzeugt und erhält). Die Yoga-Wissenschaft des *Pranayama* ist die direkte Methode, den Geist bewusst von den Lebensfunktionen und Sinneswahrnehmungen abzuschalten, die den Menschen an das Körperbewusstsein gebunden halten. Auf diese Weise befähigt *Pranayama* das menschliche Bewusstsein, sich auf Gott einzustellen. Alle wissenschaftlichen Techniken, die eine Vereinigung der Seele mit Gott ermöglichen, können als Yoga bezeichnet werden, und *Pranayama* ist die höchste aller Yoga-Methoden, die zu dieser göttlichen Vereinigung führen.

Raja-Yoga: Der »königliche« oder höchste Weg, der zur Vereinigung mit Gott führt. Er lehrt wissenschaftliche Meditation *(s.d.)* als wichtigstes Mittel zur Erkenntnis Gottes und fasst das Wesentliche aller anderen Yoga-Methoden zusammen. Die *Raja-Yoga*-Lehre der Self-Realization Fellowship beschreibt einen Lebensweg, der auf der Grundlage der *Kriya-Yoga*-Meditation *(s.d.)* beruht und Körper, Geist und Seele vollkommen entwickelt. Siehe *Yoga*.

Rajarsi Janakananda (James J. Lynn): Der geliebte Jünger Paramahansa

Yoganandas und dessen erster Nachfolger als Präsident und geistiges Oberhaupt der Self-Realization Fellowship/Yogoda Satsanga Society of India bis zu seinem Ableben am 20. Februar 1955. James Lynn erhielt 1932 von Paramahansa Yogananda die Einweihung in den *Kriya-Yoga*. Er machte solch schnelle geistige Fortschritte, dass der Guru ihn liebevoll den »heiligen Lynn« nannte, bis er ihm 1951 den Mönchsnamen Rajarsi Janakananda verlieh.

Ranchi, Schule in: Der *Yogoda Satsanga Vidyalaya* wurde 1918 von Paramahansa Yogananda gegründet, als der Maharaja von Kasimbasar ihm seinen Sommerpalast und 10 Hektar Land in Ranchi/Jharkhand zur Verfügung stellte, damit er dort eine Knabenschule errichten konnte. Als Paramahansaji 1935/36 in Indien war, erwarb er das Grundstück dauerhaft. Mehr als zweitausend Kinder besuchen nun die Yogoda-Schulen in Ranchi, angefangen vom Kindergarten bis zur Universität. Siehe Yogoda Satsanga Society of India.

Reinkarnation: Siehe *Wiedergeburt*.

Rishis: Seher, erleuchtete Menschen, die göttliche Weisheit offenbaren; man versteht darunter besonders die Weisen des alten Indien, denen die Veden intuitiv offenbart wurden.

Sadhana: Weg geistiger Disziplin. Besondere Anweisungen und Meditationsübungen, die der Guru seinen Jüngern gibt; bei getreulichem Üben führen diese schließlich zur Gottverwirklichung.

Samadhi: Die höchste Stufe des Achtstufigen Yoga-Wegs, wie sie von dem Weisen Patanjali *(s.d.)* dargelegt wurde. *Samadhi* ist dann erreicht, wenn der Meditierende, der Vorgang der Meditation (bei dem sich der Geist durch Verinnerlichung von den Sinnen zurückzieht) und der Meditationsgegenstand (Gott) eins werden. Paramahansa Yogananda erklärte, dass »das Bewusstsein des Gottsuchers in den anfänglichen Stadien der Gottvereinigung *(Savikalpa-Samadhi)* im Kosmischen GEIST aufgeht; die Lebenskraft zieht sich vom Körper zurück, der ›tot‹ oder starr und bewegungslos erscheint. Der Yogi ist sich seines körperlichen Zustands aufgehobener Lebenstätigkeit vollkommen bewusst. Wenn er zu höheren geistigen Stufen *(Nirvikalpa-Samadhi)* aufsteigt, vereinigt er sich mit Gott, ohne dass sein Körper bewegungslos wird; das kann sogar während des Wachzustands, sogar inmitten anspruchsvoller weltlicher Tätigkeit geschehen.« In beiden Fällen ist die Einheit mit der ewig neuen Glückseligkeit des GEISTES erreicht, doch den *Nirvikalpa*-Zustand erleben nur die am höchsten entwickelten Meister.

Sanatana-Dharma: Wörtlich »ewige Religion«. Dieser Name bezeichnet

Glossar

den Kodex der vedischen Lehren, der Hinduismus genannt wurde, nachdem die Griechen die Menschen an den Ufern des Indus-Flusses als *Indoos* oder *Hindus* bezeichneten. Siehe *Dharma*.

Satan: Auf Hebräisch wörtlich »der Gegner«. Satan ist die bewusste und unabhängige universale Kraft, die alles und jeden dadurch täuscht, dass sie das ungeistige Bewusstsein der Endlichkeit und Getrenntheit von Gott hervorruft. Um dies zu erreichen, gebraucht Satan die Waffen der *Maya* (der kosmischen Täuschung) und *Avidya* (der individuellen Täuschung, Unwissenheit). Siehe *Maya*.

Sat-Tat-Om: *Sat* = Wahrheit, das Absolute, Glückseligkeit; *Tat* = universale Intelligenz oder universales Bewusstsein; O<small>M</small> = kosmische, intelligente, schöpferische Schwingung, symbolisches Wort für Gott. Siehe O<small>M</small> und *Dreieinigkeit*.

Seele: Individualisierter G<small>EIST</small>. Die Seele ist das wahre und unsterbliche Wesen des Menschen und aller anderen Lebewesen; sie ist nur vorübergehend mit einem kausalen, astralen und physischen Körper bekleidet. Das Wesen der Seele ist G<small>EIST</small>: ewig bestehende, ewig bewusste, ewig neue Freude.

S<small>ELBST</small>: Die Kapitälchen bedeuten, dass sich das Wort auf *Atman*, die Seele (auf das göttliche Wesen des Menschen), bezieht, die sich vom gewöhnlichen Ich, der Persönlichkeit oder dem Ego, unterscheidet. Das S<small>ELBST</small> ist individualisierter G<small>EIST</small>, dessen Natur ewig bestehende, ewig bewusste, ewig neue Glückseligkeit ist. Das S<small>ELBST</small> oder die Seele ist der innere Quell göttlicher Eigenschaften im Menschen – der Liebe, Weisheit, Barmherzigkeit, des Friedens usf.

S<small>ELBST</small>-Verwirklichung: Paramahansa Yogananda hat S<small>ELBST</small>-Verwirklichung wie folgt definiert: »S<small>ELBST</small>-Verwirklichung ist das Wissen auf allen Ebenen unseres Seins – des Körpers, des Geistes und der Seele –, dass wir eins mit der Allgegenwart Gottes sind, dass wir nicht um sie zu beten brauchen, dass wir ihr nicht nur allezeit nahe sind, sondern dass sie zugleich unsere Allgegenwart ist und dass wir jetzt ebenso ein Teil von Gott sind, wie wir es immer sein werden. Wir brauchen nur eines zu tun: unser Wissen zu erweitern.«

Self-Realization Fellowship: Die Gemeinschaft, die Paramahansa Yogananda im Jahre 1920 in Amerika (und im Jahre 1917 als Yogoda Satsanga Society of India) gegründet hat; ihr Zweck besteht darin, zum Wohl der ganzen Menschheit die geistigen Grundsätze und Meditationstechniken des *Kriya-Yoga (s.d.)* zu lehren. Der internationale Hauptsitz, das Mutterzentrum, befindet sich in Los Angeles, Kalifornien. Paramahansa Yogananda hat die Bedeutung des Namens, den er seiner Organisation gegeben hat, folgendermaßen erklärt: »Self-Realization Fellowship bedeutet Gemeinschaft mit Gott durch SELBST-Verwirklichung und Freundschaft mit allen wahrheitssuchenden Seelen.« Siehe auch »Ziele und Ideale der Self-Realization Fellowship«, Seite 497.

Self-Realization Magazine: Eine englische Zeitschrift, die vierteljährlich von der Self-Realization Fellowship veröffentlicht wird; sie enthält Vorträge und Schriften von Paramahansa Yogananda sowie andere geistige, praktische und lehrreiche Artikel von aktuellem Interesse und bleibendem Wert.

Shankara, Swami: Manchmal auch als Adi (»der erste«) Shankaracharya (Shankara + *Acharya*, »Lehrer«) bezeichnet; er ist Indiens berühmtester Philosoph. Sein Geburtsdatum ist unbekannt; viele Gelehrte rechnen ihn dem 8. oder dem frühen 9. Jahrhundert zu. Er hat Gott nicht als eine negative Abstraktion erklärt, sondern als positive, immerwährende, allgegenwärtige, ewig neue Glückseligkeit. Shankara reorganisierte den seit alters bestehenden Swami-Orden und gründete vier große *Maths* (klösterliche Zentren geistiger Schulung), deren Leiter in apostolischer Nachfolge den Titel eines Jagadguru Sri Shankaracharya tragen. *Jagadguru* bedeutet »Weltlehrer«.

Siddha: Wörtlich »einer, der erfolgreich ist«. Ein Mensch, der SELBST-Verwirklichung erlangt hat.

Sri: Ein Titel, der Respekt ausdrückt. Wenn er dem Namen einer religiösen Person vorangestellt wird, bedeutet er so viel wie »heilig« oder »verehrt«.

Sri Yukteswar, Swami: Swami Sri Yukteswar Giri (1855–1936) war Indiens *Jnanavatar* = »Inkarnation der Weisheit«, der Guru von Paramahansa Yogananda und der *Paramguru* aller *Kriyabans* der Self-Realization Fellowship. Sri Yukteswarji war ein Jünger Lahiri Mahasayas. Im Auftrag von Lahiri Mahasayas Guru, Mahavatar Babaji, schrieb er das Buch *Die Heilige Wissenschaft* – eine Abhandlung über die grundlegende Übereinstimmung zwischen der christlichen Bibel und den heiligen Schriften der Hindus – und schulte Paramahansa Yogananda für dessen weltweite geistige Mission: die Verbreitung des *Kriya-Yoga (s.d.)*. Paramahansaji hat das Leben Sri Yukteswars liebevoll in seiner *Autobiographie eines Yogi* beschrieben.

Swami: Angehöriger des ältesten Mönchsordens Indiens, der im 8. oder frühen 9. Jahrhundert von Swami Shankaracharya *(s.d.)* reorganisiert wurde. Ein Swami legt das offizielle Gelübde der Keuschheit und des Verzichts auf weltlichen Ehrgeiz ab, um sich der Meditation und anderen geistigen Übungen sowie dem Dienst an der Menschheit zu widmen. Es gibt zehn verschiedene Zweige des Swami-Ordens mit Beinamen wie *Giri, Puri, Bharati, Tirtha, Saraswati* und andere. Swami Sri Yukteswar *(s.d.)* und Paramahansa Yogananda gehörten dem *Giri*(»Berg«)-Zweig an.

Das Sanskritwort *Swami* bedeutet »jemand, der eins mit dem SELBST *(Swa)* ist«.

Überbewusste Wahrnehmung: Die allwissende Kraft der Seele, welche die Wahrheit direkt wahrnimmt; Intuition.

Überbewusstsein: Das reine, intuitive, allsehende, ewig glückselige Bewusstsein der Seele. Manchmal wird dieser Begriff allgemein für die verschiedenen Zustände des *Samadhi (s.d.)* verwendet, die man in der Meditation erlebt, besonders aber für den ersten Zustand des *Samadhi*, in dem man das Ichbewusstsein verliert und sein Selbst als die Gott zum Ebenbild erschaffene Seele erkennt. Danach folgen höhere Stadien der Verwirklichung: Christusbewusstsein und Kosmisches Bewusstsein *(s.d.)*.

Vedanta: Wörtlich »das Ende der Veden«; die Philosophie, die aus den *Upanischaden* – dem letzten Teil der Veden – stammt. Shankara (8. oder frühes 9. Jahrhundert), der größte Interpret des Vedanta, erklärt, dass Gott die einzige Wirklichkeit und die Schöpfung im Wesentlichen eine Täuschung sei. Da der Mensch das einzige Geschöpf ist, das Gott begreifen kann, muss er selbst göttlich sein; und daher besteht seine Pflicht darin, sein wahres Wesen zu erkennen.

Veden: Die vier heiligen Schriften der Hindus: Rig-Veda, Sama-Veda, Yajur-Veda und Atharva-Veda. Sie bestehen im Wesentlichen aus Gesängen, Riten und Rezitationen, welche alle Lebens- und Tätigkeitsgebiete des Menschen anregen und vergeistigen sollen. Unter den überaus zahlreichen Texten Indiens sind die Veden (von der Sanskritwurzel *vid* = »wissen«) die einzigen Werke, die keinen Verfasser aufweisen. Der Rig-Veda führt die Hymnen auf einen göttlichen Ursprung zurück und berichtet uns, dass sie aus »grauer Vorzeit« stammen und später in eine neue Sprache gekleidet wurden. Da die vier Veden den *Rishis* (»Sehern«) von einem Zeitalter zum anderen durch göttliche Offenbarungen mitgeteilt wurden, heißt es, dass sie *Nityatva*, d.h. »zeitlose Gültigkeit«, besitzen.

Verlängertes Mark: Die wichtigste Stelle, an der die Lebensenergie *(Prana)* in den Körper eintritt; Sitz des 6. Zentrums in der Wirbelsäule, dessen Aufgabe darin besteht, die einströmende kosmische Energie aufzunehmen und zu verteilen. Die Lebenskraft wird im

7. Zentrum *(Sahasrara)* gespeichert, das sich unter der Schädeldecke befindet. Aus diesem Reservoir wird sie an den ganzen Körper verteilt. Das feinstoffliche Zentrum im verlängerten Mark ist der Hauptschalter, welcher das Einfließen, die Speicherung und Verteilung der Lebensenergie lenkt. Siehe *Chakras.*

Wiedergeburt: Die Lehre, dass der Mensch, der dem Gesetz der Evolution unterworfen ist, sich ständig wiederverkörpern muss, um sich auf diese Weise allmählich höherzuentwickeln – ein Vorgang, der durch falsches Handeln und falsche Wünsche verzögert und durch geistige Bemühungen beschleunigt wird –, bis er den Zustand der Selbst-Verwirklichung und Gottvereinigung erlangt hat. Wenn er dann die Begrenzungen und Unvollkommenheiten des sterblichen Bewusstseins überwunden hat, ist seine Seele für immer frei und muss sich nicht wiederverkörpern. »Wer überwindet, den will ich machen zum Pfeiler in dem Tempel meines Gottes, und er soll nicht mehr hinausgehen.« *(Offenbarung 3, 12)*

Die Vorstellung von der Wiedergeburt ist nicht nur in der östlichen Philosophie zu finden, sondern wurde von vielen frühen Kulturen als grundlegende Lebenswahrheit betrachtet. Die frühchristliche Kirche akzeptierte die Lehre von der Wiedergeburt, wie sie die Gnostiker und zahlreiche Kirchenväter – darunter Klemens von Alexandrien, Origenes und der heilige Hieronymus – vertraten. Im Jahre 553 n. Chr. bezeichnete man diesen Glauben auf dem Zweiten Konzil von Konstantinopel zum ersten Mal als Irrlehre. Heute sind viele westliche Denker von der Lehre des *Karma (s.d.)* und der Wiedergeburt überzeugt, weil sie angesichts der scheinbaren Ungerechtigkeiten des Lebens in ihr eine einleuchtende und befriedigende Erklärung finden.

Yoga: Aus dem Sanskritwort *yuj* = »Einheit«. *Yoga* bedeutet Vereinigung der individuellen Seele mit dem Geist; ebenfalls die Anwendung wissenschaftlicher Yoga-Methoden, um dies zu erreichen. Innerhalb des breiten Spektrums der Hindu-Philosophie stellt der Yoga eines der sechs orthodoxen Systeme dar: *Vedanta, Mimamsa, Sankhya, Vaisheshika, Nyaya* und *Yoga*. Es gibt auch verschiedene Arten von Yoga-Methoden: *Hatha-Yoga, Mantra-Yoga, Laya-Yoga, Karma-Yoga, Jnana-Yoga, Bhakti-Yoga* und *Raja-Yoga*. Raja-Yoga, der »königliche« oder vollständige Yoga, wird von der Self-Realization Fellowship gelehrt; es ist der Yoga, den Bhagavan Krishna seinem Jünger Arjuna gegenüber in der Bhagavad-Gita preist: »Der Yogi ist größer als der Asket, der seinen Körper diszipliniert, größer sogar als jene, die dem Weg der Weisheit oder dem Weg des Handelns folgen; deshalb sei du, o Arjuna, ein Yogi!« (Bhagavad-Gita VI, 46) Der

Glossar

Weise Patanjali, der größte Interpret des Yoga, hat acht wichtige Stufen beschrieben, durch die der *Raja-Yogi* den *Samadhi*, oder Einheit mit Gott, erlangen kann. Diese sind 1. *Yama*, sittliches Verhalten; 2. *Niyama*, religiöse Vorschriften; 3. *Asana*, richtige Körperhaltung; 4. *Pranayama*, Herrschaft über *Prana*, die subtilen Lebensströme; 5. *Pratyahara*, Zurückziehen der Sinne von den Gegenständen der Außenwelt; 6. *Dharana*, Konzentration; 7. *Dhyana*, Meditation; und 8. *Samadhi*, überbewusste Wahrnehmung.

Yogi: Jemand, der Yoga *(s.d.)* übt. Jeder, der eine wissenschaftliche Technik übt, um göttliche Verwirklichung zu erlangen, ist ein Yogi. Er kann verheiratet oder ledig sein, weltlichen Verpflichtungen nachgehen oder durch formelle religiöse Gelübde gebunden sein.

Yogoda Satsanga Society of India: Unter diesem Namen ist Paramahansa Yoganandas Organisation in Indien bekannt. Die Gesellschaft wurde im Jahre 1917 von ihm gegründet. Ihr Hauptsitz, der Yogoda Math, liegt am Ufer des Ganges bei Dakshineswar in der Nähe von Kalkutta und hat eine Zweigniederlassung *(Math)* in Ranchi/Jharkhand. Außer verschiedenen Meditationszentren und -gruppen in ganz Indien hat die *Yogoda Satsanga Society* 23 Bildungsinstitute, von der Grundschule bis zur Universität. *Yogoda* – ein Wort, das Paramahansa Yogananda geprägt hat – leitet sich ab von *yoga* = »Vereinigung, Harmonie, Ausgeglichenheit« und *da* = »das, was vermittelt«. *Satsanga* bedeutet »göttliche Gemeinschaft« oder »Gemeinschaft mit der Wahrheit«. Für die westlichen Menschen übersetzte Paramahansaji den indischen Namen mit Self-Realization Fellowship *(s.d.)*.

Yuga: Ein Zyklus oder Zeitabschnitt der Schöpfung, der in den alten Texten der Hindus erläutert wird. Sri Yukteswar *(s.d.)* beschreibt in seinem Buch *Die Heilige Wissenschaft* einen 24 000 Jahre umfassenden Äquinoktialzyklus und die Stellung, die der heutigen Menschheit darin zukommt. Dieser Zyklus ist Teil eines wesentlich längeren Weltall-Zyklus, der von den alten *Rishis* errechnet und im 16. Kapitel der *Autobiographie eines Yogi* erwähnt wird:

»Der Zyklus eines Weltalls beträgt, den heiligen Schriften zufolge, 4 300 560 000 Jahre und stellt einen Tag der Schöpfung dar. Diese gewaltige Zahl beruht auf der Beziehung, die zwischen einem Sonnenjahr und einem Vielfachen von π (3,1416 – dem Verhältnis des Kreisumfangs zum Kreisdurchmesser) besteht.

Den alten Sehern zufolge beträgt die Zeitspanne des gesamten Universums 314 159 000 000 000 Sonnenjahre; das entspricht ›einem Zeitalter Brahmas‹.«